벽면일지

백범일지

白凡逸志

김구

열화당 영혼도서관

일러두기

· 「정본(正本) 백범일지(白凡逸志)」는 한문 정본 《白凡逸志(백범일지)》와 한글 정본 《백범일지(白凡逸志)》 두 권으로 구성되어 있습니다。 이 책 한글 정본 《백범일지》는、 보물(寶物) 제一二四五호로 지정되어 있는 친필본(親筆本) 《백범일지》를 그대로 활자화(活字化)한 한문 정본 《백범일지》를 오늘의 말로 풀어 쓰고 편집자 주(註)를 단 것으로、 한문 정본 《백범일지》와 함께 읽기를 권합니다。

· 문장의 띄어쓰기 및 쉼표와 마침표 표시、 내용에 따른 문단 구분은 한문 정본 《백범일지》와 마찬가지로 편집자가 하였습니다。

· 가급적 백범(白凡) 특유의 표현과 당대에 널리 쓰이던 용어는 살리고、 고식(古式) 한자어(漢字語)를 오늘의 말로 풀었으며、 이해를 돕기 위해 책 말미에 편집자 주(註)를 수록하였습니다。

· 편찬(編纂)과 관련한 자세한 내용은 책 끝의 〈「정본(正本) 백범일지(白凡逸志)」를 펴내며〉를 참고하십시오。

목차

인(仁)과 신(信) 두 아들에게 주는 글

김구

너희는 아직 나이 어리고 또한 반만 리 먼 곳에 떨어져 있어 때때로 이야기해 줄 수도 없으므로、 그간 내가 겪어 온 바를 약술(略述)하여 몇몇 동지(同志)에게 맡겨 두며、 앞으로 너희들이 장성(長成)하여 아비의 경력(經歷)을 알고 싶어 할 정도에 미치거든 보여 주라고 부탁하였거니와、 내가 가장 한(恨)하는 바는 너희 형제가 장성하였더라면 부자간(父子間)에 서로 따뜻한 사랑의 담화(談話)로 한 번 이야기해 주었으면 만족할 것이나、 세상사가 바라는 바와 같지 아니하여 나의 나이는 벌써 오십삼 세이건만 너희는 열 살、 일곱 살의 어린아이이니、* 너희의 나이와 지식이 더하여 나아갈수록 나의 정신과 기력은 쇠퇴할 뿐 아니라 이미 왜놈 원수에게 선전포고(宣戰布告)를 내리고 현재 사선(死線)에 서 있음에랴。

지금 이를 기록함은 결코 너희 형제로 하여금 나를 본받으라 함이 아니라、 진심으로 바라는 바는 너희도 또한 대한민국의 일원이니 동서고금(東西古今)의 허다한 위인(偉人) 중에 가장 숭배(崇拜)할 만한 이를 선택하여 사사(師事)함에 있을 뿐이다。

그러나 너희들이 장차 장성하더라도 아비의 일생 경력을 알 곳이 없겠으므로 이를 약술하거니와、 다만 유감되는 것은 오래된 사실이므로 잊어버린 바가 많이 있을 뿐이요、 거짓으로 꾸민 일은 없다는 것은 사실이니 믿어 주기를 바란다。

상권

상해(上海)에서의 기록(記錄)

조상(祖上)과 가정(家庭)

조상은 안동김씨(安東金氏)이니 김자점(金自點)* 씨의 방계(傍系)이다。당시 자점(自點) 씨의 반역죄로 온 가족이 멸망을 당할 때에 우리 조상은 맨 처음은 고양군(高陽郡)으로 망명하였다가 그곳이 역시 서울에서 가까운 지방이므로 먼 고향인 해주읍(海州邑)에서 서쪽으로 팔십 리 떨어진 백운방(白雲坊)(지금은 운산면(雲山面)으로 바뀜)* 기동(基洞)(텃골) 팔봉산(八峯山) 아래 양가봉(楊哥峯) 밑으로 옮겨 숨어 살았던 것은 족보(族譜)를 살펴보아도 명백하다。

나의 십일대(十一代) 조부모(祖父母)의 분묘(墳墓)를 비롯하여 후포리(後浦里)(뒷개) 선산(先山)에 대대로 곳곳에 장사(葬事) 지냈고、그 산 아래에 조모(祖母) 산소도 있다。그때는 조선조(朝鮮朝) 전성시대이므로 전국을 통하여 양반(문관(文官)과 무관(武官)) 상인(常人)의 계급이 주밀(周密)히 조직되어 있었다。우리 조상네들도 양반이 싫고 상놈 행세(行世)를 즐겨하였을 리는 없지만、자기가 김자점의 족속(族屬)임은 숨기고 멸문지화(滅門之禍)를 면하기 위하여 일부러 상놈이 된 것이다。

양반 냄새가 나는 문화생활을 접어 두고、시골의 생업인 농사에 착수하여 임야(林野)를 개척하여 생계를 꾸리다가 영원히 판에 박힌 상놈이 된 원인이 있으니、조선시대 군제(軍制)로 역둔토(驛屯土)* 외에 이른바 군역전(軍役田)이란 명목을 가진 전지(田地)가 있어、누구든지 가난한 집에서 부쳐 먹다가 국가 유사시에 정부에서 징병령(徵兵令)이 내리면 그 전지를 부쳐 먹던 자가 병역에 응하는 규례(規例)였다。우리 조상네가 그 전지(기동 북쪽 텃골고개 너머 왼편의 꼬리처럼 생긴 긴 밭)를 부쳐 먹은 후로 아주 패를 찬 상놈이 된 것이니、(약 석 자 불명)* 조선조에 문(文)을 받들고 무(武)를 천하게 여긴 폐풍(弊風)이었다。오늘날에 이르도록 기동 주위에 세거(世居)하는 진주강씨(晋州姜氏)와 덕수이씨(德水李氏) 등 토반(土班)들에게 천대(賤待)와 압제(壓制)를 대대로 받아 온 것이다。

그 실례를 대략 들면、우리 김씨 집안 처녀를 강씨 이씨 문중(門中)으로 출가시키는 것은 영광으로 알지만 강씨 이씨의 처녀가 우리 김씨 집안으로 시집오는 것은 보지 못하였으니 혼인의 천대요、강씨 이씨 들은 대대로 방장(坊長)(지금의 면장(面長))을 세

습으로 하지만 우리 김가(金哥)는 대대로 존위(尊位)의 직(職)(존위는 방장의 명령을 받아 방(坊) 내 각호(各戶)의 세금을 거둬들이는 직책이다) 외에는 한 걸음도 나아가기 어려우니 취직 즉 정치적 압제요, 강씨 이씨 들은 양반의 대단한 위세를 부려 김씨 집안의 토지를 강점(强占)하고 금전을 강탈한 후 농노(農奴)로 사용하였으니 경제적 압박이요, 강씨 이씨 들은 비록 머리 땋은 어린아이라도 우리 김씨 집안의 칠십 팔십의 노인을 대하면 낮춤말을 사용하여 「이랬나」「저랬나」「이리하게」「저리하게」의 천대를 하는 반면에 우리 집안 노인들은 강씨 이씨의 자손들이 이제 막 갓을 쓴 아이라도 반드시 경어(敬語)를 사용하였으니 이는 언어의 천대였다。

그런데 좀 이상하다 할 것은, 기동(基洞)을 대대로 살아갈 터전으로 삼고, 전성시대에는 기와집이 즐비하였고 조상의 무덤에 석물(石物)이 웅위(雄偉)하였으며 대대로 전해 내려오는 노비까지 있었다는 것이다。 내 나이 십여 세 때에 목도(目睹)한 것은 문중(門中)에 혼례나 장례가 있을 때에 해방노(解放奴)(가산(家産)이 빈한하여 자유를 허락하였다고) 이정길(李貞吉)이가 와서 일을 하며 받들었으니, 이른바 「종의 종」이었던가。 우리 운명보다도 더 흉악한 운명을 가진 사람도 있던 것이다。

역대(歷代)를 상세히 살펴보면 문사(文士)도 없지 않았으나 이름을 드러낸 일은 볼 수 없었고, 번번이 불평객(不平客)이 많았던 것이니, 증조부(曾祖父)는 가짜 어사(御史)질을 하다가 잡혀 해주 관아에 갇혔다가 서울 어느 양반의 부탁 편지를 얻어 형(刑)을 면하였다는 집안 어른들의 이야기를 들었다。

내가 대여섯 살 때의 가정 형편으로는, 증조부(曾祖父) 항렬이 사형제(四兄弟)로서 종증조(從曾祖) 한 분이 생존하였고, 조부(祖父) 항렬 형제는 다 생존하였으며, 부친 항렬 사형제는 다 생존하다가 백부(伯父) 백영(伯永) 씨가 조부보다 먼저 별세하였을 때 내가 다섯 살로 종형(從兄)들과 같이 슬피 울었다。(약 일곱 자 불명) 부친(父親) 순영(淳永) 씨는 사형제 중 둘째이니, 집이 가난하여 장가를 들지 못하고 노총각으로 이십사 세 때 이른바 삼각혼(三角婚)이라는 기괴한 혼인제도를 실시하였으니, 세 성씨가 각기 혼인할 나이가 된 자녀를 서로 바꾼 것이다。 내 외숙은 내 고모(약 일곱 자 불명) 들인 것이니, 내 모친은 장연군(長淵郡) 목감방(牧甘坊) 문산촌(文山村) 현풍곽씨(玄風郭氏)의 딸로 십사 세 때 혼인하고, 내외분이 아들 한 분만 있는 종조(從祖) 댁에 의지하여 사시면서 모친께서는 어린 나이에 힘든 일로 비할 데 없는 고생을 하셨으나, 내외분이 정분이 좋으신 탓으로 일 년, 이 년을 경과하여 독립 가정으로 지내시는 때에 내가 출생하게 되었는데, 모친이 꿈에 푸른 밤송이에서 붉은 밤 한 개를 얻어서 감추어 둔 것이 태몽(胎夢)이라고 모친은 늘 말씀하셨다.

출생(出生) 및 유년(幼年) 시대

나는 병자년(丙子年) 칠월 십일일 자시(子時)*(조모(祖母) 제삿날)에 기동(基洞), 흔히 「웅텅이 대택(大宅)」으로 불리던, 조부(祖父)와 백부(伯父)가 거주하는 집에서 분만되었다. 나의 일생이 너무도 기구할 조짐이었던지, 유례가 드문 난산(難産)이었다. 진통이 있은 지 근 일주일에 모친의 생명이 위급한 형세에 빠졌다. 친족 전부가 모여 의학적(醫學的)으로 미신적(迷信的)으로 온갖 시험을 다 하였으나 효력이 없어 자못 두렵고 겁이 나던 중에, 가(家)(약 여덟 자 불명)*으로 태아의 아버지가 소 길마를 머리에 쓰고 지붕 위에 올라가 소 울음소리를 내라는데 부친이 따르지 않았더니, 조부 형제분이 엄명을 내려 그것까지를 행한 후에 분만되었다.

집안 형편은 극히 가난하였는데, 모친 연세가 겨우 십칠 세였다. 항상 내가 죽어지면 좋겠다고 괴로운 탄식을 하셨다 한다. 게다가 젖조차 부족하여 암죽을 먹였다 하고, 부친께서 품속에 품고 가까운 집의 산모(産母)에게 젖을 얻어 먹였는데, 먼 친척 할머니 직포댁(稷浦宅)이 밤이 깊은 후라도 조금도 싫어하는 태도가 없이 젖을 먹이더라는 말씀을 듣고, 내가 십여 세 때에 그분이 작고(作故)하여 기동 동쪽 산기슭에 매장하였으므로, 나는 번번이 그 묘 앞을 지나다닐 때마다 경의(敬意)를 표하였다.

내가 서너 살 때 천연두를 앓았다는데, 고름이 생길 즈음에 모친께서 보통 종기 난 곳을 치료함과 같이 죽침(竹針)으로 고름을 짜내었으므로 내 얼굴에 마맛자국이 크다는 것이다.

다섯 살 때 부모님이, 종조(從祖) 재종조(再從祖) 삼종조(三從祖) 여러 댁이 강령군(康翎郡) 삼가리(三街里), 산을 등지고 바다에 면한 곳으로 이사한 뒤를 쫓아 그리로 거처를 옮겼다. 거기서 이 년을 지내는 중에 우리 집은 고적한 산 어귀의 호랑이 다니는 길에 있어 종종 호랑이가 사람을 물고 우리 문 앞을 지나다녀 야간에는 문 앞에도 출입을 못 하나, 낮에는 부모님은 농업 혹은 해산물 채취로 집을 나가시고, 나는 이웃 동네 신풍(新豊) 이(李) 생원(生員) 집에 가서 그 집 아이들과 놀다가 오는 것이 일과였다. 하루는 여름철 시골 아이들이 늘 하던 버릇대로 아랫도리만 입고 배꼽 위는 벌거벗은 몸으로 그 집에 가서 사랑방에서 놀던 중에, 그 집 아이들은 나이가 나와 동갑도 있으나 두세 살 많은 아이도 있는데, 그 아이들이 함께 짜고 『해줏놈 때려 주자』 하여 한 차례를 이유 없이 매를 맞고 나서는, 곧 집에 와서 부엌에서 큰 식칼(채칼)을 가지고 다시 그 집에 달려가서 그 아이들을 다 찔러 죽일 결심을 하고, 사랑(舍廊) 앞문으로 들어가면 그들이 보고 예비할 터이니 칼로 바자울을 뜯어내고 후문으로 돌입할 계획으로 바자울을 뜯을 때, 마침 그 집 안마당에 있던 십칠팔 세 되는 처녀가 내가 칼을 든 채 안으로 들어오는 것을 보고 놀라서 저의 오라비들에게 알려서, 그 아이들이 밀려 나와서 나를 실컷 때려 주고 칼까지 빼앗고, 나는 칼을 잃은 죄로 집에 와서 시치미를 떼고 있었다.

또 하루는 집에 혼자 앉아서 심히 궁금한 때에 문 앞에 엿장수가 지나가면서 『헌 유기나 부러진 숟갈로 엿을 사시오』 하는지라, 이 말을 듣고 엿은 먹고 싶으나 어른들에게 들으니 엿장수는 아이들의 「고추」(약 두 자 불명)를 베어 간다는 말을 들었으므로, 무섭기는 하나 엿은 먹고 싶어서 방문 걸쇠를 걸고 엿장수를 불렀다. 주먹으로 문구멍을 뚫고 부친께서 잡수시는 좋은 숟갈을 발로 디뎌 부러뜨려 가지고(그것은 헌 숟갈이라야 엿을 주는 줄 안 때문이다) 절반은 두고 절반은 문구멍으로 내보냈더니 엿을 한 주먹 뭉쳐서 들여보내 주는지라, 잘 먹던 즈음에 부친께서 밖에서 들어오시는데 엿과 반동강 숟갈은 그대로 가지고 있다가 부친이 물으시기에 사실대로 고하였다. 부친은 말씀으로 꾸짖으시고, 다시는 그런 짓을 하면 엄벌을 주겠다는 꾸중을 들었다.

그다음에는 부친께서 엽전 스무 냥을 가져다가 방 아랫목 이부자리 속에 넣고 나가시는 것을 보았다。 또 혼자 심심은 하고、 앞 동네 구걸이 집에서 떡을 파는 줄 알았다。 돈을 전부 꺼내어 온몸에 감고서 문 앞을 나서서 떡집으로 가는 길에 도중에서 삼종조(三從祖)를 만났다。『너 이 녀석、 돈은 가지고 어디를 가느냐。』『떡 사 먹으러 가요。』『네 아비가 보면 큰 매 맞는다。 어서 들어가거라』 하고、 돈은 그 할아버지가 빼앗아 부친에게 전한 것이다。 먹고 싶은 떡을 못 사 먹고 마음이 불평(不平)하여 돌아온 뒤로、 부친이 들어오셔서 한마디 말씀도 없이 빨랫줄로 꽁꽁 동여 들보 위에 달아매고 회초리로 때려서 아파 죽을 지경이었다。 어머님도 들에서 돌아오시지 않아 말려 줄 사람도 없는 때에、 재종조(再從祖) 장련(長連) 할아버지(이분은 한방(韓方) 의원(醫員)이요 나를 퍽 사랑하는 분이었다)가 마침 지나가시다가 내가 맹렬히 소리치며 우는 소리를 듣고 방 안으로 달려 들어와서 불문곡직(不問曲直)하고 달아맨 것을 끌러 놓고 부친에게 이유를 물으며 부친의 설명을 다 듣지도 않고、 아버지와는 동갑이시지만 촌수 높은 친척의 권위를 행사하여 나를 치던 회초리를 빼앗아 가지고 머리나 다리나 마구 한참 동안이나 부친을 책벌(責罰)하면서『어린것을 그다지 무지하게 때리느냐』 하는 것을 볼 때에、 아버님이 매를 맞는 것이 퍽도 시원하고 고마웠다。 재종조는 나를 등에 업고 들로 가서 수박과 참외를 실컷 사서 먹이고 당신 댁으로 업고 가니、 종증조모(從曾祖母)께서 또한 아버지를 책망하시고『네 아비 밉다。 집에 가지 말고 우리 집에서 살자』 하시더니、 밥과 반찬을 잘해 주므로 얼마나 기쁘고、 부친이 그 할아버지에게 맞던 것을 생각하니 상쾌함도 짝이 없었다。 여러 날을 묵고 집에 왔다。

한때는 여름 장맛비가 와서 근처에 샘이 솟아 작은 냇물이 흐르는 데다가 붉은 물감과 푸른 물감을 통째로 꺼내어 샘 솟는 곳에다 풀어 놓고 청천(青川) 홍천(紅川)이 합류하는 기이한 광경을 구경하다가 어머님에게 몹시 매를 맞은 일도 있다。

종조부(從祖父)는 그곳에서 작고(作故)하셨는데、 해주(海州) 본향(本鄕)으로 백여 리의 먼 거리 운구(運柩) 방편으로 상여에 바퀴 하나를 달고 사람이 끌고 가다가 도리어 불편하다고 바퀴를 제거하고 어깨에 메고 가던 것이 기억난다。

일곱 살 때에는 그곳에 이주하던 가까운 친척들이 한 집 두 집 도로 기동(基洞) 본향으로 돌아가 살기 시작하였는데、 부모님도 고향으로 돌아가는데 나는 아버님과 삼촌들의 등에 업혀 오던 것이 기억난다。

고향으로 돌아온 후에는 어머님과 아버님이 농업을 하시며 생활을 하셨는데、부친의 학식(學識)은 겨우 성명이나 쓸 줄 알고、골격(骨格)이 준수하고 성정(性情)이 호방하며、주량(酒量)이 한이 없어 취하기만 하면 강씨 이씨를 만나는 대로 심하게 때려 주고 해주(海州) 관아(官衙)에 죄수로 갇히기가 일 년에 몇 차례씩 되어 문중(門中)에 소동을 일으키게 하고 인근 양반들의 주목과 미움을 받았으나、쉽사리 억누르지를 못하는 모양이었다。

그 시대에 보통 지방 습속(習俗)이 사람을 구타하여 상해를 가하면 맞은 사람을 때린 사람의 집에 떠메어다 누이고 생사(生死)의 판가름을 기다리는 법이었다。그러므로 어떤 때는 한 달에도 몇 번씩 거진 죽게 된 사람、온몸이 피투성이 된 자를 사랑방에 누여 놓는 때가 있었다。

부친이 주량이 과하지만、술기운으로 한 일이 아니고 순전한 불평으로 인한 것이었다。그같이 몹시 맞는 자들이 부친과 직접 관계로가 아니라、어떤 사람이든 자기 힘을 믿고 약한 자를 욕보이는 사람만 보면 친하고 친하지 않고를 물론하고 〈수호지(水滸誌)〉식으로* 조금도 참지를 못하는 불 같은 성정이었다。인근의 상놈들은 두려워하며 공경하고、양반들은 두려워하며 피하는 터이고 보면、매년 세밑이 되면 우리 집에서는 닭 계란 담배 등을 많이 준비하여 어디로 보낸 후에는 답례로 달력과 해주 먹(墨)* 등의 물품이 오는 것을 보았는데、내 나이 여덟아홉 살 때에 깨달은 것은 부친이 한 달에 몇 번씩 소송을 당해 해주에 죄수로 갇히게 되므로 직접 고통을 면하기 위하여、양반들은 감사(監司)*나 판관(判官)*에게 허물없이 가까이하는 반면에、부친은 영리청(營吏廳)*과 사령청(使令廳)*에 계방(稧房)*이라는 수속을 밟고 매번 세밑에 각인(各人)에게 선물을 보냈던 것이다。

그리하였다가 만일 영문(營門)*이나 본아(本衙)*에 죄인으로 잡히면、옥(獄)이나 영리청에 갇히게 되어도 어느 곳에나 계방이 있는 까닭에、겉으로는 몇 날 몇 달을 갇혀 있는 듯하나 사실은 사령(使令)이나 영리(營吏) 들과 같이 먹고 같이 자다가 태장(笞杖) 곤장(棍杖)을 맞는다 하여도 반드시 아프지 않도록 맞고、나와서는 반대 소송을 제기하여 그 양반 즉 토호(土豪)들을 죄인으로 잡아 가두는 날에는、

재산을 있는 대로 허비하여 감사나 판관에게 뇌물을 주어서 모면을 하더라도 호랑이나 전갈 같은 사령이나 영리 들에게 별별 고통을 다 당하게 하였다。 그런 수단으로 일 년 동안에 해서지방(海西地方)의 부호(富豪) 십여 명이 재산을 탕진하였다 한다。

인근의 양반들이 회유책이었던지 부친을 도존위(都尊位)*의 직에 천거하여 맡도록 하였으나、공무(公務)를 행할 때 보통 양반에게 허물없이 가까이하던 존위들의 수단과는 반대로、양반들에게는 가혹하게 공금을 징수하고 빈천(貧賤)한 집에는 자신이 부담할지언정 가혹하게 거두어들이지는 아니하였으며、삼 년이 못 되어 공금을 사사로이 썼다는 이유로 면직되었다。

원근(遠近)의 양반들이 김순영(金淳永)이라면 아이나 부녀자 들까지 손가락질을 하는 미움을 받는 것을 보았다。 그러므로 부친이 양반의 사랑(舍廊)(객당(客堂))에 가는 때에、다른 양반들이 죽 벌여 앉아 있을 때에는 주인이 『하、김 존위 왔는가』 하고 낮춤말을 사용하되、조용한 곳에서는 이른바 머드레 공대(恭待)(이따금 「이랬소」 「저랬소」)를 하는 것을 보았다。

부친의 어릴 적 별명은 「효자(孝子)」이니、조모(祖母) 작고(作故) 시에 왼손 무명지를 칼로 잘라 피를 떨어뜨려 입에 넣어 드려 사흘간을 회생시켰다가 내가 출생하던 날에 돌아가셨다 한다。

부친 항렬 형제 네 분에、백부의 이름은 백영(伯永)이요、아버님은 순영(淳永)、셋째는 필영(弼永)、넷째는 준영(俊永)이니、백부와 셋째는 능력도 없고 하는 일도 없는 자격으로 겨우 농사꾼이요、아버지와 넷째 삼촌이 특이한 성질이 있는데、준영 삼촌도 주량(酒量)이 매우 세고、문자(文字)는 국문(國文)을 한겨울 내내 「각」 하고 「갈」 하고 하다가 못 배우고 말았다。 그런데 술버릇이 괴악(怪惡)하여 술만 취하면 큰 풍파를 일으키는데、아버님과 반대로 아무리 취중에도 감히 양반에게는 손도 대지 못하면서 일가 친족에게는 위아래를 가리지 않고 욕하고 싸움하기를 능사(能事)로 하던 까닭에 조부님과 아버님이 늘 때려 주는 것을 보았다。

내가 아홉 살 때 조부(祖父) 상(喪)을 당하고 장례일에 큰 구경거리가 생기니、준영 삼촌이 술이 취하여 상여가 나갈 때 호상객(護喪客)을 모조리 두들겨 패고、급기야는 인근 양반들이 자기 노복(奴僕)을 한 명씩 보내(큰 생색) 상여를 메고 가던 것까지 다 때려 쫓았다。 결국은 준영 삼촌을 결박하여 집에 가두고 집안 식구끼리 상여를 들어다가 장례를 마치고、종증조(從曾祖) 주최로 가족회의를 열고 준영 삼촌의 두 발뒤꿈치를 잘라 폐인(廢人)을 만들어 평생을 앉아 있게 하자는 결의가 되어 발뒤꿈치를 베었다。분김에 그리하였으나 힘줄이 상하지 않았으므로 병신은 안 되었는데、종증조 댁 사랑에 누워서 범 울듯 하는 바람에 나는 무서워 근처에도 못 갔다。지금 생각하니 이것이 상놈의 본색(本色)이요 소행(所行)이라 하겠다。

그때에 어머님은 나를 대하여 이런 말씀을 하셨다。『너희 집에 허다한 풍파가 거개 술 때문이니、두고 보아서 네가 또 술을 먹는다면 나는 단연코 자살을 하여서라도 네 꼴을 안 보겠다。』나는 이 말씀을 깊이 새겼다。

그리고 나는 국문(國文)을 배워서 고담(古談)(소설)은 볼 줄 알았다。한문(漢文)도 《천자문(千字文)》은 이 사람 저 사람에게 배웠다。

학동(學童) 시대

하루는 집안 어른들이 지낸 이야기를 하는 중에 크게 충격을 받았다。몇 해 전에 집안에 새로 혼인한 집이 있는데、어느 할아버지가 서울을 갔던 길에 말총관(말꼬리털로 만든 관(冠)) 한 개를 사다 감추어 두었다가、새 사돈을 보려고 야간에 그 관을 쓰고 갔다가 이웃 동네 양반에게 발각되어 그 관을 찢기고는 다시는 관을 못 쓴다고 하였다。

나는 힘써 물었다。『그 사람들은 어찌하여 양반이 되었고、우리 집은 어찌하여 상놈이 되었습니까。』대답。『침산강씨(砧山姜氏)도 그 선조는 우리 선조만 못하였으나 한 가문에 진사(進士)가 세 사람씩이나 있지 않았느냐。오담(鰲潭)* 이(李) 진사(進士) 집도 그렇다。』나는 또 물었다。『진사는 어찌하여 되는가요。』답。『진사 급제(及第)는 학문을 공부하여 큰 선배가 되면 과거(科擧)를 보아서 되는 것이다。』

이 말을 들은 후부터 글공부할 마음이 간절하였다。아버님에게 졸랐다、어서 서당(書堂)에 보내 달라고。아버님은 주저하는 빛이 있었다. 『마을 안에는 서당이 없고 다른 마을로 보내야겠는데, 양반의 서당에서는 잘 받지도 않으려니와 설혹 받아준다 하여도 양반의 자제들이 멸시할 터이니 그 꼴은 못 보겠다.』

문중(門中)의 학령아동(學齡兒童)을 모으고 가까운 마을 상놈 친구의 아동을 몇 명 모아 놓고, 훈료(訓料)*는 쌀과 보리로 가을에 모아 주기로 하고 청수리(淸水里) 이(李) 생원(生員) 한 분(이름은 잊었다)을 모셔 왔는데, 그분이 글이 넉넉지 못하여 양반이지만 같은 양반으로는 그 분을 교사(敎師)로 고용하는 자가 없어서 결국 우리의 선생이 된 것이나, 나는 그 선생님 오신다는 날 너무 좋아서 못 견딜 지경이었다.

머리를 빗고 새 옷을 입고 영접(迎接)을 나갔다. 저쪽에서 나이가 오십여 세나 됨 직한 장대(長大)한 노인 한 분이 오는데, 아버님이 먼저 인사를 하고 나서 『창암(昌巖)아, 선생님께 절하여라』 하시는 말씀대로 절을 공순히 하고 나서 그 선생을 뵈니, 마치 신인(神人)이라 할지 상제(上帝)라 할지, 어찌나 거룩하여 보이는지 그 느낌을 다 말할 수 없었다.

제일 먼저 우리 사랑(舍廊)을 학방(學房)으로 정하고, 식사까지 받들어 모시게 되었다. 열두 살, 개학 첫날에 나는 『마상봉한식(馬上逢寒食)』* 다섯 자를 배웠다. 뜻은 알든 모르든 기쁜 맛에 밤에도 어머님 밀매(麥磨)갈이를 도와드리면서 자꾸 외웠다. 새벽에는 일찍 깨어서 선생님 방에 가서 누구보다도 먼저 배우고, 밥그릇을 메고 멀리서 오는 동무들을 내가 또 가르쳐 주었다.

우리 집에서 석 달을 지내고 다른 학동의 집으로 옮아갔는데, 인근인 산동(山洞) 신(申) 존위(尊位) 집 사랑으로 옮겨 열게 되매 나는 또한 아침이면 밥그릇을 메고 산고개를 넘어 다녔다. 집에서 서당에 가기까지, 서당에서 집에 오기까지 입에서 소리가 끊이지 않고 외우면서 통학을 하였는데, 정도로는 나보다 나은 자 있으나 성적으로는 강안(講案)*에서 언제든지 최우등이었다.

반년이 지나지 않아 신 존위의 부친과 선생 사이에 반목이 생겨 그 선생을 해고하게 되었는데, 표면 이유는 그 선생이 밥을 많이 먹는다는 것이었으나, 사실은 자기 손자는 둔재(鈍才)로 공부를 잘 못하는데 나의 공부는 일취월장(日就月將)하는 것을 시기함인 것은, 종전에 월강(月講)을 할 때 선생은 나에게 조용히 부탁이 있었다. 『네가 늘 우등을 하였으니, 이번에는 네가 글을 일부러 못 외는 것처럼 하고, 내가 물어도 대답을 모른다고 하여라』 나는 『그리하겠습니다』 하고 선생 부탁과 같이 하였더니, 그날은 신 존위 아들이 장원(壯元)을 했다고 술을 장만하고 닭을 잡아 한밥을 잘 먹은 적이 있으나, 마침내는 그 선생이 해고되었으니 그야말로 상놈의 짓이었다.

어느 날 내가 아직 아침밥을 먹기 전에 그 선생님이 집에 와서 나를 보고 작별을 선언하였다. 나는 정신이 아득하여 그 선생의 품에 매달려 목 놓아 울었다. 그 선생도 눈물이 비 오듯 하였다. 급기야 눈물로 작별을 하고 나서는, 나는 밥도 잘 안 먹고 울기만 하였다.

그다음에 곧 그와 같은 돌림 선생을 한 분 모셔다 공부는 하였다. 호사다마(好事多魔) 격으로 아버님이 돌연 전신불수(全身不隨)가 되셨다. 그때부터는 공부도 못 하고 집에서 아버님 심부름을 하게 되었다. 근본 빈한한 살림에 의사와 약을 사용하니 가산(家産)은 탕진되었다. 사오 개월 치료 후에는 반신불수(半身不隨)가 되어 입도 기울어 말소리도 분명치 못하고 한 다리 한 팔을 쓰지 못하였으나, 반쪽이라도 쓰는 것은 퍽 신기해 보였다. 그리하자 돈이 없으니 고명(高明)한 의원(醫員)을 모시기는 불가능하고, 부모님 내외분이 무전여행(無錢旅行)을 떠나서 문전걸식(門前乞食)을 하면서 어디든지 훌륭한 의원을 탐문하여 치료받고자 떠났다.

집까지 밥솥까지 다 내다 팔아 가지고, 나는 백모(伯母) 댁에 떼어 두어 종형(從兄)들과 같이 쇠고삐를 끌고 산허리와 논머리에서 세월을 보내게 되었다. 부모가 그리워서 견딜 수 없으므로 여행하는 부모를 따라서 신천(信川) 안악(安岳) 장련(長連) 등지로 정처 없이 떠돌아다니다가, 나를 장련 대촌(大村) 친척(장련 재종조(再從祖)의 누이) 집에 두고, 부모 내외분만 본향으로 조부의 대상제(大祥祭)*를 지내기 위해 가시고 말았다. 그 댁도 농가(農家)인 까닭에 주인과 같이 구월산(九月山)에 나무를 베러 갔었는데, 내가 어려서는 유달리 크지를 못하여 나뭇짐을 지고 다니면 나뭇짐이 걸어가는 것과 같았고, 또한 그러한 고역(苦役)을 처음 당하니 고통도 되려니와, 그 동네는 큰 서당이 있어 밤낮 책 읽는 소리를 들을 때마다 말할 수 없는 비회(悲懷)를 금할 수 없었다.

그 후, 부모님이 그리로 오신 후에 나는 굳게 고향으로 가서 공부를 하겠다고 졸랐다. 그때에는 아버님이 한쪽 팔다리도 좀 더 쓰고 기력도 차차 회복이 되셔서, 내가 그와 같이 공부에 열심인 것을 가상히 여겨 환향(還鄕)의 길을 떠났다.

마침내 고향에 돌아와 보니, 의식주(衣食住)를 의지할 데가 조금도 없으므로 친척들이 얼마씩 돈을 내어 겨우 몸을 붙여 살고, 나는 곧 서당에 다니게 되었다. 서책(書冊)은 빌려서 읽지만, 붓과 먹 살 돈도 나올 곳이 없었다. 어머님이 김매는 품을 팔고 길쌈을 하여 먹과 붓을 사 주시면 어찌나 감사한지 말로 할 수 없었다. 그러나 나이가 십사 세나 되고, 선생이라고 만나는 이가 거개 고루하여 아무 선생은 벼 열 섬짜리, 아무 선생은 다섯 섬짜리, 훈료(訓料)의 많고 적음으로 그 학력을 짐작하게 되었다. 그뿐 아니라, 어린 때의 소견(所見)으로도 그 마음 씀씀이나 일 처리가 다른 사람의 사표(師表)의 자격으로 보이지 않았다. 그때 아버님은 종종 나에게 이런 훈계가 있었다. 『밥 벌어먹기는 장타령이 제일이라고, 너도 큰 글을 하려고 애쓰지 말아라. 그러니 실용문(實用文)에 주력하여라.』

『우명문사단(右明文事段)…』* 하는 토지문권(土地文券) 작성하기와, 『우근진소지단(右謹陳訴旨段)…』* 하는 정소장(呈訴狀)과, 『유세차(維歲次)… 감소고(敢昭告)…』* 하는 제축문(祭祝文)과, 『복지제기자(僕之第幾子)… 미유항려(未有伉儷)…』* 하는 혼서문(婚書文)과, 『복미심(伏未審)…』* 하는 서한문(書翰文)을 짬짬이 연습하여 무식한 여러 사람들 중에 하나의 샛별 같은 존재가 되었다. 문중(門中)에서는 나에게 촉망하기를 장래에 상당한 존위(尊位)의 자격이 있다고 인정하였지만, 그때 나는 한문(漢文)을 몇 글자 엮어 쓰는 정도였는데, 《통감(通鑑)》* 《사략(史略)》*을 읽을 때 『제왕 제후 장수 재상의 씨가 어찌 따로 있으리오(王侯將相寧有種乎)』라던 진승(陳勝)의 말*과, 칼을 뽑아 뱀을 베었다는 유방(劉邦)의 행동*이나, 빨래하는 아낙네에게서 밥을 얻어먹었다는 한신(韓信)의 사적(事跡)*을 볼 때에는 나도 모르게 양어깨가 바람이 일듯 들썩거렸다.

그리하여 어찌하든지 공부를 계속하고 싶어 하였으나, 가사(家事)가 어찌할 도리가 없어 집을 떠나 고명(高明)한 선생을 찾아가 공부할 형편은 되지 못하니 아버님은 심히 고민하셨다. 우리 마을에서 동북쪽으로 십 리쯤 되는 학명동(鶴鳴洞)의 정문재(鄭文哉) 씨는 우리와 같은 계급의 상인(常人)이지만, 당시 과거(科擧)를 보는 유생(儒生) 중 손꼽히는 선비요, 백모(伯母)와 재종(再從) 남매 사이였다.

그 정 씨 집에는 사방에서 선비들이 모여 시(詩)도 짓고 부(賦)도 지으며, 한편에는 서당을 겸하여 열어 아동을 교양(敎養)하던 터였다。아버님이 정 씨와 교섭하여 학비를 면제받은 학동으로 통학의 승낙을 얻었다。나는 극히 만족하여 사철을 물론하고 매일 밥그릇 망태기를 메고 험한 고개를 넘고 깊은 골짜기를 건너、기숙(寄宿)하는 학생들이 일어나지도 않을 때에 도착하는 적이 많았다。시작(詩作)으로는 과거(科擧) 문장의 초보인 대고풍십팔구(大古風十八句)*를、학과(學課)로는 한시(漢詩) 당시(唐詩)와 《대학(大學)》《통감(通鑑)》을、습자(習字)로는 분판(粉板)을 전용(專用)하였다。

그때 임진년(壬辰年) 경과(慶科)(마지막 과거)*를 해주(海州)에서 거행한다고 공포되었다。정 선생이 하루는 아버님에게 이런 사정을 말하였다。『이번 과거 길에 창암(昌巖)이를 데리고 가면 좋겠는데、글씨를 분판에만 같으면 제 명지(名紙)*는 쓸 만하나 종이에 연습이 없으면 첫솜씨로는 잘 못 쓸 터이니 장지(壯紙)(서후지(書厚紙)*)에 좀 쓰게 했으면 좋겠는데、노형 빈한한 터에 주선할 도리가 없겠지?』아버지께서『종이는 내가 주선하여 볼 터이지만、글씨만 쓰면 되겠나』하자、선생이『글은 내가 지어 줌세』한다。아버님은 심히 기뻐서 어찌어찌하여 서후지 다섯 장을 사 주셨다。나는 기쁘고 감사하여 필사(筆師)의 교법(敎法)대로 정성을 다하여 연습하고 보니 백지(白紙)가 묵지(墨紙)가 되었다。

과거 비용을 마련하지 못하여 부자(父子)가 과거 기간에 먹을 만큼의 좁쌀을 등에 지고 선생을 쫓아 해주에 도착하여、아버님이 종전부터 숙친(熟親)한 계방(稧房) 집에서 기숙(寄宿)하면서 과거 날을 맞았다。

선화당(宣化堂)* 옆 관풍각(觀風閣) 주위에 새끼줄로 만든 그물을 둘러치고、정각(正刻)에 이른바 부문(赴門)(과장(科場) 문을 개방함)을 한다는데、선비들이 접(接)*마다 흰 베에 산동접(山洞接) 석담접(石潭接) 등의 각기 접 이름을 써서 장대 끝에 달고、대규모의 종이 양산을 들고、도포(道袍)에 유건(儒巾)을 쓴 사람들이 제 접마다 지점을 선점(先占)하려고 용감한 사람을 앞세워 이 대혼잡을 연출하는 광경이 볼 만도 하였다。

과장(科場)에는 노소귀천(老少貴賤)이 없이 무질서한 것이 예로부터의 풍습이라 한다。또 가관인 것은 늙은 유생들이 과거를 보게 해 달라고 애걸하는 것이니、관풍각을 향하여 새끼 그물에 머리들을 들이밀고 구두로 사정하는 말이、『소생(小生)의 성명은 아무개이온데、먼 시골에 살면서 과거 때마다 와서 참가하였사온데、금년 칠십 몇 세이올시다。요다음은 다시 과거에 참가하지 못하겠습니다。 초시(初試)라도 한 번 합격이 되면 죽어도 여한이 없겠사옵니다』 한다。 혹은 고함을 지르고、 혹은 목 놓아 우니、 비루(鄙陋)도 해 보이고 가련(可憐)도 해 보였다。

우리 접(接)에 와서 보니、 선생과 접장(接長)*들이 글 짓는 자는 짓고、 글씨 쓰는 자는 쓰고 있었다。 나는 선생님에게 늙은 유생들이 과거를 구걸하는 정황을 말씀드린 끝에、 『이번에는 제 이름으로 말고、 제 부친의 명의(名義)로 과지(科紙)를 작성해 주시면 좋겠습니다。 저는 앞으로도 기회가 많지 않겠습니까』 하였다。 선생님이 내 말에 감심(感心)하여 기뻐하는 말을 듣던 접장 한 분이 말한다。 『그럴 것이다。 네가 글씨가 나만 못할 터이니、 너의 부친의 명지(名紙)는 내가 써 주마。 후일 네 과거는 더 공부하여 네가 직접 짓고 쓰거라。』 『네、 고맙습니다。』 그날은 아버님의 명의로 과지(科紙)를 작성하여 새끼 그물 사이로 시관(試官) 앞을 향하여 던져 들여보냈다。

그러고 나서 주위 광경을 보면서 이런 말 저런 말을 듣는 중에 시관(試官) 측에 대하여 불평하는 말은、 통인(通引)* 놈들이 시관에게는 보이지도 않고 과지(科紙) 한 아름을 도적질하여 갔다고 하는 말과、 과장(科場)에서 글을 짓고 쓸 때에 남에게 보이지 않는 것이 중요하니、 이유는 글을 지을 줄 모르는 자가 남의 글을 보고 가서 자기의 글로 써서 들여보낸다는 것이었다。 또 괴이한 말은、 돈만 많으면 과거도 할 수 있고 벼슬도 할 수 있다、 글을 모르는 부자들이 학식 높은 이름난 선비의 글을 몇백 냥 또는 몇천 냥씩 주고 사서 진사(進士)도 하고 급제(及第)도 하였다고 한다。 그뿐인가。 이번 시관은 누구이므로、 서울 아무개 대신에게 서간(書簡)을 내려 부쳤으니까 반드시 된다고 자신하는 사람、 아무개는 시관의 수청 기생에게 주단(紬緞) 몇 필을 선사하였으니 이번에 꼭 과거를 한다고 자신하는 자도 있었다。

나는 과거(科擧)에 대한 의문이 생기기 시작했다。「이 위의 몇 가지 현상으로만 보아도 과거제도를 시행하는 나라、 곧 나라가 임금이요 임금이 곧 나라로 알게 된 시대에서는 무슨 필요가 있으며、 이 모양의 과거를 한다면 무슨 가치가 있는가。 내가 온갖 정성을 다하여 장래를 개척하려고 공부를 하는 것인데、 선비의 유일한 진로인 과거의 꼬락서니가 이 모양이니、

나랏일이 이 지경이면 내가 시(詩)를 짓고 부(賦)를 지어 과문육체(科文六體)*에 능통한다 하여도, 아무 선생, 아무 접장 모양으로 과장(科場)의 대서업자(代書業者)에 불과할지니, 나도 이제는 앞길에 다른 길을 연구해야겠다.」

과거 길에 불쾌함 또는 비관을 품고 집에 돌아왔다. 아버님과 상의하였다. 『금번 과장(科場)에서 이것저것 살펴보니, 제가 어디까지든지 공부를 성취해 가지고 입신양명(立身揚名)을 하여 강씨 이씨에게 압제를 면할까 하였더니 유일한 진로라는 과장의 악폐(惡弊)가 이와 같으므로, 제가 비록 학식 높은 이름난 선비가 되어서 학력으로는 강씨 이씨를 압도한다 하여도 그들에게는 공방(孔方)*(즉 돈)의 마력이 있는데 어찌하겠습니까. 또한 학식 높은 이름난 선비가 되도록 공부를 하려면 다소의 금전이라도 있어야 되겠는데, 집안이 이같이 몹시 가난하니 이제부터 서당 공부는 그만두겠습니다.』 아버님 역시 옳게 여기시고 『너 그러면 풍수(風水) 공부나 관상(觀相) 공부를 해 보거라. 풍수에 능하면 명당(明堂)을 얻어 조상을 장례 지내면 자손이 복록(福祿)을 누리게 되고, 관상을 잘 보면 선인군자(善人君子)를 만나게 되느니라』 하신다. 나는 매우 이치에 맞다고 생각되었다. 『그것을 공부해 보겠습니다. 서적(書籍)을 얻어 주십시오』 하였더니, 우선 《마의상서(麻衣相書)》* 한 권을 빌려와 독방(獨房)에서 상서(相書)를 공부하였다.

상서를 공부하는 방법은, 거울을 대하고 부위와 명칭을 내 상(相)으로부터 다른 사람의 상으로 미치게 하는 것이 첩경이다. 그러고 보니 흥미가 있는 것은, 다른 사람의 상보다 나의 상을 잘 볼 필요가 있다고 마음먹고, 문밖에 나가지도 않고 석 달 동안이나 상론(相論)에 의하여 내 상을 관찰하여 보아도 한 군데도 귀격(貴格) 부격(富格)의 달상(達相)이 없을 뿐 아니라, 얼굴과 온몸이 천격(賤格) 빈격(貧格) 흉격(凶格)만으로 되어 버렸다.

앞서 과장(科場)에서 얻은 비관에서 벗어나기 위하여 상서(相書)를 공부하던 것이 그 이상의 강한 비관에 빠졌다. 짐승과 같이 살기만을 위하여 살까, 세상에 살고 싶은 마음이 없어졌다. 그런데 상서 중에 이런 구절이 있었다. 『상 좋은 것이(相好不如身好) 몸 좋은 것(身好不如心好)만 못하고, 몸 좋은 것이 마음 좋은 것만 못하다.』 이것을 보고 「상 좋은 사람(好相人)」보다 「마음 좋은 사람(好心人)」이 되어야겠다는 생각이 굳게 정하여졌다.

이제부터는 외적(外的) 수양은 어찌 되든지 내적(內的) 수양을 힘써야만 사람 구실을 할 수 있겠다고 마음먹고, 종전에 공부를 잘하여 과거를 하고 벼슬하여 천한 신분에서 벗어나 보겠다는 생각은 순전히 허영이요 망상이요, 마음 좋은 사람이 취할 바 아니라고 생각되었다.

그러나 마음이 좋지 않은 사람이 마음 좋은 사람 되는 방법이 있는가 자문(自問)함에는, 역시 막연하였다. 상서(相書)는 그만 덮어 버리고, 지가서(地家書)*도 좀 보았으나 취미를 얻지 못하였고, 병서(兵書)인 《손무자(孫武子)》* 《오기자(吳起子)》* 《삼략(三略)》* 《육도(六韜)》* 등의 책을 보니 이해하지 못할 곳이 많았으나, 장수가 될 자질에 있어서 『태산이 앞에서 무너져도 마음은 함부로 움직이지 않는다(泰山覆於前 心不妄動)』 『지위 낮은 군졸과 더불어 괴로움과 즐거움을 함께한다(與士卒同甘苦)』 『나아가고 물러남을 호랑이처럼 빨리 한다(進退如虎)』 『상대를 알고 나를 알면 백 번 싸워도 지지 않는다(知彼知己 百戰不退)』 등의 구절은 매우 흥미 있게 송독(誦讀)을 하였다. 십칠 세 때 일 년간 문중(門中)의 어린아이들을 모아 훈장질을 하면서 의미도 잘 모르는 병서만 읽었다.

학구(學究) 시대

그러할 즈음에 사방에서 괴상한 뜬소문이 분분한데, 어디서는 이인(異人)이 나서 바다에 떠다니는 화륜선(火輪船)을 못 가게 딱 붙여 놓고 세금을 내야 놓아 보낸다는 둥, 머지않아 정도령(鄭道令)*이 계룡산(鷄龍山)에 도읍을 정하고 조선조(朝鮮朝) 국가는 없어질 터이니 밭은목*에 가서 살아야 다음 세상에 양반이 된다고 하고, 아무개는 계룡산으로 이사를 하였느니 하는 중이었다.

우리 마을에서 남쪽으로 이십 리 떨어진 포동(浦洞)이란 곳의 오응선(吳膺善)과 이웃 동네 최유현(崔琉鉉) 등은 충청도(忠淸道)에서 최도명(崔道明)이란 동학(東學)* 선생에게 입도(入道)하여 공부를 하는데, 출입할 때 방문을 열거나 닫지 않고 갑자기 있다가 갑자기 없어지며, 공중으로 보행한다고 하며、그 선생 최도명은 하룻밤 사이에 능히 충청도를 내왕한다고 한다。

나는 호기심이 생겨 한번 가서 보고 싶은 생각이 났다。그런데 그 십을 찾아가는 예절은、육류(肉類)를 먹지 말고 목욕하고 새 옷을 입고 가야 접대를 한다고 한다。십팔 세 되던 정초(正初)에、어육(魚肉)도 먹지 않고、목욕하고 머리를 빗어 따 늘이고、청포(青袍)에 녹대(綠帶)를 띠고 포동(浦洞) 오 씨 댁을 방문하였다。

마침내 문 앞에 당도하자 방 안에서 무슨 글 읽는 소리가 들리는데、보통 시(詩)나 경전(經典)을 읽는 소리와 달라서 노래를 합창하는 것 같으나 의미를 알 수가 없었다。공경(恭敬)하여 문에 나아가 주인 면회를 청하니 젊은 청년 한 사람이 접대를 하는데、그도 양반인 것은 알고 간 터이라 보니 상투를 짜고 통천관(通天冠)*을 썼다。공순히 절을 하니、그이도 맞절을 공손히 하고 첫 말이 『도령은 어디서 오셨소』 묻는다。나는 황공하여 본색을 말하였다。『제가 어른(관례(冠禮)를 치르고 갓을 썼다는 뜻)이 되었어도 당신께 공대(恭待)를 듣지 못하련만、하물며 아이인데요。』 그이는 감동하는 빛을 보이면서 『천만의 말씀이오。다른 사람과 달라서 나는 동학(東學) 도인(道人)이기 때문에 선생의 교훈을 받아 빈부귀천(貧富貴賤)에 차별 대우가 없습니다。조금도 미안하여 마시고 찾으신 뜻이나 말씀하시오』 한다。나는 이 말만 들어도 별세계에 온 것 같았다。

나는 묻기를 시작하였다。『제가 오기는 선생이 동학을 하신단 말을 듣고 도리(道理)를 알고 싶어 왔습니다。이런 아이에게도 말씀하여 주실 수 있습니까。』 답(答)。『그처럼 알고 싶어서 오셨다는데야 내가 아는 데까지는 말씀하겠습니다。』 문(問)。『동학이란 학(學)은 근본 취지가 어떠하며、어느 선생이 천명(闡明)하셨습니까。』 답(答)。『이 도(道)는 용담(龍潭) 최수운(崔水雲)* 선생이 천명하셨으나 이미 순교(殉教)하셨고、지금은 그 조카 최해월(崔海月)* 선생이 대도주(大道主)*가 되어 포교(布教) 중인데、근본 취지로 말하면、말세(末世)의 간사한 인류로 하여금 개과천선(改過遷善)하여 새 백성이 되게 하여 가지고 장래에 진주(眞主)*를 모셔 계룡산에 신국가(新國家)를 건설하는 것입니다。』

나는 한 번 듣고도 심히 기쁜 마음이 생겼다。상격(相格)에서 낙제를 하고 호심인(好心人)이 되기로 마음속으로 맹세한 나에게는、천주(天主)를 몸에 모시고 체천행도(體天行道)*한다는 말이 제일 절실하였고、상놈 된 원한이 골수에 사무친 나에게 동학에 입도(入道)만 하면 차별 대우를 철폐한다는 말이나、 조선조의 운수가 다하였으니 장래에 신국가를 건설한다는 말에는、 더욱이 작년에 과장(科場)에서 비관을 품은 것이 연상되었다。

동학(東學)에 입도(入道)할 마음이 불길같이 일어났다。 오 씨에게 입도 절차를 물으니、 백미(白米) 한 말、 백지(白紙) 세 묶음、 황촉(黃燭) 한 쌍을 준비하여 가져오면 입도식을 행하여 주마고 한다。 《성경대전(聖經大全)》*과 《팔편가사(八編歌辭)》*와 〈궁을가(弓乙歌)〉* 등 동학 서적을 열람한 후에 집에 돌아와 아버님에게 오 씨와 만나 이야기한 일체를 상세히 보고하니、 아버님은 쾌히 허락하고 입도식에 대한 예물을 준비해 주시었다。

동학(東學) 접주(接主)

나는 새로운 예물(禮物)을 가지고 곧 가서 입도(入道)를 하고 동학 공부를 열심으로 하였다。 아버님도 이어 입도하셨다。 그때에 인정(人情) 상태로는、 양반들은 가입하는 자가 매우 드문 반면에、 내가 상놈인 만큼 상놈들의 취향이 동학으로 많이 쏠려 들어왔다。 불과 수개월에 연비(聯臂)(부하라 할까 제자라 할까)가 수백 명에 달하였다。

그때에 나에 대한 근거 없는 뜬소문이 인근에 두루 유포되었다。 나를 찾아와서 『그대가 동학을 하여 보니 무슨 조화(造化)가 생기더냐』 물으면、 나는 정직하게 『모든 악함을 짓지 말고 여러 선함을 받들어 행하라(諸惡莫作 衆善奉行)』*라는 것이 이 동학의 조화라고 하지만、 듣는 자들은 자기네에게는 아직 그런 조화를 보여 주지 않는 것으로 자인(自認)하고、 전파하기는 김창수(金昌洙)(그때부터 행용(行用)하던 이름)가 한 길 이상에서 보행하는 것을 보았다고 한 것이다。 잘못 전해진 말들이 다시 잘못 전해져 점점 도(道)가 매우 높다는 소리가 퍼져 떠들썩해지므로、 황해도(黃海道) 일대는 물론이고 평안남북도(平安南北道)에까지 연비가 수천에 달하였다。 당시

양서(兩西)*의 동학당(東學黨) 중에 나이 어린 자로서 가장 많은 수의 연비를 가졌기 때문에 별명이 「아기접주」였다。

다음 해인 계사년(癸巳年)* 가을에 오응선(吳膺善) 최유현(崔琉鉉) 등이 충청도 보은(報恩)에 계신 해월(海月) 대도주(大道主)에게 각기 자기 연비(聯臂)들의 명단을 보고하라는 경통(敬通)*(공적인 문서)에 의하여 도(道) 내에서 명망 높은 도유(道儒)* 열다섯 명을 선발하는 데 내가 뽑혔다。길게 땋은 머리로 가기가 불편하다 하여 갓을 쓰고 출발하게 되었다。

연비들이 여비를 내주어 토산(土産) 예물(禮物)로 해주에서 향먹(香墨)을 특별히 만들어 가지고 육로(陸路)와 수로(水路)를 지나서 보은군(報恩郡) 장안(長安)이라는 마을에 도착하니、이 집 저 집、이 구석 저 구석에서 『시천주조화정 영세불망만사지(侍天主造化定 永世不忘萬事知)』*와 『지기금지 원위대강(至氣今至 願爲大降)』*의 주문 외우는 소리가 들리고、한쪽은 떼를 지어 나가고 한쪽은 몰려 들어오고、집이 있는 대로 사람이 가득가득했다。

접대인(接待人)에게 우리 일행 열다섯 명의 명단을 주어 해월 선생에게 만나 뵙기를 청하였다。시간이 지나 황해도 도인(道人)들을 부른다는 통지를 받고 열다섯 명이 일제히 해월 선생 처소에 갔다。인도자(引導者)의 뒤를 따라 그 집에 가서 해월 선생 앞에 열다섯 명이 한꺼번에 절을 하는데、선생도 역시 한 번에 앉아서 상체를 구부리고 손을 땅에 짚고 답례의 절을 한다。그리고 멀리서 수고스레 왔다는 간단한 인사를 했다。

우리 일행 중에 대표로 열다섯 명이 각각 성책(成冊)한 명단을 선생 앞에 드렸다。선생은 그 명단책을 문서 책임자에게 맡겨서 처리하라고 분부를 하였다。그리고 다른 동행들도 그런 생각이 났겠지만、천 리가 멀다 하지 않고 간 것은 선생이 무슨 조화주머니나 주었으면 하는 마음과、선생의 도인(道人)다운 풍모는 어떠한가 보려는 생각이 간절하던 터였다。선생은 연세가 근 육십 되어 보였는데、채수염이 보기 좋게 약간 검은 가닥이 보였고、면모는 맑고 여위었으며、머리에 큰 흑립(黑笠)을 쓰고 저고리만 입고 앉아 일을 보았다。

방문 앞에 놓인 무쇠 화로의 약탕관(藥湯罐)에서는 독삼탕(獨蔘湯)*을 달이는 김과 냄새가 났는데、선생이 잡수신다고 하였다。방 안팎에 많은 제자들이 옹위(擁衛)하는 중에 더욱 친근히 모시는 자 손응구(孫應九) 병희(秉熙)、* 김연국(金演局)* 두 사람은 선생의 사위라 하였고、그 외에 유명한 제자 박인호(朴寅浩)* 등 많이 있었다。 내 보기에 손 씨는 젊은 청년이었고、김 씨는 나이가 근 사십 되어 보이는데 순실(純實)한 농사꾼 같아 보였고、손 씨는 문필(文筆)도 있어 보이고 부적 글에 「天乙天水(천을천수)」라고 쓴 것을 보아도 필재(筆才)도 있어 보였다。

그때에 남도(南道) 각 관청에서 동학당(東學黨)을 체포하여 압박을 하는 반면에、고부(古阜)에서 전봉준(全琫準)은 벌써 군사를 일으켰다고、우리가 그 자리에 서 있는 때에 들어와서 보고하는 것을 들었는데、이어서 『아무 군수(郡守)는 도유(道儒)(도유는 동학당인(東學黨人)을 스스로 또는 다른 사람이 부르는 이름)의 온 가족을 다 잡아 가두고 가산(家産) 전부를 강탈하였나이다』 한다。 선생은 진노(震怒)하는 안색으로 순 경상도(慶尙道) 어조로 『호랑이가 물러 들어오면 가만히 앉아 죽을까。 참나무 몽둥이라도 들고 나가서 싸우자!』 한다。 선생의 이 말이 곧 동원령(動員令)이었다。 각지에서 와서 대령하던 대접주(大接主)들이 물 끓듯 밀려 나가기 시작하였다。 우리 열다섯 사람에게도 각각의 이름으로 접주라는 첩지(帖紙)를 내려 주었는데 「海月印(해월인)」(둥근 모양에 전자(篆字)로 새김)을 찍었다。

선생에게 하직하는 절을 한 번 하고 속리산(俗離山)을 구경하고 차차 돌아오는 길에 들어서자、벌써 곳곳에 무리를 지어 흰옷 입고 칼 찬 자들을 종종 봉착하게 되고、광혜원장(廣惠院場)*에 도착하니 수만의 동학군(東學軍)이 진영을 벌이고 행인(行人)을 검사하는데、가관은 인근 양반 중에 평소 동학당 학대한 자들을 잡아다가 길가에 앉히고 짚신을 삼게 하는 것이었다。 우리 일행은 증거를 보고 무사히 통과를 시켰다。

부근 촌락의 경황(景況)은、밥을 짐으로 지어서 시칭(時稱) 「도소(都所)」로 보내는 것이 수를 헤아리기 어려웠고、논에서 벼를 베던 농군들이 동학당이 물밀듯 모여드는 것을 보더니 낫을 버리고 도주하는 것도 보았다。 경성(京城)을 지나면서 보니 벌써 경군(京軍)이 삼남(三南)*을 향하여 가는 것을 보았다。

같은 해 구월경에 고향으로 돌아오니、황해도 동학당들도 다소 양반과 관리의 압박도 있는 동시에 삼남에서 호응하라는 경통(敬通)이 잇따라 오기 때문에、열다섯 접주를 비롯하여 회의한 결과 거사(擧事)하기로 결정되었다。 제일회 총소집의 위치를 죽천장(竹川場) 포동(浦洞) 부근 시장에 정하고 각처에 경통을 띄우고、나는 팔봉산 아래에 산다고 해서 「팔봉(八峯)」이란 접명(接名)을 짓고、푸른 비단에 「八峯都所(팔봉도소)」 넉 자를 대서특서(大書特書)하고, 표어로는 「斥倭斥洋(척왜척양)」* 넉 자를 써서 걸었다.

회의한 요점은, 거사만 하면 경군(京軍)과 왜병(倭兵)이 와서 접전이 될 터이니, 연비(聯臂) 중에 무기가 있는 이는 모아서 군대를 편제하기로 하였다. 나는 본시 산골짜기에서 나서 자랐고 또한 상놈인 까닭에 산포수(山砲手)* 상놈 연비가 가장 많았다. 인근 부잣집에서 약간의 호신 무기를 수집한 외에 대부분이 사냥 포수 제자가 자기 총기를 가져 온 것을 군대로 편성하니, 총 가진 군인이 칠백여 명이었다. 무력 면으로 보면 거사 초에 누구의 접(接)보다 뛰어난 지위에 있었다.

최고회의에서 수부(首府)인 해주성(海州城)을 맨 먼저 무너뜨리고 탐관오리(貪官汚吏)와 왜놈을 다 잡아 죽이기로 결정하고, 팔봉 접주 김창수(金昌洙)를 선봉으로 정하였다. 그것은 나이가 아무리 어릴지라도 평소에 무학(武學)에 연구가 있었고, 현재 순전한 산포수로 편성한 것이 가장 정밀하다는 것이나, 이면에는 자기네가 총알받이 되기 싫다는 이유도 있는 것이다. 그러나 나는 승낙하였다.

즉시 전체는 후방에서 따르고, 나는 「先鋒(선봉)」이라는 사령기(司令旗)*를 잡고 말을 타고 선두에 서서 해주성으로 향하여 나아갔다. 해주성 서문(西門) 밖 선녀산(仙女山) 위에 진을 친 후에, 총지휘부에서 총공격령을 내리고 선봉에게 작전 계획을 맡긴다. 나는 이런 계획을 제시하였다. 『지금 성안에 아직 경군(京軍)은 도착하지 못하였고, 오합(烏合)으로 편성한 수성군(守城軍) 이백여 명과 왜병 일곱 명이 있으니, 선발대로 하여금 먼저 남문(南門)을 향하여 진공(進攻)하게 하면 선봉이 거느리는 부대는 온 힘을 다해 서문을 공격하여 무너뜨릴 터이니, 총지휘소에서는 그 형세를 보아 허약한 곳을 응원하라』라는 것으로, 올린 계획을 채용하게 되었다.

그러는 즈음에 왜병(倭兵)이 성 위에 올라 시험총(試驗銃) 네다섯 발을 쏘았다. 남문으로 향하던 선발대는 도주하기 시작하였는데, 왜병은 남문으로 나와 도주하는 군중을 향하여 총을 연발하였다. 나는 전군(全軍)을 지휘하며 선두에 서서 서문 아래에 도착하여 맹공(猛攻)을 하였는데, 갑자기 총지휘소에서 퇴각령(退却令)을 내리자 선봉대가 머리를 돌리기도 전에 산과 들로 널리 퍼져 도망하는 빛이었다.

퇴각하는 원인을 물으니, 서너 명의 도유(道儒)가 남문 밖에서 총에 맞아 죽었기 때문이라 한다. 그러니 선봉군(先鋒軍)도 퇴각하지 않을 수 없었다。 비교적 조용하게 퇴각하여 해주에서 서쪽으로 팔십 리 떨어진 회학동(回鶴洞)의 곽(郭) 감역(監役)* 집에 선도대(先導隊)를 보내고、후방의 후퇴한 병사를 집합하기로 하고、최후에 군인을 지도하여 회학동에 도착하니 무장 군인들은 전부가 집합되었다。

대부분 정돈을 시키고、금번 실패에 분개하여 군대 훈련에 진력하기로 하여 원근(遠近) 지방에 동학이건 동학이 아니건 불문하고 종전에 장교(將校)의 기술이 있는 자는 정중한 말과 후한 예의로 맞아들여다가 총술(銃術)과 행보(行步)며 체조(體操)를 교련(敎鍊)하던 차에、하루는 문밖에서 어떤 인사(人士)가 면회를 청하기에 접대하니、문화(文化)* 구월산(九月山) 아래 거주하는 성명 정덕현(鄭德鉉) 우종서(禹鍾瑞) 두 사람이었다。 나이는 나보다 십여 세 이상이요、박람박식(博覽博識)의 이름난 선비였다。 내방(來訪)한 이유를 물으니 태연하게 대답하는 말이、『동학군(東學軍)은 한 놈도 쓸 것이 없는데、풍문(風聞)으로는 그대가 좀 낫다는 말을 듣고 한번 보고자 왔다』 한다。 비밀 면회가 아니기 때문에、좌중(座中)으로부터 그 두 사람을 지목하여 동학을 헐뜯는 사람이니、혹은 예의가 없는 사람이니、갖은 시비가 일어났다。 나는 대로(大怒)하여 좌중의 여러 사람들을 꾸짖었다。『이 손님들이 나와 면담하는 때에 이와 같이 혼잡 무례함은 나를 도움이 아니고 나를 멸시함이다』 하고、다시 좌중을 향하여 좀 나가 달라고 청하여 세 사람만 회담하게 되었다。

나는 공손히 정(鄭) 우(禹) 두 사람을 대하여 『선생들이 이와 같이 수고도 마다하지 않고 오신 것은 소생(小生)에게 좋은 계책을 가르쳐 줄 후의(厚意)가 있는 것이 아닙니까』 하였다。 정 씨가 하는 말이、『내가 설혹 계책을 말하여도 그대가 듣고나 말는지、실행할 자격이 있는지가 의문이다。 요새 동학군 접주나 된 자들이 거들먹거리는 기세가 하늘에 닿을 듯하여 선배를 깔보는 판에、그대도 접주의 한 사람이 아닌가』라고 한다。 나는 더욱 흥분을 가라앉히고 『이 접주는 다른 접주와 다를는지、그것은 소생을 가르쳐 주신 후에 시행 여하를 보시는 것이 어떠하십니까』 하였다。

정 씨는 흔쾌히 악수하고 방침을 말하였다。 첫째、군기(軍紀)를 바르고 엄숙하게 할 것、즉 병졸(兵卒)을 대하여도 서로 절하거나 서로 경어(敬語)를 하는 등을 폐지할 것。 둘째、민심(民心)을 얻을 것、즉 동학당이 총을 가지고 시골 마을에 횡행(橫行)하며 이른바 곡식을 모으니 금전을 모으니 하는 강도 같은 행위를 금지할 것。 셋째、어진 사람을 모시는 글을 널리 퍼뜨려 경륜 있는 선비를 많이 얻을 것。 넷째、전군(全軍)을 구월산 안에 집중시키고 훈련을 실시할 것。 다섯째、양식을 마련하는 일은 재령(載寧)과 신천(信川) 두 군(郡)에 왜놈들이 장사하려고 쌀을 사들여 쌓아 둔 것이 수천 석이니、그것을 몰수하여 패엽사(貝葉寺)*에 옮겨 쌓아 둘 것 등이었다。

나는 마음에 들고 매우 기뻐서 다섯 개 방책을 시행하기로 결정하였다。 즉시로 총소집령을 내려 집합장에 나가서 정 씨는 모주(謀主)、* 우 씨는 종사(從事)*라고 널리 알리고、전원을 지휘하여 그 두 사람에게 최고의 경례를 행하였다。 이로부터 간이(簡易)한 군령(軍令) 몇 개 조를 공포하고、군령을 위반하는 자에게는 태장(笞杖)으로 곤장(棍杖)으로 벌을 주며、구월산으로 접(接)을 옮길 준비에 착수하였다。

하룻밤에는 안(安) 진사(進士)의 밀사(密使)가 왔다。 안 진사 태훈(泰勳)은 본진(本陣)인 회학동(回鶴洞)에서 동쪽으로 이십 리 떨어진 천봉산(千峯山)이라는 큰 산 하나를 사이에 두고 있는 신천군(信川郡) 청계동(清溪洞)에 사는데、문장과 명필로 해서(海西)는 물론 경향(京鄉)에 저명하고 지략(智略)을 겸비하여、당시 조정(朝廷) 대신(大臣)들 중에서도 그 기량을 소중히 하는 대우를 받는 이로서、동학이 궐기함을 보고 이를 토벌하기 위하여 자제(子弟)에게 병사(兵士)를 담당케 하고、삼백여 명의 포수를 나누어 모아 청계동 자택에 의려소(義旅所)*를 설립하고、경성(京城) 모(某) 대신들의 원조와 황해감사(黃海監司) ○○의 지도 아래에서、벌써 신천에서는 동학 토벌에 성적이 양호하여 각 접(接)이 몹시 두려워하여 경계하며 대비하는 중에 있었고、우리도 청계동을 향하여 경비하던 터였다。 정 씨 등이 밀사와 접촉한 내용은、『안 진사는 비밀 조사로 그대의 연소담대(年少膽大)한 인품을 애중(愛重)하여 군사를 일으켜 토멸(討滅)하지 않을 것이나、김창수(金昌洙)는 인근 지역에서 많은 군사를 거느리고 있으니 만일에 청계동을 침범하다가 패멸(敗滅)당하게 되면 인재(人才)가 매우 아깝다』는 후의(厚意)로 밀사를 보냈다 한다。

즉시로 참모회의를 열고 의결한 결과、「상대가 나를 치지 않으면 나도 상대를 치지 않고、양쪽에서 불행에 닥치게 될 때에 서로서로 돕는다」는 밀약(密約)이 성립되었다。

기정방침대로 구월산(九月山) 패엽사(貝葉寺)로 군대를 출발하였다. 그 절로 본영(本營)을 삼고, 동구(洞口)에는 파수막(把守幕)을 짓고, 군인의 산 밖 출입을 엄금하고, 신천군에 왜놈들이 장사하려고 쌓아 둔 백미(白米) 천여 석을 몰수하여 놓고, 산 아래 각호(各戶)에 훈령(訓令)을 내려 백미 한 석을 패엽사까지 운반하는 자는 백미 서 말씩을 준다 하였더니 그날 안에 전부가 절 안으로 옮겨 쌓였다. 그것은 운반하는 대가를 후하게 준 까닭이었다.

각 마을에 훈령(訓令)하여 동학당(東學黨)이라 칭하고 금전을 강제로 거두거나 행패 부리는 자가 있을 때는 빨리 와서 알리라 하고, 고발되는 대로 군인을 보내 체포해다가 무기가 있는 자는 무기를 빼앗은 후에 곤장 태장으로 엄히 형벌을 가하여 죄를 다스리고, 맨손으로 행패 부리는 자도 엄중히 다스리니, 사방이 안도하고 인심이 안정되었다.

매일 군인들로 하여금 실탄(實彈) 연습과 전술(戰術)을 가르치며, 어진 사람을 모시는 글을 널리 퍼뜨려 알린 후에, 나는 길 안내자를 앞세우고 구월산 안팎에 지감(知鑑)*이 있다는 인사(人士)를 조사하여 혼자 도보로 방문하는 중에, 월정동(月精洞) 송종호(宋宗鎬) 씨를 스승으로 삼고 사람과 말을 보내어 산사(山寺)에 모시고 고문(顧問)을 받으니, 송 씨는 일찍이 상해(上海)를 두루 돌아다녀 해외 사정도 정통하고 사람됨이 뛰어나며 영웅의 기풍이 있었다. 풍천군(豐川郡)*으로부터 허곤(許坤)이라는 이름난 선비가 와서 만나 보니, 허 씨는 문필(文筆)이 뛰어나고 그때그때 해야 할 일을 잘 아는 인사였다.

그 절에서 가장 도승(道僧)이라고 명성이 경향(京鄉)에 현저한 하은당(荷隱堂)이란 중이 일체의 사찰 일을 총주관하는데, 제자(弟子)와 학인(學人)을 아울러 수백 명의 남녀 승도(僧徒)가 있었다. 때때로 하은대사(荷隱大師)에게서 도학설(道學說)을 들으며 간간이 최고회의를 열고 장래 방침을 토의하였으나, 그때는 경군(京軍)과 일병(日兵)이 해주성(海州城)을 점거하고 근방에 흩어져 있는 동학 기관을 소탕하고, 점차 서진(西進)하여 옹진(甕津) 강령(康翎) 등지를 소탕 평정하고 학령(鶴嶺)으로 넘어온다 하였다. 구월산 근방에 그득한 동학(東學) 중에 이동엽(李東燁)이라는 접주가 큰 세력을 점하고 있었는데, 종종 패엽사 부근 촌락에서 노략질을 하다가 우리 군인에게 잡혀 와서 무기를 빼앗기고 형벌을 당하고 돌아간 자와, 나의 부하로서 간간이 마을에 가서 재보(財寶)를 약탈하고서 엄형(嚴刑)을 받고 이동엽의 부하가 되는 자가 나날이 늘어나고, 도적질을 하고 싶은 자는 어두운 밤에 도주하여 이동엽의 부하로 돌아가니, 나의 세력이 날로 줄어들었다.

최고회의에서 될 수 있는 대로 기회를 보아 가지고 김창수의 동학 접주 감투를 벗어 버리게 했는데, 이는 병권(兵權)을 빼앗자는 야심이 아니요, 나로 하여금 보신(保身)케 할 방책이었다. 허곤을 평양에 보내 장호민(張好民)의 소개를 얻어 가지고 황주(黃州) 병사(兵使)*에게 양해를 얻어서 패엽사에 있는 군대를 허곤에게 인도케 하고, 허곤은 송종호의 서신(書信) 한 장을 지니고 평양으로 출발하였다.

이때는 십구 세인 갑오년(甲午年) 음력 섣달경*이었다. 여러 날 동안 신열과 두통이 심하여 조실방(操室房)*에서 홀로 지내며 치료 중이었는데, 하은당이 문병(問病)을 와서 자세히 보더니 『홍역도 못 하였던 대장이로구려』 한다. 영장(領將)* 이용선(李龍善)에게 보고하여 나에게 병문안 오는 자는 나 있는 방 안 출입을 금지시키고, 하은당이 치료를 책임지고 맡아 여승당(女僧堂)의 연로한 수도승(修道僧) 가운데 홍역에 경험 있는 자를 택하여 조리하게 하였다.

하루는 이동엽이 전군(全軍)을 거느리고 공격해 온다는 급보(急報)가 있은 후, 순식간에 총을 쏘고 칼을 휘두르는 자가 절 안에 가득 차고, 우리 군인들은 산산이 도망쳐 달아나는 자, 육박전(肉薄戰)을 하는 자가 있다고 하였다. 이동엽이 호령하기를, 『김 접주에게 손을 대 죽게 하는 자는 사형에 처한다』 하였다. 이는 내가 밉지 않음이 아니나, 나는 해월(海月) 선생이 날인(捺印)한 접주이니 동학의 정통이요, 이동엽은 제이세(第二世)로서 임시적으로 임종현(林宗鉉)의 차첩(差帖)을 받은 접주이므로, 나에게 박해를 가함으로써 뒷날 큰 화를 입을까 두려워함이었다.

『영장 이용선만 사형에 처하라』 한다. 나는 그 말을 듣고 급히 뛰어나와, 『이용선은 나의 지도 명령을 받아서 모든 것을 시행한 것뿐이니, 만일 이용선이가 죽을죄가 있다면 그는 곧 나의 죄이니, 나를 총살하라』고 큰소리로 꾸짖었다. 이동엽은 부하를 지휘하여 나의 손발을 꼭 껴안고 스스로 움직이지 못하게 하고 이용선만 끌고 나가더니, 시간이 지나 동구(洞口)에서 총성(銃聲)이 들리자 절 안에 있던 이동엽의 부하는 거의 대부분 물러갔고, 이용선의 총살 보고가 있었다. 나는 이 말을 듣고 즉각으로 동구(洞口)에 달려가 보니, 과연 이용선은 총을 맞아 아직 전신(全身)의 의복에 불이 붙는 중이었다. 나는 머리를 껴안고 통곡을 하다가 나의 저고리, 즉 어머님이 남의 윗사람 노릇 한다고 큰 스무 살에 처음으로 지어 보내신 명주 저고리를 벗어 이용선의 머리를 싸서 마을 사람들에게 지휘하여 잘 매장하게 하고, 눈 속에 벌거벗은 몸으로 슬피 우는 것을 본 인근의 사람들이 의복을 갖다 주었다.

밤으로 부산동(缶山洞) 정덕현(鄭德鉉) 집에 가서 당한 일을 설명하니, 정 씨는 말하기를, 『이용선 군이 살해당한 일은 불행이나, 형은 지금부터는 일을 마무리해야 할 장부(丈夫)이니 며칠간 홍역의 여독(餘毒)이나 조리하여 가지고 나와 풍진(風塵)을 피하여 유람이나 떠납시다』 한다. 나는 이용선의 복수를 말하였다. 정 씨는 『의리로는 당연하나, 지금 구월산을 소탕하려는 경군과 왜병이 아직 맹공을 시도하지 못하는 것은, 산 밖에 이동엽의 형세가 크고 산사(山寺)에 우리가 천험(天險)을 의지하고 비교적 정병(精兵)이라 탐문한 것이나, 오늘의 소문을 듣고서는 즉각으로 이동엽을 섬멸하는 즉시 패엽사를 점령할 것이니, 복수를 말할 여지가 없습니다』 한다.

이용선은 함경도(咸鏡道) 정평(定平) 사람으로, 평소에는 장사하러 황해도(黃海道)에 와서 거주하는데, 수렵(狩獵)의 총술(銃術)이 있고, 무식(無識)은 하지만 사람을 거느리는 재주가 있어 화포(火砲) 영장(領將)을 맡겼던 것이다. 그 후에 자기 아들과 조카 들이 와서 정평 본향(本鄕)으로 이장(移葬)하는 때에, 마을 사람들에게서 이 씨 피습 당시의 정황을 듣고 시신(屍身)을 파내다가 나의 저고리로 그 얼굴을 싼 것을 보고서, 나에 대하여 악감(惡感)을 품지 않고 가더라는 말을 들었다.

정 씨 집에서 이삼 일을 요양한 후에 장연군(長淵郡) 몽금포(夢金浦) 근처 마을로 피란하여 석 달을 숨어 살았다. 동쪽에서 전해 오는 풍문을 들으니 이동엽은 벌써 잡혀 가서 사형을 당하고, 해서(海西) 각 군의 동학은 거의 소탕되었다 한다.

정 씨와 함께 기동(基洞) 본가(本家)에 와서 부모님을 뵈옵는데, 매우 불안한 상태에 계셨다. 왜병이 죽천장(竹川場)에 진을 치고 부근의 동학당을 수색하는 중이니, 부모님께서는 도로 먼 곳에 가서 화를 피하라고 말씀하신다.

이튿날 정 씨는 청계동(淸溪洞) 안(安) 진사(進士)를 가 보자고 한다。 나는 주저하였다。 안 씨가 용납한다 하여도, 전쟁에서 패배한 장수인 나를 포로와 같이 대우한다면 갔던 길이 후회될까 염려하였다。 정 씨는 힘써, 『안 진사가 밀사를 보낸 진의(眞意)가 원병(援兵)의 술책이 아니요 진정으로 형의 연소담대(年少膽大)한 재기(才器)를 아낌이니, 염려 말고 동행합시다』라고 권한다。

나는 정 씨와 함께 그날로 천봉산(千峰山)을 넘어 청계동 입구에 당도하였다。 그 마을은 사방이 험준하고 수려하며, 주밀(周密)하지는 못하나 사오십 호의 인가(人家)가 여기저기 있는데, 마을 앞에 한 줄기 긴 내가 흘러가고, 석벽(石壁) 위에 안 진사의 친필 글씨를 새긴 「淸溪洞天(청계동천)」 넉 자가 흐르는 물소리를 따라 살아 움직이는 것 같았다。

마을 입구에 하나의 작은 산이 있는데 산꼭대기에 포대(砲臺)가 있고, 수병(守兵)의 질문에 따라 명자(名刺)*를 주니 의려장(義旅長)의 허가가 있다 하면서 위병(衛兵)이 인도한다。 위병을 따라 의려소, 즉 안 진사 댁을 들어가면서 관찰하니, 문 앞에 소규모의 연당(蓮塘)을 파고 그 가운데 한 칸 초정(草亭)을 지었는데, 안 진사 육 형제가 보통 때 술 마시고 시 읊으며 세월을 보낸다고 한다。 대청에 들어서니, 벽 위에 「義旅所(의려소)」 석 자를 안 진사의 친필 횡액(橫額)으로 써 붙였다。

우리의 명자(名刺)를 본 안 진사는 정당(正堂)에서 우리를 맞아서 친절히 영접하고 인사한 후에 제일 첫말이 『김 석사(金碩士)*가 패엽사에서 위험을 벗어난 후, 내 생각은 심히 우려되어 애써 계신 곳을 탐색하였으나 아직 행방을 모르던 터에, 금일에 이처럼 찾아 주시니 감사합니다』 한다。 다시 나를 향하여 『부모님께서 모두 계시다던데, 내외분은 어디 안접(安接)할 곳이 계십니까』 묻기에, 『별로 안접할 곳은 없고 아직 본동(本洞)에 계십니다』 하였다。 즉시 총 멘 군인 서른 명을 차례로 확인하여 불러 오일선(吳日善)에게 맡기고, 『오늘 당장 기동(基洞)에 가서 김 석사 부모님을 모시고 그곳 가까운 마을의 소나 말을 잡아 그 댁 가산(家産) 전부를 운반하여 이사하게 하라』고 명령하고, 인근의 가옥 한 채를 매입하여 그날로 청계동 거주를 시작하니, 내가 이십 세 되던 을미년(乙未年)* 이월이었다。

안 진사는 친절히 부탁한다。 『날마다 사랑(舍廊)에 와서 내가 없는 사이라도 나의 동생들과도 놀고, 사랑에 모이는 친구들과

도 담화(談話)를 하든지 서적(書籍)을 보든지 마음대로 안심하고 지내시오』라고 한다。

안 진사 육 형제의 장형(長兄)은 태진(泰鎭)、그다음은 태현(泰鉉)、안 진사 태훈(泰勳)은 항렬로 셋째요、넷째 태건(泰健)、다섯째 태민(泰民)、여섯째 태순(泰純)이 거의 모두 학식이 풍부하고 인격이 상당한 중에、안 진사가 학식으로나 기량으로나 제일 탁월했다。

안 진사는 나에게 종종 시험 삼아 질의(質疑)도 하고 담론(談論)도 하나、실제로 나는 유치한 행동거지가 많은 때였다。하루는 봄기운이 화창한 때였다。포군(砲軍)들을 데리고 술과 안주를 차려 놓고 유쾌하게 노는 때에 씨름 잘하는 자를 모집하여 씨름을 시키다가、최후 결승의 두 사람이 용맹스럽게 씨름하는 것을 구경하는데、재용(才勇)이 서로 대적할 만하여 쉽사리 승부를 내지 못하였다。안 진사는 나에게 『창수가 보기에는 어느 사람이 승리를 거둘 듯한가』 묻는다。나는 이렇게 대답하였다。『키가 크고 힘 있어 보이는 사람이 좀 작은 사람에게 질 줄 생각합니다。』 진사는 그렇게 보이는 이유를 묻는다。나의 대답은 『내가 보는 바로는、아까 씨름할 때에 키 큰 사람의 바지가 찢어져 그 볼기가 드러나게 되어 기운을 다 쓰지 못하는 빛이 있으니、나는 단연코 그 사람이 질 줄 압니다』 하였다。말이 끝나기도 전에 과연 그 사람이 지는 것을 본 진사는 나를 더욱 사랑하였다。

진사는 아들이 셋 있는데、장자(長子)는 중근(重根)이니 당년 십육 세에 상투를 틀었고、* 자주색 명주 수건으로 머리를 동이고 돔방총(보통 장총(長銃)이 아니고 메고 다니기에 편리하도록 만든 것)을 메고 노인당(老人堂)과 신상동(薪上洞)으로 날마다 수렵을 일삼았다。영기(英氣)가 발랄하여 여러 군인들 중에도 사격술(射擊術)이 으뜸이라고 하였다。사냥할 때에도 비금주수(飛禽走獸)를 백발백중하는 재주라 하여 태건 씨와 숙질(叔姪)이 늘 동행하였는데、어떤 때는 하루에 노루 고라니를 여러 마리 잡아다가 그것으로 군인들을 먹여 위로하고、진사의 육 형제가 거의 다 음주(飮酒)를 좋아하고 독서(讀書)를 좋아하는지라 짐승을 사냥하여 오면 자기 육 형제는 반드시 한데 모이고、그 밖에 오(吳) 주부(主簿)* 고(高) 산림(山林)* 최(崔) 선달(先達)* 등이었고、나는 술 마시고 시 읊는 데 아무 자격이 없으나 또한 초대를 받아 산수야금(山獸野禽)의 진미(珍味)를 함께 맛보며 지냈다。진사가 자기 아들과 조카를 위하여 서재(書齋)를 차렸는데、당시 빨간 두루마기를 입고 머리를 땋아 늘인 팔구 세의 정근(定根)과 공근(恭根)에게는 글을 읽어라 써라 하고 독려하여도, 장자 중근에게 공부 안 한다고 질책하는 것은 보지 못하였다。

진사의 육 형제는 거개 문사(文士)의 체격이 있으나 유약해 보이는 이는 한 사람도 없었고, 그 중 진사는 눈빛이 꿰뚫듯 빛나 사람을 압도하는 기운이 있었으므로, 당시 조정(朝廷) 대관(大官) 중에도 필단(筆端)으로나 면담(面談)에서 항쟁(抗爭)을 당하고 머릿속에서는 안 진사를 악평하던 자라도 면대(面對)만 하면 부지불식간(不知不識間)에 공경의 태도를 가지게 된다고 하였고, 나의 관찰도 그러하였는데, 퍽 소탈하여 무식한 아랫사람들에게도 조금도 교만하거나 건방진 빛이 없이 이를 데 없이 친절하였으므로, 윗사람으로부터 아랫사람까지 거개가 함께하기를 즐겨하였다。 면모가 심히 청수(清秀)하나, 주량이 과도하므로 코가 빨개지는 증상이 있는 것이 결점으로 보였다。

당시 시객(詩客)들이 안 진사 율시(律詩)의 명작(名作)을 전하여 읊는 것을 많이 들었고, 자기도 종종 나를 대하여 득의작(得意作)을 많이 들려 주었으나, 기억에 남아 있는 것으로는 동학당이 창궐할 때에 『새벽 굼벵이는 살고자 흔적 없이 가 버리나, 저녁 모기는 죽기를 무릅쓰고 소리치며 달려든다(曉蝎求生無跡去 夕蚊寧死有聲來)』만 생각난다。 황석공(黃石公)의 《소서(素書)》*를 자필로 써서 벽장문에 붙이고 술기운이 있을 때는 늘 낭독하였다。

안 진사의 조부(祖父) 인수(仁壽)*씨는 십이삼 대(代)나 해주부(海州府) 내에서 세거(世居)하다가, 자기가 진해현감(鎭海縣監)을 역임한 뒤에 여유 있는 자산(資産)을 아주 가까운 친척에게 분배하여 주고, 자기는 삼백여 석 추수(秋收)의 자본을 남겨 가지고, 청계동이 산수(山水)만 수려할 뿐 아니라 족히 피란지(避亂地)가 되겠다고 생각하고 장손 중근이 두 살 때 청계동으로 거처를 옮겼고, 안 진사는 과거(科擧) 응시자로 경성(京城) 김종한(金宗漢)* 집에 여러 해 묵으며 과거에 참가하였는데, 급기야 소과(小科)에 합격됨도 김종한이 시관(試官)인 때라 한다。 그리하여 안 진사는 김종한의 문객(門客)이니 식구니 하는 당시의 소문이 있었다。

나는 날마다 그 사랑(舍廊)에 다니며 놀았는데, 노인 한 분이 있어, 연세는 오십여 세나 되어 보이고 기골(氣骨)이 장대하고 의관(衣冠)이 심히 검소한 분이 종종 사랑에 오면 안 진사는 극진히 공경하여 맨 윗자리에 영접했다。하루는 진사가 나를 소개하여 그분에게 인사시킨 후에、그는 나의 약력(略歷)을 그분에게 아뢴다。그분은 즉 고능선(高能善)이라는 학자(學者)이다。사람들은 고 산림(高山林)、고 산림 하고 부른다。고능선은 해주(海州) 서문(西門) 밖 비동(飛洞)에 세거(世居)하였고、중암(重菴) 유중교(柳重敎)* 씨의 제자요 의암(毅菴) 유인석(柳麟錫)*과 동문인(同門人)으로、당시 해서(海西)에서 품행이 점잖고 바르기로 손꼽히는 학자였다。안 진사가 의병을 일으킬 초기에 고능선을 모사(謀師)*로 모셔 오고 그 온 집안을 옮겨 청계동에 거주하게 하던 터였다。

하루는 역시 안 진사 사랑에서 고 씨를 찾아뵙고 종일 논 뒤 헤어져 갈 즈음에 고 씨는 나에게 이러한 말을 한다。『창수、내 사랑(舍廊) 구경은 좀 아니하겠나。』나는 감심(感心)하여 『선생님 사랑에도 가서 놀겠습니다』하였다。

이튿날에 고 선생 댁을 방문하였다。고 선생은 노안(老顔)에 희색(喜色)을 띠고 친절히 영접한다。장자(長子) 원명(元明)을 불러 나와 인사를 시킨다。원명은 나이가 삼십이 넘었고、타고난 바탕과 성품이 명민(明敏)은 해 보이나 웅위관후(雄偉寬厚)한 그 부친은 따라가지 못하리라고 보였다。차자(次子)는 성인이 되어 사망하여 과부 며느리만 데리고 살고、원명은 열대여섯 살 된 장녀(長女)와 네다섯 살 된 딸까지 두 여식(女息)을 두었고、아직 아들은 없다고 한다。

고 선생이 거처하는 사랑은 작은 방인데、방 안에 쌓인 것은 거개 서적(書籍)이며、네 벽에는 고대(古代) 명현달사(名賢達士)의 좌우명과 자기 마음으로 깨우쳐 얻은 글 등을 돌려 붙였으며、고 선생은 무릎을 모으고 바른 자세로 앉아 함양(涵養)도 하고、간간이 《손무자(孫武子)》와 《삼략(三略)》 외의 병서(兵書)도 읽었다。

고 선생이 나를 대하여 담화(談話)하는 중에 『자네가 매일 진사 사랑에 다니며 놀지만 내가 보기에는 자네에게 절실히 유익할 정신 수양에는 이익이 없을 듯하니、매일 내 사랑에서 나와 같이 세상 일도 담론하고 학문도 토론함이 어떠한가』한다。

나는 황공 감사하였다。『선생님이 이처럼 너그럽게 받아 주시나、소생(小生)이 어찌 감당할 만한 재질(才質)이 있겠습니까。』고 선생은 미소를 띠고 명백히 설명은 아니하나、나에 대하여 사랑하는 마음이 충만한 것을 엿볼 수 있었다。

나의 그때 심리 상태를 말하면, 제일 먼저 과장(科場)에서 비관을 품었다가 희망을 상서(相書) 공부로 옮겼고, 나의 상격(相格)이 너무도 못생긴 것을 비탄(悲歎)하다가 호심인(好心人) 되리라는 결심을 하였고, 호심인 되는 방법이 묘연하던 차에 동학(東學)의 수양을 받아 가지고 신국가(新國家) 신국민(新國民)을 꿈꾸었으나, 지금에 와서 보면 그도 역시 손으로 바람을 잡으려 함이었고, 이제 패장(敗將)의 신세로 안 진사의 후의를 입어서 생명만은 편안히 보전을 하지만, 장래를 생각하면 어떤 곳에다가 발을 딛고 진로를 취함이 좋을까 하는 데는 가슴에 안타까움과 답답함을 느끼던 즈음이었다。

고 선생이 저처럼 나를 사랑하는 빛이 보이지만, 참으로 내가 저러한 고명(高明)한 선생의 사랑을 바로 받을 만한 소질이 있는가。 내가 그이의 과분한 사랑을 받는다 하여도 종전에 과거(科擧)니 관상(觀相)이니 동학(東學)이니 하던 것과 같이 효과를 내지 못할 지경이면, 나 자신이 타락됨은 둘째요, 고 선생과 같이 순결해 보이는 양반에게 누를 끼칠까 두려움이 생겼다。

나는 고 선생을 대하여 진정으로 말을 하였다。『선생님, 선생님은 저를 똑바로 살피시어 가르쳐 주셔요。 저는 불과 스무 살에 일생의 진로에 대하여 스스로를 속이고 스스로 잘못하여 허다한 실패를 거치고 지금에 이르러서는 참으로 민망합니다。 선생님이 저의 자격과 품성을 밝히 보시고 앞으로 발전해 나아갈 가능성이 있어 보이시거든 사랑도 해 주시고 교훈도 해 주시려니와, 만일 좋은 사람 될 조짐이 없다면, 저는 고사(姑捨)하고 선생님의 높은 덕(德)에 누를 끼침을 원치 않습니다。』 모르는 결에 눈물이 눈자위에 가득해졌다。

고 선생은 나의 마음에 고통이 있음을 극히 동정하는 말로 『사람이 자기를 알기도 쉬운 일 아니거든, 하물며 다른 사람을 밝히 알 수 있는가。 그러므로 성현(聖賢)을 목표로 하고 성현의 발자취를 밟아 가는 가운데, 고래(古來)로 성현의 지위까지 이른 자도 있고, 좀 못 미치는 자도 있고, 성현 되기까지는 아주 높고 멀다 하여 중도에 바르지 못한 길로 가거나 또는 자포자기하여 짐승과 가까운 지경에 빠져 있는 자도 있으니, 자네가 호심인(好心人) 되려는 본의(本意)를 가진 이상 몇 번 길을 잘못 들어서 실패니 곤란이니 거쳤을지라도, 본심(本心)만 변치 말고 고쳐 가기를 그치지 않고, 앞으로 나아가기를 그치지 않는다면 목적지에 이르는 날이 반드시 있으리니、지금 마음에 고통을 가지는 것보다는 역행(力行)을 해야 할 것 아닌가。실패는 성공의 어머니요 고민은 쾌락의 근본이니、자네는 상심 말게。이같은 늙은이도 자네의 앞길에 혹시 보태어 도움이 있다면、이 늙은이도 영광이 아닌가』한다。나는 고 선생의 말씀을 듣고서 위안만 될 뿐 아니라 젖을 주리던 어린아이가 어머니의 젖을 먹는 것과 같았다。

나는 고 선생에게 다시 『그러시면 앞길에 대한 일체를 선생님 보시는 대로 교훈해 주시면 마음을 다하여 받들어 행하겠습니다』하였다。고 선생은 『자네가 그같이 결심하면、나의 눈빛이 미치는 데까지、자네가 역량이 있는 대로、내게 있느니만큼은 자네를 위하여 마음을 다할 터이니、젊은 사람이 너무 상심 말고 매일 나와 같이 노세。갑갑할 때는 우리 원명이와 산 구경도 다니며 놀게』한다。그날부터는 밥을 안 먹어도 배고픈 줄을 모르겠고、고 선생이 죽으라면 죽을 생각이 났다。그다음부터는 매일 고 선생 사랑에 가서 놀았다。

선생은 고금(古今)의 위인(偉人)을 비평해 주고、자기가 연구하여 깨달은 요지(要旨)를 가르쳐 주고、《화서아언(華西雅言)》*이나 《주자백선(朱子百選)》* 중에서 긴요(緊要)한 구절을 가르치고、주로 의리(義理)가 어떤 것인가와、사람이 초군(超群)의 재주와 능력이 있는 자라도 의리에서 벗어나면 그 재능이 도리어 화근(禍根)이 된다는 말이라든지、사람의 처세(處世)는 마땅히 먼저 의리에 기본하며、일을 행하는 데는 「판단」「실행」「계속」의 세 단계로 사업을 성취한다는 여러 금언(金言)을 들려주었는데、가만히 보면 어느 때든지 나에게 보여 주기 위하여 책장(冊章)을 접어 두었다가 들춰 보이는 것을 보아도 그 정력(精力)을 기울여 쏟아 가르침을 알 수 있었다。그런즉、고 선생 생각에 경서(經書)를 차례로 가르쳐 줌보다 나의 정신이 어떠한가와 재질(才質)을 보아 가지고、비유하면 뚫어진 곳을 기워 주고 빈 구석을 채워 주는、말로 전하고 마음으로 받아들이는 첩경(捷徑)의 교법(敎法)이라 하겠다。

고 선생이 나를 지내 보고 가장 결점으로 생각한 것은、과단력(果斷力)이 부족해 보인 듯하였다。번번이 훈계(訓戒)하는 말을 할 때에、무슨 일이나 밝히 보고 잘 판단해 놓고도 실행의 초발점(初發點)인 과단(果斷) 그것이 없으면 다 쓸데없다는 말을 할 때에는

『가지를 잡고 나무에 오르는 것은 놀라운 일이 아니다。매달린 벼랑에서 손을 놓을 수 있어야 대장부이다(得樹攀枝無足奇 懸崖撒手丈夫兒)』*의 구절을 힘있게 설명하였다。

그리하기를 여러 달을 지내는데、안 진사도 종종 고 선생을 방문하여 세 사람이 한자리에 모인 중에 진사와 고 선생이 서로 주거니 받거니 고금사(古今事)를 강론(講論)함을 옆에서 듣는 재미가 비교할 데 없었다。

그런데、내가 청계동에 거주하면서 처음에는 갈 곳도 아는 사람도 없으므로 안 진사 사랑에 가서 놀았는데、안 진사만 자리에 있지 않으면 포군(砲軍)들이 나를 향하여 들어라 하고 『저자(나를 가리켜)는 진사님만 아니면 벌써 썩어졌을 것이야。아직도 「접주(接主)님」하고 여러 사람들에게 대접받던 생각이 날걸』하거나、내가 듣는 줄 알면서 『그렇고 말고、저자가 우리 같은 포군들 보기를 초개(草芥)같이 볼걸』하거나、어떤 사람은 입을 비쭉하며 『여보게(저의 같은 포군을 향하여)、그런 말들 말게。귀에 담아 두었다가 후일 동학이 다시 득세(得勢)하는 날은 원한을 앙갚음할지 알겠나』한다。이런 말을 들을 때는 즉시로 청계동 생활을 벗어나고 싶은 생각이 불꽃과 같으나、주장(主將)인 안 진사가 그같이 후대(厚待)하는데 무식한 병졸(兵卒)의 소행을 탓함이 도리어 용렬(庸劣)하다 생각하고、드러내지 않고 견디며 지냈다。

그러나 진사는 번번이 사랑에서 잔치를 벌여 술 마실 때나 흥취 있게 놀 때는 고 선생을 반드시 모시고、나는 술로나 글로나 나이로나 또한 겉치레로나 좌석에 광채를 줄어들게 할 것밖에 없는 나이지만、내가 초청받고 조금만 지각이 되어도 군인이나 하인에게 분부하여 『너、속히 돼지골 가서 창수 김 서방님 모셔 오너라』한다。자연히 포군(砲軍)들만 나에 대하여 공손한 태도가 생길 뿐 아니라、안 진사의 친아우들도 그러하였다。종전에는 처음으로 만나서 말을 주고 받아 보니 별로 볼 것이 없었을 것은 사실이겠고、자기 사랑에서 군인들이 나를 대하여 희롱하는 언행을 옆에서 들을 때에도 그 군인들에게 주의를 시키는 빛도 보이지 않았다。그것은 모르겠다、그이들이 자기 형님인 진사가 자리를 뜰 때에 군인들의 말을 듣고 진사에게 보고하였으나 진사는 무식한 군인들을 직접 질책하는 것이 도리어 내게 이롭지 못하겠다 생각하고 나를 그와 같이 특별 대우하는 것인지。어떻든지 군인들이 점차 태도가 공손해지고、더욱이 고 선생이 친근하게 접대함을 본 마을의 여러 사람들의 태도까지도 차차 달라졌다。

나는 산증(疝症)*이 몇 년 전부터 시작되어 종종 고생을 했다。그때에도 산증 기운이 생겨 안 진사 사랑에 늘 다니는 오주부(吳主簿)에게 증상에 대해 물으니、사삼(沙蔘)*을 많이 먹으면 근본적으로 고칠 수 있다 한다。그러므로 고 선생 댁에서 놀다가는 원명(元明)과 약괭이(藥)*를 둘러메고 뒷산에 올라가 사삼도 캐고、바위 위에 앉아서 원명과 정담(情談)도 하며 세월을 보내었는데、석 달을 사삼을 장복(長服)하였더니 과연 산증은 완전히 고쳐졌다。그 소문을 들은 당시 신천군수(信川郡守) 아무개는 안 진사에게 청하고、안 진사가 다시 나에게 청하므로 사삼 한 구럭을 캐어 보낸 일도 있었다。

번번이 고 선생 댁에서 놀다가는 밥도 선생과 같이 먹고、밤이 깊어 인적(人跡)이 뜸할 때는 국사(國事)를 의논했다。고 선생은 이런 말을 하였다。『만고천하(萬古天下)에 흥해 보지 못한 나라가 없고 망해 보지 못한 나라가 없다。그러나 종전의 망국(亡國)이라 함은 토지(土地)와 인민(人民)은 가만두고 그 임금의 지위만 빼앗는 것으로 흥한다 망한다 하였다。지금에 이르러서는 그렇지 않아서、토지와 인민과 주권(主權)을 아울러 빼앗는 것이다。우리나라도 반드시 망하게 되었는데、필경은 왜놈 우두머리에게 멸망을 당하게 되었다。이른바 조정(朝廷) 대관(大官)들이 전부가 외세(外勢)에 아첨하는 사상을 가지고、러시아(俄羅斯)를 가까이하여 자기 지위를 보전할까、영국(英國)과 미국(美國)을、불란서(佛蘭西)를、왜(倭)를 가까이하면 자기 지위가 공고(鞏固)할까 순전히 이 생각뿐이니、나라는 망하는데 국내에 최고의 학식을 가졌다는 산림학자(山林學者)들도 세상일을 혀를 차며 탄식할 뿐이지、어떠한 구국(救國)의 경륜(經綸)이 있는 자 보이지 않음이 큰 유감일세。나라 망하는 데도 신성하게 망함과 더럽게 망함이 있는데、우리나라는 더럽게 망하게 되겠네。』

나는 놀라서 질문하였다。선생은 대답한다。『나라가 신성하게 망한다 함은 일반 인민(人民)이 의(義)에 의하여 끝까지 싸우다가 적(敵)에게 기울어져 몰락당하여 망함이요、더럽게 망한다 함은 일반 신하와 백성이 적에게 아부하다가 적의 술책에 떨어져 항복하고 망함일세。지금 왜놈의 세력이 전국에 흘러넘치고 궁궐 안까지 침입하여 대신(大臣)들을 적(敵)의 의사(意思)대로 내쫓고、모든 시정(施政)이 「제이(第二)의 왜국(倭國)」이 아닌가。 만고천하(萬古天下)에 오래 존재하며 망하지 않은 나라가 없고、 만고천하에 오래 살며 죽지 않은 사람이 없는즉、 자네나 나나 일사보국(一死報國)의 한 가지 일만 남아 있네。』 선생은 슬퍼하는 얼굴빛으로 나를 보았다。 나도 울었다。

나는 또 물었다。『그런데 망할 것으로 하여금 망하지 않게 할 방침은 없습니까。』『자네 말이 옳으네。 이미 망할 나라라도 망하지 않게 힘써 보는 것이 신하와 백성의 의무이지。 우리는 현 조정 대관들 모양으로 외세에 아첨하는 식으로 하지 말고、 서로 돕는 식으로 청국(淸國)과 결탁은 할 필요가 있지。 작년에 청일전쟁(淸日戰爭)*에서 청국이 패하였으니 언제든 청국의 복수 전쟁은 한번 있을 터이니、 상당(相當)한 인재가 있으면 이제 청국에 가서 사정도 조사하고 인물도 연락하였다가 훗날에 한목소리로 상응하려면 절대로 필요하니、 자네 한번 가 보려나。』『저같이 나이 어리고 분별 없는 자가 간들 무슨 효과를 얻겠습니까。』 고 선생은 반쯤 웃는 태도를 가지고 이런 말을 하였다。『그거야 그렇지。 자네만으로 생각하면 그렇지만、 우리 동지자(同志者)들이 많다면 청국 정계(政界)나 학계(學界)나 상계(商界)나 각 방면에 들어가서 활동을 할 때이지만、 그런 뜻을 가진 사람을 알 수 있겠나。 자네 한 사람의 생각이라도 그렇게 하는 것이 훗날 유익할 것으로 본다면 실행하여 보는 것뿐이지。』 나는 기꺼이 승낙하였다。『마음이 항상 울적하니 먼 곳 바람도 쏘일 겸 떠나 보겠습니다。』 고 선생은 심히 만족하여 『자네가 떠난 후에는 자네 부모 내외가 고적(孤寂)할 터이니 자네 아버지와 내가 역시 우리 사랑에 모여서 이야기나 하고 놀겠네』 한다。 나는 고맙게 생각했다。

나는 또 물었다。『안 진사와도 상의를 하면 어떻겠습니까。』 고 신생은 이러한 말을 한다。『내가 안 진사의 의향을 짐작하는바 천주학(天主學)을 해 볼 마음이 있으니、 만일 양이(洋夷)에 의뢰할 마음이 있다면 대의(大義)에 어긋나는 행동이니、 안 진사에 대한 태도는 후일에 결정할 날이 있으니 아직은 출국(出國)에 대한 문제는 말을 마는 것이 좋겠고、 안 진사는 확실한 인재이니 후일에 자네가 청국에 두루 돌아다닌 결과 좋은 동기가 있을 지경이면 그때 상의하여도 늦지 않은즉、 이번 가는 일은 비밀에 부치고 떠나는 것이 합당할까 하네。』 나는 옳다고 여기고 출발을 준비하는 중이었다。

청국(清國) 시찰(視察)

하루는 안(安) 진사(進士) 사랑에 갔다가 참빗(대빗)장수 한 사람을 보았다。 가만히 그 말과 행동거지를 보니 보통 돌아다니는 참빗장수와는 달라 보였다。 인사를 청하였다。 그 사람은 남원군(南原郡) 이동(耳洞) 사는 김형진(金亨鎭)이라 하였다。 나와 같은 본(本)이요、나이로는 나보다 팔구 세 위였다。 그 사람에게 청하였다。『내 집에서 참빗을 살 터이니 같이 가서 파시오』 하니 응낙하고 집에 따라온다。

하룻밤 함께 자며 문답(問答)한 결과、그는 보통 대빗 장사를 목적함이 아니라、삼남(三南)에서도 신천(信川) 청계동(清溪洞) 안 진사는 당대의 대문장가(大文章家)이자 대영웅(大英雄)이라 들리는 소문이 있기에 한번 찾아가 만나 보고자 함이라 한다。 그다지 인격이 출중하고 학식이 넉넉지는 못하나、시국(時局)에 대하여 불평을 품고 무슨 일을 해 보겠다는 결심은 있어 보였다。

이튿날 함께 고 선생 댁을 방문하고 김형진의 인격을 감정(鑑定)케 하였다。 고 선생도 이야기해 보더니、『우두머리 될 인물은 못 되나 남에게 의지하여 일을 이루어낼 소질은 있어 보인다』 한다。 집에서 부리던 말 한 필을 내다 팔아 이백 냥의 여비를 준비해 가지고 김형진과 함께 청국(清國)으로 출발하였다。

노정(路程)으로 먼저 백두산(白頭山)을 답파(踏破)하고 동삼성(東三省)*으로 하여 맨 마지막은 북경(北京)까지를 목적하고 출발하였다。 평양(平壤)까지 무사히 도착하여 여행 방법을 협의한 결과、김형진이 이미 참빗장수로 행세하였으니 같은 방법으로 하기로 하여、여비 전부로 참빗과 필묵(筆墨)、그 밖에 산중에서 요긴한 물품을 사서 두 사람이 한 짐씩 지고、모란봉(牡丹峯)과 을밀대(乙密臺)를 잠시 구경하고、강동(江東)으로、양덕(陽德) 맹산(孟山)으로、고원(高原) 정평(定平)을 지나 함흥(咸興) 감영(監營)*에 도착하였다。

평양서부터 함흥에 도착한 그간의 경과 사정은、아직까지 기억에 남아 있는 것은 강동(江東) 어떤 시장(市場)에서 숙박을 하다가 그 시장 안 칠십 노부(老夫) 술주정뱅이에게 이유 없이 매를 맞은 일이 있으나、원대한 목적을 품고 먼 길을 가는 처지로서 사소한 일을 당한 것을 마음에 둘 바 아니라 하여、김형진과 한신(韓信)이 회음(淮陰)의 소년에게 당하던 일*을 이야기하고 서로 위로하였다。

고원군(高原郡) 함관령(咸關嶺)* 위에서 이태조(李太祖)의 승전비(勝戰碑)*(말갈(靺鞨)과의 전쟁에서 승리한 비)를 구경하고、홍원(洪原) 신포(新浦)의 경치와、명태잡이하는 광경과、어떤 튼튼한 여자가 광주리에 꽂게 한 무더기를 힘껏 이고(머리에 올려놓음) 가는데 게 다리 한 개가 나의 팔뚝보다 굵은 것을 보았다。

함경도의 교육제도가 양서(兩西)보다 일찍이 발달된 점으로는、아무리 가난한 집으로 게딱지만큼씩 한 가옥(보통으로도 양서(兩西)에 비하면 구조가 정제(整齊)하다)을 짓고 사는 마을일지라도 서재(書齋)는 반드시 기와집으로 지어 만들었고、그 밖에 「도청(都廳)」이라 하여 마을마다 공용(公用) 가옥을 비교적 크고 화려하게 짓고 그 집에 모여 놀기도 하고 고담(古談)도 보고 짚신도 삼고、마을 안 뉘 집에나 내빈(來賓)이 있으면 식사를 대접하여 도청에서 쉬어 묵게 하며、무전객(無錢客)이 쉬어 묵을 것을 청하면 그 도청의 공금(公金) 중에서 음식을 대접하는 규례(規例)가 있고、또 오락의 기구로는 북 장구 꽹과리 퉁소 등을 비치하여 두고 마을 사람이 종종 모여 즐기기도 하고 내빈 위로도 하는 미속(美俗)이 있었다。

홍원(洪原)의 어떤 큰 마을 서재(書齋)를 방문하니 건축이 크고 웅장한데、교사(敎師) 세 사람이 있으니、고등교사 한 사람은 학생 중 경서반(經書班)을 맡아 가르치고、그다음은 중등과(中等科)를、그다음은 유치반(幼稚班)을 분담하여 가르치는데、대청(大廳) 좌우에 북과 꽹과리를 걸어 놓고 북을 치면 학생들이 독서(讀書)를 시작하고 꽹과리를 치면 독서를 마치는 미규(美規)를 보았다。

함흥(咸興)에 도착하여 남대천(南大川)의、목교(木橋)로는 조선(朝鮮)에서 제일 크다는 다리를 지나는데、수심(水深)은 물이 넘쳐흐르는 장마 때를 제외하고 보통 때는 옷을 걷어올리고 물을 건널 만하고, 넓게 흐르는 곳은 그 다리와 같이 오리 조금 못 되는 거리였다. 김병연(金炳淵)의 〈남대천(南大川)〉* 시에 『산은 들이 좁아 할까 하여 멀리멀리 서 있고, 물은 가는 배가 두려워 얕게얕게 흐르는구나(山疑野窄超超立 水恐舟行淺淺流)』 등의 구절을 명작이라 한다.

그 다리를 지나가니 조선 사대물(四大物) 중 하나인 장승(나무로 만든 사람의 상(像)이니, 머리에 사모(紗帽)를 쓰고 얼굴은 적색으로 물들이고 눈을 부릅뜬, 위엄있게 만든 것) 네 개가 좌우 길가에 마주 서 있다. 조선 사대물이란 것은, 경주(慶州)의 인경*(종(鍾))、 은진(恩津) 미륵(彌勒)*(석불(石佛))、 연산(連山) 쇠*(솥)、 함흥 장승 이것들이다. 이태조(李太祖)의 유물이라는 함흥의 낙민루(樂民樓)도 구경하였다.

북청(北靑)에서 본 것은, 이 고을이 산중의 큰 고을이요, 이 고을 인사(人士)들은 예로부터 과거에 열심한 결과 군(郡) 안에 생존한 진사(進士)가 삼십여 명이요, 생존한 과거 급제자가 일곱 명이라 한다. 남대천 좌우에 솟대(진사(進士)를 한 사람을 위해, 크고 긴 나무 기둥에 용(龍)의 형상을 그리고, 기둥 맨 끝에 옆으로 날아가는 용의 몸을 목각(木刻)하여 얹은 것)가 빽빽하게 늘어선 것을 보았다. 참으로 문화향(文華鄕)이었다.

단천(端川) 마운령(摩雲嶺)을 넘어 갑산군(甲山郡)에 이르니 을미년(乙未年) 칠월경이었다. 이 고을 역시 산중의 큰 고을이요, 이상한 것은 성 안팎에 관사(官舍)를 제외하고는 지붕에 푸른 풀이 무성하여 얼른 보기에는 황폐한 인적 없는 고도(古都)의 느낌이 있다. 그것은, 그곳 말인 「봇껍질」로 지붕을 덮고 흙을 깔고 풀씨를 가져다가 흙에 씨앗을 심어 무성하게 한 것으로, 물동이로 퍼붓듯 하는 큰비가 내려도 흙이 흘러 떨어지지 않게 한 것이니, 이 봇나무를 보니 양서(兩西)에 있는 벚나무 껍질 색이 붉은색인 것과는 판이하다. 이 봇껍질은 색깔이 희고 탄력이 강하며 지붕을 덮을 때는 반드시 조약돌이나 흙으로 눌러놓는데, 흙기와나 돌기와보다도 오래 가고 썩지 않는다고 하며, 그곳에서 사람이 죽은 후 염습(殮襲)할 때 봇껍질로 싸면 땅속에서 만년(萬年) 가도록 해골(骸骨)이 흩어져 떨어지지 않는다고 한다.

혜산진(惠山鎭)에 이르러 제천당(祭天堂)을 참관하니, 이 사당(祠堂)은 백두산맥(白頭山脈)이 남쪽으로 내달리는 조선 산맥의 조종(祖宗)이 되는 곳이다. 이 사당의 주련(柱聯)을 보니, 『유월 눈 빛깔의 산, 백두에 구름과 안개로 감돌고, 오랜 세월 소리쳐 흐르는 물, 압록에 용솟음친다(六月雪色山 白頭而雲霧 萬古流聲水 鴨綠而洶湧)』라 하였다. 해마다 조정(朝廷)에서 관리를 보내 백두산신(白頭山神)에게 제례(祭禮)를 거행한다고 한다.

혜산진에서는 압록강(鴨綠江) 건너편의 중국인(中國人) 집에서 개 짖는 소리가 들리고, 압록강을 옷을 걷어올리고 건너다닌다. 거기서 백두산 가는 길을 물으니 서대령(西大嶺)을 넘어서 간다 하여, 삼수군(三水郡)으로, 장진군(長津郡)으로, 후창군(厚昌郡)으로, 자성군(慈城郡) 중강(中江)을 건너 중국 지대인 모아산(帽兒山)에 도착하였다.

이상 몇 개 군(郡)을 지나감에는 험산준령(險山峻嶺)이 아닌 곳이 없고, 어떤 곳은 칠팔십 리 동안이나 사람을 만날 수 없는 곳이 있어 아침에 점심밥을 싸 가지고 간 적도 있고, 산길이 극히 험악하나 맹수(猛獸)는 별로 없는데 삼림(森林)이 무척 빽빽하여 지척을 분별하기 어렵고, 수목(樹木) 중 큰 것은 나무 한 개를 벤 밑동에서 일고여덟 명이 둘러앉아서 밥을 먹는다고 한다. 내가 보기에도, 나무 한 개를 찍어 넘기고 그 나무를 절단하여 곡식 저장하는 통을 파는데, 장정이 도치(도끼)로 나무통 안에서 파는 것을 보았다.

또는 이 산꼭대기에 노목(老木)이 넘어져서 건너편 산꼭대기에 걸쳐 있는 것이 많은데, 행인(行人)은 깊은 골짜기로 가지 않고 그 목교(木橋)를 타고 건너가게 되어 있었다. 우리도 나무를 타고 건너 보았다. 마치 신선(神仙)이 다니던 자취인 듯싶었다.

그곳 인심(人心)은 극히 온순하고 넉넉하며 먹을거리가 풍부하므로, 내빈(來賓)을 극히 반가워하고 얼마든지 묵여 보낸다. 곡류(穀類)는 대개가 귀리와 감자요, 산천(山川)에 이면수(물고기 이름)라는 물고기가 많은데 맛이 참 좋았다. 주민들이 의복을 짐승의 가죽으로 만들어 입은 것을 보면 원시시대의 생활이 그대로 있는 것도 같았다. 삼수읍(三水邑) 성(城) 안팎에는 민가(民家)가 삼십여 호라 하였다. 모아산에서 서북쪽을 향하고 노인치(老人峙)란 산령(山嶺)을 넘고 또 넘어 서대령 가는 길을 거쳐 앞으로 나아가는 중에 우리 사람을 백 리에 두세 명은 만나게 되는데(태반이 금 캐는 광부(鑛夫)), 만나는 사람마다 백두산행(白頭山行)은 그만두라고 권한다. 이유는 서대령을 넘는 도중에 향적(响賊)(중국인)이 숲 속에 숨어 있다가 행인(行人)이 있을 때는 총으로 쏘아 죽인 후에 시체를 뒤져 몸에 지닌 물품을 가져가는데, 요새도 우리 사람이 그같이 피살되었다 한다。

그러므로 두 사람이 상의하여 백두산 배관(拜觀)은 그만두고 통화현성(通化縣城)에 도착하였다。이 현성은 건설(建設)이 오래지 않아 관사(官舍)와 성루(城樓) 문(門)의 서까래가 아직 흰빛을 띠었고, 성 안팎에 집이 오백여 호라 하고, 우리 동포(同胞)는 단지 한 집인데 남자 주인은 머리를 길게 땋은 중국인 차림으로 통화현 군대에서 복무한다 하고 부인(婦人)들은 온전히 한복(韓服)이었다。그 주인은 시칭(時稱) 호통사(胡通辭)*였다。부근 십여 리에 심(沈) 생원(生員)이라는 동포를 방문하니 글자를 겨우 조금 읽을 줄 아는 자로, 정신없이 아편을 넣어 만든 담배를 빨아대는데, 몸이 얼굴은 없고 뼈만 있는 사람 같았다。

이런 곳들을 널리 돌아다니는 중에 가장 증오스러워 보이는 것이 호통사였다。중국 말을 몇 마디 배워 가지고는, 갑오년(甲午年) 난리를 만나 피란을 하여 사람도 땅도 낯선 외국에 건너와 곳곳에 산림(山林)이 험악하여 중국 사람이 살지 않는 곳을 택하여 화전(火田)이나 일구어 조와 강냉이(옥수수)를 농사지어 살아가는 자들을, 호통사들이 중국 사람에게 기대어 가지고 무리한 별별 학대가 많았다。여자의 정조(貞操)를 유린하고 돈과 곡식을 침탈하는 등등의, 차마 말로 할 수 없는 악행(惡行)이 허다하였다。한곳에서는 중국인 집에 우리 한복(韓服)을 입은 처녀, 즉 머리를 땋은 한 사람이 보였다。다른 사람에게 물으니, 그 처자의 부모들이 그 처자를 위하여 구혼(求婚)하는 눈치를 안 호통사가, 중국인에게 진 빚을 갚지 못한 대신에, 그 처자에게 중매 서 주마는 승낙을 하고 그 처자의 부모를 위협하여 강제로 그 중국인에게로 보낸 것이라 한다。내가 돌아다닌 곳은 통화(通化) 환인(桓仁) 관전(寬甸) 임강(臨江) 집안(輯安)(당시는 통화 이외에 다른 현(縣)은 현치(縣治)를 설치하지 못했다) 등의 군(郡)인데, 어디나 호통사의 폐해는 같았다。

그때 논은 보지 못하였으나, 본래 토질이 비옥하여 잡곡(雜穀)은 무엇이든지 적은 양의 비료도 주지 않아도 한 사람이 경작하여 열 사람이 먹어도 족하겠고, 한갓 소금만이 제일 귀한 물품이었다。그 지역에 들어가는 소금은 다 의주(義州) 방면으로부터 물길로 수천 리 운반하여 판매되었다。

곳곳에 이삼 호 내지 십여 호까지 산림(山林)을 개척하고 두옥(斗屋)을 얽어 짓고 살아가나, 인심(人心)이 매우 순수하고 넉넉하여, 거기

말로 「압대나그네」(고국(故國) 사람이라는 뜻)가 왔다고 하면 반가워서, 한 마을을 들어가면 제가끔 영접을 하고 남녀노유(男女老幼)가 모여 고국 이야기를 하라고 조르고, 이 집 저 집에서 다투어 음식을 대접하였다.

그곳의 이주민(移住民)은 대부분이 생활의 어려움 때문에 간 자가 많은데, 갑오년(甲午年) 청일전쟁(淸日戰爭)에 피란으로 건너간 집이 많고, 가장 적은 수는 범죄 도주자, 즉 각 도(道), 각 군(郡)의 민란(民亂)을 일으킨 주동자들과, 공금(公金)을 사사로이 쓴 평안(平安) 함경(咸鏡) 두 도(道)의 이속(吏屬)들도 간혹 있었다.

지세(地勢)로 말하면, 파저강(婆猪江)* 좌우에 설인귀(薛仁貴)* 천개소문(泉蓋蘇文)*의 관루(管壘)* 터가 있고, 이르는 곳마다 『한 사람이 관문을 지키면 만 사람도 뚫지 못한다(一夫當關萬夫莫開)』* 할 천험(天險)이 있다. 여진(女眞) 금(金) 요(遼) 고구려(高句麗)의 발상원지(發祥原地)라 한다. 관전(寬甸)*인 듯하였다. 한곳에는 비각(碑閣)이 있는데 비문(碑文)에 「三國忠臣林慶業之碑(삼국충신임경업지비)」라고 한 것이 있고, 근처 중국인들은 병(病)이 있는 자가 이 비(碑)에 와서 제사 지내는 풍속이 있었다.

이 지방을 돌아다니며 탐문(探聞)하니, 벽동(碧潼) 사람 김이언(金利彦)이 용력(勇力)이 뛰어나고 학식(學識)이 풍부한데, 일찍이 심양(瀋陽) 자사(刺史)가 김이언의 용력을 칭찬하여 준마(駿馬) 한 필과 《삼국지(三國志)》 한 부를 주었고, 청국(淸國) 고급 장교에게서 융숭한 대우를 받았는데, 현재 청국의 원조를 받아 가지고 의병(義兵)을 일으킨다는 도모(圖謀)가 있다 하였다. 하여간 탐방(探訪)하여 보기로 상의하고, 두 사람이 따로 혹은 함께하여 김이언의 비밀 주소를 찾아냈다.

강계군(江界郡) 서문(西門)(인풍루(仁風樓))* 밖으로 팔십여 리를 가서 압록강을 건너면 주민들이 흔히 「황성(皇城)」이라 부르는 곳이 있는데, 부근 십여 리의 삼도구(三道溝)라는 곳을 갔다. 김이언을 찾아갈 때에 두 사람이 동행함보다 서로 모르는 사람 모양으로, 김이언의 인격(人格)과 참말 의병(義兵)을 일으킬 마음인가, 혹시 무슨 술책(術策)이나 가지고 백성을 속이려는 사람이나 아닌가 면면을 각자 살피자는 의사가 같으므로, 며칠을 앞서서 김형진(金亨鎭)을 유람(遊覽)하는 사람의 행색으로 먼저 출발케 하고, 나는 참빗장수의 행색으로 김이언과 그를 따르는 사람들의 내용을 탐지(探知)하기로 하고, 나도 사오 일을 뒤로 하여 출발, 남쪽으로 가는 터였다.

하루는 길 가는 중 압록강을 한 백여 리 앞에 둔 곳에서, 갑자기 청국(淸國) 무관(武官) 한 사람이 궁둥이에 관인(官印)을 찍은 말을 타고 머리에는 마락이(만청군(滿淸軍)*의 모자)에 꾸밈새(옥(玉)으로 만든 백로)를 꽂고 붉은 실을 드리운 것을 쓰고 지나가는 것을 만나게 되었다. 나는 덮어놓고 앞으로 나아가서 말 머리를 잡았다. 그 무관은 곧 말에서 내렸다. 나는 청국 말을 이해하지 못하기 때문에, 품속에 취지서(趣旨書) 한 장을 써서 간직하였다가 청국 사람 가운데 글자를 이해하는 자에게 그 취지서를 내보이곤 했다. 그 무관에게 그 글을 보였다. 그 글을 반도 채 못 읽고 갑자기 길 위에 털썩 주저앉으며 소리 내어 통곡을 하는지라, 나 역시 놀라서 붙들고 이유를 물었다. 그 무관이 글 가운데 『통탄스럽다! 저 왜적과 나는 하늘을 함께하고 살 수 없는 원수이다』(痛彼倭敵與我 不共戴天之讐) 이런 글자를 손가락으로 가리키며, 다시 나를 붙들고 통곡한다.

이리하여 나는 휴대하였던 필통을 꺼내어 필담(筆談)을 시작하였다. 그 사람이 묻기를 『왜(倭)는 어찌하여 그대의 원수인가』 한다. 답. 『우리나라와는 임진년(壬辰年)부터 대대로 나라의 원수일 뿐 아니라, 지난달에 왜(倭)가 우리 국모(國母)*를 불태워 살해하였다.』 나는 반문(反問)한다. 『그대가 초면에 이와 같이 통곡함은 무엇 때문인가.』 그의 답. 『나는 갑오년(甲午年)에 평양에서 전사(戰死)한 서옥생(徐玉生)의 아들(이름은 잊어버림)이다. 강계(江界) 관찰사(觀察使)에게 조회하여 부친의 시체를 찾아 달라 의뢰하였더니, 강계 관찰사의 회신 문서에 「부친 시체를 찾아 놓았으니 와서 운구(運柩)하라」 하여 가서 보았으나 부친의 시체가 아니기에 빈손으로 돌아오는 길이다』라고 한다. 자기 집은 금주(錦州)인데, 집에서 양성한 병사(兵士) 천오백 명 중에 자기 부친이 천 명을 거느리고 전쟁에 나갔다가 자기 부친과 같이 전멸(全滅)되고, 현재 자기 집을 지키는 군인 오백 명이 있고, 자산(資産)은 넉넉하고, 자기는 서른 몇 살이요 처(妻)는 몇 살이요 자녀 몇 명이라고 상세히 고한다.

나는 먼저 평양 보통문(普通門) 밖 들판에 일인(日人)이 세운 「徐玉生戰亡處(서옥생전망처)」란 목비(木碑)를 본 것을 말하였다. 서 군은 나의 나이가 자기 아래이므로 나를 부르기를 「띠디(弟弟)」(아우라는 말)라 하고, 자기더러는 「꺼거(哥哥)」(형이란 말)라 부르라고 글로 써 보이고, 곧 내가 짊어진 봇짐을 말안장에 달아매고 나를 붙들어 말 등에 올려 태우고, 금주를 향하여 말채찍을 가하면서 『언제까지든지 원수를 갚을 시기가 올 때까지 우리 집에 가서 같이 살자』 한다。 나는 미안하여 같이 걸어가기를 청하니、서 군이 말하기를 『걱정 마라。 십 리를 지나지 않아 관마(官馬)를 잡아탈 터이다』 한다。

나는 말 위에서 곰곰 생각하였다。 서 군의 뜻을 보면 장래 교제(交際)에 좋은 길이 되겠으니 가서 같이 지내는 것은 극히 좋겠으나、앞서 길을 간 김형진에게 사실을 통지할 길도 없고、또는 김이언이 의병을 일으킨다는데 그 내용을 알고 싶은 생각에、기한(期限)도 없이 금주 서 군의 집에 머물러 있을 마음이 없는지라、말에서 내려 서 군을 향하여 『여보 형님、내가 고국(故國)의 부모를 이별한 지 근 일 년에 소식을 알지 못하고、황실(皇室)에서 변을 당한 후에 정치 현상도 어떻게 됨을 모르니、이 아우가 한 차례 고국에 돌아가서 부모에게 승낙을 얻어 가지고 와서 형과 늘 함께 살면서 장래를 경영(經營)함이 어떠하오』 하니、서 군은 대단히 섭섭하고 서운하여 『아우의 사정이 그렇다 하면 빨리 고국의 부모를 뵈온 후 와서 만나자』고 거듭 눈물로 부탁하고 서로 작별하였다。

오륙 일 후에 삼도구(三道溝)에 도착하여 이 집 저 집 방문하면서 참빗장수로 행세하며 김이언(金利彦)의 동정과 그 부하를 찾아 살피는 중이었다。 우두머리 김이언은 일을 벌이기를 좋아하는 버릇이 있느니만큼 자신감이 지나쳐 다른 사람의 계책을 용납하는 성질이 부족해 보이고、용력(勇力)은 아주 뛰어나 당년 오십여 세에 심양(瀋陽)의 오백 근 화포(火砲)를 편하게 앉아서 두 손으로 들었다 내렸다 하였다 하나、나의 관찰로는 마음의 용기가 부족하지 않을까 하는 견해가 있고、김이언보다는 그 동지(同志)인 초산(楚山) 이방(吏房)을 지낸 김규현(金奎鉉)이라는 사람이 의리와 예절도 있고 획책(劃策)도 잘하여 보였다。

김이언은 일으킨 의병의 수령(首領)이 되어 가지고、압록강을 사이에 두고 이쪽 편은 초산(楚山) 강계(江界) 위원(渭原) 벽동(碧潼) 등에서 포수(砲手)를 은밀히 모집하고 저쪽 편으로 청국(淸國) 강가 일대에서 이주민(移住民) 포수(집집마다 거의 절반은 엽총(獵銃)이 있음)를 모집한 수가 근 삼백 명이었다。 의병을 일으키는 명의(名義)는 국모(國母)가 왜놈 원수에게 피살됨이 국민 일반의 큰 치욕이니 앉아서 참고 있을 수 없다는 이유로、글 잘하는 김규현이 격문(檄文)을 지어 널리 퍼뜨리고 군사를 일으킬 계획에 우리 두 사람도 참가하여、나는 비밀히 강계성(江界城)에 들어가서 화약(火藥)을 사들여 등에 지고 압록강을 건너 초산 위원 등지에 숨어 들어가 포군(砲軍)을 모집하여 갔다。

거사(擧事)한 때는 을미년(乙未年) 십일월 초였다。 압록강은 거의 대부분 빙판으로 얼어붙어서 삼도구에서 행군(行軍)하여 얼음 위로 강계성까지 곧바로 도달할 계획이었다。 나는 위원에서 일을 마치고 책원지(策源地)인 삼도구로 다시 돌아오다가、 홀로 살얼음을 밟아 가다가 몸이 강 속에 빠지고 겨우 머리와 두 손만 얼음 면에 남아 있을 때에 죽을 힘을 다하여 솟아올라 육지에 다다랐으나、 의복이 삽시간에 얼음 덩어리가 되어 한 걸음도 발을 움직이기 어려워、 익사(溺死)는 겨우 면하였으나 동사(凍死)가 시간을 다투던 순간에 처한 때에、 고함 소리를 들은 산골짜기의 주민이 나와서 자기 집으로 끌고 가 구호(救護)해 주어서 겨우 살아서 갔다。

김이언에게 강계(江界) 진공책(進攻策)을 물으니、『이미 강계 병영(兵營)에서 장교들의 내응(內應)이 있으므로 입성(入城)은 문제가 없다』한다。『그러면 그 장교들이 순연(純然)한 애국심(愛國心)으로 내응하는 것인가、 그 밖의 이유가 있는가』 물으니、 김이언은 다음과 같이 답한다。『내가 이미 심양(瀋陽)에 가서 인명(仁明) 어르신과 친하여 하사(下賜)하는 말까지 얻은 일을 그 장교들이 알고서、 언제든지 청병(淸兵)의 응원(應援)을 받아 오면 자기네가 다 함께 응하겠다고 굳게 서로 약속하였으니、 이런 까닭으로 입성은 쉽다』 한다。 나는 또 물었다。『그러면 청병(淸兵)을 이번에 다소간이라도 사용하게 되느냐。』 답。『금번은 못 되나、 우리가 거사(擧事)하여 강계라도 점령하면 원병(援兵)이 온다』고 한다。

그리고 모집한 포수들의 복장(服裝) 문제가 나와서 나는 이런 의견을 주장하였다。『포군(砲軍) 중에는 청국 말을 잘하는 자 많으니、 몇십 명은 청병(淸兵) 장관(長官)의 복색(服色)을 하여 청국 장교 혹은 대장이라 가짜로 꾸미고、 그 나머지는 한복(韓服)을 입고 후방에서 따르고、 선두에는 그대가 하사받은 말을 타게 하고 긴 칼을 찬 청국 복장 군인이 앞장서 입성(入城)하는 것이 득책(得策)일까 한다。』

이유는、 강계성 장교들의 이른바 내응이란 것을 순전히 믿기 어려운 것은、 그자들은 다만 청병(淸兵)이 온다는 데 대한 내응이지 의리상(義理上) 내응이 아닌 데다가、 청병의 그림자도 없으면 어쩔 수 없이 반대 방면으로 갈 것이기 때문이고、 제일 먼저 고산진(高山鎭)을 쳐서 무기를 탈취해 가지고 두번째로 강계를 착수하기로 하는데 대하여는 옳지 않다고 역설하였다。이유는、지금 삼백여의 포수가 있으니、이것만 가지고 질풍뇌우(疾風雷雨)의 형세로 쳐들어가면 선발대가 비록 수가 많지 않다 하여도、우리의 뒤가 얼마나 되는지를 모르게 해야 함이 필요하다는 말에、김규현과 백 진사(白進士)(경성(京城) 사람) 등은 다 나의 의견에 찬동하나 독단적인 김이언은 반대하였다。

이유는、첫째 청국 복장과 청국 장교로 가장(假裝)함이니、우리가 당당하게 국모(國母)의 원수를 갚는다는 격문(檄文)을 전한 이상 당연히 백의군인(白衣軍人)으로 입성(入城)함이 옳고、둘째 아직 군인은 있으나 무기기 부족하니 먼저 고산진(거기 말로 고사리)을 쳐서 무기를 탈취해 가지고 이튿날에 강계를 점령함이 옳다 함이었다。

우리 두 사람은 김이언이 고집하고 나가는데 대하여 결렬의 태도는 취하지 말고 따라가 보자고 의논하여 정하고、제일 먼저 고산진(高山鎭)을 야간에 침입하여 무기를 꺼내어 맨손으로 종군(從軍)하는 자에게 분배하고、이튿날에 강계(江界)로 진군하여 삼경(三更)* 밤중에 전군(全軍)이 얼음 위를 답파(踏破)하여 인풍루(仁風樓) 밖 십 리쯤에 선두가 도착하자、강의 남쪽 기슭인 소나무숲 속에서는 다수의 화승총(火繩銃) 불빛이 반짝거리는 가운데에서 몇 명의 장교(강계 부대)가 맞으러 와서 김이언을 찾아 첫번 말이 『이번 오는 중에 청병이 있는가』 묻는다。김이언은 『우선 강계를 점령하고 기별(奇別)하여 알리면 곧 청병이 온다』 답하였다。그 장교들이 머리를 흔들며 가자마자 소나무숲 가운데서부터 포성(砲聲)이 몹시 요란하며 탄환(彈丸)이 비 오듯 떨어졌다。좌우 산골짜기가 험준한 빙판 위에 근 천 명의 사람과 말이 대혼잡을 연출하여 물밀듯 도로 밀려 나가면서 벌써 총탄을 맞고 죽은 자、부상을 입고 울부짖는 자가 있었다。

나는 김형진과 몇 걸음 물러나면서 상의했다。김이언의 금번 실패는 영구(永久) 실패라 다시 수습을 못 할 터이니 우리가 같이 퇴각(退却)한대야 아무 필요가 없고、생소한 행색(行色)으로 붙잡히기 쉬우니 강계성 부근에서 화(禍)를 피하여 고향으로 감만 못하다고 의논하여 결정하고、산의 가장자리로 올라서 강계성과 지척인 촌락에 들어서니 한 마을이 전부가 피란(避亂)하고 집집마다 사람이 없었다。

한 집에 들어가니 바깥문이나 안문이 닫혀 있지 않았으나、주인을 불러 봐야 역시 한 사람도 없는 빈집이었다。안방에 들어가니 방 한구석의 화덕(산골 고을의 주민이 방구석에 굿배기 화로(火爐)*를 갖추어 놓아 난로로 대용(代用)하는 것)에 불이 이럭이럭한다。우리 두 사람이 화덕 옆에 앉아 손과 발을 녹이고 있노라니 방 안에서 기름 냄새와 술 냄새가 났다。시렁 위의 광주리를 꺼내어 보니 온갖 고기가 가득하였다。우선 닭다리와 돼지갈비를 숯불에 쪼여 먹는 즈음에 포건(布巾)을 쓴 사람이 문을 가만히 열고 방 안을 들여다본다。

나는 거짓 책망을 하였다。『웬 사람인데 밤중에 남의 집에를 문의(問議)도 없이 침입하는가。』그 사람이 몹시 두려워하는 빛을 띠고 하는 말이 『이것은 내 집인데요』하고 머뭇거린다。『누가 주인이든지、이처럼 눈 내리는 밤이니 들어와 몸이나 녹이시오。』그 사람이 들어온다。나는 물었다。『그대가 이 집 주인이라면、집을 비우고 어디를 갔었소。내가 보기에 주인 같아 보이지 않으나 추울 테니 고기나 자시오。』그 사람은 하도 어이가 없어 이야기를 한다。『오늘이 나의 어머님 대상(大祥)입니다。각처(各處)에서 조객(弔客)이 와서 제사를 지내려던 즈음에 마을 어귀에서 포성(砲聲)이 진동하므로 조객이 흩어져 이리저리 달아나고、나도 식구들을 산속에 데려다 두고 잠시 왔던 길이오。』나는 한편으로는 실례(失禮)를 좋게 말하고、한편으로는 위안을 하였다。『우리도 장사차 성안에 당도하자마자 난리가 났다고 소동을 하기에 촌(村)에 나와서 피란을 할까 하고 와서 보니 당신 집 문이 열렸기에 들어왔고、들어와 보니 먹을거리가 있어서 요기를 하던 중이니、세상이 어지러운 때에는 이런 일도 있을 일이니 용서하시오。』주인은 그제야 안심을 한다。

그리고 주인에게 권하여 산속에 피해 숨어 있는 식구를 돌아오게 하라고 하였다。주인은 겁이 나서 하는 말이 『지금도 보니 동구(洞口) 밖에 병대(兵隊)들이 밀려가던데요』한다。『병대가 무슨 일로 출발한다는지 들으셨소。』주인이 말하기를 『강 건너에서(청국(清國)을 가리킴) 의병(義兵)이 밀려와서 강계를 치려다가 병대에게 밀려간다고 하나、멀리서 자꾸 포성이 들리니 알 수 있습니까。승부가 어찌 될지 압니까』한다。우리는 이렇게 말하였다。『의병이 오나 병대가 오나 촌민(村民)에게야 무슨 관계가 있겠소。아녀자들이 눈 속에서 밤을 보내다가 무슨 위험이 있을지 모르니 속히 집으로 돌아오게 하시오。』주인이 말하기를『내 집 식구뿐 아니라 온 마을이 거개 산 위에서 밤을 보낼 준비를 하였으니 손님은 너무 염려치 마시고、이왕 내 집에 오셨으니 집이나 지켜 주시오。나는 산 위의 식구들을 가서 보고 오리다』한다。인풍루(仁風樓) 밖 길가 첫 마을의 그 집에 묵고、이튿날 아침에 일찍이 출발하여 강계를 떠나서 적유령(狄踰嶺)을 넘어 여러 날 만에 신천(信川)에 도착하였다。

청계동(淸溪洞)을 향하여 가는 길에서 탐문(探聞)하니、고 선생의 집에 호열자(虎列剌) 병이 들어서 큰아들과 큰며느리인 원명(元明) 부처(夫妻)가 일시에 함께 죽었다는 놀라운 소식을 들었다。마을 어귀에 들어서서 먼저 고 선생 댁에 가서 위문(慰問)하였다。고 선생은 도리어 자약(自若)한 빛이 있으나、나는 가슴이 답답하여 무슨 말을 할 수가 없었다。부모가 계신 집으로 가려고 하직을 할 때에、고 선생은 의미를 깨닫기 어려운 한마디 말씀을 한다。『곧 혼례(婚禮)를 치르도록 하세。』

듣기만 하고 집에 가서 부모님과 이야기하는 중에『네가 떠난 후에 고 선생 손녀(원명의 장녀(長女))와 너와 약혼(約婚)이 되었다』한다。그제야 비로소 고 선생이 말씀하던 것을 깨달았다。아버님과 어머님은 번갈아 가며 약혼하던 경과를 설명하신다。

아버님 말씀。『네가 떠나간 후에 고 선생이 집에 찾아오셔서「요새는 아들도 없고 매우 고적(孤寂)하실 터이니 내 사랑(舍廊)에 오셔서 이야기나 하고 놉시다」하셨다。감사하여 그 사랑에 가서 노는데、고 선생은 네가 어릴 때부터 행동하던 것을 세밀히 묻더구나。그래서 나는 네가 어렸을 때 공부를 열심히 하던 것과、해주(海州) 과장(科場)에서 극단의 비관(悲觀)을 품고 돌아와 상서(相書)를 보다가 낙심하던 말과、호심인(好心人) 될 길을 찾아서 동학(東學)에 입도(入道)하던 말과、「이웃 마을의 강씨 이씨 들은 조상의 뼈를 매매(賣買)하는 죽은 양반이지만 저는 심적(心的) 수양과 신적(身的) 실행으로 살아 있는 양반이 되겠다」던 말을 하였다。』

어머님 말씀。『어느 날에 고 선생이 우리 집에 오셔서 나더러도 네가 자랄 때 하던 거동(擧動)을 물으시기에、네가 강령(康翎)서 긴 칼을 가지고 신풍(新豐) 이(李) 생원(生員) 집 아이들을 죽이러 갔다가 칼도 빼앗기고 매만 맞고 왔던 것과、돈 스무 냥을 허리에 차고 떡

사 먹으려 갔다가 네 부친에게 매를 맞던 말과, 내가 사서 둔 청홍(靑紅) 염료(染料) 전부를 가져다가 개천에 풀어 놓은 것으로 때려주던 일이며, 아침에 울기를 시작하면 종일토록 울던 이야기를 했다.』

아버님 말씀。『하루는 고 선생 댁에 가서 노는데 선생이 갑자기 「노형, 우리 집과 혼인하면 어떻겠습니까」 하였다。나는 무어라고 대답할지를 몰랐다。선생은 다시 말씀을 하였다。「내가 청계동에 와서 있은 후로 무수한 청년을 다 시험(試驗)하여 왔으나 당신 아들만 한 사람을 아직 보지 못하였고, 불행히 아들과 며느리가 모두 죽고 보니, 나의 심신(心身)을 전부 의탁할 사람을 생각하니 노형 아들과 내 장손녀와 혼인을 하고 나까지 창수(昌洙)에게 의탁하면 어떻겠소。」 나는 황공하여 선생에게 대하여 「선생께서 그처럼 철 없는 자식을 사랑하시는 것이 감사하나, 반상(班常)의 구별로나 덕행(德行)으로나 제 집의 형편으로나, 자식의 처지로 감당할 수 없습니다。제 자식이 내심(內心)은 어떤지 모르나, 저도 자인(自認)함과 같이 외모도 하도 못나서 선생 집안에 욕이 될까 두렵습니다」 하였다。고 선생은 이런 말을 하더구나。「자식을 아는 것은 아버지만 한 자가 없다(知子莫如父)*고 하지만, 내가 노형보다 좀 더 알는지 알겠소。아들에게 대하여 못생겼다고 그다지 근심은 마시오。내가 보건대 창수는 호랑이상입디다。인중(人中)이 짧은 것이라든지, 이마가 속(俗) 붙은 것으로나 걸음걸이가, 앞으로 두고 보시오。범의 냄새도 피우고 범의 소리도 질러서 세상을 놀라게 할는지 알겠소。」 그러그러 약혼을 하였다』 한다。

나는 고 선생이 그같이 나에게 촉망(囑望)하고 자원(自願)하여 손녀를 허락함에 대하여 책임이 무겁고 두터운 뜻을 감당키 어려운 감이 있으나, 그 규수의 타고난 성품이나 상당한 가정교육을 받은 점으로나 만족한 마음도 있었다。그 후는 고 선생 댁에 가면 내정(內庭)에서도 인정하는 빛이 보이고, 둘째 손녀 예닐곱 살 된 아이는 나더러 아저씨라고 부르며 『안아 주오』『업어 주오』 한다。그 규수는 조부(祖父) 진지상에 나의 밥과 겸하여 차린 상을 들고 내가 앉은 자리에도 들어온다。나는 마음에 퍽 기뻤다。원명 부부의 장례(葬禮)*도 내가 힘써 도와주어 지냈다。

고 선생에게 청국(淸國)을 두루 돌아다닌 시종(始終)을 일일이 보고하는 중에, 압록강(鴨綠江)과 두만강(豆滿江) 건너편 토지의 비옥함과 요해처(要害處) 같은 지세(地勢)、인심(人心) 상태며、서옥생(徐玉生)의 아들과 의리를 맺은 진상(眞相)、돌아오는 길에 김이언(金利彦)을 만나서 의병(義兵)을 일으키는 데 동참하였다가 실패한 등등을 말씀하고、장래에 북쪽 지방에 가서 활동할 지역、즉 군사를 부릴 곳을 두루 상세히 보고하였다。

바로 그때가 단발령(斷髮令)*이 내리는 즈음이었다。군대와 경찰은 거의 대부분 머리를 깎게 되었고、문관(文官)도 각 군(郡)의 면장(面長)까지 실시하는 중이었다。고 선생과 상의하고 안 진사와 의병 일으킬 문제를 가지고 회의하다가、안 진사는 아무 승산이 없이 일어나면 실패할 것밖에 없으므로 아직 거사(擧事)할 생각이 없고、아직은 천주교(天主教)나 받들어 행하다가 후일에 기회를 보아 의병을 일으키겠으나、지금은 머리를 깎게 되면 깎기까지라도 할 의향을 가지고 있노라고 한다。고 선생은 두말 아니하고 『진사、오늘부터 끊네』(우리나라에서 예로부터 선비들이 절교(絶交)하는 표시)로 말을 마치고 자리를 뜨는 때에 나의 심사(心事)도 매우 서먹해졌다。

이 일이 안 진사의 인격으로 된 것이든 아니든、자국(自國) 내에 일어난 동학(東學)은 토벌하고 서양 오랑캐가 하는 서학(西學)을 한다는 말이 심히 괴이(怪異)하고、의리(義理) 있는 선비는 『머리는 자를지언정 머리털은 자를 수 없다(頭可斷 髮不可斷)』* 『저승에서 머리 없는 귀신이 될지언정 머리 깎은 사람은 되지 않겠다(寧爲地下無頭鬼 不作人間斷髮人)』*라는 의로운 견해를 지키는 때에 안 진사가 단발할 의향까지 보임은 의리가 없는 것이 아닌가。이런 생각을 하고 고 선생과 상의하기를、속히 혼인이나 하고서 청계동을 떠나기로 결정하였다。

부모님은 다른 자녀(子女)가 없고 단지 나 하나이므로、또는 고 선생과 같은 훌륭한 가문 출신의 며느리를 맞게 됨이 무엇보다도 기뻐서 온 힘을 다하여 혼수(婚需)와 혼구(婚具)를 준비하기에 분주한 중이었다。어찌 뜻하였으랴。호사다마(好事多魔)라고 괴이한 일이 생겼다。

하루는 십여 리 해주(海州) 검단(檢丹) 등지의 친구 집에 가서 일을 보고 날이 저물어 그 집에서 자고 겨우 아침에 기상(起床)하는 때에 고 선생이 나를 찾아왔다。천만낙심(千萬落心)하여 하는 말이 『자네가 어렸을 때 뒤 집에 약혼(約婚)을 하였다가 자네가 원치 않아 퇴혼(退婚)하였다고 하던 것이 지금에 와서 문제가 되었네그려。내가 어제 사랑(舍廊)에 앉아 있노라니、성(姓)이 김가(金哥)라고 하는 사람이 찾아와서

「당신이 고 아무개냐」 묻기로 「그러하다」 한즉, 내 앞에다가 칼을 내어놓고 하는 말이 「들으니 당신 손녀를 김창수(金昌洙)에게 혼인 허락하였다 하니, 첩(妾)으로 주는 것이오 정실(正室)이오」 묻기에, 하도 괴상하여 김가를 꾸짖으며 「초면에 그게 무슨 무례한 말이냐」 하니, 김가는 노기등등(怒氣騰騰)하여 하는 말이 「김창수(金昌洙)의 정처(正妻)는 곧 나의 딸인데, 이제 들으니 당신 손녀와 결혼을 한다 하니 첩이라면 가하나 정실이라면 이 칼로 생사(生死)를 결정하겠다」 하기에, 나는 「김창수가 종전에 약혼한 곳이 있었으나 이미 파혼(破婚)된 줄로 알고 혼인을 허락하였는데, 이제 그대의 말을 듣건대 여전히 약혼 중이라 하니, 내가 김창수를 보고 해결할 터이니 그대는 물러가라」 하여 돌려보내었네。 이를 어찌하나。 우리 집안 여자들은 큰 소동이 났네』 한다。

나는 이 말을 듣고 시초(始初)가 재미없게 된 것으로 보고 고 선생에게 말씀하였다。『제가 선생님을 믿고 받드는 본의(本意)는 손녀사위나 됨에 있지 않고, 친히 가르쳐 주신 틀림없는 교훈(教訓)을 마음에 새기고 평생토록 성스러운 가르침을 받들어 행하기로 마음으로 맹세한 이상, 혼인하고 혼인하지 않고가 무슨 상관이 되겠습니까。 혼사(婚事) 한 가지는 서로 단념하고 의리(義理)로만 선생님을 받들겠습니다』 하였다。 말을 할 적에 일이 되어 가는 기미가 이미 순조롭게 못될 줄 알고 베어서 끊듯이 말을 하였으나 내심에는 매우 섭섭하였다。

고 선생은 나의 말을 듣고 눈물을 흘리며 자신의 일에 대해 탄식하였다。『나의 장래에 심신(心身)을 의탁할 만한 사람을 물색하기에 허다한 심력(心力)을 들여 자네를 만났고, 더욱이 미혼(未婚)이므로 혼사까지를 약속하여 이룬 것인데, 이런 괴변(怪變)이 어디 있겠나。 그러면 혼사는 거론하지 않은 것으로 치세。 그러나 지금 관리(官吏)들의 단발(斷髮) 후에는 평민(平民)에게도 실행할 터이니, 자네는 시급히 몸을 빼서 단발의 화(禍)를 면하게。 이 늙은이는 단발의 화가 미치면 죽기로 작정하였네』 한다。

여기서 이왕 지나간 일 중 제외하였던 한 사건을 추가로 진술한다。 내 나이 십사오 세 때에 아버님이 어떤 주점(酒店)에서 함경도 정평(定平) 사람 김치경(金致景)이란 함지박장수를 만나 취중(醉中)에 말이 오고 가다가, 김치경이 팔구 세 된 여아(女兒)가 있음을 보고 농담같이 청혼(請婚)하였다。 김치경은 혼사(婚事)를 승낙하였다。 사주(四柱)까지 보냈다。 그 후에는 아버님이 그 여아를 집에 종종 데려왔다。

나는 서당에 다닐 때인데, 마을 아이들이 조롱했다. 『너는 함지박장수의 사위다』『너희 집에 데려온 처녀가 곱더냐』 이런 조롱을 받을 때의 심사(心事)가 불쾌한 데다가, 하루는 추운 겨울 빙판에서 팽이를 돌리며 노는데 그 여아가 나의 곁에 와서 구경하다가 자기도 팽이 한 개를 깎아 달라고 하는 말을 듣고 극단의 염증이 일어나 어머님에게 졸라서 그 여아를 도로 보냈으나, 혼약(婚約)을 해제한 것은 아니었다.

그랬다가 갑오년(甲午年) 청일전쟁(淸日戰爭)이 일어나자, 일반 인심(人心)에 아들 딸 가진 자는 혼인하기를 유일의 시급한 일로 알던 때였다. 당시는 동학(東學) 접주(接主)를 하여 가지고 동분서주(東奔西走)하는 판에, 하루는 집에 들어오니 술을 빚고 떡을 만들며 일체의 혼구(婚具)를 준비하는 중이었다. 나는 한사코 장가를 가지 않겠다고 부모님에게 청하였다. 부모님도 할 수 없어 김치경에게 『자식이 절대로 원치 않으니 혼약(婚約)을 해제하자』고 상의하고, 『그대의 딸도 다른 곳에 출가(出嫁)시켜라』 하니, 김치경도 무방하게 생각하고 청계동에서 십여 리쯤 떨어져 있는 신천(信川) 수유령(水踰嶺)으로 이사하여 술장사를 하던 때였다. 그때에 김치경이 고 선생 댁과의 혼인 소문을 듣고서 방해를 하면 돈이나 좀 줄 것으로 생각하고 짐짓 방해한 것이었다. 아버님이 분기탱천(憤氣撑天)하여 곧 김치경의 집에 가서 싸움을 하였으나 이왕지사(已往之事)요, 김치경 내심에는 벌써 자기 딸은 이웃 마을에 돈을 받고 혼약하였다 한다. 고 선생은 비동(飛洞)으로, 우리 집은 기동(基洞)으로 이사하고, 나는 시급히 청국(淸國) 금주(錦州) 서옥생(徐玉生)의 집으로 갈 길을 작정하고, 김형진(金亨鎭)은 자기 본향(本鄕)으로 가기로 되어 동행을 못 하였다.

홀몸으로 출발하였다. 평양(平壤)에 도착하니 관찰사(觀察使) 이하 전부가 단발(斷髮)하고, 길목을 막고 행인(行人)을 붙들어 머리를 깎인다. 혹은 촌(村)으로 혹은 산골 마을로 피란하는 인민(人民)의 원성(怨聲)이 길에 가득함을 목격하는 나는 머리끝까지 분기(憤氣)가 가득하였는데, 안주(安州)에 도착하여 게시판을 보니 단발정지령(斷髮停止令)*이었다. 전하여 들으니, 경성(京城)서는 종로(鍾路)에서 시민들이 단발로 인해 큰 소동이 일어나 일인(日人)의 가옥을 깨부수고 일인을 다수히 때려죽이는 등 변란(變亂)이 나고, 당시 정부 당국자에게 큰 변동이 생겼다 한다. 그런즉, 장차 국내에 많은 일이 일어날 때여서 구태여 출국(出國)할 것이 없고, 삼남(三南) 방면에서 의병(義兵)이 봉기한다 하니 도로 회정(回程)하여 당시의 형세를 관찰하리라 결심하고 돌아오는 길에 올라、용강군(龍岡郡)에서 안악군(安岳郡) 치하포(鴟河浦)(안악읍(安岳邑)에서 동북쪽으로 사십 리쯤)로 배로 건너는 중에、때는 병신년(丙申年)* 이월 하순이었다。

강(江) 위에 빙산(氷山)이 떠 다녀 열대여섯 명의 남녀 선객(船客)이 그 빙산에 포위되어 진남포(鎭南浦) 하류까지 싸여 내려갔다가 조수(潮水)를 따라서 다시 상류까지 오르락내리락 하니、선객(船客)은 물론 선부(船夫)들까지 얼음귀신이 될 줄 알고 허둥지둥 속을 태우고 있었다。나도 해마다 결빙(結氷) 때나 해빙(解氷) 때에 이러한 나루터에서 빙산의 포위로 종종 참사(慘事)가 있는 것을 알았는데、금일에 불행히도 위험한 지경에 빠졌다。배 안의 사람들이 거개 하느님을 부르고 어머니를 부르며 곡성(哭聲)이 진동하였다。

나는 살길을 연구하였다。그 배 안에는 식량이 없어 얼어 죽는 것보다 먼저 굶어 죽을 터인데、나룻배 안에 다행히 나귀 한 필이 있었다。빙산의 포위가 여러 날 계속될 터이면 잔인하나마 어쩔 수 없이 나귀를 도살(屠殺)하여 열대여섯 명의 생명을 보존하기로 하고、한갓 울부짖음이 목숨을 구하는 길이 아니니 뱃일을 선부(船夫)에게만 맡길 것이 아니고 선객(船客) 전부가 일제히 힘을 써서 빙산을 밀쳐내면、갑자기 빙산이 물러나지는 않을지라도 신체 운동만으로도 유익하다는 의견을 강하게 주장하고 같이 힘쓸 자를 구하니、선객 선부가 일제히 응하였다。나는 몸을 떨쳐서 빙산에 올라 그 이루어진 빙산의 형세를 살펴보고、큰 빙산에 의지하여 작은 빙산을 밀쳐내기에 노력하던 중에 갑자기 한 가닥 살길을 얻었다。

원래의 도착지인 치하포에는 다다르지 못하고 오 리 밖 강기슭에 오르니、서산(西山)에 지는 달이 아직 은은하게 남은 빛이 있었다。치하포 어귀의 주인(관례에 따라서 여관(旅館)을 겸함) 집에 들어가니、풍랑으로 인하여 묵는 손님 등이 세 칸 여관방에 가득하였다。시간이 밤 열두 시가 넘었으므로 방방(房房)에서 코 고는 소리만 들렸다。우리들 함께 고생한 일행도 방 세 칸에 나뉘어 쉬며 묵었다。잠이 들자마자 행객(行客)들이 떠들며 『오늘은 날씨가 순하니 배로 건너가게 하라』고 야단이었다。

국모(國母)의 원수를 갚다

시간이 지나 아랫방에서부터 조식(朝食)이 시작되어、가운뎃방에서 윗방까지 밥상이 들어왔다。그때 가운뎃방에는 단발(斷髮)하고 한복(韓服)을 입은 한 사람이 동석한 행객(行客)과 인사를 하는데、성(姓)은 정(鄭)이라 하고 사는 곳은 장연(長淵)(그때 황해도에서는 장연이 먼저 단발하여 평민들도 단발한 자가 간혹 있었다)이라 한다。어조(語調)는 장연 말이 아니고 경성(京城) 말인데、시골 늙은이들은 진짜 조선인(朝鮮人)으로 알고 이야기를 하지만 내가 듣기에 분명 이는 왜놈이었다。자세히 살펴보니 흰 베로 만든 주의(周衣)(두루마기) 밑으로 칼집이 보인다。가는 길을 물으니 진남포(鎭南浦)로 간다 한다。

나는 그놈의 행색(行色)에 대하여 연구했다。「저놈이 보통 왜놈 상인(商人)이나 왜놈 공인(工人) 같으면、이곳은 진남포(鎭南浦) 건너편이므로 날마다 여러 명의 왜놈이 왜놈의 본색(本色)으로 통행하는 곳이다。지금 경성의 분란으로 인하여 민(閔) 황후(皇后)를 살해한 삼포오루(三浦梧樓)*가 숨어 도망함이 아닌가。만일에 이 왜놈이 삼포(三浦)가 아니더라도 삼포의 공범(共犯)일 것 같고、하여튼지 칼을 차고 몰래 다니는 왜놈은 우리 국가와 민족의 독균(毒菌)일 것은 명백하다。저놈 한 명을 죽여서라도 국가에 대한 치욕을 씻으리라。」

환경과 역량을 살펴보건대、방 세 칸에 모든 객원(客員)의 수가 사십여 명이요、저놈의 앞잡이가 몇 명이 섞여 있는지는 알지 못하나 나이 십칠팔 세의 총각이 곁에 있어 무슨 말을 한다。「나는 홀몸이고 맨손이 아닌가。선불리 손을 쓰다가 죽이지도 못하고 내 목숨만 저놈의 칼 아래 끊어 보내지 않을까。그렇게 된다면 나의 의지와 목적도 세상에 드러내 보이지 못하고 도적놈의 한 개 시체만 남기고 영원(永遠)의 길을 갈 것 아닌가。또는 내가 맨손으로 한 번에 죽일 수는 없고、죽을 결심을 하고 손을 써서 죽이려 하더라도 방 안의 사람들이 만류(挽留)할 것이요、만류하는 때는 저놈의 칼이 내 몸에 들어올 것이니、아무리 생각하여도 불가능한 일이다。」이런 생각을 할 때에 가슴이 울렁거렸다。

마음과 정신이 자못 혼란한 상태에 빠져 고민하던 중에 갑자기 한 가닥 광선이 마음속 깊은 곳에 비쳤다。그는 별다른 것이 아니라、고후조(高後凋)(능선(能善)의 호(號)) 선생의 교훈 중 『가지를 잡고 나무에 오르는 것은 놀라운 일이 아니다。 매달린 벼랑에서 손을 놓을 수 있어야 대장부이다(得樹攀枝無足奇 懸崖撒手丈夫兒)』 이 구절이었다。 곧 자문자답(自問自答)을 했다。「네가 보기에 저 왜놈을、죽여서 원한을 씻을 만한 대상이라고 확실히 인정하느냐。」 답(答)。「그렇다。」 문(問)。「네가 어린아이 때부터 호심인(好心人) 되기가 지극한 소원이 아니냐。」 답(答)。「그렇다。」「지금에、죽여서 원한을 씻을 만한 원수 왜놈을 죽이다가 성공을 못 하고 반대로 왜놈의 칼에 죽으면 다만 도적의 시체를 세상에 남길 것이다。」「그러하다면 너는 호심인(好心人) 될 소원은 거짓이고、호신호명인(好身好名人) 되는 것이 지극한 소원이 아니던가。」

이제야 죽을 마음을 작정하자、마음의 바다에 바람이 고요해지고 물결이 가라앉아서 온갖 계책이 잇달아 나왔다。 내가 방 안의 사십여 명 객원(客員)과 마을 사람 수백 명을 무형(無形)의 노끈으로 꽁꽁 동여서 움직이지 못하게 하고、저 왜놈에게는 불안의 상태를 보이면 준비할 터이니、그놈도 안심시키고 나 한 사람만 자유자재(自由自在)로 연극을 출연(出演)하리라는 방법을 실시하였다。

제일 먼저 밥상을 받아 아랫방에서 먼저 숟가락질한 사람이 자던 입에 새벽밥이라 삼분의 일도 못 먹었을 적에、나중에 상을 받은 나는 네댓 숟가락에 한 그릇 밥을 다 먹었다。 일어나서 주인을 부르니、골격(骨格)이 준수하고 나이 약 삼십칠팔 세나 됨 직한 사람이 내문(內門) 앞에 와서 『어느 손님이 불렀소』 한다。『네、내가 좀 청했습니다。 다름 아니라 내가 오늘 칠백여 리나 되는 산길을 답파(踏破)할 터인데 아침을 더 먹고 갈 것이니 밥 일곱 상(즉 칠인분(七人分))만 더 차려다 주시오。』 주인은 아무 대답이 없이 나를 보기만 하더니、내 말엔 대답도 아니하고 방 안에서 아직 밥을 먹는 객(客)들을 보고서 하는 말이 『젊은 사람이 불쌍도 하다。 미친놈이군!』 한마디 말을 하고서는 내방(內房)으로 들어가 버렸다。

나는 한편에 드러누워서 방 안에서 이러쿵저러쿵하는 소리와 분위기를 보면서 왜놈의 동정(動靜)을 살펴보았다。 방 안에는 두 갈래의 쟁론(爭論)이 일어났다。 식자(識者) 청년들 중에는 주인 말과 같이 나를 미친 사람이라고 하고、긴 담뱃대를 식후(食後) 제일의 맛으로 붙여 물고 앉은 노인들은 그 청년을 꾸짖는 말로 『여보게、말을 함부로 말게。 지금이라고 이인(異人)이 없으란 법 있겠나。 이런 말세(末世)에 마땅히 이인이 날 때지』 한다。 청년들 말은 『이인이 없을 리가 없겠지만, 저 사람 생긴 꼴을 보셔요。 무슨 이인이 저렇겠어요』 한다。

그 왜놈은 별로 주의하는 빛이 없이 식사를 마치고 중문(中門) 밖에 서서 문설주에 기대어 방 안을 들여다보면서 총각 아이가 밥값 계산하는 것을 살펴 검사하고 있었다。 나는 서서히 몸을 일으켜 큰 호령 한마디에 그 왜놈을 발길로 차서 한 길이나 거반 되는 계단 아래로 추락시키고 쫓아 내려가 왜놈의 목을 한 번 밟았다。 세 칸 객방(客房)에 전면(前面) 출입문이 모두 네 짝이었다。 아랫방에 한 짝、 가운뎃방에 분합문(分合門) 두 짝、 윗방에 한 짝이었다。 그 방문 네 짝이 일시에 열리자 그 문 입구에 사람 머리가 다투어 나온다。 나는 몰려나오는 군중(群衆)을 향하여 간단하게 한마디로 선언했다。 『누구든지 이 왜놈을 위하여 내게 덤비는 자는 모두 죽일 것이다。』 선언이 끝나기도 전에、 일시에 발에 채이고 발에 밟혔던 왜놈은 새벽 달빛에 칼날의 빛을 번쩍이며 나에게 달려든다。 나는 얼굴에 내려지는 칼을 피하면서 발길로 왜놈의 옆구리를 차서 거꾸러뜨리고、 칼 잡은 손목을 힘껏 밟으니 칼이 저절로 땅에 떨어졌다。 그때는 그 왜놈의 칼로 왜놈을 머리로부터 발까지 점점이 마구 베었다。

이월 날씨여서 마당은 빙판이었다。 피가 샘 솟듯 마당에 흘렀다。 나는 손으로 왜놈의 피를 움켜 마시고、 왜놈의 피로 얼굴에 칠하고、 피가 뚝뚝 떨어지는 칼을 들고 방 안으로 들어가며 『아까 왜놈을 위하여 나에게 덤비고자 하던 놈이 누구냐』 하니、 방 안의 객(客) 중 미처 도주하지 못한 자는 거개 엎드리고 『장군님、 살려 주시오。 나는 그놈이 왜놈인 줄 모르고、 보통 싸움으로만 알고 말리려고 나갔던 것입니다』、 혹은 말하기를 『나는 어제 바다에서 장군님과 같이 고생하던 상인(商人)입니다。 왜놈과 같이 오지도 않았습니다』 한다。 그 중에 노인들은 겁은 나서 벌벌 떨면서도 아까 청년들을 꾸짖어 나를 말로 보호한 것으로 가슴이 나와서 하는 말이 『장군님、 아직 지각(知覺)이 없는 청년들을 용서하십시오』 하는 중에、 주인인 선달(先達) 이화보(李和甫)가 감히 방 안에도 못 들어오고 문밖에 무릎 꿇고 엎드려 말하기를 『소인이 눈은 있으나 눈알이 없어 장군님을 멸시(蔑視)하였사오니、그 죄는 죽어도 여한(餘恨)이 없사옵니다。그러하오나 왜놈과는 다만 밥 팔아먹은 죄밖에 없습니다。아까 장군님을 업신여겨 욕보였사온즉 죽어 마땅합니다』한다。

나는 방 안에 엎드려 떨고 있는 사람들을 향하여『내가 알아 할 터이니 일어나 앉아라』명하고、주인 이화보에게 물었다。『네가 그놈이 왜놈인 것은 어떻게 알았느냐。』이(李)의 답(答)。『소인이 포구(浦口)에서 객주(客主)를 하는 탓으로 진남포로 내왕(來往)하는 왜놈이 종종 제 집에서 자고 다닙니다。그러나 한복(韓服)을 하고 오는 왜놈은 금시초견(今時初見)이옵니다。』문(問)。『이 왜놈은 복색(服色)만이 아니고 한국 말이 능한데、네 어찌 왜놈으로 알았느냐。』이(李)의 답(答)。『몇 시간 전에 황주(黃州)에서 온 목선(木船) 한 척이 포구에 들어왔는데、뱃사람들의 말이 일본 영감(令監) 한 분을 태워 왔다고 하기에 알았습니다。』문(問)。『그 목선(木船)이 아직 포구에 매여 있느냐。』답(答)。『그렇습니다。』나는 그 뱃사람을 대령(待令)하라 하였다。

이와 같이 문답(問答)하던 즈음에 일 처리에 재간이 있는 이화보는、한편으로 세면도구를 들여오고、그 후로는 밥 일곱 그릇을 한 상에 놓고 또 한 상에 반찬을 놓아 들여다 놓고 먹기를 청하였다。나는 세면을 하고 밥을 먹게 되었다。밥 한 그릇을 먹은 지가 십 분밖에 안 되었으나 과격하게 몸을 움직였으므로 한두 그릇은 더 먹을 수 있지만、일곱 그릇씩은 먹을 수 없었다。그러나 당초에 일곱 그릇을 더 요구한 말이 거짓말로 알려져서는 재미없는 일이었다。큰 양푼 한 개를 청하여 밥과 반찬을 한데다 두고 숟갈 한 개를 더 청하여 숟갈 두 개를 이어 붙여 들고 밥 한 덩이가 사발통만큼씩、곁에서 보는 사람의 생각으로 몇 번에 그 밥을 다 먹겠구나 하도록 보기좋게 한 두어 그릇 분량을 먹다가 숟갈을 던지고 혼잣말로『오늘은 먹고 싶었던 원수의 피를 많이 먹었더니 밥이 들어가지를 않는다』하고、식사를 마치고 일의 처리에 착수하였다。

왜놈을 싣고 온 뱃사람 일곱 명이 문 앞에 꿇어 엎드려 청죄(請罪)하였다。『소인들은 황주(黃州)에 사는 뱃놈이온데 왜놈을 싣고 진남포(鎭南浦)까지 뱃삯을 작정(作定)하고 가던 죄밖에 없습니다。』뱃사람들에게 명령하여 왜놈의 소지품 전부를 들여다가 조사한 결과、왜놈은 토전양량(土田讓亮)*이고、직위는 육군(陸軍) 중위(中尉)요、소지하던 돈이 엽전 팔백여 냥이었다。

그 금액 중에서 뱃삯을 계산하여 내주고、이화보더러 마을 동장(洞長)을 부르라 하니、이(李)가 말하기를『소인이 명색(名色)이 동장이올시다』한다。마을 안의 극빈(極貧)한 집에 그 남은 금액을 나누어 주기를 명령하고、『왜놈 시체를 어찌하오리까』함에 대하여는 이렇게 분부(分付)하였다。『왜놈은 우리 조선(朝鮮) 사람에게만 원수가 아닌즉 바닷속에 던져서 물고기와 자라까지 즐겁게 뜯어먹도록 하여라』하고、이화보를 불러서 필구(筆具)를 대령하라 하여 몇 줄의 포고문(布告文)을 썼다。이유는『국모(國母)의 원수를 갚을 목적으로 이 왜놈을 때려 죽이노라』하고、끝줄에『해주(海州) 백운방(白雲坊) 기동(基洞) 김창수(金昌洙)』라 써서 통로 벽 위에 붙이고、다시 이화보에게 명령하기를『네가 이 마을 동장(洞長)이니 곧 안악군수(安岳郡守)에게 사건의 전말(顚末)을 보고하여라。나는 내 집에 가서 하회(下回)를 보겠다。그런데 기념으로 왜놈의 칼은 내가 가지고 간다』하였다。

출발하고자 하니 온몸의 의복이 백의(白衣)가 홍의(紅衣)가 되었으나、다행히 벗어 걸었던 두루마기가 있으므로 허리에 칼을 차고 평안하고 한가로운 태도로 행객(行客)과 마을 사람 수백 명이 모여 구경하는 가운데로 돌아가는 길을 떠났다。내심에는 심히 조급하였다。마을 사람들이 머물지 못하게 하고「네가 복수를 하였든지 무엇을 하였든지、네가 내 마을에서 살인을 하였으니 네가 있다가 일을 당하고 가라」하면(이것은 내 생각뿐이지 그때 나에게 그런 이론(理論)을 낼 자는 없었을 것이다) 사실을 설명할 겨를도 없이 왜놈들이 와서 죽일 것이었다。빨리 나가는 발길을 일부러 천천히 걸어서 고개 위에 올라서면서 곁눈으로 치하포를 내려다보니、여전히 사람들이 모여 서서 내가 가는 것을 구경하고 있었다。

시간은、아침 해가 곧 비거리*나 올라와 있었다。고개를 넘어서서는 빨리 걸어 신천읍(信川邑)에 도착하니、그날은 신천읍 장날이었다。시장 안의 이곳저곳에서 치하포(鴟河浦) 이야기가 나왔다。『오늘 새벽에 치하포 나루에서는 장사(壯士)가 나타나서 일인(日人)을 한 주먹에 때려죽였다지。』『그래、그 장사하고 같이 용강(龍岡)서부터 배를 타고 왔다는 사람을 만났는데、그 장사가 나이는 이십도 못 되어 보이는 소년이더라는데、강(江) 위에 빙산(氷山)이 몰려와서 배가 그 사이에 끼여서 다 죽게 되었는데 그 소년 장사가 큰 빙산을 손으로 밀어내고 사람을 다 살렸다던데。』 혹은 『그 장사는 밥 일곱 그릇을 눈 깜짝할 사이에 다 먹더라는걸』 한다。

이런 말을 듣다가 신천(信川) 서부(西部)의 유해순(柳海純)(전의 동학(東學) 친구)을 찾아갔다。 유 씨가 인사한 후에 『형의 몸에서는 피비린내가 난다』 하며 자세히 보더니 『의복에 웬 피가 저다지 묻었소』 묻는다。 『길에 오다가 왜가리 한 마리를 잡아먹었더니 피가 묻었소이다。』 『그 칼은 웬 것이오。』 『여보、 노형(老兄)이 동학 접주(接主) 노릇할 적에 남의 돈을 많이 강탈하여 두었다는 말을 듣고 나도 강도질을 왔소。』 유 씨가 말하기를 『동학 접주가 아니고서 그런 말을 해야 믿지요。 어서 진짜 사정을 말하시오』라고 조른다。

나는 대강 경과를 말하였다。 유해각(柳海珏) 유해순(柳海純) 형제는 놀라면서 과연 쾌남아(快男兒)의 행위라 하고、 본댁(本宅)으로 가지 말고 다른 곳으로 피신(避身)할 것을 강권(強勸)한다。 나는 절대 불가(不可)하다고 말했다。 『사람의 일은 밝고 떳떳해야 사나 죽으나 값이 있지、 세상을 속이고 구차하게 살기만 도모하는 것은 장부(丈夫)의 일이 아니다』 하고、 곧 떠나서 집에 돌아와 아버님께 그간 행한 일을 일일이 보고하니 부모님 역시 피신을 힘써 권하지만、 나는 『금번 왜놈을 죽인 것은 사사로운 감정으로 한 일이 아니요 국가의 큰 치욕을 씻기 위한 행동인즉、 구구하게 피신할 마음이 있다면 당초에 그런 일을 하지 않았을 것입니다。 이미 실행한 이상에는 자연히 법사(法司)의 조치가 있을 터이니、 그때에 당하여 한 몸을 희생하여 만인을 교훈(教訓)한다면 비록 죽더라도 오히려 영광이오니、 자식의 소견(所見)에는 집에 앉아서 당할 때 당하는 것이 의로움에 지극히 가할 줄 생각합니다』 하였다。 아버님도 다시 강권하지 않으시고 이런 말씀을 하셨다。 『내 집이 흥하든 망하든 네가 알아 하여라。』

투옥(投獄)

그러저럭 석 달이 넘도록 아무 소식이 없더니、병신년(丙申年) 오월 십일일 사랑(舍廊)에서 아직 잔 자리에서 일어나기도 전인데 어머님이 급히 사랑문을 열고 『얘、우리 집 앞뒤를 보지 못하던 사람들이 무수히 둘러싸고 있구나』 하신다。 말씀이 끝나자 수십 명이 쇠채찍과 쇠몽둥이를 가지고 달려들며 『네가 김창수(金昌洙)냐』 묻는다。『나는 그렇지만、그대들은 누구인데 이같이 요란하게 인가(人家)에 침입하느냐』 물었다。 그제야 내무부령(內務部令)을 등인(等因)*한 체포장(逮捕狀)을 보이고、압상(押上)*의 길을 떠났다。 순검(巡檢)과 사령(使令)이 도합 삼십여 명이요、나의 몸을 쇠사슬로 여러 겹으로 동이고、앞뒤에 서서 쇠사슬 끝을 잡고 그 나머지는 좌우에서 지키며 갔다。 마을은 이십여 호(戶) 전부가 한 집안 친족이지만、두려워하여 한 사람도 감히 내다보지를 못하였다。 이웃 마을 강씨 이씨 들은 김창수가 동학(東學)을 한 죄로 붙잡혀 가는 줄 알고 수군거렸다。

이틀 만에 해주옥(海州獄)에 들어왔다。 어머님과 아버님이 다 해주로 오셔서、어머님은 밥을 빌어다가 먹여 주시는、속된 말로 옥바라지를 하시고、아버님은 당신이 전에 늘 그랬듯이 넉넉지 못한 사령청(使令廳)과 영리청(營吏廳) 계방(稧房)들과의 교섭 수단으로 방면(放免)을 도모하지만、시세(時勢)가 전보다 달라지고 사건이 하도 중대하므로 아무 효과가 없었다。

옥에 갇힌 후 한 달여에 신문(訊問)이 개시되었다。 옥에서 쓰던 큰 전목(全木)칼*을 목에 걸고 선화당(宣化堂) 뜰에 들어갔다。 감사(監司) 민영철(閔泳喆)*이 묻기를 『네가 안악(安岳) 치하포(鴟河浦)에서 일인(日人)을 살해하고 도적질을 하였다니 사실이냐』 한다。 답하기를 『그런 일 없소』 하자、또 묻기를 『너의 행적(行蹟)에 증거가 분명한데 부인(否認)을 하느냐』면서 형(刑)을 집행하라는 호령을 내리자、사령(使令)들이 나의 두 발과 두 무릎을 한데 찬찬 동이고 다리 사이에 붉은색 주릿대 두 개를 들이밀고、한 놈이 한 개씩 잡아 좌우를 힘껏 눌러서 단번에 정강이뼈가 허옇게 드러났다。 나의 왼 다리 정강마루에 큰 상흔(傷痕)이 곧 이것이다。 나는 입을 다물고 말을 안 하다가 마침내 기절하였다。 형(刑)을 중지하고 얼굴에 냉수를 뿌려서 회생(回生)시키고 다시 묻는다。 나는 감사(監司)를 보고 말했다。『본인의 체포장(逮捕狀)으로 보면 내무부(內務部) 훈령(訓令) 등인(等因)이라 하였은즉, 본 관찰부(觀察府)에서 처리할 수 없는 사건이니 내무부에 보고만 하여 주시오』 하니, 다시는 아무 말이 없이 도로 하옥(下獄)하였다.

근 두 달이 지났다. 칠월 초에 인천(仁川)으로 이수(移囚)되어, 인천감리영(仁川監理營)에서 네댓 명의 순검(巡檢)이 해주로 와서 데리고 간다. 일이 이 지경이 되니, 아버님은 본향(本鄕)으로 가서 웬만한 가산(家産)과 집기(什器)와 가옥(家屋)까지 팔아 가지고 인천이든지 서울이든지 내가 가는 대로 따라가서 하회(下回)를 보기로 하고 본향으로 가시고, 어머님만 나를 따라서 인천으로 동행을 했다.

그날로 연안읍(延安邑)에서 일박(一泊)하고, 이튿날은 나진포(羅津浦)를 향하는 도중에 연안읍에서 약 오 리쯤 되는 길가 무덤 옆에서 날씨가 몹시 더우므로 순검들이 오이를 사서 먹으며 앉아 다리를 쉬었다. 그 무덤 곁에 세운 비문(碑文)을 보니 「孝子李昌梅之墓(효자이창매지묘)」라 하였고, 비 뒷면에 새긴 글자를 보니 어느 임금이 이창매(李昌梅)의 효성(孝誠)에 대하여 효자정문(孝子旌門)을 내렸다고 한다. 이창매 무덤 곁에 이창매 부친(父親)의 묘가 있는데, 이창매는 본시 연안(延安)의 통인(通引)으로, 그 아버지가 돌아가시어 장례 치른 후에 사철 비바람에도 물러나지 않고 시묘(侍墓)를 지성(至誠)으로 하여, 무덤 앞에 신을 벗은 자리부터 한 걸음 한 걸음 무덤에 절하는 자리까지 걸어간 발자국, 두 무릎을 꾼 자국, 향로(香爐)와 향합(香盒)을 놓았던 자리에는 영영 초목(草木)이 나지 못하였고, 만일 사람이 그 움쑥움쑥 파인 자리를 흙으로 메우면 즉시 천둥소리가 진동하며 큰비가 내려 메운 흙을 씻어낸다는 말을 근처 사람과 순검 들이 이야기한다.

눈으로 그 비문(碑文)을 보고 귀로 그 이야기를 듣는 나는, 순검들이 알세라 어머님이 알세라 피가 섞인 눈물을 흘리며 이창매에게 대죄(待罪)를 했다. 다 같은 사람의 자식으로, 이창매는 부모가 죽은 후까지 저러한 효(孝)의 자취가 있으니 그 부모 생전에 부모에게 대하여 어떠하였을 것을 알 것이다. 나의 뒤를 따라, 넋이 몸에 붙어 있지 못한 듯 허둥지둥 따라와서 내 곁에 앉아 하염없이 한심(寒心)을 짓고 계신 어머님을 볼 수 없고, 이창매는 무덤 속으로부터 부활하여 나를 향해 『네가 「나무는 고요하고 싶어 하나 바람은 그치지 않는다(樹欲靜而風不止)」*의 구절을 읽지 못하였느냐』고 책망(責望)하는 듯싶었다. 몸을 일으켜 출발할 때에 나는 이창매 무덤을 다시금 돌아보며 수없이 마음속으로 절하였다。

육행(陸行)은 나진포(羅津浦)까지 끝나고 배를 탔다。 병신년(丙申年) 칠월 이십오일、달빛이 없이 천지(天地)가 캄캄하고 물조차 소리뿐이었다。 강화도(江華島)를 지나던 즈음에、염천(炎天)에 보행으로 오던 순검(巡檢)들이 방심하여 다 잠든 것을 보시고 어머님은 뱃사공도 듣지 못할 입안의 말로 나에게 말씀하신다。『얘、네가 이제 가서는 왜놈 손에 죽을 터이니 맑고 맑은 물에 너와 나와 같이 죽어서 귀신이라도 모자(母子)가 같이 다니자。』이 말씀을 하시고는 내 손을 끄시고 뱃전으로 가까이 나가신다。 나는 황송무지(惶悚無地)한 중에 어머님을 위안하였다。『어머님은 자식이 이번에 가서 죽는 줄 아십니까。 결코 죽지 않습니다。 자식이 국가를 위하여 하늘에 사무치게 정성을 다하여 원수를 죽였으니 하늘이 도우실 테지요。 분명히 죽지 않습니다。』 어머님은 당신을 위안하는 말로 들으시고 또다시 손을 끄시는 것을、『자식의 말을 왜 안 믿으십니까』 하고 담대(膽大)히 주장하자、그 말에 투강(投江)할 결심을 중지하시고 다시 말씀하신다。『너의 부친과도 약속하였다、네가 죽는 날이면 부부가 같이 죽자고。』 어머님은 내가 죽지 않는다는 말을 얼마간 믿으시므로、하늘을 향하여 두 손을 비비시면서 알아듣지 못할 낮은 음성으로 축원(祝願)을 하는 모양이었다。

인천옥(仁川獄)*에 들어갔다。 내가 인천으로 이수(移囚)된 원인은 그곳이 갑오경장(甲午更張)* 이후에 외국인 관계 사건을 재판하는 특별재판소(特別裁判所)였기 때문이다。 감옥의 위치는、내리(內里) 마루에 감리서(監理署)가 있고、좌익(左翼)에 경무청(警務廳)이고 우익(右翼)에 순검청(巡檢廳)이요、순검청 앞으로 감옥이 있고 그 앞에 길을 통제하는 이층의 문루(門樓)가 있다。 감옥은 바깥 둘레에 담을 높이 쌓고 담 안에 단층집 몇 칸이 있는데、반으로 나누어 한편에는 징역수(懲役囚)와 강도(强盜) 절도(竊盜) 살인(殺人) 등의 죄수를 수용하고、반은 이른바 잡수(雜囚) 즉 민사소송(民事訴訟)과 위경범(違警犯)* 등을 수용하였다。 형사사건(刑事事件) 피고(被告)의 기결수(旣決囚)는 청색 옷을 입고 상의(上衣) 등판에 「강도」「살인」「절도」 등의 죄명을 묵서(墨書)하고、옥외(屋外) 출역(出役) 시에는 좌우 어깨와 팔을 아울러 쇠사슬로 동이고 이인(二人) 일조(一組)로 등 위에 자물쇠를 채우고 압뢰(押牢)가 인솔하고 다녔다。 감옥에 들어가는 즉시 나는 도적 죄수간(罪囚間)에 구인용(九人用) 긴 쇠고랑의 중간에 엄수(嚴囚)되었다。

치하포(鴟河浦)에서는 이화보(李和甫)를 한 달 전에 체포 압상(押上)하여 인천옥에 가두었다。 그는 자기의 무죄(無罪) 증거를 제출할 줄 알기 때문일 것이다。 이화보의 집 벽 위의 포고문(布告文)은 왜놈이 가서 조사할 때 떼어 감추고 순전히 살인강도(殺人强盜)로 교섭한 것이었다。

어머님은 나를 옥문(獄門) 밖까지 따라와 옥문 안으로 들어가는 것을 보시고는 눈물을 흘리시고 섰는데、 그것까지만 잠시 고개를 돌려서 보았다。 어머님은 비록 시골 농촌에서 나서 자라셨으나 모든 일을 능히 해낼 수 있으셨고、 더욱이 바느질을 잘하셨다。 무슨 일이 손에 걸렸으랴만、 자식의 목숨을 구하기 위하여 감리서(監理署) 삼문(三門)* 밖 개성(開城) 사람 박영문(朴永文)의 집에 들어가서 지금에 이르게 된 내력(來歷)을 잠시 이야기하고、 그 집의 동자꾼*으로 있게 해 달라고 청하셨다。 그 집은 당시 항구 안에서 유명한 물상객주(物商客主)였다。 내방(內房)에서 밥 짓고 의복 바느질하는 일이 매우 번다(煩多)한 탓에 삯을 받고 일해 주는 사람으로 뽑혔고、 조건은 하루 삼시(三時)로 감옥에 밥 한 그릇씩을 갖다 주기로 한 것이다。 압뢰(押牢)가 밥을 받아 들여 주면서 『네 모친도 의지하여 몸 붙일 곳이 생겼고、 네 밥도 매일 삼시(三時)로 들여 줄 터이니 안심하라』고 한다。 같이 있는 죄수들도 매우 부러워하였다。

옛사람이 말하기를 『슬프고 슬프도다 어버이시여、 나를 낳아 기르시느라 고생하셨다(哀哀父母 生我劬勞)』*라 하였으나、 나의 부모는 나를 낳을 때에도 예사롭지 않게 고생을 하셨고、 나를 살리기에는 천중만금(千重萬金)의 고생을 두루 겪으셨다。 불서(佛書)에 이르기를 『부모와 자녀는 천 번을 태어나는 헤아릴 수 없이 오랜 세월에 은혜와 사랑을 끼치며 산다(父母與子女 千生百劫 恩愛所遺住)』*라 한 말이 빈말이 아니었다。

감옥 안이 극히 불결(不潔)하고 아직 여름 무더위였다。 나는 장티푸스에 걸려 고통이 극도에 달하여 자살(自殺)의 단견(短見)을 취하여、 동료 죄수들이 잠든 때를 타서 이마 위에 손톱으로 「忠(충)」자를 새겨 쓰고、 허리띠로 목을 매고 드디어 숨이 끊어졌다。 숨이 끊어진 그 순간에 나는 본향(本鄕)에 가서 보통 때 친애(親愛)하던 재종제(再從弟) 창학(昌學)(즉 지금의 태운(泰運))이와 놀았다。 옛 시의 『옛 고향 동산이 늘 눈앞에 있으니、 일부러 부르지 않아도 넋은 그곳에 가 있네(故園長在目 魂去不須招)』*가 실은 빈말이 아니었다。

갑자기 정신이 회복되니 동료 죄수들이 고함치며 죽는다고 소동(騷動)을 한다。 그자들이 나의 죽음 때문에 그리하는 것이 아니라、내가 숨이 끊어질 때에 무슨 격렬한 요동(搖動)이 있었던 것이다。 그 후로는 여러 사람의 주의(注意)로 자살할 겨를도 없으려니와、그 후로는 병마(病魔)가 죽여서 죽든지、원수가 죽여서 죽든지、죽여서 죽는 것은 어쩔 수 없거니와 자살은 부당하다고 생각되었다。 그런 사이에 취한(取汗)*은 되었으나 십오 일 동안 음식은 입에 대어 보지를 못하였다。

그때에 마침 신문(訊問)한다는 기별이 있었다。 나는 생각을 했다。 내가 해주에서 다리뼈까지 드러나는 악형(惡刑)을 당하고 죽는 데까지 이르면서도 사실을 부인(否認)한 것은 내무부(內務部)에까지 가서 대관(大官)들을 대하여 발설(發說)하자는 본의(本意)였으나、불행히 병(病)으로 죽게 되었으니 하는 수 없이 이곳에서라도 왜놈 죽인 취지(趣旨)나 말을 하고 죽으리라는 마음을 작정하였다。

그러자 압뢰(押牢)의 등에 업혀 경무청(警務廳)으로 들어갔다。 업혀 들어가며 살펴보니 도적(盜賊) 신문하는 형구(刑具)를 삼엄하게 갖추어 놓았다。 압뢰가 업어다가 문밖에 앉히자、나의 모습을 본 당시 경무관(警務官) 김윤정(金潤晶)*(윤치호(尹致昊)*의 장인(丈人))이 『어찌하여 저 죄수의 모습이 저렇게 되었느냐』고 물으니 열병(熱病)*으로 그리되었다고 압뢰가 보고한다。 김윤정은 내게 묻는다。 『네가 정신이 있어 족히 묻는 말에 대답할 수 있느냐。』 답。 『정신은 있으나 성대(聲帶)가 말라붙어서 말이 나오지 않으니 물을 한 잔 주면 마시고 말을 하겠소。』 곧 청지기더러 물을 가져다가 먹여 주었다。

김윤정은 법정 위에 앉아 관례대로 성명(姓名) 주소(住所) 연령(年齡)을 묻고 사실에 들어간다。 『네가 안악(安岳) 치하포(鴟河浦)에서 모월(某月) 모일(某日)에 일인(日人)을 살해한 일이 있느냐。』 답。 『본인이 그날 그곳에서 국모(國母)의 원수를 갚기 위하여 왜놈 원수 한 명을 때려죽인 사실이 있소。』 나의 이 대답을 들은 경무관(警務官) 총순(總巡) 권임(權任) 등이 저마다 오랫동안 서로 쳐다볼 따름이요、법정 안은 비상(非常)히 침묵(沈默)하여졌다。

나의 옆으로 의자에 걸터앉아서 신문에 방청(傍聽)인지 감시(監視)인지 하고 있던 도변(渡邊) 순사(巡査) 왜놈이 신문 초두(初頭)에 법정 안이 침묵하여진 것을 의아하게 여겨 통역(通譯)으로 질문하는 것을、『이놈!』 한마디로 죽을 힘을 다하여 호령했다。 『지금 이른바 만국공법(萬國公法)이니 국제공법(國際公法)이니 하는 조문(條文)의 규정 가운데 나라와 나라 간에 통상통화조약(通商通和條約)*을 체결한 후에 그 나라 임금을 살해하는 조문이 있느냐. 개 같은 왜놈아, 너희는 어찌하여 우리 국모(國母)를 살해하였느냐. 내가 죽어 귀신으로 살면, 몸으로 네 임금을 죽이고 왜놈을 씨도 없이 다 죽여서 우리 국가의 치욕을 씻을 것이다.』 몹시 꾸짖는 것이 무서워서였던지, 도변이 놈이 『칙쇼(畜生), 칙쇼(畜生)』* 하며 대청(大廳) 뒤로 달아나 숨었다.

법정 안은 분위기가 긴장(緊張)하여졌다. 총순(總巡)인지 주사(主事)인지 김윤정에게 말을 한다. 『사건이 하도 중대하니 감리(監理) 영감께 말씀하여 와서 신문을 주관해 달라고 하겠다』고 하더니, 몇 분 후 감리사(監理使) 이재정(李在正)*이가 들어와 주석(主席)에 앉는다. 김윤정은 신문하던 진상(眞相)을 보고하였다. 그때 법정 안에서 참관하는 관리(官吏)와 청속(廳屬)* 들이 분부 없이도 찻물을 가져다 마시게 해 주었다.

나는 법정 위 주석(主席)의 이재정에게 물었다. 『본인은 시골의 일개 천한 출신이나, 신민(臣民)의 한 사람 된 의리(義理)로 국가의 기괴한 수치를 당하고 백일청천하(白日靑天下)에 나의 그림자가 부끄러워서 한 명 왜놈 원수라도 죽였거니와, 내가 아직 우리 사람으로서 왜황(倭皇)을 죽여 복수하였다는 말을 듣지 못하였거늘, 지금 당신들이 몽백(蒙白)*을 하였으니 춘추대의(春秋大義)*에 「군부(君父)의 원수를 갚지 못하면 몽백을 아니한다」*는 구절도 읽어 보지 못하고 한갓 영화(榮華)와 부귀(富貴), 총애(寵愛)와 녹봉(祿俸)을 도적질하는 더러운 마음으로 임금을 섬기느냐.』 이재정 김윤정을 비롯하여 수십 명의 참석한 관리들이 내 말을 듣는 광경을 보니, 각각 얼굴에 홍당무의 빛을 띠었다. 이재정이가 마치 내게 하소연하는 말로 『창수가 지금 하는 말을 들으니 그 충의(忠義)와 용감(勇敢)을 흠모하는 반면에, 나의 당황스럽고 부끄러운 마음도 비할 데 없소이다. 그러나 상부(上部)의 명령대로 신문하여 위에 보고하려는 것뿐이니 사실이나 상세히 공술(供述)하여 주시오』 한다. 김윤정은 나의 병세(病勢)가 아직 위험함을 보고 감리(監理)와 무슨 말을 소곤소곤하고서는 압뢰에게 명하여 도로 하옥(下獄)시켰다.

어머님이 신문(訊問)한다는 소문을 들으시고 경무청(警務廳) 문밖에서 압뢰의 등에 업혀 들어감을 보시고, 신병(身病)이 저 지경이 되었으니 무슨 말을 잘못 대답하여 당장에나 죽지 아니할까 하는 근심이 가득하다가, 신문 초두(初頭)부터 관리 전부가 떠들기를 시작하며 벌써 감리영(監理營) 부근 인사(人士)들은 희귀한 사건이라고 구경을 하는 자로 법정 안은 발 디딜 곳이 없고 문밖까지 둘러서서, 『참말 별난 사람이다. 아직 아이인데 사건이 무엇이냐』 하고, 압뢰(押牢)와 순검(巡檢) 들은 듣고 본 대로 『해주(海州) 김창수(金昌洙)라는 소년인데 민(閔) 중전(中殿) 마마의 원수를 갚으려고 왜놈을 때려죽였다나. 그리고 아까 감리(監理) 사또를 책망하는데, 사또도 아무 대답을 잘 못하던걸』 이런 이야기가 여기저기 떠들썩했다. 내가 압뢰의 등에 업혀 나가면서 어머님의 얼굴빛을 살펴보니 약간 희색(喜色)을 띠는 것은 여러 사람들이 구경한 이야기를 들으신 까닭인 듯한데, 나를 업고 가는 압뢰도 어머님을 대하여 『당신 안심하시오. 어쩌면 이런 호랑이 같은 아들을 두셨소』 한다.

나는 감옥에 들어가 옥중(獄中)에서도 일대(一大) 소동을 일으켰다. 다름이 아니라, 나를 다시 도적 죄수간에다가 차꼬*를 채워 두는 데 대하여 나는 크게 분개(憤慨)하였다. 소리를 벼락같이 지르며 관리를 몹시 꾸짖었다. 『전날에 내가 아무 의사(意思)를 발표하지 아니한 때는 대우(待遇)를 강도로 하나 무엇으로 하나 말을 하지 않았다만, 오늘은 정당히 의지(意志)를 발표하였거늘, 아직도 나를 이렇게 홀대(忽待)하느냐. 나는 「땅에 금을 그어 놓고 감옥이라고 해도 의리 때문에 나가지 않을 것이다.」(劃地爲獄義不出)* 내가 당초에 도망가서 살 생각이 있었다면, 왜놈을 죽이고 사는 곳과 성명을 갖추어 널리 알리고 내 집에 와서 석 달여나 체포를 기다리고 있었겠느냐. 너희 관리들이 왜놈을 기쁘게 하기 위하여 내게 이런 푸대접을 하느냐.』 이런 말을 하면서 어찌나 요동(搖動)을 하였던지, 한 차꼬 구멍에 같이 발목을 넣고 있는 자가 좌우로 네 명씩 모두 아홉 명인데, 좌우에 있는 수인(囚人)들이, 말을 보태어서, 내가 한 다리로 좌우 여덟 명과 차꼬 전부를 들고 일어서는 바람에 저희들의 발목은 다 부러졌다고 고함 고함 야단이었다. 김윤정이가 즉시 감옥 안에 들어와 광경을 보고 애꿎은 압뢰를 꾸짖었다. 『그 사람은 다른 이들과 본래부터 다른데, 왜 도적 죄수와 자리를 섞어 두느냐. 하물며 중병(重病)이 있지 않으냐. 즉각 좋은 방으로 옮기고, 신체에 대하여 구속(拘束)은 조금도 말고 너희들이 잘 보호하여 드려라.』 그때부터는 옥중왕(獄中王)이 되었다.

그러자 어머님이 옥문(獄門) 밖에서 면회를 오셨는데, 초췌한 얼굴에도 희색(喜色)이 돌았다。 어머님 말씀이 『아까 네가 신문받고 나온 뒤에 경무관(警務官)이 돈 일백오십 냥(지금의 삼 원(圓)*)을 보내고, 네 보약(補藥)을 먹이라고 하더구나。 오늘부터는 주인(主人) 내외는 물론이요 사랑(舍廊) 손님들도 나에게 매우 존경하며 「옥중에 있는 아드님이 무슨 음식을 자시고자 하거든 말만 하면 다 해 주겠다」고 한다。 일전(日前)에는 어떤 뚜쟁이 할미가 와서 「당신이 아들을 위하여 이곳에서 남의 일을 해 주고 삯을 받는 것보다는 내가 중매를 서서 돈 많고 권력(權力)도 많은 남편을 얻어 줄 터이니 그리 가서 옥(獄)에 밥도 마음대로 해 가져가고, 일도 주선(周旋)하여 속히 나오도록 해 주는 것이 어떠냐」 하기에, 나는 남편이 있어 며칠 안에 이곳에 온다고 말한 일도 있다』 하신다。

그 말씀을 들으니 천지(天地)가 아득하다。 『그것이 다 이놈의 죄(罪)올시다』 하였다。

이화보(李和甫)는 불려가서 신문(訊問)당할 때나 옥중(獄中)에서나 『김창수는 지혜와 용기를 겸전(兼全)하여 능히 그를 당할 수 없고, 하루에 칠백 리를 걸어가며, 한 번에 일곱 그릇의 밥을 먹는다』고 선전을 하고, 내가 감옥에서 야단을 할 때나 죄수들이 소동할 때나、이화보 자기가 이왕에 한 말이 부합(符合)이나 되는 것처럼 떠들었다。 그는 『자기 집에서 살인(殺人)을 하는데 자기는 팔짱만 끼고 있었으며、살인 후라도 살인자(殺人者)를 결박하여 놓고 관청에 고발을 해야 할 것 아니냐』고 신문을 당했다。

이튿날부터는 옥문(獄門) 앞에 얼굴을 알려고 면회(面會)를 청하는 인사(人士)들이 하나둘 생기기 시작했다。 그것은 감리서(監理署) 경무청(警務廳) 순검청(巡檢廳) 사령청(使令廳) 등 수백 명 직원이 각각 자기의 친한 사람에게、제물포(濟物浦)가 개항(開港)된 지 구 년 즉 감리서가 설립된 후에 처음 보는 희귀한 사건이라고 자랑 겸 선전이 된 까닭이었다。

항구 내 권력자(權力者)와 노동자(勞動者)까지도 아는 관리에게 김창수 신문할 때는 알려 달라는 청탁이 많다는 말을 듣던 차에 제이회(第二回) 신문일(訊問日)을 맞았다。 그날도 역시 압뢰 등에 업혀 옥문 밖을 나서면서 사방을 살펴보니、길에는 사람이 가득 찼고、경무청 안은 각 관청 관리와 항구 내 유력자(有力者)들이 다 모인 모양이고、담장 꼭대기와 지붕 위에까지 경무청 뜰이 보이는 곳은 사람들이 다 올라갔다。

법정 안에 들어가 앉으니, 김윤정이 슬쩍 내 곁으로 지나가며 『오늘도 왜놈이 왔으니 기운껏 호령을 하시오』 한다。(그때는 김윤정이 얼마간의 진심(眞心)이 있었던 듯하였으나, 오늘까지 이른바 경성부(京城府) 참여관(參與官)* 노릇을 하고 있는 것을 보면, 그때에 신문정(訊問庭)을 하나의 연극장(演劇場)으로 알고 나를 배우의 한 명으로 대중(大衆)에게 구경시킨 것이라고 해석할 듯도 하다。그러나 한결같지 않은 자들의 소행으로, 그때는 의협심(義俠心)이 좀 생겼다가 날이 오래되는 대로 마음이 변한 것으로도 볼 수 있다。) 다시 신문을 시작한 후에는 『신문에 대하여는 나는 전날에 다 말하였으니 다시 할 말이 없다』고 말을 끝막고, 뒷방에 앉아서 나를 넘겨다보는 도변(渡邊)을 향하여 몹시 꾸짖다가, 다시 감옥에 돌아온 후는 날마다 면회인(面會人) 수가 증가되었다。와서는 『나는 항구 내에 거주하는 아무개올시다。당신의 의기(義氣)를 사모하여 신문정(訊問庭)에서 얼굴은 뵈었소이다。설마 오래 고생하려구요。안심하고 지내시고 출옥(出獄) 후에 한 자리에서 반가이 뵈옵시다』 그런 말들이다。

면회 올 때는 음식을 한 상씩 풍성하게 차려 들여 주었다。나는 그 사람들의 정(情)에 감심(感心)하여 보는 데에서 몇 점씩 먹고는, 도적 죄수간에 순차로 분배하여 주었다。그때에 감옥제도(監獄制度)는 실시하는 모양이었으나, 죄수들의 음식을 규칙적으로 날마다 분배하는 것이 아니라, 징역수(懲役囚)라도 짚신을 삼아서 압뢰(押牢)가 인솔하고 길거리에 나가 팔아다가 죽이나 쑤어 먹이는 판이었다。내게 가져오는 음식은 각기 준비하는 사람이 되도록 풍성하게 차린 것이어서, 수인(囚人)들도 그렇거니와 나도 처음 먹는 음식이 많은 터였다。앉은 차례대로 내가 나오는 날까지 먹였다。

제삼차(第三次) 신문(訊問)은 감리서(監理署)에서 하였는데, 그날도 항구 내 거주자는 다 모이는 것 같았다。그날은 감리사(監理使) 이재정(李在正)이가 직접 신문을 하였는데, 왜놈은 보이지 아니하였다。감리(監理)가 매우 친절히 말을 묻고, 나중에 신문서(訊問書) 꾸민 것을 열람케 하고, 교정(校正)할 것은 교정하고, 「백(白)」자에 착함(着銜)하였다。* 신문은 끝이 났다。

여러 날 후에는 왜놈들이 나를 사진(寫眞)을 박는다고 하여 경무청(警務廳)으로 또 업혀 들어갔다。그날도 법정 안팎에 허다(許多)한 관중이 인산(人山)을 이루었다。김윤정(金潤晶)은 슬쩍 나의 귀에 들릴 만큼 말을 한다。『오늘 저 사람들이 창수의 사진을 박으러 왔으니, 주먹을 쥐고 눈을 부릅뜨고 사진을 찍히시오』 한다。 그러자 사진을 찍혀 가리、못 찍혀 가리가 교섭(交涉)의 문제가 되어 한참 동안 의논(議論)이 분운(紛紜)하다가、끝내 청사(廳舍)에서는 허락지 못할 터이니 길 가운데에서나 찍히라고 하고 나를 업어서 길 가운데에 앉혔다。

왜놈이 다시 청하기를 『김창수에게 수정(手錠)(수갑)을 채우든지 포승(捕繩)으로 얽든지 죄인 된 표시를 내어 달라』고 한다。 김윤정은 거절했다。『이 죄수는 계하죄인(階下罪人)*이므로、대군주(大君主) 폐하께서 분부가 없는 이상 그 몸에 형구(刑具)를 댈 수 없다』고 하였다。 왜놈은 질문하기를 『정부에서 형법(刑法)을 정하여 사용하면 그것이 곧 대군주의 명령이 아니냐』 한다。 김윤정은 『갑오경장(甲午更張) 이후에 형구(刑具)는 폐지하였다』고 답했다。 왜놈은 다시 질문한다。『너희 나라 감옥의 죄수들이 쇠사슬 찬 것과 칼 쓴 것을 내가 보았다』고 한다。 김윤정은 노하여 왜놈을 꾸짖었다。『죄수의 사진은 조약(條約)에 의한 의무는 없고、다만 상호간 참고 자료에 불과한 미세한 일로、이같이 내정간섭(內政干涉)을 하는 데는 응하여 시행할 수 없다』고 야단을 하였다。 관중들은 경무관(警務官)이 명관(名官)이라고 웃으면서 칭찬하였다。 급기야 길 가운데에서 사진을 찍히게 되었다。 왜놈이 다시 애걸하여、내가 앉은 옆에 포승을 놓아만 두고 사진을 찍었다。 나는 며칠 전보다는 기운이 좀 돌아오는 때여서 경무청(警務廳)을 들었다 놓도록 소리를 질러 왜놈을 몹시 꾸짖고、일반 관중을 향하여 연설을 하였다。『이제 왜놈이 국모(國母)를 살해하였으니、온 국민의 대치욕(大恥辱)일 뿐 아니라 왜놈의 독해(毒害)가 대궐 안에만 그치지 않고 당신들의 아들과 딸이 끝내는 왜놈의 손에 다 죽을 터이니、나를 본받아서 왜놈을 보는 대로 만나는 대로 다 죽여라』라고 고함 고함 질렀다。

도변(渡邊) 왜놈이 직접 나에게 말을 한다。『네가 그러한 충의(忠義)가 있으면서 어찌 벼슬을 못 하였느냐。』『나는 벼슬을 못 할 상놈인 때문에 조그마한 놈이나 죽이지만、벼슬하는 양반들이야 너희 황제(皇帝)의 목을 베어 원수를 갚을 터이지。』 그러자 김윤정은 도변을 향하여 『당신들이 수인(囚人)에게 직접 신문(訊問)할 권리가 없으니 가라』고 하여 물리쳐 보낸 후에、나는 김윤정에게 이화보의 석방(釋放)을 요구하였다。『이화보는 아무 관계가 없으니 금일로 방면(放免)시켜 달라』고。『알아서 처리할 터이니 과히 우려 마시오』 한다。 감옥에 돌아와 얼마 못 되어 이화보를 호출하더니、 이화보는 옥문(獄門) 밖에서 면회하면서 『당신이 말을 잘 하여 무사히 석방되었다』고 치사(致謝)하고 작별하였다。

이로부터 옥중 생활의 대강(大綱)을 들어 보면、 첫째 독서(讀書)。 아버님이 오셔서 《대학(大學)》 한 질을 사 들여 주시므로 날마다 《대학》을 독송(讀誦)하였는데、 이 항(港)이 앞서서 열린 항구이므로 구미(歐美) 각국(各國) 사람으로 거주자(居住者)나 유력자(遊歷者)도 있고、 각 종교당(宗敎堂)도 설립하였고、 우리 사람으로도 혹시 외국에 유람(遊覽)하거나 장사차 다녀와 신문화(新文化)의 취미(趣味)를 아는 자도 약간 있던 때여서、 감리서(監理署) 서원(署員) 중에도 나를 대하여 이야기한 후에는 신서적(新書籍)을 사서 읽기를 권하였다。 『우리나라의 문을 걸어 잠그고 자신만을 지키던 구지식(舊知識) 구사상(舊思想)만으로는 나라를 구할 수가 없으니、 세계 각국의 정치(政治) 문화(文化) 경제(經濟) 도덕(道德) 교육(敎育) 산업(産業)이 어떠한지를 연구하여 보고、 내 것이 남만 못하면 좋은 것은 수입하여 우리 것을 만들어 국계(國計)*와 민생(民生)에 유익케 하는 것이 그때그때 해야 할 일을 아는 영웅의 사업(事業)이지、 한갓 배외사상(排外思想)만으로는 멸망을 구해내지 못할 터이니、 창수와 같은 의기남자(義氣男子)로서는 마땅히 신지식(新知識)을 가지게 되면 장래 국가에 큰 사업을 할 터이다』라고 하며、 세계 역사(歷史) 지지(地誌) 등 중국에서 발간된 책자와 국한문(國漢文)으로 번역한 것도 갖다 주며 열람(閱覽)을 권하는 이도 있었다。 『아침에 도를 들으면 저녁에 죽어도 좋다(朝聞道夕死可矣)』*는 격으로、 나의 죽을 날이 닥치는 때까지 글이나 실컷 보리라 하고 손에서 책을 놓지 않았다。 감리서 서원들이 종종 와서 신서적(新書籍)에 열심인 것을 보고 매우 좋아하는 빛이 보였다。

신서적(新書籍)을 보고 새로 깨달아지는 것은、 고 선생이 전날 조상(祖上)에 제사(祭祀) 지낼 때 『유세차(維歲次) 영력(永曆) 이백 몇 해…』*라고 축문(祝文)을 쓴 것이나、 안 진사가 양학(洋學)을 한다고 하여 절교(絶交)하던 것이 그리 달관(達觀) 같아 보이지 않았다。 의리(義理)는 학자(學者)에게 배우고 일체 문화(文化)와 제도(制度)는 세계 각국에서 채택하여 적용하면 국가에 복리(福利)가 되겠다고 생각되었다。 지난날 청계동(淸溪洞)에서 단지 고 선생을 신인(神人)처럼 숭배할 때는 나도 척왜척양(斥倭斥洋)이 우리 사람의 당연한 천직(天職)이요、 이에 반(反)하면 사람이 아니요 즉 금수(禽獸)라고 생각하였다。 고 선생 말씀에 『우리 사람에게만 한 가닥 힘찬 맥(脈)이 남아 있고、 세계 각국이 거개 머리를 풀고 옷깃을 왼쪽으로 여민 오랑캐이다』라는 말만 믿었더니, 《태서신사(泰西新史)》* 한 권만 보아도 그 깊은 눈과 높은 코를 가진, 원숭이나 성성이에 가까운 오랑캐들은 도리어 나라를 세우고 백성을 다스리는 훌륭한 법규가 사람다운데, 아관박대(峨冠博帶)*로 선풍도골(仙風道骨) 같은 우리 나라 탐관오리는 오랑캐의 존호(尊號)를 받들 수 없다고 각성(覺醒)되었다.

둘째 교육(教育). 당시 함께 갇힌 자들이 평균 근 백 명씩 되었는데, 들락날락하는 민사소송(民事訴訟) 사건 외에 대다수가 절도(竊盜) 강도(强盜) 사주(私鑄) 약인(略人)* 살인(殺人)의 징역수였다. 십분의 구가 문맹(文盲)이었다. 내가 글을 가르쳐 주마 하니, 그 죄수들이 글을 배워 자기가 후일에 긴요(緊要)하게 쓸 마음보다는, 내게 잘못 보일까 하여, 날마다 진수성찬(珍羞盛饌)을 얻어먹는 사례(謝禮)의 뜻으로 배우는 체만 하는 자가 많았다. 화개동(花開洞) 창기(娼妓) 서방으로, 창기를 중국으로 팔아 보낸 죄로 십 년 징역을 받은 조덕근(曺德根)은 《대학(大學)》을 배우는데, 『인생팔세개입소학(人生八歲皆入小學)』*을 소리 높여 크게 읽다가 「개입(皆入)」 두 자를 잊고 「개아가리소학」이라고 읽는 것을 보고서 까무러치게 웃은 일도 있었다. 당시는 건양(建陽) 이년(二年)*쯤으로, 《황성신문(皇城新聞)》이 창간된 때였다.* 어느 날 신문을 보니, 나의 사건을 간략하게 싣고 『김창수(金昌洙)가 인천옥(仁川獄)에 들어온 후는 옥(獄)이 아니라 학교(學校)』라고 한 기사를 보았다.

셋째 대서(代書). 그 시대에도 이치에 안 맞는 원통한 누명을 쓴 송사(訟事)가 많은 때였다. 내가 옥중에 갇혀 있는 자를 위하여 말을 자세히 들어 보고서 소장(訴狀)을 지어 주면, 혹시 승소(勝訴)할 적이 있었다. 감옥에 갇힌 사람의 처지로 감옥 밖에 통신(通信)하여 대서소(代書所)에 비용을 써 가면서도 곤란이 허다하나, 대서자(代書者)인 나와 상의하여 인찰지(印札紙)*만 사다가 써 보내는 것은 극히 편하기도 하고, 비용 한 푼 없이, 또는 내가 성심(誠心)으로 소장(訴狀)을 지어 주는 탓으로, 감옥 안에서는 물론이고 「김창수가 쓴 소장(訴狀)은 낱낱이 승소(勝訴)한다」고 와전(訛傳)되어, 심지어 관리(官吏)의 대서(代書)까지도 하는 일이 있었다. 비단 대서뿐 아니라 인민(人民)을 터무니없이 모함(謀陷)하고 금전을 강탈(强奪)하는 사건이 있으면, 상급 관리에게 권계(勸戒)하여 파면(罷免)시킨 일도 있고, 압뢰들이 나를 꺼리어 수인(囚人)들에게 함부로 가혹한 짓을 못 하였다.

넷째 성악(聲樂). 나는 향촌(鄉村)에서 나서 자랐으나, 농사꾼이 김매는 소리나 목동(牧童)의 『갈까 보다…』 소리* 한 구절도 불러 본 적이 없고, 시(詩)나 풍월(風月)을 읊은 것밖에 없었다. 그때 감옥의 규정은 낮잠을 허락하고, 야간에는 죄수로 하여금 잠을 자지 못하게 하고 밤새도록 소리나 옛날이야기를 시켰다. 이유는 야간에 잠을 재우면 잠든 틈을 타서 도주(逃走)한다는 것이다. 그런 규칙을 나에게는 시행하지 않았으나, 보통 다 그러하니까 나도 자연 밤에 오래 놀다가 자게 되었다. 그리하여 시조(時調)나 타령이나 남이 잘하는 것을 들어서 운치(韻致)를 알게 되므로, 조덕근(曺德根)에게 온갖 시조의 여창(女唱)지름*과 남창(男唱)지름*, 〈적벽가(赤壁歌)〉* 〈가세타령〉* 〈개고리타령〉* 등을 배워서 죄수들과 같이 화창(和唱)*하며 지냈다.

사형선고(死刑宣告)를 받다

하루는 아침에 《황성신문(皇城新聞)》을 열람(閱覽)하니,* 경성(京城) 대구(大邱) 평양(平壤) 인천(仁川)에서 아무 날(지금까지 기억되기는 칠월 이십칠일로 생각한다) 강도 누구누구, 살인 누구누구, 인천에는 살인강도 김창수(金昌洙)를 교수형(絞首刑)에 처한다고 기재(記載)되었다. 나는 그 기사를 보고 고의(故意)로라도 자약(自若)한 태도를 가지려고 할 터이지만, 어찌 된 일인지 마음에 경동(驚動)이 생기지 않았다. 교수대(絞首臺)에 갈 시간이 반나절이 남았지만, 음식과 독서며, 사람을 대하여 이야기하는 것을 평상(平常)하게 지냈다. 그것은 고 선생의 강설(講說) 가운데 박태보(朴泰輔)* 씨가 보습 단근질에 『이 쇠가 오히려 차가우니 다시 달구어 와라(此鐵猶冷更煮來)』 했던 사적(事蹟)*과 삼학사(三學士)*의 역사(歷史)를 힘있게 들었던 효험으로 안다.

그 신문이 배포된 후로 감리서(監理署)가 술렁술렁하고, 항구 내 인사(人士)들의 산조문(生弔問)이 옥문에 답지(遝至)하였다. 오는 인사(人士)들이 나를 대면(對面)하고 『마지막 보려고 왔소』 하고는 눈물을 흘리지 않는 자가 없었다. 나는 도리어 그 사람들을 위로하여 보내고 《대학(大學)》을 외우고 있노라면, 또 『아무 나리가 오셨소』 『아무 영감께서 오셨소』 하여 나가 보면, 그 사람들도 역시 『우리는 김 석사(金碩士)가 살아 나와서 상면(相面)할 줄 알았더니 이것이 웬일이오』 하고서 눈물이 비 오듯 하였다。 그런데 어머님은 오셔서 음식을 손수 들여 주시면서 평소와 조금도 다름이 없었다。 주위에 있는 사람들이 모르게 한 것이었다。

인천옥(仁川獄)에서 사형수(死刑囚) 집행은 매번 오후에 끌고 나가서 우각동(牛角洞)에서 교살(絞殺)하던 터이므로、 아침밥 점심밥도 잘 먹고 죽을 때에 어떻게 할 준비도 하고 싶은 마음이 없이 있으나、 옥중(獄中) 동료 죄수들의 모습이 차마 보기 싫었다。 나에게 음식을 얻어먹던 도적 죄수들과、 나에게 글을 배우던 감옥 제자들과、 나에게 소송(訴訟)에 대한 지도를 받던 잡수(雜囚)들이 평소 제 부모 죽는데 그렇게 애통(哀痛)을 하였을는지가 의문이었다。

그러자 끌려 나갈 시간은 되었다。 그 시각까지 성현(聖賢)의 말씀에 잠심(潛心)하다가 성현과 동행할 생각으로 《대학(大學)》만 읽고 앉았으나 아무 소식이 없이 그럭저럭 저녁밥을 먹었다。 여러 사람들이 『창수는 특별한 죄수이므로 야간 집행을 하는 것이다』라고 알고 있었다。

대군주(大君主)께서 형(刑) 집행을 정지하라고 친히 전화하다

밤이 초경(初更)*은 되어서 여러 사람이 북적거리는 발소리가 들리더니、 옥문(獄門) 열리는 소리가 들렸다。「옳지、 지금이 그때로군」 하고 앉았는데、 내 얼굴을 보는 동료 죄수들은 자기나 죽이려는 것처럼 벌벌 떤다。 안쪽 샛문을 열기도 전에 감옥 뜰에서 『창수、 어느 방에 있소』 한다。 나의 대답은 듣는지 마는지 『아이구、 이제는 창수 살았소! 아이구、 우리는 감리(監理) 영감과 모든 서원(署員)과 각 청사(廳舍) 직원이 아침부터 지금까지 밥 한술 먹지 못하고 「창수를 어찌 차마 우리 손으로 죽인단 말이냐」 하고 서로 얼굴만 쳐다보며 한탄하였더니、 지금 대군주(大君主) 폐하께옵서 대청(大廳)에서 감리 영감을 부르시고 「김창수의 사형(死刑)

은 정지하라」 하시는 친히 내린 칙명(勅命)을 받고, 밤이라도 감옥에 내려가 창수에게 왕명(王命)을 전하여 주라는 분부를 듣고 왔소. 오늘 하루 얼마나 상심하셨소』 한다.

그때의 관청 수속이 어떻던 것은 모르나, 내가 헤아려 생각하기로는, 이재정(李在正)이가 그 공문(公文)을 받고 상부(上部) 즉 법부(法部)에 전화로 교섭한 것 같으나, 그 후에 대청(大廳)에서 나오는 소식을 들으면, 사형(死刑)은 형식적으로라도 임금의 재가(裁可)를 받아 집행하는 법이어서, 법부대신(法部大臣)이 사형수 각인(各人)의 공술(供述) 문건을 가지고 조회(朝會)에 들어가서 상감(上監) 앞에 놓고 친감(親監)을 거친다고 한다. 그때 입시(入侍)하였던 승지(承旨) 중 누군가가 각 죄수의 공술 문건을 뒤적일 때 「國母報讐(국모보수)」 넉 자가 눈에 이상히 보여서 재가(裁可)가 수속을 거친 안건을 다시 빼어다가 임금에게 보이니, 대군주(大君主)가 즉시 어전회의(御前會議)를 열고 의결(議決)한 결과 『국제 관계이니 아직 생명이나 살리고 보자』 하여 전화로 친히 명령하였다고 한다.

어찌하였든지 대군주(이태황(李太皇)*)가 친히 전화한 것만은 사실이었다. 이상하게 생각되는 것은, 그때 경성부(京城府) 안에는 이미 전화 가설(架設)이 된 지 오래였으나 경성(京城) 이외에는 장거리전화가 인천(仁川)까지가 처음이요, 인천까지의 전화 가설 공사가 완전히 끝난 지 삼 일째 되는 날인 병신년(丙申年) 팔월 이십육일이라, 만일 전화 준공이 못 되었다면 사형이 집행되었겠다는 것이다. 감리서(監理署)에서 내려온 주사(主事)는 이런 말을 한다. 『우리 관리뿐 아니라 오늘 온 항구의 서른두 명의 객주(客主)들이 긴급회의를 하고 통문(通文) 돌린 것을 보았는데, 항구 안 각 집에 몇 사람씩이든지 형편대로 우각현(牛角峴)에서 김창수가 교수형(絞首刑)에 처하는 구경을 가되, 각 사람마다 엽전 한 냥씩 준비하여 가지고 오면, 그 모인 돈이 김창수 한 사람의 몸값으로 부족한 액수는 서른두 명의 객주가 담당하고 창수를 살리려고까지 하던 일이 있었으나, 지금은 천행(天幸)으로 살았고, 며칠이 못 되어 대궐 안에서 은명(恩命)이 계실 터이니 아무 염려 마시고 계시오』 하고 나간다.

눈서리가 내리다가 갑자기 봄바람이 부는 듯이, 밤에 옥문(獄門) 열리는 소리를 듣고 벌벌 떨던 동료 죄수들이 이 소식을 전하는 말을 듣고서 너무 좋아 죽을 지경이었다. 신골방망이로 차꼬 등을 두드리며 온갖 노래를 부르면서 푸른색 바지저고리짜리가 춤도 추고 우스운 짓도 하는 것이、마치 푸른 옷을 입은 배우(俳優)의 연희장(演戲場)으로 하룻밤을 지내었다。그리고 동료 죄수들부터 참말 이인(異人)으로 안다。『사형(死刑)을 당할 날인데 평소와 똑같은 언어 음식 동작을 한 것은 자기가 죽지 않을 것을 미리 안 것이다』 한다。관리들 중에도 그렇게 아는 사람이 있고、누구보다도 어머님이 그날 밤에야 감리(監理)가 대군주(大君主)의 친히 하신 전화를 받고 어머님에게 왕명(王命)을 전하여 비로소 아시고、나를 이인(異人)으로 아신다。

당신이 각구지 목*을 지나올 때에、강(江)에 같이 빠져 죽자고 하실 때 나는 결코 죽지 않는다고 하던 일을 생각하시고、내 아들은 미리 죽지 않을 줄을 알았다고 확신하시고、내외(內外)분부터 그런 신념(信念)이 계셨다。대군주(大君主)가 친히 내린 칙명(勅命)으로 김창수의 사형이 정지되었다는 소문이 전파되니、전날에 와서 영결(永訣)하던 인사(人士)로부터 치하(致賀) 면회하러 오는 사람이 옥문(獄門)에 답지(遝至)하므로、옥문 안에 자리를 마련하고 앉아서 며칠 동안 응접(應接)을 하였다。사형(死刑) 정지 이전에는 순전히 나의 연소(年少)하면서 의기(義氣) 있음을 애석히 여기고 뜨거운 동정을 하던 사람 이외에、내가 오래지 않아 대군주(大君主)의 소명(召命)을 입어서 영귀(榮貴)하게 될 줄을 알고、내가 세도(勢道)를 얻으면 별수(別數)가 생기리라 생각하고 와서 아첨하는 사람이 관리 중에 있었고、항구 내 인사(人士) 중에도 그런 빛이 보였다。

압뢰 중 우두머리인 최덕만(崔德萬)은 강화읍(江華邑) 내 김(金) 우후(虞侯)* 집 비부(婢夫)로서、상처(喪妻)하고 인천(仁川)으로 와서 경무청(警務廳) 사령(使令)으로 여러 해 봉직(奉職)하였으므로 사령의 우두머리가 되었다。최덕만이가 강화에 가서 자기의 전(前) 상전(上典)인 김 우후를 보고 나의 이야기를 하였던 것이다。하루는 감리서(監理署) 주사(主事)가 의복 한 벌을 가지고 와서 주며 하는 말이 『강화(江華) 김주경(金周卿)이란 사람이 이 의복을 지어다가 감리 사또에게 들이고 김창수에게 내려보내 입도록 하여 달라는 청원(請願)을 한 것이니、이 의복을 입고 김주경이란 친구가 면회 오거든 보시오』 하고 간 후에、시간이 지나 옥문(獄門)에 김주경이란 사람이、나이는 근 사십 되어 보이고 얼굴 생김새가 단단해 보이는데、대면하여 별 말이 없고 『고생이나 잘 하시오。나는 김주경이오』 하고는 물러갔다。

어머님이 저녁밥을 가지고 오셔서 『아까 강화 계신 김 우후라는 양반이 너의 아버지와 나를 찾아보고서、네 의복만 자기 집에서 지어 오고 우리 부부 의복은 재료로 끊어 주시고 돈 이백 냥을 주면서 용처(用處)에 쓰라고 주고는 즉시 가면서 「열흘 후에 다시 찾겠다」고 하고 가는구나。 네가 보니 어떠하더냐。 밖에서 듣기에는 아주 훌륭한 사람이라고 한다』 하셨다。

『사람을 한 번 보고 어찌 잘 알 수 있습니까마는、 그 사람의 하는 일은 감사하지요』라고 모자(母子)가 이야기를 하였다。

최덕만에게서 김주경의 역사(歷史)와 인격(人格)을 자세하게 알았다。 김주경의 자(字)는 경득(卿得)이니、 원래 강화 이속(吏屬)으로、 병인양요(丙寅洋擾)*이후에 운현(雲峴)*이 강화에 삼천 명의 별무사(別武士)*를 양성하고、 그 섬 주위에 돌로 보루를 높이 쌓고 국방(國防)의 진영(陣營)으로 갖추던 때에 김주경은 포량고(砲粮庫)* 지기의 직을 지냈고、 사람됨이 어려서부터 호방(豪放)하여 초립동(草笠童) 때부터 독서(讀書)는 아니하고 도박(賭博)을 전적으로 일삼아 하였다。

그 부모가 징계(懲戒)하기 위하여 김경득(金卿得)을 곳간에 가두어 두었다。 김경득이 곳간에 들어갈 때에 투전(套錢)* 한 벌을 가지고 들어가서 갇힌 동안에 묘법(妙法)을 연구하여 가지고 나와서、 서울로 올라가서 투전을 몇만 벌 제조(製造)할 때에 안표(眼標)하여 제조해서 강화로 운반하여 팔았다。 강화는 섬 지역이기 때문에 사방의 포구(浦口)에 어선(漁船)이 빽빽한 곳이었다。 김경득은 그 투전을 친구들에게 분배하여 각 어선에 들어가 팔아 놓고는、 자신은 각 어선으로 돌아다니며 투전을 하여 돈 수십만 냥을 손에 넣어 가지고는 각 관청 하속배(下屬輩)를 전부 매수(買收)하여 자기 지휘명령을 받도록 하고、 원근(遠近)에 지용(智勇)이 있다는 자는 거개 망라하여 자기 식구를 만들어 놓고는、 어떤 양반이라도 비리(非理)의 행동만 보면 간접 직접으로 원한을 앙갚음하던 터였다。 설사 지역 안에 도적이 생겨서 포교(捕校)*가 출장 체포를 하여도、 먼저 김경득에게 보고하여 『잡아가라』면 잡아가고、 『내게 두고 가거라』 하면 거역을 못 하였다고 한다。 당시 강화에 두 명의 인물이 있는데、 양반에 이건창(李建昌)*이요 상놈에 김경득(金卿得)이라 하였다。 운현(雲峴)이 김경득의 인격(人格)을 알아보고 포량감(砲粮監)*의 중임(重任)을 맡겼다 한다。

최덕만의 말을 듣건대、 김경득은 자기 집에 와서 음식을 먹으면서、 『김창수를 살려내야 할 터인데 지금 정부 대관(大官)들은 눈동자에 동록(銅綠)이 슬어서 돈밖에는 아무것도 보이지를 않으니、 하는 수 없이 금력(金力)을 사용하지 아니하면 쉽게 방면(放免)을 못

할 터이니、내가 집에 가서 전(全) 가산(家産)을 내다 팔아 가지고 와서 김창수 부모를 모시고 경성(京城)에 가서 어느 때까지든지 석방시키도록 주선을 하겠다』고 하면서 돌아갔다고 한다。

십여 일 후에 김경득이 과연 와서 부모 중에 한 분만 서울로 동행하자고 하여 어머님이 서울로 가시고 아버님은 인천에 머무르셨다。김경득은 서울 가서 당시 법부대신(法部大臣) 한규설(韓圭卨)을 찾아보고 『대감(大監)이 책임지고 김창수의 충의(忠義)를 표창(表彰)하고 속박(束縛)에서 조속히 방면(放免)되도록 하여야 옳지 않은가。폐하께 몰래 아뢰기라도 하여서 장래 허다한 충의지사(忠義之士)가 생기도록 함이 대감의 직책이 아닌가』하니、한규설도 내심에는 경복(敬服)하면서도 『임권조(林權助) 일본 공사(公使)가 벌써 이 김창수의 사건이 국제문제(國際問題)로 될까 의심하고 염려하여、각 대신(大臣) 중에 이 사건으로 폐하에게 아뢰는 자만 있으면 별별 수단으로 위경(危境)으로 몰아 떨어뜨릴 독계(毒計)를 행할 줄 알고 있으니 달리 어찌할 수 없다』라 하여、김경득은 묵고 있던 곳에서 분기탱천(憤氣撐天)하여 대관들을 꾸짖으며 욕하고서、하여튼지 공식(公式)으로 소장(訴狀)이나 들이자 하여 제일차(第一次)로 법부(法部)에 소지(訴紙)*를 올리자、제지(題旨)*에 『원수를 갚는다고 한 말이 그 뜻은 가히 기특하나、사건이 중대한 일에 관련되어 마음대로 편하게 처리할 일이 아니다』라 하였다。제이(第二) 제삼(第三)으로 각 아문(衙門)에 일일이 소장(訴狀)을 올렸으나 이리 미루고 저리 미루어 결말이 나지를 아니하였다。

소송(訴訟)에 전력(全力)하기를 칠팔 개월 동안에 김경득의 금전(金錢)은 전부가 소모되었다。그동안에 아버님과 어머님이 번갈아 가며 인천으로 경성으로 오르락내리락하다가、끝내는 김경득이 소송을 그만두고 돌아와서 나에게 한 통의 서신(書信)을 보냈다。편지는 보통 위문(慰問)이고、단율(單律)* 한 수가 있었다。『조롱을 벗어나야 진실로 좋은 새이며、그물을 빠져나오니 어찌 예사로운 물고기이리。충은 반드시 효에서 구할 수 있으니、청컨대 자식을 기다리는 어머니의 마음을 살피소서。』(脫籠眞好鳥 拔扈豈常鱗 求忠必於孝 請看倚閭人) 이 시(詩)를 읽고 나서 즉시 김주경에게 「그간 나를 위하여 마음과 몸을 다하여 힘써 준 것은 지극히 감사하나、한때 구차하게 살기 위하여 생명보다 중(重)한 광명(光明)을 버릴 수 없다。너무 걱정하여 애쓰지 말라」는 뜻으로 회답을 하고서、그대로 옥중 생활을 계속하며 구서적(舊書籍)보다 신학문(新學問)을 열심으로 보고 있었다。

김경득은 그 길로 집에 가 보니 자산(資産)이 탕진(蕩盡)되었다。 동지(同志)를 규합하여 가지고、그때 관용선(官用船)(윤선(輪船))에 청룡환(靑龍丸) 현익호(顯益號) 해룡환(海龍丸) 세 척이 있었는데、그 중 어느 배를 탈취하여 가지고 대양(大洋)에 떠서 해적(海賊)을 할 준비를 하다가 당시 강화군수(江華郡守) 아무개에 염탐(廉探)당한 바 되어 도주할 때에、그 군수가 상경(上京)하는 도중에서 실컷 두드려 주고、블라디보스토크(海蔘威) 방면으로 갔다고도 하고 어느 곳에 잠복(潛伏)하였다고도 한다。그 후에 아버님이 경성(京城)에 가서 소장(訴狀)으로 올린 문서 전부를 가지고 강화(江華) 이건창(李建昌)을 가서 뵙고 방책을 물으니、이건창 역시 탄식만 하고 별 방법을 지시함이 없었다。

그때 옥중(獄中)에는 동고(同苦)하는 장기수(長期囚)로 조덕근(曺德根) 십 년、양봉구(梁鳳九) 삼 년、김백석(金白石) 십 년、그 밖에 종신수(終身囚)도 있었다。이 사람들이 내게 대하여는 감히 발언(發言)은 못 하나、내가 하려는 마음이 없어 그렇지、만일 자기네들을 살리려는 마음만 있으면 자기들을 한 손에 몇 명씩 쥐고 공중에 날아가서라도 족히 구하여 줄 재주가 있는 것처럼 믿고、종종 조용한 때면 그런 어운(語韻)을 비친다。

어느 날 조덕근이가 나를 대하여 『김 서방님은 상감(上監)께서 어느 날이든지 특전(特典)을 내려 나가서 영귀(榮貴)하게 되려니와、나 같은 놈은 김 서방님을 모시고 근 이 년이나 고생을 하였는데、김 서방님만 특전을 입어 나가시는 날이면 압뢰(押牢)의 가혹함이 비할 데 없이 심할 터이니 어찌 십 년 기한(期限)을 채우고 살아 나갈 수가 있겠습니까。김 서방님、우리들이 불쌍치 않습니까。그간 가르치심을 받아 국문(國文) 한 자 모르던 것이 국한문(國漢文) 편지를 쓰게 되었으니、만일 살아 세상에 나간다면 종신(終身)토록 보배가 되겠으나、여기서 죽는다면 공부한 것을 무엇합니까』하며 눈물을 흘린다。나는 의젓하고 점잖은 태도로 『나는 옥수(獄囚)가 아니냐。피차에 어느 날이고 동시 출옥(出獄)이 안 되면 그 섭섭할 미음이야 어찌 말을 기대하리오』라 하였다。조(曺)。『그러나 김 서방님은 아직은 우리 더러운 놈들과 같이 계시지만 내일이라도 영광스럽게 감옥을 벗어나실 터이니、저를 살려 주시면 결초보은(結草報恩)하겠습니다』말의 의미를 평평(平平)하게 한다。어찌 들으면 내가 대군주(大君主)의 특전(特典)을 입어서 나간 후에 권력(權力)으로 자기를 구해 달라는 것도 같고、어찌 들으면 내가 나가기 전에 나에게 있는 용력(勇力)을 가지고 자기를 구해 달라는 말로도 들을 수 있었다。 나는 말을 아니하고 말았다。

파옥(破獄)

그때부터는 부지불식간(不知不識間)에 나의 마음이 요동쳤다。「내가 무한년(無限年) 하고 놓아 주지 않으면 감옥에서 죽는 것이 옳으냐 옳지 않으냐。 당초에 왜놈 죽인 것을 우리 국법(國法)에서 범죄행위로 인정한 것이 아니다。 왜놈을 죽이고 내가 죽어도 한(恨)이 없다고 생각한 것은、 나의 힘이 부족하여 왜놈에게 죽든지、 나의 충의(忠義)를 몰라 주는 조선(朝鮮) 관리(官吏)들이 죄인으로 몰아 죽이더라도 한이 없다고 결심한 것이다。 지금 대군주(大君主)가 나를 죽일 놈이 아니라고 한 것을 아는 것은、 윤팔월(閏八月) 이십육일에 전화로 명령한 사형정지(死刑停止)의 한 가지 일로 족히 증명할 수 있고、 이로부터 감리서(監理署)로부터 경성(京城) 각 관아에 올린 소장(訴狀)에 대한 제지(題旨)를 보아도 나를 죄인이라고 지시한 곳이 없음을 보아도、 또는 김경득(金卿得)이 그같이 자기 가산(家産)을 탕진하면서 내 한 목숨을 살리려 하던 것과、 항구 내 인사(人士)들 중 한 명도 내가 옥중(獄中)에서 죽는 것을 원하는 사람이 없을 것을 분명히 아는바、 다만 나를 죽이려 애쓰는 놈은 왜놈 원수이니、 왜놈을 즐겁게 하기 위하여 내가 감옥에서 죽는 것은 아무 의미가 없는 일이 아닌가。」 심사숙고(深思熟考)하다가 파옥(破獄)하기로 결심하였다。

이튿날에 조덕근을 보고 비밀히 물었다。『조 서방이 꼭 내가 하라는 대로 한다면 살려 줄 도리를 연구하여 보리다。』 조(曺)는 감심(感心) 또 감심하여 무엇이나 지도(指導)에 복종하겠다고 한다。『그대네 집에서 밥 가지고 오는 하인 편에 집에 편지하여 돈 이백 냥만 가져다가 그대 몸에 감추어 두어라』라고 하였더니、 곧 그날로 백동전(白銅錢)*으로 가져왔다。

그때 감옥의 죄수 중 큰 세력이 있기로는 징역을 살다가 만기(滿期)가 되어 가는 자로、 그에게 죄수 감시를 하게 하던 터였다。 강화(江華) 출생인 황순용(黃順用)이란 자는 절도(竊盜)로 삼 년을 다 하고 출옥일(出獄日)이 십오 일 남아 있었다。 황가(黃哥)가 옥중에서 바로 이 일을 하면서 권세(權勢)를 부렸다。 황가가 남색(男色)으로 지내는 김백석(金白石)이는 나이 십칠팔 세에 절도(竊盜) 재범(再犯)으로、 십 년 징역을 받은 지 몇 달이 못 되었다。

조덕근에게 은밀히 부탁하여 『김백석으로 하여금 황가 보고 애원하여 살려 달라고 하면、 황가가 백석(白石)의 애정에 못 이겨 살릴 방법을 묻거든、 황가더러 「창수 김 서방에게 애원하여 김 서방이 받아들이면 나의 목숨이 살 도리가 없지 아니하다」고 황가를 조르게 하라』고 하였다。 황가가 백석의 애원을 듣고 해를 보내며 지내던 더러운 정(情)에 못 이겨서、 하루는 나를 비밀히 보고서 백석이를 살려 달라고 간청한다。 나는 황가를 엄히 꾸짖었다。 『네가 출옥(出獄)될 기한(期限)도 머지않으니 사회에 나가서 좋은 사람이 될 줄 알았는데、 벌써 출옥도 전에 범죄의 생각을 하느냐。 백석이는 어린것이 무거운 징역을 져서 나도 가엾지 않음이 아니나、 피차 수인(囚人)의 처지로 무슨 도리가 있느냐。』 황가는 두려워하여 움츠러들며 물러갔다。

다시 조(曺)로 하여금 백석을 시켜서 재차(再次) 삼차(三次)라도 김 서방에게 백석이 살려 주마는 허락을 하도록 하라고 가르쳤다。 황가는 이튿날에 눈물을 흘리면서 『될 수만 있으면 백석의 징역을 대신이라도 하겠으니、 김 서방님은 하지 않을지언정 하지 못하는 바가 없으니、 백석이를 살려 주신다면 죽을 데라도 사양치 않겠습니다』라고 한다。 나는 다시 황가를 믿지 못하는 태도로 말했다。 『네가 백석이를 얼마나 사랑하는지 모르나、 너는 다만 더러운 정(情)으로 백석이를 살렸으면 하는 생각이 있나 보다。 그러나 내가 백석이에 대하여 그 어린것이 끝내 이 감옥 안의 귀신이 될 것을 불쌍히 생각하는 것만 할는지가 의문이고、 내가 설사 백석이를 살려 주마고 허락하고 살려 줄 수속(手續)을 한다면 너는 그것을 순검청(巡檢廳)에 고발하여 나를 망신(亡身)이나 시키지 않을까 한다。 네가 나와 근 이 년이나 이곳에 있어 본바、 이순보(李順甫)가 탈옥하였을 때 감옥의 죄수 전부가 불려가 매를 맞았으나 관리들이 내게 대하여 감히 말 한마디 묻는 것을 보았느냐。 만일에 내가 백석이를 불쌍히 여기는 마음으로 백석이를 살리려다가 오늘까지 관리들의 경애(敬愛)를 받아 오던 것이 점잖치 못한 것만 드러나고、 백석이를 살리려다가 도리어 백석이를 죽일 터이니、살고자 하는 백석이보다 살리려는 네 마음을 믿을 수 없다。』 황가는 별별 맹세를 다 하였다。그리고 내가 같이 나가지는 않고、자기들만 옥문(獄門) 밖에 내놓을 도량(度量)이 있는 줄 안다。황가에게 절대 복종하겠다는 서약을 받고 쾌히 승낙하였다。

조덕근(曺德根) 양봉구(梁鳳九) 황순용(黃順用) 김백석(金白石)은 다 내가 자기네들을 옥문 밖에 내어놓을 줄 믿으나、무슨 방법으로 어떻게 할 것은 감히 묻지도 못하고、자기들 생각에 나는 결코 도주(逃走)하는 행동은 없을 줄 믿고、자기들만 내놓아 주고 나는 의연(依然)히 감옥에 있을 줄 믿는 모양이었다。황가가 『우리가 가려면 노잣돈이 있어야지요』 하는 데 대하여도、조덕근이 가지고 있는 것을 보았고、내게는 한 푼 돈이 없었다。

무술년(戊戌年)* 삼월 초구일 오후에 아버님을 옥문(獄門) 밖으로 오시라고 청하여、대장장이에게 가서 한 자 길이의 삼릉창(三稜槍)* 한 개를 제조(製造)하여서 새 의복(衣服) 속에 싸 들여 달라고 하니、아버님도 무슨 동작(動作)을 하는 줄 아시고 즉시로 삼릉형(三稜形)으로 제조한 쇠창 한 개를 의복 속에 넣어 주시므로 받아 품속에 감추었으나、조덕근 등은 알지 못하였다。어머님이 저녁밥을 갖다 주실 때에 나는 『오늘 밤에 감옥에서 나가오니、아무 때든 찾아갈 때를 기다리시고 부모님 두 분은 오늘 저녁으로 배를 타시고 고향으로 가십시오』 하였다。어머님은 『네가 나오겠니。그럼 우리 둘이는 떠나마』 하시고 작별하였다。

그날 오후에 압뢰(押牢)를 불러 돈 일백오십 냥을 주고 『내가 오늘은 죄수들에게 한 상을 낼 터이니、쌀과 고기와 모주* 한 통을 사다 달라』고 부탁하였다。별로 괴이(怪異)할 것 없는 것은 종전에도 종종 그리한 일이 있었다。『그대가 오늘 밤 당번(當番)이니、오십 전(錢)어치 생아편(生阿片)을 사 가지고 밤에 싫도록 먹어라』 하였다。그때에 매일 밤 압뢰 한 명씩 감옥 방에서 밤을 보내는 규례(規例)였다。그자는 아편쟁이이고、성행(性行)이 불량하여 죄수들에게 특별히 미움받던 자였다。

석식(夕食)에 오십여 명의 징역수(懲役囚)와 삼십여 명의 잡수(雜囚)까지 주렸던 창자에 고깃국에 모주를 실컷 먹고 울적한 마음이 한창 일어날 즈음에、나는 김 압뢰에게 청하였다。『도적 죄수간에 가서 소리나 시키고 듣자』고。압뢰는 생색이나 내는 듯이 『김 서방님 듣게 너희들의 장기(長技)대로 노래를 불러라』 명령을 내리자, 죄수들이 노래하느라고 야단이다。 김 압뢰는 자기 방에서 아편을 실컷 빨고 혼곤하였다。 나는 도적 죄수간에서 잡수 방으로, 잡수 방에서 도적 죄수간으로 왔다 갔다 하는 틈에 마루 속에 들어가서 깔려 있는 벽돌을 창끝으로 들치고 땅속을 파고 건물 밖으로 나섰다。

감옥 담을 넘을 줄사다리를 매어 놓고서 문득 딴 생각이 났다。「조덕근 등을 데리고 나오려다가 무슨 변(變)이 날지 모르니 이 길로 곧 가 버리면 좋지 않을까。 그자들이 결코 동지(同志)는 아니다。 기필코 건져내면 무엇하리。」 또 한 생각은 「그렇지 않다。 사람이 현인군자(賢人君子)의 죄인이 되어도 대천입지(戴天立地)*에 부끄러운 마음을 견디지 못하거든, 저와 같은 더러운 죄인의 죄인이 되고서야 종신(終身)토록 부끄러움을 어찌 견디랴。」 끝내 두번째 생각이 이기게 되었다。

나오던 구멍으로 다시 들어가서 천연스럽게 내 자리에 앉아서 눈짓으로 네 명을 하나씩 다 내보내고, 다섯번째로 내가 또 나갔다。 나가서 보니, 먼저 내보낸 네 사람이 감옥 담 밑에 앉아서 벌벌 떨고 감히 담을 넘지 못하였다。 내가 한 명씩 감옥 담 밖으로 다 내보내고 내가 담을 넘으려 할 때, 먼저 나간 자들이 감리영(監理營)과 감옥을 통합하여 용동(龍洞)마루를 송판(松板)으로 둘러 막은 데를 넘느라고 야간에 요란한 소리가 나니, 벌써 경무청(警務廳)과 순검청(巡檢廳)에서 호각을 불어 비상소집이 되는 모양이었다。

벌써 옥문(獄門) 밖에 북적거리는 발소리가 들렸다。 나는 아직 감옥 담 밑에 서 있었다。 내가 만일 감옥 방 안에만 있는 것 같으면 관계가 없으나, 이미 감옥 담 밑에까지 나오고 보니 급히 탈주(脫走)함만이 상책(上策)인데, 남을 넘겨 주기는 쉬우나 내가 혼자서 한 길 반이 넘는 담을 넘기가 극히 곤란했다。 시기(時機)가 급박하지 않으면 줄사다리로나 넘어 볼 터이나, 문밖에서는 벌써 감옥 문 여는 소리가 나고 감방의 죄수들도 떠들기 시작했다。 곁에 약 열 자쯤 되는 몽둥이(징역수들이 물통을 마주 메는 것인데)를 가지고 몸을 솟구쳐 담 꼭대기를 손으로 잡고 내려 뛰었다。 그때는 최후의 결심을 한 때라 누구든지 내가 가는 길을 막는 자 있으면 결투(決鬪)를 할 마음으로 쇠창을 손에 들고 바로 삼문(三門)으로 나갔다。 삼문의 파수(把守) 순검(巡檢)도 비상

소집에 갔는지 인적(人跡)이 없었다。

탄탄대로(坦坦大路)로 나왔다。 봄날에 밤안개가 자욱한 데다가、 연전(年前)에 서울 구경을 하고 인천을 지난 적이 있으나 노정(路程)이 생소한지라、 어디가 어디인지 지척을 분간 못 할 캄캄한 밤에 밤새도록 해변 모래사장을 헤매다가 동천(東天)이 훤할 때에 급기야 와서 보니 감리서(監理署) 후방 용동(龍洞) 마루터기에 당도하였다。 벌써 보니、 수십 보 밖에 순검(巡檢) 한 명이 군도(軍刀)를 절그럭절그럭하며 달려온다。「또 죽었구나」 하고 은신(隱身)할 곳을 찾는데、 서울이나 인천의 길거리 상점(商店)에는 방문(房門) 밖에 아궁이를 내고 방문 앞에 아궁이를 가려 긴 널빤지 한 개를 놓고、 거기다가 신을 벗고 점방(店房) 출입을 하는 것이었다。 선뜻 그 널빤지 밑에 들어가 누웠다。 순검의 흔들리는 환도(環刀) 칼집이 내 콧부리를 스치는 것같이 지나갔다。

나는 얼른 몸을 일으켜 보니 하늘빛은 밝아 오고 천주교당(天主教堂) 뾰족집이 보였다。 그곳이 동쪽인 줄 알고 걸어갔다。 어떤 집에 가서 주인을 부르니 『누구냐』 묻기에、 『아저씨、 나와 보셔요』 하였다。 그 사람은 더욱 의심이 나서 『누구란 말이야』 한다。 『내가 김창수인데、 감리(監理)가 몰래 풀어 주어 출옥(出獄)하였으나 갑자기 갈 수가 없으니 댁에서 낮을 지내고 밤에 가면 어떻습니까』 하였다。 주인은 응하지 않았다。

다시 화개동(花開洞)을 향하여 몇 걸음을 옮기노라니、 어떤 모군(募軍)꾼* 한 사람이 토상투* 바람에 두루마기만 입고 식전(食前)에 막걸리집에 가는 모양이었다。 자던 목소리로 노래를 부르며 간다。 나는 그 사람을 붙잡았다。 그 사람이 깜짝 놀라며 『누구시오』 한다。 나는 또 성명(姓名)을 자백(自白)하고 몰래 풀려난 사유를 언급하고 길을 가리켜 줄 것을 청하니、 그 사람은 반겨 승낙하고 이 골목 저 골목 한적하고 외진 작은 길로만 가서 화개동 마루터기에 올라서서 동쪽을 향하여 가리키며 『저리로 가면 수원(水原) 가는 길이고、 저리로 가면 시흥(始興)으로 서울 가는 작은 길이니、 마음대로 행로(行路)를 취하시오』라고 말을 마치고 작별하였다。 시기(時機)가 급박하여 성명(姓名)도 묻지를 못하였다。 나는 시흥 가는 길을 취하여 서울로 갈 작정이었다。

나의 행색(行色)으로 보면、 누가 보든지 참 도적놈으로 보기 쉽다。 장티푸스 후에 머리털은 전부가 다 빠지고、 새로 난 머리털은 이른바 솔잎상투로 꼭대기만 노끈으로 졸라매 수건으로 동이고, 두루마기 없이 바지저고리 바람으로, 의복만으로는 빈한자(貧寒者)의 의복에서는 벗어나 있으나 새로 입은 의복에 보기 흉하게 흙이 묻었고, 아무리 스스로 살펴보아도 평상(平常)한 사람으로 보이지 않았다。

인천항(仁川港) 오리 밖에서 아침 해가 하늘에 올랐고, 바람결에 들리는 소리는 호각 부는 소리요, 인천 부근 일대의 산(山) 위에도 사람이 희뜩희뜩 올랐다。 나의 이런 행색(行色)으로 길을 간다면 좋지 못하고, 산중(山中)에 은신(隱身)을 한다 하여도 산을 반드시 수색할 터이니 산에 숨는 것도 불가하다고 생각한 결과, 「허즉실 실즉허(虛則實 實則虛)」* 격으로 대로변(大路邊)에 숨으리라 하고 보니, 인천서 시흥 가는 대로변에 어린 소나무를 길러서 드문드문 방석솔포기*가 한 개씩 서 있었다。 나는 그 솔포기 밑으로 두 다리를 들이밀고 반듯이 드러누워 보니 얼굴만 드러나는 것을, 소나무 가지를 꺾어 가리고 드러누워 있었다。

과연 순검(巡檢)과 압뢰(押牢)가 떼를 지어 시흥대로(始興大路)로 달려간다。 주거니 받거니 의논(議論)이 분분하다。『조덕근(趙德根)은 서울로, 양봉구(梁鳳九)는 윤선(輪船)으로, 김창수(金昌洙)는 어디로 갔을까。』『그 중 김창수는 잡기가 매우 어려운걸。 과연 장사(壯士)야。』『창수만은 잘했지。 갇혀 있기만 하면 무엇하나。』 바로 나를 들으라고 하는 말 같았다。 부근 산기슭은 다 수색한 모양이었다。

햇빛이 서산(西山)에 걸칠 즈음에, 아침에 가던 순검(巡檢) 누구누구, 압뢰(押牢) 김장석(金長石) 등이 도로 몰려서 바로 내 발부리 앞으로 인천으로 돌아가는 것을 보고서야 비로소 솔포기 속에서 나왔다。 나오기는 하였으나, 어제 저녁 해가 높이 떴을 때 밥을 먹고 밤에 파옥(破獄)의 노력을 하고 밤새껏 북성고지* 모래밭을 헤매고 다시 황혼(黃昏)이 되도록 물 한술 못 먹고 있으니, 하늘 땅이 팽팽 돌고 정신을 차릴 수가 없었다。

근처 마을 안에 들어가 한 집을 찾아가서 『나는 서울 청파(青坡)에 사는데, 황해도 연안(延安)으로 가서 곡식을 사서 운반하다가 간밤에 북성포(北城浦)에서 배가 부서지고 서울로 가는 길인데, 시장하니 밥을 먹여 달라』고 청하였다。 그 주인은 죽 한 그릇을 준다。 내게는 주머니 속에 꽃과 버들이 새겨진 거울 한 개를 누가 정표(情表)로 준 것이 있었는데, 그것을 꺼내서 그 집 아이를 주었다。 거울 한 개의 그때 값으로 엽전 한 냥짜리를 뇌물로 주고 밤을 자고 아침에 가겠다고 청하였으나 효력(效力)이 없었고、 죽 한 그릇을 스물닷 냥 주고 사서 먹은 것이다。* 그 주인은 나의 모양을 보니 수상해 보인 것이었다。『저기 저 집 사랑(舍廊)에는 행객(行客)이 더러 자고 다니니、 그 사랑에나 가서 물어보시오』 하고 문에서 나갈 것을 청한다。 하릴없이 그 집에를 가서 하룻밤 숙박(宿泊)을 청하였으나 거절을 당하였다。

가만히 살펴보니 마을 안에 디딜방앗간이 있고 그 옆에는 볏짚 묶음이 있었다。 볏짚을 안아다가 방앗간에 펴고 덮고 하룻밤 고급 여관방을 준비하였다。 볏짚을 깔고 볏짚을 덮고 볏짚을 베고 누웠으니、「인천 감옥 특별방에서 이 년 동안 지내던 연극의 제일막(第一幕)이 닫히고、 지금은 방앗간 잠이 제이막(第二幕)으로 열리는구나」 하는 회포(懷抱)가 생겼다。《손무자(孫武子)》와 《삼략(三略)》을 낭독하였다。 마을 사람들이 『거지도 글을 읽는다』、 혹은 『그것이 거지가 아닌가 본데。 아까 큰사랑에 와서 하룻밤 자자고 하던 사람이다』 하고 수군거린다。 나는 흥회(興懷)가 생겼으나、 장량(張良)이 흙다리 위를 한가로이 걷던(從容步圯上)* 데 비하여 미치지 못한다고 생각을 하고 미친 사람 모양으로 욕설을 함부로 하다가 잠이 들었다。

새벽 일찍 깨어 작은 길을 취하여 경성(京城)으로 향했다。 벼리고개*를 향하고 걸어가다 아침밥을 얻어먹는데、 한 집의 문 앞에 당도하여、 전에 본향(本鄕)에 있을 때 이른바 활인소(活人所)* 거지떼라고 십여 명씩 몰려다니며 집집에 가서 큰소리로 활발하게 그러했던 말과 같이 넌출지게는* 못 하고 다만 『밥 좀 주시오』 하는 말을 힘껏 소리 질렀지만、 사람은 듣지를 못하고 그 집 개가 소개원(紹介員)의 직분(職分)으로 심하게 짖어대는 서슬에 주인이 출두(出頭)한다。『밥을 얻어먹을 터이면、 미리 시키지 않았으니 무슨 밥이 있느냐。』『여보、 밥숭늉이라도 좀 주시오』 하였다。 하인이 갖다가 주는 밥숭늉 한 그릇을 먹고 떠났다。

큰길을 피하여 번번이 시골 마을로 행로(行路)를 취하였다。 이 동리(洞里)에서 저 동리에 가는 마을 사람 모양으로 인천(仁川) 부평(富平) 등의 군(郡)을 지나갔다。 이삼 년 사이에 소천지(小天地) 소세계(小世界)의 생활을 하다가 넓은 세상에 나와서 가고 싶은 곳을 활개를 쳐 가며 가노라니 마음과 정신이 상쾌하였다。 감옥에서 배운 시조(時調)와 타령을 해 가면서 길을 갔다。 그날로 양화도(楊花渡) 나루*에 다다랐다。날도 이미 저물고 배도 고프고 나루 뱃삯 줄 돈도 없었다。

마을 안 서당(書堂)에 들어가 선생과 만나 인사하기를 청하였다。선생은 나의 나이가 어린 것과 의관(衣冠)이 상당(相當)하지 못한 것으로 보아 그랬던지、초면(初面)에 경어(敬語)를 사용하지 않고『누구라 하나』인 낮춤말을 사용했다。나는 정색(正色)하고 선생을 꾸짖었다。『당신이 남의 사표(師表)가 되어 다른 사람에게 교만(驕慢)하니、아동 교양에 잘못될 것 아니오。내가 한때 운수(運數)가 불길하여 행로(行路) 중에 도적을 만나 이 모양으로 선생을 대하나、결코 선생에게 하대(下待)를 받을 사람은 아니오』라고 하였다。그 선생이 사과하고 내력(來歷)을 묻는다。『나는 경성(京城) 사는 아무개인데、인천(仁川)에 볼일이 있어 갔던 차、돌아오는 길에 벼리고개에서 도적을 만나서 의관(衣冠)과 행장(行裝)을 빼앗기고 집으로 가는 길에 날도 저물고 주리기도 하여 예절(禮節)을 아실 만한 선생을 찾았습니다』라고 하였다。선생은 같은 방에서 숙식(宿食)을 승낙하고、학문(學問)에 관한 토론으로 하룻밤을 묵고、조식(朝食) 후에 선생이 학동(學童) 한 명에게 편지를 주어 나루 주인에게 전하여 무료(無料)로 양화도(楊花渡)를 건너 경성에 도달하였다。

서울로 가는 목적은 별것 없었다。인천감옥(仁川監獄)에 있는 동안 각처(各處) 사람을 많이 친한 중에、경성의 남영희궁(南永禧宮)* 청지기 한 사람이 배오개*의 유기장(鍮器匠) 등 대여섯 사람을 모아 가지고 인천 바다 위에 배를 띄우고 백동전(白銅錢)을 사사로이 주조하다가 전부 체포되어 인천감옥에서 일 년여를 고생할 때에、자기들 말이『종신(終身)토록 잊지 못할 은혜를 입었다』하면서、출옥할 때에『감옥에서 방면(放免)되거든、부디 알게 하면 저희들이 와서 만나 보겠다』고 간절히 부탁한 사람들이었다。출옥 후에 의관(衣冠)을 바꿔 입혀 줄 사람도 없으므로 그 사람들도 찾고、조덕근(曺德根)도 좀 만나 보려는 작정이었다。

남대문(南大門)을 들어서서 남영희궁을 찾아가니 해는 이미 초어스름이었다。청지기 방문 앞에서『이리 오너라』불렀다。청지기 방에서 누가 미닫이를 반쯤 열고 하는 말。『어디서 편지를 가져왔으면 두고 가거라。』목소리를 들으니 진(陳) 오위장(五衛將)*이었다。『네、편지를 친히 받아 주세요』하고 뜰 안에 들어섰다。진(陳)이 마루에 나와서 자세히 보더니『아이구머니、이게 누구요』하고 버선발로 마당에 뛰어나와 내게 매달린다。자기 방에 들어가 곡절(曲折)을 묻는다。나는 바른대로 말을 하였다。진

오위장은 자기 방에 나를 앉히고, 한편은 자기 식구들을 불러서 인사를 시키고, 한편은 그때 공범(共犯)들을 한곳에 불러 모았다. 나의 행색(行色)이 수상함을 근심하며, 『나는 백립(白笠)을…』『나는 두루마기를…』『나는 망건(網巾)을…』 제가끔 사다 주며 속히 갓과 망건(網巾)을 쓰라고 한다. 삼사 년 만에 비로소 망건을 쓰니 어쩐 일인지 눈물이 떨어졌다.

몇 날 동안 그 사람들과 잘 놀다가 짬에 청파(靑坡) 조덕근(曺德根)의 집을 찾아갔다. 문밖에서 『이리 오너라』 불렀다. 조덕근의 큰마누라가 내가 온 줄 알고 꺼리는 빛이 있었다. 『우리 댁 선달(先達)님이 옥(獄)에서 나왔다고 인천 집에서 기별은 있으나, 이모 댁에 나와서 계신지 내가 오늘 가 보고 내일 오시면 말씀하겠습니다.』 혹시 그러히 여기고 돌아왔다가 이튿날에 또 갔다. 역시 모른다고 말을 하는 눈치가, 조덕근과 상의한즉 「그는 자기보다 중죄인(重罪人)이니 이미 출옥(出獄)한 바에 다시 보아야 이익이 없다」고 생각하고 잡아떼는 수작이었다. 세상에 내가 퍽도 어리석었다. 「파옥(破獄)하고 내가 먼저 나와서 홀몸으로 쉽게 달아나려다가 그가 나에게 애걸하던 모습을 생각하고 이중(二重)으로 위험한 곳에 다시 들어가 그자들에게 위험 지대를 다 벗어나게 해 준 것인데, 지금 내가 빈손으로 자기를 찾았을 줄 알고 나를 보면 금전의 피해가 있을까 하여 거절하는구나.」 그 사람에 그 행실(行實)이니 심하게 꾸짖을 것 없다 하고 돌아와서는 다시 가지 않았다.

여러 날을 두고 이 사람 저 사람 들에게서 성찬(盛饌)으로 잘 먹고 다리도 쉬었다. 그 사람들에게 팔도강산(八道江山) 구경이나 한다고 작별을 하니, 그 사람들이 노자(路資)를 걷어 모아서 한 짐을 지워 주었다. 그날로 동적강(銅赤江)*을 건너 삼남(三南)으로 향하였다. 그때 심리(心理)가 매우 울적하여 승방(僧房) 뜰에서부터 폭음(暴飮)을 시작하여 밤낮을 가리지 않고 계속 마셔서, 과천(果川)을 지나 겨우 수원(水原) 오산장(烏山場)에 도착하자 한 짐을 지고 떠난 노자(路資)는 다 떨어졌다.

오산장(烏山場) 서쪽으로, 마을 이름은 잊어버렸으나 김삼척(金三陟)의 집이 있는데, 늙은 주인은 일찍이 삼척(三陟) 영장(領將)을 지냈고, 아들 여섯이 있어 장자(長子) 아무개가 인천항(仁川港)에서 상업(商業)을 경영(經營)하다가 실패한 관계로 인천감옥(仁川監獄)에서 한 달 남짓 고생하는 동안 나를 몹시 사랑하고, 자기가 방면(放免)될 때에도 차마 헤어지지 못하는 정의(情義)로 후일 서로 만나기를 굳게 약속한 터였다. 그 집에 찾아가서 그의 육 형제와 같이 술 마시고 노래 부르며 며칠을 보내고、약간의 노자(路資)를 얻어 가지고 공주(公州)를 지나 은진(恩津) 강경포(江景浦) 공종렬(孔鍾烈)의 집을 찾아 들어갔다。

공종렬도 역시 감옥 친구이니、자기 부친(父親) 공(孔) 중군(中軍)*이 작고(作故)하여 상제(喪制)의 몸이고、사람됨이 나이는 어리나 영리하고 학식(學識)도 어느 정도는 되었다。일찍이 운현궁(雲峴宮) 청지기를 지냈는데、당시 조병식(趙秉式)*의 마름으로 강경포(江景浦)에서 물상객주(物商客主)를 경영하다가 금전(金錢) 관계로 다른 사람에게 소송(訴訟)을 당하여 여러 달 인천감옥에서 죄수로 갇혀 있는 동안 나와 극히 절친하게 지냈다。강경포에 들어가 공(孔)의 집에 당도하여 보니、가옥이 극히 광대(廣大)하여 공종렬이가 나의 손을 끌고 일곱째 대문을 들어가서 자기 부인(婦人) 방에 나를 유숙(留宿)하도록 하고、공(孔)의 자당(慈堂)도 인천에서 만나 알았으므로 반가이 뵈었다。공 군이 나를 이같이 특별 대우하는 것은 옥중(獄中) 친구의 동정(同情)이고、그 포구가 인천과는 아침에 떠나 저녁에 닿는 지역이고 자기 각 사랑(舍廊)에 역시 동서남북 사방의 사람들이 출입하므로 나의 비밀이 탄로될까 두려워함이었다。

며칠을 휴양하고 있던 중 하룻밤은 달빛이 뜰에 가득한데、공 군 자당(慈堂)의 방문 여닫는 소리가 들린다。나는 가만히 일어나 앉아 창유리로 뜰 안을 내다보니、갑자기 칼날 빛이 번쩍한다。자세히 살펴보니 공종렬은 칼을 들고 그 자당은 창을 끌고 모자(母子)가 사람들을 모은다。뜻밖의 변(變)이 있을까 하여 의복을 정돈하고 앉았노라니、시간이 지나 공 군이 어떤 청년의 상투를 끌고 들어와서 하인을 소집하여 드레집*을 짓고 그 청년을 거꾸로 매달고서 열 살 내외의 동자(童子) 두 명을 호출하여 방치* 한 개씩을 주면서 『너희들의 원수이니、너희들의 손으로 때려죽여라』라고 한다。

그러다가 공 군이 내 방에 들어와 『형이 매우 놀랐을 터이니 미안하다』고 말을 한다。『형과 나 사이에야 무슨 숨길 일이 있겠나。나의 누님 한 분이 과부(寡婦)로 살며 수절(守節)을 하다가 내 집 종놈과 통간(通奸)이 되어 며칠 전에 해산(解産)을 하고 죽었으므로 그놈을 불러 「네 자식을 데리고 먼 곳에 가서 기르고 내 앞에 보이지 말라」고 하였더니、그놈이 천주학(天主學)을 하며 신부(神父)의 세력을 믿고 내 집 곁에 유모(乳母)를 주어 두고 내 집안에 수치를 끼치니、형이 나가서 호령하여 저놈이 멀리 달아나도록 하여 주게.』 나는 어디로 보든지 그 맛청을 안 듣지 못할 처지였다. 승낙하고 나가서 달아맨 것을 풀어 앉히고, 그자의 죄를 들추어냈다. 『네가 이 댁에서 길러낸 은혜를 생각한들, 주인의 체면을 그다지도 무시하느냐』 호령을 하였다. 그자는 나를 슬쩍 보더니 겁이 나서 『나리 분부대로 하겠습니다. 살려 주십시오』 한다. 공종렬이 그자를 향하여 『네가 오늘 밤으로 네 자식을 내다 버리고 이 지방을 떠날 테냐』 묻자, 그자는 『네, 네』 하면서 물러갔다.

나는 공 군에게 물었다. 『그자가 자식을 데리고 갈 곳이나 있느냐.』 공(孔)의 답. 『개울 건너 임피(臨陂)* 땅에 제 형이 사니까, 그리로 가면 자식도 기를 수 있다』고 한다. 『아까 두 동자(童子)는 누구냐.』 공(孔)의 답. 『그것이 내 생질(甥姪)이야.』 나는 내일 아침에 어느 곳으로 출발하겠다는 말을 하였다. 그 집 형편 때문에 나 또한 숨어 있었던 본색(本色)이 탄로된 것이다. 공 군 역시 그렇게 생각하고 자기 매부(妹夫) 진(陳) 선전(宣傳)*이 무주읍(茂朱邑)에 사는 부자요, 그 고을이 한적하고 외지니 그리 가서 세월을 기다림이 좋을 듯하다 하며, 소개 편지 한 장을 써 주었다.

이튿날 아침에 공 군과 작별하고 무주행(茂朱行)을 떠났다. 강경포(江景浦)를 채 벗어나지 못하여 거리에서 사람들이 숭성숭성한다.* 『지난 새벽에 갯가에 어린아이 우는 소리가 들렸는데, 소리가 끊어진 지 오랬으니 그 아이는 죽은 것이다』라고 야단이다. 나는 이 말을 들으니 천지(天地)가 아득하였다. 「오늘 살인(殺人)을 하고 가는 길이로구나. 그자가 밤에 나의 얼굴을 대할 때에 심히 무서워하더니 공종렬의 말을 곧 나의 명령으로 생각하고 제 자식을 안아다가 강변(江邊)에 버리고 도주한 것 아닌가. 가뜩이나 마음이 울적한 데다가, 세상에 아무 죄악(罪惡)이 없는 어린아이를 죽게 한 것이 얼마나 큰 죄악인가.」 일생(一生)을 두고 비관(悲觀)된다.

마침내 무주읍(茂朱邑) 진(陳) 선전(宣傳) 집에 갔으나, 구차하게 한곳에 머무르니 울적한 마음만 더욱 늘어날 뿐이었다. 드디어 무전여행(無錢旅行)을 떠났다. 나의 걸음이 이미 삼남(三南)에 두루 돌아다니는 바에는 남원(南原)에 가서 김형진(金亨鎭)을 상봉(相逢)하리라 하고, 평소에 듣건대 전주(全州) 남문(南門) 내 한약국(漢藥局) 주인 최군선(崔君善)이 김형진의 매형(妹兄)임을 알았으나, 먼저 남원(南原) 이동(耳洞)을 찾아가서 김형진을 물으니, 그 마을 사람들이 놀라 의아해하며 김형진 찾는 연유(緣由)를 묻는다。 나는 김형진을 경성(京城)에서 알아서 지나는 길에 들렀다고 하였다。 마을 사람이 말하기를 『김형진은 과연 이 마을에 세거(世居)하였으나、 몇 년 전에 김형진이가 동학(東學)에 가입하였다가 그 뒤로 가족을 모두 데리고 도망가고는 다시 소식을 모른다』 한다。 나는 듣기에 좀 섭섭하였다。 「김형진이가 나와 청국(清國)까지 동행하면서 다소의 위험을 같이 겪고 지내며 친형제보다 정의(情義)가 깊고 절실한 처지에、 나의 일생은 빠짐 없이 자기가 다 알면서 자기가 지내온 일 일부는 숨겨 비밀로 함이 어떤 뜻일까。 여하튼 전주까지 가서 행방을 탐지(探知)해야겠다。」

전주읍 최군선을 찾아가 김형진의 친구임을 말하고 현재 사는 곳을 물으니、 최군선 역시 냉담한 말투로 『김형진 말씀이오? 김형진은 과연 나의 처남(妻男)이지만、 나에게는 지기 어려운 무거운 짐을 지우고 자기는 벌써 황천객(黃泉客)이 되었소』 한다。 천신만고(千辛萬苦)를 겪고 찾아간 나는 비회(悲懷)를 금하기 어려운 중에 최(崔)의 응접(應接)이 너무 불친절한 것을 보고서 다시 더 물어볼 생각이 없었다。

곧 작별하고、 그날이 전주 장날이므로 장에 나와서 구경을 하였다。 이리저리 다니다가 백목전(白木廛)*에 가서 포목(布木) 환매(換買)하는 광경을 보던 즈음에 시골 농민(農民)의 자태(姿態)가 보이는 청년 한 사람이 포목을 환매하는 것을 보니、 용모(容貌)가 김형진과 흡사하였다。 김형진보다는 나이가 어려 보이고、 김형진은 문사(文士)의 자태가 보이나 이 사람은 농사꾼의 태도가 보일 뿐이고、 언어 행동거지가 꼭 김형진과 같았다。 나는 그 사람이 시장 일 보는 것을 마치고 돌아가려는 틈을 타서 『당신 김 서방 아니시오』 물었다。 답。 『네、 그렇지라오만 당신은 뉘시오니까。』 다시 물었다。 『노형(老兄)이 김형진 씨 계씨(季氏)가 아니오。』 그 사람이 머뭇머뭇하고 말대답을 못 한다。 나는 『당신의 면모를 보아 김형진 씨 계씨임을 짐작하는데、 나는 황해도(黃海道) 해주(海州)의 김창수(金昌洙)요。 노형 백씨(伯氏) 생전에 혹시 내 이야기를 들어 계시오。』 그 청년은 두 눈에 눈물을 흘리며 말을 제대로 하지 못하고 슬피 운다。 『과연 그렇습니까。 내 형 생전에 당신의 말씀을 들었을 뿐 아니라、 별세(別世)하실 때에도 창수를 생전에 다시 못 보고 죽음을 유한(遺恨)이라 하였지라오。 제 집으로 가십시다。』

금구(金溝) 원평(院坪)*을 가서 조그마한 집에 들어가 이 사람이 자기 자당(慈堂)과 형수(兄嫂)에게 내가 찾아온 것을 말하자, 그 집에는 곡성(哭聲)이 진동하였다。 김형진이 작고(作故)한 지 십구 일 후라 한다。 영연(靈筵)*에 들어가 조문(弔問)하고 절하니, 육십 노모(老母)는 자기 아들 생각에, 삼십 된 과부 며느리는 남편 생각에, 아들 맹문(孟文)은 아직 팔구 세에 아무 철을 모른다。 시장에서 상봉(相逢)하던 사람은 곧 형진의 둘째 아우이니, 아들 맹열(孟悅)이가 있고, 농업(農業)을 하며 생활을 하고 있었다。

여러 날 다리를 쉬고 무안(務安) 목포(木浦)를 향하였다。 목포에 도착하니 신개항(新開港)으로* 아직 관사(官舍) 건축도 미처 못 하고 제반(諸般)이 보잘것없어 보였다。 양봉구(梁鳳九)를 상봉(相逢)하여 인천 소식을 들으니, 인천은 조덕근(曺德根)이가 서울서 잡혀 가서 눈 한 개까지 빠지고 다리가 부러지고, 그때 압뢰 김가(金哥)는 아편 중독이 몰려서 옥중(獄中)에서 죽었다 하고, 나에 관한 소문은 듣지를 못하였다 한다。 그리고 인천과 목포 사이에 순검(巡檢)들도 서로 내왕(來往)하니 오래 머물 곳이 아니라 하면서, 약간의 여비(旅費)를 마련하여 주고 항구를 떠날 것을 청한다。

목포를 떠나서 해남(海南) 관두(關頭)와 강진 고금도(古今島)와 완도(莞島) 등지를 구경하고, 장흥(長興) 보성(寶城)(송곡면(松谷面), 현 득량면(得粮面) 득량리(得粮里)의 종씨(宗氏) 김광언(金廣彦) 등의 집에서 사십여 일 휴식하고 떠날 때 같은 마을 선(宣) 씨(氏) 부인이 만들어 준 붓 주머니를 받았음)으로, 화순(和順) 동복(同福)*으로, 순창(淳昌) 대명(大明)*으로, 하동(河東) 쌍계사(雙磎寺)로, 칠불아자방(七佛亞字房)*도 구경하고, 다시 충청도로 들어와 계룡산(鷄龍山) 갑사(甲寺)에 도착하니 시기는 팔구월이었다。 사찰(寺刹) 부근에 감나무가 빽빽하게 늘어서 있는데, 붉은 감이 익어서 저절로 떨어진다。

절에서 점심밥을 사 먹고 앉아 있으니, 동학사(東鶴寺)로부터 와서 점심을 먹는 유산객(遊山客) 한 명이 있다。 인사를 하니 공주(公州) 사는 이 서방이라 한다。 산을 유람하며 지은 시(詩)를 들려 주는데, 나이는 사십이 넘은 사람으로 선비인데 시로나 말로나 퍽 비관(悲觀)을 품었다。 초면(初面)이라도 이야기를 주고받으며 접근되었다。 그가 나의 행방(行方)을 묻기로, 나는 『개성(開城)에서 나서 자라 상업(商業)에 실패하고 홧김에 강산(江山) 구경이나 하자고 떠나서 근 일 년을 남도(南道)에서 지내고, 지금은 고향으로 갑니다』라고 말하였다。 이 서방은 다정히 나에게 청한다。 『노형이 이미 구경을 떠난 바에는, 여기서 사십여 리를 가면 마곡사(麻谷寺)란 절이 있으니 그 절이나 같이 구경하고 가시는 것이 어떠하오』 한다。 나는 마곡사라는 말이 심히 뜻있게 들렸다。 어렸을 때부터 본바 우리 집에 《동국명현록(東國明賢錄)》* 한 권이 있었는데、 화담(花潭) 서경덕(徐敬德)* 선생이 동지(冬至) 하례(賀禮)에 참석하여 크게 웃으니、 임금이 『경(卿)은 무슨 일로 여러 사람 가운데에서 혼자 웃느냐』 물은즉、 화담이 아뢰어 말하되 『오늘 밤 마곡사 상좌승(上佐僧)이 밤을 새워 죽을 쑤다가 졸음을 이기지 못하여 죽 가마솥 안에 빠져 죽었는데、 여러 승려들이 전혀 알지 못하고 죽을 퍼먹으며 희희낙락(喜喜樂樂)하는 것을 생각하니 우습습니다』 하였다。 임금이 곧 말을 출발시켜 하루 낮밤으로 삼백여 리 마곡사에 가서 조사한바 과연 증험(證驗)이 있었다는 문구(文句)를 아버님이 늘 소설로 이야기하시던 것이 연상되었다。 승낙하고 이 서방과 같이 마곡사를 향하여 출발하였다。

한가로운 유람은 여기까지 마지막이 될 터인데、 그 사이에 듣고 본 바와 직접 겪은 사실을 대략 들어 보건대、 아산(牙山) 배암밭 마을*에 들어가 충무공(忠武公) 이순신(李舜臣)의 기념비(紀念碑)를 존경하는 마음으로 보았고、 광주(光州) 역(驛)말이란 마을 안에 들어간즉 촌 마을이 몇백 호(戶)나 되는지는 모르나 동장(洞長) 일곱 명이 일을 본다 하니 서북(西北)*에서는 보지 못하던 일이며、 광주(光州) 나주(羅州) 화순(和順) 대명(大明)도처의 대나무 숲이 역시 서북(西北)에 없는 특산(特産)인데、 내가 십여 세 때까지 대나무도 일 년에 한 마디씩 자라는 줄 알았으나 실제로 본 것은 처음이며、 장흥(長興) 보성(寶城) 등 각 군(郡)에는 여름철에 콩잎을 따서 당장 국도 끓여 먹고 또 뜯어 말렸다가 삼동(三冬)*에 먹기도 하는데、 말린 것을 소나 말에 실어 가서 시장에서 상품의 대종(大宗)이 되는 것을 보았다。

해남(海南)의 이(李) 진사(進士) 집 사랑(舍廊)에 며칠 묵는 중 동시(同時)에 객(客)이 대여섯 명이었다。 그 중에 그 집 손님 노릇 한 지가 팔구 년 된 자가 있었다。 손님이 힘들여 일하면 주인이 가난해진다는 미신(迷信)이 있다 하여、 손가락 하나 까딱 않고 주인과 차별 없는 대우를 받았다。

양반이 못 되면 대재산가(大財産家)라도 감히 사랑문(舍廊門)을 바깥쪽으로 열지 못하였다。 그러므로 과객(過客)이 주인을 찾아 숙박을 청하면 첫대에 묻는 말이 『간밤은 어디서 유숙(留宿)하였소』 한다。 만일 유숙한 집이 양반(兩班)의 집이면 두말이 없고、 중인(中人)의 집에서 잔

것 같으면 손님을 타이르는 반면에, 과객을 맞아 재워 준 상인(常人)들은 양반이 사사로이 붙잡아 형벌을 가하는 별별 괴악(怪惡)한 습속(習俗)이 많았다. 내가 직접 보지는 못하였으나, 그 지역에 과객으로 유명한 자는 홍초립(洪草笠) 박도포(朴道袍) 등이라 한다. 홍가(洪哥)는 초립둥이 적부터 과객으로 일생을 보냈고, 박도포는 늘 도포만 입고 과객질을 한다는데, 그자들이 어느 집에 몸을 두든지, 주인이 응대(應待)를 조금만 잘못하면 무수히 발악(發惡)하였다 한다.

해남(海南)은 윤(尹) 이(李) 두 성(姓)이 가장 큰 양반으로 대세력(大勢力)을 차지하였는데, 윤 씨 사랑(舍廊)에서 유숙(留宿)하노라니 깊은 밤에 사랑문 앞 말매는 기둥에 어떤 사람을 결박(結縛)하고 혹독한 형벌을 가한다. 주인의 말이 『너 이놈, 죽일 놈! 양반이 작정(作定)해 준 품삯대로 받는 것이 아니라 네 자의(自意)로 품삯을 올리느냐』고 추상(秋霜) 같은 호령을 한다. 형벌을 당하는 사람은 극구 사죄(死罪)를 청한다. 나는 주인에게 물었다. 『양반이 작정(作定)한 품삯은 얼마이고, 상놈이 자의(自意)로 올린 품삯은 얼마요.』 주인이 말하기를 『내가 금년은 마을 안의 품삯을 년은 두 푼, 놈은 서 푼씩 정한 것인데, 저놈이 어느 댁 일을 하고 한 푼을 더 받았기 때문에 징계하여 다스립니다』고 한다. 나는 다시 물었다. 『길 가는 행인(行人)의 여점(旅店)* 밥값도 한 끼분 최하가 대여섯 푼인데, 하루 품삯이 밥 한 상 값의 반액도 못 되면 독신(獨身) 생활도 유지하기 어렵거든, 딸린 식구를 데리고 어찌 생활을 합니까.』 주인이 말하기를, 『설사 한 집에 장정이 연놈 하여 두 명이라 하면, 매일 한 명씩이라도 양반 집 일을 하지 않을 때는 없고, 일만 하는 날에는 그놈 집 온 식구가 다 와서 먹으니, 품삯을 많이 지불하여 상놈이 자기 집 의복과 음식을 풍족하게 하면 자연히 양반에게 공손치가 못하여 그같이 품삯을 작정하여 줍니다』라고 한다. 나는 이 말을 듣고 깜짝 놀랐다. 「내가 상놈으로 해주(海州) 서촌(西村)에서 난 것을 늘 한스러워 했으나, 이곳을 와서 보니 양반의 낙지(樂地)*는 삼남(三南)이요, 상놈의 낙지는 서북(西北)이구나. 내가 해서(海西) 상놈이 된 것이 큰 행복이지, 만일 삼남 상놈이 되었던들 얼마나 불행하였을까.」

경상도 지방의 양반과 상놈의 특수한 현상은, 도우한(屠牛漢)*은 삼남(三南)에서 망건(網巾)을 쓰지 못하는 것이 상례(常例)로, 맨머리에 패랭이(평량자(平凉子))를 쓰고 출입하나, 경상도는 패랭이 밑에 대나무테를 둘러대고 거기다가 끈을 맨 것이 백정놈인데, 백정(白丁)은 길

가는 중에는 물론이고 남녀노소(男女老少) 할 것 없이 사람을 만나면 반드시 길 아래로 내려서서 『소인 문안 드리오』 하고 행인(行人)을 지나 보내고서야 자기가 발걸음을 떼는 것이다。

삼남(三南)에 양반의 위세와 속박이 심하고 또 심한 중에도 약간의 미속(美俗)이 없지는 아니하였다。 모내기 때에 김제(金堤) 만경(萬頃)*을 지나며 보니、 농사꾼이 아침에 일 나갈 때에 사명기(司命旗)*를 들고 꽹과리와 북을 울리며 들판에 나가 농기(農旗)를 세우고、 모를 심을 때는 선소리꾼이 북을 치고 농가(農歌)를 인도하면 남녀 농사꾼은 손을 흔들고 발을 구르며 일을 한다。 농주(農主)*는 막걸리를 논두렁에 여기저기 동이로 놓아 두어 마음대로 먹게 하고、 행인(行人)이 지나가면 다투어 권한다。 농사꾼이 음식을 먹을 때는 현직 감사(監司)나 수령(守令)이라도 말에서 내려 인사말을 한다。

대개 노동자(勞動者) 조직이 있어 농주(農主)가 일꾼을 고용할 때는 그 우두머리에게 교섭하여、 일할 사람을 결정할 때 의복 품삯 휴식 질병 등에 대한 조건을 정하고、 현지 감독은 그 우두머리(유사(有司)* 청수(廳首)*)가 하고、 만일 일꾼이 태만(怠慢)하여도 농주(農主)가 마음대로 책벌(責罰)을 못 하고 그 우두머리에게 고발하여 징계(懲戒)한다。

반상(班常)의 구별이 그같이 심하지만、 정월(正月) 초승(初生)과 팔월 중추(中秋)에는 마을과 마을 중간에 혹은 목주(木柱) 석주(石柱)를 세우고 그 기둥에 동아줄을 매고 각기 자기 마을로 그 기둥 끝이 향하여 눕도록 겨루기를 하는 때는 남녀노소(男女老少) 반상(班常)의 구별이 없이 즐겁게 용기를 내어 논다고 한다。

고금도(古今島)에서 충무공(忠武公)의 전적(戰跡)을、 금산(錦山)에서 조중봉(趙重峯)*이 전투에서 패한 터를、 공주(公州)에서 승(僧) 영규(靈圭)의 비(碑)를 보고 많은 느낌이 있었다。 임실(任實)에서 전주(全州)를 향하던 도중에 당현(堂峴)(전주와 임실 중간의 큰 고개)을 넘으려 할 즈음에 풍채가 부잣집 어른 같아 보이는 사십여 세의 중늙은이 한 사람이 나귀를 몰고 가다가 고개 밑에 와서 나귀에서 내려 걸어가는데 자연히 동행하게 되어 인사를 하니、 임실읍(任實邑) 내 문지래(文之來)라는 사람으로、 같이 이야기를 해 가면서 고개 위에 당도하였다。 고개 위에는 네다섯 집의 주점(酒店)이 있고、 주점 근처에는 그날이 전주 장날이므로 보부상(褓負商)* 수십 명이 장에 갔다가 돌아오는 길에 그 고개 위에서 다리를 쉬고 있었다。

문지래가 고개 위에 도착하자 주점 주인이 나와서 『오위장(五衛將) 영감 오십니까』 하고 반가이 나와 영접(迎接)을 하고 『들어가 술이나 한잔 자십시오』라고 권하나、문 씨는 사양하더니 나에게 같이 쉬어 갈 것을 청한다。 문 씨를 환영하는 사람이 없고、동행하다가 술이나 한 잔씩 먹자고 청하면 사양할 바 없지만、문 씨가 주점(酒店) 주인에게 환대(歡待)받을 모양이므로 고사(固辭)하고 고개를 넘는 때는 햇빛이 서산(西山)에 발앙발앙하였다。*

급히 걸어 상관(上關)* 주점(酒店)에 와서 들고 저녁밥을 먹고 앉아서 담배를 먹을 즈음에 급보(急報)가 왔다。 금일 해가 지기 바로 전에 고개 위에 삼십여 명의 강도(强盜)가 나타나서 행상(行商)의 재물(財物)을 약탈하고、문(文) 오위장(五衛將)은 그 강도를 대하여 취중(醉中)에 호령을 하다가 강도배(强盜輩)가 날카로운 도끼로 한 번 내리치자 두골(頭骨)이 두 조각 나고、다시 내리침에 머리와 몸이 세 토막이 된 참사(慘事)가 생겼다고 한다。 그러니 내가 문 씨의 손에 끌려 술자리에 동참하였더라면 몸과 목숨이 어찌 되었을까、심히 놀라며 의아해하였다。 들으니 문 씨는 임실(任實) 이속(吏屬)으로、자기 친아우가 민영준(閔泳駿)*의 신임(信任)을 받는 청지기인데、그 권위(權威)를 가지고 부근에서 인심(人心)을 잃은 탓으로 이러한 화를 만났다고 한다。

전주(全州)에서 본 것은、전주는 영리(營吏)와 사령(使令)이 서로 원수인 때문에、당시 진위대(鎭衛隊) 병정을 모집하는데 사령이 입영(入營)될까 의심하며 두려워하여 영리의 자식과 조카를 전부 병정으로 편입(編入)하였다는데、머리 위에는 상투를 그대로 두고 병정의 모자를 높이가 높직하게 만들어 쓰고 있었다。

치도(緇徒)*

다시 이야기를 하겠다。공주(公州) 이 서방과 갑사(甲寺)에서부터 동행하는 중에、이 서방은 홀아비로 몇 해 동안 사숙(私塾) 훈장(訓長)을 하였고 지금은 마곡사(麻谷寺)로 가서 중이나 되어 일생을 평안하고 한가롭게 지내려는 의향이 있는데、나에게도 권한다。나도 얼마간의 의향은 있으나 돌발(突發)한 문제이므로 속단(速斷)할 수 없어 이야기만 하고 종일 걸어서 마곡사 남쪽 산 위에 오르니、햇빛은 황혼(黃昏)인데 온 산에 가득한 단풍잎은 누릇누릇 불긋불긋하여 가을바람에 나그네는 비애(悲哀)에 젖는 데다가、저녁 안개가 산 밑에 있는 마곡사를 자물쇠로 채워 나와 같이 온갖 풍진(風塵) 속에서 두출두몰(頭出頭沒)하는* 자의 더러운 발을 거절하는 듯하고、저녁 종소리가 안개를 헤치고 나와 나의 귀에 와서 일체 번뇌를 해탈(解脫)하고 입문(入門)하라고 권고하는 듯하였다。

이 서방은 결정적인 의사(意思)를 묻는다。『노형、어찌하시겠소。세상 일을 다 잊고 중이 되십시다。』나는 이 서방을 대하여 『이 자리에서 노형과 결정하면 무슨 필요가 있겠소。절에 들어가 보아서 중이 되려는 자와 중을 만들 자 사이에 의견이 합치되어야 할 것 아니오。』이(李)가 말하기를『그는 그렇겠소』한다。곧 몸을 일으켜 마곡(麻谷)을 향하여 안개를 헤치고 들어간다。걸음걸음 들어간다。한 발걸음씩 오탁세계(汚濁世界)에서 청량계(淸凉界)로、*지옥(地獄)에서 극락(極樂)으로、세간(世間)에서 걸음을 옮겨 출세간(出世間)의 걸음을 걸어간다。*

처음 다다르니 매화당(梅花堂)이고、큰소리를 내며 산문(山門)으로 급하게 흐르는 시냇물 위의 긴 나무다리를 지나서 심검당(尋劍堂)에 들어가니 대머리 노승(老僧)이 화폭(畵幅)을 펴 놓고 살펴보다가 우리를 보고 인사를 한다。이 서방은 숙면(熟面)으로 인사를 하였다。자기는 포봉당(抱鳳堂)이라 한다。이 서방은 나를 심검당에 앉히고、자기는 다른 방으로 갔다。시간이 지나 내게도 한 그릇의 손님 밥이 나왔다。저녁밥을 마치고 앉았으니、어디서 왔는지 백발(白髮) 노승(老僧)이 나와서 인사를 공손히 한다。나는『개성(開城) 출생으로 어려서 부모를 여의고 가까운 친척 없이 의지할 곳 없는 외로운 홀몸으로 강산(江山) 구경이나 하려고 나와서 한가로이 이곳저곳

다니는 중입니다』라고 말하였다。 그 노승은 속성(俗姓)이 소씨(蘇氏)요、 익산(益山)에서 살다가 머리 깎은 지 사오십 년이 되었다고 하면서、 은근히 자기의 상좌(上佐)*가 되기를 청한다。 나는 다소의 겸양(謙讓)을 하였다。 『나는 본래 학식(學識)이 박약(薄弱)하고 재질(才質)이 둔하여 노스님에게 누가 됨이 많을 것을 생각하니 자연 주저되옵니다。』 그 노승이 힘써 권하며 『당신이 나의 상좌만 되면 고명(高明)한 대사(大師)에게 각종 불학(佛學)을 학습하여 장래에 대강사(大講師)가 될지도 모르니、 부디 결심하고 삭발하시지요』 한다。

밤을 지낸 뒤에 이 서방은 계란 머리로 나와서 문안(問安)을 한다。 『노형도 주저 마시고 곧 삭발을 하시오。 어제 찾아왔던 하은당(荷隱堂)*은 이 절에서 재산이 갑부인 보경대사(寶鏡大師)의 상좌이므로 후일에 노형이 공부를 하려 하여도 학자(學資)에 염려도 없을 것이오。 내 노형의 말을 하였더니、 자기가 나와 보고서 매우 마음에 든다고 나더러 권면(勸勉)하여 속히 결정하라고 하더이다。』 나는 하룻밤 사이에 청정법계(淸淨法界)*에서 온갖 생각이 모두 재가 되어、 중이 되기로 승낙하였다。

시간이 지나서 사제(師弟) 호덕삼(扈德三)이가 머리털 깎는 칼을 가지고 냇가로 나가서 삭발진언(削髮眞言)*을 쏭알쏭알하더니 나의 상투가 모래 위에 뚝 떨어졌다。 이미 결심을 하였지만、 머리털과 같이 눈물이 뚝뚝 떨어졌다。 법당(法堂)에서는 종을 울리고、 향적실(香積室)*에서는 공양주(供養主)가 불공(佛供)밥을 짓고、 각 암자에서 가사(袈裟)를 입은 중들 수백 명이 한곳에 모이고、 나도 검은색 장삼(長衫)과 붉은색 가사를 입고 대웅보전(大雄寶殿)으로 인도되었다。 곁에서 덕삼이가 부처님께 절하는 것을 가르치고、 은사(恩師) 하은당(荷隱堂)이 나의 승명(僧名)을 원종(圓宗)이라 명명(命名)하여 부처님 앞에 고하고、 수계사(受戒師)는 용담(龍潭)이라는 점잖은 화상(和尙)*으로、 경문(經文)을 낭독하고 오계(五戒)*를 주었다。 예불(禮佛)을 끝낸 후에는 노스님 보경당(寶鏡堂)을 비롯하여 절 안의 연로(年老) 대사(大師)들에게 돌아가며 절하고、 승려의 절하는 법을 연습하고、 진언집(眞言集)*과 초발자경(初發自警)* 등 간단하고 쉬운 승규(僧規)를 배웠다。 승려의 수행은 하심(下心)*이 제일이라 하여 『인류(人類)는 물론이요 금수(禽獸)와 곤충(昆蟲)에 이르기까지 하심하지 않으면 지옥의 고통을 받는다』고 하였다。

어젯밤에 교섭을 할 때는 지극 공손하던 은사 하은당부터 『이애、 원종아!』를 거리낌 없이 부르고 『생기기를 미련스럽게 되어서 고명(高明)한 중은 되지 못하겠다』 『얼굴은 저다지 밉게 생겼을까』 『어서 나가서 물도 긷고 나무도 쪼개어라』 한다。

나는 깜짝 놀랐다。내가 망명객(亡命客)이 되어 사방에 이곳저곳 떠돌아다니면서도 영웅심(英雄心)도 있고 공명심(功名心)도 있고、평생의 한(恨)이던 상놈의 껍질을 벗고 평등(平等)이라기보다도 월등(越等)한 양반이 되어 평상(平常)한 양반에게 숙원(宿怨)을 갚고자 하는 생각도 마음속에 있었다。중놈이 되고 보니 이상과 같은 허영적(虛榮的) 야욕적(野慾的) 심리는 즉 악마(惡魔)로、불씨(佛氏) 문중(門中)*에서는 조금도 용납될 곳이 없고、만일 이들 악념(惡念)이 마음속에 싹터서 자랄 때는 곧 호법선신(護法善神)*에게 의뢰하여 물리쳐 쫓아내지 않으면 안 될 터였다。하도 많이 돌아다니더니 나중에는 별세계(別世界) 생활을 다 하게 되었다고 자소자탄(自笑自歎)을 마지아니하나、순종(順從)하는 수밖에는 도리가 없었다。장작도 패고 물도 길었다。

하루는 앞내에 가서 물을 지고 오다가 물통 한 개를 깨뜨렸다。은사(恩師)가 어찌 몹시 야단을 하던지 노스님 보경당(寶鏡堂)이 한탄을 한다。『지난번에도 사람들은 괜찮은 것들을 상좌(上佐)로 데려다 주면 못 견디게 굴어서 다 내쫓았는데、금번 원종(圓宗)이도 잘 교도(教導)하면 장래에 제 앞가림은 하겠는 것을 또 저 모양을 하니 몇 날이나 붙어 있을까』한다。그 말에 좀 위로는 되었다。

낮에는 노역(勞役)을 하고 밤에는 보통 중의 본무(本務)인 예불(禮佛) 절차와 《천수심경(千手心經)》* 등을 외우고、수계사(受戒師) 용담(龍潭) 스님은 불학(佛學)의 요체(要諦)를 모아 놓은 《보각서장(普覺書狀)》*을 가르쳤다。용담은 당시 마곡사(麻谷寺)에서 불가(佛家)의 학식(學識)뿐 아니라 유가(儒家)의 학문(學問)도 풍부한 터였고、사람됨이 지대체(知大體)*의 숭배와 존경을 받는 고매(高邁)한 스님이었다。용담을 모시고 받드는 상좌(上佐) 혜명(慧明)이라는 청년 불자(佛子)가 있는데 나에게 동정(同情)이 깊었고、용담도 하은당(荷隱堂)네 가풍(家風)이 괴상한 것을 알고 글을 가르치다가는 종종 위로를 한다。『달을 보되(見月亡指)、그 달을 가리키는 손가락은 생각지 말라』라는 오묘한 이치를 말하고、칼날 같은 마음을 품으라는 「참을 인(忍)」자의 해석을 해주었다。

흐르는 세월은 벌써 반년의 광음(光陰)이 지나고、기해년(己亥年)* 정월(正月)을 맞았다。절 안 백여 명의 치도(緇徒) 중에는 나를 매우 행복스럽게 생각하는 자도 있었다。『원종대사(圓宗大師)는 아직 고생을 하지만、노스님과 은사(恩師)가 다 칠팔십 노인들이니 그이들만 작고(作故)하는 날이면 거대한 재산이 원종대사의 차지가 되겠다』는 것이다。 내가 추수책(秋收冊)을 보니、 백미(白米)로 받는 것만 이백여 석인데 그것은 전답(田畓) 경작인(耕作人)이 해마다 갖다가 바치는 것이고、 금전(金錢)으로나 그 밖의 상품(商品)으로도 수십만 냥의 재산이 있었다。 그러나 나는 티끌세상과의 오랜 인연을 다 끊지 못하였거나、 망명객(亡命客)의 임시 은신책(隱身策)으로거나、 하여튼지 다만 청정적멸(淸淨寂滅)의 불법(佛法)에만 일생을 희생할 마음은 생기지 아니하였다。

작년 인천옥(仁川獄)을 부수던 날 작별한 부모님이 살아 계시는지 돌아가셨는지 모르고、 나를 구출하기 위하여 가산(家産)을 다 기울이고 몸도 망친 김경득(金卿得)의 행방을 알고 싶으며、 해주(海州) 비동(飛洞) 고후조(高後凋) 선생도 보고 싶고、 당시에 천주학(天主學)을 하겠다는 안 진사(安進士)를 대의(大義)의 반역으로 생각하고 불평을 품고 떠나온、 그 청계동(淸溪洞) 안 진사도 다시 상봉(相逢)하여 과거의 오해(誤解)를 사과할 생각이 때때로 마음속에 떠돌며、 보경당(寶鏡堂)의 부유한 재산에 집착할 마음은 꿈에도 없었다。

하루는 보경(寶鏡) 노스님에게 말을 하였다。 『소승(小僧)이 이미 중이 된 이상에는 중으로서 응당 해야 할 공부를 해야겠사오니、 금강산(金剛山)으로 가서 경전(經典)의 뜻이나 연구하고 일생(一生)을 충직하고 성실한 불자(佛子)가 되겠습니다。』 보경의 답(答)。 『내가 벌써 추측하였다。 할 수 있느냐。 네 원(願)이 그런데야。』 즉시 하은(荷隱)을 불러 둘이 한참 다투더니 세간을 내준다。 백미(白米) 열 말과 가사(袈裟)와 바리때를 주어 큰방으로 내보내었다。

그날부터는 자유(自由)였다。 백미(白米) 열 말을 내다 팔아 여비(旅費)를 하여 가지고 서울을 향하고 출발하였다。 여러 날 후 경성(京城)에 도착하였으나、 그때까지 중이 경성 문(門) 안에 발을 들이지 못하게 나라에서 법(法)으로 금(禁)하는 중이었다。 성곽(城郭) 밖으로 이 절 저 절을 다니다가 서문(西門) 밖 새절*에 가서 하루를 머물러 묵는 중에 사형(師兄) 혜명(慧明)을 상봉(相逢)하였다。 혜명은 나더러 묻는다。 『원종대사(圓宗大師)、 어쩐 일로 이곳에 왔소。』 『사형(師兄)은 어찌하여 이곳에 왔소。』 『내 은사(恩師)가 장단(長湍) 화장사(華藏寺)에 있기에 찾아뵈옵고 얼마간 지내려고 오는 길이오。』 『나는 금강산(金剛山)으로 공부하러 가는 길이오』 하고 작별을 하였다。

거기서 경상도 풍기(豊基)의 혜정(慧定)이란 중을 상봉(相逢)하니 『평양(平壤) 강산(江山)이 좋다기에 구경을 간다』고 한다。 『그러면 나와 동행하자』

고 약조(約條)하고 서쪽으로 임진강(臨津江)을 건너 송도(松都)*를 구경하고, 해주(海州) 감영(監營)부터 구경하고 평양으로 가기로 하고 수양산(首陽山)*에 들어갔다. 신광사(神光寺) 부근 북암(北庵)에 머물며 혜정에게 약간의 사정(事情)을 통하고, 『기동(基洞) 본가(本家)에 가서 부모님을 몰래 방문하여 안부(安否)만 알고, 나의 부모님에게 나의 몸이 건재(健在)함만을 말하고, 어느 곳에 있는 것까지는 아직 말을 마시오』 하고 부탁하여 보내고 혜정 스님의 회보(回報)만 기다리던 차, 사월 이십구일 해 질 녘에 혜정 스님의 뒤를 따라 부모님 두 분이 북암(北庵)으로 들어오셨다.

부모님은 혜정이 전하는 자식의 안부를 듣자, 『네가 내 아들이 있는 곳을 알고 왔을 터이니, 너를 따라가면 내 자식을 볼 것이다』 하시고 중을 따라 떠나신 것이었다. 마침내 와서 만나니 돌중놈이다. 세 식구가 서로 붙들고 슬픔과 기쁨을 서로 느끼며 눈물을 흘렸다. 북암(北庵)에서 오 일 동안을 휴식하고서 중의 행색(行色)을 그대로 가지고 부모님을 모시고 혜정과 같이 평양(平壤)으로 구경을 떠났다.

길 가는 중에 과거에 부모님께서 겪어 지내신 일을 말씀하였다. 무술년(戊戌年) 삼월 초구일에 인천(仁川)으로부터 집에 도착하자마자 인천 순검(巡檢)이 곧 뒤를 따라와서 체포되어 삼월 십삼일에 부모님 두 분이 다 인천옥(仁川獄)에 갇히게 되어 태형(笞刑)을 당하시고, 어머님은 곧 방석(放釋)되고 아버님은 삼 개월 뒤에 방석(放釋)되어 내외분이 같이 고향에 돌아왔다고 한다. 『두 해 동안이나 너의 생사존망(生死存亡)을 모르고 날마다 고대(苦待)하는 중에 꿈자리만 흉해도 종일 음식을 먹지 못하고 기다리고 있다가, 혜정이가 와서 우리의 안부(安否)를 알고만 간다 하기에 따라왔다』고 하시며 평양을 향하였다.

오월 초사일 평양성(平壤城)에 도착하여 여관(旅館)에서 밤을 지내고 이튿날 단오일(端午日)에는 모란봉(牡丹峯) 추천(秋千)*을 구경하고 돌아오던 길에 관동(貫洞) 골목을 지나며 보니, 한 집에 머리에 지포(紙布)*로 만든 관(冠)을 쓰고 몸에는 소매가 넓은 옷을 입은 학자(學者)가 무릎을 모으고 바르게 앉아 있는 것을 보았다. 수작(酬酌)을 좀 하리라 하고 『소승(小僧) 문안(問安) 드리오』 하였다. 그 학자는 자세히 바라보다가 들어와 앉기를 청한다. 방 안에 들어가 담화(談話)를 시작하였다.

그 학자의 성명은 최재학(崔在學)*이요 호(號)는 극암(克菴)인데, 간재(艮齋) 전우(田愚)* 씨의 제자였다. 『소승은 마곡사(麻谷寺)의 보잘것없는 중으로 이번에 서쪽으로 오던 길에 천안(天安) 금곡(金谷)*에 가서 간재 선생을 찾아뵙고자 하였으나 마침 그때 전 선생이 부재(不在)이므로 「봉(鳳)」자를 면하지 못하였는데,* 지금 선생을 만나 인사를 올리니 심히 반갑습니다』 하고, 도리(道理) 연구(研究)에 다소의 문답(問答)이 있었다. 그때 최재학과 자리를 같이하여 앉아 있는 노인 한 분이 있었는데 긴 수염과 보기 좋은 구레나룻에 풍채가 기품이 있어 보였다. 최재학은 나를 소개하여 『이 영감에게 뵈시오』 한다. 나는 합장배례(合掌拜禮)하였다. 그 노인은 전효순(全孝舜)이니, 당시 평양(平壤) 진위대(鎭衛隊)의 영관(領官)이요, 그 후에 개천군수(价川郡守)*를 지냈다.

최재학이 전효순에게 청하였다. 『지금 이 대사(大師)는 도리(道理)가 고상(高尙)한 중이오니 영천사(靈泉寺)* 방주(房主)*를 내주시면 당신 자제(子弟)와 외손자(外孫子) 등의 공부에 매우 유익(有益)하겠으니 의견이 어떠하오』 묻는다. 전 씨는 기뻐하였다. 『내가 지금 곁에서 듣는 바에도 대사(大師)의 고명(高明)함을 공경하여 우러러 마지아니하였소. 대사(大師), 어찌하려나. 내가 최 선생님에게 나의 자식과 외손자 놈들을 부탁하여 영천사라는 절에 가서 공부를 시키는데, 주지 스님이 성행(性行)이 불량하여 술에 취해 떠돌아다니고 음식 마련의 여러 절차에 곤란(困難)이 막심(莫甚)한 중이니, 대사(大師)가 최 선생님을 도와서 나의 자손(子孫) 등의 공부에 조력(助力)해 주면 은혜가 더할 수 없이 크겠소』 한다. 나는 겸양(謙讓)하였다. 『소승(小僧)의 방랑(放浪)이 원래의 스님보다 심할지 어찌 아십니까.』

최재학(崔在學)은 전효순(全孝舜)에게 즉각으로 당시 평양(平壤) 서윤(庶尹)* 홍순욱(洪淳旭)에게 교섭하여 영천사(靈泉寺) 방주(房主) 차첩(差帖)*을 받아 달라고 간청하였다. 전효순은 그 길로 홍순욱을 방문하고 『승(僧) 원종(圓宗)으로 영천암(靈泉菴) 방주(房主) 직을 맡긴다』는 첩지(帖紙)를 가지고 와서, 그날로 취임(就任)을 청하였다. 나의 생각에 만족스러운 것은, 부모님을 모시고 행걸(行乞)*하기도 황송하고, 이왕 학자(學者)와 동거(同居)하면 학식(學識)에도 많은 도움이 되겠고, 의식주(衣食住)에 대한 당면 문제도 근심이 없겠고, 망명(亡命)의 본의(本意)에도 방해가 없을 것이라고 생각하여 승낙하고, 우선은 혜정(慧定)과 함께 최재학을 따라 평양 서쪽의 대보산(大寶山)* 영천암(靈泉菴)에 가서 대개 사무(寺務)를 정돈하고 정해진 방(房) 한 곳에 부모님을 모시고 지냈다.

학생은 전효순(全孝舜)의 아들 병헌(炳憲)과 석만(錫萬), 전 씨 사위 김윤문(金允文)의 아들 형제, 장손(長孫)과 중손(仲孫)(관호(寬浩))이고, 그 밖에 몇 명 배우는 아이들이 있었다。전효순은 하루 걸러 그 절에 진수성찬(珍羞盛饌)을 날라 오게 하고, 산 아래 신흥동(新興洞)의 푸줏간을 영천암(靈泉菴) 물품 대는 곳으로 하여, 매일 나는 푸줏간에 가서 고기를 한 짐씩 져다가 승복(僧服)을 입은 채로 드러내 놓고 고기를 먹고, 염불(念佛)하는 대신으로 시(詩)를 외우고, 종종 평양성(平壤城)에 최재학(崔在學)과 마음이 맞아 함께 가서 사숭재(四崇齋)*에서 황경환(黃景煥) 등 시객(詩客)들과 한시(漢詩)를 짓고, 밤에는 대동문(大同門) 옆에 가서 첫번은 가게 주인이 주는 대로 소면(素麵)을 먹다가 나중에는 육면(肉麵)을 그대로 먹었다。불가(佛家)에서 말하는 바『손에는 돼지머리를 들고 입으로는 경전을 외운다(手把猪頭 口誦聖經)』는 구절과 거의 같게 되어 가는 중이고, 평양성에서 당시 사람들이 부르기를「걸시승(乞詩僧)」*이라 하였다。

하루는 최재학(崔在學)과 글 배우는 아이들이 평양에 가고 나 혼자 있노라니, 대보산(大寶山) 앞 태평시(太平市) 내촌(內村)의 사숙(私塾) 훈장(訓長) 한 분이 학동(學童) 수십 명과 시인(詩人) 몇 명을 동반하여 영천사(靈泉寺) 시회(詩會)를 차리고, 술과 안주를 마련해 가지고 절 안에 집합하였다。맨 먼저 방주승(房主僧) 호출령(呼出令)이 났다。나는 공손히 합장배례(合掌拜禮)하였다。한 시객(詩客)이 오만한 대도로『너 이 중놈, 선배님들이 오시는데 거행(擧行)이 어찌 이리 태만(怠慢)하느냐』한다。『네, 소승(小僧)이 선배님들 오시는 줄을 알지 못하여 산(山) 밖에 나가서 받들어 맞이하지 못한 것이 매우 죄송하옵니다。』『이놈, 그뿐이냐。네가 이 절의 방주(房主)가 된 지는 얼마냐。』『서너 달 전에 왔습니다。』『그러면 그 사이에 이웃 마을에 계신 양반들에게 문안(問安)하지 않음은 죄가 아니냐。』『네, 소승(小僧)이 새로 부임(赴任)해 온 초(初)에 사무(寺務) 정리를 하느라 아직 인근에 계신 양반들을 못 찾아 뵌 죄가 더할 수 없이 크나 용서하심을 바라나이다。』이른바「항복하는 자는 죽이지 않는다(降者不殺)」는 격으로, 훈장(訓長)이 한편으로는 나를 꾸짖고 한편으로는 그 선배를 타일러 겨우 평화롭게 해결되었다。나는 다시 죄책(罪責)이 생길까 두려워, 그날 일을 시키는 대로 하지 못할까 봐 마음을 졸이며 지냈다。

술이 반쯤 취하자, 훈장(訓長) 김우석(金愚石)부터 많은 시인(詩人)들이 풍축(風軸)*을 펼쳐 놓고 시 짓는 자, 글씨 쓰는 자가 큰소리로 읊는 것을, 술 부어 드리고 물 떠다 바치는 틈에 주시(注視)하니 글씨부터 촌취(村臭)가 나는데, 이른바 절창(絶唱)이니 득의작(得意作)이니 하고 떠드는 것을 보니 노리고 고린 수작(酬酌)이 많다。내가 전에 시(詩)에 전공(專攻)이 없었고、최재학(崔在學)을 상종(相從)한 후에 종종 산사(山寺)에서 호정(湖亭) 노동항(盧東恒)*의 시축(詩軸) 글씨와 왕파(汪波) 황경환(黃景煥)과 김성석(金醒石) 등 당시 평양의 일류 명사(名士)들과 몇 달을 상종하여 시(詩)나 글씨에 대한 약간의 이해가 있었다。훈장(訓長)에게 청하였다。『소승(小僧)의 글도 더럽다 않으시고 두루마리 끝에 적어 주실 수 있습니까。』훈장(訓長)은 특별히 허락했다。『네가 시(詩)를 지을 줄 아느냐。』『네、소승(小僧)이 금일 여러 선배님들에게 공손하지 못한 죄가 많으니 겨우 운자(韻字)나 채워서 사죄(謝罪)코자 하나이다。』끝머리는 잊어버렸고、연구(聯句)에 『유가가 천 년 동안 전해졌으면 불가도 천 년이요、나 역시 보통이면 그대들도 보통이다(儒傳千歲佛千歲 我亦一般君一般)』가 있었다。훈장(訓長)과 시객(詩客)이 서로 바라보며 중놈이 참으로 오만하다고 생각하고 각기 불평의 낯빛이 겉으로 나타나는 즈음에 최재학(崔在學) 일행 몇 명의 명사(名士)가 왔다。촌객(村客)들의 풍축(風軸)을 구경하다가 말단(末端)에 「봉연승(奉硯僧)* 원종(圓宗)」의 글에 와서 「유가가 천 년 동안 전해졌으면(儒傳千歲)」에 이르러서는 마치 합창(合唱)을 하듯이 일동(一同)이 손을 흔들고 발을 구르며 산사(山寺)가 들썩하도록 걸작(傑作)이니 절창(絶唱)이니 야단을 하는 바람에、촌객(村客)들은 당당하던 호기(豪氣)가 쑥 들어갔다。이 소식이 평양에 전파되어 기생(妓生)들이 노랫가락 앞에 부르게 되었다 한다。이런 까닭으로 평양에서는 「걸시승 원종」의 별명이 있었다。

어느 날 평양성(平壤城) 내 전효순(全孝舜)의 편지를 맡아 가지고 평양 서촌(西村)의 육칠십 리 떨어진 갈곡(葛谷)의、당시 고명(高明)하기로 평안도에서 유명한 김강재(金强齋) 선생을 찾아갔다。갈골을 못 미쳐 십여 리쯤에서 한 주점(酒店) 앞을 통과하는데 갑자기 주점 안에서 『이놈、중놈!』의 호령(號令)이 났다。머리를 돌려 보니 봉두난발(蓬頭亂髮)한 촌사람 십여 명이 큰 잔으로 술을 마시며 크게 흥이 오르는 즈음이었다。문 앞에 가서 합장배례(合掌拜禮)하였다。한 자(者)가 썩 나서더니 『이 중놈、어디 사느냐』한다。『네、소승(小僧)은 충청도(忠淸道) 마곡사(麻谷寺)에 있습니다。』『이놈、충청도 중놈의 버릇은 그러냐。양반님들 앉아 계신 데를 인사도 없이 그저 지나가고。에、고얀 중놈이로군。』『네、소승(小僧)이 대단히 잘못했습니다。소승(小僧)이 갈 길이 바빠서 미처 생각을 못 하고 그냥 지났습니다。용서하여 주십시오。』『이놈、지금 어디를 가는 길이야。』『네、갈골을 찾아갑니다。』『갈골 뉘 집에?』『김강재 댁으로 갑니다。』『네가 김 선생을 알더냐。』『네、전에 뵌 적은 없고、성내(城內) 전효순 씨 서간(書簡)을 가지고 갑니다。』이자가 이 말을 듣더니 두리번

두리번하고 말을 잘 못 한다。방 안에 앉은 자들도 서로 물끄러미 바라본다。한 중재원(仲裁員)이 나오더니 시비(是非)하던 자를 꾸짖었다。『이 사람、내가 보기에는 저 대사(大師)가 잘못한 것이 없네。길 가는 중이 가게마다 다 찾아 인사를 하려면 길을 어찌 가겠나。자네 취하였네。대사(大師)、어서 가게』한다。내가 보니、전효순이 진위대(鎭衛隊) 영관(領官)임을 알고 겁이 나는 모양이다。나는 한번 물었다。『저 양반(나를 시비(是非)하던 자)의 택호(宅號)가 뉘신지요。』중재원(仲裁員)。『저 양반은 이 안마을 이(李) 군노(軍奴)* 댁 서방님이라네。물을 것 없이 어서 가게』한다。

속으로 웃으면서 몇 걸음 와서、황혼(黃昏)에 농부(農夫)들이 소를 끌고 집으로 돌아가는 중에 한 사람에게 이(李) 군노(軍奴) 댁을 물었다。농부는 손을 들어 산기슭의 한 집을 가리켰다。나는 또 물었다。『이 군노 양반이 지금 계신가요。』농부의 답(答)。『아니、이 군노는 죽고 지금은 그 손자(孫子)가 집안일을 맡아 하네』한다。나는 대단히 우습기도 하고 한심도 하다고 생각하면서、강재(强齋) 선생을 찾아가서 하룻밤을 이야기하며 묵었다。강재는 그 후에 강동군수(江東郡守)를 한다는 《관보(官報)》*를 보았을 뿐 다시 상종(相從)이 없었다。

그 절까지 같이 와서 지내는 혜정(慧定) 스님은 나의 불심(佛心)이 쇠약(衰弱)해지고 속심(俗心)이 점점 커짐을 보고、자기는 환향(還鄕)의 의사(意思)가 있으나 나를 떠나기가 심히 애처로워 날마다 산(山) 입구까지 송별(送別)을 하다가 차마 어찌할 판단을 못 하고 다시 울며 돌아오기를 한 달여 한 후에、마침내는 약간의 노자(路資)를 준비하여 혜정을 경상도(慶尚道)로 돌아가게 하였다。중의 행색(行色)으로 서도(西道)*에 내려온 후로는 아버님이 다시는 삭발(削髮)을 허락하지 않는 까닭에 장발승(長髮僧)이 되었다。

구시월경에 치마다래*로 상투를 짜고 신사(紳士)의 의관(衣冠)을 갖추어 차려입고 부모님을 모시고 고향인 해주(海州) 기동(基洞)으로 돌아왔다。근처 일대의 양반들과 친척들은『이제 김창수(金昌洙)가 돌아왔으니 이후에는 무슨 사단(事端)이 다시 일어나지 않을까』하고、계부(季父) 준영(俊永) 씨는 그간의 과거를 회개(悔改)하고 둘째형인 아버님을 공경(恭敬)하여 대하지만、나에게 대하여 털끝만큼의 동정(同情)이 없는 것은『학식이 있는 것이 오히려 어려움을 만난다(識字遇寒)』라는 것으로、집에서 지내면서 생산작업(生産作業)에 무성의(無誠意)함을 증오하고、난봉의 경향이 있는 줄 알고 부모 내외분께 힘써 권하여, 농사(農事)를 부지런히 하면 자기가 책임지고 맡아서 장가도 보내 주고 살림도 차려 주겠다는 의향을 말하지만, 아버님은 나의 원대(遠大)한 뜻을 짐작하시는지라 『이제는 제가 장성(長成)하였으니 스스로에게 맡길 수밖에 없다』고 하신다. 그러나 계부는 부모님에게 『형님 내외분이 창수 놈을 글공부시킨 죄로 비할 데 없는 고생을 하신 것을 아직 깨닫지 못하신다』고 한다. 계부의 관찰이 실제로는 바로 본 것이다. 만일 문맹(文盲)으로 있었다면 동학(東學) 두령(頭領)이나 또는 인천(仁川) 사건이 없었을 것이고, 순전한 기동(基洞)의 한 농부로 밭 갈아 먹고 우물 파 마시면서 세상을 요란하게 할 일이 없었을 것은 명백하다.

경자년(庚子年)* 이월경에 계부(季父)가 농사일을 시작하여 매일 새벽이면 와서 단잠을 깨워다가 밥을 먹이고 가래질 일을 시켰다. 며칠을 순종(順從)하다가 갑자기 강화행(江華行)을 몰래 떠났다. 고(高) 선생(先生)이나 안(安) 진사(進士)를 먼저 찾을 일이었지만, 아직도 번듯이 나서서 방문하기는 이른 계획으로 생각되었다. 그리하여 면모(面貌) 생소(生疎)한 방면으로 이름을 바꾸어 김두래(金斗來)라 하고, 강화(江華)에 도착하여 김경득(金卿得)의 집을 찾아 남문(南門) 안에 들어가니, 김경득의 소식은 묘연(杳然)하고 그 셋째 아우 진경(鎭卿)이가 접대한다. 나더러 묻기를, 어디 있으며, 가형(家兄)*을 이전에 친숙히 아는가 한다. 나는 연안(延安)에 거주(居住)하였고 영백씨(令伯氏)*와는 막역(莫逆)한 동지(同志)인데 수년간 소식을 몰라 궁금하기에 방문하였다는 뜻을 말하였다. 진경도 그러하게 여기고 『사백(舍伯)*이 집을 나간 지 지금까지 삼사 년에 한 자(字) 편지나 소식이 없고, 가사(家事)는 탕진(蕩盡)되어 남은 것이 없어 형님이 계시던 집으로 합쳐서 살면서 형수를 모시고 조카아이를 거느리고 있습니다』라는 말을 세세히 한다. 가옥(家屋)은 비록 초가(草家)일망정 맨 처음에는 극히 화려하고 빼어나게 지은 것이나, 해를 보내며 수리(修理)를 하지 아니하여 황폐해지고 퇴락하였다. 그러나 김경득이 앉았던 부들방석과, 동지(同志) 중에 신의(信義)에 위배(違背)하는 자를 친히 징벌(懲罰)하던 몽둥이가 그저 벽에 걸린 것을 진경이가 손가락으로 가리키면서 지난 일을 이야기하였다.
사랑(舍廊)에 나와서 노는 칠 세 아동 윤태(潤泰)가 지금의 김경득(金卿得)의 아들이다. 천신만고(千辛萬苦)로 찾아간 김경득은 소식도 모르니 부득이 갈 수밖에 없는데, 진경(鎭卿)에게 과거의 실정(實情)은 드러내 놓고 말할 수는 없고, 차마 그 집을 떠나기는 섭섭하였다. 진경에게 이런 말을 했다. 『내가 존백씨(尊伯氏)*의 소식을 모르고 가기가 극히 섭섭하니, 사랑(舍廊)에서 윤태에게 글자나 가르치고 지내며 백씨(伯氏)의 소식을 같이 기다리고 있음이 어떠한가.』 진경은 감격하여 몸 둘 데를 몰라 하며 『형장(兄丈)*이 그같이 돌보아 주시면 오죽 감사하겠습니까. 윤태뿐 아니라 중형(仲兄) 무경(武卿)의 두 아이가 다 학령(學齡)에 달하였으나 촌(村)에서 그대로 놀린답니다. 그러시면 중형께 알려서 조카아이들을 데려다가 같이 공부를 시키겠습니다』 하고, 자신이 가까운 마을의 무경에게 가서 전후(前後)를 설명하고, 무경이 두 아이를 데리고 진경을 따라 그날로 와서 반가이 만나고, 그날부터 글방 선생 노릇을 시작하였다.

윤태(潤泰)에게는 《동몽선습(童蒙先習)》*을, 무경(武卿)의 아이는 《사략(史略)》 초권(初卷)으로, 한 아이에게는 《천자문(千字文)》을 심혈(心血)을 다하여 가르쳤다. 그 사랑(舍廊)에 내왕(來往)하는 주경(周卿)의 친구와 진경(鎭卿)의 친구 들이 내가 열심히 가르치는 것을 옆에서 보고서 진경에게 청하여 제가끔 아동을 데려왔다. 한 달이 못 되어 그 크나큰 세 칸 사랑(舍廊)에 삼십여 명의 아이들이 모였다. 나도 무한(無限)한 흥미를 가지고 가르치고 있었다.

개학(開學) 후 석 달이 지난 어느 날, 주인 진경(鎭卿)은 서울서 온 어떤 서간(書簡) 한 장을 보면서 혼잣말로 괴상하게 여기며 탄식을 한다. 『이 사람은 알지도 못하는 나에게 자꾸 편지만 하니 어찌하란 말이야. 이런 사실이 없다고 답장을 했는데도 불구하고 또 사람을 보내?』 혼잣말로 중얼거린다. 나는 물었다. 『그 무엇을 그러는가.』 진경은 대답한다. 『부평(富平)의 유씨(柳氏) 유인무(柳仁茂) 혹은 완무(完茂)라고 하는 양반이 몇 년 전에 이 섬에서 삼십 리쯤 떨어신 마을에서 상(喪)을 당한 몸으로 한 삼 년 동안 살다 갔는데, 여기 살 때에 자기는 양반이지만 백형(伯兄)을 문수산성(文殊山城)으로 청하여 가지고 며칠 함께 자면서 말을 나눈 적이 있었고, 그 후는 사형(舍兄)이 유 씨 댁에 방문한 일도 있었지요. 그런 후 재작년에 해주(海州) 사람 김창수(金昌洙)라는 청년이 왜놈을 죽이고 인천감리서(仁川監理署)에 죄수로 갇혔는데, 압뢰(押牢) 중에 전에 우리 집 비부(婢夫)이던 최덕만(崔德萬)이 놈이 사형(舍兄)께 「김창수가 인천항(仁川港)을 떠들썩하게 들었다 놓았고 감리(監理)나 경무관(警務官)이 꿈쩍을 못 하게 호령(號令)을 하였고, 그러다가 교수형(絞首刑)까지 당하게 된 것을 상감(上監)이 살려 주어서 죽지는 않고 있다」는 말을 듣고、우리 집 재산을 있는 대로 톡톡 털어 가지고 근 일 년 서울 가서 김창수를 살리려고 애를 쓰나 될 수 있는가요。금전(金錢)만 소모하고 사형(舍兄)은 돌아오신 후 무슨 다른 사건으로 피신(避身)을 하였지요。그 후에 들으니 김창수는 파옥(破獄) 도주(逃走)하였다고 하는데、지금 유완무는 만난 적도 없는 나에게 벌써 여러 번「해주 김창수가 오거든 자기에게 급보(急報)하여 달라」고 편지를 하기에「그런 사람이 왔던 일이 없다」고 회답(回答)을 하였는데、사형(舍兄)이 평소 친하던 통진(通津) 사는 이춘백(李春伯)이라는 양반은 유 씨와도 친한 모양이에요。유 씨 편지에「이춘백을 보내니 의심 말고 자세히 알게 하여 달라」는 부탁입니다。』나는 들으니 모골(毛骨)이 송연(悚然)하기도 하고、여러 가지로 의아(疑訝)함이 생겼다。나는 진경에게 물었다。『김창수라는 사람이 와서 다녀는 갔는가。』진경。『형장(兄丈)은 생각하여 보시오。여기서 인천이 지척(咫尺)인데요。그것도 사형(舍兄)이 집에 계신 터이면 비밀히 올지도 모르지요。사형도 아니 계신데 그런 사람이 왔다손 내 형님이 계신가 안 계신가나 비밀히 조사하여 보고 집에 안 계신 줄 알면 내 집에 들어올 리가 있는가요。그 양반이 아무 사정도 모르고 그러는 것이지요。』나는 또 말을 하였다。『그것은 현제(賢弟)*의 말이 옳은데、그러면 어떤 왜놈의 부탁이나 현 관리(官吏)의 촉탁(囑託)을 받은 정탐(偵探)의 작용인 것이지?』진경의 답(答)。『그것은 결코 아닐 줄 믿습니다。내 유완무 그 양반을 상면(相面)한 적은 없으나 지금 보통 조정(朝廷)에 들어가는 양반과는 아주 다른데요。유 씨는 학자(學者)의 기풍(氣風)이 있고、사형(舍兄)은 의기남아(義氣男兒)라고、자기가 조금도 반상(班常)의 구별을 차리지 않고 극히 존대(尊待)하더라는데요。』나는 곰곰 생각하니 재앙이 바싹 닥쳐온 것도 같고、유완무라는 사람의 본의(本意)를 알고 싶기도 하였다。그러나 진경에게 수상스럽게 더 물을 수도 없었다。외모(外貌)로는 극히 평상(平常)한 태도를 가지나 내심(內心)에는 심히 산란(散亂)하였다。

밤을 지내고 이튿날 아침밥을 먹은 후인데、어떤 기골(氣骨)이 장대(長大)하고 얼금얼금 손티*가 있는、나이는 삼십여 세나 됨 직한 인사(人士)가 서슴없이 사랑(舍廊)에 들어와 내 앞에서 공부하는 윤태(潤泰)를 보고서『이놈 윤태야、그새 퍽 컸구나。안에 들어가 작은아버지 좀 나오시래라。내가 왔다고。』윤태는 곧 안방에 들어가 진경(鎭卿)을 앞에 세우고 나왔다。그 사람이 진경과 인사를 마치고 첫째로 묻는 말。『아직 백씨(伯氏)의 소식 못 들었지?』진경의 답。『아직 소식이 없습니다。』『하、걱정이로군。유완무의 편지 보았겠지?』『네, 어제 받았습니다.』 그 말을 하고서 진경은 내가 앉은 앞의 방을 미닫이로 사이를 두고 둘이서만 이야기를 하였다. 나는 학동(學童)들이 글을 읽을 때 『하늘 천, 따 지』를 『하늘 소, 따 갑』이라고 잘못 읽어도 그것을 교정(校正)하여 줄 성의(誠意)는 반점(半點)도 없고, 윗방에서 이춘백(李春伯)이와 진경(鎭卿)이가 이야기하는 말만 듣고 있었다.

진경(鎭卿) 문(問). 『유완무(柳完茂)라는 양반이 지각(知覺)이 없지 않아요? 김창수(金昌洙)가 사형(舍兄)도 안 계신데 내 집을 왜 오리라고 생각하고 그렇게 여러 번 편지를 하십니까.』 이(李) 왈(曰). 『자네 말이 옳지만, 우리가 일 년 남짓을 김창수 때문에 별별 애를 다 썼다네. 유완무가 남도(南道)로 옮겨 가 살면서 서울 다니러 왔다가 자네 형님이 김창수를 구출하려고 전(全) 가산(家産)을 탕진(蕩盡)하고 맨 마지막에 피신(避身)까지 한 것을 알고, 유완무가 우리 몇 사람을 모으고 김창수를 기어이 구출해야겠다는데, 법률적(法律的)으로나 말로 설득하거나 뇌물을 주는 일 등은 백씨(伯氏)가 하여 보았으니, 이제 강제로 탈취(奪取)할 방법밖에 없다고 하여 용감한 청년 열세 명 중에 나도 들었네. 열세 명 모험대(冒險隊)를 조직하여 가지고 인천(仁川) 항구(港口) 요해처(要害處)에 밤중에 석유(石油) 한 통씩을 지고 들어가 일고여덟 곳에 불을 지르고 감옥을 부수고 김창수를 구출하자는 방침을 정하고, 유 씨가 나더러 「두 사람을 데리고 인천항(仁川港)에 들어가 요해처(要害處)와 감옥의 형편과 김창수의 최근 사정을 조사하라」 하기에 가지 않았겠나. 급기야 인천항에 가서 감옥 형편을 조사하니 사흘 전에 김창수가 죄수 네 사람과 같이 파옥(破獄) 도주(逃走)를 하였데그려. 그리고 돌아가 유 씨와 김창수의 종적(蹤跡)을 탐지(探知)할 길을 연구하는데, 한 길은 해주(海州) 본향(本鄕)이지만 틀림없이 고향에 살 리는 없고, 그 부모에게는 설혹 소식이 있다손 결코 발설(發說)을 않을 터요 잘못 탐지(探知)하다가는 도리어 그 부모를 놀라게만 할 터이니, 이를 제외하고는 자네의 집인데, 자기가 몸소 오기는 몹시 어려우나 어느 곳에서 편지(便紙)하였던 일이 없는가.』 진경의 답(答). 『편지도 없습니다. 편지를 하고 회답(回答)을 필요로 할 것 같으면 차라리 자기가 와서 조사할 터이지요.』

두 사람의 이야기는 거기서 그치고, 진경(鎭卿)이 물었다. 『언제나 서울을 가시렵니까.』 이(李)의 답(答). 『오늘 친구나 좀 찾고, 내일은 곧 상경(上京)할 터일세.』 내일 아침 작별(作別)을 기약(期約)하고 이춘백(李春伯)은 물러갔다. 두 사람이 하는 말을 들으니, 유완무(柳完茂)라는 사람이 참으로 내게 대하여 그같이 성의(誠意)를 썼다면 곧 만나 주어야 하겠는데, 만약 탐정(探偵)의 작용이라 하면 그 계략(計略) 역시 기묘(奇妙)한 것이었다. 그러나 믿음이 있는 것은, 이춘백이가 진경을 대하여 하는 말은 참된 동지(同志)로 알고 숨김없이 말을 하는 것이 분명하고, 또 유 씨가 주경(周卿)의 실패를 이어서 모험적(冒險的)인 운동을 해 나갔다는 것도 가히 믿을 만하였다.

『군자도 그럴듯한 방법으로 속아 넘어갈 수 있다(君子可欺以方)』*라는 말과 같이, 내가 이만치 알고 끝내 자취를 감추는 것은 그 역시 불의(不義)라 하여, 그 밤은 그대로 자고 이튿날 아침에 진경(鎭卿)과 겸상(兼床)하여 밥을 먹을 때에 진경에게 물었다. 『어제 왔던 사람이 이춘백(李春伯)인가.』『네, 그렇습니다.』『언제 또 오는가.』『아침 후에 와서 작별하고 서울로 간다니까 조금 후에 오겠지요.』『이춘백이 오거든 내게 인사 소개나 하여 주게. 백씨(伯氏)와 평소 친한 동지(同志)라니 나도 반가운 마음이 있네.』『그렇게 하지요.』 또 말을 하였다. 『진경 자네를 금일 작별하게 되고, 윤태(潤泰)와 종형제(從兄弟) 아이도 아울러 작별일세. 섭섭한 것은 말로 다 할 수 없네.』 나의 눈에 틀림없이 눈물이 고였을 것이다. 진경이 이 말을 듣고 대경실색(大驚失色)한다. 『형님, 이게 무슨 말씀이어요. 제가 무슨 잘못한 일이 있습니까. 갑자기 작별 말씀이 웬 말씀이어요. 저야 철이 없고 사리에 어두우니 사형(舍兄)을 생각하시고 저를 용서(容恕)도 하시고 책망(責望)도 하여 주셔요.』『내가 곧 김창수(金昌洙)일세. 유완무(柳完茂)라는 친구의 추측이 바로 맞았네. 내가 어제 자네가 이춘백과 이야기하는 말을 다 들었네. 자네 생각에 정탐(偵探)의 유인책(誘引策)만 아닌 줄 믿거든, 나를 놓아 주어 유완무라는 친구를 가서 만나도록 하여 주게.』 진경은 이 말을 듣고 깜짝 놀란다. 『형님이 과연 그러시면 제가 만류(挽留)를 어떻게 합니까. 최덕만(崔德萬)은 작년에 사망(死亡)하였다 하나, 이곳에서 감리서(監理署)에 주사(主事)로 다니는 자도 있고 순검(巡檢)으로 다니는 자도 있어 종종 내왕(來往)이 있습니다.』 한편으로 학동(學童)들에게 널리 알리기를 『선생님이 오늘 본댁(本宅)에 다녀오실 것이니 너희들은 집으로 돌아가라』고 하였다.

시간이 지나서 이춘백(李春伯)이 진경(鎭卿)에게 고별차(告別次) 왔다. 진경은 이춘백을 영접(迎接)한 후에 나와 인사(人事)를 붙였다. 나는 이 씨를 보고, 『나도 서울 갈 일이 있으니 동행(同行)하여 주시오』 하고 청하였다. 이 씨는 보통으로 여기고 『심심한데 이야기나 하면서 동행하시면 매우 좋겠습니다』 한다。 진경은 이 씨의 소매를 끌고 뒷방에 들어가 두어 마디 말을 수군거리다가 나와서、 곧 출발하였다。 학동(學童) 삼십여 명과 그 부형(父兄)이 몰려와서 남문통(南門通) 길이 메도록 집합하여 전별(餞別)을 하였다。 내가 정성과 온 힘을 다하여 가르치기도 했지만、 한 푼의 훈료(訓料)를 요구하지 않았다。 그러므로 동정(同情)이 더 두터운 것이다。

그날로 서울 공덕리(孔德里)* 진사(進士) 박태병(朴台秉)의 집에 도착하였다。 이춘백(李春伯) 군이 먼저 안사랑에 들어가서 무슨 말을 했는지、 키가 보통 키 이하요、 얼굴이 햇볕에 그을려 가무잡잡하게 되었고、 망건(網巾)에 흑립(黑笠)을 쓰고 의복은 검소하게 입은 생원(生員)님 한 분이 나와서 맞아 방 안에 들어가서 『나는 유완무(柳完茂)요。 오시느라 고생하셨소。 「남아가 어디서든 상봉하지 못하랴(男兒何處不相逢)」는 말이 오늘 창수(昌洙) 형에게 비유한 말인가 보오』 한다。 유(柳)는 이춘백(李春伯)을 보고 『무슨 일이고 한두 번 실패를 한다손 낙심(落心)할 것이 아니고 끝내 구(求)하면 반드시 얻을 날이 있다고 내 전날 말하지 않던가』 한다。 그것은 곧 나를 만났다는 의미에 자기네들 평소에 일해 오던 과정을 말함일 게다。 나는 유완무에게 말하였다。 『내가 강화(江華)의 김 씨 댁에 있으면서 선생이 이만한 사람을 위하여 허다(許多)한 일을 하신 것을 알고 금일 얼굴을 뵈옵거니와、 세상은 침소봉대(針小棒大)하여 거짓으로 전하는 말이 많은 탓으로、 들으시던 말과 실물이 용두사미(龍頭蛇尾)이오니 괴악(怪惡)하여 보기 곤란한 모습이고 매우 낙심(落心)될 것을 예상하여 두십시오。』 유(柳)는 빙그레 웃으면서 『뱀의 꼬리를 붙들고 올라가면 용의 머리를 볼 터이지요』 하고 주객(主客)이 웃었다。 주인 박태병은 유 씨의 동서(同壻)라 한다。 저녁 식사 뒤에 성내(城內) 자기 유숙처(留宿處)로 들어가서 자고、 며칠은 다리를 쉬면서 어쩌다가 요리집에 가서 음식도 사 먹고 구경도 다녔다。

유 씨는 한 통의 서신(書信)과 노자(路資)를 주면서 충청도(忠淸道) 연산(連山) 광이다리* 앞 도림리(桃林里)의 이천경(李天敬)에게로 가라고 부탁한다。 그날로 길을 떠나 이천경의 집에 가서 서신(書信)을 전하니 반가이 영접(迎接)하여 날마다 닭을 잡고 기장밥을 하여 잘 대접받고 한담설화(閑談屑話)로 한 달을 보냈다。 하루는 이천경이 한 통의 서신(書信)을 써 주면서 무주읍(茂朱邑) 내에서 삼포업(蔘圃業)* 하는 이시발(李時發)에게로 가라고 한다。 또 이시발을 찾아가서 서신(書信)을 전하니 영접(迎接)하여 하룻밤을 유숙(留宿)한 뒤에、 이튿날 이시발이 또 한 통의 서신(書信)을 주면서 지례군(知禮郡)*

천곡(川谷)이란 마을의 성태영(成泰英)에게로 보낸다. 또 성태영의 집을 찾아가니 택호(宅號)가 성원주(成原州) 집인데, 태영(泰英)의 조부(祖父)가 원주(原州) 목사(牧使)를 지냈다 한다. 사랑(舍廊)에 들어가니 수청방(守廳房)과 상노방(床奴房)*에 하인(下人)이 수십 명이고, 사랑(舍廊)에 앉은 사람은 거개 귀족(貴族)의 풍도(風度)가 있었다. 주인 성태영이 서간(書簡)을 보고 환영하여 상객(上客)으로 대우하니, 상노(床奴)나 별배(別陪)*들이 더욱 존경하였다. 자(字)는 능하(能河)요 호(號)는 일주(一舟)인 성태영과 날마다 산에 올라 나물 캐고 물가에서 물고기를 관상(觀賞)하는 취미(趣味) 있는 생활을 해 가며 고금사(古今事)의 어렵고 의문나는 점을 문답(問答)하면서 또 한 달여를 지냈다.

하루는 유완무(柳完茂)가 성 씨의 집에 와서 상봉(相逢)하였다. 이튿날 아침에 자기가 이주(移住)한 무주읍(茂朱邑) 내로 같이 돌아와 유 씨 댁에서 숙식(宿食)하였다. 유 씨는 장성(長成)한 딸은 이충구(李忠求)의 질부(姪婦)로 혼인시키고, 아들 형제 한경(漢卿) 등 두 아이가 있고, 당시 무주군수(茂朱郡守) 이탁(李倬)과도 과갈(瓜葛)*인 듯하였다. 유완무는 나를 대하여 이런 말을 한다. 『창수(昌洙)는 경성(京城)으로부터 이곳에 도착하는 동안 심히 의아하셨지요. 실정(實情)을 말하리다.』(조금 누락된 것이 있다. 창수(昌洙)라는 이름이 행용(行用)하기에 심히 불편하다 하여, 성태영과 유완무가 명호(名號)를 고쳐 지어 주었다. 김구(金龜)라 하고, 호(號)는 연하(蓮下), 자(字)는 연상(蓮上)이라 행세(行世)하기로 하였다.) 『연산(連山) 이천경(李天敬)이나 지례(知禮) 성태영(成泰英)이 다 나의 동지(同志)인데, 새로 동지가 생길 적에는 반드시 몇 곳으로 차례로 돌아가며 한 달씩 한방에서 함께 지내면서 각기 관찰(觀察)한 바와 시험(試驗)한 것을 모두 합하여 어떤 일에 알맞은 자격(資格)인지를 판정(判定)한 뒤에, 벼슬살이에 적당한 사람은 벼슬을 하도록 주선(周旋)하고 장사나 농사에 알맞은 인재(人材)는 장사나 농사로 인도(引導)하여 그 일에 종사(從事)하게 하는 것이 우리 동지(同志)들의 규약(規約)이오. 연하(蓮下)는 동지(同志)들이 시험한 결과 아직 학식(學識)이 얕고 모자라니 공부를 더 하되, 경성(京城) 방면의 동지들이 책임지고 맡아서 자격을 이루도록 할 것이고, 연하(蓮下)의 출신(出身)이 상인계급(常人階級)에 있으므로 부득이 신분(身分)부터 양반에게 눌리지 말게 할 것을 급무(急務)로 인식하여, 바로 지금 연산 이천경의 가택(家宅)과 논밭과 가구(家具) 전부를 그대로 연하(蓮下) 부모의 생활에 내줄 터이니, 그 고을 대성(大姓) 몇몇만 단속하면 족히 양반의 생활을 할 것이오. 연하(蓮下)는 경성에 유학(留學)하다가 간간이 부모님을 뵙게 할 터이니, 곧 고향으로 가서 다음 이월까지 부모님 몸만 모시고 서울까지만 오면 서울서 연산(連山)까지 길 떠나는 준비는 내가 하겠소』

하고 서울로 동행(同行)하였다。

서울에 와서 유완무(柳完茂)의 제자(弟子)인 강화(江華) 장곶(長串)(버드러지)의 진사(進士) 주윤호(朱潤鎬)(형(兄)은 윤창(潤彰))를 찾아갔다。 김경득(金卿得)의 집에 들어가기는 여러 가지로 염려되어 비밀히 주 진사 집을 내왕(來往)하였다。 주 진사가 백동전(白銅錢) 사천 냥을 유 씨에게 보내는 것을 온몸에 돌려 감고 서울에 왔다。 주 진사 집은 해변(海邊)이므로 십일월에 아직 감나무에 감이 달렸다。 또한 해산물(海産物)이 풍족한 곳이므로 몇 날을 잘 지내고 왔다。

그 돈으로 노자(路資)를 하여 지고 환향(還鄕)의 길을 떠났다。 철로(鐵路)가 아직 부설(敷設)되지 못하여 육로(陸路)로 출발하였다。 출발하기 전날 꿈에 아버님이 나에게 「황천(黃泉)」 두 자를 쓰라고 하신 꿈을 꾸고 유 씨와 꿈 이야기를 하였다。 봄에 병환(病患)이 계시다 좀 나으신 것을 보고 떠나서 서울 와서 우편으로 보신(補身)을 위한 탕약(湯藥)도 지어 보내고 마음은 놓지를 못하였다가、 흉몽(凶夢)을 꾸고 그날로 떠나 동짓달 날씨에 송도(松都)에 일찍 도착하였다。 이튿날에도 급히 걸어 나흘 만에 해주(海州) 비동(飛洞)을 지나다가 고(高) 선생(先生) 보고 싶은 마음에 찾아 들어갔다。

산비탈의 작은 집에서 선생을 찾아뵈니、 오륙 년 동안에 그다지 기력(氣力)이 쇠하지는 않았으나 돋보기 안경을 쓰지 않고는 글을 못 보는 모양이었다。 내가 고 선생을 찾아뵙고 앉아서 두어 마디 말을 시작할 때에 사랑(舍廊) 내문(內門)이 방긋이 열리더니 십여 살 먹은 처녀가 『아이구、 아저씨 왔구나!』 하고 뛰어 들어온다。 보니 청계동(淸溪洞)에 살 적에 고 선생 사랑(舍廊)에 가면 늘 나와서 내게 매달리고 업어 달래다가 고 선생에게 꾸중을 듣다가、 마침내 원명(元明)의 장녀(長女)와 나와의 혼약(婚約)이 성립된 후에는 자연 허물없는 사이가 되었고、 고 선생이 전과 같이 책망(責望)을 아니할 뿐 아니라、 나를 가리켜 「아저씨」라고 부르라는 명령을 받고서는 한층 더 거리낌없이 내게 매달리고 온갖 응석을 부리던 원명(元明)의 차녀(次女)였다。 내심(內心)에는 극히 반갑고、 또 부모 없이 숙모(叔母)의 손에 자라는 형편을 잘 아는 나로서는 퍽 불쌍도 해 보였다。 그러나 「아저씨」의 호칭(呼稱)을 그대로 받고서 알은척하기는 매우 미안한 일이었다。 그 광경을 보시는 고 선생도 마음속에 감회(感懷)가 있는지 침묵하고 담벼락만 건너다보고 앉았고、나도 아무 말대답을 못 하고 눈으로만 그 처녀를 보고 반가운 표정을 하였을 뿐이다。

고 선생이 지난번에 나와 혼약(婚約)을 깨고 돌아가서、과부(寡婦)인 둘째 며느리의 청으로『아무 댁과 혼인(婚姻)을 하십시다』、또는『아무 댁 자제(子弟)가 학문(學問)도 상당하고 문벌(門閥)도 서로 알맞고 재산(財産)도 넉넉하여 부족함이 없으니 거기다 통혼(通婚)을 합시다』、『김창수(金昌洙)는 상놈이고 게다가 집안이 몹시 가난한데、더구나 이전 혼처(婚處)에서 그같이 괴악(怪惡)을 부리니、김창수에게 딸을 주다가는 집안이 망하겠습니다』라고 떠드는 데 화증(火症)이 났던지、당장 청계동(淸溪洞)의 보잘것없는 한 농부(農夫)인 김사집(金士集)이라는 사람의 아들、곧 그 역시 농사꾼인 떠꺼머리 총각에게 자청(自請)하여 그날로 혼약(婚約)을 결정하였다 한다。

한참 동안이나 고 선생과 나는 서로 말없이 각자 과거 혼사(婚事) 문제를 추억한 모양이다。고 선생은 서서히 말을 하였다。

『나는 그간에 자네가 왜놈을 죽인 의거(義擧)를 듣고、평소에 자네를 기대하던 나머지 매우 경복(敬服)하였네。내가 유의암(柳毅菴)* 선생에게 말씀하였더니、선생이 지은《소의신편(昭義新編)》* 속편(續編)에「김창수(金昌洙)는 의기남아(義氣男兒)」라고 칭찬한 것도 보았네。자네가 인천(仁川)으로 간 후、의암(毅菴)이 의병(義兵)에 실패하고 평산(平山)으로 와서 서로 만나서 장래 방침을 의논할 때에、내가 몇 해 전에 자네가 서간도(西間島)*를 시찰(視察)한 보고의 내용을 선생께 보이고 바로 지금의 형세(形勢)로는 양서(兩西)에 발 붙일 땅이 없으니 속히 압록강(鴨綠江)을 건너서 상당(相當)한 지대(地帶)를 택하여 장래를 꾀함이 상책(上策)이라 하니、의암도 심히 좋게 여겨 나도 동행(同行)하여 지난번 자네가 말하던 곳을 탐사(探査)하여 그곳에 의암이 머물러 살 곳을 정하고、한편으로는 공자(孔子)의 성상(聖像)을 봉안(奉安)하여 여러 젊은이들에게 성인(聖人)을 숭모(崇慕)하는 마음을 증진케 하고、한편으로는 본국(本國)에서 종군(從軍)하던 무사(武士)를 소집하여 훈련하는 중이니、자네도 속히 선생께로 가서 장래 대계(大計)를 함께 꾀함이 어떠한가。』

나는 내가 그 사이에 깨달은바 세계의 사정(事情)이라든지、또는 선생님이 평소에 가르쳐 주시던「중국을 받들고 오랑캐를 물리치자(尊中華攘夷狄)」는 주의(主義)가 정당한 주의(主義)가 아닌 것과、깊은 눈과 높은 코를 가졌으면 덮어놓고 오랑캐라고 배척(排斥)하는 것이 정당하지 않음을 말하였다。『어느 나라를 물론하고 그 나라 사람이 나라를 다스리는 큰 틀을 보아서 오랑캐의 행실(行實)이 있으면 오랑캐로 대우하고, 사람의 행실(行實)이 있으면 사람으로 대우함이 옳고, 우리나라 탐관오리(貪官汚吏)가 사람의 모습을 가졌으나 금수(禽獸)의 행실(行實)이 많으니 그것이 참으로 오랑캐요, 지금은 임금이 스스로 만든 벼슬 값을 매기고 관직(官職)을 팔아먹으니 곧 오랑캐 임금인즉, 내 나라 오랑캐도 배척(排斥)을 못 하고, 저 대양(大洋) 건너 사는 각 나라에는 제법 국가(國家) 제도(制度)와 문명(文明) 발달이 공맹(孔孟)의 그림자도 보지 못하고도 공맹(孔孟)의 법도(法度) 이상으로 발달된 것도 불구하고, 오랑캐 오랑캐 하고 배척만 한다면 무슨 필요가 있겠습니까。 제 소견(所見)에는 오랑캐에게서 배울 것이 많고, 공맹(孔孟)에게는 버릴 것이 많다고 생각합니다。』 고 선생은 『자네 개화꾼(開化軍)*들과 많이 상종(相從)하였지? 나도 몇몇 개화꾼을 만나 보니까 자네 말과 같데』 한다。 『그러니 선생님의 보시는바 장래 국가 대계(大計)는 어떠하신지 하교(下教)하여 주세요。』 고 선생은 『선왕(先王)의 법(法)이 아니고 선왕(先王)의 도(道)가 아닌 것은 마음에 두고 논할 필요가 없네。 잘못하면 머리를 풀고 옷깃을 왼쪽으로 여미는 오랑캐가 될 뿐이니』라고 한다。 『선생님이 머리를 풀고 옷깃을 왼쪽으로 여미는 것을 말씀하시니 드리는 말씀입니다。 머리털은 곧 피가 남긴 것이요 피는 곧 음식이 소화(消化)된 순수한 액체이니, 음식을 먹지 않으면 머리털도 자라날 수 없고요, 설사 긴 머리가 천 길이 되어 위대한 상투를 머리 위에 올렸기로 왜놈이나 양놈이 그 상투를 무서워하지 않는데 어찌하며, 녹의(綠衣)와 복건(幅巾)*을 아무리 훌륭하게 입었다 하여도 왜인(倭人)이나 양인(洋人)이 그것으로는 숭배(崇拜)하여 무릎 꿇지 아니할 것입니다。 학문(學問)과 도덕(道德)을 공부한 상류(上流) 인물이 인민(人民)을 잔인하고 난폭하게 대하니 최상(最上)의 도부수(刀斧手)*요, 참되고 거짓 없는 전국의 인민(人民)이 거개 목불식정(目不識丁)*이니, 사람들이 이익을 따르는 것은 물이 아래로 흐르는 것과 같은즉(人之就利 水之走下), 인민(人民)이 촌스럽고 어리석고 보니 자기의 권리와 의무는 모르고 탐관오리(貪官汚吏)나 토호(土豪)의 업신여김과 학대를 받으면서도 의당 받을 것으로 알게 되니, 탐관오리와 토호 들이 자기 백성을 업신여기고 학대함과 같이 왜(倭)와 양(洋)을 업신여기고 학대한다면 왜(倭)와 양(洋)은 멸종되고 그네들은 천하(天下)를 호령하겠지만, 그이들이 우리 백성의 고혈(膏血)을 빨아다가 왜놈과 양놈에게 아첨을 하면서 자기가 백성을 잔인하게 죽이는 도부수(刀斧手)의 기능이 뛰어난 것을 자랑하게 되니, 나라는 망하고야 말 것입니다。 세계 문명(文明) 각국(各國)의 교육제도(教育制度)를 본받아 학교(學校)를 세우고, 전국 인민(人民)의 자녀를 교육하여 다음 세대의 건전한

국민(國民)을 양성(養成)하고, 애국지사(愛國志士)를 규합(糾合)하여 전 국민에게 망국(亡國)의 아픔과 괴로움이 어떤 것인가와, 흥국(興國)의 행복과 즐거움이 어떤 것인지를 알도록 하는 것이 구망(救亡)의 도(道)*라고 제자(弟子)는 생각합니다.』 고 선생 말은 『박영효(朴泳孝)* 서광범(徐光範)* 같은 역적(逆賊)이 주장하던 것을 자네가 말하네그려. 만고천하(萬古天下)에 오래 존재하는 나라가 없고, 만고천하에 오래 사는 사람이 없으니, 우리나라도 망할 운명이 닥친 바에야 어찌하겠나. 구망(救亡)의 도(道)라고 하여 왜(倭)놈도 배우고 양인(洋人)도 배우다가, 구망(救亡)도 못 하고 절의(節義)까지 배반하고 죽어서 지하에 가면 선왕(先王)과 선현(先賢)을 무슨 면목으로 대하겠나』 한다. 담화(談話) 간에 자연 신구(新舊)의 충돌이 생겼다. 그러나 고 선생의 가정(家庭)에는 외국 물건은 당(唐)성냥* 한 가치 쓰지 않는 것을 보면 고상(高尙)하게도 보였다.

하룻밤을 함께 자고, 이튿날에 정중하게 절을 올리고 물러났다. 어찌 뜻하였으랴, 이때 정중하게 올린 절이 곧 영결(永訣)이었던 것을. 그 후에 전하여 들으니, 고 선생은 제천(堤川) 동문(同門)의 집에서 객사(客死)하셨다 한다. 아, 비통하도다! 이 말을 기록하는 금일까지 삼십여 년에, 내가 그간 마음을 두고 일을 행함에 만일이라도 칭찬할 만한 점이 있다면, 그것은 온전히 당시 청계동(淸溪洞)에서 고 선생이 나를 특히 사랑하여 심혈(心血)을 기울여 말로 전하고 마음으로 다스리며 친히 가르치신 공효(功效)일 것이다. 다시 이 세상에서 그같이 사랑하시던 위대한 모습을 찾아뵙고 참되고 거룩한 사랑을 다시 받지 못하게 됐으니, 아, 비통하도다!

그날로 기동(基洞) 본가(本家)에 당도하니 황혼(黃昏)이었다. 안마당에 들어서니 부엌에서 어머님이 나오며 하시는 말씀. 『너의 아버지가 병세(病勢)가 위중(危重)한데, 아까 「얘는 왔으면 들어오지 않고 왜 뜰에 서 있느냐」 하기에 헛소리로 알았더니, 네가 정말 오는구나.』 나는 급히 들어가 뵈오니 심히 반가워하시나 병세(病勢)는 과연 위중(危重)하셨다. 약간의 약시중으로 효과를 내지 못하여 십사일 동안을 나의 무릎을 베고 계시다가 경자년(庚子年) 십이월 초구일에 힘써 나의 손을 잡은 힘이 풀리시며 먼 나라로 길을 떠나셨다. 운명(殞命)되시기 하루 전에 나의 생각으로는, 평생지기(平生知己)인 유완무(柳完茂)와 성태영(成泰英) 등을 만나 가지고 그네들의 주선으로 연산(連山)으로 이사를 하였더라면 우선 백발(白髮)이 성성한 아버님이 이웃 마을 강씨(姜氏)와 이씨(李氏)에게 날마다 상놈 대우받던 뼈에 사무치는 고통은 족히 면할 수 있었는데, 아주 먼 길을 떠나시게 됨은 천고유한(千古遺恨)이었다。

산촌(山村)의 가난한 집에 고명(高明)한 의사를 모셔 오거나 기사회생(起死回生)의 명약(名藥)을 복용하기는 형편이 허락지 않았다。 우리 할머님 임종(臨終) 시에 아버님이 손가락을 자르신 것도 이런 절망적인 지경에서 행한 일인데, 내가 손가락을 자를 것 같으면 어머님의 마음이 상하실 터이니 나는 허벅지 살을 베어내리라 하고, 어머님이 안 계신 때를 타서 왼쪽 허벅지에서 살 조각 한 점을 떼어서, 고기는 불에 구워서 약(藥)이라 삼고 잡수시게 하고, 흘러나오는 피를 마시게 하여 드리고, 양(量)이 적은 듯하여 다시 칼을 들어 그보다 크게 살코기를 떼려고 할 때에, 처음보다 천백(千百) 배의 용기를 내어 살을 베었지만 살 조각이 떨어지지를 않고 고통만 심하였다。 두번째는 다리 살을 썰어 놓기만 하고 손톱만치도 떼어내지 못하였다。 스스로 탄식하였다。 손가락을 자르거나 허벅지 살을 베어내는 것은 진정한 효자(孝子)가 하는 것이지, 나 같은 불효(不孝)로 어찌 효자(孝子)가 되겠는가。

초종(初終)*을 마치고 성복일(成服日)*에 원근(遠近)에서 조객(弔客)이 왔다。 설한풍(雪寒風)이 사람의 뼈를 파고드는 때 뜰에 상청(喪廳)을 차리고 조위(弔慰)*를 받는데, 독신(獨身) 상주(喪主)라 잠시도 상청(喪廳)을 비울 수는 없고, 썰어만 놓고 떼어내지도 못한 다리는 고통이 심하였다。 어머님에게 알려 드릴 수도 없고, 조객(弔客) 오는 것이 괴롭고, 허벅지 살 베어낸 것을 후회하는 생각까지 났다。

유완무(柳完茂)와 성태영(成泰英)에게는 부고(訃告)를 하고, 이사(移徙) 중지를 분명히 밝혔다。 경성(京城)에 체류(滯留) 중이던 성태영은 오백여 리 길을 말을 타고 와서 조문(弔問)하여 주었다。 말과 마부(馬夫)는 돌려보내고, 성 군은 며칠 휴식한 뒤에 구월산(九月山) 구경이나 시켜 보내기 위하여 작은 나귀에 태우고 월정동(月精洞)의 오랜 벗 송종서(宋鍾瑞)의 집을 찾아가서 부산(缶山)의 정덕현(鄭德鉉)을 불러서 닭을 잡고 기장밥을 하여 오래된 회포(懷抱)를 풀고, 백악(白嶽)*의 승경(勝景)을 구경하고 성 군은 돌아갔다。

아버님 장지(葬地)는 기동(基洞) 오른쪽 산기슭에 내 스스로 택하여 안장(安葬)하였다。 상(喪)을 당하여 칩거(蟄居)하면서 어디를 잘 가지 않고 준영(俊永) 계부(季父)의 농사를 조력(助力)하고 있으니까 계부는 심히 기특하고 다행스럽게 생각하고, 이백 냥을 주며 이웃에 사는 어떤 상놈의 딸과 결혼하라고 한다。 나는 굳이 사양하였다。 나는 『상놈의 딸은 고사하고, 정승(政丞)의 딸이라도 재물(財物)을 논하는 결혼은 죽기를 맹세하고 하지 않겠다』고 하였다。 계부(季父)의 생각에는, 형님도 없는 조카를 자기가 힘써 장가들이는 것이 당연한 의무요 영광으로도 알았다。 그런데 내가 굳이 사양함을 보고 대로(大怒)하여 낫을 들고 나를 향하여 달려드는 것을 어머님이 가로막았다。 나는 그 틈에 도주하였다。

임인년(壬寅年)* 정월(正月)을 맞아 여기저기 세배(歲拜)를 다니다가 장연(長淵) 무산(茂山)의 먼 친척 댁에 갔다。 먼 친척 할머니는 나의 나이 근 삼십에 장가들지 못한 것을 매우 염려하였다。 나는 그 할머니를 대하여 『내 중매는 할 사람도 쉽지 않고、 나에게 딸을 주고 싶은 사람이 있을 것도 의문이요、 설혹 있다 하여도 내가 장가를 들 마음이 생길 만한 낭자(娘子)가 있을지도 의문입니다』라고 하였다。 그 할머님은 웃으면서 『자네 마음에 맞는 낭자는 어떠하기를 희망하는가』 한다。 내 대답은 『첫째 재물(財物)을 논하지 않고、 둘째 낭자가 학식(學識)이 있어야 하고、 셋째 서로 만나 마음을 터놓고 얘기하여 맞으면 결혼합니다』 하였다。 그 할머님은 첫째와 둘째에는 의문이 없고、 셋째는 심히 난색(難色)을 보인다。 내 묻기를 『할머님이 어디 혼처(婚處)가 있습니까』 하였다。 답(答)。 『나의 본가(本家) 당질녀(堂姪女)가 당년(當年) 십칠 세에 과부(寡婦) 어머니를 모시고 지내는데、 어지간한 학식(學識)은 있고 아무리 빈한하지만 재물(財物)을 논하는 것은 옳지 않다고 알고、 마땅한 남자에게 배필(配匹)로 허락하겠다는데、 내 형님의 말을 들었으나 그러나 어떤 기준으로 낭자(郎子)*를 택하는지는 알 수 없으니 내가 한번 물어보고자 하나、 자네의 말대로 서로 만나 마음을 터놓고 얘기하는 것은 가장 어려운 문제일까 하네。』 『그렇게까지 어려운 문제로 생각한다면 나와 혼인(婚姻)할 자격이 없겠지요。』 담화(談話) 간에 그 할머님 말씀이 『우리 형님에게 자네의 인격(人格)을 일찍이 언급한 바 있는데、 내 형님 말씀이 자네를 한번 데리고 자기 집에 와 달라는 부탁이 있으니、 한번 동행(同行)하는 것이 어떤가』 한다。 『오늘 가면 처녀를 만나게 해 준다면 가 봅시다。』

동행(同行)하여 장연(長淵) 속내(東內) 기동(基洞) 조그마한 오막살이집에 이르렀다。 그 집 과부댁은 연로(年老)하고 아들이 없으며、 다만 네 딸을 두어 삼형제는 이미 출가(出嫁)하고 막내딸 여옥(如玉)을 데리고 세월을 보내며、 글은 간신히 국문(國文)을 가르쳤을 뿐이고 바느질과 베짜기를 주로 가르쳤다고 한다。 나를 맞아 안방에 앉히고 저녁 식사를 마친 후에 할머님의 소개로 노댁(老宅)에게 절을 올렸다。 그

전에 주방(廚房)에서 세 사람이 모여서 의논을 하는 모양이었다。 듣지 못하였으나 나의 일가(一家) 할머님이 나의 구혼(求婚) 조건을 내놓은 모양이었다。 이야기가 착실히 많은 모양인데、 할머님이 단도직입(單刀直入)으로 혼인(婚姻) 문제를 내놓았다。 할머님 말씀。『자네 말대로 거반 되겠으나、 규중(閨中) 처자(處子)가 어찌 모르는 남자와 대면(對面)을 하겠나。 병신(病身)이 아닌 것은 내가 담보할 터이니 좀 면하여 주게』라고 한다。 나의 대답은『면대(面對)는 꼭 하여야겠고、 만나서 얘기하는 것뿐 아니라 혼인(婚姻)할 생각이 계시면 또 조건 한 가지가 있습니다』하였다。 할머님은 웃으면서『조건이 또 있어? 들어 보세』한다。『다른 것이 아니구요。 지금 약혼(約婚)을 한다 하여도 내가 해상(解喪)* 후에 혼례(婚禮)를 치를 터이니、 그 기한(期限) 이내에는 낭자(娘子)가 나를 선생님이라고 하고 한문(漢文) 공부를 정성껏 하다가 해상(解喪) 후에 혼례를 치른다는 조건을 이행한다고 해야 됩니다。』 할머님。『여보게、 혼인(婚姻)하여 데려다가 공부를 시키든지 무엇을 하든지 자네 마음대로 할 것 아닌가。』『근 일 년 동안의 시간을 허송(虛送)할 필요가 있습니까。』 노댁(老宅)과 할머님이 빙긋이 웃고 무슨 말을 하더니 낭자를 부른다。

한 번 부르고 두 번 부를 때는 아무 소식이 없더니、 노댁이 친히 부른다。 처녀는 가만가만히 걸음을 걸어서 자기 모친 뒤에 들어와 앉았다。 내가 인사를 먼저 하였으나 처녀는 아무 대답을 못 하고 있었다。 나는 다시 물었다。『당신이 나와 혼인할 마음이 있으며、 또는 혼례(婚禮)를 치르기 전에는 나에게 학문(學問)을 배울 생각이 있소。』『할머님 말씀은 혼례를 치른 후에 공부를 시키든지 마음대로 하라고 하시지만、 지금 세상에는 여자라도 무식(無識)하고서는 사회에서 용납될 수 없고、 여자의 공부는 이십 세 이내에 적당한데、 일 년 동안이라도 그저 허송(虛送)함은 옳지 않소』라고 이유를 설명하였다。 그 처자의 말소리가 내 귀에는 들리지 않으나、 할머니와 그 모친은 처자가『그리하겠다』는 대답을 한다고 한다。

밤을 지내고 이튿날 아침에 집으로 돌아와서 어머님과 계부(季父)에게 약혼(約婚) 보고를 하였다。 계부(季父) 준영(俊永) 씨는 처음에 이를 믿지 않고、 어머님에게 친히 가서 낭자도 보고 약혼 여부를 알아보라고 하여 어머님이 친히 다녀오신 뒤에야 믿었다。 계부의 말은『이 세상에 참 어수룩한 사람도 있다』고 한다。

나는 곧 《여자독본(女子讀本)》*처럼 책자(冊子)를 초(草)하고 지필묵(紙筆墨)까지 준비해 가지고 가서 미혼처(未婚妻)를 가르쳤다. 그 집에만 오래 있으면서 가르칠 형편이 되지 못하여, 가사(家事)도 돌보고, 해상(解喪) 후에는 교육에 헌신할 결심을 가졌기 때문에 문화군(文化郡)의 우종서(禹鍾瑞) 목사(牧師)와 송종호(宋鍾鎬)와 당시 김 선생(金 先生), 은율(殷栗)의 김태성(金泰聲), 장련(長連)의 장의택(張義澤) 오인형(吳寅炯) 정창극(鄭昌極) 등과 신교육(新教育) 실시를 협의하기 위하여 각처(各處)로 돌아다니다가 틈만 있으면 처가(妻家)로 가서 가르쳤다.

당시 김 선생은 본 성명(姓名)이 손경하(孫景夏)이니, 원산(元山) 사람으로 박영효(朴泳孝)의 동지(同志)였다. 일본에 여러 해 체류(滯留)하다가 귀국 후에 정부에서 체포령(逮捕令)을 내리자 구월산(九月山)으로 몸을 피하여 우종서 송종호 등의 보호로 숨어 지낸 사람인데, 그 후 박영효가 귀국하는 날부터 손영곤(孫泳坤)으로 지금껏 행세(行世)한다. 장의택은 장련의 사족(士族)으로 구학식(舊學識)도 풍부하며 신학문(新學問)의 포부도 해서(海西)에서 제일이었다. 장자(長子) 응진(膺震)을 경성(京城)으로 일본(日本)으로 미주(美洲)로 유학(留學)시키고 신교육(新教育)에 노력하는 지사(志士)이므로, 구식(舊式) 양반들에게는 비할 데 없는 비난을 받았다. 장 씨는, 자기로서는 신학문이 국민의 지식(知識) 보급에 급무(急務)라고 각오(覺悟)하였으나, 평안도(平安道)는 물론이고 황해도(黃海道)에도 신교육의 풍조(風潮)가 예수교로부터 계발(啓發)되고, 신문화(新文化) 발전을 도모하는 자는 거개 예수교에 투신(投身)하여, 나라의 문을 걸어 잠그고 자신만을 지키던 자들이 겨우 서양 선교사(宣教師)들의 혀끝으로 나라 밖 사정을 알게 되었다. 예수교를 신봉(信奉)하는 사람이 대부분 중류(中流) 이하인데 실제 학문(學問)으로 배우지를 못하고, 우부우부(愚夫愚婦)들이 단지 선교사의 숙달치도 못한 반벙어리 말이라도, 그들은 문명족(文明族)이기 때문에, 그 말을 많이 들은 자는 신교심(信教心) 외에 애국사상(愛國思想)도 갖게 되었고, 전 민족의 대다수*가 이 예수교 신봉자(信奉者)임은 숨기지 못할 사실이었다. 우종서는 당시 전도(傳道) 조사(助事)*였다. 나와 여러 해 친교(親交)한 사이였기 때문에 예수교 신봉을 힘써 권하였다. 나도 해상(解喪) 후에 예수도 믿고 신교육을 장려하기로 결심하고 있었다.

계묘년(癸卯年)* 이월에 담사(禫祀)*를 마치고 즉시 어머님은 혼례(婚禮) 준비를 더욱 열심으로 주선하셨다. 그해 정초(正初)에 또한 무산(茂山)의 먼 친척 할아버지 댁에 세배(歲拜)를 갔다. 세배한 후에 앉아서 담화(談話)를 하던 즈음에 장연(長淵) 기동(基洞)의 미혼처가(未婚妻家)에서 급보(急報)가 왔다. 낭자(娘子)의 병세(病勢)가 위중(危重)하니 김 상주(金 喪主)에게 알리라는 기별(奇別)이 왔다. 나는 깜짝 놀라 즉시로 처가(妻家)에 갔다. 방문을 열고 들어가니, 낭자는 병세가 위중한 중에도 나를 심히 반가워한다。 병은 장감(長感)*인데、 의약(醫藥)을 쉽게 구하기 어려운 산중(山中)이라 이삼 일 후에 드디어 사망(死亡)하였다。 손수 염습(殮襲)하여 남산(南山)에 장사(葬事) 지내고、 무덤 앞에서 영원히 이별하였다。 장모(丈母)는 금동(金洞) 김윤오(金允五)의 집으로 인도하여 예수교를 신봉(信奉)케 하고、 돌아오다가 놀라운 소식을 듣고서 오시는 어머님을 모시고 도로 집에 돌아왔다。

그해 이월에 장련읍(長連邑) 사직동(社稷洞)으로 세간을 날라 이사하였다。 장련읍 진사(進士) 오인형(吳寅炯)이、 자기가 사들인 사직동 가대(家垈)*를、 산림(山林)과 과수(果樹)와 이십여 마지기의 전답(田畓)을 전적으로 맡기고、 내가 무슨 일이든 집안에 대한 염려 없이 공공사업(公共事業)에만 전력(專力)하게 한 것이었다。 해주(海州) 본향(本鄕)에서 종형(從兄) 태수(泰洙) 부부를 데려다가 종형에게 가사(家事)를 맡아 관리하게 하고、 나는 오 진사 집 큰사랑에 학교를 세워、 오 진사의 장녀(長女) 신애(信愛)와 아들 기수(基秀)、 오봉형(吳鳳炯)의 아들 두 아이와 오면형(吳勉炯)의 자녀(子女)와 오순형(吳舜炯)의 두 딸을 주된 인원으로 하고、 그 밖에 학교에 동정(同情)하는 자의 자녀 몇 명을 모집하고、 방 중간을 병풍(屛風)으로 막아 남녀(男女)가 따로 앉게 하였다。

인형(寅炯)의 셋째 동생 순형(舜炯)은 극히 관후(寬厚)하고 근검(勤儉)한데、 나와 같이 예수교를 행(行)하며 교육에 전력하기로 마음을 같이하게 되어 학생을 가르치며 예수교를 선전(宣傳)하였다。

예수교와 교육자

일 년 안에 교회(敎會) 방면으로도 흥하여 세(勢)가 커지고 학교(學校)도 점차 나아졌다。 당시 장련읍(長連邑)에서 주색장(酒色場)*을 출입하며 방랑하던 백남훈(白南薰)을 인도하여 예수교를 신봉(信奉)케 한 뒤에 봉양학교(鳳陽學校) 교원(敎員)이 되게 하였고、 나는 공립학교(公立學校) 교원(敎員)이 되어 공사립학교(公私立學校)를 발전 유지케 하였다。

황해도(黃海道)에 학교(學校)라는 명칭이 공립(公立)으로는 해주(海州)와 장련(長連)에 설립되었는데、 해주에서는 아직 사서삼경(四書三經)*의 구학문(舊學問)이나 가르쳤고、강사(講師)가 칠판 앞에 서서 산술(算術)* 역사(歷史) 지지(地誌)* 등을 가르치는 곳은 오로지 장련의 공립학교(公立學校)였다。이 학교 설립 시초(始初)에 교원(教員)이 허곤(許坤)이요、장의택(張義澤)과 임국승(林國承)과 내가 교원으로 사무를 보았다。

평양(平壤)에서 예수교 주최로 이른바 「선생 공부」 즉 사범강습(師範講習)이라 하여 여름에 각 지방 교회(教會) 학교(學校)의 직원과 교원 들이 강습(講習)하는 기회에 나도 선생 공부를 갔다。평양 방기창(邦基昌)* 목사 집에서 유숙(留宿)하는 즈음이었다。최광옥(崔光玉)*은 당시 숭실중학(崇實中學) 학생으로 교육과 애국의 열성(熱誠)이 학계(學界)와 종교계(宗教界)와 일반 사회에 명성(名聲)이 아주 뛰어난 동지(同志)였다。최 군과 친밀히 교제(交際)하며 장래 일을 의논하는 중에、최 군은 내가 장가들었는지 여부를 묻기에 과거의 여러 번 실패를 간략하게 말하였다。최 군은 안신호(安信浩)양과 결혼하라고 권고(勸告)한다。신호(信浩)는 즉 안창호(安昌浩)*의 누이동생이요、당년(當年) 이십여 세로 사람됨이 극히 활발하고、당시 처녀 중에 샛별 같은 존재라고 한다。만나 보고 피차(彼此)에 마음이 맞으면 혼인(婚姻)하기로 하여、이석관(李錫寬) 즉 안도산(安島山)의 장인(丈人) 그 집으로 신호를 청하여 오게 하고、최광옥 이석관과 한자리에 모여 신호를 면대(面對)하여 몇 마디 의사(意思) 교환을 하고 묵고 있는 집으로 돌아왔더니、최 군이 뒤쫓아 와서 의향(意向)을 묻는다。나는 마음이 맞음을 표시하였다。최 군 역시 신호의 마음도 맞음을 전하고、내일은 아주 약혼(約婚)을 하고 환향(還鄉)하라고 부탁한다。

어찌 뜻하였으랴。이튿날 이른 아침에 이석관과 최 군이 달려와서、『신호(信浩)가 어제 저녁에 한 통의 서신(書信)을 받고 밤새껏 고통으로 마음속에 큰 풍파가 생겼는데、다름이 아니라 안도산(安島山)이 미국에 건너가 있을 때 상해(上海)를 지나면서 상해 어떤 중학(中學)에 재학(在學) 중인 양주삼(梁柱三)* 군에게 자기 누이동생과 혼인(婚姻)하라는 부탁이 있었는데、그때 양 군이 재학 중이므로 혼사(婚事)에 대한 정해진 의견이 없으나 학업(學業)을 마친 뒤에 결정하겠다는 말이 있었던바、어제 형과 만나고 돌아가니 때마침 양 군이 자신은 학업을 마쳤으므로 혼인 허락 여부를 통지하라는 편지였다。양손에 떡을 쥔 처지가 된 신호는 어찌할 줄을 모르고 애를 쓰는 중인데、다시 확정(確定)하는 의사(意思)를 듣고서 떠나라』고 말한다。아침밥을 먹은 뒤에 최광옥은 다시 와서 신호가 결정한 바를 말한다。신호 자기 처지로서 양주삼(梁柱三)이나 김구(金龜) 두 사람 중에 한 사람은 취하고 한 사람은 버리는 것은 도리에 맞지 않으므로 두 사람을 다 버리고、어릴 적부터 한 마을에서 같이 나서 자란 김성택(金聖澤)이 이미 청혼(請婚)을 하였으나 그이의 신체(身體)가 약함을 꺼려 혼인을 허락하지 않았으나、지금에 와서는 김(金) 양(梁) 두 사람은 받아들이지 않고 김성택에게로 결심하였다 한다。아무리 일의 형세가 그러하게 되었으나、인정(人情)이나 도리(道理)로는 매우 섭섭하였다。

시간이 지나서 신호(信浩)는 나를 찾아왔다。『나는 지금부터 당신을 오라버님으로 섬기겠습니다。매우 미안합니다。나의 사정(事情)이 그리된 것이오니 너무 섭섭히 생각 마십시오』한다。나는 신호의 쾌활하며 명확히 판단하는 도량(度量)을 보고서 더욱 흠모(欽慕)하였지만 이미 지나간 일이었다。

다시 장련(長連)에 돌아와 교육(教育)과 종교(宗教)에 종사하고 있었다。하루는 군수(郡守) 윤구영(尹龜榮)의 청첩(請牒)이 왔다。가서 보니 윤 군수의 말이 『바로 지금 정부에서 잠업(蠶業)을 장려할 목적으로 해주(海州)로 뽕나무 모종을 내려 주어 각 군(郡)에 분배하고 심어 기르게 하라는 공문(公文)이 왔는바、우리 군(郡) 내에서는 오직 당신이 이 사무(事務)를 맡아 하면 성적(成績)이 좋을 것이라 하니、해주에 가서 뽕나무 모종을 가져오라』고 한다。그것은 이 군(郡)의 토반(土班)들이 영예직(榮譽職)이라 하여 서로 다투는 판이나、수리(首吏)* 정창극(鄭昌極)의 말을 듣고 나에게 하는 말이었다。민생산업(民生産業)에 관계되어 매우 중요함을 알고 승낙하였더니、정창극이 이백 냥의 여비(旅費)를 내주며『해주에 가면 관찰부(觀察府)*에 농상공부(農商工部)*의 주사(主事)들이 뽕나무 모종을 가져왔을 터이니、한번 오라고 청하여 연회(宴會)나 하고 부족한 액수는 군(郡)으 돌아온 뒤에 다시 청구(請求)하라』한다。『네、네』하고 길을 떠났다。말이든 가마든 마음대로 하라는 부탁을 받고 나서 나는 보행(步行)으로 해주에 갔다。

관찰부(觀察府)에 공문(公文)을 교부(交付)하고 숙소에 돌아왔다。이튿날 아침에 관찰부의 부름에 따라 관청에 가니、농부(農部)에서 특파(特派)된 주사(主事)가 장련(長連) 몫으로 분배하는 뽕나무 모종 몇천 그루를 가져가라고 준다。나는 뽕나무 모종을 검사하여 보니 뽕나무 모종이 모두 말랐다。나는 그 주사(主事)에게 가져가지 않겠다는 뜻을 말하였다。그 주사(主事)는 벌컥 화를 내면서「상부명령불복(上部命令不服)」이라는 말을 붙여 가지고 위협을 한다。나는 대로(大怒)하여『주사(主事)는 경성(京城)에 살기 때문에 장련(長連)이 산골 고을임을 알지 못하시오。장련군(長連郡)

의 연료(燃料)는 충분하여 다른 군(郡)에 의뢰하지 않거든、먼 경성까지 연료를 구하러 온 길이 아니오』라고 말하고、『그대가 본부(本部)에서 뽕나무 모종을 가지고 오는 사명(使命)이 뽕나무 모종의 생명을 보호하여 분배하고 심게 하는 것이거늘、이같이 뽕나무 모종을 마르게 하여 가지고 위협하며 분배를 함은 그 책임이 어디에 있는지 알아야겠소』하고、『나는 관찰사(觀察使)에게 이런 사유(事由)를 보고하고 그저 우리 군(郡)으로 돌아가겠소』라고 분명히 말하였다。그 주사(主事)는 몹시 두려워하여 간절히 빈다。『장련에 갈 뽕나무 모종은 귀하가 살아 있는 모종으로만 스스로 택하여 수효대로 골라 가 주시오』라고。나는 전체 뽕나무 모종에서 살아 있는 모종으로만 골라 가지고 숙소에 돌아와 물을 뿌리고 보호하여 말 한 필에 실어 가지고 우리 군(郡)으로 돌아갔다。

정창극(鄭昌極)에게 여비(旅費) 계산을 하여 일백삼십여 냥의 남은 액수를 교부(交付)하였다。정창극이 여비로 쓴 기록을 보다가 짚신 한 켤레에 얼마、냉면 한 그릇에 얼마、떡 한 그릇에 얼마、말 빌린 값과 밥값을 합하여 도합(都合) 칠십 냥이란 것을 보고 경탄(驚歎)하였다。『우리나라도 관리(官吏)가 다 김 선생 같으면 백성의 고통이 없겠소』하면서、『박가(朴哥)나 신가(申哥)가 갔다 왔으면 적어도 몇백 냥은 더 청구(請求)하였을 것입니다』라고 한다。정창극은 비록 수리(首吏)이지만 극히 검박(儉朴)하여 노닥노닥 기운 의복(衣服)을 입고 관(官)에서 정한 액수 외에는 한 푼도 마음대로 쓰는 일이 없기 때문에 군수(郡守)가 감히 탐학(貪虐)을 못 하였다。전국에서 제일이라는 전주(全州) 이속(吏屬)은 천한 일을 한다는 이름으로 고상(庫相)*의 권세(權勢)를 가졌고、각 도(道)의 이속(吏屬)이 모두 다 호가호위(狐假虎威)로 양반을 의뢰하고 양민(良民)의 모적(蟊賊)*이 된 시대에 정창극은 구우일모(九牛一毛)의 귀한 존재라 하겠다。며칠 후 농부(農部)에서 「종상위원(種桑委員)」이라는 임명서(任命書)가 왔다。이 소문이 전파된 후로는 군(郡)의 하인들과 노동자들은 내가 지나는 곳마다 담뱃대를 감추며 존경의 뜻을 표하는 자가 있었다。

오 진사는 고기잡이 배 사업을 시작한 지 이 년 만에 가산(家産)이 모두 탕진되어 울화(鬱火)로 인해 병이 생겨 작고(作故)하였다。내가 살던 사직동(社稷洞) 가대(家垈)를 유족(遺族)에게 돌려주고、나는 뜻밖으로、가사(家事)를 맡아 하던 종형(從兄) 태수(泰洙)가 나를 따라와서 같이 예수교를 신봉(信奉)한 후 어릴 적부터 목불식정(目不識丁)이었으나 예수교 신봉 후에 국문(國文)에 능통하여 종교 서적을 능히 보고 강단(講壇)에서 교리(敎理)를 강론(講論)하여 전하게 되므로 나의 장래에도 많은 도움을 받을 줄 믿었더니, 교회당(敎會堂)에서 예배를 보다가 뇌출혈(腦出血)로 갑작스럽게 사망하는 것이었다。 종형수(從兄嫂)는 자기 본가(本家)로 보내서 재혼(再婚)을 허락하고, 나는 사직동에서 떠나 장련읍(長連邑) 내로 이주(移住)하였다。

사직동(社稷洞)에서 근 이 년을 거주(居住)하는 사이에 겪은 것을 간략히 들면, 유완무(柳完茂)가 진사(進士) 주윤호(朱潤鎬)와 함께 친히 찾아와 여러 날을 머물면서, 자기는 종전에 북간도(北間島)*에 가서 관리사(管理使)* 서상무(徐相茂)와 그곳에서 장래 발전을 계획하였고, 잠시 국내에 돌아와 동지(同志)들과 방침을 협의한 후 곧 북간도로 가겠다고 하며 며칠을 머물렀는데, 어머님이 밤을 삶고 닭을 삶아서 갖다 주시면 유완무 주윤호와 세 사람이 밤도 까서 먹고 닭고기도 먹어 가면서 날마다 밤마다 계속하여 정회(情懷)를 피력하며 대소사(大小事)를 토의하였다。 강화(江華) 김주경(金周卿)의 소식을 물으니 경운(畊雲)(유 씨가 당시 통용(通用)하던 호(號)로, 북간도에 가서는 백초(白樵)로 행용(行用)하였다)이 탄식하며 하는 말이 『김주경은 한번 강화를 출발한 후 십여 년에 붓장수를 하여 수만 원(元)의 금전(金錢)을 저축하여 자기 몸에다 간직하여 두고 다니다가 작년에 연안(延安) 등지에서 불행히 객사(客死)하였는데, 그 아들이 알고 찾아가서 주인(主人)을 상대로 송사(訟事)까지 하였으나 별 효과가 없었소。 김주경이 그같이 부모 친척에게도 알리지 않고 비밀 행상(行商)을 하여 그같이 거액의 금전(金錢)을 모은 것이 그 마음속에 어떠한 경륜(經綸)이 있었던 것이지만, 이제는 다시 세상에서 김주경의 포부(抱負)와 위략(偉略)을 알 길이 없소』 하면서, 그 셋째 아우 김진경(金鎭卿)도 전라도에서 객사(客死)하고, 그 집안은 말도 못 할 형편이라고 한다。

신천(信川) 사평동(謝平洞) 예수교회의 당시 영수(領袖)* 양성칙(梁聖則)이 그 교회의 여학생 최준례(崔遵禮)와 결혼하라는 권유가 있었다。 최준례는 그때 그 마을에 주거하는 의사(醫師) 신창희(申昌熙)의 처제(妻弟)이니, 준례(遵禮)의 모친 김(金) 부인(夫人)이 경성(京城)에서 나서 자라 젊어서 과부(寡婦)가 되어 두 여식(女息)을 보호하여 기르며 예수교를 신봉하고, 제중원(濟衆院)*이 임시로 동현(銅峴)*에 설치되었을 때 그 병원에 들어가 얹혀살았는데, 신창희를 맏사위로 맞아 그가 그 병원 의과생(醫科生)이 되어 일하다가 생업(生業)을 위하여 사평동으로 옮기게 되매, 준례 여덟 살 때에 그 모친과 같이 신창희를 따라와서 함께 살았다。 그 모친이 차녀(次女)로 하여금 이웃 마을의 청년 강성모(姜聖謨)에게 혼인(婚姻)을 허락하였던 것이다。 마침내 준례(遵禮)가 장성(長成)한 후에는 모친의 명(命)을 순종(順從)치 않고 그 혼약(婚約)을 부인(否認)하므로, 교회 안에 큰 문제가 되어 선교사(宣敎師)

한위렴(韓衛廉)* 군예빈(君芮彬)* 등이 준례를 알아듣도록 타일러 강성모에 출가(出嫁)케 하려다가 준례의 항의에 해결을 못 하고, 당시 십팔세로, 합당한 남자를 택하여 자유결혼(自由結婚)을 목적하는 터인데, 나에게 의향이 있는지 없는지 묻는다. 나는 당시 조혼(早婚)으로 인하여 종종의 폐해(弊害)를 절감(切感)하던 터이라 준례에 대하여 극히 동정심(同情心)이 생겼다.

사평동(謝平洞)에 가서 준례(遵禮)를 면대(面對)한 후 혼약(婚約)이 성립되자, 강성모(姜聖謨) 측에서 선교사(宣敎師)에게 고발하여 교회에서 나에게 그만두라고 권하고 친우(親友) 중에 만류하는 자 많음을 불구하고, 그때 또한 신창희(申昌熙)가 은율읍(殷栗邑)에 거주할 때 사직동(社稷洞) 나의 집으로 데려다가 혼약(婚約)을 확실히 하고, 준례는 경성(京城) 경신학교(敬信學校)*에 유학을 보냈다. 처음에는 교회에서 그만두라고 권하는 것을 듣지 않았다 하여 교회에서 책벌(責罰)을 선언하였으나 끝내 불복(不服)할 뿐 아니라, 구식(舊式) 조혼(早婚)을 인정하고 개인의 자유(自由)를 무시함이 교회로서 잘못이고 사회의 악풍(惡風)을 조장(助長)함이라고 항의하였더니, 군예빈(君芮彬)이 혼례서(婚禮書)를 작성하여 주고 책벌(責罰)을 해제하였다.

을사년(乙巳年)*에 이른바 신조약(新條約)*이 체결되었다. 사방에서 지사(志士)들이 구국(救國)의 도(道)를 강구하며, 산림학자(山林學者)들이 의병(義兵)을 일으켜 경기(京畿) 충청(忠淸) 경상(慶尙) 황해(黃海) 강원(江原) 등지에서 전쟁이 계속되어 동쪽에서 패하면 서쪽에서 일어나지만, 허위(許蔿) 이강년(李康季) 최익현(崔益鉉) 신돌석(申乭石) 연기우(延起羽) 홍범도(洪範圖) 이범윤(李範允) 강기동(姜基東) 민긍호(閔肯鎬) 유인석(柳麟錫) 이진룡(李鎭龍) 우동선(禹東鮮) 등이 군사지식(軍事知識) 없이 다만 하늘을 찌를 듯한 의분심(義憤心)만 가지고 계속하여 일어나나 도처에서 실패하던 때였다.

진남포(鎭南浦) 의법청년회(懿法靑年會)* 총무(總務)의 직책을 이어받고 그 회(會)의 대표로 경성(京城)에 파견되었다. 경성(京城) 상동(尙洞)*에 가서 에버트청년회의 대표 위임장을 제출하였는데, 그때 각 도(道)의 청년회 대표가 모여 겉으로는 교회사업(敎會事業)을 토의하였지만 속으로는 순전히 애국운동(愛國運動)이었다. 먼저 의병을 일으킨 산림학자(山林學者)들을 구사상(舊思想)이라 하면, 예수교인들은 신사상(新思想)이라 하겠다. 그때 상동(尙洞)에 모인 인물로 말하면, 전덕기(全德基) 정순만(鄭淳萬) 이준(李儁) 이석(李石)(동녕(東寧)) 최재학(崔在學)(평양인(平壤人)) 계명륙(桂明陸) 김인집(金仁濈) 옥관빈(玉觀彬) 이승길(李承吉) 차병수(車炳修) 신상민(申尙敏) 김태연(金泰淵)(지금의 홍작(鴻作)) 표영각(表永珏) 조성환(曺成煥) 서상팔(徐相八) 이항직(李恒稙) 이희간(李僖侃) 기산도(奇山濤) 전병헌(全炳憲)(지금의 왕삼덕(王三德)) 유두환(柳斗煥) 김기홍(金基弘) 김구(金龜) 등이었다. 회의 결과 상소(上疏)하기로 하고, 상소문(上疏文)은 이준이 짓고, 제일회(第一回) 소수(疏首)*는 최재학이고, 그 밖에 네 사람을 더하여 다섯 사람이 신민(臣民)

대표의 명의(名義)로 서명(署名)하였는데, 이는 일회(一回) 이회(二回)로 계속할 작정이었다。

정순만(鄭淳萬)의 인도로 교회당(敎會堂)에서 맹서(盟誓)의 기도를 하고, 대한문(大漢門)* 앞에 모두 나아가 서명(署名)한 다섯 사람만 궐문(闕門) 밖에서 형식상으로 개회(開會)하고 상소(上疏)할 것을 의결(議決)하였으나, 상소문(上疏文)은 별감(別監)*들의 내응(內應)으로 벌써 상감(上監)께로 들어가 보시게 되었다。

갑자기 왜(倭) 순사대(巡査隊)가 달려와서 간섭하니, 다섯 사람이 일시(一時)에 왜(倭) 순사(巡査)에게 달려들어 내정간섭(內政干涉)의 무리함을 공박하다가 즉각 대한문(大漢門) 앞에서 왜놈의 칼날 빛이 번쩍이는데, 다섯 지사(志士)들의 맨손 싸움이 시작되었다。 부근에서 호위하던 우리는 소리를 벼락같이 지르며 『왜놈이 국권(國權)을 강탈하고 조약(條約)을 억지로 체결하였는데, 우리 인민(人民)은 원수의 노예가 되어 살 것인가 죽을 것이가』라는 격분한 연설을 곳곳에서 하니, 인심(人心)은 흉흉해지고 다섯 지사는 경무청(警務廳)에 강금(强禁)되었다。 당초 다섯 사람만 한 것은, 상소만 하면 틀림없이 사형당할 것이요, 사형(死刑)당하거든 다시 다섯 사람씩 몇 차례든지 계속하기로 하였으나, 먼저 앞장선 다섯 지사를 경무청에 강제로 가두고 심문(審問)하는 것이, 필경 타일러서 내보낼 모양이었다。

두번째로는 상소를 그만두고 종로(鍾路)에서 공개연설(公開演說)을 하다가 못 하게 하면 대대적으로 육박전(肉薄戰)을 하기로 하고 종로에서 연설을 하니, 왜(倭) 순사(巡査)가 칼을 뽑아 들었다。 연설하던 청년이 맨손으로 달려들어 발로 차서 왜 순사를 땅에 거꾸러뜨리자 왜놈들이 총을 마구 쏘았다。 우리는, 그때 마침 어물전(魚物廛) 도매점이 화재(火災)를 당한 후여서 기와와 벽돌이 산적(山積)해 있었는데, 몇 사람이 기와와 벽돌을 왜 순사대를 향하여 던지자 접전(接戰)이 시작되었다。 왜 순사 놈들이 중국인(中國人) 상점(商店)에 침입 잠복하여 총을 발사하였다。 군중(群衆)이 기와와 벽돌을 중국 점포에 던지자, 왜(倭) 보병(步兵) 중대(中隊)가 포위 공격하여 인산인해(人山人海)의 군중은 각기 흩어지고, 왜놈들이 한인(韓人)은 잡히는 대로 포박(捕縛)하여 수십 명이 죄수로 갇혔다。

그날 민영환(閔泳煥)*이 칼로 자결(自決)하였다。 그 보도(報道)를 접하고 몇몇 동지(同志)들과 같이 민 씨 댁에 가서 조문(弔問)을 마치고 돌아서 큰길에 나오니, 어떤 나이 사십 안팎 됨 직한, 흰 명주(明紬) 저고리에 갓이나 망건도 없이 맨상투 바람으로 의복에 핏자국이 얼룩얼룩한 한 사람을 여러 사람이 호위(護衛)하여 인력거(人力車)에 태워 가는데 대성통곡(大聲痛哭)을 한다。 누구냐고 물으니 참찬(參贊) 이상설(李相卨)*이 자살(自殺)

미수(未遂)하였다 한다。그이도 나랏일이 날로 잘못되어 감을 보고 의분(義憤)을 못 이겨 자살하려던 것이었다。

당초 상동(尙洞) 회의에서는 대여섯 사람이 한 조(組)가 되어 몇 번이든지 앞사람이 죽더라도 뒷사람이 이를 잇기로 하였으나、상소(上疏)로 체포된 지사(志士)들을 몇십 일 구류(拘留)에 처하고 말 정황이니 계속할 필요가 없었고、아무리 급박하여도 국가 흥망(興亡)에 대한 절실한 각오(覺悟)가 적은 민중(民衆)과 더불어 무슨 일이든 실효(實效) 있게 할 수 없었다。바꾸어 말하면、애국사상(愛國思想)이 박약(薄弱)했다。『칠 년 앓던 병에 삼 년 묵은 쑥』(七年病三年艾)*이라는 격으로、늦었으나마 인민(人民)의 애국사상을 고취하여 인민으로 하여금 국가가 즉 자기 집인 줄을 깨닫고、왜놈이 곧 자기의 생명과 재산을 빼앗고 자기 자손(子孫)을 노예로 대할 줄을 분명히 깨닫도록 하는 것밖에는 최선책(最善策)이 없다고 생각하고、그때 모였던 동지(同志)들이 사방으로 헤어져서 애국사상(愛國思想)을 고취하고 신교육(新敎育)을 실시하기로 하여、나도 다시 황해도(黃海道)로 돌아와 교육에 종사하였다。

내 나이 삼십삼 세 되던 무신년(戊申年) 구월 구일에 장련(長連)을 떠나 문화군(文化郡) 초리면(草里面) 종산(鍾山)에 거주하면서 그 마을 내의 사립(私立) 서명의숙(西明義塾)의 교사(敎師)가 되어 농촌(農村) 아동을 가르치다가、그 이듬해 정월(正月) 십팔일 안악읍(安岳邑)으로 이사하였다。그 읍(邑)에 새로 설립하는 사립(私立) 양산학교(楊山學校)의 교사가 되어 교무(敎務)를 보았다。장련에서 종산으로 올 때는 우종서(禹鍾瑞) 목사(牧師)의 간청(懇請)으로 갔다가、서명의숙이 산촌(山村)에 있어서 발전성(發展性)이 보이지 않는 데다가 안악(安岳) 김용제(金庸濟) 등 몇몇 친한 벗의 정(情) 어린 부름에 응하여 안악읍으로 옮겨 살게 되었다。

서명의숙(西明義塾)에서 일을 볼 때、의병장(義兵將) 우동선(禹東鮮)*이 십 리쯤 떨어진 내동(內洞)에 진(陳)을 쳤다가 왜병(倭兵)의 야간 습격으로 인하여 달천(達泉) 부근에 십칠 명의 의병(義兵) 시체(屍體)가 내동 밖 어귀의 길에 널려 있다는 보도(報道)를 듣던 때에、마침 왜병 세 명이 총기(銃器)를 휴대하고 종산(鍾山) 마을 안에 들어와 동장(洞長)을 호출하여 집집마다 다니며 계란과 닭을 강제로 빼앗아 간다고 동장이 놀라서 겁을 내며 와서 상의하였다。나는 동장(洞長) 우창제(禹昌濟)의 집에 같이 가니、왜병이 여지없이 난폭하게 산 닭과 계란을 강제로 뒤지고 있었다。나는 그 왜병에게 필담(筆談)으로 질문하였다。『군대(軍隊)에서 물품을 징발(徵發)하느냐 사들이느냐』하니、사들인다고 한다。『만일 사들인다면 달천시(達泉市)에서 가능하거늘, 어찌 이와 같이 촌민(村民)을 압박하느냐』 하니, 그 왜병이 그 말에는 대답이 없고 반문(反問)한다. 『당신이 문화군수(文化郡守)냐』 하기에, 나는 『서명의숙(西明義塾) 교사(教師)이다』라고 하였다. 한 놈이 나와 문답(問答)을 하는 사이에 그 나머지 왜병은 밖으로 나가 앞집 뒷집에서 닭을 쳐서 안마당으로 돌입(突入)하여 부인과 어린아이 들이 놀라며 움직이는 소리가 들렸다. 나는 동장(洞長)에게 호령하였다. 『그대가 동(洞)의 일을 맡은 사람이 되어, 도적이 집집에 돌입(突入)한다는데 가서 현장 시찰(視察)도 안 하는가』 하니, 나와 문답(問答)하던 왜병이 호각을 불어서 밖으로 나갔던 놈들이 닭을 한 손에 두세 마리씩 가지고 들어온다. 그놈들이 무슨 말을 하더니 강탈한 닭을 내버리고 마을 밖으로 나갔다. 『아랫마을 집집에서는 닭을 쳐서 몇 짐을 지고 갔다』고 마을 사람들이 후환(後患)을 걱정하기에, 내가 맡아서 처리한다고 하였다.

종산(鍾山)에서 처음 여아(女兒)를 낳은 후 며칠 만에 모녀(母女)를 가마에 태워 왔더니, 찬 기운에 닿게 되었던지 안악(安岳)에 도착한 뒤에 곧 여아(女兒)가 사망하였다. 안악군(安岳郡)에는 당시 십여 명의 유지(有志)가 있었으니, 김용제(金庸濟) 김용진(金庸震) 김홍량(金鴻亮) 이시복(李始馥) 이상진(李相晋) 최재원(崔在源) 장윤근(張允根) 김종원(金鍾元) 최명식(崔明植) 김형종(金亨鍾) 김기형(金基瀅) 표치정(表致禎) 장명선(張明善) 차승용(車承用) 한필호(韓弼昊) 염도선(廉道善) 전승근(田承根) 함덕희(咸德熙) 장응선(張應璇) 원인상(元仁常) 원정부(元貞溥) 송영서(宋永瑞) 송종서(宋鍾瑞) 김용승(金庸昇) 김용정(金庸鼎) 한응조(韓應祚) 등은 중년(中年) 및 청년(青年)이요, 김효영(金孝英) 이인배(李仁培) 최용화(崔龍化) 박남병(朴南秉) 박도병(朴道秉) 송한익(宋漢益) 선배 등은 이 군(郡) 안의 중견(中堅) 인물인데, 이상의 인원(人員)은 직접 나와 일에 관계가 있는 사람만을 숫자로 계산한 것이다.

신교육(新教育)의 필요를 절감(切感)하여 김홍량(金鴻亮) 최재원(崔在源) 외에 몇몇 청년은 경성(京城)과 일본(日本)에 유학(留學)하고, 선배 등은 교육 발달에 정성과 힘을 다하여 이 읍내(邑內) 예수교회에 제일 먼저 안신학교(安新學校)가 설립되고, 그 다음 사립(私立) 양산학교(楊山學校)가 설립되고, 그 후에 공립(公立) 보통학교(普通學校)*가 설립되고, 동창(東倉)에 배영학교(培英學校), 용순(龍順)에 유신학교(維新學校) 등 교육기관이 계속 설립되었다. 황해(黃海) 평안(平安) 두 도(道)에서 교육계(教育界)로나 학생계(學生界)로나 평양(平壤)의 최광옥(崔光玉)이 제일 신망(信望)을 가진 청년이므로 최광옥을 예(禮)를 갖추어 초빙(招聘)하여 양산학교에서 하기(夏期) 사범강습(師範講習)을 열고, 황해도에서 교육에 종사하는 인사(人士)는 촌(村)의 사숙(私塾) 훈장(訓長)까지 소집하고, 평안남북도의 유지(有志) 교육자(教育者) 들과 경기(京畿) 충청도(忠淸道)에서까지 강습생(講習生)이 와서 사백여 명에 달하였고, 강사(講師)로는 김홍량(金鴻亮) 이시복(李始馥) 이상진(李相晋) 한필호(韓弼昊) 이보경(李寶慶)(지금의 광수(光洙))

김낙영(金洛英) 최재원(崔在源) 도인권(都寅權) 외 몇 사람과, 여교사(女教師)는 김낙희(金樂姬) 방신영(方信榮)이요, 강습생(講習生)에는 강구봉(姜九峰) 박혜명(朴慧明) 등 승려들까지 있었다。

박혜명(朴慧明)은 몇 해 전 나와 경성(京城) 영도사(永導寺)*에서 피차(彼此) 백납(百衲)* 차림으로 헤어진 사형(師兄)인데, 당시 패엽사(貝葉寺) 주지승(住持僧)으로 우연히 상봉(相逢)하게 되었다。 나는 심히 반가워서 양산학교(楊山學校) 사무실로 안내하여 여러 교사(教師)들에게 내 형님이라고 소개하였다。 교사들은 의아해하였다。 나이도 나보다 적어 보일 뿐 아니라 내가 무매독자(無妹獨子)임을 아는 까닭이다。 나는 처음부터 끝까지 설명하고 나의 친형(親兄)으로 알아 달라고 하였다。 그리고 승속(僧俗)을 불문(不問)하고 교육이 급선무임을 힘써 주장한 결과, 혜명대사(慧明大師)도 자기부터 사범학(師範學)을 공부하여 가지고 곧 패엽사에 학교를 설립하고 승려(僧侶)와 속인(俗人)으로 학생을 나누어 모아 교육을 하였다。

혜명(慧明)은 나에게 과거를 이야기하였다。『우리 형제가 영도사에서 헤어진 후에 나는 본사(本寺)인 마곡사(麻谷寺)에 돌아가니, 원종(圓宗) 스님(나를 가리킴)의 노스님 보경당(寶鏡堂)과 스님 하은당(荷隱堂) 두 늙은이가 석유(石油) 한 통을 사들이고 기름이 좋은지 여부를 시험하기 위하여 불이 붙은 막대 끝을 석유통에 넣자 석유통이 폭발되어, 그 집안의 보경(寶鏡) 하은(荷隱) 포봉(抱鳳) 세 사람이 일시(一時)에 사망하고 보니, 재산 관리를 하여 가지고 집안의 명성(名聲)을 전하여 이어 갈 사람은 오직 원종 스님이라고 사찰 회의에서 공식적으로 결정되어, 덕삼(德三)을 금강산(金剛山)까지 보내어 원종 스님을 탐문(探問)하다가 종적(蹤跡)을 알지 못하고, 그 거대한 재산은 사찰의 공적(公的)인 소유로 하고 말았다』 한다。

당시 칠순(七旬)이 넘은 김효영(金孝英) 선생은 즉 김홍량(金鴻亮)의 조부(祖父)이니, 소싯적에 한학(漢學)을 연구하다가 가세(家勢)가 빈곤하여 상업(商業)을 경영할새 이 도(道)에서 생산된 포목(布木)을 사들여 자기 어깨에 메고 강계(江界) 초산(楚山) 등지에서 행상(行商)을 했는데, 굶주림이 심할 때는 허리띠를 더욱 졸라매고 극히 절약 검소하여 혼자의 힘으로 부자(富者)가 되었다 한다。 내가 찾아뵐 때는, 노선생(老先生)이 비록 기골(氣骨)이 장대(長大)하고 용모(容貌)가 탈속(脫俗)하나 허리가 굽어 ㄱ자형의 몸에 지팡이를 의지하고 집 마당에 출입하였다。 구식(舊式) 인물이지만 두뇌가 명석(明晳)하여 시세(時勢)의 관찰력이 당시 신진(新進) 청년 중에도 더불어 의논할 만한 자격이 있는 자가 드물었다。

이 군(郡)에 안신학교(安新學校)를 신설(新設)하고 직원들이 경비(經費) 곤란으로 회의를 열었을 때, 모금함(募金函)에 무명씨(無名氏)의 벼 일백 석 의연(義捐)이 들어왔다。 뒷날 김효영(金孝英) 선생이 자기 자손(子孫)에게도 알림 없이 남몰래 스스로 의로운 마음으로 낸 것을 알았다。 장손(長孫) 홍량(鴻亮)을 일본에 유학(留學)하게 한 것으로 선생의 교육에 대한 각오(覺悟)는 증명된다。 선생은 바둑과 술을 무척 좋아했는데、 원근(遠近)에 몇몇 바둑 친구가 있어서 자기 사랑(舍廊)에서 술 마시고 바둑 두면서 노년(老年)을 즐겁게 지내고 있었다。

내가 볼 때에 해주(海州) 서촌(西村)의 강경희(姜景熙)는 본디 우리 고향 침산강씨(砧山姜氏)이고、 전해 내려오는 큰 부자로 소싯적에 방랑(放浪)하며 재산을 탕진(蕩盡)한 자인데、 선생의 바둑 친구 중 한 사람이었다。 하루는 선생에게 문안(問安)하고자 사랑(舍廊)에 갔다。 그 강 씨는 내가 어릴 적부터 보고 알던 노인(老人)이요 나의 조상(祖上)을 멸시 압박하던 양반이지만、 아버님과 친분이 비교적 두텁던 옛 정을 돌이켜 생각하면서 절을 드렸다。

여러 날 뒤에 받들어 모시던 용진(庸震) 군에게 물으니、 어제 자기 부친(父親)과 강 노인이 바둑을 두다가 두 노인이 언쟁(言爭)을 하게 되었는데、 바둑 두던 중에 강 노인이 자기 부친에게 이런 말을 하였다 한다。 『노형(老兄)은 팔자가 좋아서、 노년(老年)에 가산(家産)도 넉넉하고、 자손(子孫)이 번창하고 또 효성(孝誠)이 있고 유순(柔順)하다。』 자기 부친이 한번 듣고는 분한 기운이 크게 일어나 바둑판을 들어 문밖에 던지고 강 씨를 크게 꾸짖으며 말하기를 『그대의 이번 말은 결코 나를 위하는 말이 아니다。 칠십 노구(老軀)로 며칠 뒤 왜놈의 노예 문서에 편입(編入)할 나쁜 운명을 가진 놈을 가리켜 팔자 좋은 것이 무엇이냐』 고함 고함 하시는데、 자손 된 처지로 강 씨를 대하여 미안하고、 부친이 그같이 나랏일을 우려하시는 것을 볼 때 황송도 하고 답답하고 분하기도 하여、 오늘 아침에 노자(路資)를 후하게 하여 강 씨를 환향(還鄕)케 하였다고 한다。 나는 그 말을 들으니、 피눈물이 눈자위에 고임을 금할 수 없었다。 나는 비록 자기 자손(子孫)과 같은 연배(年輩)요、 학식(學識)으로나 인품(人品)으로나 선생의 따뜻한 사랑을 받을 자격이 없지만、 지팡이를 짚고 몇 날에 한 차례씩은 반드시 문 앞에 와서 『선생님、 평안하시오?』 하는 말씀을 하고 가신다。 그것은 『죽은 말(死馬骨五百金)의 뼈를 오백 금으로 산다』*는 격만 아니고、 다음 세대 국민을 교양(教養)하는 무거운 임무를 존대(尊待)하는 지성(至誠)에서 나온 것이리라。 나에게뿐 아니라 애국자(愛國者)라면 누구에게든지 뜨거운 동정(同情)을 가지는 것을 보았다。

나는 장련(長連)에 살 때 해주(海州) 본향(本鄕)에 성묘차(省墓次) 갔다。 계부(季父) 준영(俊永) 씨에게、 장련에서 종형제(從兄弟)가 한집에 모여 살면서 형은 농업(農業)과 가사(家事) 모든 일을 맡아 하고 나는 교육(教育)에 종사하여 생활이 안정되고 집안이 화목하고 즐겁게 지냄을 보고하였다。 계부는 의아해하였다。 『너 같은 난봉꾼을 누가 도와주어서 그렇게 사느냐。』『저의 난봉을 계부 보시기에는 위험시(危險視)하지만、 난봉으로 아니 보는 사람도 더러 있는 게지요』 대답을 하고 웃었다。 계부는 다시 묻는다。『네가 맨손으로 가고、 네 종형(從兄)도 뒤따라 가고、 이용근(李用根) 즉 네 종매부(從妹夫)의 식구까지 너를 따라가서 동거(同居)한다고 하니、 생활의 근거(根據)는 어떻게 하고 사느냐。』『제가 그 군(郡)에 오래된 벗 몇 명이 있어 오라고 청하여 이주(移住)하게 되었고、 친한 벗 가운데 진사(進士) 오인형(吳寅炯) 군이 예전에 그 군(郡)의 갑부(甲富)인 오경승(吳景勝) 진사(進士)의 장손(長孫)이요、 아직 유산(遺産)을 가지고 있어 가난하지 않은 처지에 있는바、 인형(寅炯) 군이 특별히 천여 냥의 가치로 하나의 가대(家垈)와 전답(田畓)과 원림(園林)을 구비하여 허락하여 주면서 「언제든지 살아가는 동안에는 내 물건과 같이 사용하여 의식주(衣食住)의 근거를 만들라」 하며 농우(農牛) 한 필까지 사 주고、 집안에서 쓰는 돈은 수시로 인형 군에게 청구하여 씁니다』 하는 등、 많은 식구가 살아가는 내용을 일일이 보고하였다。

계부는 다 듣고 나서 『이 세상에 어찌 그렇게 후덕(厚德)한 사람도 있느냐』 하지만、 계부의 관념(觀念)에는 내가 무슨 협잡(挾雜)이나 하지 않는가 의심하는 것이다。 평상시 숙질(叔姪) 사이에 정의(情義)가 가깝지 못한 것은、 계부의 눈에는、 인근 부호(富豪)의 아들이나 조카들이 왜놈에게 돈 백 냥을 빌려 쓸 때 증서(證書)에는 천 냥이라고 써 주어서、 왜놈이 돈을 받을 때는 천 냥을 다 받는데、 그 사람에게 가산(家産)이 부족하면 친족(親族)에게 대신 물리는 것을 자주 보고、 내가 서울도 가고 남도(南道)에도 내왕(來往)하면서 왜놈의 돈이나 얻어 쓰고 다니지 않는가 하여 어디를 간다고 하면 야단을 하기 때문에、 어디 갈 때는 조용히 나가 버리던 것이다。

그해 가을에 계부(季父)가 장련(長連)에 오셨다。 사직동(社稷洞) 집이 집만 좋을 뿐 아니라 추수(秋收)한 곡물(穀物)도 당신의 댁 살림보다 나을 것이었다。 계부는 심히 만족한다기보다 예상 밖이었다。 오 진사를 찾아가서 보고서는、 어머님을 대하여 『조카가 다른 사람에게 그같이 믿음을 받을 줄은 생각 못 하였다』 하고、 계부는 나에 대한 오해가 풀린 후로는 심히 사랑하셨다。

안악(安岳)에 이주한 후에도 교무(敎務)를 맡아 하다가 휴가(休暇)에 성묘차(省墓次) 본향(本鄕)에 갔다。여러 해 만에 어릴 적부터 공부도 하고 놀기도 하던 고향 땅을 방문하니 감구지회(感舊之懷)가 형언할 수 없었다。당시에 나를 안아 주고 사랑해 주던 노인(老人)들은 태반(太半)이나 보이지를 않고、내가 볼 때 어린아이들은 거개 장성(長成)하였다。성장한 청년 중에 쓸 만한 인재(人材)가 있는가 살펴보아도、모양만 상놈이 아니고 정신까지 상놈이 되고 말았다。그이들은 민족(民族)이 무엇인지 국가(國家)가 무엇인지 털끝만큼의 깨달음이 없이、쌀벌레에 불과하였다。젊은 사람들에게 교육을 말하니、신학문(新學問)을 예수교나 천주교(天主敎)로 안다。

이웃 마을、즉 양반 강(姜) 진사(進士) 집을 찾아갔다。그 양반들에게 전(前)과 같이 절할 사람에게는 절하고、말로만 공경하여 대하던 사람에게는 입인사로 예전과 똑같이 상놈의 본모습으로 대접하면서 그 양반들의 태도를 살펴보았다。그같이 교만하던 양반들이 나에게 대하여 경대(敬待)도 아니요 하대(下待)도 아닌 말로、나의 지극한 공경(恭敬)을 감당하지 못하는 모습이 보였다。생각건대、작년에 강경희(姜景熙) 노인이 안악(安岳) 김효영(金孝英) 선생과 함께 바둑 둘 때 나를 영접(迎接)하는 효영(孝英) 노선생(老先生)이 몸을 일으켜 나를 맞은 것과、그때 양산학교(楊山學校)에 사범생(師範生)이 사오백 명 모인 중에 내가 주선(周旋)하는 것을 보고 가서 자기 집안 사람들에게 이야기한 것 같았다。

하여튼 양반의 세력이 쇠퇴(衰退)한 것은 사실이었다。당당한 그 양반들로서 초초(草草)한 상놈 한 명을 접대하기에 힘이 부쳐서 애를 쓰는 것을 볼 때 더욱 가련하게 생각되었다。나라가 죽게 되니까 국내에서 중견세력(中堅勢力)을 가지고 온갖 위세(威勢)를 다 부리던 양반부터 저 꼴이 된 것이 아닌가。만일 양반이 살아서 국가가 독립(獨立)할 수 있다면、나는 양반의 학대(虐待)를 좀 더 받아도 나라만 살아났으면 좋겠다는 느낌이 났다。

보통 때 재사(才士)로 스스로 인정하며 호기롭게 드러내던 강성춘(姜成春)에게 구국(救國)의 도(道)를 물었다。강 군은 망국(亡國)의 책임이 당국자(當局者)에게 있고、자기와 같은 시골 늙은이는 관계가 없는 것처럼 조심스럽게 대답을 한다。나의 집안이 상놈 중의 상놈인 것이나 그대가 양반 중의 상놈인 것이나、상놈 맞은 마찬가지라고 생각되었다。자제(子弟)를 교육하라고 권하니、단발(斷髮)이 문제라고 한다。교육이 단발(斷髮)하는 것이 목적이 아니고、인재(人材)를 양성(養成)하여 장래 완전한 국가의 일원(一員)이 되어 자기 나라로 하여금 약한 것을 변화시켜 강하게 하고 어둠에서 빛을 발하게 함에 있다 하였지만、그이의 귀에는 천주학(天主學)이나 하라는 줄 알고、자기 가문(家門) 중에도 예수교에 참가한 사람이 있다고 하며 담화(談話)를 회피한다。

저주하리로다、해주(海州) 서촌(西村) 양반들이여。자기네가 충신(忠臣)의 자손이니 공신(功臣)의 자손이니 하며 평민(平民)을 우마시(牛馬視)하고 노예시(奴隷視)하던 기염(氣焰)이 오늘 어디에 있는가。저주하리로다、해주(海州) 서촌(西村) 상놈들이여。오백 년 기나긴 세월에 양반 앞에서 담배 한 대와 큰 기침 한 번을 마음놓고 못 하다가、이제는 재래(在來)의 썩은 양반보다 신선한 신식(新式) 양반이 될 수 있지 않은가。구식(舊式) 양반은 군주(君主) 한 사람에 대한 충신(忠臣)으로도 자자손손(子子孫孫)이 그 음덕(蔭德)을 입었거니와、신식(新式) 양반은 삼천리(三千里) 강토(疆土)의 이천만 민중(民衆)에게 충성(忠誠)을 다하여 자기 자손과 이천만 민중의 자손에게 만세(萬歲) 장래에 복된 음덕(蔭德)을 남길 것이다。그 얼마나 훌륭한 양반일까 보냐。

『양반도 깨어라、상놈도 깨어라』하고 절규한 것은 본향(本鄕)에 갔을 때 환등기구(幻燈器具)*를 가지고 가서 인근의 양반 상놈을 다 모아 놓고 환등회(幻燈會) 석상(席上)에서 한 말이었다。

안악(安岳)에서 사범강습(師範講習)을 마치고 양산학교(楊山學校)를 확장하여 중학부(中學部)와 소학부(小學部)를 두고、김홍량(金鴻亮)*이 학교 주인 겸 교장(校長)이 되어 교무(敎務)를 맡아 처리하고、나는 최광옥(崔光玉) 등 교육자와 힘을 합하여 해서교육총회(海西敎育總會)를 조직하고 그 회(會)의 학무총감(學務總監)의 직책을 맡아 전체 도(道) 안의 교육기관(敎育機關)을 설립하고 다스리는 책임을 가지고 각 군(郡)에 순행(巡行)할 때、배천군수(白川郡守) 전봉훈(全鳳薰)의 요구에 의하여 배천읍(白川邑)에 당도하니、전 군수가 각 면(面)에 훈령(訓令)하여 면 안의 두민(頭民)*과 신사(紳士)를 오리정(五里亭)에 소집하고 기다리다가 군수(郡守)가 앞장서서 외쳐 『김구(金龜) 선생 만세!』를 부르자 군중(群衆)이 다 같이 외친다。나는 전 군수의 입을 막고 망발(妄發)임을 말하였다。나는 그때까지 「만세(萬歲)」두 자는 황제(皇帝)에게만 오로지 쓰는 축사(祝辭)요、황태자(皇太子)에게는「천세(千歲)」를 부르는 것만 알았다。전 군수는 내 손을 잡으며 『김 선생、안심하시오。내가 선생을 환영하며 만세(萬歲)를 부르는 것은 통례(通例)요 망발(妄發)이 아닙니다。친구 서로 간에도 영송(迎送)에 만세를 부르는 터이니、안심하고 영접(迎接)하는 여러분과 인사나 하시오』한다。배천읍에서 전 군수의 사저(私邸)에 묵으면서 각 면(面)의 유지(有志)들과 회동(會同)하고 교육 시설과 방침을 협의 진행하였다。

전봉훈(全鳳薰)은 본디 재령(載寧) 이속(吏屬)으로、해주읍(海州邑)에서 총순(總巡)으로 여러 해 일을 보며 교육을 장려하여 해주에 정내학교(正內學校)를 설립하며 야학(夜學)을 권장할 때、시내(市內) 각 전방(廛房) 사환(使喚)을 야학에 보내지 않는 전주(廛主)는 처벌하는 등 별별 수단을 사용하여 교육의 훌륭한 업적이 매우 많았다。그 후에 배천군수(白川郡守)가 되어서 그 군(郡) 내에서 교육을 열심히 베풀던 때였다。전 군수는 외아들이 일찍 죽고 장손(長孫) 무길(武吉)이 오륙 세였다。그때에 왜(倭) 수비대(守備隊)와 헌병대(憲兵隊)를 군(郡)마다 주둔케 하여 관아(官衙)를 빼앗기는 일이 군(郡)마다 모두 그러하였는데、유독 배천(白川)은 전 군수가 이유를 들어 강하게 거부하므로 빼앗기지 않았으나、왜(倭)가 눈엣가시로 생각하여 종종 곤란한 교섭(交涉)이 많았다。전 씨의 본의(本意)는 군수(郡守)를 영화(榮華)로운 직(職)으로 알아서가 아니요、군수의 권리를 가지고 교육에 힘을 더하려고 함이었을 것이다。

최광옥(崔光玉)을 초빙하여 사범강습소(師範講習所)를 설치하고、청년을 모집하여 애국심(愛國心)을 고취하기에 전력하였다。최광옥은 마침내 배천읍(白川邑)에서 강연(講演)하다가 피를 토하고 사망하였다。원근(遠近)의 인사(人士)들이 최 씨처럼 고심(苦心)하며 열성(熱誠)을 다하는 청년 지사(志士)가 중도에 사망함을 애련(哀憐)하여 임시로 배천읍 남산(南山) 위 학교 운동장 옆에 장사(葬事) 지내고、양서(兩西) 인사(人士)들이 최 선생의 성충(誠忠)을 영원히 기념하기 위하여 장지(葬地)는 사리원(沙里院) 정거장 근처에 정하고、비석(碑石)은 평양(平壤) 정거장에 이등박문(伊藤博文)*의 기념비(紀念碑)보다 훨씬 훌륭하게 세워서 내왕(來往)하는 사람들에게 영원한 인상을 주기로 하고、안태국(安泰國)*에게 비석(碑石)의 모양까지 정하여 평양에서 만들도록 하였으나、합병조약(合倂條約)*이 체결되어 그 역시 이루지 못하고 아직 배천(白川)에 그대로 묻혀 있다。

재령(載寧) 양원학교(養元學校)에서 유림(儒林)을 소집하고 교육에 대한 방침을 토의하고 장연(長淵)에 가니、그곳 군수(郡守) 이 씨가 영접(迎接) 후에 자기 관할(管轄) 각 면(面)에 훈령(訓令)을 내리고 김구(金龜) 선생의 교육 방침을 성심(誠心)으로 복종하라고 한 뒤에、각 면(面)을 순행(巡行)하여 달라는 간청(懇請)을 소홀히 물리치지 못하여 읍내(邑內)에서 한 차례 환등대회(幻燈大會)를 개최하여 수천 명의 남녀노소(男女老少)가 모여 성황(盛況)으로 끝낸 후에、순택면(蓴澤面) 신화면(薪化面) 등을 돌아보고 안악(安岳)의 학교 사무(事務)가 급박하여 돌아오는 길에 올랐다。

송화(松禾) 수교시(水橋市)*에 도착하여 시내(市內) 유력자(有力者)인 감승무(甘乘武) 등 몇몇 유지(有志)의 요구에 의하여 부근 대여섯 곳 소학교(小學校)*를 소집하고 환등회(幻燈會)를 개최한 후 떠나고자 할 즈음에, 송화군수(松禾郡守) 성낙영(成樂英)이 대표를 보내 와서 말하기를 『초면(初面)인 장연군수(長淵郡守)는 인사만을 하고도 각 면(面)을 돌아보고 강연까지 해 주고, 숙친(熟親)한 나는 찾아 주지 않고 지나가려느냐』고 간청한다。 그 군(郡)의 세무소장(稅務所長)인 구자록(具滋祿) 군도 교육에 열심인 탓으로 친숙(親熟)한 터이니까 구 군의 요구까지 받고 부득이 송화군 읍내(邑內)*로 향하였다。 이 소문을 접한 성낙영은 즉시 각 면(面)의 십여 곳 학교와 군(郡) 내의 유지(有志) 인사(人士)와 부인(夫人) 아동(兒童) 들까지 소집하였다。 나는 몇 년 만에 송화읍(松禾邑)*의 광경을 보니, 해서(海西) 의병(義兵)을 토벌하던 요지(要地)로서 읍내(邑內) 관사(官舍)는 거개 왜(倭)가 점령하였다。 수비대(守備隊) 헌병대(憲兵隊) 경찰서(警察署) 우편국(郵便局) 등의 기관(機關)이 들어찼고, 이른바 군청(郡廳)이라 하여 개인 집에서 일을 보는 광경을 보고 분한 마음에 몹시 화가 났다。

환등회(幻燈會)를 열고 태황제(太皇帝)*의 진영(眞影)이 나오자 일동(一同)에게 기립(起立)하여 몸을 숙일 것을 명(命)하여, 한인(韓人) 관민(官民)은 물론이고 왜(倭) 장교(將校)와 경관(警官) 들까지 몸을 숙이도록 시킨 뒤에 「한인(韓人)이 배일(排日)하는 이유가 어디에 있는가」 하는 강연 제목 아래 『과거 러일전쟁(露日戰爭)* 중일전쟁(中日戰爭)* 때에도 한인(韓人)의 일본(日本)에 대한 감정이 극히 너그럽고 정중하였다。 그 후에 강압으로 조약이 체결됨에 따라 점점 악감(惡感)이 격증(激增)하였다。 내가 몇 해 전에 문화군(文化郡) 종산(鍾山)에서 직접 겪은 사실로, 일본 병사가 촌마을에서 약탈(掠奪)을 감행하는 것을 목도(目睹)하였으니, 일본의 나쁜 짓이 곧 한인(韓人)의 배일(排日) 원인이다』라고 큰소리로 꾸짖으면서 열 지어 앉아 있는 성낙영과 구자록을 보니 얼굴이 흙빛이고, 왜놈들은 노기등등(怒氣騰騰)하였다。

두번째 투옥(投獄) — 하얼빈 사건

갑자기 경찰이 환등회(幻燈會)를 해산시키고 나를 경찰서로 데려갔다。군중(群衆)은 화가 났지만 감히 말은 못하고 대단히 격앙된 기분이 보였다。나를 경찰서에 데리고 가서 한인(韓人) 감독(監督) 순사(巡査)의 숙직실(宿直室)에서 함께 자게 하였다。그러자 각 학교에서 학생들이 번갈아 가며 차례로 와서 방문하기로 하고 위문대(慰問隊)를 조직하여 연속하여 위문한다。하룻밤을 자고 이튿날에는 하얼빈 전보(電報)로 이등박문(伊藤博文)이 한인(韓人) 은치안(은치안 석 자가 그때 신문(新聞)에 실리게 된 것은 안응칠(安應七)이니、즉 안중근(安重根)의 자(字)가 응칠(應七)이다)에게 피살(被殺)되었다는 신문을 보았다。은치안을 몰라서 매우 궁금하였는데、이튿날 아침에 안응칠(安應七) 즉 안중근(安重根)으로 명확하게 신문에 기재(記載)되었다。그때서야 나는 어렴풋이 내가 구류(拘留)당한 원인을 깨달았다。그날 저녁 환등회(幻燈會)에서 일본 놈을 질책하며 욕하였으나、그만한 질책과 욕은 이르는 곳마다 다 그러하였는데 하필 송화(松禾) 경찰이 나에게 손을 댄 것을 이상히 알았고、구류(拘留)를 당한다고 해야 며칠 후에 말로 타일러 방면(放免)할 것으로 알았는데、하얼빈 사건의 혐의(嫌疑)라면 좀 길게 고생하겠다고 생각되었다。

며칠 뒤에 대수롭지 않은 몇 마디 말을 물어보고 유치장(留置場)에서 한 달이 지나 해주지방재판소(海州地方裁判所)로 압송(押送)하였다。수교시(水橋市)의 감승무(甘乘武) 집에서 점심밥을 먹을 때 시내(市內) 학교 직원과 시(市)의 두민(頭民) 등이 일제히 모여 호송(護送)하는 왜(倭) 순사(巡査)에게 요구하였다。『김구(金龜) 선생은 우리 교육계(教育界)의 사표(師表)이니 위로연(慰勞宴)을 열고 한번 대접을 하겠다』고 하니、『뒷날 해주(海州) 다녀온 뒤에 실컷 위로해라』라고 하며 그날은 거절하였다。

마침내 해주(海州)에 도착하니 즉시 감옥에 갇히게 되었다。하룻밤을 지내고 검사(檢事)가 안중근(安重根)과의 관계 유무(有無)를 질문하나、종전에 사귀었던 관계뿐이고 금번 하얼빈 사건과 아무 관련이 없는 것을 알고、나에게 지방에서 일본 관헌(官憲)들과 반목(反目)하는 증거인 「김구(金龜)」라고 쓴 백여 쪽의 책자(冊子) 하나를 내놓고 신문(訊問)한다。내용은 전부가、내가 몇 년간 각처(各處)에서 행동하던 것을 경찰이 보고한 것을 집성(集成)한 것이었다。

결국은 불기소(不起訴)로 방면(放免)되어 행장(行裝)을 가지고 박창진(朴昌鎭)의 책사(冊肆)로 갔다。 마침 박 군을 상봉(相逢)하여 경과(經過)를 이야기할 때에、 옆에 있던 유훈영(柳薰永) 군이 인사를 하면서 자기 부친(父親)의 생신연(生辰宴)에 동참하여 달라고 한다。 청(請)에 응하여 수연(壽宴)*에 가서 참석하니、 수연의 옹(翁)은 즉 해주(海州) 부호(富豪)의 한 사람인 유(柳) 장단(長湍)이었다。 연회(宴會)를 끝낸 뒤에、 송화경찰서(松禾警察署)에서 호송(護送)하였던 한일(韓日) 순사(巡査) 중 한인(韓人) 순사들은 나에게 동정(同情)하는 자들이므로 사건의 진행을 알고 싶어 하여 아직 길을 떠나지 않고 있었다。 순사 전부를 향관(饗館)*으로 오라고 청하여 경과를 말하고 돌아가게 하였다。 그러고 나서 이승준(李承駿) 김영택(金泳澤) 양낙주(梁洛疇) 등 여러 사람을 방문할 즈음에 안악(安岳) 친구들이 한정교(韓貞敎)를 보냈다。 동지(同志)들의 우려로 하루 일찍 한정교를 따라 안악으로 돌아갔다。

당시 안악 양산학교(楊山學校)에는 중(中) 소(小) 두 부(部)를 두고、 맨 처음에는 이인배(李仁培)가 교장(校長)이었고、 그 후에는 김홍량(金鴻亮)이 학교 주인 겸 교장(校長)이 되었다。 나는 소학부(小學部)의 어린아이를 가르치는 일을 맡고、 재령(載寧) 북률면(北栗面) 무상동(武尙洞)의 보강학교(保强學校) 교장(校長) 직(職)을 겸하며 그 학교의 유지(維持) 발전(發展)을 위하여 종종 왕래하였다。

그 학교는 맨 처음 노동자(勞動者)들의 주동(主動)으로 설립되었으나、 부근 마을의 유지(有志)들이 유지(維持)하여 가면서 그 학교의 진흥책(振興策)으로 나를 교장으로 추천하여 뽑은 것이다。 전승근(田承根)에게 주임교사(主任敎師)를 맡기고、 장덕준(張德俊)은 교사 반(半)、 학생 반(半)의 목적으로 친동생 덕수(德秀)를 데리고 학교 안에서 숙식(宿食)하였으며、 교감(校監) 허정삼(許貞三) 등의 협력으로 교무(敎務)를 발전시켰는데、 그 교사(校舍)는 신건축(新建築)으로、 아직 기와를 얹지 못하고 이엉으로 지붕을 덮기만 하고 개교(開校)하여 가르치던 터였다。

그 학교는 무상동(武尙洞)과 떨어져서 야외에 독립한 교사(校舍)여서、 종종 도깨비불이 발생하여 불을 끈다는 보고가 있었다。 나는 교직원(敎職員) 한 사람에게 몰래 주의를 주었다。 그 학교에 화재(火災)가 매번 야심(夜深)한 후에 일어난다 하니、 사흘을 기한(期限)으로 정하고 은밀한 곳에서 학교에 인적(人跡) 유무(有無)를 주목하다가 만일 인적이 있거든 가만히 추적(追跡)하여 행동을 살펴보라고 몰래 지시하였다。

과연 둘째 날에 급보(急報)가 왔다. 『학교에 중대(重大) 사고(事故)가 있으니 교장(校長)이 출석하여 주시오』라고. 보고를 접한 즉시로 길을 떠나 학교에 가니, 수위(守衛)하던 직원이 방화범(放火犯) 한 명을 포박(捕縛)하고, 마을에서 학교에서 죽이자 살리자 소동(騷動)이 났다. 범인(犯人)을 직접 심문(審問)하니 그 마을 안에 거주하는 사숙(私塾) 훈장(訓長)으로, 내가 마을의 부로(父老)*를 청하여 신교육(新敎育)의 필요성을 설명하여 자기가 가르치던 아동 네다섯 명이 전부 학교에 입학(入學)하고 보니, 자기는 고역(苦役)인 농사(農事)를 짓는 수밖에 생활 방도가 없게 된 것을 한(恨)하여 불의(不義)의 수단으로 학교 사업을 방해하고자 방화(放火)한 것을 자백(自白)하였다.

내가 일찍이 학교 사무원(事務員)을 불러 학교에 화재(火災)가 나던 진상(眞相)을 물으니, 그이들은 확실히 도깨비불이라고 하였다. 『교사(校舍) 부근에 그 동네 가운데에서 해마다 제사(祭祀)를 지내던 이른바 부군당(府君堂)*이 있고, 그 집 주위에는 아름드리 고목(古木)이 늘어서 있었는데, 교사(校舍)를 새로 지은 뒤에 그 고목(古木)을 베어내어 교사(校舍) 연료(燃料)로 사용하였다. 이런 까닭으로 마을 사람들이 도깨비불로 인정하여, 학교로서는 그 부군당에 제사를 지내지 않으면 화재(火災)를 면하지 못한다는 미신(迷信) 이야기가 이러쿵저러쿵 많았다』고 말하였다. 이런 까닭으로 그 학교 직원에게 몰래 부탁하였던 것이다.

직원의 보고에 의하면, 두번째 화재(火災) 경과 후 매일 밤 교사(校舍) 부근에 은신(隱身)하고 감찰(監察)하던 둘째 날 밤중에, 무상동(武尙洞) 마을에서 교사(校舍)로 오가는 길에 인적(人跡)이 있으므로 가만가만히 뒤를 따라가며 보니, 어떤 사람이 갑자기 급하게 교사(校舍)로 달려가서 교정(校庭)에 서서 강당(講堂)의 처마 위와 마주 보고 있는 사무실 지붕에 무슨 물건을 던지는 것이었다. 강당 지붕에서는 벌써 화염(火焰)이 일어나고, 사무실 지붕에서는 반딧불과 같이 반짝반짝만 하고 아직 불이 일어나지 않음을 본 그 사람은 도주하려는 즈음에 수위(守衛)하던 직원에게 붙잡혀, 한편으로는 결박(結縛)하고, 한편으로는 마을 사람들을 불러서 불을 끄고 나에게 급히 알린 것이었다.

그 범인(犯人)을 신문(訊問)하니 일일이 자백(自白)하였다. 과연 학교가 설립됨에 따라 자기 생활에 손해가 미치므로 방화(放火)를 한 것이요, 그 방화 방법으로는 한 손가락 길이의 화승(火繩) 끝에 당성냥 한 줌을 화약(火藥) 머리처럼 묶고 한쪽 끝에는 돌을 달아매어 지붕 꼭대기에 던져서 불이 나게 한 행위를 알아낸 뒤에, 경찰에게 고발(告發)을 아니하고 조용히 그 마을로부터 떠날 것을 명령하고, 그 후로는 교무(教務)를 진전시켰다.

안악(安岳)에서 그 학교까지 이십 리 떨어져 있으므로, 일주일에 한 차례씩 보강학교(保强學校)에 나갔다. 안악읍(安岳邑)에서 신환포(新換浦) 하류(下流)를 건너 학교를 가는데, 여름철에 학교에 가면서 나루를 향하여 가노라면, 학교에서는 소학생(小學生)들이 나를 바라보고 영접(迎接)하느라고 몰려나오고 직원들도 뒤를 이어 나온다. 내가 나루에 도착하여 보니, 건너편에 도착한 소학생(小學生) 전부가 의복(衣服)을 척척 벗고 강물 속으로 뛰어들어 간다. 나는 크게 놀라 고함을 지르니, 직원들은 강가에서 웃으면서 안심하라고 답한다. 나룻배에 올라 강 가운데로 나아가자, 가뭇가뭇한 학생들의 머리가 물속에서 나타나서 뱃전에 매달리는 것이 마치 쳇바퀴에 개미 떼 붙듯 하였다. 나는 장래(將來)에 해군(海軍)을 모집하게 되면 바닷가 촌락(村落)에서 나누어 모으는 것이 편하고 좋겠다고 생각하였다.

무상동(武尙洞) 역시 재령(載寧) 여물평(餘物坪)의 한 마을이었다. 여물평 안에는 특별히 거부(巨富)는 없으나 보통으로는 그다지 빈곤(貧困)하지 않은 곳이니, 토지(土地)가 거개 궁장(宮庄)*이고 매우 비옥한 까닭이다. 사람들의 품성이 명민(明敏) 준수(俊秀)하고 시대 변천에 순응(順應)하여, 학교로는 운수(雲水) 진초(進礎) 보강(保强) 기독(基督) 등이 설립되어 자제(子弟)를 교육하고, 농무회(農務會)를 조직하여 농업 발달을 꾀하는 등 공익사업(公益事業)에 착안함이 참으로 볼만하였다.

나석주(羅錫疇)* 의사(義士)는 당시 스무 살 전후의 청년으로, 나라의 형편이 날로 나빠짐을 분하고 한스럽게 여겨, 여물평(餘物坪) 안에서 남녀 어린아이 여덟아홉 명을 배에 싣고 비밀히 중국(中國)에 도망쳐 가서 철망 밖을 벗어나서 가르치고자 출발하다가 장련(長連) 오리포(梧里浦)에서 왜경(倭警)에게 발각되어 몇 달의 옥고(獄苦)를 치르고, 출옥(出獄) 후에는 겉으로는 장사와 농사에 종사하면서 속으로는 독립(獨立)의 사상(思想)을 북돋우며 직접 간접으로 교육에 열성(熱誠)을 다하여, 그 여물평 내 청년의 수뇌(首腦)로 신임을 받고 있었다. 나도 종종 여물평에 내왕(來往)하게 되었다.

노백린(盧伯麟)*이 군직(軍職)에서 벗어나 풍천(豐川) 자택에서 교육사업(教育事業)에 종사하던 때였다。 하루는 경성(京城) 가는 도중에 안악(安岳)에서 상봉(相逢)하여 여물평(餘物坪) 진초동(進礎洞)의 교육가(教育家)인 김정홍(金正洪) 군의 집에서 함께 묵을 때、진초학교(進礎學校) 직원들과 연회(宴會)에서 술을 마시던 즈음에 갑자기 마을에서 소동(騷動)하는 소리가 났다。 진초학교장(進礎學校長) 김정홍이 놀라서 허둥지둥하며 사실을 말한다。『이 학교의 여교사(女教師) 오인성(吳仁星)은 이재명(李在明)*의 부인인데、이 군이 자기 부인에게 무슨 요구를 강경하게 하였던지 권총으로 위협하여、오 여사는 놀라고 겁이 나서 학교에서 가르치는 일을 감당치 못할 사정을 말하고 이웃 집에 피하여 숨었고、이 군은 미친 사람의 행동처럼 마을 어귀에서 총을 쏘아 대며 나라 팔아먹은 도적을 하나하나 총살(銃殺)하겠노라고 소리 높여 말하니、동네 전부가 시끄럽다』고 한다。 노백린과 상의하여 이 군을 청하여 오게 하였다。

누가 알았으랴。 며칠 뒤에 조선(朝鮮) 천지(天地)를 진동(震動)하게 하던、경성(京城) 이현(泥峴)*에서 군밤장수를 가장(假裝)하여 하늘을 찌를 듯한 의기(意氣)에 의지하고 이완용(李完用)*을 저격(狙擊)할 때 먼저 차부(車夫)를 죽이고 이완용의 생명은 다 빼앗지 못하고 체포되어 순국(殉國)하신 이재명(李在明) 의사(義士)인 줄을。

부르는 청에 응하여 나이 이십삼사 세의 청년이 눈썹 언저리에 분한 기운을 띠고 집으로 들어왔다。 우리 두 사람이 차례로 인사를 하니、자기는 이재명(李在明)이고、몇 달 전에 미주(美洲)로부터 귀국하여 평양(平壤)의 오인성(吳仁星)이라는 여자와 결혼하여 지내는바、자기 부인의 가정(家庭)이 과부(寡婦) 장모(丈母)가 여자 세 명을 데리고 지내는데、가세(家勢)는 넉넉하여 딸들을 교육은 시키지만 국가(國家) 대사(大事)에 충성을 바칠 용기가 없고 다만 구차한 안락(安樂)에 들러붙어、자기의 의기(義氣)와 충성(忠誠)을 이해하지 못하는 점을 가지고 자기 부부간에도 혹시 다툼의 실마리가 일어나 학교에 손해가 될까 우려한다는 말을 거리낌 없이 말한다。 계원(桂園)* 형과 나는 이(李) 의사(義士)에게 장래에 목적(目的)하는 일과 과거 경력(經歷)과 학식(學識)을 일일이 물으니、자기는 어린 나이에 하와이(包哇)에 건너가서 공부를 하다가 조국(祖國)이 섬나라 왜놈에게 강점(強占)된다는 말을 듣고 귀국하였으며、지금에 하려는 일은 나라 팔아먹은 도적 이완용(李完用)을 비롯하여 몇 놈을 죽이고자 준비 중인데、단도(短刀) 한 자루、권총 한 자루와 이완용 등의 사진 몇 장을 품속에서 내놓는다。 계원과 나는 동일하게 관찰하였는바, 시세(時勢)의 격동(激動)으로 헛된 열정에 들뜬 청년으로 보였다. 계원(桂園)이 이 의사의 손을 잡고 간곡히 말을 하였다. 『그대가 나랏일을 비분(悲憤)하여 용기있게 활동함이 극히 가상(嘉尙)하나, 대사(大事)를 경영(經營)하는 남아(男兒)로서 총기(銃器)로 자기 부인을 협박하고 마을 안에서 총을 함부로 쏘아 민심(民心)을 요란하게 하는 것이 의지(意志)가 확고하지 못한 표징(表徵)이니, 지금은 칼과 총을 나에게 맡겨 두고, 의지도 더욱 굳세게 수양(修養)하고 동지자(同志者)도 더 사귀어 얻어 가지고, 실행할 때에 내게 와서 찾아가서 실행함이 어떠하오.』 의사(義士)는 계원과 나를 자세히 보다가 총과 칼을 계원에게 주지만, 얼굴빛에는 기꺼운 마음이 없음이 드러났다. 작별하고 사리원역(沙里院驛)에서 차(車)가 막 떠나려 할 때에 이 의사는 갑자기 나타나 계원에게 그 물품(物品)의 반환을 요구하였다. 계원은 웃으면서 『경성(京城) 와서 찾으시오』 하자 기차가 떠났다.

그리한 지 한 달이 못 되어 의사(義士)는 동지(同志) 몇 사람과 회동(會同)하여 경성에 도착하여, 이현(泥峴)에서 이 의사가 군밤장수로 가장(假裝)하고 길가에서 밤을 팔다가 이완용(李完用)을 칼로 찔러서 이완용은 생명이 위험하고, 이 의사와 김정익(金貞益) 김용문(金龍文) 전태선(全泰善) 오(吳) 등* 여러 사람이 체포된 사건이 신문에 실렸다. 나는 깜짝 놀랐다. 이 의사가 권총을 사용하였으면 도적 이완용의 생명이 끝장날 것이 확실할 것인데, 적절한 판단을 하지 못한 우리가 간섭하여 무기를 빼앗았기 때문에 충분한 성공을 못 한 것이었다.* 회한(悔恨)이 그치지 않았다.

기록(記錄)의 앞뒤가 뒤바뀌었다. 슬프다! 나라는 합병(合倂)된 후였다. 나라가 합병의 치욕을 당한 당시의 인정(人情)은 심히 흉흉하였다. 원로(元老) 대신(大臣)들 중에 자살(自殺)하는 자들과 내외(內外) 관인(官人) 중에도 자살하는 자 많았고, 교육계(敎育界)에서는 배일사상(排日思想)이 극도에 달하였고, 오직 듣지 못하고 알지 못한 농민(農民)들 중에는 합병(合倂)이 무엇인지 망국(亡國)이 무엇인지 모르고 있는 자도 많았다. 나부터 망국의 수치를 당하고 나라 없는 아픔을 느끼지만, 사람이 사랑하는 아들을 잃음과 같이, 잃어버림을 슬퍼하면서도 어떤 때는 살아 있을 것 같은 생각이 남과 같이, 나라가 망하기는 하였으나 국민이 일치(一致) 분발(奮發)하면 곧 국권(國權)이 회복될 것같이 생각되었다. 그렇다면 후생(後生)에게 애국심(愛國心)을 길러 장래에 광복(光復)케 할 길 외에는 다른 길이 없으리라고 생각되어, 계속하여 양산학교(楊山學校)를 확장하여 중학부(中學部)와 소학부(小學部)에 학생을 더 모집하고 교장(校長)의 임무를 띠고 있었다。

이에 앞서 국내(國內) 국외(國外)를 통하여 정치적(政治的) 비밀결사(秘密結社)가 조직되니 곧 신민회(新民會)였다。 안창호(安昌浩)는 미주(美洲)로부터 귀국하여 평양(平壤)에 대성학교(大成學校)를 창설(創設)하고 청년 교육을 겉으로 드러내는 사업으로 하고, 속으로는 양기탁(梁起鐸) 안태국(安泰國) 이승훈(李昇薰) 전덕기(全德基) 이동녕(李東寧) 주진수(朱鎭洙) 이갑(李甲) 이종호(李鍾浩) 최광옥(崔光玉) 김홍량(金鴻亮) 외 몇 사람이 중심 인물이 되어 당시 사백여 명의 정수분자(精秀分子)*로 조직된 단체 즉 신민회를 훈련 지도하다가, 안창호는 용산헌병대(龍山憲兵隊)에 죄수로 갇힌 일도 있었다。 합병(合倂)된 뒤에는 이른바 주의인물(注意人物)을 일망타진(一網打盡)할 것을 예상함이었던지 비밀히 장연(長淵) 송천(松川)에서 위해위(威海衛)*로 숨어 건너갔고, 이종호(李鍾浩) 이갑(李甲)* 유동열(柳東說)* 동지(同志)가 계속 강을 건너간 뒤였다。

경성(京城)에서 양기탁(梁起鐸)*의 주최로 비밀회의(秘密會議)를 한다는 통지를 받고 나도 회의에 참석하였다。 양기탁이 사는 곳에 출석한 인원은 양기탁(梁起鐸) 이동녕(李東寧) 안태국(安泰國) 주진수(朱鎭洙) 이승훈(李昇薰) 김도희(金道熙) 김구(金龜)였는데, 비밀회의를 열고 바로 지금 왜(倭)가 경성에 이른바 총독부(總督府)*를 두고 전국을 통치하니 우리도 경성에 비밀히 도독부(都督府)를 두고 전국을 다스리고, 만주(滿洲)에 이민(移民) 계획을 실시할 것과, 무관학교(武官學校)를 설립하여 장교(將校)를 양성하여 광복전쟁(光復戰爭)을 일으킬 준비로 이동녕(李東寧)*을 먼저 만주에 보내서 토지(土地) 매수(買受)와 가옥(家屋) 건축(建築)과 그 밖에 여러 일을 위임하고, 그 나머지 참석한 인원으로는 각 지방 대표를 선정(選定)하여 십오 일 안에 황해도(黃海道)에서 김구(金龜)가 십오만 원, 평남(平南)의 안태국(安泰國)이 십오만 원, 평북(平北)의 이승훈(李昇薰)이 십오만 원, 강원(江原)의 주진수(朱鎭洙)가 십만 원, 경기(京畿)의 양기탁(梁起鐸)이 이십만 원을 모금(募金)하여 이동녕의 뒤를 이어 강을 건네 보내기로 의결(議決)하고 즉시 각자 출발하였다。

때는 경술년(庚戌年)* 십일월 이십일 이른 아침에 양기탁(梁起鐸)의 친동생 인탁(寅鐸) 및 그 부인과 함께 사리원역(沙里院驛)에서 하차(下車)하여 인탁 부부는 재령(載寧)으로 갔다。(인탁은 재령재판소(載寧裁判所) 서기(書記)로 부임(赴任)하는 길에 동행한 것뿐이고, 우리의 비밀계책(秘密計策)을 알리지 않은 것은, 기탁부터 친동생에게 사정(事情)을 말하지 말라고 우리에게 부탁했기 때문이다) 나는 안악(安岳)으로 돌아와서 김홍량(金鴻亮)과 협의하여 토지(土地)와 가산(家産)을 팔려고 착수(着手) 중이었고, 신천(信川)의 유문형(柳文馨) 등 몇 사람 외 가까운 군(郡)의 동지(同志)에게 장래 방침을 몰래 알려 진행하는 중에, 장연(長淵)의 이명서(李明瑞)는 우선 자기 집 대부인(大夫人)*과 친동생 명선(明善)을 서간도(西間島)에 먼저 가게 하여 뒤에 건너오는 동지(同志)들의 편의를 제공하기로 하고 안악에 왔기에、북행(北行)을 인도하여 출발케 하였다。(이명서는 남해(南海)에 건너갔다가 동지(同志) 열다섯 사람을 인솔하고 국내로 잠입(潛入)하여 은율군수(殷栗郡守)를 사살(射殺)하고、왜(倭) 수비대(守備隊)와 극렬히 싸우다가 적(敵)의 총을 맞고 순국(殉國)하였다。)

안악(安岳)에 돌아와 소문을 들으니、안명근(安明根)*이 안악에 와서 여러 차례 나를 찾아 방문하였으나 나의 경성행(京城行)과 서로 어긋나 만나지 못하였다。갑자기 그 밤중에 명근(明根)이 양산학교(楊山學校)로 찾아왔다。나에게 찾아온 뜻을 들으니、자기는 해서(海西) 각 군(郡)의 부호(富豪)를 다수(多數) 교섭(交涉)한 결과 모두 다 독립운동(獨立運動) 자금을 허락하여 인정하고도 속히 요구에 응하지 않으므로 안악읍(安岳邑) 몇 집 부호(富豪)를 총기(銃器)로 위협하여 다른 지방에 영향을 미치게 할 목적이니、응원(應援) 지도(指導)해 주기를 청한다。내가 구체적으로 장래 방침을 물으니 말하기를、『황해도(黃海道) 일대 부호(富豪)들에게 금전(金錢)을 나누어 모아 가지고 동지자(同志者)를 모아서 전신(電信)과 전화(電話)를 끊고、각 군(郡)에 흩어져 있는 왜놈 원수는 각 해당 군(郡)에서 잡아 죽이라는 명령을 발포(發布)하면、왜병(倭兵) 대대(大隊)가 도착하기 전 닷새 동안은 자유(自由)의 천지(天地)가 될 터이니 다시 더 나아갈 능력이 없다 하여도 당장의 분(憤)을 씻기에는 족하지 않겠습니까』 한다。나는 명근(明根)을 붙잡고 만류(挽留)하였다。『형(兄)이 여순(旅順) 사건*을 목도(目睹)한 나머지、더욱이 혈족(血族)의 관계로도 한층 더 분한 피가 솟아나는 데서 이와 같은 계획을 생각하여 얻은 듯하나、닷새 동안 황해도 일대에 자유천지(自由天地)를 조성(造成)하려 하여도 금전(金錢)보다 더욱 동지(同志)의 결속이 필요한데、동지자(同志者)는 몇 사람이나 얻었나요』 물었다。매산(梅山)(명근(明根)의 호(號))이 말하기를 『나의 절실한 동지(同志)도 수십 명 되지만、형(兄)이 동의(同意)하신다면 인물은 쉬울 줄 압니다』 한다。나는 간곡히 만류하고 『장래에 대규모의 전쟁을 하려면 인재(人材) 양성(養成)이 없이는 성공을 기대할 수 없고、일시적으로 격발(激發)하는 것으로는 닷새는커녕 사흘의 공적(功績)도 기대하기 어렵습니다。분기(憤氣)를 인내(忍耐)하고 다수의 청년을 북쪽 지대로 인도하여 군사교육(軍事敎育)을 시행함이 지금의 급무(急務)입니다』라 하니、매산 역시 수긍하나 자기가 생각하는 바와는 다른 점을 발견하고 좀 만족하지 못한 의사(意思)를 가지고 작별하였다。

불과 며칠 후에 사리원(沙里院)에서 매산(梅山)은 왜경(倭警)에게 체포되어 경성(京城)으로 압송(押送)되고、신천(信川) 재령(載寧) 등지에서 연루(連累)되어 체포되는 소식이 신문지상(新聞紙上)에 발표되었다。

세번째 투옥(投獄)—십오 년 징역

신해년(辛亥年)* 정월(正月) 초닷새에 내가 양산학교(楊山學校) 사무실에서 기침(起寢)도 하지 않은 때에、왜(倭) 헌병(憲兵) 한 사람이 와서 헌병소장(憲兵所長)이 잠시 만나 이야기할 일이 있다고 같이 가기를 청한다。같이 가니、벌써 김홍량(金鴻亮) 도인권(都寅權) 이상진(李相晋) 양성진(楊星鎭) 박도병(朴道秉) 한필호(韓弼昊) 장명선(張明善) 등의 교직원(敎職員)을 차례로 불러 모았다。경시총감부(警視總監部)*의 명령이라 하고 임시구류(臨時拘留)에 처한다 선언한 후、이삼 일 후에 전체를 재령(載寧)에 옮겨 가두고、황해도(黃海道) 일대에서 평소에 애국자(愛國者)로 알려진 인사(人士)를 거개 체포하였다。

이에 앞서 배천군수(白川郡守) 전봉훈(全鳳薰)은 나더러 상의하였다。『국가 대세(大勢)가 이미 기울어 이른바 군수(郡守) 한 자리도 심사(心事)에 분한 마음이 북받쳐 올라 맡은 일을 해내기가 불가능하니、형(兄) 등이 종사하는 안악(安岳) 양산학교(楊山學校) 부근에 가옥(家屋) 한 채를 사들여 거주하면서 손자(孫子) 무길(武吉)의 학업(學業)이나 전적으로 맡아 하는 것이 소원이다』라고 하여、습락현(習樂峴)에 기와집 한 채를 사들여 수리하고、당시 연안(延安)으로 이직(移職)된 군수 전봉훈이 집안 식구를 데리고 안악(安岳)으로 옮겨 오는 날이 즉 우리가 재령(載寧)에서 사리원(沙里院)으로、사리원에서 경성(京城) 가는 차로 보내지는 날이었다。전봉훈이 우리의 소식을 듣고 안악으로 집을 옮기던 심회(心懷)가 어떠하였을까。

(해서(海西) 각 군(郡)에서 체포되어 경성(京城)으로 이송(移送)되는 인사(人士) 중에 송화(松禾) 반정(泮亭)*의 신석충(申錫忠) 진사(進士)는 재령강(載寧江) 철교(鐵橋)를 건너다가 강에 몸을 던져 자살(自殺)하였다。신석충은 본디 해서(海西)에서 저명(著名)한 학자(學者)요、겸하여 자선대가(慈善大家)였다。석충(錫忠)의 둘째 형 석제(錫悌) 진사(進士)의 자손 교육 문제로 내가 한번 방문하고 하룻밤 같이 자며 이야기한 일이 있을 뿐이었다。그때에 석제 진사를 방문하고자 마을 어귀에 들어서니、신 씨 댁에서 소식을 듣고서 석제의 자손 즉 아들 낙영(洛英)、손자 상호(相浩) 등이 마을 밖에 출영(出迎)하는지라、나는 모자를 벗고 인사를 할 때 낙영 등은 흑립(黑笠)을 벗고 답례(答禮)를 하였다。나는 웃으면서 갓끈 끄르는 것을 못 하게 하니 낙영 등은 송구한 빛을 띠고 『선생께서 모자를 벗으시는데 우리가 그저 답례를 할 수 있습니까』 한다。나는 도리어 미안하여 『내가 쓴 담(毯)벙거지*는 서양 사람이 쓰는 것인데、서양인(西洋人)의 통례(通禮)가 인사할 때 모자를 벗는 것이니 용서하라』고 하고、석제 진사

를 보고 국가 문명(文明)에 교육이 급선무(急先務)인 것을 하룻밤 동안에 정성(精誠)을 다하여 말하고, 손자 상호 교육의 의뢰를 받고 안악(安岳)으로 돌아왔던 것이다.)

사리원(沙里院)에서 우리 전부와 호송(護送)하는 헌병(憲兵) 몇 명이 경성(京城) 가는 차를 타고 가는 중에 차 안에서 이승훈(李昇薰)*을 상봉(相逢)하였다. 이승훈이 우리가 포박(捕縛)되어 가는 것을 보고 다른 사람이 알지 못하게 차창(車窓) 밖으로 머리를 내밀고 하염없이 눈물을 흘렸다. 차(車)가 용산역(龍山驛)에 도착될 때 형사(刑事) 한 명이 남강(南岡)(승훈(昇薰)의 호(號))에게 인사를 청하고 『당신 이승훈 씨 아니오』 한다. 이(李)의 답(答). 『그렇소.』 그 형사 놈이 『경시총감부(警視總監部)에서 영감(令監)을 부르니 좀 갑시다』 하고 하차(下車) 즉시 우리와 같이 포박(捕縛)하여 끌고 갔다.

왜놈이 한국(韓國)을 강점(强占)한 뒤 첫번째로 국내의 애국자(愛國者)를 망라(網羅)하여 찾아내 체포하였다. 황해도(黃海道)를 중심으로 먼저 안명근(安明根)을 잡아 가두고는, 계속하여 모든 도(道) 내의 지식계급(知識階級)과 부호(富豪)를 하나하나 압상(押上)하여, 경성(京城)에 이미 배치한 감옥(監獄)과 구치감(拘置監), 각 경찰서(警察署)의 구류소(拘留所)에는 미처 수용할 수 없으므로, 집물(什物) 창고와 사무실까지를 구금소(拘禁所)로 사용하면서, 한편으로 창고 안에 벌집과 같이 감방(監房)을 만들어서 나도 그리로 옮겨 갇히니, 한 방에 두 명 이상은 채워 넣기가 불가능하였다.

황해도(黃海道)에서 안명근(安明根)을 비롯하여 군(郡)으로 나누면, 신천(信川)에서 이원식(李源植) 박만준(朴萬俊)은 기회를 보아 도망하고, 신백서(申伯瑞)(석효(錫孝)의 아들) 이학구(李學九) 유원봉(柳元鳳) 유문형(柳文馨) 이승조(李承祚) 박제윤(朴濟潤) 배경진(裵敬鎭) 최중호(崔重鎬), 재령(載寧)에서 정달하(鄭達河) 민영룡(閔泳龍) 신효범(申孝範), 안악(安岳)에서 김홍량(金鴻亮) 김용제(金庸濟) 양성진(楊星鎭) 김구(金龜) 박도병(朴道秉) 이상진(李相晋) 장명선(張明善) 한필호(韓弼昊) 박형병(朴亨秉) 고봉수(高鳳洙) 한정교(韓貞敎) 최익형(崔益馨) 고정화(高貞華) 도인권(都寅權) 이태주(李泰周) 장응선(張膺善) 원행섭(元行燮) 김용진(金庸震), 장련(長連)에서 장의택(張義澤) 장원용(莊元容) 최상륜(崔商崙), 은율(殷栗)에서 김용원(金容遠), 송화(松禾)에서 오덕겸(吳德謙) 장홍범(張弘範) 권태선(權泰善) 이종록(李宗錄) 감익룡(甘益龍), 장연(長淵)에서 김재형(金在衡), 해주(海州)에서 이승준(李承駿) 이재림(李在林) 김영택(金榮澤), 봉산(鳳山)에서 이승길(李承吉) 이효건(李孝健), 배천(白川)에서 김병옥(金秉玉), 연안(延安)에서 편강렬(片康烈)이었다. 그리고 평남(平南)에서 안태국(安泰國) 옥관빈(玉觀彬), 평북(平北)에서 이승훈(李昇薰) 유동열(柳東說)과 김용규(金龍圭) 형제(兄弟), 경성(京城)에서 양기탁(梁起鐸) 김도희(金道熙), 강원(江原)에서 주진수(朱鎭洙), 함경(咸鏡)에서 이동휘(李東輝)였다. 내가 이동휘를 만난 적이 없으나, 유치장(留置場)에서 명패(名牌)를 보고서 역시 붙잡힌 줄 알았다.

나라가 망하기 전에 구국사업(救國事業)에 정성스러운 뜻과 힘을 십분 못 한 죄를 받게 된 줄 알았다. 나는 깊이 생각하였다. 이와 같이 위급하고 어려운 때를 맞아 응당 지켜 갈 신조(信條)가 무엇인가 연구하였다. 『질풍(疾風)에 경초(勁草)를 알고, 판탕(板蕩)에 성신(誠臣)을 안다』*는 옛 교훈(教訓)과, 고후조(高後凋) 선생이 강론(講論)하여 가르치신 사육신(死六臣)* 삼학사(三學士)가 죽음에 이르러도 굽히지 않았다는 말을 다시금 생각하였다.

하루는 이른바 신문실(訊問室)에 끌려갔다. 처음에는 연령(年齡) 주소(住所) 성명(姓名)을 묻고, 다시 묻는 말이 『네가 어찌하여 여기에 왔는지 알겠느냐』 한다. 『나는 잡아오니 끌려올 뿐이고 이유는 모른다』고 하였다. 다시는 묻지도 않고 손과 발을 결박(結縛)하여 천장에 달아맸다. 처음에는 고통을 느꼈으나 마침내는 적막한 눈 내리는 밤 달빛에 신문실(訊問室) 한구석에 가로로 뉘였고, 얼굴과 온몸에 찬물을 끼얹는 느낌이 남을 알 뿐이었고, 이전 일은 모르겠다. 정신 차리는 것을 본 왜놈 원수는 비로소 안명근(安明根)과의 관계를 묻는다. 나의 대답은 『안명근은 서로 아는 친구일 뿐이고 같이 일한 사실은 없다』 하였다. 그놈은 몹시 화를 내며 다시 천장에 매달고, 세 놈이 둘러서서 막대기로 몽둥이로 무수히 마구 때린다. 나는 또한 정신을 잃었던 것이다.

세 놈이 마주 들어다가 유치장(留置場)에 들여다 누일 때는 동쪽이 이미 밝았고, 내가 신문실(訊問室)에 끌려가던 때는 어제 해가 진 후였다. 처음에 성명부터 묻고 신문(訊問)을 시작하던 놈이 불을 밝히고 밤을 새우는 것과, 그놈들이 성력(誠力)을 다하여 사무(事務)에 충실한 것을 생각할 때에 자괴(自愧)를 견디지 못하였다. 내가 평소에 무슨 일이든지 성심껏 보거니 하는 자신(自信)도 있었다. 그러나 나라를 구하고자, 즉 나라를 남에게 먹히지 않겠다는 내가, 남의 나라를 한꺼번에 삼키고 다시 되씹는 저 왜놈 원수와 같이 일하기를 밤을 새워 본 적이, 묻노니 몇 번이나 있었는가. 자문(自問)하니 온몸이 바늘로 찌르는 곳에 누운 듯이 통절(痛切)한 중에도 「네가 과연 망국(亡國) 노예의 근성(根性)이 있지 않은가」 부끄러운 눈물이 눈자위에 가득해졌다.

비단 나뿐이랴. 이웃 칸 방(房)에 있는 김홍량(金鴻亮) 한필호(韓弼昊) 안태국(安泰國) 안명근(安明根) 등도 끌려갔다 돌아올 때 거반 죽여서 끌고 오는 소식을 들을 때는 애처롭고 분개(憤慨)한 마음을 억제하지 못하겠다. 명근(明根)은 소리소리 지르면서 『너희 놈들이 죽일 때 죽일지언정 애국의사(愛國義士) 대접을 이렇게 하느냐』 큰소리로 꾸짖으면서, 어쩌다가 한마디씩 『나는 내 말만 하였고, 김구(金龜) 김홍량(金鴻亮) 들은 관계 없다 하였소』 한다。

감방에서는 선(線)이 없어도 대화(對話)를 통하였다。양기탁(梁起鐸)이 있는 방에서 안태국(安泰國)이 있는 방과 내가 있는 방으로、이재림(李在林)이 있는 방 좌우 이십여 방의 사십여 명은 서로 비밀히 말을 전하였는데、사건을 두 개로 나누어 이른바 보안범(保安犯)과、살인(殺人) 모의(謀議)나 강도(强盜)였다。누가 신문(訊問)을 당하고 오면 내용을 각 방에 전달하여 주의케 하였는데、왜놈들이 사건의 범위가 축소됨을 기이하게 알고、그 가운데 한순직(韓淳稷)을 불러다가 감언이설(甘言利說)로 꾀어 각 방에서 비밀히 말하는 내용을 탐지(探知)하여 알리게 하였다。

하루는 양기탁(梁起鐸)이 식구(食口)(감방(監房)에서 밥그릇을 내주고 받는 곳)에 손바닥을 대고 『우리가 비밀히 전하는 말은 한순직(韓淳稷)이가 전부 일러바치니、이로부터 밀어(密語) 전달(傳達)을 그만두자』 하였다。과연 질풍(疾風)에 지경초(知勁草)로다。당초에 명근(明根) 형이 한순직을 나에게 소개할 때는 용감한 청년이라고 하였다。이러한 위급하고 어려울 때에 어찌 특히 한순직 한 사람뿐이랴。최명식(崔明植)도 밀고(密告)는 아니하였으나、사실이 아닌 없는 일을 그놈들의 혹형(酷刑)에 못 이겨서 꾸며낸 말로 답한 것이 후회되어 스스로 호(號)를 짓기를 긍허(兢虛)*라 한 것이다。나는 결심에 결심을 가(加)하였다。당시 형세(形勢)는 나의 혀끝에서 사람의 생사(生死)가 달린 것을 각오(覺悟)하였다。

어느 날 또 신문실(訊問室)에 끌려갔다。왜경(倭警)이 『너의 평생지기(平生知己)가 누구냐』 묻기에、나의 대답은 『평생지기의 벗은 오인형(吳寅炯)이다』라고 하였다。왜놈이 반가운 낯으로 『그 사람은 어디서 무엇을 하는가』 묻는다。『오인형은 장련(長連)에 살았으나 몇 해 전에 사망하였다』고 하니、그놈들이 또한 정신을 잃도록 혹형(酷刑)을 가하였다。『학생(學生) 중에는 누가 너를 가장 사랑하더냐』 하는 말에、갑작스러운 사이에 내 집에 와서 공부를 하던 최중호(崔重鎬)를 말하고서는 혀를 자르고 싶었다。젊은 것이 또 잡혀 오겠다고 생각함이었으나、눈을 들어 창밖을 보니 벌써 언제 잡혀 왔는지 반이나 죽은 것을 끌고 지나가는 것을 보았다。

이른바 경시총감부(警視總監部)가 있는 이현(泥峴) 산기슭에서는、밤이나 낮이나 도축장(屠畜場)에서 소와 돼지 때려 죽이는 소리가 여기저기서 끊임없이 들렸다。 하루는 한필호(韓弼昊) 의사(義士)가 신문(訊問)을 갔다 와서 식구(食口)로 겨우 머리를 들어 나를 보고 『일체(一切)를 부인(否認)하였더니 너무 혹독한 형(刑)을 당하여 나는 죽습니다』 하고서는 나에게 작별하는 모습을 보인다。 나는 위로하고 『물이라도 좀 마시시오』라고 하였다。 한 의사는 『물도 먹을 필요가 없습니다』 한 후에는 다시 어디로 데려간 것을 몰랐는데、 이른바 공판(公判) 때 동지(同志)들로부터 신석충(申錫忠)의 철교(鐵橋) 자살(自殺)과 한(韓) 의사(義士)가 살해당했음을 처음 알았다。

하루는 최고(最高) 신문실(訊問室)에 갔다。 누가 뜻하였으랴。 십칠 년 전 인천경무청(仁川警務廳)에서 심문(審問)을 당할 때 방청(傍聽)을 하다가 나에게 호령(號令)을 당하고 『칙쇼 칙쇼』 하면서 뒤편으로 피신(避身)하던、 도변(渡邊) 순사(巡査)라 하던 왜놈이 전과 같이 검은 수염을 길러 늘어뜨리고 면상(面上)에 약간의 노쇠(老衰)한 빛을 띠고、 당시 총감부(總監部) 기밀과장(機密科長)의 제복(制服)을 입고 위엄있고 엄숙한 모습으로 십칠 년 만에 다시 나의 앞에 떡 마주 앉을 줄을。 도변이 놈이 입을 열어 이런 말을 한다。 『나의 가슴에는 엑스광선(光線)을 대고 있어 너의 일생(一生) 행동에 대하여 역사적(歷史的)으로 일체의 비밀한 것을 명백히 알고 있으니、 털끝만큼도 숨김 없이 자백을 하면 그만이지만、 만일에 숨기기만 하면 이 자리에서 때려 죽일 터이다。』

나는 몇 해 전에 여순(旅順) 사건의 혐의로 해주검사국(海州檢事局)에서 「김구(金龜)」라는 제목이 쓰인 책자(冊子)를 내놓고 신문(訊問)당하던 일을 생각하였다。 틀림없이 그 책자에 각 방면의 보고를 수집한 중에는、 경향(京鄕)이 떠들썩하고、 더욱이 황해도(黃海道)와 평안도(平安道) 양서(兩西) 지역에서는 배일(排日) 연설의 연제(演題)가 되고、 평소 담화(談話)에 화제(話題)가 되던 치하포(鴟河浦) 왜놈 살해와、 인천(仁川)에서의 사형(死刑) 정지와、 파옥(破獄) 도주(逃走)의 사실이 기재(記載)되었으리라고 상상을 하지만、 도변이가 자발적으로 『네가 십칠 년 전에 인천경무청(仁川警務廳)에서 나에게 꾸짖으며 욕하던 일을 생각하느냐』 하는 말을 하기 전에는 입을 열지 않고、 도변의 엑스광선이 확실한지 여부를 시험할 생각을 하고서는 이렇게 대답을 하였다。 『나의 일생(一生)이 어떤 조용하고 외진 곳에서 은사(隱士)의 생활을 한 적이 없고、 일반 사회에 헌신적 생활을 한 탓으로 하나하나의 말과 행동이 자연히 공개적이요 비밀이 없다』고 하였다。

도변(渡邊)은 순서대로 질문하였다。 『출생지는?』 답(答)。 『해주(海州) 기동(基洞)에서。』 『교육은?』 『사숙(私塾)에서 한문(漢文)을 배웠고、 직업은 농촌(農村)

에서 태어나 자랐으므로 나무하고 밭 갈다가 이십오륙 세에 장련(長連)으로 옮겨 가 살면서 종교와 교육에 종사하기 시작하여, 지금은 안악(安岳) 양산학교(楊山學校) 교장(校長)의 직(職)으로 맡은 일을 보던 중에 체포되었다』 하였다. 도변이 놈이 성을 버럭 내며 『종교와 교육은 피상적(皮相的) 운동이고, 속으로는 반역(反逆)을 꾀할 숨은 음모(陰謀)가 한둘이 아닌 것을 내가 분명히 알고 있는데, 서간도(西間島)에 무관학교(武官學校)를 설립하여 뒷날 독립전쟁(獨立戰爭)을 준비하던 사실과, 안명근(安明根)과 공모(共謀)하여 총독(總督)을 살해하려던 음모*와, 부자(富者)의 금전(金錢)을 강탈한 사실을 우리 경찰계(警察界)에서는 불을 보듯 훤하거늘, 너는 끝내 숨기려 하느냐』 하며 노기등등(怒氣騰騰)하나, 나는 공포보다는 「너의 가슴에 붙였다는 엑스광선이 병(病)이 나지를 않았느냐」 하는 우스운 생각이 나서, 참아 가면서 『안명근과는 일절 관계가 없었고, 서간도(西間島)는 빈한(貧寒)한 농가(農家)에 옮겨 가기를 권하여 생활의 근거를 인도(引導)하던 것뿐이고 다른 일이 없었는데, 지방 경찰의 안광(眼光)이 너무 협소하여 걸핏하면 배일(排日)이니 무엇이니 하여 교육사업(教育事業)에도 방해가 많았으니, 이후에는 지방 경찰을 주의시켜 우리 같은 사람들이 교육이나 잘하고 있도록 하여 주고, 학교(學校) 개학(開學) 시기가 이미 지났으니 속히 내려가 학교 개학이나 하게 하라』고 하였다. 도변이 놈은 악형(惡刑)도 가하지 않고 그저 유치장(留置場)으로 보냈다.

나의 국모보수(國母報讐) 사건은 비밀이 아니고 세상이 모두 아는 공연한 사실이었다. 왜놈들이 각 경찰기관(警察機關)에 주의인물(注意人物)로 붉은색으로 구별하여 나의 온갖 행동을 조사하여 왔으니 해주검사국(海州檢事局)에 비치한 《김구(金龜)》라는 책자(冊子)에도 틀림없이 토전양량(土田讓亮)의 사실이 알려져 기재되었으리라고 생각하고, 금번에 총감부(總監部) 경시(警視)* 한 명이 안악(安岳)에 출장(出張) 조사(調査)하였으니 그 사실이 발각된다면 나의 일생은 여기에서 종막(終幕)이 되리라고 생각하고, 도변(渡邊)이 놈이 썩 들어서면서 『내 가슴에 엑스광선을 붙였으니 과거를 무엇이나 다 알고 있다』라고 말을 할 때에 인천(仁川) 사건은 피할 수 없이 당하였다고 생각을 하면서도, 그놈의 엑스광선을 시험하자는 것뿐이었다. 과연 도변이 놈이 그 사실을 알았으면서도 후일(後日)에 물으려고 남겨 두고 다른 말만 묻는 것이 아닌 것은, 그놈이 신문할 때 엑스광선과 같이 나의 과거와 현재를 잘 아는 표시를 내려고 애를 쓰는 것을 보아서 잘 알 수 있었다.

그러고 보니 나라는 망하였으나 인민(人民)은 망하지 않았다고 생각되었다。 내가 평상시에 우리 한인(韓人) 정탐(偵探)을 제일 미워하여 여지없이 공격하였다。 나에게 공격을 받은 정탐꾼들까지도 자기가 잘 아는 그 사실만은 밀고(密告)를 하지 않고 왜놈에게 대하여 비밀을 지켜 준 것이 아닌가。 다른 사람은 말할 것도 없고、 나의 제자로서 형사(刑事)가 된 김홍식(金弘植)이와、 같은 학교 직원으로 있던 원인상(元仁常) 등부터 밀고를 하지 않은 것이니、 그러고 보면 각처(各處)의 한인(韓人) 형사(刑事)와 고등정탐(高等偵探)까지도 그 양심에 애국(愛國) 정성(精誠)의 얼마가 남아 있음이 아닌가。 사회(社會)에서 나에게 이같은 동정(同情)을 주었으니、 나로서는 최후의 한순간까지 동지(同志)를 위하여 분투(奮鬪)하고、 원수의 요구에 응하지 않으리라 결심하였다。 그리고 김홍량(金鴻亮)은 여러 가지로 활동할 능력이 나보다 낫고 품격(品格)도 나보다 나으니 「신문할 때 홍량(鴻亮)에게 이롭도록 말을 하여 방면(放免)케 하리라」 그리 생각하여 『구(龜)는 진흙 속으로 잠기리니、 홍(鴻)은 바다 밖으로 날아가라』*의 구절을 스스로 읊었다。

모두 일곱 차례의 신문(訊問)에서 도변(渡邊)이 놈만 혹형(酷刑)을 가하지 않고 여섯 차례는 번번이 정신을 잃은 후에야 유치장(留置場)에 끌려 들어왔는데、 들어올 때 각 방 동지(同志)들의 정신을 고무(鼓舞)하기 위하여 『나의 생명을 빼앗을 수는 있지만 내 정신은 빼앗지 못할 것이다』라는 말을 하면、 왜놈들은 『나쁜 말이 해서도 다다귀』*라고 위협을 하지만、 내 말을 듣는 동지들은 견고(堅固)한 마음을 가졌다。

여덟번째 신문(訊問)에서는 각 과장(科長)과 주임경시(主任警視) 일고여덟 명이 죽 벌여 앉아 묻는 말이 『너의 동류(同類)가 거개 자백(自白)하였거늘、 너 한 놈이 자백을 않으니 심히 어리석고 고집이 세구나。 토지(土地)를 사들인 지주(地主)가 되어 그 논밭 가운데에서 뭉어리돌*을 골라냄이 당연한 일 아니냐。 네가 아무리 입을 다물고 혀를 묶고 한마디도 말을 안 하지만 여러 놈의 입에서 네 죄가 다 발각되었으니、 지금 곧 말을 하면 그만이지만 한결같이 고집하면 이 자리에서 때려죽일 것이다』 한다。 나는 『나를 당신네 논밭 가운데 있는 기와나 자갈로 알고 캐내려는 당신들의 노고(勞苦)보다 파여 나가는 나의 고통(苦痛)이 더 심하니、 내가 스스로 죽는 것을 보아라』 하고 머리로 기둥을 들이받고 정신 없이 엎어졌다。 여러 놈들이 인공호흡(人工呼吸)과 냉수를 얼굴에 뿜어서 정신이 돌아왔다。

한 놈이 능청스럽게 청원(請願)을 한다。『김구(金龜)는 조선인(朝鮮人) 중에서 믿음과 우러름을 받는 인물인데 이같이 대우하는 것이 적당하지 않으니、저에게 위임하여 신문하게 하옵소서』 한다。즉시 승낙을 얻어 가지고 자기 방으로 데리고 가서 특별히 대우를 한다。담배도 주고 말씨도 존대(尊待)하며、『내가 황해도(黃海道) 출장(出張)하여 김구의 온갖 행동을 일일이 조사하여 보니、교육사업(教育事業)에도 열성(熱誠)인 것은 학교에서 월급을 받든 못 받든 교무(校務)를 한결같이 보는 것이라든지、일반 인민(人民)의 여론(輿論)을 들어 보아도 정직한 사람인데、총감부(總監部)에 와서 김구의 신분(身分)을 모르는 역인(役人)들에게 형벌도 많이 당한 모양이니 매우 유감이오。신문(訊問)도、순조로운 환경에서 하여야만 사실대로 말할 신분이 있고 나쁜 환경에서 할 사람이 따로 있는데、김구에게는 실례가 많았다』고 뻔뻔스럽게 말을 한다。

왜놈이 신문(訊問)하는 방법은 대략 세 종류의 수단으로 한다。첫째 혹형(酷刑)이니、채찍과 몽둥이로 마구 때리는 것、두 손을 등 뒤에 엎게 하고 오라 밧줄로 결박(結縛)하여 천장의 쇠갈고리에 오랏줄을 끌어 올리고 형벌받는 사람을 걸상 위에 세웠다가 오랏줄의 한 끝을 한편에 잡아매고 걸상을 빼 버리면 전신(全身)이 공중에 매달려 질식(窒息)되는데、그 뒤에 묶었던 것을 풀어서 냉수를 전신(全身)에 뿌려 숨이 돌아오게 하는 것、화로(火爐)에 쇠막대기를 늘어놓아 벌겋게 달군 뒤에 그 쇠막대기로 전신(全身)을 마구 지지는 것、손가락 크기의 마름모꼴 막대기 세 개를 세 손가락 사이에 끼우고 막대기 양 끝을 끈으로 단단히 동여매는 것、거꾸로 매단 후에 콧구멍에 냉수를 부어 넣는 것이다。둘째 굶기는 것이니、신문(訊問) 때는 보통 수인(囚人)의 음식물을 반으로 줄여 생명 유지만 할 기준으로 하여 놓고、친척(親戚)이 사식(私食)을 청원(請願)하여도 신문주임(訊問主任)의 허가를 얻지 못하면 사식을 도로 보낸다。신문주임 되는 놈이、사실 유무(有無)를 상관하지 않고 빈말로라도 자기의 사건이나 다른 사람에게 불리한 조건이라도 왜놈들 좋아할 만한 말을 한 수인(囚人)에게는 사식(私食)을 허락하여 들여 보내게 하고、반항성(反抗性)이 있어 보이면 절대로 허락하지 않는다。그 유치장(留置場)에서도 사식을 받아 먹는 자는 자연히 강경하지 못하다고 보였다。그 밖에 한 가지는、온화한 수단으로 좋은 음식도 대접하고, 훌륭히 장식한 당시 총감부(總監部) 총장(總長) 명석(明石)의 방으로 데리고 가서 극진히 공경하며 점잖게 대우하는 바람에, 혹형(酷刑)을 인내(忍耐)한 자도 그 자리에서는 실토(實吐)한 사람을 더러 알 수 있다.

내가 체형(體刑)*에는 한두 번 참아 보았고, 저놈이 발악(發惡)을 하면 나도 삼정이 일어나 자연 저항력이 생기므로 능히 참았지만, 둘째와 셋째를 당할 때는 극히 참기 어려운 경우를 겪었다. 둘째 굶기는 것은, 처음에는 밥이래야 껍질도 절반 모래도 절반에 소금도 쓴 염근(鹽根)*을 주는데, 입맛이 없어서 안 먹고 도로 보내기도 하였다. 얼마 후에는 죽도록 맞은 날이 아니면 그런 밥이라도 기다려서 달게 먹었다. 그때까지 근 석 달에 인(仁)의 에미*는 매일 아침저녁 밥을 가지고 유치장(留置場) 앞에 와서 말소리가 들리도록 소리를 높여 『김구(金龜)의 밥을 가지고 왔으니 들여 주시오』 한다. 왜놈은 『김가메 나쁜 말이 했소데 사시이레 일이 없소다』* 하여 번번이 돌려보냈다.

나는 몸이 더욱 말이 아니었다. 그놈이 달아매고 때릴 때, 박태보(朴泰輔)가 보습 단근질 때 『이 쇠가 오히려 차가우니 다시 달구어 와라』(此鐵猶冷更煮來) 한 구절을 암송(暗誦)하면서, 겨울철이라 그리하는지 겉옷만 벗기고 양직(洋織) 속옷(내의(內衣))은 입은 채로 결박(結縛)하고 때릴 때에 『속옷을 입어서 아프지 않으니 속옷을 다 벗고 맞겠다』 하여 번번이 벌거벗은 몸으로 매를 맞아서 살이 떨어져 나가게 될 뿐 아니라 온전한 피부가 없었다. 그런 때에, 다른 사람들이 문 앞에서 사식(私食)을 먹을 때 고깃국과 김치 냄새가 코에 들어올 때는 미칠 듯이 먹고 싶었다. 「나도 남에게 해(害)가 될 말이라도 하고서 가져오는 밥이나 다 받아 먹을까」, 또는 「아내가 묘령(妙齡)의 나이이니 몸을 팔아서라도 좋은 음식이나 늘 하여다 주면 좋겠다」, 날마다 아침저녁으로 음식 냄새가 코에 들어올 때마다 더러운 생각이 났다.

박영효(朴泳孝)의 부친(父親)*이 옥(獄)에서 섬거적*을 뜯어 먹다가 죽었다는 말과, 소무(蘇武)*가 옷의 솜털을 뜯어 먹으며 십구 년 동안 한(漢)나라에 대한 절개(節槪)를 지켰다는 글을 생각하고, 전날에 벌거벗은 몸으로 매 맞던 일을 생각하며 『나의 육체(肉體)의 생명은 빼앗을 수 있을지언정, 나의 정성(精誠)은 빼앗을 수 없다』라고 같이 갇혀 있는 동지(同志)들에게 주창(主唱)하던 기개(氣槪)를 생각하니, 인성(人性)은 없어져 버리고 수성(獸性)만 남아 있음이 아닌가 자책(自責)하였다.

그러던 때에 명석(明石)의 방에서 나를 극진히 우대(優待)하면서 신문(訊問)을 하는데, 그놈의 요령으로 보면 『신부민(新附民)의 자격(資格)만 표시하면* 즉각 총독(總督)에게 보고하여 이와 같은 고통도 면하게 할 뿐 아니라, 조선(朝鮮)을 통치하는 데 순전히 일인(日人)만으로 할 것이 아니라 조선인(朝鮮人) 중에 덕망(德望)이 있는 인사(人士)를 얻어 정치를 실시하려는 터이니, 당신같이 충직(忠直)하고 후덕(厚德)한 어른이 시세(時勢)의 추이(推移)를 깨닫지 못하지는 않을 터이니 순응함이 어떠냐』 하고, 『안명근(安明根)의 사건과 서간도(西間島) 사건을 실토(實吐)하는 것이 어떠냐』 하는데, 나의 대답은 『당신이 나의 충직(忠直)함과 후덕(厚德)함을 인정하거든 내가 처음부터 공술(供述)한 것까지를 인정하라』고 하였다.

그놈은 가장 점잖은 체모(體貌)를 가지나 기색(氣色)은 좋지 못한 채로 나를 돌려보내었다가, 오늘은 맨 처음에는 당장 쳐 죽인다고 발악하던 끝에 이놈에게 끌려왔는데, 그놈은 이른바 국우(國友)라는 경시(警視)였다. 『내 몇 해 전에 대만인(臺灣人) 범죄자(犯罪者) 한 명을 맡아서 신문(訊問)하였는데, 오늘 김구(金龜)와 같이 고집하다가 검사국(檢事局)에 가서 일체(一切)를 자백(自白)하였다고 내게 편지한 것을 보았다. 김구도 이제는 검사국으로 넘어갈 터이니, 거기 가서 사실을 고백함이 더욱 검사(檢事)의 동정(同情)을 받을 수 있다』고 말하고, 전화로 국수장국밥에 고기를 많이 가져오라고 하여 나의 앞에 놓고 먹기를 청한다. 나는 물었다. 『당신이 나를 무죄(無罪)로 인정한다면 대접하는 음식을 먹겠지만, 만약 유죄(有罪)라 하면 먹을 수 없다』라고 하였다. 『김구(金龜)는 한문병자(漢文病者)이다.* 김구는 지금껏 나에게 동정(同情)을 안 하였으나, 나는 자연히 동정할 마음이 생겨서 변변치 못하지만 대접하는 것이니 식기 전에 먹어라』 하나, 나는 한결같이 사양(辭讓)하였다. 국우는 웃으면서 한자(漢字)로 『君疑置毒否(군의치독부)』* 다섯 자를 써 보이고 『이제부터는 사식(私食)도 허락하여 들여보낼 것이다』라고 말한다. 『신문(訊問)이 종결된 모양이니 그리 알라』고 한다. 내가 『독(毒)을 넣었는지 의심을 품은 것은 아니다』라 하고 그 음식을 먹고 돌아오니, 저녁부터 사식(私食)이 들어왔다.

같은 방에 있는 이종록(李宗錄)은 나이 어린 청년이었다. 따라온 친척(親戚)이 없으므로 사식(私食)을 갖다 줄 사람이 없는데, 방 안에서 먹게 되면 나눠 먹게 하겠으나 사식은 반드시 방 밖에서 따로 먹게 하므로, 종록(宗錄)이 먹고 싶어 하는 모습은 차마 볼 수 없었다. 내가 방 밖에서 밥을 먹다가 고기 한 덩이와 밥 한 덩이를 입에 물고 방 안에 들어와서 입안에서 도로 꺼내어, 마치 어미새가 새끼에게 물어다 먹이듯 하였다.

그 이튿날은 종로구치감(鍾路拘置監)으로 넘어왔다. 비록 독방(獨房)에 있었지만 총감부(總監部)보다는 얼마나 편리하고, 이른바 감식(監食)*도 전에 비하여 훨씬 분량이 많았다. 왜놈이 나의 신문(訊問)에 대하여 사실대로만 법률(法律)을 적용한다면 이른바 보안법(保安法) 위반이라 하여 최고형(最高刑) 이 년밖에 지울 수 없었다.* 억지로 안명근(安明根)의 이른바 강도(强盜) 사건에다 끌어붙일 결심이겠지만, 내가 경성(京城) 양기탁(梁起鐸)의 집에서 서간도(西間島) 사건을 회의하여 이동녕(李東寧)을 보내도록 한 날짜가 즉 안명근이 안악(安岳)에 와서 원행섭(元行燮) 박형병(朴亨秉) 고봉수(高鳳洙) 한정교(韓貞敎) 등과 안악 부호(富豪)를 습격하자고 회의하였다는 날이었다. 그때 안악에 있었던 김홍량(金鴻亮) 김용제(金庸濟) 도인권(都寅權) 양성진(楊星鎭) 장윤근(張允根) 등은 물론 안명근의 종범(從犯)으로 하였지만, 나에게는 그날 경성에 있었다는 확실한 증거가 있었다.

그리하여 안악(安岳)에 안명근(安明根)이 도착하여 모인 날짜만 이십 며칠이라 기입(記入)하고, 경성(京城) 회의 날짜는 『모월(某月) 중순(中旬)에 양기탁(梁起鐸)의 집에서 서간도(西間島)에 대한 사실을 회의하였다』고 어름어름 기입(記入)하고, 내가 그날 안악에서 회의에 참석한 것을 목도(目睹)하였다는 증인(證人)으로 양산학교(楊山學校) 교(校)지기의 아들, 이원형(李元亨)이라는 십사 세의 학생을 압상(押上)하였다. 내가 이른바 검사(檢事) 신문(訊問)을 당할 때, 벽을 사이에 두고 있는 신문실(訊問室)에서 이원형의 말소리가 들렸다. 왜놈이 묻기를 『안명근(安明根)이 양산학교에 왔을 때 김구(金龜)도 그 자리에 있었지?』 한다. 원형(元亨)의 답. 『나는 안명근이 누구인지도 모르고, 김구는 어디 가고 그날 없었습니다.』 왜놈들이 죽일 것같이 위엄(威嚴)을 보이고, 조선인(朝鮮人) 순사(巡査) 놈은 원형을 대하여 『이 미련한 놈아, 안명근이도 김구도 동석(同席)한 것을 보았다고 대답만 하면 네가 지금 너의 아버지를 따라 집에 갈 수 있도록 말을 잘할 터이니, 내 시키는 대로 말을 하여라』 한다. 원형은 『그러면 그렇게 말하겠습니다. 때리지 마셔요』 한다.

검사(檢事) 놈이 나를 신문(訊問)하다가 초인종(招人鍾)을 울려 원형을 문 안에 들여 세우고, 원형을 향하여 『양산학교에서 안명근이 김구와 같이 앉아 있는 것을 네가 보았느냐』 묻는다. 『네』 하는 말이 끝나자마자 원형을 문밖으로 끌고 나갔다. 검사 놈은 나를 향하여 『네가, 이런 증거(證據)가 있는데도…』 한다。『오백여 리 먼 거리의 곳에, 같은 날 같은 시간에 두 곳의 회의를 다 참석한 김구가 되게 하느라고 매우 수고로웠겠다』고 말을 마치니, 곧 이른바 예심(豫審)이 종결되었다。

그때 우리 사건 외에 의병장(義兵將) 강기동(姜基東)*은 원산(元山)에서 체포되어 경시총감부(警視總監部)에서 같이 취조(取調)를 받고 이른바 육군법원(陸軍法院)에서 사형(死刑)을 받은 사건이 있었고, 김좌진(金佐鎭)* 등 몇 사람이 애국운동(愛國運動)을 하다가 강도죄(强盜罪)로 징역(懲役)을 받고 같은 감옥에서 함께 고생하였다。강기동은 처음에 의병(義兵)에 참가하였다가 즉시 귀순(歸順)의 형식을 취하고 헌병(憲兵) 보조원(補助員)이 되어 경기지방(京畿地方)에서 복무(服務)하다가, 왜놈들이 의병을 총검거(總檢擧)하여 수십 명을 일시에 총살(銃殺)하려고 내정(內定)하였는데 강기동의 지난 시절 동지(同志)들이었다。자기 수직(守直) 시간에 갇혀 있던 의병을 전부 풀어 주고, 사무소(事務所)에 비치된 총기(銃器)를 꺼내어다 각기 무장(武裝)하고 야간에 경계망(警戒網)을 돌파하고, 강원(江原) 경기(京畿) 충청(忠淸) 각지에서 여러 해 동안 한일전쟁(韓日戰爭)을 계속하다가, 원산(元山)에서 안기동(安基東)으로 행세(行世)하면서 무슨 일을 계획하다가 체포되어 총살(銃殺)을 당하였다。

종로감옥(鍾路監獄)에서 하루는 안악군수(安岳郡守) 이 아무개가 면회(面會)를 하면서 『양산학교(楊山學校) 교사(校舍)는 근본(根本) 관(官) 소유의 건물이니 돌려 달라』고 강요하고 『교구(校具)와 집물(什物)도 공립(公立) 보통학교(普通學校)에 인도하는 요구서(要求書)에 날인(捺印)이 필요하다』고 함에 대하여, 『교사(校舍)는 공적(公的)인 건물이므로 가져가지만, 비품(備品)과 기구(器具)는 안신학교(安新學校)에 기부(寄附)하겠다』 하였으나, 끝내는 학교 전부를 공립 보통학교의 소유로 강탈하였다。

양산학교(楊山學校) 소학생(小學生)들은 국가(國家)에 대한 관념이 부족하였다。중학생(中學生) 손두환(孫斗煥)*은 내가 장련읍(長連邑) 봉양학교(鳳陽學校)(예수교에서 설립하였으며 후에 진명(進明)으로 개칭(改稱)하였다)에서 일을 볼 때 초립동(草笠童)으로, 그 부친(父親) 손창렴(孫昌濂)이 늦게 얻은 아들로 애지중지(愛之重之)하여 그 부모(父母)와 존장(尊長)은 물론이요 그 군(郡)의 군수(郡守)까지도 두환(斗煥)에게 「…해라」라는 말을 들었고, 어떤 사람이고 두환의 경대(敬待)를 들어 본 사람이 없었다。황해(黃海) 평안(平安) 두 도(道)에는 특히 지방 풍습으로 성년(成年)이 되기까지 부모에게는 「…해라」 하는 습속(習俗)이 있었으므로 그 나쁜 관습을 개량(改良)하기에 주의하던 때에, 두환을 살살 꾀어 학교에 입학하게 한 후에 어느 날 수신(修身) 시간에 『학생 중에 아직 부모(父母)나 존장(尊長)에게 「…해라」 하는 이가 있으면 손을 들어라』 명령하고 학생석(學生席)을 보니, 몇 명 손을 드는 학생이 있는 중에 두환이도 있었다。학교 공부를 끝낼 때에 두환을 별실(別室)로 불러 『젖 먹을 때의 어린아이는 부모나 존장에게 경어(敬語)를 사용하지 못한대도 탓을 할 수 없으나, 너와 같이 어른 된 표시로 상투도 짜고 초립(草笠)도 쓰고서 부모와 학교 어른에게 공대(恭待)할 줄을 모르고도 부끄러운 줄을 모르느냐』 물었다。두환은 『그러면 언제부터 공대(恭待)를 하오리까』 묻는다。내 대답은 『잘못인 줄 아는 때부터이니라』 하고 보내었다。

이튿날 이른 아침에 문 앞에서 『김구(金龜) 선생님!』 하고 부르는 이가 있었다。나가 보니 손(孫) 의관(議官)* 창렴(昌濂) 씨였다。하인(下人)에게 백미(白米) 한 짐을 지우고 와서 문 안으로 들여놓고 희색(喜色)이 얼굴에 가득하여 너무 기뻐서 말의 순서도 갖추지 못하였다。『우리 두환(斗煥)이 놈이 어제 저녁에 학교에서 돌아와서 내게 공대(恭待)를 하고, 저의 모친(母親)에게는 전과 같이 「…해라」 하더니 깜짝 놀라 「에고 잘못했습니다」 하고 말을 그치며 선생님 가르침이라고 합니다。선생님, 진지 많이 잡수시고 그놈 잘 가르쳐 주십시오。밥맛 좋은 쌀이 들어왔기에 좀 가져왔습니다。』 나도 마음에 기뻐서 웃었다。

그때 학교를 신설(新設)하고서 학령아동(學齡兒童)이 있는 집에 차례로 방문하여 학부형(學父兄)에게 「학생들의 머리는 깎아 주지 않겠다」는 조건부(條件附)로 애걸하여 아동들을 모아 왔다。어떤 아이들은 부모들이 머리도 자주 빗기지 않아서 이와 서캐(蝨)가 가득하였다。할 수 없이 얼레빗과 대빗을 사다가 두고 매일 몇 시간씩은 학생들의 머리를 빗겼다。점차 아동의 수가 늘어남에 따라 학과(學課) 시간보다 머리 빗기는 시간이 많게 되므로, 두번째 수단으로 하나씩 둘씩 머리를 깎아 주되, 그 부모의 승낙을 얻어 실행하였다。

두환(斗煥)은 그 부친(父親)의 승낙을 구하다가는 도리어 학교를 그만두게 될지 몰라서 두환이와 상의하였다。두환은 상투 짜는 것이 괴롭고 초립(草笠)이 무거우므로 깎기가 소원이라고 한다。곧 깎아서 집에 보낸 후에 슬금슬금 따라가 보았다。손(孫) 의관(議官)이 눈물이 비 오듯 하며 분(憤)이 끝까지 났으나, 견줄 데 없이 사랑하는 두환을 심하게 나무라기는 싫고 다만 나에게 분풀이를 할 터인데, 두환이가 내가 옴을 보고 기뻐하는 것을 본 손 의관은 분한 마음이 갑자기 다 어디로 가고, 눈에서는 눈물이 뚝뚝 듣는데 얼굴에는 기쁨이 가득해지며 『선생님 이것이 웬일이에요, 나나 죽거든 머리를 깎아 주시지 않고』 한다. 나는 미안한 마음을 표하면서 『영감(令監)께서 두환을 지극히 사랑하시지요? 나도 영감 다음은 사랑합니다. 나는 두환이가 목이 가는 데다가, 큰 상투를 짜고 망건(網巾)으로 조르고 무거운 초립(草笠)을 씌워 두는 것이 위생(衛生)에 큰 방해가 될 줄을 알기 때문에, 나도 아끼고 사랑스러운 생각으로 깎았으니, 두환이 몸이 튼튼해지는 때에 영감에게 고맙다는 인사를 듣고야 말걸요』 하였다. 이로부터 나를 따라 안악(安岳)에 유학(留學)하게 되고, 손 의관도 같이 따라와서 객지(客地)에 머물면서 두환이 공부하는 것을 보고 있었다. 두환은 사람됨이 총명(聰明)도 하거니와 우리의 망국(亡國)의 한(恨)을 같이 느낄 줄 알았다.

중학생(中學生) 가운데 우기범(禹基範)은 내가 문화군(文化郡) 종산(鍾山)의 서명의숙(西明義塾)에서 가르치던 때에 과부(寡婦)의 자식으로 입학하여 수업(授業)을 하였으나, 그 모친(母親)의 능력으로 공부를 계속할 수 없고, 재질(才質)로는 발전하여 나아갈 가능성이 있어 보였다. 그 모친에게 청하였다. 『기범(基範)을 나에게 맡기면 데리고 안악(安岳)으로 가서 내 집에 두고 공부를 계속하겠습니다』라고. 그 모친은 매우 감심(感心)하여 『만일 선생께서 그같이 생각하시면 나는 따라가서 엿 장사를 하며 기범의 공부하는 모습을 보겠소』 하여, 기범이 아홉 살 때에 집에서 기르며, 공부는 안신학교(安新學校) 소학과(小學科)를 마치고 양산학교(楊山學校) 중학부(中學部)에 입학을 하였다.

이제는 왜놈들이 양산학교(楊山學校)를 해산(解散)하고 교구(校具) 전부를 강탈하니, 이제는 교육사업(教育事業)도 봄날의 꿈이 되고 말았다. 목자(牧者)를 잃은 양떼 같은 학생들은 원수의 채찍질 아래에서 신음(呻吟)하게 되었으니 원통하고, 함께 갇힌 김홍량(金鴻亮)은 애를 써서 불행(不幸)의 그물을 벗어나 높이 날아서 해외(海外)에서 활동하기를 꾀하였지만, 자기가 안명근(安明根)의 부탁을 받아서 신천(信川) 이원식(李源植)에게 권고하였다고 자백(自白)한 점으로 보아도 책임을 벗어나기가 불가능하였다.

어머님은 상경(上京)하여 사식(私食)을 날마다 들여보내시고, 연락도 종종 편지로 하셨다. 안악(安岳)의 가산(家產)과 집물(什物)을 전부 팔아 가지고 서울로 오다가 화경(化敬)* 곧 둘째로 난 두 살 먹은 딸과 아내는 당시 평산(平山)에 있는 장모(丈母)와 처형(妻兄)의 집에 들러서 그 뒤에 상경(上京)한다고 하였다.

어머님이 손수 담은 밥그릇을 열고 밥을 먹으면서 생각하니, 어머님의 눈물이 밥에 점점이 섞였을 것이었다. 십팔 년 전 해주(海州) 옥바라지로부터 인천(仁川)까지 옥바라지를 하실 때는 슬프고 두려운 중에도 내외분이 서로 위로하고 서로 의논하시며 지내었으나, 지금은 당신이 과부(寡婦)의 몸으로, 어느 누가 살뜰하게 위로하여 줄 사람도 없었다. 준영(俊永) 삼촌과 재종형제(再從兄弟)가 있으나 거개 토착민(土着民)이어서 거론할 여지가 없고, 약한 아내와 어린아이는 어머님에게 무슨 위안(慰安)을 할 능력이 있겠는가. 또한 아내가 어린아이(화경(化敬))를 데리고 자기 모친(母親)이 한때 얹혀산 처형(妻兄)의 집에 갔다는 기별(奇別)에는 한없는 느낌이 생겼다.

처형(妻兄)으로 말하면, 본디 신창희(申昌熙) 군과 결혼하고 황해도(黃海道)에 집안 식구를 거느리고 옮겨 와서 살다가, 내가 그의 처제(妻弟)인 준례(遵禮)와 결혼한 뒤에 다시 의과(醫科) 학업(學業)을 마치기 위하여 세브란스의학교(世富蘭醫學校)*에 들어가던 차에 부부(夫婦)와 장모(丈母)까지 도로 경성(京城)으로 옮겨 간 뒤에, 내가 장련읍(長連邑)에 있을 때부터 모녀(母女) 두 사람만 평양(平壤)에 들러서 장련(長連) 나의 집까지 동생과 딸을 보려고 와서 방문하였는데, 어떤 까닭인지 신창희 군과 서먹한 빛이 보이고, 더욱 처형(妻兄)의 행동거지가 바른길에서 벗어나는 경향이 보였다. 하물며 기독교(基督教) 신자(信者)의 행위로 이를 본 나의 부부는 처형과 장모에게 권하여 신창희에게로 보냈다.

그 후 내가 안악(安岳)에 옮겨 살던 때에 역시 처형(妻兄)과 장모(丈母)가 왔는데, 처형은 신창희(申昌熙)와 부부의 관계를 해제(解除)하였다 한다. 나와 어머님은 잠시라도 집안에 용납할 생각이 없으나, 아내는 어머니와 언니에 대하여 강경한 태도를 보이지 못하는 것이 사실인데, 가정(家庭)은 심히 불안에 빠졌다. 아내에게 비밀히 부탁하고, 장모에게 『큰딸을 데리고 나가 주지 못할 것이면 작은 딸까지 데리고 나가 달라』고 말을 하였다. 깨닫지 못한 장모는 좋다고 하고 세 사람이 집을 떠나서 경성(京城)으로 출발하였다.

나는 얼마 후에 경성에 가서 동정(動靜)을 살펴보니, 아내는 어머니와 언니를 떠나서 어느 학교에 투신(投身)할 계획을 하고 있었다. 나는 아내에게 비밀히 약간의 여비(旅費)를 주고 내려와 재령(載寧) 선교사(宣教師) 군예빈(君芮彬)에게 말을 하니, 『준례(遵禮)는 당분간 데려다가 내 집에 있게 하고, 서서히 데려가라』 한다。 나는 곧 경성(京城)으로 준례(遵禮)에게 전보(電報)를 치고 사리원역(沙里院驛) 앞에서 기다리니, 준례 혼자만 차에서 내렸다。 맞이하여 재령(載寧)의 군(君) 목사(牧師) 집에다가 데려다 두고, 나는 안악(安岳)으로 와서 어머님에게 사리(事理)를 풀어서 말하였다。『장모(丈母)나 처형(妻兄)이 비록 여자의 도리(道理)에 어긋나는 죄를 지은 사실이 있더라도, 죄가 없는 아내까지 쫓아내는 것은 도리가 아니니 용서하십시오』라고。 어머님은 말이 끝나자마자 곧 기꺼이 들어주시고, 『그렇다。 네가 데려오는 것보다 내가 직접 가서 데려오마』 하시고 그날로 재령에 가셔서 아내를 데려오니, 가정(家庭)의 파란(波瀾)은 이로부터 안정되었고, 아내 역시 친어머니 친언니에 대하여 친족(親族)이라는 생각을 단절하고 지내며, 처형은 평산(平山) 등지에서 헌병(憲兵) 보조원(補助員)의 처(妻)인지 첩(妾)인지 되어 살고, 장모도 같이 산다는 풍문(風聞)만 듣고 있었다。 그러다가 금번에는 전부 경성으로 옮겨 와서 이른바 공판(公判)을 본다고 오던 길에, 도중에 평산(平山) 처형(妻兄) 집에 아내와 화경(化敬)이는 두고 어머님만 경성으로 먼저 오셔서, 공판(公判) 날짜를 알려 아내를 경성에 오게 하였다는 어머님의 편지를 보았다。

이제는 내가 주장하던 것과 힘써 온 것은 거개 수포(水泡)로 돌아갔다。 학교에서 학생을 가르쳐 이끌 때에도 학생들이 나를 숭배(崇拜)하는 것보다 나는 천배(千倍) 만배(萬倍) 숭배하고 공평하게 대우하며 희망을 두고, 나는 일찍이 교육을 충분히 받지 못하였으므로 망국민(亡國民)이 되었으나 학생들은 뒷날 비할 데 없는 건국영웅(建國英雄)이 되게 하리라고 바라던 마음도 허지(虛地)*로 돌아갔다。 또한 아내도 평소에 자기 언니가 헌병(憲兵)의 첩질을 한다는 말을 들은 후로는 영원히 서로 안 보기로 결심을 하였건만, 내가 이 지경이 되니 부득이 갔을 것이다。

그럭저럭 이른바 공판(公判) 날짜를 정하였다고, 어머님이 왜놈 영정(永井)이란 변호사(辯護士)를 썼다고 하는데, 예심(豫審) 심문(審問) 때 영정이 놈은 내게 이런 말을 묻는다。『총감부(總監部) 유치장(留置場)에 있을 때 판벽(板壁)을 두드려 양기탁(梁起鐸)과 무슨 말을 하였는가。』 나는 영정을 노려보고 『이것은 신문관(訊問官)을 대리(代理)하는 것인가。 나의 사실은 신문기록(訊問記錄)에 상세히 기재(記載)되어 있으니 나에게 더 물을 것이 없다』고 대답하니, 검사(檢事) 놈과 눈을 끔쩍이며 실패의 의미를 표시하는 것 같았다。

이른바 재판일(裁判日)을 맞았다。 수인마차(囚人馬車)에 실려 경성지방재판소(京城地方裁判所) 문 앞에 당도하여、 어머님이 화경(化敬) 아이를 업고 아내와 같이 문 안에서 기다리고 있는 것을 보면서 이른바 이호(二號) 법정(法庭)으로 끌려 들어갔다。 맨 윗자리에 안명근(安明根)、 다음에 김홍량(金鴻亮)이요、 나는 세번째에 앉히고、 이승길(李承吉) 배경진(裵敬鎭) 한순직(韓淳稷) 도인권(都寅權) 양성진(楊星鎭) 최익형(崔益馨) 김용제(金庸濟) 최명식(崔明植) 장윤근(張允根) 고봉수(高鳳洙) 한정교(韓貞敎) 박형병(朴亨秉) 열네 명*이 출석하였고、 방청석(傍聽席)을 돌아보니 각 학교 남녀 학생과 각 사람들의 친척(親戚)、 오랜 벗이 와서 참석하였고、 변호사(辯護士)들과 신문기자(新聞記者)들도 죽 벌여 앉아 있었다。 동지(同志)들에게 한필호(韓弼昊) 신석충(申錫忠) 두 사람의 지난 일을 얻어들으니、 한필호 선생은 그때 경시총감부(警視總監部)에서 살해당하였고、 신석충은 재령철교(載寧鐵橋)에 끌려오다가 강에 몸을 던져 죽었다는 가슴 아픈 소식을 알았다。

대강 신문(訊問)을 끝낸 후 이른바 판결(判決)이라고、 안명근(安明根)은 종신(終身) 징역(懲役)이요、 김홍량(金鴻亮) 김구(金龜) 이승길(李承吉) 배경진(裵敬鎭) 한순직(韓淳稷) 원행섭(元行燮) 박만준(朴萬俊) 일곱 명은 십오 년인데 원행섭 박만준은 출석하지 못했고、 도인권(都寅權) 양성진(楊星鎭)은 십 년이요、 최익형(崔益馨) 김용제(金庸濟) 장윤근(張允根) 고봉수(高鳳洙) 한정교(韓貞敎) 박형병(朴亨秉)은 칠 년 또는 오 년으로 논고(論告)한 후 판결도 그대로 언도(言渡)되었으니* 이상은 강도(强盜) 사건으로 되었다。 그 후에 이른바 보안(保安) 사건으로 또 재판할 때는 윗자리의 양기탁(梁起鐸) 안태국(安泰國) 김구(金龜) 김홍량(金鴻亮) 주진수(朱鎭洙) 옥관빈(玉觀彬) 김도희(金道熙) 김용규(金龍圭) 고정화(高貞華) 정달하(鄭達河) 감익룡(甘益龍)、 그리고 김용규의 조카인데、 판결되기는 양기탁 안태국 김구 김홍량 주진수 옥관빈은 이 년 징역이고、 그 나머지는 일 년 또는 육 개월이었다。* 그 밖에 이동휘(李東輝) 이승훈(李昇薰) 박도병(朴道秉) 최종호(崔宗鎬) 정문원(鄭文源) 김병옥(金秉玉) 등 열아홉 사람은 무의도(舞衣島) 제주도(濟州島) 고금도(古今島) 울릉도(鬱陵島)로 일 년 유배(流配)를 정하여 보냈다。

며칠 후에 서대문감옥(西大門監獄)*으로 이감(移監)되었다。 동지(同志)들은 전부가 앞서거니 뒤서거니 그곳에서 함께 징역(懲役)을 살게 되니、 날마다 서로 얼굴을 대하는 것으로도 족히 위로(慰勞)가 되고、 간간이 말로도 사정(事情)을 통하고 지내기 때문에 고중락(苦中樂)의 감(感)이 있을 뿐 아니라、 오 년 이하로는 세상에 나간다는 소망이 있으나 칠 년 이상으로는 옥중혼(獄中魂)이 될 것으로 스스로 믿기 때문에、 육체로는 복역(服役)을 하나 정신으로는 왜놈을 짐승 보듯 하면서 쾌활한 마음으로 죽는 날까지 낙천적(樂天的)인 생활을 하기로 하고、 동지(同志)들도 거개 지향(志向)이 동일하므로 옥중(獄中)에서의 행동이 의논하지 않아도 같은 때가 항상 많았다。 더욱 오월동주(吳越同舟)*의 옛말이 빈

말이 아닌 참된 것임을 깨달을 수 있었다。

옥중(獄中)에서 종신(終身)토록 있게 된 동지(同志) 중에 거개 나이가 많건 어리건 간에 아들을 두었으나 유독 나는 어린 여자아이 화경(化敬)이만 있고 또한 무매독신(無妹獨身)임을 몹시 아깝게 생각하여, 김용제(金庸濟)는 사남일녀(四男一女)를 두었으니, 장남은 선량(善亮)이, 그다음은 근량(勤亮)이요 그다음은 문량(文亮)이요 그다음은 순량(順亮)인데, 자원(自願)하여 문량을 나의 대(代)를 이을 아들로 하기로 하여 허락하고 약속하였다。

나의 심리 상태가 체포(逮捕) 전과 후에 큰 변동이 생김을 자각(自覺)하였다。 체포 전에는 십수 년 동안 성경(聖經)을 들고 교회당(敎會堂)에서 설교(說敎)하거나 교편(敎鞭)을 들고 교실(敎室)에서 학생을 가르쳤으므로, 일사일물(一事一物)에 양심(良心)을 본위(本位)로 삼아 사심(邪心)이 일어날 때마다 먼저 스스로를 꾸짖지 않고는 감히 남의 잘못을 꾸짖지 못함이 거의 습관으로 되었다。 그렇기 때문에 학생들과 친구들 사이에 충실(忠實)하다는 믿음을 받고 지냈고, 그러므로 범사(凡事)에 추기급인(推己及人)*이 일상적인 습관이 되었건만, 어찌하여 불과 반년에 심리에 큰 변동이 생겼는가。 이를 연구하여 보면, 경시총감부(警視總監部)에서 신문(訊問)을 받을 때 도변(渡邊)이 놈이, 십칠 년 후에 다시 마주 앉아 금일의 김구(金龜)가 십칠 년 전 김창수(金昌洙)인 것도 모르는 놈이 대담하게 자기 가슴에는 엑스광선을 붙여서 나의 출생(出生) 이후 지금껏 일체(一切)의 행동을 투시(透視)하고 있으니 털끝만큼이라도 숨기면 당장 때려죽인다고 대단한 위세(威勢)를 부리던 때로 비롯하여 태산(泰山)처럼 크게 상상(想像)하던 왜놈이 겨자씨와 같이 작아 보이고, 무릇 일곱 차례나 매달려 질식(窒息)된 후에 냉수를 끼얹어 회생(回生)시킴을 당하여도 마음에 품은 의지(意志)는 점점 굳세어지고, 왜놈에게 국권(國權)을 빼앗긴 것이 우리의 일시적인 국운(國運)의 쇠퇴요, 일본(日本)으로서는 조선(朝鮮)을 영구(永久)히 통치(統治)할 자격이 없음을 불을 보듯 분명하다고 생각되었다。

이른바 고등관(高等官)이라고 모자에 금줄을 두셋씩 붙인 놈들이 나를 대하여 일본(日本) 천황(天皇)의 신성불가침(神聖不可侵)인 위세와 권력을 과장하는데, 『천황(天皇)이 재가(裁可)한 법령(法令)에 대하여 행정(行政) 관리(官吏)는 털끝만큼이라도 그 범위에서 벗어나는 행동을 못 한다』고, 또는 『조선(朝鮮) 인민(人民)도 천황의 백성이니 일시동인(一視同仁)*하는 행복을 받는 것은, 공(功) 있는 자 상(賞)을 주고 죄(罪) 있는 자 벌(罰)을 주는 법령(法令)대로 관리가 법령에 의하여 공평히 그대로 시행한다』고, 그러니 『구한국(舊韓國) 관리(官吏)가 자기에게 좋게 하는 인민(人民)에게는 죄가 있어도 벌하지 않고 자기가 미워하는 자는 죄가 가벼워도 무거운 벌을 내리던 시대와는 천양지차(天壤之差)이다』라고 혀가 마르도록 과장하던 그 놈의 그 입에다 며칠 뒤에 내가 반문(反問)하기를, 『그대의 말과 같이 「안악(安岳)에 가서 보니 김구(金龜)는 학교 일을 보아도 봉급(俸給)이 많고 적음을 불문(不問)에 부치고 오직 성심(誠心)으로 학교만 잘되도록 애쓰는 선생이라고 일반 인민(人民)에게 믿음을 받는 것을 보면 지방(地方) 유공자(有功者)의 하나이다」라고 하지 않았느냐. 더욱이 나에게서 금일까지 범죄사실(犯罪事實)이 없으니, 상(賞) 받을 자의 줄에 있을지언정 벌(罰) 받을 사실로 인정될 것 없으니, 어서 풀어 보내면 곧 학교로 돌아가 개학(開學)하겠다』고 하였다. 왜놈이 『네가 그런 줄 안다만 논밭을 사들인 지주(地主)로서 그 논밭의 뭉어리돌을 골라내는 것이 상례(常例)가 아니냐. 너는 아무리 범죄사실(犯罪事實)을 자백(自白)하지 않았으나 너의 동류(同類)가 다 너도 범죄의 우두머리라 말하였으니 증거(證據)가 되어 끝내 면하기 불가능하다』고 한다. 나는 또 반문(反問)하였다. 『관리(官吏)로서 법률(法律)을 무시하는 것 아니냐』 하니, 미친개 모양으로 『관리(官吏)를 농락(籠絡)한다』고 분기탱천(憤氣撑天)하여 죽도록 얻어맞았다.

그러나 왜놈이 나를 뭉어리돌로 인정하는 것은 참 기쁘다. 「오냐. 나는 죽어도 왜놈에 대하여 뭉어리돌의 정신을 품고 죽겠고, 살아도 뭉어리돌의 책무(責務)를 다하고 말리라」는 생각이 깊이 새겨졌다. 「나는 죽는 날까지 왜마(倭魔)의 이른바 법률(法律)을 조금이라도 파괴할 수만 있으면 단행(斷行)하고, 왜마(倭魔) 희롱(戲弄)하는 것을 유일한 오락(娛樂)으로 삼고, 보통 사람으로는 맛보기 어려운 별종(別種) 생활의 진수(眞髓)를 맛보리라」고 결심하였다.

서대문(西大門)으로 이감(移監)될 때 감옥의 관리(官吏)가 나에게 대하여 『김구(金龜)는 금일 자기 집의 의복(衣服)을 벗어서 집물(什物) 창고(倉庫)에 봉하여 둠과 같이 네 자유까지 맡겨 두고 옥의(獄衣)를 입고 입감(入監)하니, 모든 것은 관리에게 복종(服從)하는 것뿐이다』라는 말을 듣고 수긍하였다. 이튿날 복역(服役)은 시킨다면서 수갑(手匣)을 풀어 주지 않고, 간수(看守)*가 수갑 검사를 하면서 너무도 꽉 죄어 놓아서 하룻밤 사이에 손목이 퉁퉁 부어 보기에 끔찍하게 되었다. 이튿날 아침 검사할 때에 간수들이 보고 놀라서 이유를 묻는다. 나의 대답은 『관리(官吏)가 알지 죄수(罪囚)가 어떻게 아느냐』 하였다. 간수장(看守長)*이 와서 보고 『네가 손목이 이 지경이 되었으면 수갑을 늦춰 달라고 청원(請願)해야 할 것 아니냐』 한다。나는 『어제 전옥(典獄)*의 훈계(訓戒)에 「일체(一切)를 관리가 다 알아서 할 터이니 너는 복종만 하라」고 하지 않았느냐』 하였다。즉시 의사(醫師)가 와서 치료하였으나 손목뼈까지 수갑 끝이 들어가서 상처 구멍이 컸던 까닭에 근 이십 년이 지난 오늘까지 손목에 상흔(傷痕)이 아직 남았다。간수장(看守長)의 말이 『무엇이든지 재감자(在監者)가 불편한 사정이 있을 때는 간수(看守)에게 신청하여 전옥(典獄)까지도 면회하고 사정을 말할 수 있으니 주의하라』고 하였다。

옥규(獄規)에 보면、수인(囚人)들이 서로 이야기를 하거나 무슨 소식을 통하지 못하게 하였으나、그러나 말 많이 하고 소식을 서로 빠르게 통하게 되었다。마흔 명에 가까운 우리 동지(同志)들은 무슨 말이나 의견을 충분히 교환하고 지냈다。심리 상태가 변한 것은 나뿐 아니라 동지(同志)들이 다 평소에 비하여 크게 변하였다。그 중 고정화(高貞華)는 용모(容貌)부터 험한 데다가 심리에 변동을 받아 옥중(獄中)에서 이른바 관리(官吏)를 괴롭게 하기로 유명했으니、음식을 먹다가 밥에 돌이 있음을 발견하고、땅 위의 모래흙을 주워서 입에 넣었다가 밥과 혼합한 것을 싸 가지고 전옥(典獄) 면회(面會)를 청하여 가지고 자기가 받은 일 년 징역(懲役)을 종신역(終身役)으로 고쳐 달라 하였다。이유는 『인간은 모래를 먹고 살 수 없는데、내가 먹는 한 그릇 밥에서 골라낸 모래가 밥의 분량만 못하지 않으니、이것을 먹고는 반드시 죽을지니 이왕 죽을진대 징역이나 무겁게 지고 죽는 것이 영광이다。일 년도 종신(終身)이요 종신도 종신이 아닌가』 하였다。전옥이 얼굴빛이 주홍(朱紅)같이 되어 식당(食堂) 간수(看守)를 불러서 나무라고、밥 지을 때 극히 주의하여 모래가 없도록 개량(改良)하였다。

며칠 뒤에 감방(監房)에서 같이 있는 죄수들이 의복(衣服)의 이(蝨)를 잡는 것을 보았다。고 군(高君)은 남몰래 각 사람에게 부탁하여 이를 거두어 모아서 뒤 씻는 종이에 싸 놓고 간수(看守)에게 전옥(典獄) 면회를 청하였다。전옥 앞에 이(蝨) 꾸린 것을 내어놓고 『전날에 전옥 어른의 덕으로 돌 없는 밥을 먹는 것은 감사하나、의복(衣服)에 이(蝨)가 끓어서 잠도 잘 수 없고、깨어도 이(蝨) 때문에 온몸이 근지러워서 견디기 어렵소。구한국(舊韓國) 시대의 감옥에는 수인(囚人)이 자기 집의 의복을 갖다 착용할 수 있었으나、대일본(大日本)의 문명(文明)한 법률(法律)은 그도 불허(不許)하니 이와 같이 불결(不潔)한 의복을 입으면 질병(疾病)이 생길까 염려된다』 하니、즉시로 각 감방에 새로 만든 의복을 바꾸어 넣어 주고 헌 옷은 증기기계(蒸氣器械)를 사용하여 간간이 소독하여 주므로, 다시는 이(蝨) 잡는 사람이 없었다.

그때 서대문감옥(西大門監獄)은 「경성감옥(京城監獄)」이라고 문패(門牌)를 붙인 때로, 수인(囚人)의 총수(總數) 이천 명 미만에, 수인(囚人)의 대부분이 의병(義兵)이요 그 나머지는 이른바 잡범(雜犯)이었다. 옥중(獄中) 대다수가 의병이란 말을 들은 나는 심히 다행으로 생각하였다. 그이들은 일찍이 국사(國事)를 위하여 분투(奮鬪)한 의기남아(義氣男兒)들이니, 기절(氣節)로나 경험(經驗)으로나 배울 것이 많으리라고 생각하여 감방(監房)에 들어가서 차차 인사를 하며 물어보니, 혹은 강원도(江原道) 의병의 참모장(參謀長)이니, 혹은 경기도(京畿道) 의병의 중대장(中隊長)이니 거개 의병 두령(頭領)이고 졸병(卒兵)이라는 사람은 보지 못하겠는데, 처음에는 극히 존경하는 마음으로 교제(交際)를 하였으나, 뒤에 가서는 마음 씀씀이와 일을 행함이 순전한 강도(强盜)로밖에 보이지를 아니하였다. 참모장(參謀長)이라는 사람이 군(軍)의 규율과 전략이 무엇인지 알지 못할 뿐 아니라 의병(義兵)을 일으킨 목적이 무엇인지도 모르는 사람이 많았고, 국가(國家)가 무엇인지 모르고, 당시에 무기(武器)를 가지고 촌마을에 횡행(橫行)하며 만행(蠻行)한 것을 잘한 일처럼 거들먹거리며 이야기하였다.

내가 처음으로 십삼(十三) 방(房)에 들어가니, 저녁 식사 후에 공장(工場)에 출역(出役)하였던 사람들이 몰려 들어와 의복(衣服)을 입은 후에 그 중 한 명이 나를 향하여 『여보 신수(新囚), 어디 살았댔으며, 죄명(罪名)은 무엇이며, 징역(懲役)은 얼마나 졌소』 묻는다. 나는 일일이 대답하였다. 이 구석 저 구석에서 질문(質問)과 반박(反駁)이 이어지며 나온다. 『여보 신수(新囚), 똥통에 향하여 절하시오』, 또는 『좌상(座上)에게 절하시오』 『그자도 생김생김이 강도질할 때는 무서웠겠는데…』 『강도질하던 이야기나 좀 들읍시다』 하고 함부로 질서(秩序) 없이 조리(條理) 없이 떠드는 판에 어떤 말에 대답할는지 몰라서 잠잠히 앉아 있었다. 어떤 자는 『이게 어디서 먹던 도적놈이야, 사람이 묻는 말에 대답이 없으니! 신문(訊問)을 당할 때 그같이 대답을 안 했으면 형(刑)을 받지 않지』 조소(嘲笑)와 능멸(凌蔑)이 여지가 없었다.

나는 생각하기를 「이것은 하등(下等)들만 몰아넣은 잡수(雜囚) 방인가 보다」 하고 잠잠히 앉아 있었더니, 시간이 지나서 어떤 조선(朝鮮) 간수(看守) 한 사람이 와서 나를 보고서 『오십육호(五十六號)는 구치감(拘置監)에서 나왔소』 묻는다. 나는 『그렇습니다』라고 대답하였다. 그 간수는 말을 이어 『내가 공판(公判)할 때도 참관(參觀)을 하였지만, 심히 안타깝고 서운한 일이오. 운수(運數)가 다한 까닭이니 어찌하겠소. 마음을 편하게 하실 수밖에 없지요』 한다. 대단히 동정(同情)하는 빛을 보이고 돌아가고, 그다음은 일인(日人) 간수(看守)들이 몰려와서 나의 명패(名牌)를 보고 또 내 얼굴을 보고 수군거렸다. 방 안에서 한참 야단으로 떠들던 죄수들이 다시금 수군댔다. 『이야, 박(朴) 간수(看守) 나리가 저 신수(新囚)를 보고 존경을 하니, 관리가 죄수에게 공대(恭待)하는 모습은 처음 보겠다.』 어떤 자는 『박(朴) 간수 나리의 존친속(尊親屬)인 게지』 한다. 한 자(者)가 정중하게 묻기를 『신수(新囚)는 박 간수 나리와 무엇이 되시오』 한다. 『박(朴) 간수(看守)인지 이(李) 간수(看守)인지 나는 모르오.』 『그러면 이전에 무슨 높은 벼슬을 지냈소.』 『나는 벼슬하지 않았소.』 그 중 한 자(者)는 『당신 양기탁(梁起鐸)을 아시오』 묻는다. 『짐작하지요.』 『옳지, 저 신수(新囚)도 국사범(國事犯) 강도(强盜)인가 보네. 삼 일 전 《대한매일신보(大韓每日申報)》* 사장(社長) 양기탁이란 신수(新囚)가 왔고, 그 동범(同犯)으로 유명한 신사(紳士)들 여러 명이 징역을 졌다고 아무 간수 나리가 말씀하더군. 그러면 신수(新囚)도 신사(紳士)이므로 우리가 묻는 말에 대답도 잘 안 하는가 보네. 아니꼬운 놈, 나도 당시에 허왕산(許旺山)* 밑에 있던 당당한 참모장(參謀長)이야. 여기 들어와서 교만(驕慢)을 부려야 소용없어.』 나는 처음에 그 자들이 하등(下等) 잡수(雜囚)들로만 알았다가 허위(許蔿)의 부하(部下)라는 말을 듣고서는 심히 통탄(痛歎)하였다. 저런 자가 참모장이 된 허위 선생이 실패하였을 것은 불을 보듯 뻔하지 않은가.

옥중(獄中)에 전래(傳來)하는 이야기가 있으니, 이강년(李康秊)* 선생과 허위(許蔿) 선생은 왜적(倭敵)에게 체포되어 신문(訊問)과 재판(裁判)을 받지 않고 형(刑)을 당하기까지 왜적을 타매(唾罵)*하다가 순국(殉國)한 후에 서대문감옥(西大門監獄)에서 사용하던 자래정(自來井)에, 허위 선생이 형(刑)을 당한 날부터 우물물이 벌겋게 탁해져서 우물을 없앴다고 한다. 그같은 눈서리의 절의(節義)를 듣고 생각하니 자괴감(自愧感)이 끝이 없었다. 정신은 정신대로 보중(保重)하지만, 왜놈의 우마(牛馬)와 같은 야만(野蠻)의 대우를 받는 나로서 당시 의병(義兵)들의 자격을 평론(評論)할 용기가 있을까. 지금 내가 의병(義兵) 죄수(罪囚)를 무시하지만, 그 영수(領袖)인 허 선생과 이 선생의 혼령(魂靈)이 나의 눈앞에 나타나서 매우 엄한 질책을 하는 듯싶었다. 『옛적 의병(義兵)은 네가 보는 바와 같이 목불식정(目不識丁)의 무식(無識)한 것들이니 국가(國家)에 대한 의무도 이해하지 못하는 것이 사실이나, 너는 일찍이 고후조(高後凋)에게 의리(義理)가 어떤 것인지를 가까이에서 배워 알았고, 네가 그이에게서 배운 금언(金言) 중에 「삼척동자(三尺童子)

라도 개나 양을 가리켜 절을 시키면 반드시 크게 화를 내어 따르지 않는다」는 말로 강단(講壇)에서 신성(神聖)한 제이세(第二世) 국민(國民)에게 설명해 주던 네 머리를 숙여 왜(倭) 간수(看守)에게 예(禮)를 표하느냐. 네가 항상 마음속으로 외는 옛사람의 시(詩)에 「임의 밥을 먹고 임의 옷을 입으며, 일평생 품은 뜻이 변할 줄이 있으랴(食人之食衣人衣 所志平生莫有違)」*를 잊어버렸느냐. 네가 어려서부터 늙을 때까지 스스로 경작(耕作)하여 먹지 않고 스스로 짜서 입지 않고 대한(大韓)의 사회(社會)가 너를 입혀 주고 먹여 준 것이, 금일 왜놈이 먹이는 콩밥이나 붉은 의복이나 입히는 데 순종(順從)하라고 너를 먹이고 입혔더냐. 명색(名色)이야 의병(義兵)이든 적병(賊兵)이든, 왜놈이 순종하는 백성이 아니라고 인정하여 종신(終身)이니 십 년이니 감금(監禁)하여 두는 것으로도 족히 의병의 가치를 인정할 수 있지 않느냐. 「남아는 의(義)로 죽을지언정 구구하게 살지 않는다」고 평소에 어린 학생을 가르치고, 네가 금일 살아 있는 것이냐 죽은 것이냐. 네가 개 같은 생활을 참고 지내고서 십 년 후에 장공속죄(將功贖罪)*할 자신이 있느냐.』

이같은 생각을 하는 사이에 마음과 정신이 극도로 혼란되는 차에, 마침 안명근(安明根) 형이 나를 대하여 조용히 이런 말을 한다. 『내가 입감(入監) 이후에 아무리 생각하여 보아도 하루를 살면 하루의 치욕(恥辱)이요 이틀을 살면 이틀의 치욕(恥辱)이니, 굶어 죽기로 생각하였소』 한다. 나는 쾌히 찬성하였다. 『가능하거든 단행(斷行)하시오』 하였다. 그날부터 명근(明根) 형은 단식(斷食)하였다. 자기 몫의 음식은 다른 수인(囚人)들에게 돌려 주고 자기는 굶었다. 연(連) 사오 일을 굶으니 기력(氣力)이 탈진(脫盡)하여 운신(運身)을 못 하게 되었다. 간수(看守)가 물으면 『배가 아파서 밥을 안 먹는다』고 하나, 눈치 밝은 왜놈들이 병원으로 이감(移監)하여 놓고 진찰하여 보아도 아무 병(病)이 없으므로, 명근 형을 뒷짐을 지우고 계란을 풀어서 억지로 입으로 흘려 들어가게 하였다. 이 봉변(逢變)을 당한 명근 형은 나에게 소식을 전하였다. 『아우는 할 수 없이 오늘부터 음식을 먹습니다』 한다. 나는 전하여 알리기를 『죽고 사는 문제에서 자유롭다는 부처님이라도 「이 문 안에 들어와서는 알음알이를 두지 말아야 할 것이니(入此門內 莫存知解)」* 자중(自重)하시오』 하였다.

옥중(獄中)에서 고(故) 이재명(李在明) 의사(義士)의 동지(同志)들을 상봉하니, 김정익(金貞益) 김용문(金龍文) 박태은(朴泰殷) 이응삼(李應三) 전태선(全泰善) 오복원(吳復元) 등과, 안중근(安重根) 의사(義士)의 동지(同志) 우덕순(禹德淳)* 등이었다. 한 번 대면(對面)하였지만 오래된 것 같아 서로 사랑하는 정(情)이 있을 뿐 아니라, 마음가짐과 일 처리에서 의병(義兵) 죄수(罪囚)들에 비하면 거개 「닭의 무리 중의 봉황(鳳凰)」의 느낌이 있고, 김좌진(金佐鎭)은 침착하고 굳세며 용감한 청년으로 국사(國事)를 위하여 무슨 운동을 하다가 징역(懲役)에 처해졌으므로 친애(親愛)의 정(情)을 서로 표하니, 점차로 옥중(獄中)에도 생활의 취미(趣味)가 있음을 깨닫게 되었다.

내가 서대문감옥(西大門監獄)에 들어온 지 며칠 후에 또 중대사건(重大事件)이 발생하였으니 왜놈의 이른바 뭉어리돌 줍는 두번째 사건인데, 첫번째는 황해도(黃海道) 안악(安岳)을 중심으로 하여 사십여 명의 인사(人士)를 타살(打殺) 징역(懲役) 유배(流配) 세 가지로 결정하여 처리하고, 이어서 평안도(平安道) 선천(宣川)을 중심 삼아 일망타진(一網打盡)으로 일백오 명을 검거(檢擧)* 취조(取調)하였는데, 내용에는 이미 첫번째에 이른바 보안(保安) 사건으로 이 년의 형(刑)을 집행하는 양기탁(梁起鐸) 안태국(安泰國) 옥관빈(玉觀彬)과, 유배형(流配刑)에 처하였던 이승훈(李昇薰)까지 다시 집어넣고 신문(訊問)을 개시하였으니, 그것은 이미 보안법(保安法)으로 최고형(最高刑) 이 년만 지운 것이 왜놈들의 마음에 미흡하여 좀 더 지우자는 야만적(野蠻的)인 마음에서 나온 것이었다. 나와 김홍량(金鴻亮)도 십오 년에 이 년 징역을 더하여 합(合) 십칠 년의 징역을 졌다.

어느 날은 간수(看守)가 와서 나를 면회소(面會所)로 데려갔다. 누가 왔는가 하고 기다리노라니, 판벽(板壁)에서 달가닥 하고 주먹이 하나 나들 만한 구멍이 열리는 데로 내어다보니 어머님이 와 서셨고, 옆에는 왜놈 간수가 지키고 섰다. 근 칠팔 개월 만에 뵙는 어머님은 태연(泰然)하신 안색(顔色)으로 말씀하시기를, 『이야, 나는 네가 경기감사(京畿監司)나 한 것보다 더 기쁘게 생각한다. 네 처(妻)와 화경(化敬)이까지 데리고 와서 면회를 청하니, 한 번에 한 사람밖에는 허락하지 않는대서 네 처와 화경이는 저 밖에 있다. 우리 세 식구는 평안히 잘 있다. 너는 옥중(獄中)에서 몸이나 잘 있느냐. 우리를 위하여 근심 말고 네 몸이나 잘 보중(保重)하기 바란다. 만일 식사(食事)가 부족하거든, 하루에 사식(私食)을 두 번씩 들여보내 주랴』 하신다. 나는 오랜만에 모자(母子)가 상봉(相逢)하니 반가운 마음과, 저와 같이 씩씩한 기절(氣節)을 가진 어머님으로서 개 같은 원수 왜놈에게 자식을 보여 달라고 청원(請願)하였을 것을 생각하니 황송(惶悚)하기 끝이 없었다. 다른 동지(同志)들에게서 면회(面會)했다는 정황(情況)을 들어 보면, 부모(父母)와 처자식(妻子息)이 와서 피차(彼此)에 대면(對面)하면 울기만 하다가 간수(看守)의 제지(制止)로 말 한마디도 못 하였다는 것이 보통인데, 우리 어머님은 참 놀랍다고 생각되었다. 「나는 십칠 년 징역(懲役) 선고(宣告)를 받고 돌아와서 잠은 전과 같이 잤어도 밥은 한 끼를 먹지 못한 적이 있었는데, 어머님은 어찌 저렇게 마음이 굳세신가」 탄복하였다。 나는 참으로 말 한마디를 못 하였다。 그러다가 면회구(面會口)는 닫히고, 어머님이 머리를 돌리시는 것만 보고 나도 끌려 감방(監房)으로 돌아왔다。 어머님이 나를 대하여서는 태연(泰然)하셨으나, 돌아서서 나가실 때는 반드시 눈물에 발뿌리가 보이시지 않았을 것이다。 어머님이 면회 오실 때에 아내와는 물론 많은 상의가 있었을 것이요, 나의 친구들도 주의를 주어 드렸을 듯하나, 마침내 대면(對面)만 하면 울음을 참기가 지극히 어려울 것인데, 어머님은 참 놀라운 어른이다。

옥중생활(獄中生活)

옥중생활(獄中生活)을 일일이 기록하기는 불가능하나, 의식주행(衣食住行)을 개별(個別)하여 쓰면서, 그때 체험(體驗)하고 목도(目睹)한 것과 내가 생활하던 진상(眞狀)을 말하겠다。

각 수인(囚人)들이 이른바 판결(判決)을 받기 전에는 자기의 의복(衣服)을 입거나, 자기 의복이 없으면 푸른색 옷을 주워 입히다가, 판결이 나서 복역(服役)하는 시간부터는 붉은색 옷을 입는데, 조선(朝鮮) 옷 방식으로 만들어 입는다。 입동(立冬) 때부터 춘분(春分)까지는 솜옷을 입고 춘분(春分)에서 입동(立冬)까지는 홑옷을 입히되, 병수(病囚)에게는 흰옷을 입혔다。 식사(食事)는 하루에 세 번으로 나누어 주는데, 그 재료는 조선(朝鮮) 각 도(道)에서, 각기 그 지방에서 가장 값싼 곡물(穀物)을 선택하므로 각 도(道)의 감식(監食)이 동일하지 않으니, 당시 서대문감옥(西大門監獄)은 열 푼에 콩이 다섯 푼, 좁쌀 서 푼, 현미(玄米) 두 푼으로 밥을 지어 최하 팔등식(八等食)에 이백오십 문(匁)*으로 시작하여 이등(二等)까지 문수(匁數)를 늘린 것이다。 사식(私食)(차입(差入))은 감옥 밖 식당 주인이 수인(囚人) 친족(親族)의 위탁을 맡아 가지고 배식시간(配食時間)마다 밥과 한두 가지 찬(饌)을 가져오면、간수가 검사하고 밥을 「一」자로 박는 통에 다식(茶食)처럼 박아내어 분배하여 주는데、사식(私食) 먹는 수인들은 한곳에 모여서 먹게 하고、감식(監食)도 등수(等數)는 다르나 밥은 같은 것이고、감식(監食)은 각 공장(工場)에서나 감방(監房)에서 먹게 하였다。

삼시(三時)로 밥과 찬을 일제히 분배한 후에는、간수(看守)가 고두례(叩頭禮)*를 시키면 수인(囚人)들은 호령에 따라 무릎을 꿇고 무릎에 두 손을 올려놓고 머리를 숙였다가、왜놈말로 『모도이!』(우리의 군대(軍隊) 구령(口令) 「바로!」와 같다) 하면 머리를 일제히 들었다가、『깃판!』(끽반(喫飯))* 하여야 각 수인이 먹기를 시작한다。수인들에게 경례(敬禮)를 시키는 간수의 훈화(訓話)는 『식사(食事)는 천황(天皇)이 너희 죄인을 불쌍히 여겨서 주는 것이니、머리를 숙여서 천황에게 예(禮)를 표하고 감사의 뜻을 표하라』 한다。

그런데 매번 경례(敬禮)라고 할 때에 들어 보면、각 수인(囚人)들이 입속말로 무슨 중얼거리는 것이 있다。나는 이상하게 생각되었다。「밥을 천황(天皇)이 준대서 천황을 향하여 축의(祝意)를 표함인가」 하였더니、마침내 얼굴이 익은 수인들에게 물어보니、말마다 똑같이 『당신、일본(日本) 법전(法典)을 보지 못했소。천황(天皇)이나 황후(皇后)가 죽으면 대사면(大赦免)이 내려 각 죄인을 내보낸다고 하지 않았소。그러므로 우리 수인들은 머리를 숙이고 하느님께 「명치(明治)*란 놈을 즉사(卽死)시켜 줍소서」 하고 기도합니다』 한다。나는 그 말을 듣고 심히 기뻐하여 『나도 그렇게 하겠다』고 하였다。그 후는 나도 「노는 입에 염불(念佛)」* 격으로 매번 식사 때에는 「동양(東洋)의 대악괴(大惡魁)인 왜황(倭皇)을 나에게 전능(全能)을 베풀어 내 손에 죽게 합소서」 하고 하느님께 기도(祈禱)하였다。

수인(囚人)들이 종종 감식벌(減食罰)을 받는 자가 있으니、나의 밥을 남을 주거나 남의 밥을 내가 얻어먹다가 간수(看守)에게 발견되면、무거운 벌을 받는 자는 삼분의 이를 감(減)하고、가벼운 벌을 받는 자는 이분의 일을 감(減)하여 삼 일 혹은 칠 일 동안을 먹이는데、감식벌(減食罰)을 당하기 전에 간수 놈들이 함부로 죽지 않을 만큼 때려 주니、이른바 옥칙(獄則)에 의하면 감식(減食)도 벌칙(罰則) 중의 하나였다。이 점에 대하여 나는 깊이 연구하였다。「겉으로는 나도 붉은 옷을 입은 복역수(服役囚)이지만、정신상(精神上)으로 나는 결코 죄인이 아니다。왜놈의 이른바 신부민(新附民)이 아니고、나의 정신으로는 죽으나 사나 당당한 대한(大韓)의 애국자(愛國者)이다。될 수 있는 대로 왜놈의 법률(法律)에 복종하지 않는 실제 사실이 있어야만 내가 살아 있다는 본지(本志)이다。」

그러면 나는 하루에 한 때 혹은 두 때를 사식(私食)을 먹으니, 밥이 부족하여 애쓰는 수인(囚人)들을 먹이고도 나는 한 때라도 자양분(滋養分) 있는 음식을 먹으므로 건강에는 큰 해로움이 없을 것을 깨닫고, 매번 내 밥은 곁에서 먹는 수인을 주어 먹게 하니, 첫 번 먹기를 시작할 때 곁에 앉은 수인의 옆구리를 꾹 찌르면 그 사람은 알아차리고 빨리 자기 몫을 먹은 뒤에 나의 앞에다가 빈 그릇을 놓을 때 나는 내 밥그릇을 그 사람에게 주면, 간수(看守) 놈 보기에 나는 밥을 쉬이 먹고 앉은 것으로 보인다。 수인들의 품행(品行)이 열 번 내 밥을 먹는다면 그 먹을 때는 은혜(恩惠)를 죽어도 잊지 못하겠다고 치사(致謝)를 하던 자라도, 아침밥은 얻어먹고 저녁밥을 다른 사람을 주면 그 즉시로 욕설을 퍼붓는데, 『저놈이 네 의붓아버지냐。이야, 효자정문(孝子旌門) 세우겠다』 하면, 밥을 얻어먹는 자는 또한 나를 옹호하는 말로 맞대고 욕설을 하다가 간수에게 발각되어 다 벌(罰)을 서게 되므로, 선(善)을 행함이 도리어 악(惡)을 행하게 되는 경우가 허다하였다。

그러나 내게 대하여는 함부로 못 하는 이유가 몇 가지 있으니, 수인(囚人) 가운데 정수분자(精秀分子)인 이재명(李在明) 의사(義士)의 동지(同志)들이 모두 다 일어(日語)에 익숙하여 왜놈들에게 큰 신임(信任)을 받는데 그 사람들이 나에게 대하여 극히 존경하는 것을 보았으니, 수인들에게 임시로 신문(訊問)할 때는 통역(通譯)으로 사용하므로 성행(性行)이 사나운 자는 하루에도 몇 번씩 불려 다니는 터에 통역(通譯)들을 미고서는* 자기에게 직접 해(害)가 돌아올까 하는 것과, 내가 날마다 밥을 다른 사람을 주는 것을 보니 후일(後日)에 바라는 바가 있음이었다。

통틀어 말하자면, 우리 동지(同志)들의 인격과 재능이 사람들 가운데 뛰어나고, 오륙십 명이 정신적으로 한데 뭉쳐져 깔볼 수 없음이니, 우리와 다른 사건이라도 똑똑한 분자(分子)는 모두 다 우리와 정의(情義)를 허락하고 지내는 터이므로 엄연히 수인(囚人)의 영도적(領導的) 기관(機關)이 되었다。 수인의 표면적(表面的) 감독(監督)은 왜놈이 하고, 정신적(精神的) 지도(指導)는 우리 동지들이 하게 되었다。

숙소(宿所)는 감방(監房)에서 섞여 지내니, 왜놈의 짚자리(다다미) 석 장 반에 해당하는 방 안 면적에 수인(囚人) 십여 명은 보통이고 어떤 때 어떤 방에는 이십여 명을 몰아넣을 때가 종종 있으니, 앉아 있는 시간에는 각 수인 번호의 숫자 차례를 따라서 일(一) 이(二) 삼(三) 사(四)… 열(列)을 지어 저녁 식사 후에 몇 시간은 마음대로 서적(書籍)도 보게 하고 문맹(文盲)들은 소곤소곤 이야기도 하게 하지만,

큰 목소리로는 서적(書籍)도 소리 내어 읽지 못하게 하고 더욱이 이야기는 엄금(嚴禁)하였다。 무슨 말소리가 나면 간수(看守)가 와서 『누가 무슨 말을 하였나』 물어서 『이야기를 하였다』 자백하면, 그 수인(囚人)들에게 쇠창살 사이로 손을 내놓으라 하여 싫도록 때려 주는 터이므로, 앉아 있는 동안에 이 방 저 방에서 『아이구 아이구』 소리와 사람 치는 소리가 끊일 때가 없었다。 첫 번에는 그 맞는 것과 그 야차(夜叉)* 같은 왜놈들의 만행(蠻行)을 차마 볼 수 없었으나, 하도 자주 보아서 그런지 점점 신경(神經)이 둔해져서 보기에 대수롭지 않은 때도 있었다。

이제 생각하니 우리 독립운동(獨立運動)이 시작된 후에 장덕준(張德俊)* 의사(義士)가 《동아일보(東亞日報)》의 종군기자(從軍記者)로 북간도(北間島)에 출장(出張)하여 왜놈들이 독립군(獨立軍)이나 평민(平民)이나 잡히는 대로 끌어다 개 치듯 하는 광경을 보고서 의분(義憤)을 참지 못하여 왜(倭) 대장(大將)에게 엄중히 교섭(交涉)을 하니, 그 대장 놈은 사과를 하고 장(張) 의사(義士)를 문밖에서 작별한 뒤에 비밀히 체포하여 암살(暗殺)하였다는 당시의 밀탐(密探)도 있었으나, 내가 옥중(獄中) 체험으로 인하여 더욱 명확하다고 믿었다。

하루는 내가 최명식(崔明植) 군과 너무 오래 떨어져 지내서 울적한 회포(懷抱)를 풀기로 하고 한방에 함께 지낼 계획을 실시하는데, 옴(개창(疥瘡))*을 만들어서 감옥의(監獄醫)에게 진찰을 받아 가지고 같은 방에서 지내게 되었다。 옴을 만드는 방법을 말하면, 가는 철사(鐵絲)를 얻어 가지고 끝을 갈아 뾰족하게 만들어 감추어 두었다가, 의사(醫師)가 각 공장(工場)과 감방(監房)으로 돌아다니며 병수(病囚) 진찰할 때 삼십 분 전에 철사 끝으로 좌우 손가락 사이를 꼭꼭 찔러 두면, 찌른 자리가 옴과 같이 내어 솟고 그 끝에서는 맑은 물이 내어 솟는다。 누가 보든지 옴병(病)으로 보게 된다。 그 방법으로 진찰하니, 그날로 옴방(房)으로 방을 옮기게 되어 둘이 같이 그 방에 들어갔다。

그날 저녁에 하도 그리웠던 판에 이야기를 하다가 좌등(佐藤)이란 간수(看守) 놈에게 발각되었다。 『누가 먼저 말을 하였나』 묻기에, 『내가 먼저 이야기를 했다』고 대답하였다。 『창살 밑으로 나와라』 하기에 나가 서니, 그놈이 역시 곤봉(棍棒)으로 마구 때린다。 나는 아무 소리도 내지를 않고 한참 동안을 맞았다。 그때에 맞은 상흔(傷痕)은 왼쪽 귀의 연골(軟骨)이 상하여 봉충이*가 되어서 지금껏 남아 있다。명식(明植) 군은 용서하니、다시 왜말로『하나시(이야기) 햇소데 다다쿠도(때려 줄 테야)』* 하고 물러갔다。

그때에 일부러 옴을 만들어서 방을 옮긴 이유에 한 가지가 또 있으니、감방에 수인(囚人)의 수(數)가 과다하여、앉았을 때는 마치 그릇에 콩나물 대가리 나오듯이 되었다가、잘 때는 먼저 한 사람은 머리를 동쪽으로、한 사람은 머리를 서쪽으로 착착 모로 뉘어서 다시 더 누울 자리가 없으면 나머지 사람들은 일어서고、좌우에 한 사람씩 힘이 센 자가 판벽(板壁)에 등을 붙이고 두 발로 먼저 누운 자의 가슴을 힘껏 내어밀면 드러누운 자들은『아이구、가슴뼈 부러진다』야단을 하지만、내어미는 쪽에는 또 드러누울 자리가 생기면서 서 있던 자가 그 사이에 드러눕고、몇 명이든지 그 방에 있는 자가 다 누운 후에야 밀어 주던 자까지 다 눕는데、모말과 같이 사개를 물려 짜서 지은 방*이 아니면 방이 파괴될 터였다。힘써 내어밀 때는 사람의 뼈가 상하는 소리인지 벽판(壁板)이 부러지는지 우두둑 소리에 소름이 돋았다。그런 광경을 보고 감독(監督)하는 간수(看守) 놈들은『떠들지 말라』고 개 짖듯 하고 서서 들여다본다。내가 본 것도、노쇠(老衰)한 자가 흉골(胸骨)이 상하여 죽는 것을 여러 명 보았다。

종일 노역(勞役)을 하던 수인(囚人)들이므로 그같이 끼여서도 잠이 들었다。첫 번 누울 때는 얼굴을 남쪽으로 향한 사람 옆 사람은 얼굴을 북쪽으로 향하여 모로 눕고、얼굴을 북쪽으로 향한 사람 옆 사람은 얼굴을 남쪽으로 향하고* 누워 잠이 들었다가도、가슴이 답답하여 잠이 깨면 방향 전환하자는 의사(意思)가 일치하여 남쪽은 북쪽으로、북쪽은 남쪽으로 돌아눕는다。그것은 고통을 바꾸는 것과、입과 코를 마주 대고 숨쉴 수 없기 때문이지만、잠이 깊이 들 때 보면 서로 키스하고 자는 자가 많고、약자(弱者)는 솟구쳐 올라 사람 위에서 잠을 자다가 밑에 든 자에게 몰려서 이리저리 굴러다니다가 날을 밝히는 것이 옥중(獄中)의 하룻밤이다。

옥살이의 고생은 여름과 겨울 두 계절이 더욱 심하니、여름철에는 감방(監房)에서 수인(囚人)들의 호흡과 땀에서 김이 나와 서로 얼굴을 분간 못 하게 된다。가스에 불이 나서 수인들이 질식(窒息)되면 방 안으로 무소대*를 들이쏘아 진화(鎭火)하고、질식된 자는 얼음으로 찜질하여 살리고、죽는 것도 여러 번 보았다。수인들이 가장 많이 죽기는 여름철이다。겨울철에는 감방에 스무 명이 있다면 솜이불 네 채를 들여 주는데、턱 밑에서 겨우 무릎 아래만 가려지므로 버선 없는 발과 무릎은 태반(太半)이 동창(凍瘡)이 나고、귀와 코가 얼어서 극히 참혹(慘酷)하고、발가락과 손가락이 물러져서 불구자(不具者)가 된 수인도 여럿을 보았다。

간수(看守) 놈들의 심술은、감방에서 무슨 말소리가 났는데『누가 말을 하였나』물어서 말한 자가 자백(自白)을 않고 동료(同僚) 수인(囚人)들이 누가 말했다는 고발(告發)이 없는 때는、여름철에는 방문을 닫아 버리고、겨울철에는 방문을 열어 두는 것이 감시(監視)의 묘책(妙策)이었다。감옥생활(監獄生活)에서 제일 고생을 더하는 자는 신체(身體) 장대(長大)한 자이니、내 키는 오 척(尺) 육 촌(寸)이니 보통 키에 불과하나、잘 때에 종종 발가락이 남의 입에 들어가고 추위도 더 받는다。

그놈들이 내게 대하여는 유달리 대우를 하는데、복역(服役)시킨다고 말만 하고 실제로는 복역을 안 시키고、서대문감옥(西大門監獄)에 가서도 백 일 동안을 수갑(手匣)을 채워 두었기 때문에 그같이 좁은 방에 두 손을 묶어 놓아서 잠자리에 너무 고통이 되었고、동료(同僚) 수인(囚人)들도 잠결에 나의 수갑이 몸에 닿으면 죽는다고 야단이었으니、좀 넓은 방에 거처(居處)할 생각으로 그리하여 계획이 들어맞았으나、모처럼 이야기를 좀 하다가 이 봉변(逢變)을 한 것이었다。

행동에는 구속(拘束)이 더욱 심하여、아침에 잠을 깨어도 마음대로 일어나지를 못하고、반드시 일정한 시간을 지켜서 일시에 호령(號令)에 따라 기침(起寢)을 시키고는 즉시로 간수(看守)들이 각 방의 수인(囚人)들을 꿇어앉힌 뒤에、한 놈이 방 안을 향하여 왜말로『기오쓰케!』(우리말로 기착(氣着))*를 부르면 수인들은 일제히 머리를 숙였다가、한 놈이 명패(名牌)를 들고 첫자리에 앉은 수인(囚人)의 번호부터 끝까지 내어 읽으면 수인(囚人)마다 자기 가슴에 붙인 번호 읽는 소리를 듣고 입으로『하이!』* 하고 곧 머리를 들어 끝자리에 앉은 수인까지 다 마친 후에、잘 때 입던 의복(衣服)은 벗어 꾸려 놓고 수건 한 장씩으로 허리 아래를 가리고 알몸으로 공장(工場)까지、멀면 백 걸음、가까우면 오십 걸음 이내인 거리를 알몸에 맨발로、빨리도 못 걷고 천천히、손 활개도 못 치고、벽돌 한 개씩 깔아 놓은 것을 밟고 공장에 가서 각각 자기의 역의(役衣)를 입고 또 열을 지어 쪼그려 앉힌 뒤에、숫자를 점검하고 세면(洗面)을 시킨 후에 아침밥을 먹이고 나서는 곧 일을 시작하는데, 일의 종류는 간단한 철공(鐵工), 목공(木工), 직공(織工), 피복공(被服工), 보석(寶石)(왜(倭)말 무시로, 가미니 등), 담뱃갑 제조(製造), 새끼(草繩) 꼬기, 경운(耕耘)(김매기), 빨래, 밥짓기, 그밖에 여러 가지이다. 수인(囚人)들 중에 품행(品行)이 방정(方正)하다고 보이는 자는 내부(內部) 감독(監督), 외역소(外役所) 소제부(掃除夫)*, 병감(病監) 간병부(看病夫), 취방(炊坊) 취사부(炊事夫)로 택하여 쓰는데, 이상 특별한 종류의 일에 참여하여 쓰이는 자는 정승(政丞) 부럽지 않다는데, 그들은 대우도 좀 후하고 고통도 비교적 덜하기 때문일 것이다.

감방(監房)에서 공장(工場)에 나갈 때나 들어올 때 여름철은 괜찮으나 겨울철에는 온몸이 꺼멓게 죽어서 들어오고 나가는데, 겨울에 공장에 가서 옷을 풀어 보면 틈틈이 눈이 끼어 있는 것이라도 몸에 입기만 하면 훈훈하게 더운 기운이 돌아온다. 공장에서 노역(勞役)을 마치고 저녁밥을 먹고 감방으로 들어올 때도 역시 역의(役衣)를 벗고 알몸에 수건만 들고 들어와 아침과 같이 번호를 점검한 후에 앉았다가 정한 시간에야 자게 한다.

구속(拘束)을 너무 가혹(苛酷)하게 하는 반대로, 수인(囚人)들의 심성(心性)도 따라서 악화(惡化)되어서, 횡령(橫領) 사기죄(詐欺罪)로 감옥에 들어온 자라도 절도(竊盜)나 강도(强盜)질 연구를 하여 가지고 만기출옥(滿期出獄) 후에 무거운 징역(懲役)을 지고서 감옥에 들어오는 자를 거듭하여 볼 수 있었다.

감옥은 물론 다른 민족(民族)의 구속과 억누름을 받는 감정이 충만(充滿)한 곳이므로, 왜놈들의 지혜나 생각으로는 털끝만큼도 감화(感化)를 줄 수 없으나, 내 민족끼리 감옥을 다스린다 하여도 웬만큼 남이 하는 것을 모방(模倣)이나 해서는 감옥(監獄) 설치(設置)에 조금도 이익(利益)이 없겠다고 보였다. 그리하여 후일(後日)에 우리나라를 독립(獨立)시킨 뒤에 감옥 간수(看守)부터 대학(大學) 교수(敎授)의 자격으로 쓰고, 죄인을 죄인으로 보는 것보다는 국민의 한 사람으로 보아 선(善)으로 지도하기만 주력하여야 하겠고, 일반 사회에서도 감옥 갔던 사람이라고 멸시하지 말고 대학생(大學生) 자격으로 대우하여야 그만한 가치가 생기겠다고 생각되었다.

서대문감옥(西大門監獄)에는 역대(歷代)의 진귀한 보물(寶物)이 있으니, 지난날 이승만(李承晩)* 박사(博士)가 자기 동지(同志)들과 같이 투옥(投獄)되었을 때에 서양인(西洋人) 친구들에게 연락하여 옥중(獄中)에 도서실(圖書室)을 설치하고 나라 안팎의 진귀한 서적(書籍)을 구입하여 오륙 년 동안 긴 세월에 감옥의 수인(囚人)에게 구국(救國) 흥국(興國)의 길을 강론(講論)하여 주었으니, 휴역일(休役日)에는 서적고(書籍庫)에 쌓인 각종 책자(冊子)를 각 방(房)마다 들여 주는 그 중에 이(李) 박사(博士)

의 손때와 눈물 흔적이 얼룩져 있는 「감옥서(監獄署)」*라는 도장을 찍은 《광학유편(廣學類編)》《태서신사(泰西新史)》 등의 서적을 보았다。 나는 그런 책자를 볼 때에 내용보다는 찾아뵙지 못한 이 박사의 얼굴을 보는 듯 반갑고 한없는 느낌이 있었다。

앞의 기록에 의병(義兵)들의 결점(缺點)을 대강 말하였고、 여기서는 통틀어 잡아 수인(囚人)들 대다수의 성행(性行)과 견문(見聞)한 바의 대강을 말하겠다。 감옥 밖 보통 사회에서는 듣고 보지 못할 괴이한 특별한 정황을 발견하였다。 보통 사회에서는 아무리 막역(莫逆)한 친교(親交)들 사이라도、 내가 뉘 집에 가서 강도(强盜)나 살인(殺人)이나 절도(竊盜)를 하였노라고 발언(發言)할 자 없거늘、 하물며 초면(初面) 인사(人事) 후에 서슴지 않고 『내가 아무개를 죽였다』(그것도 세상이 다 알 듯이 그 죄로 벌을 받는 중이면 혹 가(可)하나、 숨기고 발표하지 않던 사실)거나 『아무 집에서 불한당(不汗黨)*질 한 것(그 역시 숨은 사실)도 나와 아무개가 하였다』라고 거리낌 없이 공개하고 이야기한다。

우선 한 가지 먼저 말할 것은、 어느 날 가마니 짜는 제삼공장(第三工場)에서 최명식(崔明植) 군과 내가 소제부(掃除夫) 일을 하는 때였다。 우리는 제조(製造) 원료(原料)나 각 수인(囚人)들에게 돌려 주고서는 뜰이나 소제(掃除)하고 나서 수인(囚人)들 물건 제조하는 구경이나 하였는데、 왜놈 간수(看守)가 한 시간 지킬 때는 자유가 없으나 조선(朝鮮) 간수(看守)가 반 시간 볼 때는 더욱 한가하고、 수인 전부가 담화회(談話會)를 여는 것과 같이 수군거리면 조선 간수도 왜 간수와 같이 『말하지 말라』는 목소리는 왜 간수보다 더 크게 호령(號令)을 하지만、 실제로는 왜(倭) 간수장(看守長)이나 부장(部長) 놈이 오는가 망(望)보는 데 불과하였다。

그 틈에 최 씨와 소견(所見)의 이동(異同)을 시험하기로 하고、 이백여 명을 한 번 나가면서 살펴보고 내려오면서 본 뒤에 그 중에 몇째 자리에 앉은 자(물론 특이한 인물을 표준으로 한 것)라고 그 번호를 써 가지고 서로 맞추어 보아서 소견(所見)이 같으면 그자의 인격(人格)을 조사하여 보기로 하고、 한 차례씩을 시찰(視察)하고 돌아와서 각기 번호 적은 것을 맞추어 보니 소견이 부합(符合)되었다。 그런 후에 첫번째 조사를 내가 하기로 언약(言約)하고、 그자를 찾아가서 인사를 청하였다。 그자는 나이가 사십이 넘어 보이고、 똑같은 역의(役衣)를 입었으나 몸가짐과、 말은 못 들었으나 눈에 정기(精氣)가 들어 보이므로 우리 눈에 띈 것이다。

내가 묻기를 『당신은 어디가 본향(本鄕)이며, 징역(懲役) 기한(期限)은 얼마나 되시오』 하였다. 그자의 답(答). 『나는 괴산(槐山)에 살았으며, 징역은 강도(强盜) 오 년이며, 재작년에 감옥에 들어왔으니 이후 삼 년이면 출감(出監)되겠소.』 반문(反問). 『당신은?』 내 대답. 『나는 안악(安岳)에 살았고, 징역은 강도(强盜) 십오 년으로 작년에 감옥에 들어왔소.』 『하, 짐이 좀 무겁게 되었소. 초범(初犯)이시지요?』 『네, 그렇소.』 그렇게만 문답(問答)하고 왜(倭) 간수(看守)가 오므로 일어서서 와 버렸다.

그자에게 가서 무슨 이야기하는 것을 본 수인(囚人) 중에 내게 묻는 자가 있었다. 『오십육호(五十六號)는 그 사람을 이왕에 아셨소.』 내 말. 『몰랐소. 당신은 그가 누구인지 아시오.』 『그자 알고말고요. 남도(南道)의 도적(盜賊)치고 그 사람 모르는 자는 없을 듯하오.』 나는 흥미있게 물었다. 『그가 어떤 사람이오.』 『그는 삼남(三南) 불한당(不汗黨) 괴수(魁首) 김(金) 진사(進士)입니다. 이 감옥에 그의 동당(同黨)이 여러 명이 있었다가, 더러는 병이 나서 죽고, 사형(死刑)도 받고, 방면(放免)된 자도 많지요』 하고 말을 그쳤다.

그날 저녁에 감방(監房)에 들어오니 그자가 벌거벗고 우리 뒤를 따라오며 『오늘부터는 이 방에서 괴로움을 끼치게 되었습니다』 하고 들어온다. 나는 반기며 『당신이 이 방으로 방을 옮기게 되셨소.』 하고 물었다. 『네, 노형(老兄) 계신 방이구려.』 각각 의복(衣服)을 입고 점검(點檢)을 마친 후에 나는 수인(囚人)들에게 부탁하여 『철창(鐵窓) 좌우로 귀를 대고 들어 보아서 간수(看守)의 신발 끄는 소리가 들리거든 알게 하여 달라』 하고 나서는, 그자와 이야기를 시작하였다.

내 말. 『공장(工場)에서 잠시 인사를 하고 정다운 이야기 한마디를 못 하고 떨어지게 됨을 퍽 유감(遺憾)으로 생각하고 들어오던 차에, 노형(老兄)이 곧 방을 옮기게 되어 함께 지내게 되니 퍽도 기쁩니다.』 진사(進士). 『네, 나 역시 동감(同感)이올시다.』 진사는 내게 대하여 마치 예수교의 이름난 목사(牧師)가 교인(教人)에게 세례문답(洗禮問答)하듯이 질문을 시작했다. 『노형, 강도(强盜) 십오 년이라고 하셨지요.』 『네, 그렇습니다.』 『그러면 계통(系統)이 추설이오, 목단설이오, 북대요. 행락(行樂)은 얼마 동안이오.』 나는 한 말도 대답을 못 하였다. 진사는 빙긋이 웃으면서 『노형은 북대인가 싶소』 한다. 나는 처음 들어 보는 말이라 『북대요』라고도 대답을 못 하고 앉아 있었다. 내 곁에 앉아 이야기를 듣던 수인(囚人) 가운데 한 자(者)가 김 진사를 대하여 나를 가리키며 『이분은 국사범(國事犯) 강도(强盜)

랍니다。그런 말씀을 물으셔야 대답 못 할걸요』 한다。그자는 감옥 말로 「찰(참)강도」이니、계통(系統) 있는 도적(盜賊)이므로 내가 김 진사에게 말대답 못 하는 것을 이해시키는 말이었다。김 진사는 그 말을 듣고 고개를 끄덕였다。진사(進士)。『내 어쩐지 공장에서 노형이 강도 십오 년이라는 말을 할 때에 아래위로 살펴보아도 강도 냄새를 발견 못 하겠기에 북대인가 보다 했습니다그려。』

나는 갑자기 양산학교(楊山學校) 사무실에서 여러 교사(敎師)들이 모여 지낼 때에、여러 가지로 우리나라에 이른바 활빈당(活貧黨)*이니 불한당(不汗黨)이니 하는 비밀결사(秘密結社)가 있어서 진(鎭)*을 공격하고 성(城)을 빼앗으며 사람을 죽이고 재물을 빼앗는 짓을 하고도 동(東)에 번쩍 서(西)에 번쩍 하며 동작이 민활(敏活)하므로 포교(捕校)와 병대(兵隊)를 풀어서도 뿌리를 뽑지 못하는 것을 보면 그 공고(鞏固)한 단결과 그 기민(機敏)한 훈련이 있음이 사실인데、우리도 어느 날이고 독립운동(獨立運動)을 하자면 견고(堅固)한 조직과 기민(機敏)한 훈련이 없으면 성공하지 못할 터이니、도적(盜賊)의 결사(結社)와 그 훈련(訓練)을 연구하여 볼 필요가 있다 하여 몇 달을 두고 각 교사(敎師)가 연구하다가 마침내는 이룬 실적(實跡)이 없었던 것이 생각났다。보통 인정(人情)에 『사흘 끼니를 거르면 도심(盜心)이 일어나지 않을 자 드물다』 하지만、도적(盜賊)의 마음만 가지고 도적이 될 수 없고、한두 명의 서절구투(鼠竊狗偸)*는 가능하겠지만、수십 명、수백 명의 집단체(集團體)가 되어 기민하게 움직이는 데에는 반드시 지휘 명령을 하는 기관(機關)과 주뇌인물(主腦人物)이 있고서야 이들을 다스리고 이끌어 도적질을 할 것이니、그만한 인물이 었다 하면 그 자격과 지혜가 정부(政府) 관리(官吏) 이상의 인격자(人格者)라야 할지니 연구 조사하여 볼 필요가 있다 한 것이다。그러나 끝내 단서(端緖)를 얻지 못하고 만 것을 생각하고 김 진사에 바짝 들러붙어서 묻기를 시작하였는데、김 진사라는 자가 내가 자기와 같은 부류가 아님을 발표한 이상 나에게 자기네 내막(內幕)을 다 말하여 줄까가 의문이지만、평소에 애쓰던 것을 이 기회가 아니면 알 수 없다 생각하고、먼저 나의 신분(身分)에 대하여 대강 설명하고 『평소에 귀(貴) 단체(團體)의 조직(組織) 훈련(訓練)을 연구하여 보았으나 단서를 얻지 못하였으며、연구의 목적이 도적을 모조리 잡아 없앰이 아니고 후일 국사(國事)에 참고 응용하고자 함이니、명료하게 설명하여 줄 수 있겠습니까』 하였다。

진사(進士)。『우리의 비밀결사(秘密結社)가 전하여 내려온 지 몇백 년에 이제는 자연 공공연한 비밀이 되었으나、우리의 법망(法網)이 엄밀한 탓으로、나라가 망함에 따라 유래(由來)로 지켜 오던 사회(社會) 기강(紀綱)이 여지없이 추락된 금일에도 조선에는 벌(蜂)의 법과 도적놈의 법이 그대로 남았다고 자인(自認)합니다。노형(老兄)을 북대로 생각하고、알지 못하시는 것을 여러 말로 물은 데 대하여 미안합니다。그러니 내가 노형에게 물은 말에 대하여 먼저 설명을 하고、이어서 조직(組織)과 훈련(訓練)과 실행(實行)에 몇 가지 예를 들어 말씀하오리다。

우리나라 이조(李朝) 전은 참고할 만한 것이 없으나、이조(李朝) 이후에 도적(盜賊)의 계파(系派)와 시원(始原)은 이렇습니다。도적(盜賊)이란 이름부터 명예적(名譽的)이지 않으니 누가 도적질을 좋은 직업으로 알고 스스로 행할 자가 있으리오만、대개 불평분자(不平分子)의 반동적(反動的) 심리(心理)로 기인된 것입니다。이성계(李成桂)*가 신하(臣下)로서 군주(君主)를 쳐서 나라를 얻은 이후에 당시 두문동(杜門洞)* 칠십이인(七十二人) 같은 사람들 외에도 왕조(王朝)*에 충성스러운 뜻을 가지고 있던 자 많았을 것을 알 수 있겠지요。그러한 지사(志士)들이 비밀히 연락 또는 모여 가지고 제약부경(濟弱扶傾)*의 선의(善意)와 질서파괴(秩序破壞)의 보복적(報復的) 대의(大義)를 표방하고、유벽(幽僻)한 곳에 동지(同志)를 소집하여 가지고、이조(李朝)에서 은총(恩寵)을 받으며 녹(祿)을 받아먹는 자와、또 그 자들의 족속(族屬)들로 이른바 양반이라 하는、평범한 백성을 착취하여 부유해진 자의 재물(財物)을 탈취하여 빈한한 백성을 구제(救濟)하던 것을「도적」이란 이름을 붙여 가지고、오백여 년 동안 이조(李朝)에게 압박(壓迫) 도살(屠殺)을 당하여 온 것입니다。

그런데 강원도(江原道)에 근거(根據)를 둔 자들의 기관(機關) 명의(名義)는「목단설」이요、삼남(三南)에 있는 기관(機關)은「추설」이라 하여 왔습니다。「북대」라는 것은 어리석고 고집 센 자들이 그때그때마다 작당(作黨)하여 가지고 백성들의 집을 때려 부수고 재물을 마구 빼앗는 자를 이름한 것인데、목단설과 추설 두 기관에 속한 도당(徒黨)끼리는 서로 만나면 처음 면대(面對)하였으나 오래된 것처럼 동지(同志)로 인정하고 서로 도와주지만、북대에게 대하여는 두 설에서 똑같이 적대시(敵對視)하는 규율을 정하였으므로、북대는 만나기만 하면 무조건하고 사형(死刑)을 하는 것입니다。

목단과 추、두 설의 가장 높은 수령(首領)은 노사장(老師丈)이요、그 아래에 총사무(總事務)는 유사(有司)라 하고、각 지방 주관자(主管者)도 유사(有司)라 합니다。

두 설에서 공동대회(共同大會)를 「대(大)장 부른다」 하고、 각기 단독으로 부하(部下)를 소집하는 것을 「장 부른다」 합니다。 대(大)장은 종전에는 매년 한 차례씩을 부르나、 지금에 이르러서는 재알이(왜놈을 가리킴)가 하도 심하게 구는 탓으로 대(大)장은 없어졌습니다。 종전에 대(大)장을 부른 뒤에는 어느 고을을 털든지 큰 시장(市場)을 치는 운동이 생겼습니다。 대(大)장을 부르는 본뜻이 도적질만 하는 것이 아니고 설의 공적(公的)인 일을 처리하는 것인데、 그때에 크게 기세(氣勢)를 떨쳐 보이며 한 차례 하는 것입니다。 대(大)장을 부르는 통지(通知)는 각 도(道)와 각 지방(地方)의 책임자에게 그 부하의 누구누구 몇 명을 보내라 하면 어김없이 가는데、 흔히 큰 시장(市場)이나 사찰(寺刹)로 부르게 됩니다。 부름을 받고 길을 떠나서 가는 데는 형형색색으로 돌림장수*로、 중으로、 상제(喪制)로、 양반 행차로、 등짐장수*로 별별 형식을 다 가장(假裝)하여 가지고 갑니다。

일례를 들면、 몇 해 전에 하동(河東) 화개장(花開場)*에서 대(大)장이 되는데 볼만하였습니다。 그 장(場)날을 이용한 것인데、 사방에서 시장(市場)을 보러 오는 사람으로 길이 차서 몰려 들어오는데、 거기 섞여서 도적놈들도 들어왔지요。 장날 중간쯤이나 되어서는 어떤 행상(行喪)이 들어오는데、 상주(喪主)가 삼형제요、 그 뒤에는 상복(喪服) 입은 상제(喪制)들과 말 위에서 호상(護喪)하는 사람도 많고、 상여(喪輿)는 비단으로 맵시있게 꾸몄고、 상여꾼도 차림차리*를 일치되게 소복(素服)으로 입혔지요。 시장 안에 들어와서 큰 주점(酒店) 뜰에 상여를 멈추고 나서는 상주들은 대지팡이를 짚고 「아이구 아이구」 상여 앞에서 곡(哭)을 하고 상여꾼들은 술을 먹일 때、 어떤 호상객(護喪客) 한 명이 갯국(狗湯)* 한 그릇을 사 가지고 상주에게 권하였습니다。 상주(喪主)는 온순하게 그자를 향하여 「희롱(戲弄)은 무슨 희롱을 못 해서 상제(喪制)에게 갯국을 권하는가。 그러지 말라」고 하여도、 갯국을 권하던 호상인(護喪人)은 도리어 억지로 청하여 기어이 상제들에게 갯국을 먹이려 하였습니다。 온유(溫柔)하던 상주들도 차차 노기(怒氣)를 띠고 거절하였습니다。 「아무리 무례(無禮)한 놈이라도 초상(初喪) 상제(喪制)들에게 갯국을 먹으라는 놈이 어디 있느냐」 「친구가 권하는 갯국을 좀 먹으면 못쓰느냐」 차차 싸움이 되었죠。 다른 호상인(護喪人)들도 싸움을 말리느라고 야단을 치니 시장 장꾼의 눈이 다 그리로 집중되고 웃기를 마지아니할 즈음에、 상주 삼형제가 대지팡이를 들어 상여(喪輿)를 부수고 널(柩)을 깨고 널 뚜껑을 딱 잡아 젖히니、 시체(屍體)는 없고 오연발(五連發) 장총(長銃)이 가득 들었습니다。 상주(喪主)와 호상꾼(護喪)과 상여꾼(喪輿)이 총 한 자루씩을 들고 사방 길목을 지키며 출입(出入)을 막고、 시장에 놓인 돈과 집에 쌓아 둔 부상(富商)의 돈 전부를 탈취하여 가지고 쌍계사(雙磎寺)에서 공사(公事)를 마치고 헤어졌습니다。

노형(老兄)이 황해도(黃海道)에 사시니 몇 해 전에 청단장(靑丹場)*을 치고 곡산군수(谷山郡守)를 죽인 소문을 들었을 것이나、 청단장을 칠 때는 내가 총지휘(總指揮)로 도당(徒黨)을 거느렸는데、 나는 어떤 양반의 행차로 가장(假裝)하여 사인교(四人轎)를 타고 여러 겹의 하인들을 늘어 세우고 호기(豪氣)있게 달려들어 시장(市場) 사무(事務)를 무사히 마치고、 질풍뇌우(疾風雷雨)처럼 곡산군(谷山郡) 관아(官衙)를 습격하고、 군수(郡守) 놈이 하도 인민(人民)을 어육(魚肉)*으로 하였기에 죽여 버렸지요。』

나는 물었다。 『노형(老兄)의 금번 징역(懲役)이 그 사실 때문이오。』 진사(進士)。 『아니오。 만약 그 사실 때문이라면 오 년만 지겠습니까。 이미 면하기 어렵게 되었기에 간단한 사건을 실토(實吐)하였더니 오년형(五年刑)을 받았소。 조직(組織) 방법(方法)에 대하여는 근본이 비밀결사(秘密結社)인 만큼 엄밀(嚴密)하고 기계적(機械的)이므로 설명을 충분히 하여 드리기 어려우나、 노형이 연구하여 보아도 단서(端緖)를 얻지 못하였다는 점에서부터 말하지요。 도당(徒黨)의 수(數)만 많고 정밀(精密)하지 못한 것보다는 수가 적어도 정밀한 것을 목적(目的)하기 때문에、 노사장(老師丈)이 각 도(道) 각 지방(地方) 책임유사(責任有司)에게 매년 각 분설(分設)에서 자격자(資格者) 한 명씩을 자세히 조사하여 보고케 합니다。 그 자격자라는 것은、 첫째 눈빛이 굳세고 맑을 것、 둘째 아래가 맑고、 셋째 담력(膽力)이 강하고 튼튼할 것、 넷째 성품(性品)이 침착할 것、 이상 몇 가지를 갖춘 자를 비밀히 알려서、 상(上)설에서 다시 비밀 조사(보고(報告)하여 천거(薦擧)한 유사(有司)도 모르게)를 하여 보고、 조사에 앞뒤가 부합되는 때는 그 설의 책임유사에게 전적으로 맡겨 그 합격자(合格者)를 도적놈으로 만듭니다。 물론 그 합격자가 자기에 대하여 보고(報告)를 하고 조사(調査)하는 것을 전혀 모르게 합니다。 책임유사(責任有司)가 그 노사장(老師丈)의 분부를 드디어 그 자격자에게 착수(着手)하는 방법은、 먼저 그 자격자가 즐기고 좋아하는 것을 바라보고、 색(色)을 좋아하는 자에게는 미색(美色)으로、 술을 즐겨 마시는 자에게는 술로、 재물(財物)을 좋아하는 자는 재물로 극진히 동정(同情)을 하여 환심(歡心)을 사서 친형제 이상으로 정의(情義)가 매우 가깝게 된 후에는 훈련을 시작합니다。 그 방법의 한 토막을 말하면、 책임자(責任者)가 자격자(資格者)를 데리고 어디를 가서 놀다가 밤이 깊은 후에 동행(同行)하여 돌아오다가 책임자가 어떤 집 문 앞에 와서 자격자에게 청하기를 「그대는 잠시 동안만 이 문밖에서 기다려 주면, 내가 이 집에 들어가서 주인(主人)을 보고 곧 나오겠다」 하면, 자격자는 무심(無心)히 문밖에서 나오기를 기다리고 섰을 것입니다。 갑자기 안마당에서 「도적이야!」 고함이 나자 그 집 주위로는 벌써 포교(捕校)가 달려들어 우선 문 앞에 서 있던 자격자를 포박(捕縛)하고 안마당에 침입하여 책임자를 포박(捕縛)하여 가지고 심심산곡(深深山谷)으로 끌고 가서 신문(訊問)을 개시하고, 주로 자격자에게 대하여 칠십여 종의 악형(惡刑)으로 고문(拷問)을 하여 보아서, 자기가 도적이라고 거짓으로 고하면 그 자리에서 죽여서 흔적을 없애 버리고, 끝끝내 도적이 아니라고 굳게 버티는 자는 포승줄을 풀어 준 뒤에 유벽(幽僻)한 곳으로 데리고 가서 며칠 동안 술과 고기를 잘 먹여 가지고 입당식(入黨式)을 거행합니다。

입당식(入黨式)에는 책임유사(責任有司)가 정석(正席)에 앉고, 자격자(資格者)를 앞에 꿇어앉히고 「입을 벌려라」 한 뒤에 칼을 빼어 칼끝을 입안에 넣고 자격자에게 호령하기를 「위아래 이로 칼끝을 힘껏 물어라」 한 뒤에 칼을 잡았던 손을 놓고 나서 다시 호령하기를 「네가 하늘을 쳐다보아라」 「땅을 내려다보아라」 「나를 보아라」 한 뒤에 다시 칼을 입안으로부터 칼집에 넣고 자격자에게 선고(宣告)하여 말합니다。 「너는 하늘을 알고 땅을 알고 사람을 아니, 확실히 우리의 동지(同志)로 인정한다。」 식(式)을 끝낸 후에는 입당자(入黨者)까지 거느리고 예정된 방침에 의하여 정식으로 강도질을 한 차례 하여 가지고 신입당원(新入黨員)까지 골고루 분장(分贓)*하여 주고, 몇 차례만 동행(同行)하면 완전한 도적놈이 됩니다。』

나는 또 김 진사에게 물었다。 『동지(同志)가 사방에 흩어져서 움직이는데 동지들이 서로 낯을 모를 사람도 많을 터인데, 서로 만나서 피차(彼此)에 동지인 줄 모르면 충돌을 피하기 어렵고 여러 가지 불편이 있을 터이니, 거기에 대하여는 무엇으로 표별(表別)합니까。』 진사(進士)。 『그렇지요。 우리의 표별(表別)은 자주자주 고치기 때문에 영구히 그대로 시행하는 것이 없지만, 반드시 표별은 있습니다。 일례를 들면, 몇 해 전에 어떤 여점(旅店)에 큰 상인(商人) 몇 명이 숙박(宿泊)함을 알고 밤중에 무리를 거느리고 침입하여 재물(財物)을 찾아내서 빼앗는데, 갑자기 좌중(座中)에서 낯을 땅에 대고 꿈쩍을 못 하는 사람들 가운데 한 자(者)가 반벙어리 말로 「에

구、나도 장(醬)담글 때 추렴 돈 석 냥 내었는데요」합니다。「저놈이 방자(放恣)스럽게 무슨 수작을 하니 저놈부터 동여 앞세워라」하여 끌고 와서 문답(問答)한 결과 확실히 동지(同志)였습니다。그런 경우에는 그 동지까지 분장(分贓)을 같이하는 법입니다。』

문(問)。『나는 혹시 듣건대、도적을 하여 가지고 장물(贓物)을 분배(分配)하다가 싸움이 되어 그로 인하여 탄로(綻露) 체포(逮捕)된다고 하니、그것이 결점이 아니오。』답(答)。『그것이 이른바 북대의 하는 짓입니다。우리 계통(系統) 있는 도적은 절대로 그런 추태(醜態)는 없습니다。첫째 우리는 그때그때 도적질을 자주 하는 것이 아니고、일 년에 한 차례요、많아야 두세 번에 불과합니다。분장(分贓)에는 더욱 예로부터 내려온 엄정(嚴正)한 규칙에 의하여 분배하되、백분의 몇은 노사장(老師丈)에게로、그다음 각 지방에 공용(公用)으로 얼마、난리를 만난 자의 유족(遺族) 구제비(救濟費) 얼마를 먼저 제한 뒤에도、극단적(極端的) 모험(冒險)을 한 자에게 장려금(奬勵金)까지 주고 나서 골고루 분배하므로、그런 더러운 짓은 절대로 없습니다。우리 법(法)에 사대(四大) 사형죄(死刑罪)가 있습니다。제일조(第一條) 동지(同志)의 처(妻)나 첩(妾)을 간통(姦通)한 자、제이조(第二條) 체포되어 신문(訊問)당할 때 자기 동당(同黨)을 털어놓고 말한 자、제삼조(第三條) 도적질을 할 때 장물(贓物)을 은닉(隱匿)한 자、제사조(第四條) 동당(同黨)의 재물을 강탈(强奪)한 자입니다。포교(捕校)는 피하여 남모르게 멀리 달아나면 혹시 생명을 보존할 수 있으나、우리 법의 사형(死刑)을 받고 조직망(組織網)을 빠져나가기는 극히 어렵습니다。그리고 도적질을 하다가 하기 싫든지 연로(年老)하여 퇴당(退黨) 청원(請願)을 하면、동지(同志)가 급한 경우에 자기 집에 숨겨 달라고 요구하는 한 가지 일에만은 응낙(應諾)한다는 서약(誓約)을 받고 행락(行樂)은 면제하여 줍니다。』『행락이 무엇이오。』『곧 도적질을 이름하여 행락(行樂)이라 합니다。』

또 물었다。『만일 행락을 하다가 포교(捕校)에게 체포되면 살아 돌아오게 할 방법은 없습니까。』진사(進士)의 답(答)。『여보、우리가 잡히는 족족 다 죽는다면 몇백 년 동안에 근거(根據)가 소멸(消滅)되었을 것이오。우리 떼의 설이 민간(民間)에만 있지를 않고 벼슬아치 세계에、더구나 포도청(捕盜廳)과 군대(軍隊)에 요직(要職)을 가지도록 하였다가、어느 도(道)에서 도적이 잡힌 후에 서울로 보고(報告)가 오면 자연 정적(正賊) 곧 설과、가적(假賊) 북대를 변별(辨別)할 수 있으니、북대는 지방의 처리와 결정에 맡기고、정적(正賊)은 서울로 압상(押上)하여 모아서 동당(同黨)을 실토(實吐)한 자는 사형(死刑)케 하고、자기 사실만 공술(供述)한 자는 기어이 살리고 의복과 음식도 대주다가 출옥(出獄)시킵니다。』

김 진사의 말을 듣고 나는 생각하여 보았다. 「내가 국사(國事)를 위하여 가장 원대(遠大)한 계획을 품고 비밀결사(秘密結社)로 일어난 신민회(新民會) 회원(會員)의 한 사람이지만, 저 강도단(强盜團)에 비하면 아무것도 아니다.」 조직(組織)과 훈련(訓練)이 아주 유치한 것을 깨닫고 자괴감(自愧感)을 금할 수 없었다. 당시 옥중(獄中)의 수인(囚人)들 중에도 이같은 강도(强盜)의 인격(人格)이 제일이므로, 왜놈에게 의뢰하여 순사(巡査)나 헌병(憲兵) 보조원(補助員) 등 왜(倭) 관리(官吏)를 다니다가 입감(入監)된 자는 감히 수인들 중에 머리를 들지 못하고, 사기(詐欺) 절도(竊盜) 횡령(橫領) 등의 범죄자도 강도 앞에서는 옴짝을 못 하기 때문에, 수인 세계에서 권위(權威)를 강도가 잡고 있는 것이다.

그러나 우리 동지(同志) 중에는 「목단」계(系)나 「추」계(系) 강도보다 월등한 행장(行狀)*을 가진 자가 많았는데, 그 중에는 고정화(高貞華)의 의식(衣食) 항쟁(抗爭)을 비롯하여, 고봉수(高鳳洙)의 담임간수(擔任看守)가 고봉수의 발에 채여 거꾸러졌다가 일어난 후에, 벌(罰)을 받지 않고 도리어 상표(賞票)를 받은 것(그 왜놈이 수인(囚人)에게 치욕(恥辱) 당한 것을 상관(上官)에게 보고(報告)를 하자니 자기 인격(人格)에 심한 욕을 먹겠으므로, 고봉수의 행장(行狀)이 극히 모범(模範)이라고 보고했던 것이다)도 특이하고, 김홍량(金鴻亮)이 간수(看守)들을 매수(買收)하여 가지고 보약(補藥)을 비밀히 갖다 먹고 각 신문(新聞)을 들여다보는 등, 그 외에 가장 탁월한 행동을 가진 자는 도인권(都寅權)이었다.

도(都) 군(君)은 본디 용강(龍岡) 사람으로, 노백린(盧伯麟) 김희선(金羲善) 이갑(李甲) 등 여러 장령(將領)에게 무학(武學)을 배워 일찍이 정교(正校)*의 군직(軍職)을 가졌다가 왜놈에 의해 군대가 해산된 후에 향리(鄕里)에 거주하던바, 양산학교(楊山學校) 교사(敎師)로 초빙(招聘)되어 사무를 보았다. 사람됨이 민활(敏活)하며 강직(剛直)한지라, 십 년 징역(懲役)을 받고 노역(勞役)하는 중에 예수교를 독실(篤實)하게 믿으므로, 왜놈의 이른바 교회사(敎誨師)*가 일요일에 각 수인(囚人)으로 하여금 불상(佛像) 앞에 머리를 숙이고 예불(禮佛)하라고 명하여 수인들이 마음속으로는 「천황(天皇) 급사(急死)」를 빌면서도 겉으로는 머리를 숙였으되, 수백 명이 한 번의 호령(號令)에 머리를 숙인 중에 도인권(都寅權) 한 사람만 머리를 까딱도 아니하고 앉아 있었다. 간수(看守)가 질문하니, 도(都)는 『나는 예수교도이므로 우상(偶像)에 절하지 않는다』 하였다. 왜놈들은 성이 나서 도(都)의 머리를 억지로 타 누르거니, 도(都)는 눌리지 않으려 하거니, 큰 소동이 일어났다. 도(都)는 『일본(日本) 국법(國法)에도 종교를 믿는 자유가 있고 감옥(監獄)의 법(法)에도 수인(囚人)들은 불교(佛敎)만 믿으라는 조문(條文)이 없는데, 어디에 근거하여 이같이 무리(無理)한가. 일본인(日本人)의 안목(眼目)으로 보아 도인권이가 죄인이라 하나、신(神)의 안광(眼光)으로 일본인이 죄인이 될지도 모른다』고 하여 큰 시비(是非)가 생겨서、마침내는 『교회(教誨) 시간에 불상(佛像)에 절하는 한 가지 일은 수인의 자유에 맡긴다』는 전옥(典獄)의 교시(教示)가 있었다。

이뿐만이 아니었다。전옥(典獄)이 도인권(都寅權)에게 상표(賞票)와 상장(賞狀)을 수여(授與)하려 하나 도(都)는 절대로 사양하여 물리쳤다。『수인(囚人)의 상표(賞票)는 개전(改悛)의 상황이 있는 자에게 주는 것인데 나는 당초에 죄가 없었고、수인이 된 것은 일본의 세력이 나보다 나은 것뿐이거늘 상(賞)이 무슨 관계인가』하여 끝내 상(賞)을 거절하였고、그 후에 이른바 가출옥(假出獄)을 시키는데도 『나의 죄가 없는 것을 지금에야 깨달았거든 판결(判決)을 취소하고 아주 내보낼 것이지、가출옥(假出獄)이란 「가(假)」자가 정신에 상쾌하지 못하니、기한(期限)까지 있다가 나가겠다』하니、왜놈도 어쩌지를 못 하고 기한을 채워서 방면(放免)하였다。도인권의 행동은 강도(强盜)로서는 능히 가지지 못할 뿐 아니라、『온 산의 말라 죽은 나무에 나뭇잎 하나만이 푸르다(滿山枯木一葉青)』하는 특색을 누가 공경하여 감탄치 않으리오。불서(佛書)에서 말하는 『높고 높아 우뚝하고 말끔하게 드러났네。천하를 홀로 걸어가니 누가 나와 함께하랴(嵬嵬落落赤裸裸 獨步乾坤誰伴我)』*라는 구절을 도군(都君)을 위하여 한번 암송(暗誦)하였다。

동료(同僚) 수인(囚人) 가운데에 이종근(李種根)이라는、나이 겨우 스물인 청년이 있으니 의병장(義兵將) 이진룡(李鎭龍)의 친척 아우뻘로、어릴 적부터 일어(日語)를 이해하여 러일전쟁(露日戰爭) 때 왜장(倭將) 명석(明石)이 통역(通譯)으로 쓰다가 헌병(憲兵) 보조원(補助員)으로 쓰던 때에、이진룡이 의병을 일으키던 초기에 종근(種根)을 불러들여 사형(死刑)을 집행하고자 하니、종근은 이(李) 의사(義士)를 향하여 『아우가 나이가 어려 대의(大義)를 몰각(沒覺)하고 왜(倭)의 심부름꾼이 되었으나、지금이라도 형님을 따라 의병(義兵)이 되어 왜병(倭兵)을 섬멸(殲滅)하고 장공속죄(將功贖罪)하게 하여 주심이 어떠합니까』하니、이 의사가 기꺼이 허락하였다。종근은 곧 보조원(補助員)의 총기(銃器)를 그대로 메고 이 의사가 실패하기까지 종군(從軍)하다가 왜(倭)에게 사로잡혀 사형(死刑)을 받게 되매、종근은 이왕에 신임(信任)받던 명석(明石) 면회(面會)를 청하여 용서를 구한 결과 오 년 징역을 받은 자였다。종근은 왜(倭) 간수(看守)에게 청하여 자기가 목불식정(目不識丁)이니、오십육호(五十六號)와 같이 한방에서 자고 같은 공장에서 일하게 하여 주면 글을 배우고 익히겠다』하여 허가를 받은지라、이 년 동안이나 글을 가르치노라니 나도 종근의 애호(愛護)를 많이 받았다。그리하다가 종근은 가출옥(假出獄)으로 출옥(出獄)되었다。그 후에 집에서 온 서신(書信)을 보니、종근이가 자기 아내를 데리고 안악(安岳)까지 가서 어머님을 뵈었다는 말이 있었다。

출역(出役) 중에 어느 날은 졸지에 일을 중지하고 수인(囚人)을 한곳에 모아 놓고 명치(明治)의 사망(死亡)을 선언(宣言)한 뒤에 이른바 대사면(大赦免)을 알리는데、먼저 보안(保安) 이 년은 형을 면제하여 주니 보안법(保安法)으로만 징역을 살던 동지(同志)들은 그날로 출옥(出獄)되었다。강도(强盜)는、명근(明根) 형에게는 감형(減刑)도 하지 않으나、십오 년 징역 중에는 나 한 사람만 팔 년을 감(減)하여 칠 년으로 되고、김홍량(金鴻亮) 외 몇 사람은 거개 칠 년을 감(減)하여 팔 년으로 되고、십 년、칠 년、오 년 들도 차례로 감형(減刑)되었다。

몇 달이 지나지 않아 명치(明治)의 처(妻)가 또한 사망(死亡)하여서 남은 기간의 십분의 일을 줄이니 오 년 남짓의 가벼운 형량(刑量)이 되고、그때는 명근(明根) 형도 종신(終身)을 감(減)하여 이십 년이라 하였으나、명근 형은『형(刑)을 더하여 죽여 줄지언정、감형(減刑)은 받지 않겠다』하였다。그러나 왜놈의 말은『죄수에 대하여 일체(一切)를 강제로 집행하는 것이니、감형(減刑)을 받고 안 받고도 수인(囚人) 자유(自由)에 있지 않다』하였다。그때는 공덕리(孔德里)에 경성감옥(京城監獄)을 준공(竣工)한 뒤이므로* 명근 형은 그리로 이감(移監)되어 얼굴만이라도 다시 서로 보지를 못하였다。(명근 형은 앞뒤로 십칠 년 동안을 구속(拘束)되었다가 몇 해 전에 방면(放免)되어 신천(信川) 청계동(淸溪洞)에서 그 부인(夫人)과 같이 일 년여를 지내다가 중국과 러시아 경계 지역에 사는 자기 부친(父親)과 친동생을 그리워하여 식구를 데리고 옮겨 살다가、원체 오랜 세월에 모진 고생을 한 탓으로 저항력(抵抗力)이 전혀 없어졌으므로、그다지 심하지도 않은 병(病)으로 만고(萬古)의 분(憤)과 한(恨)을 품고 중국 영토인 화룡현(和龍縣)*에서 마침내 불귀(不歸)의 객(客)이 되었다。)

그럭저럭 내가 서대문감옥(西大門監獄)에서 지낸 것이 삼 년여이고、남은 기간은 불과 이 년이었다。이때부터는 마음속에 확실히 다시 세상에 나가 활동할 신념(信念)이 보였다。그리하여 밤낮으로「세상에 나가서는 무슨 일을 할까。나는 본디 왜놈이 이름지어 준 뭉어리돌이다。뭉어리돌의 대우를 받은 지사(志士)들 중에도 왜놈의 불가마 즉 감옥에서 인간으로서는 당해내지 못할 학대(虐待)와 모욕(侮辱)을 받고도 세상에 가서는 도리어 왜놈에게 순종하며 남은 목숨을 이어 가는 자 있으니、그는 뭉어리돌 중에

도 석회질(石灰質)을 함유(含有)하였으므로 다시 세상의 바다에 던져지면 평소의 굳은 의지가 석회(石灰)같이 풀리는 것 같다」 생각하였다。그러므로 나는 다시 세상에 나가는 데 대하여 우려가 적지 않았다。「만일 나도 석회질을 가진 몽어리돌이면、만기(滿期) 이전에 거룩하고 깨끗한 정신을 품은 채로 죽었으면 좋지 않을까」 하였다。

결심(決心)의 표시로 이름을 「구(九)」라 하고 호(號)를 「백범(白凡)」이라 고쳐 가지고、동지(同志)들에게 말하여 알렸다。「구(龜)」를 「구(九)」로 고침은 왜(倭)의 민적(民籍)*에서 떨어져 나가고자 함이요、「연하(蓮下)」를 「백범(白凡)」으로 고침은 감옥에서 여러 해 연구한 바에 의하여、우리나라 하등사회(下等社會) 즉 백정(白丁) 범부(凡夫) 들이라도 애국심(愛國心)이 바로 지금의 나 정도는 되어야 완전한 독립국민(獨立國民)이 되겠다는 소원과 바람을 가지자는 것이었다。복역(服役)할 때、뜰을 쓸 때나 유리창을 닦을 때는 이런 생각을 하였다。「우리도 어느 때 독립정부(獨立政府)를 건설하거든、내가 그 집의 뜰도 쓸고 창문도 잘 닦는 일을 하여 보고 죽게 하여 달라」고 하느님께 기도하였다。

나는 잔기(殘期) 이 년을 채 못 남기고 서대문감옥(西大門監獄)을 떠나 인천(仁川)으로 이감(移監)하게 되었다。원인은 내가 제이과장(第二科長) 왜놈과 싸움한 사실이 있었는데、그놈이 비교적 고역(苦役)이 심한 인천(仁川) 축항공사(築港工事)를 시키는 곳으로 보내는 것이었다。서대문(西大門)에는 우리 동지(同志)들이 많이 있어 정리상(情理上) 위로도 되고 노역(勞役) 중에도 편의(便宜)가 많은 터이므로 쾌활한 생활을 하였다 할 수 있는데、이곳을 떠나 쇠사슬로 허리를 묶고 삼사십 명 붉은 옷 입은 자들에 편입(編入)하여 인천옥(仁川獄)* 문 앞에 당도하였다。

무술년(戊戌年) 삼월 초구일 밤중에 파옥(破獄) 도주(逃走)한 이 몸으로 십칠 년 후에 쇠사슬에 묶여서 다시 이곳에 올 줄 누가 알았으랴。옥문(獄門) 안에 들어서며 살펴보니 새로이 감방(監房)을 늘려 지었으나、지난날에 내가 앉아 글을 읽던 방(房)이 그대로 있고、산보(散步)하던 뜰이 그대로 있고、호랑이같이 도변(渡邊)이 놈을 몹시 꾸짖던 경무청(警務廳)은 매춘부(賣春婦)의 검사소(檢査所)로、감리사(監理使)가 사무를 보던 내원당(來遠堂)은 감옥 집물고(什物庫)가 되었고、옛적 순검(巡檢)과 주사(主事) 들이 뒤끓던 곳은 왜놈의 세상이 되어 버렸다。마치 사람이 죽었다가 몇십 년 후에 다시 살아나서 자기가 놀던 고향(故鄕)에 와서 보는 듯하였다。감옥 뒷담 너머 용동(龍洞) 마루턱에서 옥중(獄中)에 갇힌 불효자(不孝子)인 나를 보시느라고 날마다 우두커니 서서 내려다보시던 선친(先親)의 얼굴이 보이는 것 같았다。그러나 세상이 바뀌고 시절이 변한 탓으로、오늘의 김구(金龜)를 지난날의 김창수(金昌洙)로 알 자(者)는 없을 것이라고 생각하였다。

감방(監房)에 들어가서 보니、서대문(西大門)에서 먼저 이감(移監)된 낯 익은 자(者)도 더러 있었다。한 자(者)가 곁에 썩 다가앉으며 나를 보고서 『그분 낯이 매우 익은데、당신 김창수(金昌洙) 아니오』한다。참말로 청천벽력(青天霹靂)이었다。놀라서 자세히 보니 십칠 년 전에 절도(竊盜) 십 년 징역(懲役)을 지고 같이 갇혀 있던 문종칠(文種七)이었다。나이는 늙었을망정 소싯적 얼굴 생김은 그대로 알겠으나、전에는 없던、천정(天頂)*에 쏙 파인 구멍이 있다。나는 짐짓 머뭇거렸다。그자는 내 얼굴을 자세히 보면서『창수(昌洙) 김(金) 서방(書房)、지금 나의 면상(面上)에 구멍이 없다고 보시면 아실 것 아니오。나는 당신이 파옥(破獄)한 후에 죽도록 매를 맞은 문종칠이오』한다。『그만하면 알겠구려。』나는 반갑게 인사를 하였다。밉기도 하고 무섭기도 하지만。문(文)이 물었다。『당시에 항구(港口)를 진동(震動)하던 충신(忠臣)이 지금은 무슨 사건으로 감옥에 들어오게 되었소。』답(答)。『십오 년 강도(强盜)요。』문(文)은 입을 비쭉거리며『충신으로서 강도는 서로 거리가 아주 먼데요。그때 창수가 우리 같은 도적놈들과 같이 지내게 한다고 경무관(警務官)까지 몹시 꾸짖던 것을 보아서는 강도 십오 년 맛이 꽤 무던하겠구려』한다。나는 문(文)의 말을 타내기는* 고사하고 도리어 빌붙었다。『여보、충신(忠臣) 노릇도 사람이 하고、강도(强盜)도 사람이 하는 것 아니오。한때는 그렇게 놀고、한때는 이렇게 노는 게지요。대관절 문(文) 서방(書房)은 어찌하여 다시 고생을 하시오。』문(文)。『나는 이번까지 감옥(監獄) 출입(出入)이 일곱번째이니、일생을 감옥에서 보내게 되었습니다。』『징역(懲役) 기한(期限)은 얼마요。』『강도(强盜) 칠 년에서 오 년이 되어 한 반년 뒤에는 다시 나가 다녀오겠소。』내 말。『여보、끔찍한 말씀도 하시오。』문(文)。『자본(資本) 없는 장사는 걸인(乞人)과 도적(盜賊)이지요。더욱이 도적질에 입맛을 붙이면 별수가 없습니다。당신도 여기서는 별 꿈을 다 꾸겠지만、사회(社會)에 나가만 보시오。도적질하다가 징역살이한 놈이라고 누가 받아 주기를 하오。자연히 농공상(農工商)에 발 붙이지를 못하지요。「개 눈에는 똥만 보인다」는 말과 같이 도적질하여 본 놈은 거기에만 눈치가 뚫려서 다른 길은 밤중이구려。』『그같이 여러 번이라면 감형(減刑)이 어찌 되었소。』문(文)。『번번이 초범(初犯)이지요。역사적(歷史的)으로 공술(供述)하다가는 바깥바람도 못 쐬게요。』

나는 서대문감옥(西大門監獄)에서, 평소에 같은 무리로 도적질을 하다가 자기는 중형(重刑)을 지고 복역(服役) 중에 또 동류(同類)가 횡령죄(橫領罪)를 지고 감옥에 들어와 서로 만나 가지고 지내는 중에, 중형자(重刑者)가 경형자(輕刑者)인 동류(同類)를 고발하여 종신역(終身役)을 받게 하고, 자신은 그 공로(功勞)로 형(刑)이 줄고 후한 대우를 받고 동료 수인(囚人)들에게 미움을 받는 것을 보았다. 만일 문가(文哥)를 덧들여 놓으면,* 감옥에 눈치가 훤한 자로서 괴악(怪惡)한 행동을 할는지 알 수가 없었다. 나의 신문(訊問) 기록(記錄)에 삼 개월 징역의 사실이 없는데도 십칠 년이나 지워 주는 왜놈들인데, 저희 군관(軍官)을 죽이고 파옥(破獄)한 사실만 발각되는 날에는 아주 마지막이다. 처음 체포(逮捕) 후에 그 사실이 드러나게 되었다면 죽든 살든 상쾌하게나 지내 버렸을 터인데, 만기(滿期) 일 년여에, 이제껏 당해내지 못할 감당키 어려운 모욕(侮辱)과 심한 학대(虐待)를 다 지내고 나서 세상에 나갈 희망을 가진 금일에 문가(文哥)가 고발만 하면, 나의 한 몸은 고사하고, 늙은 어머님과 어린 처자식의 모습이 어떠할까. 문가(文哥)에게 대하여 친절 또 친절하게 대우하였다. 집에서 부쳐 주는 사식(私食)도 틈을 타서 문가(文哥)를 주어 먹게 하고, 감식(監食)이라도 그자가 곁에만 오면 나는 굶으면서도 문가(文哥)를 주어 먹이다가, 문가(文哥)가 먼저 만기출옥(滿期出獄)이 되고 보니 시원하기가 내가 출옥(出獄)함보다 못지않았다.

아침저녁 쇠사슬로 허리를 마주 매고 축항(築港) 공사장(工事場)에 출역(出役)을 하였다. 흙지게를 등에 지고 열 자가 넘는 높은 사다리를 밟고 오르내렸다. 여기서 서대문감옥(西大門監獄) 생활을 회고(回顧)하면, 속담(俗談)에 「누워서 팥떡 먹기」였다. 반나절이 지나지 않아 어깨가 붓고 등창이 나고 발이 부어서 운신(運身)을 못 하게 되었다. 그러나 면(免)할 도리는 없었다. 무거운 짐을 지고 사다리로 올라갈 때 여러 번 떨어져 죽을 결심을 하였다. 그러나 같이 쇠사슬을 마주 맨 자는 거반이 인천항(仁川港)에서 남의 구두 켤레나 담뱃갑이나 훔친 죄로 두 달 석 달을 징역살이하는 가벼운 죄수였다. 그자까지 내가 죽이는 것은 도리(道理)가 아니어서, 생각다 못하여 일에 잔꾀를 부리지 않고 죽을 힘을 다하여 일을 하였다. 여러 달 뒤에 이른바 상표(賞票)를 주었다. 도인권(都寅權)과 같이 거절할 용기도 없고, 도리어 다행이라고 생각되었다.

감옥문(監獄門) 밖에서 축항(築港) 공사장에 출입할 때 왼쪽 첫 집은 박영문(朴永文)의 물상객주(物商客主) 집이니, 십칠 년 전에 부모(父母) 두 분이 그 집에 계실 때、박 씨가 후덕(厚德)한 사람인 데다가 더욱이 나를 사랑하여 나에게 정신적(精神的)으로 물질적(物質的)으로 힘을 많이 쓰고、아버님과 동갑(同甲)이므로 친밀히 지내던 그 노인(老人)이 문 앞에서 우리가 들어가고 나오는 것을 보고 있었다。나는 나의 은인(恩人)이요 아울러 부집존장(父執尊丈)*이니 곧 가서 절하고 『나는 김창수(金昌洙)입니다』하고 싶었다。그렇게 하면 그이가 오죽이나 반겨 할까。왼쪽 맞은편 집은 그 역시 물상객주(物商客主)인 안호연(安浩然)의 집인데、안 씨 역시 나에게나 부모님에게 극진(極盡)한 성력(誠力)을 다하던 노인(老人)으로、그도 의연히 그 집에 그대로 살며、출입(出入)할 때에 종종 마음으로 절을 하고 지내었다。

육칠월 더위가 심한 어느 날 갑자기 수인(囚人) 전부를 교회당(敎誨堂)*에 모으므로 나도 가서 앉았다。이른바 분감장(分監長)*인 왜놈이 좌중(座中)을 향하여 오십오호(五十五號)를 부른다。나는 대답하였다。곧 『일어나서 나와라』라는 호령(號令)에 의하여 대(臺) 위에 올라가니、가출옥(假出獄)으로 방면(放免)한다는 뜻을 선언(宣言)한다。나는 꿈인 듯 생시인 듯 좌중(座中) 수인(囚人)들을 향하여 머리를 숙여 예(禮)를 표하고、곧 간수(看守)의 인도로 사무실에 나가니 벌써 준비한 흰옷 한 벌을 내준다。그때부터 적의군(赤衣軍)이 변하여 백의인(白衣人)이 되었다。맡겨 두었던 금품(金品)과 출역(出役) 품삯을 계산하여 주었다。

옥문(獄門) 밖으로 나와 한 걸음 한 걸음 걸으며 생각하였다。박영문(朴永文)이나 안호연(安浩然)을 마땅히 찾아뵈어야 할 터이지만、전과 다름 없이 두 집에 객주(客主) 문패(門牌)가 붙어 있으니 집안이 조용하지 못할 것은 묻지 않아도 알 수 있을 것이요、또한 내가 그 두 분을 찾아보면 김창수(金昌洙)라는 본명(本名)을 말하여야 그이들이 깨달을 터이고、그이들이 깨달은 뒤에는 자연 그들 집안에 이야기가 될 것이었다。남자(男子)들은 고사하고 부인(夫人)들이 내가 왔다는 말을 들으면 이십 년 동안이나 생사(生死)를 모르던 터에 기이(奇異)하다고도 자연히 이야기가 퍼지게 될 터이니、그러고 보면 나의 신변(身邊)에는 위험천만(危險千萬)이었다。박 씨나 안 씨 집을 지날 때에 발길이 떨어지지 않는 것을 억지로 지나며 옥중(獄中)에서 친하던 중국인(中國人)을 찾아가서 밤을 자고、이튿날 아침에 전화국(電話局)에 가서 안악(安岳)으로 전화를 걸어 아내를 불렀다。안악전화국(安岳電話局)에서 전화를 받은 직원이 성명(姓名)을 묻는다。『김구(金龜)요』하였다。『선생님 나오셨소?』『네、나와서 지금 차 타러 나갑니다。』직원。『네、그러시면 제가 댁에 가서 말씀드리겠습니다。』『그만 끊읍시

다.』(그는 나의 제자(弟子)였다)

그날로 경성역(京城驛)에서 경의선(京義線) 차를 타고 신막(新幕)*에서 일박(一泊)하고, 이튿날에 사리원(沙里院)에서 하차(下車)하여 선유진(船踰津)을 넘어 여물평(餘物坪)을 건너가며 살펴보니, 전에 없던 신작로(新作路)로 수십 명이 쏟아져 나오는 맨 앞에 어머님이 나의 걸음걸이를 보시고 눈물을 흘리며 와서 붙들고 『너는 오늘 살아 오지만, 너를 심히 사랑하고 늘 보고 싶다던 화경(化敬)이 네 딸은 서너 달 전에 죽었구나. 네게 알게 할 것 없다고 네 친구들이 권하기에 기별(奇別)도 않았다. 그뿐 아니라 일곱 살도 안 된 어린 것이지만, 죽을 때 부탁하기를 「나 죽었다고 옥(獄)에 계신 아버지께는 기별(奇別) 마십시오. 아버지가 들으시면 오죽이나 마음이 상하겠소」 하더라』 하신다. 나는 그 후에 곧 화경(化敬)의 묘지(墓地)(안악읍(安岳邑) 동쪽 산기슭 공동묘지(共同墓地))에 가 보아 주었다. 뒤로 김용제(金庸濟)* 등 수십 명 친구들이 다투어 달려들어 원망과 기쁨이 뒤섞인 얼굴로 인사를 하고 돌아와 안신학교(安新學校)로 들어갔다.

그때까지 아내가 안신여학교(安新女學校) 교원(敎員) 사무를 보고 교실(敎室) 한 칸에 거주하였으므로, 나는 예배당(禮拜堂)에 앉아서 오는 손님을 보았다. 아내는 극히 수척(瘦瘠)한 몸으로 여러 부인(夫人)들과 같이 잠시 나의 얼굴을 보는지 마는지 하고서는 음식 준비하기에 몰두하였다. 그것은 어머님과 아내가 상의하여, 내가 전에 친하던 친구들과 같이 앉아 음식 먹는 것을 보겠다는 마음으로 성심(誠心)을 다하여 음식을 준비함이었다.

며칠 뒤에 읍내(邑內) 친구들이 이인배(李仁培)의 집에서 나를 위하여 위로회(慰勞會)를 열고 나를 오라고 하여 갔다. 한편에는 노인들과, 한편에는 중늙은이 곧 나의 친구들과, 또 한편에는 평소 나의 제자(弟子)들인 청년들이 모이고, 음식이 상 위에 차려질 즈음에 갑자기 기생(妓生) 한 떼와 악기(樂器)가 들어왔다. 나는 놀랐다. 최창림(崔昌林) 등 몇몇 청년들이 『선생님을 오래간만에 뵈오니 너무 좋아서 저희들은 즐겁게 좀 놀렵니다. 선생님은 아무 말씀도 마시고 여러 분과 같이 진지나 잡수셔요』 한다. 노인들 중에도 내게 대하여 『김 선생은 젊은 사람들의 일을 묻지 마시고 이야기나 합시다』 하였다. 청년들이 지정(指定)하기를 아무 기생에게 『김 선생님의 장수(長壽)를 위하여 잔을 올려라』 하는 말이 끝나자, 한 기생이 술잔을 부어 들고 권주가(勸酒歌)를 한다. 청년들이 일시에 일어서서 나에게 청한다。『저희들이 성의(誠意)로 올리는 장수(長壽)를 기원하는 술 한 잔을 마셔 주십시오』 한다。나는 웃고 사양하였다。『내가 평소에 술 마시는 것을 자네들이 보았는가。먹을 줄 모르는 술을 어찌 마시는가。』『물 마시듯 마셔 봅시다』 하고 기생의 손에 든 술잔을 빼앗아 내 입에다 대며 강권(强勸)한다。나는 그 청년들 감흥(感興)을 떨어뜨릴까 하여 술 한 잔을 받아 마셨다。청년들이 한편은 나에게 술을 권하며、이어서 기생(妓生)의 가무(歌舞)가 시작되었다。

이인배(李仁培)의 집 앞이 즉 안신학교(安新學校)이므로、음악(音樂) 소리와 기생(妓生)의 노랫소리가 어머님과 아내의 귀에 들린 것이었다。곧 어머님이 사람을 보내어 나를 부르셨다。그 눈치를 안 청년들이 어머님께 가서 『선생님은 술도 아니 잡수시고 노인들과 이야기나 하십니다』 하였다。그 말을 들으시고 어머님이 몸소 오셔서 부르셨다。나는 어머님을 따라 집에 왔다。분노하여서 책망(責望)이 내려졌다。『내가 여러 해 동안 고생을 한 것이、오늘 네가 기생 데리고 술 먹는 것을 보려 하였더냐』 하신다。나는 무조건 대죄(待罪)하였다。어머님도 어머님이지만、아내가 어머님께 고하여 자리에서 물러나게 할 꾀를 낸 것이었다。

아내와 어머님 사이는、종전에는 고부간(姑婦間)에 충돌되는 점도 없지 않았으나、내가 체포된 후부터는 육칠 년간 서울과 시골로 잇달아 옮겨 다니며 별별 고생을 다 하는 중에 고부간(姑婦間)에 일심동체(一心同體)로 조금도 충돌이 없이 지냈노라 하며、경성(京城)에서 지낼 때는 연동(蓮洞)*의 안득은(安得恩) 여사(女士)와 곽귀맹(郭貴孟) 여사(女士)의 돌봄도 많이 받았으며、경제적으로 궁하여 화경(化敬)이는 어머님에게 맡기고 아내가 매일 왜놈의 토지국(土地局) 제책공장(製冊工場)에서 일도 하였으며、어느 서양(西洋) 여자(女子)가 아내의 학비(學費)를 부담하고 공부를 시켜 주겠다고 하였지만 설움에 파묻힌 어머님과 어린 화경이를 돌볼 결심으로 공부도 못 하였노라고、종종 자기 의사(意思)와 맞지 않을 때는 반드시 이런 말을 하고 나를 괴롭게 하였다。

다른 가정(家庭)에서 보통 부부간(夫婦間)에 말다툼이 생기면 주로 모친(母親)은 자기 아들의 편을 돕건만、우리 집안에서는 아내가 나의 의견을 반대할 때는 어머님이 열 배나 백 배의 권위(權威)로 나만 몰아세웠다。가만히 경험하여 보면、고부간(姑婦間)에 귓속말이 있은 후에는 반드시 내게 불화(不和)한 문제가 발생되었다。그러므로 집안일에 대하여는 한 번도 내 마음대로 해 본 적이 없다고 하여도 과언이 아니다。내가 아내의 말을 반대만 하면 어머님은 만장(萬丈)의 기염(氣焰)으로* 호령(號令)하신다。『네가 감옥에 들어간 후에 네 동지(同志)들 중에 젊은 처자(妻子)를 둔 사람이 많았는데、남편이 죽을 곳에 있음에도 불구하고 이혼(離婚)을 하느니 추행(醜行)을 하느니 하는 판에 네 처의 절행(節行)은 나는 고사하고 너의 오랜 친구들이 감동하여 인정하였으니、네 처는 결코 박대(薄待)하여서는 못쓴다。』이런 말씀을 하시기 때문에 내외(內外) 싸움에서 한 번도 승리(勝利)를 못 얻고 늘 실패(失敗)만 하였다。

어머님 말씀에 『네가 체포(逮捕)된 뒤에 우리 세 식구는 해주(海州) 고향(故鄕)에 다녀서 경성(京城)으로 가려 하니、네 준영(俊永) 삼촌은 극력(極力)으로 만류(挽留)하며 「제가 집이나 한 칸 짓고 살림을 차려 드릴 터이니 다른 곳으로 가지 말고、세 식구 살아가는 모든 절차는 형수(兄嫂)와 질부(姪婦)가 고역(苦役)은 아니하여도 조밥을 먹으면서 조카가 살아 돌아오도록 수응(需應)할 터이다」라 하며、「젊은 며느리를 데리고 다니다가 무지(無知)한 놈들에게 빼앗기면 어찌하느냐」고 야단을 하였지만、내가 네 처의 굳세고 깨끗한 심지(心志)를 알기 때문에 그같이 머무르라는 권유도 돌아보지 않고 경성으로 출발하였다가、네가 장기간(長期間)의 판결(判決)이 난 후에 아무리 고생을 하더라도 네가 있는 가까운 곳에 머물며 생활하려고 하였으나 그것도 여의치 못하였으므로、다시 고향으로 돌아온 후에 종산(鍾山) 우종서(禹鍾瑞) 목사(牧師)가 맞아들여 그곳에서 지낼 때 준영 삼촌은 양식(糧食)으로 쓸 쌀을 소바리*에 싣고 그곳까지 찾아왔더라。네 삼촌이 네게 대한 정분(情分)이 전보다는 매우 애절(哀切)하였다。네가 출옥(出獄)한 줄만 알면 와서 볼 것이다。편지나 하여라。네 장모(丈母)도 네게 대하여는 전보다 더욱 애중(愛重)하였으니 곧 통지(通知)하여라』하고 분부(分付)하신다。나는 서대문(西大門)에서 한 번은 어머님을、한 번은 아내를 면회(面會)한 뒤로는 번번이 면회기간(面會期間)이면 장모가 늘 오는 것을 보고서 전날에 그 장녀(長女)와의 관계로 너무 박(薄)하게 한 것도 후회하고 번번이 면회하러 와 줌을 감사하였다。준영(俊永) 삼촌에게、그리고 장모(丈母)에게 출옥(出獄)된 사유(事由)를 발신(發信)하였다。

안악헌병대(安岳憲兵隊)에 출두(出頭)하니、장래(將來) 취업(就業)에 대하여 질문한다。『나는 평소에 아무 기술(技術)이 없고 단지 학교에서 여러 해 사무(事務)를 보았으므로、안신학교(安新學校)에서 나의 아내가 교편(敎鞭)을 잡고 있으니 가르치는 일을 도우면 어떠한가』하였다。왜(倭)는『공식(公式)으로는 할 수 없으나、비공식(非公式)으로 일을 도와준다면 경찰은 묵과(黙過)하겠다』라고 한다。나는 날마다 안신학교에서 어린아이를 가르치며 세월을 보냈다。

나의 서신(書信)을 본 장모(丈母)는 좋아라 하고、이미 정절(貞節)을 잃고 보조원(補助員)의 첩이 되었다가 몸에 폐렴(肺炎)의 중병(重病)을 얻고 도로 모녀(母女)가 같이 살지만、살아갈 길이 없어 곤경(困境)에 빠진 때에 염치(廉恥)를 돌아보지 않고 병든 딸을 데리고 집에 들어왔다。전과 같이 보조원(補助員)의 첩(妾)이라면 문 안에 들어오는 것을 허락하지 않았을 터이나、자기가 죽을 병(病)이 들어 자기 동생의 집으로 오는 것이 미운 마음보다 불쌍하고 가엽게 여겨져 다 같이 동거(同居)하여 지냈다。

울적(鬱積)한 나머지 이리저리 다니며 바람이나 쏘일 마음도 있으나、이른바 가출옥(假出獄) 기간(期間)이 칠팔 개월 남아 있으므로、무슨 볼일이 있어서 어디를 가려면 반드시 사유(事由)를 헌병대(憲兵隊)에 청원(請願)하여 허가(許可)를 얻은 뒤에 겨우 나가 다닐 수 있으므로、청원을 제출하기 싫은 탓으로 이웃 고을 출입도 하지 않았다。그 후에 해제(解除)가 되자、김용진(金庸震) 군의 부탁을 받고 문화군(文化郡) 궁궁농장(弓弓農庄)의 추수(秋收)를 두루 살펴 검사(檢查)하고 돌아오니、해주(海州) 준영(俊永) 계부(季父)께서 『점잖은 조카를 보러 가면서 초초(草草)하게 갈 수 없다』 하여 남의 말 한 필을 빌려 타고 와서 이틀이나 지내도 내가 돌아올 시기를 모르므로 섭섭히 돌아갔다고 한다。나도 역시 섭섭하나、그해 연말(年末)이 머지않았으므로 정초(正初)를 기다려서 삼촌에게 신정(新正) 문안(問安)을 하고 조상(祖上)의 무덤에 성묘(省墓)도 하기로 하였다。

그러다가 새해 정초(正初)를 맞았다。처음 삼사 일 동안은 나도 혹시 그곳 존장(尊丈)도 찾아보고 어머님을 뵈러 오는 친구들을 맞아 대접하고 초닷새에 해주행(海州行)을 작정하였는데、초나흘 석양(夕陽)에 재종제(再從弟) 태운(泰運)이가 와서 알리기를 『준영(俊永) 당숙(堂叔)이 별세(別世)하셨습니다』 한다。듣자마자 경악(驚愕)스러움을 헤아릴 수 없었다。여러 해 동안 옥중(獄中)에서 고생을 하던 내가 보고 싶어서 왔다 가시고、정초(正初)에는 볼 줄 알고 기다리다가 끝내 내 얼굴을 못 보고 멀고 먼 길을 떠나실 때의 그의 마음이 어떠하였을까。하물며 당신 역시 딸은 하나 있으나 아들은 없고、사형제(四兄弟) 소생(所生)으로 오직 하나뿐인 조카를 대하여 영결(永訣)하고 싶은 마음이 얼마나 간절하였을까。백부(伯父) 백영(伯永)은 두 아들 관수(觀洙)와 태수(泰洙)가 있었으나、관수는 이십여 세에 장가들어 아내를 얻기까지 하고 사망(死亡)하였고、태수는 나보다 두 달 먼저 난 동갑(同甲)으로 장련(長連)에서 나와 함께 살다가 갑자기 죽어 역시 대(代)를 이을 자손(子孫)이 없고, 딸 둘도 모두 출가(出嫁)하여 죽어 대(代)를 이을 자손(子孫)이 없고, 필영(弼永) 숙부(叔父)는 딸 하나뿐이고, 준영(俊永) 숙부(叔父)도 역시 딸 하나뿐이었다.

이튿날 아침에 태운(泰運)과 함께 기동(基洞)에 도착하여 장례(葬禮)를 맡아 처리하여 기동(텃골고개) 동쪽 산기슭에 장사(葬事) 지내고, 가사(家事)의 대강(大綱)을 처리하고 선친(先親) 묘소(墓所)에 나아가 나의 손으로 심은 잣나무 두 그루를 두루 살펴보고, 다시 안악(安岳)으로 돌아온 후에는 다시는 정(情) 많고 한(恨) 많은 기동(基洞) 산천(山川)을 보지 못하고, 아직 생존(生存)하신 당숙모(堂叔母)와 재종조(再從祖)를 뵙지 못하였다. 이해에 셋째 딸 은경(恩敬)이 출생(出生)하였다. 나는 끝내 안신학교(安新學校)에서 가르치는 일을 하고 있던바, 번번이 추수(秋收) 때에는 김용진(金庸震)의 농장(農場)에서 타작(打作)을 두루 살펴 검사(檢査)하였다.

농부(農夫)

읍내(邑內) 생활의 취미(趣味)가 줄어들게 되므로, 홍량(鴻亮)과 용진(庸震) 용정(庸鼎)에게 농촌생활(農村生活)을 의뢰하였다. 그이들은 『우리 소유(所有) 중에 산천(山川)이 맑고 아름다운 곳을 택하여 드리겠으니 농사일 감독이나 하세요』라고 기꺼이 허락하였다. 나는 매해 추수(秋收)를 감독(監督)하고 시찰(視察)한 바에 따라, 가장 성가시고 말썽 많고 또는 토질병(土疾病) 구덩이로 예로부터 유명한 동산평(東山坪)으로 보내 달라고 요구하였다. 그이들 숙질(叔姪)은 놀란다. 『동산평이야 되겠습니까. 소작인(小作人)들의 인품(人品)이 극히 험(險)하고 문란(紊亂)할 뿐 아니라 물과 흙이 극히 좋지 못한 곳에 가서 어찌 견딥니까』 한다. 『나 역시 몇 년 동안 그 동산평 내(內) 작인(作人)들의 악습(惡習)과 패속(敗俗)을 상세히 살폈으므로, 그런 곳에 가서 농촌개량(農村改良)에나 취미(趣味)를 붙이고자 한다』 하였다. 물과 흙에 대한 것은 주의하여 지낼 셈 잡고, 기어이 동산(東山)으로 가겠다고 강하게 청하였다. 그이들은 고소원불감청(固所願不敢請)*으로 다행스럽게 생각하였다.

그 동산(東山)은 예로부터 궁장(宮庄)으로, 감관(監官)*이나 작인(作人)이 서로 협잡(挾雜)으로 추수(秋收)에 천 석을 거두어들였다면 몇백 석이라고 궁방(宮房)에 보고하고 감관(監官)이 자신을 살찌우는 한편, 작인(作人)들은 수확기(收穫期)에 벼를 베고 운반(運搬)하고 탈곡(脫穀)하는 때에 전부 도적질을 하여 실제 곡식(穀食)의 양이 얼마 못 되는 데다가, 감관(監官) 역시 스스로 도적질을 하여 오기를 몇백 년에 작인(作人)의 악습악풍(惡習惡風)이 그 극(極)에 달하였다.

김씨(金氏) 가문(家門)에서 이 농장(農庄)을 사들인 것도, 맨 처음에 진사(進士) 용승(庸昇)이 혼자 매입(買入)하여 거대한 손해를 입어 파산(破産)의 지경에 빠졌다. 우애(友愛)가 남다른 여러 동생들이 그 손해를 분담(分擔)하고 동산평(東山坪)은 김씨 가문의 공유(共有)로 한 것이다.

예로부터 노형극(盧亨極)이란 자가 그 동산평(東山坪)의 감관(監官)으로, 소작인(小作人)들을 자기 집에 불러 모으고 도박(賭博)을 하게 하여 추수(秋收) 때에 작인(作人) 몫의 곡물(穀物)을 전부 빼앗으므로, 도박에 응하지 않는 자는 농작지(農作地)를 얻기 어려웠다. 작인(作人)의 풍습(風習)은, 아버지는 도박하고 아들은 망(望)(경찰(警察)이 오는 것)을 보는 것이 보통 습속(習俗)이었다. 내가 굳게 그 동산평 농사를 돌볼 것을 요구한 본의(本意)는 그러한 풍기(風紀)를 개선(改善)하고자 함이었다.

정사년(丁巳年)* 이월에 동산평(東山坪)으로 세간을 옮겨 이사하였다. 내가 어머님에게 주의(注意)를 주어 드려, 작인(作人)들 중에 뇌물(賂物)을 가지고 오는 자 있으면 내가 없는 사이라도 일절(一切) 거절(拒絶)하시라고 하였다. 그러나 내 앞에 담배 닭 어물(魚物) 과일 등의 물품(物品)을 갖다 주는 자가 있었다. 그자들은 반드시 농작지(農作地)의 청구(請求)가 있었다. 나는 『그대가 빈손으로 왔으면 생각해 볼 여지가 있으나, 뇌물(賂物)을 가지고 와서 청구(請求)하는 데는 그 말부터 듣지 않을 터이니, 물건을 도로 가져가고 후일(後日) 다시 빈손으로 와서 말하시오』 하면, 그자들은 『뇌물이 아니올시다. 선생께서 새로 오셨는데 내가 그저 오기가 섭섭하여 좀 가져왔습니다』 한다. 『그대 집에 이러한 물건이 많으면 구태여 남의 토지(土地)를 소작(小作)할 것 없으니 그대의 농작지(農作地)는 다른 사람에게 줄 터요』 하였다. 그자들은 처음 들어 보는 말인 까닭에 어쩔 줄을 모른다. 『이것은 전에 감관(監官)님에게 늘 하여 오던 것입니다.』 『전의 감관은 어찌하였든지, 본(本) 감관(監官)에게는 그런 수단을 쓰면 안 되오』 하고 번번이 물리쳐 보냈다.

그리고 소작인(小作人) 준수규칙(遵守規則) 몇 개 조항을 반포(頒布)하였다。 작인(作人)으로서 도박(賭博)을 하는 자는 소작권(小作權)을 허락하지 않음。 학령아동(學齡兒童)이 있는 자로 학교에 입학시키는 자는 일등지(一等地)* 두 마지기씩을 더 지급함。 집에 학령아동이 있는데 입학을 시키지 않는 자에게는 이왕의 소작지(小作地)에서 상등지(上等地) 두 마지기를 도로 거두어들임。 농업(農業)에 부지런하고 성실한 성적(成績)이 있는 자는 조사하여 추수(秋收) 때 곡물(穀物)로 상(賞)을 줌。 이상 몇 개 조항을 널리 알려 보게 한 뒤에、 동산평(東山坪) 안에 소학교(小學校)를 설립하고 교사(敎師) 한 명을 예(禮)를 갖추어 모셔 오고 학생 이십여 명을 모집하여 학교를 열었다。 교원(敎員)이 부족하므로 나도 시간을 내서 교과(敎科)를 맡았다。 소작인(小作人)들 중 토지(土地)를 청구(請求)하고자 하는 자는 학부형(學父兄)이 아니면 말 붙이기가 어렵게 되었다。

예전과 같이 전(前) 감관(監官) 노형극(盧亨極)의 오륙형제(五六兄弟)는 규칙을 따르지 않고 나의 농정(農政)에 대하여 반대 입장에 있었다。 노가(盧哥) 형제가 경작(耕作)하는 전지(田地)는 동산평(東山坪) 안에서 상등급(上等級)이었다。 그 토지 전부의 경작권(耕作權)을 회수(回收)한다는 통지(通知)를 보내어 놓고 학부형(學父兄)에게 나누어 주고자 하니、 한 명도 감히 경작(耕作)하겠다는 사람이 없었다。 이유를 물으니、 노가(盧哥)의 대단한 위세(威勢)를 무서워함이었다。 나의 경작지(耕作地)를 나누어 주고、 내가 노가(盧哥)에게서 회수한 토지를 경작하기로 하였다。

어느 날 캄캄한 밤에 문밖에서 『김 선생!』 하고 부르는 자가 있었다。 집 밖에 나가니 『김구(金龜)야、 좀 보자』 한다。 나는 그자의 음성을 듣고 노형근(盧亨根)임을 알아차렸다。 『밤중에 무슨 사유(事由)로 왔느냐』 물으니、 노가(盧哥)는 와락 달려들어 나의 왼쪽 팔을 힘껏 물고 늘어진다。 그리고는 힘껏 나를 끌고 저수지 근처로 나간다。 그러나 인가(鄰家)에 거주(居住)하는 마을 사람들이 겹겹이 둘러섰으나、 한 명도 감히 싸움을 중재(仲裁)하는 자가 전혀 없었다。 나는 생각하였다。「이같이 무리(無理)한 놈에게는 의리(義理)도 소용이 없고 당장에 완력(腕力)으로 대항할 수밖에 없는데、 노가(盧哥)는 나에 비하면 나이는 젊고 힘은 센 놈이다。」 그러한즉 「눈에는(目償目齒償齒) 눈、 이에는 이」 격으로 나는 그놈의 오른편 팔을 힘껏 물고 치하포(鴟河浦) 식(式)으로 극단의 용기를 내어 저항하니、 노가(盧哥)는 그만 물었던 나의 팔을 놓고 물러섰다。 나는 노가(盧哥) 여러 형제와 무리 들이 몰려와서 인가(鄰家)에 숨고 노형근(盧亨根)을 앞세워 보낸 내용을 알았다。 나는 큰소리로 『형근(亨根)이 한 명만으론 나의 적수(敵手)가 못 되니、 너희 노가(盧哥)의 무리는 엎드려 숨어 있지만 말고 도적질을 하든지 사람을 죽이든지 예정한 계획대로 하여 보아라』 하였다。 과연 엎드려 숨어서 형세(形勢)를 엿보던 노형극(盧亨極) 무리는 숭성거리기만 하고 나오는 자가 없고、 형근은 『얘 김구(金龜)야、 이전에 당당했던 경성(京城) 감관(監官)도 저수지 물맛을 보고 쫓겨 간 자가 얼마나 되는지 아느냐』 한다。 숨어 엎드려 있던 중에 한 자가 툭 튀어나와 다른 곳으로 가며 하는 말이 『어느 날이고 바람 잘 부는 날 두고 보자』 한다。 나는 겹겹이 둘러서서 싸움 구경하는 자들을 향하여 『여러 사람들은 저자의 말을 명심(銘心)하시오。 어느 날이고 내 집에 화재(火災)가 나면 저놈들의 소행(所行)일 것이니、 여러 사람들은 그때에 입증(立證)하시오』 하였다。 형근(亨根)이가 물러간 뒤에 여러 사람들은 나에게 노가(盧哥) 형제들과 원수(怨讐)를 맺지 말라고 권한다。 나는 준엄(峻嚴)하게 꾸짖고 밤을 지냈다。

어머님은 밤으로 안악(安岳)에 소식을 알렸다。 이튿날 아침에 용진(庸震) 홍량(鴻亮) 숙질(叔姪)이 의사(醫師) 송영서(宋永瑞)를 데리고 급한 걸음으로 달려와서 나의 상처(傷處)를 진단하여 소송(訴訟) 수속을 준비하였다。 노가(盧哥) 형제들은 몰려와서 머리를 조아리고 사죄(謝罪)하였다。 용진 홍량 두 사람을 만류(挽留)하고 노가(盧哥)에게 『다시는 이러한 행위가 결코 없게 하겠다』는 서약(誓約)을 받고、 그 문제는 결말이 맺어졌다。 이로부터 이후는 이미 반포(頒布)한 농규(農規)를 어기지 않고 시행하였다。

나는 날마다 일찍 잠자리에서 일어나 작인(作人)의 집을 방문하여 찾아보고、 나태하여 늦도록 잠을 자는 자가 있으면 깨워서 꾸짖어 집안일을 하도록 하고、 가정(家庭)이 지저분한 자는 청결(清潔)하게 하도록 하며、 땔감으로 쓸 풀을 뜯고 짚신을 삼고 자리 짜는 일을 장려(奬勵)하였다。 수확기(收穫期)에는 평소에 작인(作人)의 근만부(勤慢簿)*를 비치(備置)하였다가 농장(農庄) 주인의 허가를 얻은 범위에서 부지런히 경작(耕作)한 자에게는 후하게 상(賞)을 주고、 태만(怠慢)한 자에게는 다시 태만하면 경작권(耕作權)을 허락하지 않는다고 예고(豫告)하였다。

종전 추수(秋收) 때에는 거반 타작장(打作場)에 빚쟁이가 모여들어 곡물(穀物) 전부를 다 가져가고 작인(作人)은 타작(打作) 기구만 지니고 집으로 갔었는데、 나의 감독(監督)을 받은 후에는 곡식(穀食) 포대(包袋)를 자기 집으로 운반하여 쌓게 되므로 농가(農家) 부인(婦人)들이 더욱 감심(感心)하여 나를 「집안 늙은이」 모양으로 친절하게 대우하고、 도박(賭博)의 풍습(風習)은 거의 근절(根絶)되었다。

때마침 장덕준(張德俊) 군이 재령(載寧)에서 명신여학교(明信女學校) 소유의 농장(農庄) 토지(土地)를 관리하게 되었으므로、 장 군의 평소 연구(研究)와 일본(日本)에서 유학(遊學)할 때 시찰(視察)한 농촌개발(農村開發)의 방안(方案)을 갖추어 장래 협조하기로 여러 차례 서신(書信)이 오갔다。동산평(東山坪)에서 같이 농토(農土)를 두루 살펴 검사하는 동업자(同業者)요 아울러 동지(同志)인 지일청(池一淸) 군은 예전 교육시대(敎育時代)부터 지기(知己)였으므로 힘을 모아 진행하니 그 효과가 더욱 두드러졌다。

출국(出國)

여아(女兒) 은경(恩敬)이가 죽고 처형(妻兄) 역시 사망하여 그곳 공동묘지(共同墓地)에 묻었다。무오년(戊午年) 십일월에 인(仁)이가 출생하였다。인(仁)이가 뱃속에 있을 때에 어머님 소망은 물론이고 여러 친구들이 아들 낳기를 바란 것은、나의 나이가 마흔이 넘었고、하물며 또한 무매독신(無妹獨身)으로 자식이 없음을 우려함이었을 것이다。인(仁)이가 난 뒤에 김용제(金庸濟)는 어머님께 축하하여 말하기를『아주머님 손자(孫子) 장가 보낼 때 제가 후행(後行)* 갑니다』하였다。김용승(金庸昇) 진사(進士)는 작명(作名)을 맡아서 김린(金麟)이라 한 것을、왜(倭)의 민적(民籍)에 등록된 까닭에 인(仁)으로 고쳤다。

인(仁)이 태어난 지 석 달이 되었다。그늘져 어두웠던 겨울 추위가 이미 지나고 따뜻한 봄날의 산들바람이 부는 기미년(己未年) 이월*이 돌아왔다。청천(靑天)에 벽력(霹靂)과 같이 경성(京城) 탑동공원(塔洞公園)*에서는 독립만세(獨立萬歲) 소리가 일어났고、독립선언서(獨立宣言書)가 각 지방에 배포되자、평양(平壤) 진남포(鎭南浦) 신천(信川) 안악(安岳) 온정(溫井) 문화(文化) 각지에서 벌써 인민(人民)들이 궐기하여 만세를 부르고、안악에서도 미리 준비하던 때였다。

장덕준(張德俊) 군은 사람을 자전거에 태워 한 차례 서신(書信)을 보냈다。뜯어 보니『국가대사(國家大事)가 일어났으니 같이 재령(載寧)에 모여 앉아서 토의(討議)의 진행(進行)하자』하였다。나는『기회를 보아 움직이겠다』고 답신(答信)을 보내고 밀행(密行)하여 진남포(鎭南浦)를 건너 평양(平壤)으로 가려 하니、그곳 친구들의『평양에 무사히 도달하기는 불가능하니 고향으로 돌아가라』는 권고(勸告)를 듣고 그날로 돌아왔다。 집에 돌아오니『안악(安岳)에서는 이미 준비가 완전히 되었으니、선생도 나가서 만세를 같이 부릅시다』하는 청년이 있다。 나는 그들에게『만세운동(萬歲運動)에는 같이 참여할 마음이 없다』고 하였다。 그들은『선생이 참여하지 않으면 누가 앞장서서 외칩니까』한다。 나는 다시 그들에게『독립(獨立)이 만세만 불러서 되는 것이 아니고 장래 일을 계획 진행하여야 할 터인즉、나의 참(參) 불참(不參)이 문제가 아니니 어서 만세를 불러라』하여 돌려보내니、그날 안악읍(安岳邑)에서 불렀다。

나는 그 이튿날 아침에 동산평(東山坪) 내 각 작인(作人)들을 지휘하여『농구(農具)를 가지고 일제히 모여라』하고、지팡이를 짚고 제방(堤防)에 올라 둑 수리(修理)에 몰두하였다。 나의 집을 살피며 지키던 헌병(憲兵) 놈들이 나의 동정(動靜)을 보아야 농사(農事) 준비만 하고 있어서인지 정오(正午)가 되자 유천(柳川)으로 올라가 버렸다。 나는 점심시간에 각 작인(作人)에게 공사(工事)를 다 마칠 것을 부탁한 뒤에、『나는 잠시 이웃 마을에 다녀오겠다』하고 안악읍(安岳邑)에 도착하니、김용진(金庸震) 군이 말을 한다。『홍량(鴻亮)에게 상해(上海)를 가랬더니、십만 원을 주어야 가지 그렇지 못하면 떠나지 않겠다고 하니、선생부터 가시고 홍량은 추후에 갈 셈 치고요。』

지체할 수 없는 형편을 보고 즉시 출발하여 사리원(沙里院)에 도착하여 김우범(金禹範) 군에게서 하룻밤 묵고、이튿날 아침에 신의주(新義州) 가는 차에 올랐다。 찻간 안에는 물 끓듯 하는 말소리가 만세(萬歲) 부르는 이야기뿐이었다。 평금천(平金川)에서는 어느 날 불렀고、연백(延白)은 어느 날 황봉산(黃鳳山)에서 어떻게 불렀고、평양(平壤)을 지나니 역시 어디서 만세 부르다가 사람이 몇 명이 다쳤다、어떤 사람은『우리가 죽지 않고 독립이 되오!』、또 어떤 사람은『우리 독립은 벌써 되었지요。 아직 왜(倭)가 물러가지만 않은 것뿐이니 전국(全國)의 인민(人民)이 다 떠들고 일어나 만세를 부르면 왜놈이 자연 쫓겨 나가고야 말지요』그런 이야기에 주린 것도 잊어버리고 신의주역(新義州驛)에서 하차(下車)하였다。

그 전날에 신의주(新義州)에서는 만세를 부르고 스물한 명이 구금(拘禁)되었다 한다。 개찰구(改札口)에서 왜놈이 지키고 행객(行客)을 엄밀히 검사한다。 나는 아무 짐도 없이 수건에 여비(旅費)만 싸서 허리띠에 잡아매었다。『무슨 물건이냐』물을 때는『돈이다』라고 하였고、

『무엇 하는 사람이냐』 물을 때는 『재목상(材木商)이다』라고 하였다. 왜놈은 『재목(材木)이 사람이야?』 하고, 가라고 한다. 신의주(新義州) 시내(市內)에 들어가 요기(療飢)를 하며 분위기를 살펴보니 그곳 역시 흉흉하다. 『오늘 밤에 또 부르자고 아까 통지(通知)가 돌아갔다』는 둥 술렁술렁한다. 나는 중국인(中國人)의 인력거(人力車)를 불러 타고 바로 큰 다리 위를 지나서 안동현(安東縣)의 어떤 여관(旅館)에서 성명(姓名)을 바꾸고, 좁쌀 장수라 표방(標榜)하고, 칠 일을 보낸 후 이륭양행(怡隆洋行)* 배를 타고 상해(上海)로 출발하였다.

황해안(黃海岸)을 지나는 때에 일본(日本) 경비선(警備船)이 나팔을 불고 따라오며 정시할 것을 요구하나, 영국인(英國人) 함장(艦長)은 들은 체도 안 하고 전속력(全速力)으로 경비구역(警備區域)을 지나서 나흘 후에 무사히 포동(浦東)* 부두에 닻을 내렸다. 같은 배의 동지(同志)는 모두 열다섯 명이었다. 안동현(安東縣)에서는 아직 얼음덩어리가 겹겹이 쌓인 것을 보았는데, 황포(黃浦)* 부두에 내리며 바라보니 녹음(綠陰)이 우거졌다. 공승서리(公昇西里) 십오호(十五號)에서 하룻밤을 잤다.

이때 상해(上海)에 모인 인물(人物) 가운데 내가 평소 친숙(親熟)한 이의 이름은 이동녕(李東寧) 이광수(李光洙) 김홍서(金弘敍) 서병호(徐丙浩) 네 사람만 들어서 알겠고, 그 밖에는 구미(歐美)와 일본(日本)에서 건너온 인사(人士)들과, 중국(中國)과 러시아령(俄領)과, 본국(本國)에서 와서 만난 인사(人士)와, 예전부터 중국(中國)에서 유학(遊學)하거나 상업(商業)을 경영(經營)하는 동포(同胞)의 수를 어림잡아 계산하면 오백여 명이라 하였다.

이튿날 아침에 예전부터 상해(上海)에 집안 식구를 거느리고 먼저 와서 살던 김보연(金甫淵) 군이 와서 자기 집으로 인도하여 숙식(宿食)을 같이하였다. 김 군은 장연읍(長淵邑) 김두원(金斗元)의 장자(長子)이고, 경신학교(敬信學校) 출신으로, 전에 내가 장연(長淵)에서 학교 일을 모두 맡아 살필 때부터 나를 성심(誠心)으로 애호(愛護)하던 청년이었다. 동지(同志)들을 방문하여 찾아보고, 이동녕(李東寧) 이광수(李光洙) 김홍서(金弘敍) 서병호(徐丙浩) 등 옛 동지(同志)를 만나서 악수하였다.

그때에 임시정부(臨時政府)*가 조직되었다. 이에 대하여는 국사(國史)에 상세하게 실릴 터이므로 생략하고, 나는 내무위원(內務委員)의 한 사람으로 선출되었다. 그 후 안창호(安昌浩) 동지(同志)는 미주(美洲)에서 상해(上海)로 건너와* 내무총장(內務總長)으로 취임하였고, 제도(制度)는 차장제(次長制)를 채용하였다.

경무국장(警務局長)

나는 안(安)씨에게 정부(政府) 문(門)의 파수꾼을 청원(請願)하였다. 이유는 종전에 본국(本國)에 있을 때 나의 자격(資格)을 시험하기 위하여 순사(巡査) 시험과목(試驗科目)을 보고 혼자서 시험 쳐 본 결과 합격(合格)하기 어려움을 알았던 스스로의 경험과, 허영(虛榮)을 탐하여 실무(實務)에 소홀할 염려가 있음이었다. 안(安) 내무총장(內務總長)은 기꺼이 받아들였다. 『내가 미국(美國)에서 본바 특별히 백궁(白宮)*만 지키는 관리(官吏)를 두는데, 우리도 백범(白凡) 같은 이가 정부청사(政府廳舍)를 지키게 되는 것이 좋으니 국무회의(國務會議)에 제출하여 결정하겠소』 하였다.

이튿날에 도산(島山)은 나에게 갑자기 경무국장(警務局長) 사령장(辭令狀)*을 교부(交付)하면서 취임하여 사무를 볼 것을 힘써 권한다. 국무회의(國務會議)에 각 부(部) 총장(總長)들이 아직 다 취임하지 않았으므로, 각 부(部) 차장(次長)이 그 부(部) 총장의 직권(職權)을 대리(代理)하여 국무회의를 진행하던 때였다. 그때 차장(次長)들은 윤현진(尹鉉振) 이춘숙(李春塾) 등 젊은 청년이므로, 『나이 많은 사람에게 문을 열고 닫게 하고 그리로 통과하기가 미안하다』 하고, 『백범(白凡)이 여러 해 감옥생활(監獄生活)로 왜놈의 실정(實情)을 잘 알 터이니, 경무국장(警務局長)이 합당(合當)하다고 인정되었다』 한다. 『나는 순사(巡査) 자격이 되지 못하는데 경무국장을 어떻게 맡습니까』 하니, 도산(島山)은 강권(強勸)하기를 『백범(白凡)이 만일 사양하여 피하면 청년(青年) 차장(次長)들의 부하(部下) 되기가 싫다는 것으로 여러 사람이 생각하게 될 터이니, 사양 말고 공무(公務)를 행하시오』라고 한다. 나는 하는 수 없이 응낙하고 취임하여 사무를 보았다.

민국(民國) 이년(二年)*에 아내가 인(仁)이를 데리고 상해(上海)에 와서 같이 살게 되었고, 본국(本國)에는 어머님이 장모(丈母)와 같이 동산평(東山坪)에 계시다가 장모 또한 별세(別世)하여 역시 그곳 공동묘지(共同墓地)에 안장(安葬)하고, 민국(民國) 사년(四年)에 상해로 와서 취미(趣味) 있는 가정(家庭)을 이루었다. 그해 팔월에 신(信)이가 출생하였다.

경무국(警務局)에서 접수한 본국(本國)의 보도(報道)에 의하면, 왜놈이 나의 국모보수(國母報讐) 사건을 이십사 년 만에 비로소 알았다고 한다. 이 비밀이 이같이 장구(長久)한 세월, 하물며 양서(兩西)에서는 사람마다 모두 알던 일을 그같이 오랫동안 지내 온 것은 참으로 드물고 이

상하다 하겠다。내가 학무총감(學務總監)의 직(職)을 띠고 해서(海西) 각 군(郡)을 순회할 때 학교(學校)에나 공중(公衆)에게 『왜놈을 다 죽여 우리 원수를 갚자』고 연설할 때는 번번이 나를 본받으라고 치하포(鴟河浦) 사실을 말하였다。해주검사국(海州檢事局)과 경성총감부(京城總監部)에서 각 방면의 보고를 찾아 모아 나의 하나하나의 말이나 행동이 「김구(金龜)」라는 제목이 쓰인 책자(冊子)에 자세히 실려 있었건만、어떤 정탐(偵探)이라도 그 사실만은 왜놈에게 전하여 알리지 않았던 것이다。그러다가 나의 몸이 본국(本國)을 떠나서 상해(上海)에 도착한 줄을 알고서야 비로소 그 사실이 왜(倭)에게 알려졌다 한다。나는 이것 한 가지 일을 보아도、우리 민족의 애국(愛國) 정성(精誠)이 충분히 장래 독립(獨立)의 행복을 누릴 것이라고 기대하였다。

내무총장(內務總長)

민국(民國) 오년(五年)*에 내무총장(內務總長)으로 사무를 보았다。

상처(喪妻)

그간에 아내는 신(信)이를 낳은 후에 낙상(落傷)으로 인하여 폐렴(肺炎)이 되어 몇 년을 고생하다가 상해(上海) 보륭의원(寶隆醫院)*에서 진찰을 받고、역시 서양인(西洋人) 시설의 격리(隔離) 병원(病院)에 입원케 되매、나는 보륭의원에서 마지막 작별을 하고、홍구(虹口) 폐병원(肺病院)에 입원(入院)하였다가 민국(民國) 육년(六年) 일월 일일에 영원(永遠)의 길을 떠났다。불란서(佛蘭西) 조계(租界)* 숭산로(嵩山路) 포방(捕房)* 뒤쪽의 공동묘지(共同墓地)에 매장하였다。

나의 본뜻은, 우리가 독립운동(獨立運動) 기간에 혼례(婚禮)나 장례(葬禮)의 성대(盛大)한 의식(儀式)으로 금전(金錢)을 소모하는 것을 찬성하지 않았으므로 아내의 장례는 극히 검약(儉約)하게 하기로 하였으나, 여러 동지(同志)들이 아내가 예전부터 나로 인하여 비할 데 없는 어려운 지경을 지낸 것이 곧 국사(國事)에 공헌(貢獻)한 것이라 하여, 내가 주관하여 장사(葬事) 지내는 것을 허락하지 않고 저마다 돈을 걷어 장례(葬禮) 의식(儀式)도 성대하게 지내고 묘비(墓碑)까지 세웠다. 그 가운데 세관(世觀) 유인욱(柳寅旭) 군은 병원(病院) 교섭과 묘지(墓地) 주선에 성력(誠力)을 다하였다.

아내가 병원(病院)에 입원할 때 인(仁)이도 병(病)이 중(重)하여 공제의원(共濟醫院)에 입원 치료하다가, 아내의 장례(葬禮) 뒤에 완전히 나아서 퇴원하였다. 신(信)이는 겨우 걷는 법을 익힐 때요 아직 젖을 먹을 때라, 먹을거리는 우유를 쓰나 잘 때는 반드시 할머님의 빈 젖을 물고야 잠이 들었다. 차차 말을 배울 때는 단지 「할머님」만 알고 「어머니」가 무엇인지를 몰랐다.

민국(民國) 팔년(八年)에 어머님은 신(信)이를 데리고 고국(故國)으로 가셨다. 민국(民國) 구년(九年)에는 인(仁)이까지 보내라는 어머님의 명령에 의하여 본국(本國)으로 돌려보내고, 상해(上海)에는 나의 한 몸만이 몸뚱이와 그림자가 서로 따랐다.

국무령(國務領)

같은 해 십일월에 국무령(國務領)으로 선출되었다. 나는 의정원(議政院) 의장(議長) 이동녕(李東寧)에게 대하여 『내가 김(金) 존위(尊位)의 아들로서, 아무리 추형(雛形)*일망정 일국(一國)의 원수(元首)가 되는 것은 국가(國家)의 위신(威信)을 추락하게 함이니 감당하여 맡을 수 없다』 하였으나, 『혁명시기(革命時期)에는 상관이 없다』고 강권(强勸)하므로 하는 수 없이 승낙하고 윤기섭(尹琦燮) 오영선(吳永善) 김갑(金甲) 김철(金澈) 이규홍(李圭洪)으로 내각(內閣)을 조직한 뒤에, 헌법(憲法) 개정안(改正案)을 의정원(議政院)에 제출하여 독재제도(獨裁制度)인 국무령제(國務領制)를 고쳐서 평등(平等)한 위원제(委員制)로 개정 실시하여, 지금은 위원의 한 사람으로 임명(任命)되어 사무를 보고 있다.

나의 육십 평생을 회고(回顧)하면 너무도 당연한 이치에 벗어나는 일이 한두 가지가 아니었다. 대개 사람이 귀(貴)하면 궁(窮)함이 없겠고, 궁(窮)하면 귀(貴)함이 없을 것이지만, 나는 귀(貴)해도 역시 궁(窮)하고 궁(窮)해도 역시 궁(窮)하게 일생을 지냈다. 국가(國家)가 독립(獨立)을 하면 삼천리(三千里) 강산(江山)이 다 내 것이 될는지는 모르나, 천하(天下)의 넓고 큰 지구면(地球面)에 한 치의 땅, 반 칸의 집을 가진 게 없었다. 그런 고로 과거에는 영예(榮譽)와 욕심(慾心)의 마음을 가지고 궁(窮)함을 벗어나 보려고 버둥거려 보기도 하고 옹산(瓮算)*도 많이 하여 보았다. 이제 와서는 이런 생각을 한다. 옛날에 한유(韓愈)*는 〈송궁문(送窮文)〉*을 지었지만, 나는 〈우궁문(友窮文)〉*을 짓고 싶으나 글을 잘 짓지 못하므로 그도 할 수 없다. 자식들에게 대하여도 아비 된 의무(義務)를 조금도 못 하였으므로, 나를 아비라 하여 자식 된 의무(義務)를 하여 주기도 바라지 않는다. 너희들은 사회(社會)의 은택(恩澤)을 입어서 먹고 입고 배우는 터이니, 사회의 아들로서 성심(誠心)으로 사회를 아비로 여기고 효도(孝道)하면, 나의 소망은 이에서 더 만족이 없을 것이다.

기미년(己未年) 이월 이십육일이 어머님 환갑(還甲)이므로 『약간의 술과 안주를 차려서 친구들이나 모으고 축하연(祝賀宴)이나 하자』고 아내와 의논을 하고 진행하려는데, 눈치를 아시고 어머님은 강하게 만류(挽留)하셨다. 『네가 일 년 추수(秋收)만 더 지내도 좀 생활이 나을 터인데, 한다면 네 친구들은 다 오라고 하여 하루 놀아야 하지 않느냐. 네가 사정이 곤란한 중에 무엇을 차린다면 도리어 내 마음이 편치 않으니 내년으로 미루어라』 하시므로 이루지 못하였다. 며칠 되지 않아 나라를 떠나게 되었고, 그 후에 상해(上海)에 오셨으나 공사간(公私間) 경제적(經濟的)으로도 허락하지 않았지만, 설사 역량(力量)이 있다 하여도 독립운동(獨立運動)을 하다가 목숨을 잃고 집안도 망하는 동포(同胞)가 날마다 수십 수백이라는 비참한 소식을 듣고 앉아서, 어머님을 위하여 수연(壽宴)을 계획하고 준비할 용기부터 없어졌다. 그러므로 나의 생일(生日) 같은 것은 입 밖에 내지도 않고 지내다가, 민국(民國) 팔년(八年)에 나석주(羅錫疇)가 식전(食前)에 고기와 채소를 많이 사 가지고 와서 어머님에게 드린다. 『오늘이 선생님 생신(生辰)이 아닙니까. 그리하여, 돈은 없고 의복(衣服)을 잡혀서

고기 근(斤)이나 좀 사 가지고 밥해 먹으려고 왔습니다』 한다。 그리하여 가장 영광스러운 대접을 받은 것을 영원히 기념(紀念)할 결심과、 어머님에게 대하여 너무 죄송하여 내가 죽는 날까지 나의 생일(生日)을 기념(紀念)하지 않게 하고、 날짜를 적지 않는다。*

상해(上海)에서 인천(仁川)의 소식을 듣건대、 박영문(朴永文)은 별세(別世)하셨고、 안호연(安浩然)은 생존(生存)하였다 하므로 믿을 만한 사람 편에 회중시계(懷中時計) 한 개를 사서 보내고 나의 실제 행적(行蹟)을 말하여 달라고 하였으나 회신(回信)은 없었다。 성태영(成泰英)은 그동안 길림(吉林)에 와서 살았으므로 소식을 전하였다。 유완무(柳完茂)는 북간도(北間島)에서 누구에게 피살(被殺)된 후에 아들 한경(漢卿)은 아직 북간도에 머물러 산다고 한다。 이종근(李鍾根)은 러시아 여자를 아내로 맞아 데리고 상해(上海)에 와서 종종 만나 보았다。 김형진(金亨鎭) 유족(遺族)의 소식은 아직 듣지 못하였고、 김경득(金卿得)의 유족(遺族)은 탐문(探問) 중이다。

나의 지내 온 일을 기록한 가운데 연월일자(年月日字)를 기입(記入)한 것은、 나는 기억하지 못하겠으므로 본국(本國)의 어머님에게 서신(書信)으로 여쭈어서 쓴 것이다。 나의 일생(一生)에서 제일 행복(幸福)이라 할 것은 기질(氣質)이 튼튼한 것이다。 감옥(監獄) 고역(苦役)의 근 오 년 동안 하루도 병(病)으로 일을 쉰 적이 없었는데、 인천(仁川) 감옥(監獄)에서 학질(瘧疾)*에 걸려서 한나절 동안 일을 쉬었다。 병원(病院)이라는 곳에는、 혹을 떼고 제중원(濟衆院)에서 한 달、 상해(上海)에 온 뒤에 스페인 감기*로 이십 일 동안 치료한 것뿐이다。

기미년(己未年)에 강을 건너온 이후 지금까지 십여 년에 그간 지내 온 일에 대하여서는 중요하고 또 진기한 사실이 많으나、 독립(獨立) 완성(完成) 이전에는 절대로 비밀로 할 것이므로 너희들에게 알려 주도록 기록하지 못함이 극히 섭섭하다。 이해하여 주기를 바라고 그만 그친다。

이 글을 쓰기 시작한 지 일 년이 넘은 민국(民國) 십일년(十一年)* 오월 삼일에 종료하였다。 임시정부(臨時政府) 청사(廳舍)에서。

하권

중경(重慶)에서의 기록(記錄)

자인언(自引言)*

하권(下卷)은 중경(重慶) 화평로(和平路) 오사야항(吳師爺巷) 일호(一號) 임시정부(臨時政府) 청사(廳舍)에서 육십칠 세에* 집필(執筆)하였다。

이 일지(逸志) 상권(上卷)은 오십삼 세 때 상해(上海) 불란서(佛蘭西) 조계지(租界地) 마랑로(馬浪路) 보경리(普慶里) 사호(四號) 임시정부(臨時政府) 청사(廳舍)에서 일 년여의 시간을 가지고 기술(記述)하였으니、그 동기(動機)로 말하면、약관(弱冠)에 투필(投筆)하고* 나이가 예순 가까이 되도록 큰 뜻을 품고、나의 역량(力量)이 박약(薄弱)하고 재지(才智)가 고루(固陋)함도 돌아보지 않고、성패(成敗)도 따지지 않고 영욕(榮辱)도 묻지 않고 국가와 민족을 위하여 삼십여 년을 분투(奮鬪)하였으나、하나도 이룬 바가 없어서、임시정부를 십여 년 동안을 고수(固守)하여 왔으나 기미년(己未年) 이래 독립운동(獨立運動)이 점점 퇴조기(退潮期)를 맞아 정부(政府) 명의(名義)만이라도 지켜 버티기 어려워、당시 떠들던 말과 같이 몇몇 동지(同志)와 더불어 고성낙일(孤城落日)*에 슬픈 깃발을 날리며 스스로 헤아리기를、운동(運動)도 부진하고 세월도 죽을 날이 가까웠으니、*『호랑이 굴에 들어가지 않으면 호랑이 새끼를 잡지 못한다(不入虎穴 不得虎子)』는 격으로、침체된 국면(局面)을 추동(推動)할 목적으로 한편으로는 미국(美國)과 하와이의 동포(同胞)들에게 편지하여 금전(金錢)의 후원(後援)을 요청하며、한편으로는 철혈남아(鐵血男兒)들을 물색하여 테러(암살(暗殺)과 파괴(破壞)) 운동을 계획하는 때에 상권(上卷) 기술(記述)을 끝마친 후 동경(東京) 사건*과 홍구(虹口) 폭탄(爆彈) 사건* 등이 진행되었으니、만행(萬幸)으로 성공되어 이 한 몸*의 최후를 고(告)할까 하여、본국(本國)에 있는 자식들이 장성(長成)하여 해외(海外)로 건너오거든 반드시 전해 달라는 부탁으로 상권(上卷)을 등사(謄寫)하여 미국과 하와이의 몇 분 동지(同志)에게 보내었으나、하권(下卷)을 쓰는 금일에는 불행하게도 천한 목숨이 아직 부지(扶持)되었고、자식들도 이미 장성(長成)하였으니 상권(上卷)으로 부탁한 것은 문제가 없게 되었고、지금 하권(下卷)을 쓰는 목적은 누구든 나의 오십 년 분투(奮鬪)의 실적(實績)을 훑어보아 허다한 과오(過誤)를 거울삼아 실패의 자취를 밟지 말라는 것이다。

앞뒤 정세(情勢)를 말하면、상권(上卷)을 기술(記述)하던 때*의 임시정부(臨時政府)는 외국인(外國人)은 물론 말할 것도 없고 한인(韓人)으로도 국무위원(國務委員)들과 열 몇 명의 의정원 의원 외에는 지나며 묻는 이가 아무도 없었으니, 당시 일반의 평판과 같이 이름만 있지 실체가 없었으나, 하권을 기술하는 때는 의원과 위원 들의 무기력함도 없어지고, 내부 외부 군부 재부 등 사부 행정이 비약적으로 진전하였다고 말할 만하겠다。

국내 정치로 말하자면, 관내* 한인의 각 당 각 파가 일치하게 임시정부를 옹호 지지하고, 미국 멕시코 쿠바 각국의 한인 동포 만여 명이 추대하며 독립운동 자금을 정부로 상납하였다。 외교로 말하면, 민국 원년* 이후로 국제외교에 노력하지 않은 것은 아니나, 중국 소련 미국 등 정부 당국자들의 비공개적 찬조는 없지 않았으나 공식적 응원은 없었다。

오늘에 이르러서 미국 대통령 루스벨트 씨는 『장래 한국이 완전독립해야 한다』고 전 세계를 향하여 공식으로 널리 전파하였고, 중국의 입법원장 손과 씨는 우리 이십삼 주년* 공공석상에서 『일본 제국주의를 박멸하는 중국의 좋은 방책은 가장 먼저 한국 임시정부를 승인하는 것밖에 없다』라고 큰소리로 꾸짖었으며, 임시정부에서는 워싱턴에 외교위원부를 설치하고 이승만 박사를 위원장으로 임명하여 외교와 선전에 노력 중이다。 군정으로는, 한국광복군*이 정식으로 성립되어 이청천*을 총사령관으로 임명하고 서안에 사령부를 두어 징모* 훈련 작전을 계획 실시 중이다。 재정으로 말하면, 민국 원년부터 이년 삼년 사년까지는 본국으로부터의 비밀 연금 헌납과 미국과 하와이 한인 교포의 세금 명목의 연금 상납의 실정이 민국 원년보다 이년 때의 액수가 줄어들고, 삼년 사년 오년 육년 이후로 점점 줄어들게 되어(원인은 왜의 강압과 운동의 퇴조와 축소 등), 임시정부 직무도 정체되고 직원들도 총장 차장 들 중에 투항하여 귀국하는 자가 한두 사람에 그치지 않아 그다음을 알 만하니, 중요한 원인은 경제적 곤란이었다。

그렇던 현상이 홍구 폭탄 사건 이후로 국내외 사람들의 임시정부에 대한 태도가 좋게 바뀌어 정부 재정의 수입 액수가 해마다 증가되어 민국 이십삼년도* 수입이 오십삼만* 이상에 달하니, 임시정부 설립 이래 기록을 깬 것이요, 이로부터 몇백 몇천 배로 액수가 늘어나게 될 단계에 들어섰다。 그해, 상해 불란서 조계 보경리 사호 이층에서 참담하고 괴롭고 어려운 환경을 극복하기 위하여 최대 최후의 결심을 하고 이 일지(逸志) 상권(上卷)을 쓰던 그때에 비하면 공적(公的) 단체(團體)로서는 약간의 진보(進步)된 상태로 볼 수 있으나、나 자신으로 말하면 날마다 늙어 병(病)들고 쇠약(衰弱)해짐을 맞아들이기에 빠져 있다。상해(上海) 시대(時代)를 「죽자꾸나 시대」라 하면、중경(重慶) 시대(時代)는 「죽어 가는 시대」라 하겠다。

어떤 사람이 묻기를 『마지막 소원은 어떻게 죽는 것인가』 하면、『나의 가장 큰 욕망은 독립(獨立) 성공 뒤에 본국(本國)에 들어가 입성식(入城式)을 하고 죽는 것이지만、아주 작은 것으로는 미국과 하와이 동포(同胞)들을 만나 보고 돌아오다가 비행기 위에서 죽으면 시체를 아래로 던져、산속에 떨어지면 짐승의 배 속에、바다 가운데 떨어지면 물고기 배 속에 영원히 장사(葬事) 지내는 것이다』라고 하였다。

세상은 고해(苦海)라더니、살기도 역시 어렵고 죽기도 역시 어렵다。타살(他殺)보다 자살(自殺)은 결심만 강하면 쉬울 듯하지만、자살도 자유가 있는 데서 가능한 것이다。옥중(獄中)에서 나도 자살의 수단을 쓰다가 두 차례나 실패하였고(인천감옥(仁川監獄)에서 장티푸스 걸렸을 때와 십칠 년 뒤 축항공사(築港工事) 때)、서대문감옥(西大門監獄)에서 매산(梅山) 안명근(安明根) 형이 굶어죽기를 결심하고 나에게 조용히 묻기에 나는 찬성하였다。마침내 실행하여 삼사 일 음식을 끊고 배가 아프니 머리가 아프니 하는 것으로 간수(看守)의 질문에 응하였으나、눈치 빠른 왜놈은 의사(醫師)에게 진찰하게 하고 매산(梅山)을 결박(結縛)한 후 계란을 풀어서 입을 강제로 벌리고 삼키게 하므로 『자살을 단념하겠다』는 통고(通告)를 한 것 등을 보면、자유(自由)를 잃으면 자살(自殺)도 쉬운 일이 아니다。나의 칠십 평생을 회고(回顧)하면、살려고 하여 산 것이 아니고 살아져서 산 것이고、죽으려고 하여도 죽지 못한 이 몸이 마침내는 죽어져서 죽게 되었다。

상해(上海) 도착(到着)

안동현(安東縣)에서 기미년(己未年) 이월 ○일 영국(英國) 상인(商人) 쇼*의 윤선(輪船)을 타고 열다섯 사람 동행(同行)들과 같이 나흘간의 항해를 마치고 상해(上海) 포동(浦東) 부두에 닻을 내렸다。 상륙(上陸)하려 할 때 눈에 선뜻 들어오는 것은、 치마도 입지 않은 여자들이 삼판선(三板船)*의 노를 저으면서 객인(客人)들을 실어 나르는 모습이었다。 안동현에서 배에 오를 때는 얼음덩어리가 쌓인 것을 보았는데 불란서(佛蘭西) 조계(租界)에 상륙(上陸)하니 이곳 마로가(馬路街)의 생나무에는 녹음(綠陰)이 우거졌고、 솜옷을 입고도 배 안에서 추워서 고생을 하다가 이제는 등과 얼굴에 땀이 났다。

그날은 일행(一行)들과 같이 공승서리(公昇西里) 십오호(十五號) 우리 동포(同胞)의 집에서 담요만 깔고 방바닥 잠을 자고、 이튿날은 상해(上海)에 모인 동포 중에 친구를 조사하니 이동녕(李東寧) 선생을 비롯하여 이광수(李光洙) 서병호(徐丙浩) 김홍서(金弘敍) 김보연(金甫淵) 등인데、 김보연은 장연군(長淵郡) 김두원(金斗元)의 장자(長子)로 몇 년 전에 처자식을 거느리고 상해에 와서 살던 터로、 찾아와서 자기 집에서 함께 살 것을 청하므로 응하고부터는 상해 생활이 시작되었다。

주인(主人) 김 군(金君)을 안내자(案內者)로 하여、 십여 년 동안을 밤낮으로 그리워하던 이동녕(李東寧) 선생을 찾았다。 그분은 몇 해 전에 양기탁(梁起鐸)의 사랑(舍廊)에서、 서간도(西間島)에 가서 무관학교(武官學校) 설립과、 지사(志士)들을 소집하여 장래에 광복사업(光復事業)을 준비할 무거운 책임의 전권(全權)을 위임하던 그때보다는、 십여 년 동안 비할 데 없는 고생을 겪어서인지 그같이 풍만하고 기름지던 얼굴에 주름살이 잡혔다。 서로 악수하고 나니 강개무량(慷慨無量)하여 무슨 말을 해야 할지도 생각이 나지를 않았다。

당시 상해(上海)의 한인(韓人)은 오백여 명의 수(數)를 가진 중에 약간의 상인(商人)과 유학생(留學生)、 열 몇 명의 전차회사(電車會社) 검표원(檢票員)을 제하고는 대부분이 독립운동(獨立運動)을 목적하고 본국(本國) 일본(日本) 미주(美洲) 중국(中國) 러시아령(俄領)에서 와서 모인 지사(志士)들이었다。

본국(本國)의 십삼 개 도(道)가 각각 대도시(大都市)는 물론이고 벽항궁촌(僻巷窮村)에서라도 독립만세(獨立萬歲)를 부르지 않는 곳이 없이 물 끓듯 하였고、

해외(海外)에서도 우리 한인(韓人)은 어느 나라 땅에 살든지 정신으로나 행동으로나 독립운동은 일치하게 전개되었으니, 그 원인을 말하면 대체로 두 개로 나눌 수 있다. 첫째, 이른바 한일합병(韓日合倂)의 참뜻을 알지 못하고, 단군(檀君) 할아버지가 나라를 연 이후 다른 민족의 명의상(名義上)으로 속국(屬國)으로 된 때도 있었고, 우리 민족으로도 이씨(李氏)가 왕씨(王氏)를 혁명(革命)하고 스스로 일어나 왕이 된 전례(前例)가 있었으므로, 왜놈에게 병탄(倂呑)을 당하여도 당(唐) 원(元) 명(明) 청(淸) 등의 시대와 같이 우리가 완전한 자치(自治)는 하고 명의상(名義上)으로나 왜(倭)의 속국(屬國)이 되는 줄 인식하는 동포(同胞)가 대부분이고, 베트남(安南)과 인도(印度)에 행하는 영국(英國)과 불란서(佛蘭西)의 정치를 절충하려는 왜놈의 독계(毒計)를 살펴보아 아는 사람은 백분(百分)의 이(二)나 삼(三)에 불과하였으나, 합병(合倂) 후에 제일착(第一着)으로 안악(安岳) 사건*을 꾸며 만든 것과, 제이차(第二次)로 선천(宣川) 백오인(百五人) 사건*의 참학무도(慘虐無道)함을 보고 「저 해는 언제 죽어 없어지려나(是日曷喪)」* 하는 악감정(惡感情)이 격발(激發)될 분위기가 농후하였다. 둘째, 제일차세계대전(第一次世界大戰)이 끝나고 파리강화회의(巴里講和會議)*에서 미국 대통령 윌슨이 민족자결주의(民族自決主義)*를 제창(提唱)하였다. 이상 두 가지 원인으로 우리의 만세운동(萬歲運動)이 폭발되었다.

그러므로 상해(上海)에 와서 모이게 된 오백여 명의 인원은 어느 곳에서 와서 모였든지 우리의 지도자(指導者)인 노선배(老先輩)와 젊고 힘센 청년(靑年) 투사(鬪士) 들이었다. 당시 상해에 새로 도착한 인사(人士)들로 벌써 신한청년당(新韓靑年黨)*이 조직되어 김규식(金奎植)*을 파리(巴里)에 대표로 파견하였고 김철(金澈)*을 본국(本國) 내에 대표로 파견하여 활동케 하였는데, 여러 청년들 중에서는 정부조직(政府組織)이 대내외적(對內外的)으로 운동(運動) 진전(進展)에 절대 필요하다는 세평(世評)이 점점 높아져, 각 도(道)에서 상해로 온 인사(人士)들이 각기 대표를 선출하여 임시의정원(臨時議政院)*을 조직하고 임시정부(臨時政府)가 태어나게 되니 즉 대한민국임시정부(大韓民國臨時政府)였다.

이승만(李承晩)에게 총리(總理)를 맡기고, 내무(內務) 외무(外務) 군무(軍務) 재무(財務) 법무(法務) 교통(交通) 등의 부서가 조직되고, 안도산(安島山)이 미주(美洲)에서 상해(上海)로 와서 내무총장(內務總長)으로 취임하여, 각 부(部)의 총장(總長)이 먼 곳에서 미처 도착하지 못하였으므로 차장(次長)들을 대리(代理)로 하여 국무회의(國務會議)를 진행하는 중에, 이동휘(李東輝) 문창범(文昌範)은 러시아령(俄領)으로부터, 이시영(李始榮) 남형우(南亨祐) 등은 북경(北京)으로부터 모여서 정부(政府) 사무(事務)가 첫발을 내딛게 되었다. 그즈음에 한성(漢城)에서 비밀히 각 도(道) 대표가 모여 이승만(李承晩)을 집정관(執政官) 총재(總裁)에 맡긴 정부(政府)*를 조직하였으나, 본국(本國)에서 행동하기가 어려우므로 상해로 보내니、상의하지 않았는데도 의견이 같은 두 개의 정부가 되었다。

이즈음 두 개의 정부(政府)를 개조(改造)하여 이승만(李承晩)에게 대통령(大統領)을 맡기고、사월 십일일에 헌법(憲法)을 발포(發布)하였다。이들 내용은 운동사(運動史)와 임시정부(臨時政府) 회의록(會議錄)에 상세히 기재(記載)하였으니 간략하게 기록하고、나에 대한 사실만을 쓰겠다。

나는 내무총장(內務總長) 안창호(安昌浩) 선생을 보고 정부(政府) 문지기 시켜 주기를 청하였다。그분은 내가 벼슬을 시켜 주지 않아 반감(反感)이나 가지지나 않는가 의심하고 염려하는 빛이 보였다。나는 종전에 본국(本國)에서 교육사업(敎育事業)을 할 적에 어느 곳에서 순사(巡査) 시험과목(試驗科目)을 보고 집에 가서 혼자 시험을 쳐서 합격이 못 되었던 것과、서대문감옥(西大門監獄)에서 징역(懲役)을 살 때 소원(所願)을 세운 것이 후일(後日)에 만일 독립정부(獨立政府)가 조직되면 정부의 뜰을 쓸고 문(門)을 지키겠다고 한 것、또한 이름은 구(九)로、호(號)는 백범(白凡)으로 고친 것 등 완전히 평소의 소원(所願)을 말하였다。도산(島山)은 기꺼이 승낙하며『내가 미국(美國)에서 백궁(白宮)을 지키는 관원(官員)이 있는 것을 보았으니、백범(白凡) 같은 이가 우리 정부청사(政府廳舍)를 수호(守護)함이 적당하니 내일 국무회의(國務會議)에 제출하겠소』하니、잘될 줄 믿고 마음속으로 기뻐하였다。이튿날 아침에 도산(島山)은 나에게 경무국장(警務局長) 임명장(任命狀)을 주며 취임하여 사무를 볼 것을 권하나、나는 고사(固辭)하였다。『순사(巡査)의 자격에도 못 미치는 나는 경무국장의 직(職)은 감당할 수 없습니다』하였으나、『국무회의(國務會議)에서、백범(白凡)은 여러 해 감옥(監獄)에 있어서 왜놈의 사정을 잘 알고、혁명시기(革命時期)의 인재(人材)는 정신을 보아서 등용(登用)하는 것이라 하였으니、이미 임명된 것이니 사양(辭讓) 말고 공무(公務)를 행하시오』라고 강권(強勸)하므로、취임하여 사무를 보았다。

오 년 동안 복무(服務)할 때에 경무국장(警務局長)이 신문관(訊問官) 검사(檢事) 판사(判事)로 집형(執刑)까지 하게 되었다。요약하면、범죄자(犯罪者) 처분(處分)에 말로 타이르거나 아니면 사형(死刑)이었다。예를 들면、김도순(金道淳)이는 십칠 세 소년(少年)으로、본국(本國)에 파견하였던 정부(政府) 특파원(特派員)의 뒤를 따라 상해(上海)에 와서 왜(倭) 영사관(領事館)에 협조하여 특파원을 체포하고자 여비(旅費) 십 원(元)을 받았는데、이 미성년자(未成年者)를 부득이 극형(極刑)에 처하는、기존의 국가에서는 보지 못할 특종(特種) 사건 등이었다。

경무국(警務局) 사무(事務)는、남의 조계지(租界地)에 머물러 사는 임시정부(臨時政府)이니만큼 현재 세계 기존 각국(各國)의 보통경찰(普通警察) 행정(行政)이 아니고、왜적(倭敵)의 정탐(偵探) 활동을 방지하고, 독립운동자(獨立運動者) 중 투항자(投降者)가 있는지 없는지 정찰(偵察)하며, 왜(倭)의 마수(魔手)가 어느 방면으로 침입하는가를 분명히 살피기 위하여 정복(正服)과 평상복(平常服) 차림의 경호원(警護員) 이십여 명에게 임무를 맡겼다.

홍구(虹口)의 왜(倭) 영사관(領事館)과 우리 경무국(警務局)이 대립이 되어 암투(暗鬪) 중이었다. 당시 불란서(佛蘭西) 조계(租界) 당국(當局)이 우리 독립운동에 대하여 특별한 동정(同情)이 있었으므로 일본(日本) 영사(領事)의 우리 운동자(運動者) 체포 요구가 있을 때는 우리 기관(機關)에 통지하고, 마침내 체포시(逮捕時)에는 일본(日本) 경관(警官)을 대동(帶同)하고 가서 빈집을 수색(搜索)하고 갈 뿐이었다.

왜놈 도적 전중의일(田中義一)*이 황포(黃浦) 부두에서 오성륜(吳成倫)* 등에게 폭탄(爆彈)을 맞았으나 폭발이 안 되었으므로 권총(拳銃)을 발사하여 미국(美國) 여행자(旅行者)인 한 여자가 총탄(銃彈)을 맞고 죽게 된 뒤에, 일본(日本) 영국(英國) 불란서(佛蘭西) 세 나라의 합작(合作)으로 불란서 조계지(租界地)의 한인(韓人)을 대거 수색 체포할 때에는, 우리 집에는 모친(母親)까지 본국(本國)에서 상해(上海)로 오신 때였다. 하루는 이른 아침에 왜경(倭警) 일곱 명이 노기등등(怒氣騰騰)하여 침실(寢室)에 침입하자, 불란서(佛蘭西) 경관(警官) 서대납(西大納)은 숙친(熟親)한 자로서 사전에 나인 줄 알았으면 잡으러 오지도 않았을 것이지만, 왜(倭)말과 불란서(佛蘭西) 말이 서로 달라서 체포장(逮捕狀)의 이름이 「김구(金九)」인 것을 알지 못하고 한인(韓人) 강도(强盜)로 알고 체포하고자 한 것인데 마침내 와서 보니 잘 아는 터이라, 왜놈들이 달려들어 철수갑(鐵手匣)을 채우려 할 때 서대납은 하지 못하게 하면서 나를 향하여 옷을 입고 불란서(佛蘭西) 경무국(警務局)으로 가자는 뜻을 나타냈다. 나는 그 말을 따라 숭산로(嵩山路) 포방(捕房)으로 가서 보니, 원세훈(元世勳) 등 다섯 사람은 먼저 잡아다가 유치장(留置場)에 구금(拘禁)하여 놓고서 나에게 왔던 것이었다. 내가 유치장에 들어간 후에 왜경(倭警)이 와서 신문(訊問)을 하려 하니 불란서(佛蘭西) 사람이 허락하지 않고, 일본(日本) 영사(領事)가 인도(引渡)를 요구해도 듣지 않고, 나에게 묻기를 『체포된 다섯 사람은 김 군이 잘 아는 사람인가』 한다. 『다섯 사람이 다 좋은 동지(同志)이다』라고 하였다. 또다시 묻기를 『김 군이 다섯 사람을 담보(擔保)하고 데리고 가기를 원하는가』 한다. 『원한다』 하니 즉시 석방(釋放)하였다.

나는 여러 해 동안 불란서 경찰국(警察局)에 한인(韓人) 범죄자(犯罪者)들이 체포될 때 배심원(陪審員)으로 임시정부(臨時政府)를 대표하여 신문(訊問)하여 처리하고 판단하던 터였으므로, 불란서 공무국(工務局)*에서는 나만 인도(引渡)하지 않을 뿐 아니라 내가 보증(保證)하면 현행범(現行犯) 외에는 즉시 석방시켰다。 왜(倭)가 불란서 사람의 나에 대한 관계를 안 이후로는 체포 요구를 하지 않고 정탐(偵探)으로 하여금 김구(金九)를 유인하여 불란서(佛蘭西) 조계(租界) 밖 영국(英國) 조계(租界)나 중국(中國) 영역(領域)에만 데리고 오면 포박(捕縛)하여서 중국이나 영국 당국(當局)에 통보만 하고 잡아갈 의도를 안 후에는 불란서 조계지(租界地)에서 경계* 밖으로는 한 발짝도 넘어가지 않았다。

불란서(佛蘭西) 조계(租界) 생활 십사 년 동안의 기괴한 사건을 일일이 기록하기가 불가능한 것은、연월일시(年月日時)를 잊어버려 순서를 차리기 어렵기 때문이다。 오 년 경무국장(警務局長)의 직책을 맡아 지낼 때에 고등정탐(高等偵探) 선우갑(鮮于甲)*을 유인하여 포박(捕縛) 신문(訊問)하였더니、죽을 죄를 스스로 인정하고 사형(死刑) 집행(執行)을 원하는 것을 보고서는 『살려 줄 터이니 장공속죄(將功贖罪)할 터이냐』 하니、『소원(所願)입니다』 하기에 결박(結縛)을 풀어 보냈더니、『상해(上海)에서 정탐(偵探)하여 얻은 문건(文件)을 임시정부(臨時政府)에 바치겠습니다』 하는 지원(志願)에 따라 김보연(金甫淵) 손두환(孫斗煥) 등을 왜놈의 승전여관(勝田旅館)으로 시간을 약속하고 보냈으나 왜(倭)에게 고발하여 체포하지 않았고、내가 전화로 호출(呼出)하면 시간을 지체하지 않고 와서 기다렸다。 그러다가 나흘 뒤에 몰래 도망하여 본국(本國)에 돌아가서 임시정부의 덕을 칭송(稱頌)하였다고 한다。

강인우(姜麟佑)는 왜의 경부(警部)로、* 비밀 사명(使命)을 띠고 상해(上海)에 와서 『김구(金九) 선생에게 내가 상해에 온 임무를 보고하겠으니 대면(對面)을 허락하겠는가』 하는 편지가 왔기에、왜놈과 동행(同行)하면 충분히 체포할 수 있는 영국(英國) 조계(租界)의 신세계채관(新世界菜館)*으로 오라고 하고 정각(正刻)에 가서 보니、강인우 한 사람만 와서 『총독부(總督府)에서 사명(使命)을 받은 것은 아무아무 사건이니 그 점을 주의하시고、선생께서 거짓 보고자료(報告資料)를 주시면 귀국하여 책임을 면하기나 하겠습니다』 한다。 나는 기꺼이 승낙하고 자료를 잘 만들어 주었더니、귀국 후에 공로(功勞)로 풍산군수(豐山郡守)가 되었다고 한다。

구한국(舊韓國)의 내무대신(內務大臣) 동농(東農) 김가진(金嘉鎭)* 선생은 한일합병(韓日合併) 후에 남작(男爵) 작위(爵位)를 받았는데、기미년(己未年) 삼일선언(三一宣言) 이후에 대동당(大同黨)*을 조직하고 활동하다가 아들 의한(毅漢)* 군을 데리고 남은 인생을 독립운동(獨立運動) 책원지(策源地)에서 보냄을 대영광(大榮光) 대목적(大目的)으로 자인(自認)하고 상해(上海)에 도착하였다。 그 뒤에 왜(倭) 총독(總督)이 남작(男爵) 중에 독립운동에 참가한 것을 일본(日本)의 수치로 여겨 의한(毅漢) 자부(子婦)*의 사촌 오빠인 정필화(鄭弼和)를 밀파(密派)하여 김동농(金東農) 선생에게 은밀히 권고하여 귀국케 할 운동이 진행됨을 발견하고、비밀히 검거(檢擧)하여 신문(訊問)하니 일일이 자백하므로 교수형(絞首刑)에 처하였다。

해주(海州) 사람 황학선(黃鶴善)은 독립운동 이전에 상해(上海)에 온 자로、청년으로서 가장 우리 운동에 열정이 있어 보이므로 각 방면에서 상해로 온 지사(志士)들이 황(黃)의 집에서 숙식(宿食)하게 되었는데、그는 이를 기회로 하여『임시정부는 성립된 지 며칠도 못 된 정부』라고 악평(惡評)하여、새로 도착한 청년 중에 동농(東農) 선생과 같이 경성(京城)에서 열렬히 운동하던 나창헌(羅昌憲)* 등이 황(黃)의 독계(毒計)에 걸려들어 정부에 극단(極端)의 악감(惡感)을 품게 되었고、김기제(金基濟) 김의한(金毅漢) 등 열 몇 명이 임시정부(臨時政府) 내무부(內務部)를 습격한 사건이 일어나자、당시 정부를 옹호하는 청년들이 극도로 분격(憤激)하여 육박전(肉薄戰)이 개시되어 나창헌 김기제 두 사람이 중상(重傷)을 입었다。내무총장(內務總長) 이동녕(李東寧) 선생의 명령을 받아서 포박(捕縛)된 십여 명의 청년은 잘 타일러서 풀어 주고、중상을 입은 나(羅) 김(金) 두 사람은 입원 치료케 하였다。

경무국(警務局)에서 그 분란(紛亂)의 원인을 깊이 조사하여 보니 놀랄 만한 사건이 발생되었다。나(羅) 김(金) 등의 활동의 배후(背後)에서 황학선(黃鶴善)이 활동자금(活動資金)을 대 주었고、황(黃)의 배후(背後)에는 일본(日本) 영사관(領事館)에서 자금과 계획을 실시한 것이었다。황(黃)을 비밀히 체포하여 신문하니、나창헌(羅昌憲) 등의 애국 열정을 이용하여 정부의 각 총장(總長)과 경무국장(警務局長) 김구(金九)까지 전부 암살(暗殺)하기 위하여 외지고 조용한 곳에 삼층 양옥(洋屋)을 세(貰)로 얻고、대문에「민생의원(民生醫院)」이라는 큰 간판을 붙이고(나 군(羅君)은 의과생(醫科生)이었다) 정부(政府) 요인(要人)들을 유인하여 암살하려던 것이었다。황(黃)의 신문기록(訊問記錄)을 가지고 가서 나창헌에게 보이니、나 군은 크게 놀라며 처음부터 황(黃)에게 속아서 무의식적(無意識的)으로 큰 죄를 지을 뻔한 내막(內幕)을 설명하고 황(黃)에 대한 극형(極刑)을 주장하나、벌써 형(刑)을 집행하고 나 군 등의 행위를 조사하는 중이었다。

어느 때는 성(姓)이 박(朴)인 우리 청년이 경무국장(警務局長) 면회를 청하므로 면대(面對)하니、초면(初面)에 눈물을 흘리며 품속에서 권총 한 자루와 왜놈이 준 수첩 한 권을 내놓으며『저는 며칠 전에 본국(本國)으로부터 생계(生計) 때문에 상해(上海)에 왔는데、도착하는 맨 처음에 일본(日本) 영사관(領事館)에서 나의 몸이 튼튼한 것을 보더니、『김구(金九)를 살해하고 오면 돈도 많이 주고 본국(本國)의 가족들에게 국가의 토지를 주어 경작케 하겠지만 만일 응하지 않으면「불령선인(不逞鮮人)」*으로 엄히 다스리겠다』고 하기에 응낙하고、불란서(佛蘭西) 조계(租界)에 와서 선생을 멀리서 보기도 하고 독립을 위하여 애쓰시는 것을 보고서, 서도 한인(韓人)의 한 사람으로 어찌 감히 살해할 마음을 품을 수 있겠습니까. 그런 까닭으로 권총과 수첩을 선생께 바치고 중국 지방으로 가서 장사를 하고자 합니다』 한다. 나는 감사의 뜻을 표하였다.

나의 신조(信條)가 『일을 맡김에 사람을 의심하지 아니하고, 사람이 의심되면 일을 맡기지 아니한다』*이니, 일생을 통해 이 신조로 인하여 종종 해(害)를 당하면서도 천성(天性)이라 고치지 못하였다. 경호원(警護員) 한태규(韓泰奎)는 평양(平壤) 사람인데, 사람됨이 근실(勤實)하므로 칠팔 년 쓰는 동안에 안팎 사람들의 신망(信望)이 매우 두터웠다. 내가 경무국장(警務局長)을 그만두고 물러난 후에도 경무국(警務局) 사무를 전과 다름 없이 보던 때였다. 계원(桂園) 노백린(盧伯麟) 형이 어느 날 이른 아침에 나의 집에 와서 『뒤쪽 길가에 어떤 청년 여자 한 사람의 시체(屍體)가 있는데 한인(韓人)이라고 중국인(中國人)들이 떠드니, 백범(白凡), 나가서 봅시다』 한다. 나는 계원(桂園)과 가서 보니 명주(明珠)의 시체였다. 명주는 하등(下等) 여자로 상해(上海)를 어찌하여 왔던지 정인과(鄭仁果)*와 황진남(黃鎭南) 등의 식모(食母)로도 있었고, 청년 남자들과 정(情)을 통하는 행위도 있었던 모양인데, 어느 때 밤중에 한태규와 함께 오가는 것을 보고 나의 생각에 「한 군도 청년이니 서로 친한 관계가 있는가 보다」 한 때가 그다지 오래지 않았던 것으로 기억되었다.

시신(屍身)을 자세히 살펴보니 피살(被殺)이 분명하였다. 처음에는 때려서 미리에 혈흔(血痕)이 있고, 목을 끈으로 졸랐는데, 그 목 졸라 죽인 수법이 내가 서대문감옥(西大門監獄)에서 김(金) 진사(進士)에게 활빈당(活貧黨)에서 사형(死刑)시키는 것을 배워 경호원(警護員)들에게 연습시켜 가지고 정탐(偵探) 처치(處置)에 응용하던 그 수법과 흡사하였다.

나는 불란서(佛蘭西) 공무국(工務局)에 달려가서 서대납(西大納)에게 고발하고 협동조사(協同調査)에 착수하였다. 한태규(韓泰奎)가 명주(明珠)와 야간 출입하던 곳의 집집에 『모습이 어떠한 남녀가 세 들어 살았던 일이 있는가』 탐문하니, 한 달 전에 한(韓)과 명주(明珠)가 동거(同居)한 사실을 찾아냈으나 명주의 시체가 있는 곳과는 서로 거리가 너무 멀었다. 그 시체가 놓여 있는 근처 집주인*의 셋방 장부를 조사하니, 십여 일 전에 방 하나를 성(姓)이 한(韓)인 자에게 빌려준 흔적이 있는데, 그 방문을 열고 자세히 살펴보니 마루 위에 핏자국이 있었다。그러므로 한(韓)에게 의혹이 집중되었다。

서대납(西大納)에게 한태규(韓泰奎) 체포를 상의하고、나는 한태규를 불러서 『요즘은 어디서 숙식(宿食)을 하는가』 물으니 『방을 세(貰)로 얻지 못하여 이리저리 다니며 숙식합니다』 하고 문답(問答)할 무렵에 불란서(佛蘭西) 경찰이 체포하였다。나는 배심원(陪審員)으로서 신문(訊問)하니、내가 경무국장(警務局長)을 그만두고 물러난 후로 여러 가지 환경으로 왜놈에게 매수(買收)되어 남몰래 정탐(偵探)을 하면서 명주(明珠)와 비밀 동거를 하던 중 명주에게 왜의 앞잡이임이 알려지게 되었고、명주는 배우지 못하여 무식한 하류(下流) 여자이지만 애국심(愛國心)이 풍부하고 나를 극히 믿고 받들므로、반드시 고발할 형세이어서 흔적을 없애기 위하여 암살(暗殺)한 사실을 자백하므로 종신(終身) 징역(懲役)에 처하게 한 것이다。

이 사건에 대한 조사를 할 때 동료이던 나우(羅愚) 등은 말하기를 『우리는 한(韓)이 돈을 물 쓰듯 하고 괴상한 행동을 하는 것이 십중팔구(十中八九) 정탐(偵探)이라고 추측한 지 이미 오래이지만、확실한 증거를 못 얻고 단지 의심으로만 선생께 보고하였다가는 도리어 선생께 동지(同志)를 의심한다는 책망이나 들을 것이므로 함구(緘口)하였습니다』 하는 것이었다。

그 후 한태규(韓泰奎)는 감옥의 중죄수(重罪囚)들과 같이 감옥을 부수고 탈출하기로 공모(共謀)하여 양력(陽曆) 일월 일일 이른 아침에 거사(擧事)하기로 결정하고、불란서(佛蘭西) 감옥 관리에게 밀고(密告)하여、정각(正刻)에 간수(看守)들이 총을 메고 경계하여 지키고 있다가 각 감옥 방문이 일시에 열리며 칼 몽둥이 석회(石灰)를 가진 죄수들이 나오는 대로 총을 쏘아* 여덟 명의 죄수가 즉사(卽死)한 뒤에 나머지는 감히 움직이지도 못하고 감옥의 반란(反亂)은 진정되었다。재판할 때에 태규(泰奎)가 여덟 사람의 관(棺)머리에 서서 증인으로 재판정에 나왔더라는 말을 들을 때에 그런 악독한 자를 절대 신임하였던 나는 세상에 머리를 들 수 없는 자괴심(自愧心)으로 비할 데 없는 고민으로 지냈는데、하루는 태규의 서신(書信)이 왔기에 보니、감옥의 죄수로 함께 고생하던 감옥 친구를 여덟 명이나 잔인하게 해치고도 『불란서 감옥 관리가 큰 공(功)을 인정해 주어 특전(特典)으로 풀려나게 되었으니、전에 지은 죄를 용서하고 써 주기를 원합니다』 하였으나、나의 회답이 없음을 보고 겁이 났던지 귀국하여 평양(平壤)에서 소매상(小賣商)으로 돌아다니더라는 소식을 들었다。

상해(上海)의 우리 시국(時局)으로 말하면, 기미년(己未年) 즉 대한민국(大韓民國) 원년(元年)에는 국내 국외가 일치하여 민족운동(民族運動)으로만 진전되었으나, 세계 사조(思潮)가 점차 봉건주의(封建主義)니 사회주의(社會主義)니 복잡해짐을 따라 우리의 단순하던 운동계(運動界)에서도 사상(思想)이 나뉘어 갈라지게 되고, 따라서 음(陰)으로 양(陽)으로 투쟁이 개시되는 데는 임시정부 직원 중에서도 공산주의(共産主義)니 민족주의(民族主義)니(민족주의는 세계가 규정하는, 자기 민족만 강화하고 다른 민족을 압박하자는 주의(主義)가 아니고, 우리 한국(韓國) 민족(民族)도 독립하고 자유로워져서 다른 민족과 같은 완전한 행복을 누리자 함이다) 분파적(分派的) 충돌이 격렬해졌다。 심지어 정부(政府) 국무원(國務院)에서도 대통령(大統領)과 각 부(部)의 총장(總長)에도 혹은 민주주의(民主主義)、혹은 공산주의(共産主義)로 각기 옳다는 곳으로 달려가니、그 중 큰 것을 들면、국무총리(國務總理) 이동휘(李東輝)*는 공산혁명(共産革命)을 부르짖고 대통령(大統領) 이승만(李承晩)은 데모크라시*를 주창(主唱)하여 국무회의(國務會議)의 석상에서도 의견 불일치로 종종 쟁론(爭論)이 일어나、국시(國是)가 서지 못하여 정부 내부에 기괴한 현상이 겹쳐서 거듭 생겨났으니、예를 들면 국무회의에서 러시아(俄羅斯) 대표로 여운형(呂運亨) 안공근(安恭根) 한형권(韓亨權) 세 사람을 선출하여 보내기로 결정하고 여비(旅費)를 마련하던 중에、금전(金錢)이 들어옴을 보고 이동휘는 자기 심복(心腹)인 한형권을 비밀히 먼저 보내서 시베리아(西伯利亞)를 통과한 후에야 공개하니、징부나 사회에 물의(物議)가 어지럽게 빚어졌다。 이동휘의 호(號)는 성재(誠齋)인데、블라디보스토크(海蔘威)에서 성명을 바꾸어 「대자유(大自由)」라고 행세하던 일도 있었다고 한다。

어느 날 이(李) 총리(總理)는 나에게 공원(公園) 산보(散步)를 청하기에 함께하였더니、이 씨는 조용히 자기를 도와 달라는 말을 한다。 나는 좀 불쾌한 생각이 났다。 나는 이같이 대답하였다。『이 아우가 경무국장(警務局長)으로서 총리를 보호하는 일에 무슨 직책상(職責上) 잘못된 일이 있습니까。』 이 씨는 손사래를 치며 말하기를 『아니오 아니오。 대저(大抵) 혁명(革命)은 유혈(流血)의 사업이니 어느 민족에게나 대사(大事)인데、현재의 형편에서 우리 독립운동은 민주주의(民主主義)이므로 이대로 독립을 한 뒤에도 다시 공산혁명(共産革命)을 하게 되니、두 번 피를 흘리는 것은 우리 민족의 큰 불행이니 적은이*도 나와 같이 공산혁명을 하자는 요구인데、뜻이 어떠하오』 한다。

나는 반문(反問)하였다。『우리가 공산혁명을 하는 데는 제삼국제당(第三國際黨)*의 지휘 명령을 받지 않고 우리가 독자적(獨自的)으로 공산혁명을 할 수 있습니까。』 이 씨는 고개를 저으며 말하기를 『불가능이오』 한다。 나는 강경한 어조로 『우리 독립운동은 우리 한민족(韓民族)의 독자성을 떠나서 어느 제삼자(第三者)의 지도 명령의 지배를 받음은 자존성(自存性)을 상실한 의존성(依存性) 운동이니、 선생이 우리 임시정부 헌장(憲章)에 위배되는 말을 하시는 것이 크게 불가(不可)하고、 이 아우는 선생의 지도를 응하여 따를 수 없으며 선생의 자중(自重)을 경고합니다』 하였더니、 이 씨는 불만의 안색(顏色)을 띠었고、 각자 헤어졌다。

이 씨가 몰래 파견한 한형권(韓亨權)*은 혼자서 시베리아(西伯利亞)에 도착하여 러시아 관리에게 러시아에 온 사명(使命)을 전달하였다。 러시아 관리가 즉시 모스크바(莫斯科) 정부에 보고한 결과 러시아 정부에서 한국(韓國) 대표를 환영하니、 큰길 좌우에 한인(韓人)을 동원시켜 한(韓)이 도착하는 정거장마다 한인(韓人) 남녀들은 태극기(太極旗)를 손에 들고 임시정부 대표를 뜨겁게 환영하였다。 마침내 모스크바에 도착하니 러시아 최고 지도자 레닌* 씨가 몸소 맞이하여 한(韓)에게 『독립자금이 얼마가 필요한가』 물을 때、 입에서 나오는 대로 이백만 루블을 요구하였다。 레닌은 웃으면서 『일본(日本)에 대항(對抗)하는 데 이백만으로 될 수 있는가』 하였다。 한(韓)은 말하기를 『본국(本國)과 미국(美國)에 있는 동포(同胞)들이 자금을 조달한다』 하니、 레닌은 말하기를 『자기 민족이 자기 사업 하는 것은 당연하다』 하고、 즉시 이백만 루블 현금을 러시아 외교부(外交部)에 명령하여 지불하게 하였으나、 돈뭉치 운반을 시험 삼아 제일차(第一次)로 사십만 원(元)을 한형권이 몸에 지니고 떠났다。 시베리아에 도착할 시기에 맞추어 이동휘(李東輝)는 비서장(秘書長) 김립(金立)*을 몰래 파견하여、 한형권을 종용하여 그 돈뭉치를 임시정부에 바치지 않도록 하고、 김립은 그 금전(金錢)으로 북간도(北間島)의 자기 식구를 위하여 토지를 사며、 이른바 공산운동자(共産運動者)라는 한인(韓人) 중국인(中國人) 인도인(印度人)에게 얼마를 지급하고、 자기는 상해(上海)에 몰래 잠복하여 광동(廣東) 여자를 첩으로 삼고 쾌락을 누렸다。

임시정부에서는 이동휘(李東輝)에게 죄를 묻게 되니、 이 씨는 총리(總理)의 직(職)을 그만두고 물러나 러시아로 도망갔고、 한형권(韓亨權)은 다시 러시아 수도에 가서 통일운동(統一運動)을 하겠다는 이유를 설명하고 다시 이십만 루블을 가지고 상해(上海)에 잠입(潛入)하여 공산당(共産黨) 무리들에게 금력(金力)을 뿌려 이른바 국민대표대회(國民代表大會)*를 소집하는데 한인(韓人) 공산당(共産黨)이 세 파로 분립(分立)하였으니、 상해에서 설립한 것은 이름하여 상해파(上海派)이니 그 우두머리는 이동휘이며, 이름하여 이르쿠츠크*는 그 우두머리가 안병찬(安秉瓚)* 여운형(呂運亨)* 등이고, 일본(日本)에서 공부하던 유학생들로 일본에서 조직된 것은 이름하여 엠엘파(派)*이니 일인(日人) 복본화부(福本和夫)*와 김준연(金俊淵)* 등을 우두머리로 한 것인데, 상해에서는 세력이 미약하였으나 만주(滿洲)에서는 맹렬한 활동을 하였고, 응당 있어야 할 것은 다 있어서 이을규(李乙奎)* 이정규(李丁奎) 형제와 유자명(柳子明)* 등은 무정부주의(無政府主義)*를 신봉하여 상해(上海) 천진(天津) 등지에서 활동이 맹렬하였다.

상해(上海)에서 개최한 국민대표대회(國民代表大會)는 잡종회(雜種會)라고 해야 옳으니, 일본(日本) 조선(朝鮮) 중국(中國) 러시아(俄國) 등 각처(各處) 한인(韓人) 단체의 대표라는 형형색색의 명칭으로 이백여 대표가 모였는데, 그 중에는 이르쿠츠크파(派)와 상해 두 파(派) 공산당(共產黨)이 서로 경쟁적으로 민족주의자(民族主義者)인 대표들을 분열시켜 두 파 공산당이 나뉘었다 합해졌다 하여, 이르쿠츠크파(派)는 창조, 상해파(上海派)는 개조를 주장하였으니, 이른바 창조파(創造派)는 현 임시정부를 없애고 새로 정부를 조직하자는 것이고, 개조파(改造派)는 현 정부 개조를 주장하다가, 마침내는 하나로 합쳐지지 못하여 그 회가 분열되어, 창조파에서는 한국(韓國) 정부(政府)를 조직하고 그 정부 외무총장(外務總長)인 김규식(金奎植)은 이른바 한국 정부를 이끌고 블라디보스토크(海蔘威)까지 가서 러시아에 선보이다가, 러시아가 내버려두고 처리하지 않으므로 계획이 받아들여지지 않게 되었다.

국민대표대회(國民代表大會)가 두 파(派) 공산당(共產黨)이 서로 투쟁하여 순진한 독립운동자들까지도 두 파 공산당에게 분립(分立)하여 혹은 창조(創造), 혹은 개조(改造)로 전체가 요란하게 되므로, 나는 당시 내무총장(內務總長)의 직권(職權)으로 국민대표대회의 해산령(解散令)을 발하여 시국(時局)은 안정되었고, 정부의 공금횡령범(公金橫領犯) 김립(金立)은 오면직(吳冕植) 노종균(盧宗均) 등 청년에게 총살(銃殺)을 당하니 인심(人心)은 통쾌하다고들 하였다.

임시정부에서는 한형권(韓亨權)의 러시아 대표직을 파면(罷免)하고, 안공근(安恭根)*을 주(駐)러시아 대표로 파견하였으나 별 효과가 없었고, 러시아와의 외교 관계는 이로부터 단절되었다. 상해(上海)에서는 공산당(共產黨)들의 운동이 국민대회(國民大會)에서 실패한 후에도 통일(統一)의 미명(美名)으로 끊임없이 민족운동자(民族運動者)들을 종용하여 공산당 청년들이 전과 나름없이 두 파로 나뉘어, 동일한 목적과 동일한 명칭의 재중국청년동맹(在中國青年同盟)과 주중국청년동맹(住中國青年同盟)*이 각기 상해의 우리 청년들을 쟁탈(爭奪)하며 처음 주장하던 독립운동을 공산운동화(公產運動化)하자고 절규하다가, 레닌의 공산당 사람들이 드러내 말하기를 『식민지(植民地) 운동은, 나라를 되찾는 운동이 사회운동(社會運動)보다 첩경(捷徑)이다』라는 말에 따라, 어제까지 민족운동(民族運動) 즉 나라를 되찾는 운동을 비난하고 비웃던 공산당원(共産黨員)들이 갑자기 변하여 독립운동과 민족운동을 공산당의 당시(黨是)*로 주창하였다. 그러자 민족주의자들은 자연히 찬동(贊同)되어 유일독립당촉성회(唯一獨立黨促成會)*를 성립하였는데, 내부에서는 전과 다름없이 두 파 공산당의 권리 쟁탈전이 명(明)으로 암(暗)으로 대립이 되어 한 걸음도 나아가기 어려우므로, 민족운동자들도 차차 각오가 생겨서 공산당이 기만하여 이용하려는 데 응하지 않음을 알고, 공산당의 음모로 해산되었다.

그 후에 한국독립당(韓國獨立黨)이 조직되었는데, 순전한 민족주의자(民族主義者) 이동녕(李東寧) 안창호(安昌浩) 조완구(趙琬九) 이유필(李裕弼) 차이석(車利錫) 김붕준(金朋濬) 김구(金九) 송병조(宋秉祚) 등을 주뇌인물(主腦人物)로 하여 창립되었으니, 이로부터 민족운동자와 공산운동자가 조직을 따로 가지게 되었다. 공산당(共産黨)들은 상해(上海)의 민족운동자들이 자기의 수단에 농락되지 않음을 깨닫고 남북(南北) 만주(滿洲)로 진출하여서는 상해에서의 활동보다 열 배 백 배가 더 맹렬해졌다. 이상룡(李相龍)의 자손은 살부회(殺父會)*까지 조직하고 있었다. 살부회에서도 체면을 보았는지, 회원(會員)이 직접 자기 손으로 아비를 죽이는 것이 아니라 「너는 내 아비를 죽이고, 나는 네 아비를 죽이는」 규칙이라고 한다.

남북(南北) 만주(滿洲)의 독립운동 단결체로 정의부(正義部) 신민부(新民部) 참의부(參議部)* 외에 남군정서(南軍政署) 북군정서(北軍政署)* 등 각 기관에 공산당(共産黨)이 침입하여 각 기관을 여지없이 깨부수고 사람을 죽이니, 백광운(白狂雲) 정일우(鄭一雨) 김좌진(金佐鎭) 김규식(金奎植)* 등 우리 운동계(運動界)에 없어서는 안 될 건장(健壯)한 인사(人士)들을 다 잃어버렸고, 그로 인하여 나라 안팎 동포(同胞)의 독립사상(獨立思想)이 날로 줄어들게 되었으며, 『재앙은 겹쳐서 닥친다(禍不單行)』고, 동삼성(東三省)의 왕(王)이라 할 장작림(張作霖)*과 일본(日本)과의 협정(協定)이 성립되어 독립운동을 하는 한인(韓人)은 잡히는 대로 왜(倭)에게 넘겨주고, 심지어 중국 백성들이 한인(韓人) 한 명의 머리를 베어 가지고 왜놈 영사관(領事館)에 가면 몇십 원(元) 내지 삼사 원(元)씩을 받고 팔았다.

어찌 중국 백성뿐이랴. 그곳 우리 한인(韓人)들도, 처음에는 아무리 중국 지역 안에 거주하지만 가가호호(家家戶戶)에서 매년 우리 독립운동 기관인 정의부(正義部)나 신민부(新民部)에 납세(納稅)를 정성껏 부지런히 하여 오던 순한 백성들도 우리 무장대오(武裝隊伍)에게 대단한 위세와 침탈을 당하고 점차 마음이 돌아서게 되어, 독립군(獨立軍)이 자기 집이나 자기 마을에 오면 비밀히 왜놈에게 고발하는 악풍(惡風)이 생겼으며, 독립운동자들도 점차 왜(倭)에게 투항(投降)하는 풍조(風潮)도 생기고 보니 동삼성(東三省)의 운동 근거는 자연 박약(薄弱)해졌다. 그러자 왜놈의 품속에서 만주제국(滿洲帝國)*이 만들어지게 되니, 만주(滿洲)는 「제이(第二)의 조선(朝鮮)」이 되어 버렸다. 이 얼마나 괴롭고 아픈 일인가.

동삼성(東三省)의 정의(正義) 신민(新民) 참의(參議) 세 부(部)의 임시정부와의 관계는 어떠하였던가. 임시정부가 처음 조직될 때는 최고 기관으로 인정하여 추대(推戴)하였으나, 나중에는 점점 할거화(割據化)하여 군정(軍政)과 민정(民政)을 세 부(部)에서도 합작(合作)을 아니하는 반면에, 거점(據點)을 다투어 피차(彼此) 전쟁을 하기까지 하였다. 『스스로 업신여긴 뒤에야 남에게서 업신여김을 당한다』* 함이 이를 가리킨 격언(格言)이었다.

정세(情勢)로 말하면, 동삼성(東三省) 방면의 우리 독립군(獨立軍)이 벌써 그림자조차 없어졌을 터이지만, 삼십여 년(독립선언(獨立宣言) 이전 근 십 년의 신흥학교(新興學校) 시대부터 무장부대(武裝部隊)가 있었다)이 된 금일까지 오히려 김일택(金一擇) 등 무장부대가 의연(依然)하게 산악지대(山岳地帶)를 근거지로 삼아 압록강(鴨綠江)과 두만강(豆滿江)을 건너 왜병(倭兵)과 전쟁을 하는 데는, 중국(中國) 의용군(義勇軍)과도 연합작전을 하고 러시아(俄國)의 후원도 받아서 현상을 유지하고 있는 정세(情勢)이고, 관내(關內) 임시정부 쪽과의 연락은 극히 곤란하게 되었다. 종전에 통의(統義)* 신민(新民) 참의(參議)의 세 부(部) 가운데 참의부가 임시정부를 시종(始終) 옹립 추대하다가 최후에 세 부(部)가 통일하여 정의부(正義部)로 되자 서로 짓밟음으로써 종막(終幕)이 되었는데, 공산주의의 당(黨)과 민족주의의 당(黨)의 충돌이 중요 원인이 되었다. 그리하여 공산주의나 민족주의의 말로(末路)는 같은 운명으로 귀결되었다.

상해(上海)의 정세(情勢)도 대체로 둘 다 패하여 모두 망하였으나, 임시정부(臨時政府)와 한국독립당(韓國獨立黨)으로 민족진선(民族陣線) 잔해(殘骸)만은 남았다. 그러나 임시정부는 인재난(人才難)도 극히 심하고 경제(經濟)도 극히 쪼들렸는데, 정부제도(政府制度)도 대통령 이승만(李承晩)이 바뀌고 박은식(朴殷植)*이 취임하여 대통령제(大統領制)를 변경하여 국무령제(國務領制)가 되어 첫번째로 이상룡(李相龍)*이 취임차 서간도(西間島)로부터 상해에 와서 인재(人才)를 물색하여 뽑다가 내각(內閣)에 들어올 지원자가 없으므로 도로 간도(間島)로 돌아갔다. 그다음에 홍면희(洪冕熹)*를 뽑아 진강(鎭江)에서 상해로 와서 취임한 뒤에 조각(組閣)에 착수하였으나, 역시 응하는 인물이 없으므로 실패하였다.

그러니 임시정부는 마침내 무정부(無政府) 상태에 빠졌다。 의정원(議政院)에서 하나의 큰 문제가 되었다。 의장(議長) 이동녕(李東寧) 선생이 내게 와서 『국무령(國務領)이 되어 조각(組閣)을 하시오』라는 말로 강권(强勸)하기에、 나는 사양하였다。 의장은 다시 강권하므로 두 가지 이유를 가지고 고사(固辭)하였다。 첫째는 해주(海州) 서촌(西村) 김(金) 존위(尊位)의 아들로서、 정부가 아무리 추형(雛形)의 시기일지라 하여도 일국(一國)의 원수(元首)가 되는 것은 국가와 민족의 위신(威信)에 큰 관계가 되니 불가(不可)하고、 둘째는 이(李) 홍(洪) 두 분도 응하는 인재(人才)가 없어 실패하였거늘 나는 더욱 응할 인물이 없을 터이니、 이상 두 가지 이유로 명(命)을 따르지 못하겠다는 뜻을 분명히 말하였다。 이 씨가 말하기를 『첫째는 이유 될 것도 없고、 둘째는 백범(白凡)만 나서면 지원자들이 있을 것이니、 쾌히 응낙하면 의정원(議政院)에 수속을 거치고 조각(組閣)하여 무정부(無政府) 상태를 면하게 될 것이오』라는 권고에 응하여 국무령(國務領)으로 취임하여 조각(組閣)하니、 윤기섭(尹琦燮) 오영선(吳永善) 김갑(金甲) 김철(金澈) 이규홍(李圭洪) 등이었다。 조각(組閣)의 곤란이 심한 것을 절감하여 국무령제(國務領制)를 개정하여 위원제(委員制)로 의정원에서 통과되었으니、 국무회의(國務會議) 주석(主席)의 명색(名色)이 있으나 개회할 때 주석일 뿐이고 각 위원이 번갈아 가며 할 따름이요 평등한 권리이므로 이로부터 정부의 분규(紛糾)는 그치게 되었지만、 따라서 경제적으로 정부 명의(名義)라도 유지할 길이 막연하였다。

청사(廳舍) 가옥(家屋)의 임차료(賃借料)가 삼십 원(元)에 지나지 않고 고용인(雇傭人) 월급이 이십 원이 안 되었지만 방세(房貰) 문제로 방 주인의 소송(訴訟)을 종종 당하였다。 다른 위원(委員)은 거의 식구가 있으나、 나는 민국(民國) 육년(六年)에 상처(喪妻)하고 칠년(七年)에 모친께서 신(信)이 아이를 데리고 고국(故國)으로 돌아가시고 상해(上海)에서는 나 혼자 인(仁)이 아이를 데리고 지내다가、 모친의 명령에 따라 인(仁)이 아이까지 본국(本國)으로 보내고 몸뚱이와 그림자만이 서로 따르는 처지로、 잠은 정부 청사에서、 식사는 직업을 가진 동포(同胞)들의 집(전차공사(電車公司)와 공공기차공사(公共汽車公司)* 검표원(檢票員)이 육칠십 명이었다)에 다니며 밥을 얻어먹고 지내니 거지도 상거지였다。 나의 처지를 알기 때문에 누구나 차래식(嗟來食)*으로 대접하는 동포(同胞)는 없었고、 조봉길(曺奉吉) 이춘태(李春泰) 나우(羅愚) 진희창(秦熙昌) 김의한(金毅漢) 등은 친절한 동지(同志)들이니 더 할 말이 없고、 그 밖의 동포들에게도 동정적(同情的)인 대접을 받았다。

엄항섭(嚴恒燮)* 군은 뜻을 지닌 청년으로、 지강대학(之江大學) 중학(中學)을 졸업한 뒤에 자기 집 생활보다도 석오(石吾)(이동녕(李東寧) 선생의 호(號)) 선생과 나처럼 입고 먹는 일에 방도가 없는 운동자(運動者)를 구제하기 위하여 불란서(佛蘭西) 공무국(工務局)에 취직을 하였으니, 그것은 월급을 받아 우리의 음식을 제공하는 외에, 왜(倭) 영사(領事)가 우리를 교섭 체포하는 사건을 알아내어 피하게 하고 우리 동포 중에 범죄자가 있을 때에 편리를 도모하기 위한 두 가지 목적이었다。 엄(嚴) 군(君)의 첫번째 아내 임(林) 씨(氏)는 구식(舊式) 부인(婦人)인데, 내가 자기 집에 갔다가 나올 때는 문밖에 나와 전송(餞送)할 때 아기 하나도 못 나은 아가씨로서 은전(銀錢)을 한두 개씩 나의 손에다 쥐어 주며 『애기(인(仁)이 아이) 사탕이나 사 주셔요』 하였으니, 그것은 자기 남편이 존경하는 노선배(老先輩)로 친절히 대접하는 것이었다。 그이는 초산(初産)에 딸 하나를 낳고 불행히도 사망하여 노가만(盧家灣) 묘지(墓地)에 묻혔는데, 나는 그이의 무덤을 볼 적마다 「엄 군이 능력이 부족하면 나라도 능력이 생기면 기념(記念) 묘비(墓碑)나 세우리라」고 유념(留念)을 하고 있었으나, 마침내 상해(上海)를 떠날 때는 나는 그만한 능력이 넉넉하였지만 환경이 매우 나빠서 그만한 것도 뜻대로 되지 않아, 이 글을 쓰는 금일에도 노가만(盧家灣) 공무국(工務局) 공동묘지(共同墓地)의 임 씨 무덤이 눈에 어른거린다。

당시 나의 중요한 임무가 무엇이었던가를 미루어 생각해 볼진대, 다시 그때 환경이 어떠하였는지를 말하겠다。 민국(民國) 원년(元年)에서 삼사 년을 지내고 보니, 당시에는 열렬하던 독립운동자들이 한 사람씩 두 사람씩 왜놈에게 투항(投降)하고 귀국(歸國)하였는데, 그들은 임시정부 군무차장(軍務次長) 김희선(金義善)과 독립신문사(獨立新聞社) 주필(主筆) 이광수(李光洙), 의정원(議政院) 부의장(副議長) 정인과(鄭仁果) 등을 비롯하여 점점 그 수가 증가되었다。 다른 한편으로는 정부에서 몰래 보내 귀국하여, 정치로는 연통제(聯通制)*를 실시하여 비밀 조직으로 경성(京城)에 총판부(總辦部)를 두고, 십삼 개 도(道)에 독판(督辦)을 두고, 각 군(郡)에 군감(郡監), 각 면(面)에 면감(面監)을 두어, 이상 각 주무(主務) 장관(長官)들을 임시정부에서 임명하여 이면(裏面)으로 전국을 통치하던 것으로, 인민(人民)들이 비밀 납세(納稅)도 성심(誠心)으로 하여 상해(上海) 임시정부(臨時政府)의 위신(威信)이 볼만하게 떨쳐 일어나 크게 번성하였으나, 함경남도(咸鏡南道)에서 연통제(聯通制)가 왜(倭)에게 발각되자 각 도(道)가 무너지게 되었으니, 비밀 사명(使命)을 가지고 갔다가 체포된 자가 부지기수(不知其數)였고, 처음에는 열성(熱誠)으로 큰 뜻을 품고 상해로 온 청년들도 점점 경제난으로 취직(就職) 혹은 행상(行商)을 하기 때문에 상해의 우리 독립운동자가 천여 명이던 것이 차차 그 수가 줄어 수십 명에 불과하였으니, 최고 기관인 임시정부의 현재 모습으로 충분히 헤아릴 수 있다。

나는 맨 처음에는 정부(政府) 문지기를 청원(請願)하였으나、마침내는 노동총판(勞動總辦)으로、내무총장(內務總長)으로、국무령(國務領)으로、위원(委員)으로、주석(主席)으로 중대한 임무를 거개 역임한 것은 문지기 자격이 진보된 것이 아니라、임시정부가 인재난(人才難) 경제난(經濟難)이 극도에 달하여、마치 명예(名譽)가 쟁쟁하던 사람의 집이 몰락되고 고대광실(高臺廣室)이 거지들의 소굴이 된 것과 흡사하였다。

그 첫해에 이(李) 대통령(大統領)이 취임하여 업무를 시작할 적에는 중국(中國) 사람은 물론이고 깊은 눈과 높은 코를 가진 영국(英國) 불란서(佛蘭西) 미국(美國) 친구들도 더러 방문을 하던 임시정부에、서양인(西洋人)이라고는 공무국(工務局)의 불란서 경찰이 왜놈을 대동하고 사람을 잡으러 오거나、세금(稅金) 독촉이나 오는 외에는、서양인 가운데에서 살지만 서양인 친구는 한 명도 내방(來訪)하는 자가 없었다。그렇지만 매년 크리스마스에는 아주 적지만 수백 원(元)어치의 물품을 사서 불란서(佛蘭西) 영사(領事)와 공무국(工務局)과 종전의 서양인 친구들에게는 어떠한 곤란 중에라도 십사 년 동안 연중행사(年中行事)를 하였으니、이는 우리 임시정부가 존재한다는 표시를 그들에게 인식시키는 방법에 불과하였다。

내가 한 가지 연구 실행한 일종의 사무(事務)가 있었으니、곧 편지 정책이었다。사방을 돌아보아도 정부(政府) 사업의 발전은 고사하고 명의(名義)라도 보전할 도리가 없는데、임시정부가 해외에 있느니만큼 해외 교포(僑胞)에게 의뢰할 수밖에 없었다。동삼성(東三省)이 첫째로 이백오십여만 명이 있으나 본국(本國)과 같이 되었고、러시아령(俄領)이 둘째로 일백오십여만 명이지만 공산국가(共産國家)라 민족운동(民族運動)을 금지하니 그곳 동포(同胞)들에게 의뢰할 수는 없고、셋째 일본(日本)에 사오십만 명이 거주하나 의뢰할 것 없고、미국 멕시코 쿠바에 넷째로 만여 명인데、그들 대다수가 노동자이지만 애국심(愛國心)이 극히 풍부한 것은 그곳에서 서재필(徐載弼)* 박사、이승만(李承晩) 박사、안창호(安昌浩)、박용만(朴容萬)* 등의 가르침을 받았기 때문으로、그곳 동포들에게 사정을 알려서 정부에 헌성(獻誠)케 할 계획을 정하였으나、나는 영문(英文)에 문맹(文盲)이라 겉봉도 쓸 수 없고、동포들 가운데 몇몇 친지(親知)가 있으나 주소(住所)도 알 수 없으므로、엄항섭(嚴恒燮) 안공근(安恭根) 둘의 도움으로 그곳의 주소와 성명 몇 명을 알아내어 가지고 임시정부의 현 상황을 극진(極盡)히 설명하고 동정(同情)을 구하는 편지를 써서、엄 군이나 안 군에게 겉봉을 쓰게 해서 우송하는 것이 유일의 사무였다。수신인(受信人)이 없어 되돌아오기도 하지만 대개는 회답(回答)하는 동포들이 점차 증가하는 가운데、시카고(芝哥古)의 김경(金慶) 같은 이는 방세(房貰)를 주지 못하여 정부의 문을 닫게 되었다는 보도(報道)를 보고 즉시 공동회(共同會)를 소집하여 미국 돈 이백여 달러를 의연금(義捐金)으로 받아 부쳐 온 일도 있었는데、김경 씨 역시 일면부지(一面不知)이나 애국심으로 이와 같은 의로운 일을 한 것이었다。

미국 하와이 멕시코 쿠바 동포(同胞)들이 이같은 애국심(愛國心)으로 어찌하여 정부에 헌성(獻誠)이 소홀하였던가。다름이 아니라、정부에서 일 년에도 몇 차례씩 내각(內閣)의 위원(委員)이 바뀌고 헌법(憲法)도 자주 바뀜에 따라 정부의 위신이 추락된 원인이 있고、또는 정부의 사정을 자주 알게도 하지 않아서 동포들이 정부를 신임(信任)하지 않았던 것이다。그러다가 나의 통신(通信)이 진실성(眞實性)이 있는 데서 점차 신념(信念)이 생기기 시작하여、하와이의 안창호(安昌鎬)*、가와이(加哇伊)*의 현순(玄楯) 김상호(金商鎬) 이홍기(李鴻基) 임성우(林成雨) 박종수(朴鍾秀) 문인화(文寅華) 조병요(趙炳堯) 김현구(金鉉九) 안원규(安源奎) 황인환(黃仁煥) 김윤배(金潤培) 박신애(朴信愛) 심영신(沈永信) 등 여러 사람이 나와 정부에 정성을 쓰기 시작하였고、샌프란시스코(桑港)의 《신한민보(新韓民報)》* 쪽도 김호(金乎) 이종소(李鍾昭) 홍언(洪焉) 한시대(韓始大) 송종익(宋宗翊) 최진하(崔鎭河) 송헌주(宋憲澍) 백일규(白一圭) 등 여러 사람이 점차 정부로 향하는 마음이 생겼고、멕시코(墨西哥)의 김기창(金基昶) 이종오(李鍾旿)、쿠바의 임천택(林千澤) 박창운(朴昌雲) 등 여러 사람이 임시정부를 후원하며、동지회(同志會) 쪽에서는 이승만(李承晩) 박사를 으뜸으로 하여 이원순(李元淳) 손덕인(孫德仁) 안현경(安賢卿) 등 여러 사람도 정부 응원에 참가하니、미국 하와이 멕시코 쿠바의 한인(韓人) 교포(僑胞)는 전부가 정부의 유지 발전에 공동 책임을 지게 되었다。

하와이의 안창호(安昌鎬) 임성우(林成雨) 등 여러 사람이 편지로 묻기를、『당신이 정부를 지키고 있는 것은 감사하나、당신 생각에 무슨 사업을 하여 우리 민족에게 큰 자랑이 될 일을 하고 싶은데 거기에 쓸 금전(金錢)이 문제된다면 주선하겠다』는 것이었다。나는 회답(回答)하기를『무슨 사업을 하겠다고 말할 필요는 없으나 간절히 하고 싶은 일이 있으니、조용히 금전을 모아 두었다가 보내라는 통지(通知)가 있을 때 보내 달라』하였더니、그리하겠다는 승낙이 있었다。나는 그때부터 민족에게 자랑이 될 일이 무엇이며、내가 그런 일을 할 수 있을까 연구하였다。

내가 재무부장(財務部長)이면서 민단장(民團長)*을 겸임하던 때였는데、하루는 한 중년(中年) 동포(同胞)가 민단(民團)을 찾아왔다。『일본(日本)에서 노동을 하다가 독립운동이 하고 싶어 상해(上海)에 가정부(假政府)(일인(日人)이 지칭하기를 가정부(假政府)라 하였다)가 있다 하기에 며칠 전에 상해로 와서 다니다가、전차(電車) 검표원(檢票員)에게 물어서 보경리(普慶里) 사호(四號)로 가라 하기에 찾아왔습니다。』원래 경성(京城) 용산(龍山)에 머물러 살았고、성명은 이봉창(李奉昌)이라 한다。『상해에 독립정부(獨立政府)가 있으나 운동자들은 아직 입히고 먹일 역량(力量)이 없으니、지니고 있는 돈이 있습니까。』이 씨가 말하기를『지금 가지고 있는 돈은 여비(旅費) 하고 남은 것이 불과 십여 원(元)입니다』한다。『그러면 생활 문제를 어떻게 해결할 방법이 있소?』이(李)가 말하기를『그런 것은 근심이 없습니다。나는 철공장(鐵工場)에서 작업을 할 수 있으니、노동을 하면서는 독립운동을 못 합니까』한다。내 말은『하루 해가 다하였으니 근처 여관에 가고、내일 다시 이야기합시다』하고、민단(民團) 사무원 김동우(金東宇)더러 여관을 잡아 주라 하였는데、말이 절반은 일어(日語)이고 동작이 일인(日人)과 흡사하니 특별히 조사할 필요가 있었다。

며칠 뒤에 그가 술과 국수를 사다가 민단(民團) 주방에서 민단 직원들과 같이 먹으며 술이 반쯤 취하여 민단 직원들과 술김에 하는 말소리가 문밖으로 흘러나와서 곁에서 들으니、이 씨는 이런 말을 한다。『당신들、독립운동을 한다면서 일본(日本) 천황(天皇)을 왜 못 죽입니까。』민단(民團) 단원(團員)들 대답은『일개 문무관(文武官)도 쉽게 죽이지 못하는데 천황을 죽이기가 쉽겠소』한다。이(李)가 말하기를『내가 지난해에 동경(東京)에 천황이 능행(陵行)*한다고 행인(行人)에게 엎드리라고 하기에 엎드려서 생각하기를「내게 지금 폭탄(爆彈)이 있다 하면 쉽지 않겠는가」하였습니다』한다。나는 젊은이들이 술 마시는 주방에서 흘러나오는 이 씨의 말을 유심히 듣고 저녁에 이 씨의 여관을 조용히 방문하였다。

이 씨와 속을 털어놓고 마음속에 있는 바를 다 말하였다。이 씨는 과연 의기남자(義氣男子)로、일본(日本)에서 상해(上海)로 건너올 때에 살신성인(殺身成仁)할 큰 결심을 가슴에 품고 임시정부를 찾아온 것이었다。이 씨는 이런 말을 하였다。『제 나이가 삼십일 세입니다。* 이 앞으로 다시 삼십일 세를 더 산다 하여도 과거 반평생의 생활에서 방랑생활을 맛본 것에 비한다면 늙은 생활이 무슨 취미가 있겠습니까。 인생의 목적이 쾌락이라 하면、 삼십일 년 동안 육신(肉身)으로는 인생의 쾌락을 대강 맛보았으니、 이제는 영원한 쾌락을 꾀하기 위하여 우리 독립사업(獨立事業)에 헌신할 것을 목적하고 상해로 왔습니다。』 나는 이 씨의 위대한 인생관(人生觀)을 보고 감격의 눈물이 눈자위에 고임을 금치 못하였다。 이봉창(李奉昌) 선생은 공경(恭敬)하는 의지(意志)로 국사(國事)에 헌신할 수 있도록 지도하여 주기를 청한다。 나는 기꺼이 승낙하였다。 『일 년 이내에 당신이 할 일에 대한 준비를 할 터인데、 지금 우리 정부에서는 경비(經費)가 부족하여 당신을 살아가게끔 돕기가 불가능하고、 당신이 장래 할 일에 대하여 우리 기관(機關) 가까이에 있는 것이 불편하니 어떻게 하면 좋겠소。』 이(李)가 말하기를 『그러시다면 더욱 좋습니다。 저는 어릴 적부터 일어(日語)에 익숙하므로、 일본에서 지낼 때 일인(日人)의 양자(養子)가 되어 성명을 목하창장(木下昌藏)이라 행세하였고、 금번 상해 오는 도중에도 이봉창(李奉昌)이라는 본성명(本姓名)을 쓰지 않았으니 저는 일인(日人)으로 행세하고、 준비하실 동안은 제가 철공(鐵工)을 할 줄 아니 일인(日人)의 철공장(鐵工場)에 취직하면 높은 봉급을 받을 수 있습니다』 한다。 나는 크게 찬성하고 『우리 기관이나 우리 사람들과의 내왕(來往)이나 교제(交際)를 빈번하게 하지 말고 순전히 일인(日人)으로 행세하고、 매달 한 차례씩 밤중에 와서 보시오』라고 주의시키자、 홍구(虹口)로 출발하였다。

며칠 뒤에 와서 알리기를、 『일인(日人)의 철공장(鐵工場)에 매달 팔십 원(元) 월급(月給)으로 취직하였습니다』 한다。 그 후부터는 종종 민단(民團) 사무실에 술과 고기와 국수를 사 가지고 와서 민단 직원들과 술을 마시고、 취하면 일본 노래를 유창하게 하며 호방(豪放)하게 놀므로 별명을 「일본(日本) 영감(令監)」이라 하게 되었고、 어느 날은 일인(日人) 행색(行色)으로 하오리(羽織)*에 게다(下駄)*를 신고 정부(政府) 문을 들어서다가 중국인(中國人) 하인(下人)에게 쫓겨난 일도 있었다。 그리하여 이동녕(李東寧) 선생과 다른 국무원(國務員)들로부터 『한인(韓人)인지 일인(日人)인지 판단하기 어려운 의심쩍은 인물을 정부(政府) 문 안에 출입케 하는 것은 직무(職務)에 소홀한 것이오』라는 꾸지람이 있는 데 대하여 『조사 연구하는 사건이 있습니다』라고 말을 하니、 잘 대처하라고 강경하게 요구하지는 못 하나 여러 동지(同志)들이 불쾌해하는 생각은 마찬가지였다。

시간은 그럭저럭 근 일 년이 가까워 왔다。 미국이나 하와이와의 통신(通信)은、 아직 비행기가 다니지 못하는 때라 왕복에 거의 두 달이 걸렸다。 하와이에서 명목(名目)을 정한 금액으로 몇백의 미화(美貨)가 들어와 모였다。 나는 그 돈을 받아서 거지 복색인 옷 주머니 속에 감추어 두고 얻어먹는 생활은 그대로 계속하였으니、 나의 낡아 해진 옷 속에 천여 원(元)의 금전(金錢)이 있을 것은 나 한 사람 외에는 아는 사람이 없었다。

이해* 십이월 중순이었다。 나는 이봉창(李奉昌) 선생을 비밀히 불란서(佛蘭西) 조계(租界)의 중흥여사(中興旅舍)*로 오라고 하여 같이 자면서 일본행(日本行)에 대한 제반 문제를 상의하였다。 나는 금전(金錢)을 준비하는 외에 폭탄(爆彈)도 준비하였다。 왕웅(王雄)*으로부터는 병공창(兵工廠)*에서、 김현(金鉉)으로부터는 하남성(河南省)의 유치(劉峙) 쪽에서 한두 개의 수류탄(手榴彈)을 얻어서 감추어 두었다。 수류탄은 두 개를 휴대하게 하였는데、 한 개는 일본(日本) 천황(天皇) 폭사(爆死)시키는 것으로、 한 개는 자살용(自殺用)으로 정하고、 사용법과、 만일 자살이 성공하지 못할 때 체포되면 신문(訊問)에 응할 말을 지시하고、 이튿날 아침에 품속에서 지폐(紙幣) 한 뭉치를 꺼내어 주어 일본행(日本行) 준비를 모두 해 놓고、 다시 오라고 하고 작별하였다。

이틀 뒤에 다시 와서 중흥여사(中興旅舍)에서 마지막 하룻밤을 같이 자는 때에 이 씨는 이런 말을 하였다。 『그저께 제가 선생께서 다 해진 옷 주머니 속에서 거액의 금전(金錢)을 꺼내어 주시는 것을 받아 가지고 갈 때에 눈물이 나더군요。 왜 그런고 하니、 제가 일전에 민단(民團) 사무실에 가 보니 직원들이 밥을 굶는 모양이기에 제가 돈을 내어 국수를 사다가 같이 먹은 일이 있었는데、 전날 밤 같이 자면서 하시는 말씀은 일종의 훈화(訓話)로 들었는데 작별하면서 생각도 못한 돈뭉치를 주시니、 불란서(佛蘭西) 조계(租界)에서 한 걸음도 밖을 내놓지 못하시는 선생이니 내가 이 돈을 가져가서 내 마음대로 쓰면 선생이 돈을 찾으러 못 오실 터이지요。 과연 영웅(英雄)의 도량(度量)이십니다。 나의 일생에 이런 신임(信任)을 받은 것은 선생께 처음이요 마지막입니다。』

그 길로 안공근(安恭根)의 집에 가서 선서식(宣誓式)을 행하고、 폭탄 두 개를 주고、 다시 삼백 원(元)을 주고 『선생은 마지막 가시는 길이니 이 돈은 동경(東京) 가시기까지 다 쓰시고 동경에 도착 즉시로 전보(電報)하시면 다시 송금(送金)하오리다』 하였다。 그리고 사진관(寫眞館)으로 가서 기념사진(紀念寫眞)을 찍을 때 나의 얼굴에 자연히 처연(悽然)한 기색(氣色)이 있었던지、 이 씨는 나에게 권한다。 『나는 영원한 쾌락을 누리고자 이 길을 떠나는 터이니, 우리 두 사람이 희열(喜悅)의 얼굴빛을 띠고 사진을 찍읍시다.』 나 역시 미소를 띠고 사진을 찍은 것이었다. 자동차에 올라 앉은 이봉창(李奉昌)이 머리 숙여 마지막 경례(敬禮)를 하자 무정(無情)한 자동차는 외마디 경적(警笛) 소리를 내며 홍구(虹口) 방면을 향하고 질주하여 버렸던 것이다.

십여 일 후에 동경(東京) 전보(電報)를 접하니 『일월 팔일에 물품(物品)을 내다 팔겠다』 하였다. 이백 원(元)을 마지막으로 부쳤더니, 그 후 편지를 보면 『돈을 미친 것처럼 다 써 버려서 주인 밥값까지 빚이 있었는데, 이백 원을 받아다 깨끗이 갚고도 돈이 남겠다』 하였다.

일 년 이전부터 우리 임시정부에서는 하도 운동계(運動界)가 조용하므로 군사(軍事) 공작(工作)을 못 한다면 테러 공작이라도 하는 것이 절대 필요하였다. 왜놈은 중국(中國)과 한국(韓國) 두 민족의 감정을 악화시키기 위하여 이른바 만보산(萬寶山) 사건*을 꾸며내어 조선(朝鮮)에서 중국인(中國人) 대학살(大虐殺) 사건이 일어났는데, 인천(仁川) 평양(平壤) 경성(京城) 원산(元山) 등 각지에서 한인(韓人) 무뢰한(無賴漢)들이 일인(日人)의 부추김을 받아 가지고 중국인을 만나는 대로 때려 죽였다. 만주(滿洲)에서는 구일팔전쟁(九一八戰爭)*을 일으켜 중국이 굴욕적인 강화(講和)를 하였는데, 전쟁 때 한인(韓人) 부랑자를 시켜 중국인에게 호가호위(狐假虎威)의 악행(惡行)을 극단으로 감행하였으니, 중국인으로서 무식(無識)한 계급은 물론이고 유식(有識)한 계급의 인사(人士)도 종종 민족 감정을 말하는 자를 보게 되었으므로 우리는 극히 우려하였다. 그러자 상해(上海)에서도 길에서 중국(中國)과 한국(韓國) 노동자 간에도 종종 충돌이 생기던 때였다. 나는 정부(政府) 국무회의(國務會議)에서 『한인애국단(韓人愛國團)을 조직하여 암살(暗殺) 파괴(破壞) 등의 공작(工作)을 실행함에 어떠한 금전(金錢), 어떠한 인물(人物)을 쓰든지 전권(全權)을 맡아 처리하되 성공 실패의 결과는 보고하라』는 특권을 얻어 가지고 제일 먼저 동경(東京) 사건을 주관하였는데, 일월 팔일이 임박하였기에 국무원(國務員)에게 한하여 경과를 보고하고, 만일 사건이 발생만 되면 우리는 좀 곤란하게 되겠다 하였더니, 일월 팔일 신문에 『이봉창(李奉昌)이 일황을 저격하였으나 맞지 않았다(狙擊日皇不中)』고 실렸다.

나는 극히 불쾌하였으나 여러 동지(同志)들은 나를 위로하였다. 『일황(日皇)이 즉사(卽死)한 것만은 못하나, 우리 한인(韓人)의 정신상(精神上)으로는 일본(日本)의 신성불가침(神聖不可侵)의 천황(天皇)을 죽였으며、이것은 세계 만방(萬邦)에 한인(韓人)이 일본(日本)에 동화(同化)되지 않은 것을 웅변(雄辯)으로 증명함이니 충분히 성공이라 치겠고、이제부터 백범(白凡)은 주의하라』는 부탁을 하였는데、과연 이튿날 아침에 불란서(佛蘭西) 공무국(工務局)으로부터 비밀 통지(通知)가 있었다。『십여 년 이래에 불란서에서 김구(金九)를 극히 보호하여 왔으나、이번에 김구가 부하를 보내어 일황(日皇)에게 폭탄을 던진 사건에 대하여 일본이 반드시 체포 인도를 조회(照會)할 터인즉、불란서가 일본과 전쟁할 결심을 하기 전에는 김구를 보호하기 불가능하다』는 뜻을 말하였다。

중국(中國)의 국민당(國民黨) 기관지(機關紙)인 청도(靑島)의 《민국일보(民國日報)》는 큰 활자로 『한인(韓人) 이봉창(李奉昌)이 일황을 저격하였으나 불행히도 맞지 않았다(狙擊日皇不幸不中)』라 하였더니、그곳의 일본(日本) 군경(軍警)이 민국일보사(民國日報社)를 부수었는데、특별히 청도뿐만이 아니었다。복주(福州) 장사(長沙) 그 밖의 많은 지방에서 『불행히도 맞지 않았다(不幸不中)』라고 게재한 곳이 많으므로、이 일을 들어 중국(中國) 정부(政府)에 항의 교섭을 제기하니 각 신문사(新聞社)는 폐쇄 처분을 하고 사건을 마무리하였으나、일인(日人)은 한인(韓人)에게 당한 일개 사건으로만은 침략전쟁(侵略戰爭)을 개시하기가 체면이 서지 않았던지、상해(上海)에서 일본 승려(僧侶) 한 명을 중국인이 부탁을 받아 살해하였다는 두 가지 이유(일본 《신어사전(新語辭典)》에서 참조)로 상해(上海) 일이팔전쟁(一二八戰爭)*을 개시하였다。

왜(倭)는 전쟁 중이라 그런지 나를 체포하려는 심한 교섭은 없는 모양이었다。그러나 동지(同志)들은 안심을 못 하고、숙식(宿食)을 일정하게 하지 않고、주간에는 행동을 쉬고 야간에는 동지(同志) 집에서나 기생(妓生) 집에서 자고、식사는 동포(同胞)의 집으로 가면 단사호장(簞食壺漿)*으로 누구나 정성껏 대접해 주었다。

중일전쟁(中日戰爭)이 개시된 후에 용감히 싸우는 십구로군(十九路軍)* 채정해(蔡廷楷)의 군대와 중앙군(中央軍)으로는 제오군장(第五軍長) 장치중(張治中)이 참전하여 전쟁이 격렬하였는데、상해 북쪽 지역*에서는 일병(日兵)이 불을 지르고 화염 속에다가 남녀노소(男女老少)를 던져 넣어 잔인하게 죽여서 참혹하여 차마 볼 수 없는 비극(悲劇)이 연출되었으며、불란서(佛蘭西) 조계지(租界地) 안에도 곳곳에 후방에 병원을 설립하고 가차(卡車)*에 전사병(戰死兵)의 시체와 부상병(負傷兵)을 가득 실어 목판(木板) 틈으로 붉은 피가 흘러나오는 것을 목도(目睹)하고 마음속에 가득한 열성(熱誠)으로 경의(敬意)를 표하며 눈물이 비 오듯 흘러내렸다。 우리도 어느 때나 저와 같이 왜(倭)와의 혈전(血戰)으로 본국(本國)의 강산(江山)을 충성스런 피로 물들일 날이 있을까。 눈물이 너무 흘러서 길에서 보는 사람들이 수상하게 볼까 하여 물러와 버렸다。

동경(東京) 사건이 세계에 전파되자、 미국 하와이 멕시코 쿠바의 우리 동포(同胞) 중에도 지금까지 지내 온 이래로 나를 동정(同情)하던 동지(同志)들은 극도로 흥분되어 나를 애호(愛護)하고 신임(信任)하는 서신(書信)이 태평양(太平洋) 위로 눈송이같이 날아왔으며、 그 중에는 이전부터 임시정부를 반대하던 동포들도 태도를 바꾸고、 다시 하고 싶은 일을 하라고 금전(金錢)의 후원(後援)이 더욱 광범위하게 움직였고、 중국 전쟁을 따라 다시 우리 민족의 빛나는 사업을 하라는 부탁이 답지(遝至)하였지만、「목이 말라야 우물을 판다(臨渴掘井)」고 준비가 없이 무슨 일을 할 수 있으랴。

우리 청년들 중에 본래 장한 뜻을 품고 상해(上海)에 왔던 가깝고 믿을 만한 지사(志士)이자 제자(弟子)인 나석주(羅錫疇)* 이승춘(李承春)* 등이 있는데、 나 의사(羅義士)는 총과 폭탄을 품고 몇 해 전에 경성(京城)에 잠입하여 동양척식회사(東洋拓殖會社)*에 침입하여 일곱 명의 일인(日人)을 사살(射殺)하고 자살하였고、 이승춘은 천진(天津)에서 납치되어 사형(死刑)당하였다。 현재 상해에 거주하는 가까운 믿을 만한 청년 중에서 우리 민족의 영광이 될 만한 사업을 강구하던 중에、 일이팔(一二八)에 일어난 송호전쟁(淞滬戰爭)* 때 왜군(倭軍) 중에서 우리 한인(韓人) 노동자를 채용함을 계기로 하여 몇 명의 청년과 결탁하여 홍구(虹口) 방면으로 보내서 일본군(日本軍)의 일꾼이 되어 몇 명이 군용(軍用) 창고에 일인(日人) 노동자와 같이 무난히 출입하여서 조사하니、 폭탄 창고와 비행기 격납고(格納庫)에 연소탄(燃燒彈)을 장치할 수 있었다。 그리하여 왕웅(王雄)에게 부탁하여 상해(上海) 병공창(兵工廠)에 교섭하여 연소탄을 제조하기로 하고 날마다 재촉하던 차에 상해정전협정(上海停戰協定)이 서명되었다。(곽태기(郭泰祺)*)

탄식하고 한탄하는 즈음에 열혈청년(熱血青年)들이 비밀히 만나러 찾아와서 『국사(國事)에 헌신할 터이니 저의 자격에 적당한 일감을 연구하여 써 주십시오』 하는 요구를 하니、 이는 동경(東京) 사건을 보고 청년들 생각에 「김구(金九)의 머릿속에는 끊임없이 무슨 연구가 있을 것이다」라고 생각한 모양이었다。 이덕주(李德柱)* 유진식(兪鎭軾)*에게 왜(倭) 총독(總督) 암살(暗殺)을 명령하여 먼저 보내 본국(本國)에 들어가게 하고、 유상근(柳相根)* 최흥식(崔興植)*에게는 만주(滿洲)에 있는 본장번(本庄繁)* 등의 암살(暗殺)을 명령하여 기회를 보아 진행하고자 하였다。

그즈음에 동포(同胞) 박진(朴震)의 종품(鬃品)(말총으로 만드는) 공장에서 공인(工人)으로 있던 윤봉길(尹奉吉) 군이 홍구(虹口) 채소 시장에서 채소 장사를 하다가 어느 날 조용히 찾아와서 『제가 채소 바구니를 등에 지고 날마다 홍구 방면으로 다니는 것은 제가 큰 뜻을 품고 상해(上海)를 천신만고(千辛萬苦) 끝에 왔던 목적을 이루고자 하는 것인데요, 그럭저럭 중일전쟁(中日戰爭)도 중국에서 굴욕적으로 정전협정(停戰協定)이 성립되는 형세이니, 아무리 생각하여 보아도 마땅히 죽어야 할 곳을 구할 길이 없으므로, 선생님이 동경(東京) 사건과 같은 경륜(經綸)이 계실 줄 믿으므로 저를 믿으시고 지도하여 주시면 은혜 백골난망(白骨難忘)입니다』 한다. 나는 종전에 공장(工場) 구경을 다니며 윤 군(尹君)이 진실한 청년 공인(工人)으로서 학식(學識)도 있는 터로 생활을 위하여 노동을 하거니 생각하였는데, 이제 마음을 열고 일을 논하여 보니 살신성인(殺身成仁)의 대의(大義)와 대지(大志)를 품은 의기남자(義氣男子)임을 알았다. 나는 감복(感服)하는 말로 『「뜻이 있는 자는 일을 마침내 이룬다(有志者事竟成)」 했으니 마음을 편히 가지시오. 내가 요사이 연구하는 바가 있으나 적임자(適任者)를 구하지 못하여 번민(煩悶)하던 차였습니다. 전쟁 중에 연구 실행하고자 경영(經營)하던 일이 있으나 준비가 미치지 못하여 실패하였는데, 지금 신문(新聞)을 보니 왜놈이 전쟁에서 이긴 위세를 업고 사월 이십구일에 홍구공원(虹口公園)에서 이른바 천황(天皇)의 천장절(天長節) 경축(慶祝) 전례식(典禮式)*을 성대하게 거행하며 무력(武力)을 빛내고 위세(威勢)를 드높이려 할 터이니, 당신은 일생의 큰 목적을 이날 이룸이 어떠하오』 하였다. 윤 군은 기꺼이 승낙하며 하는 말이 『저는 이제부터는 마음속에 한 점의 번민(煩悶)이 없어지고 안온(安穩)하여집니다. 준비하여 주십시오』 하고 자기 침소(寢所)로 돌아갔다.

『운수가 물러가니 천복비에 벼락이 떨어진다(運退雷轟薦福碑)』*는 격으로, 왜놈의 《상해일일신문(上海日日新聞)》에 영사관(領事館)에서 자기 주민들에게 널리 알리기를 『사월 이십구일 홍구공원(虹口公園)에서 천장절(天長節) 축하식(祝賀式)을 거행할 터이니, 그날의 식장(式場)에 참례(參禮)하는 데는 물병(水壺) 한 개와 점심 밥그릇(辨當), 국기(國旗) 하나씩을 가지고 입장하라』 하였다.

나는 즉시 서문로(西門路)의 왕웅(王雄)(김홍일(金弘壹)) 군을 방문하고, 상해(上海) 병공창장(兵工廠長) 송식표(宋式驫)에게 교섭하여 『일인(日人)의 어깨에 메는 물병과 밥그릇을 사서 보낼 터이니 속에다가 폭탄을 장치(裝置)하여 삼 일 이내로 보내라』 부탁하였더니, 왕 군(王君)이 돌아와 보고하기를

『내일 오전에 선생님을 모시고 병공창(兵工廠)으로 와서 선생님이 친히 시험하고 살펴 검사하라고 하니 가십시다』 한다。『좋다』 하고 이튿날 아침에 강남조선소(江南造船所)를 찾아가니 내부의 한 부분에 병공창(兵工廠)이 있는데、규모는 크지 못하고 대포(大砲)나 소총(小銃) 등을 수리하는 것이 주무(主務)인 듯하였다。

기사(技師) 왕백수(王伯修)의 주도하에 물병과 밥그릇 두 종의 폭탄 시험 방법을 보니、마당 가운데 하나의 땅굴을 파고 속에 사방으로 철판(鐵板)을 둘러 폭탄을 그 속에 놓고、뇌관(雷管) 끝에 긴 줄을 이어 매고、공인(工人) 한 명이 줄 끝을 끌고 수십 보 밖에서 엎드려 줄을 잡아당기니、땅굴 속에서 벼락 치는 소리가 진동하며 파편(破片)이 날아오르는 것이 일대(一大) 장관(壯觀)이었다。시험 법칙은 뇌관(雷管) 이십 개를 시험하면 이십 개가 전부 폭발된 뒤라야 실물에 장치(裝置)한다고 하는데、『이번 시험은 성적이 양호하다』고 하는 말을 듣고、나는 잘될 줄 믿고 마음속으로 기뻐하였다。

상해(上海) 병공창(兵工廠)에서 이같이 친절하게 이십여 개의 폭탄을 무료로 제조하여 주는 원인이 무엇인가 하면、이것이 이봉창(李奉昌) 의사(義士)의 은혜였다。병공창장(兵工廠長)부터 자기네가 빌려주었던 폭탄의 힘이 모자라고 약해서 일황(日皇)을 폭사(爆死)시키지 못한 것을 유감으로 알던 터에、김구(金九)가 요구한다고 하니 성심(誠心)으로 제조하여 주는 것이었다。

이튿날 금지된 물건을 우리가 운반하기 곤란할 것을 알고 병공창(兵工廠) 자동차로 서문로(西門路) 왕웅(王雄) 군 집으로 갖다가 주는 것을 보고、나는 거지 복색인 중국 옷을 벗어 버리고 넝마전(廛)*에 가서 양복 한 벌을 사서 입고 보니 엄연한 신사(紳士)였다。물병과 밥그릇을 한 개씩 두 개씩 운반하여 불란서(佛蘭西) 조계지(租界地) 안의 친한 동포(同胞)들 집에 주인도 모르도록 『귀한 약품(藥品)이니 불만 조심하라』 하고、까마귀 떡 감추듯 하였다。*

당시 우리 동포(同胞)들은 동경(東京) 사건 이후에 더욱 내게 대한 동정(同情)이 비할 데가 없었다。그러므로 본국(本國) 풍속(風俗)으로는 내외(內外)를 하지만 해외(海外)에서 여러 해 생활에 형제나 친척 같아서 나에게 대하여는 남자들보다 부인(婦人)들의 애호(愛護)가 더욱 컸는데、그것은 어느 집을 가든지 『선생님、아이 좀 안아 주시오。내 맛있는 음식을 하여 드리겠습니다』 하니、이것은 내가 아이를 안아 주면 아이들이 잘 잔다고, 부인(婦人)들은 아이가 울면 내게 안겨 주는 것이었다. 그렇기 때문에 차래식(嗟來食)은 안 먹은 듯하다.

그러자 사월 이십구일은 점점 가까이 다가온다. 윤봉길(尹奉吉) 군은 말쑥하게 일본식(日本式) 양복(洋服)을 갈아입게 하여, 날마다 홍구(虹口) 방면에 가서 공원(公園)에 가서 식장(式場) 설비(設備)하는 것을 살펴보고, 당일에 자기가 일을 행할 위치와, 백천(白川) 대장(大將)의 사진이며, 태양기(太陽旗)*를 사는 등등의 일로 매일 홍구(虹口)를 오가며 듣고 본 것을 보고하는 가운데, 『금일 홍구에 가서 식장(式場) 설비(設備)하는 것을 구경하는데, 백천(白川)이 놈도 와서 제가 그놈의 곁에 섰을 때 「어찌 내일을 기다리겠는가, 오늘 폭탄을 가졌다면 이제 당장 쳐 죽일 터인데」 하는 생각이 나던데요』 한다. 나는 윤 군에게 이렇게 주의시켰다. 『여보, 그것이 무슨 말이오. 사냥하는 포수가 꿩을 쏠 때 후려쳐서 날게 하고 쏘아 떨어뜨리는 것과, 숲 속에서 자는 사슴을 쏘지 않고 후려쳐 도망갈 때 사격하는 것은 즐거운 맛을 위함이니, 당신은 내일 성공의 자신감이 없어서 그러시오.』 윤(尹)이 말하기를, 『아닙니다. 그놈이 곁에 서 있는 것을 볼 때에 갑자기 그런 생각이 나더란 말씀입니다』 한다. 나는 윤 군에게 대하여 『확실히 이번에 성공할 것을 미리 알고 있습니다. 당신이 일전에 나의 말을 듣고 나서 하시던 말씀 중에 「이제는 가슴에 번민(煩悶)이 그치고 조용해진다」는 것이 성공의 확실한 증거로 믿고 있습니다』라 하고, 그 자리에서 『내가 치하포(鴟河浦)의 토전양량(土田讓亮)을 때려 죽이고자 할 때에 가슴이 울렁거렸는데, 고능선(高能善) 선생이 지도하여 가르치던 「가지를 잡고 나무에 오르는 것은 놀라운 일이 아니다(得樹攀枝無足奇 懸崖撒手丈夫兒). 매달린 벼랑에서 손을 놓을 수 있어야 대장부이다」의 구절을 생각하니, 당신과 내가 결심하여 일을 행함이 아득히 먼 일이지만 서로 같은 까닭이오』라고 하였다. 윤 군은 마음에 간직하려는 얼굴빛을 띠었다. 윤 군은 여점(旅店)으로 보내고, 나는 폭탄 두 개를 휴대하고 김해산(金海山) 군의 집에 가서 그 내외(內外)와 상의하였다. 『윤봉길 군을 내일 이른 아침에 중대한 임무로 동삼성(東三省)으로 보낼 터이니, 저녁에 쇠고기를 사다가 내일 새벽 아침밥을 부탁합니다』 하였다.

이튿날이 곧 사이구(四二九)였다. 새벽에 윤 군과 같이 김해산(金海山)의 집에 가서, 윤 군과 같이 마지막으로 밥상을 같이하여 아침밥을 먹으면서 윤 군의 기색(氣色)을 살펴보니 태연자약(泰然自若)하여, 농부(農夫)가 논밭에 나가 일하기 위하여 일부러 자던 입에 먹는 것을 보아도 힘든 일을 떠나는 것은 밥을 먹는 모양으로 알 수 있었다。

김해산(金海山) 군은 윤 군의 침착 용감한 태도를 보고、조용히 나를 보고 이런 권고를 한다。『선생님、지금 상해(上海)에서 우리의 행동이 있어야 민족적(民族的) 체면을 온전히 유지하게 될 이때에、윤 군을 구태여 다른 곳으로 보내시나요。』나는 두루뭉수리로 대답하였다。『모험사업(冒險事業)은 실행자(實行者)에게 모두 맡기는 것이니、윤 군 마음대로 어디서나 하겠지요。어디서 무슨 소리가 나는지 들어 봅시다。』그러자 일곱 시를 치는 종소리가 들렸다。

윤 군은 자기 시계를 꺼내어 나를 주며 내 시계와 서로 바꾸기를 요청하면서、『제 시계는 어제 선서식(宣誓式) 후에 선생님 말씀에 따라서 육 원(元)을 주고 산 것인데 선생님 시계는 이 원(元)짜리이니、나에게는 한 시간밖에 소용이 없습니다』한다。나는 기념품(紀念品)으로 받고 내 시계를 주었다。윤 군은 식장(式場)에 들어가는 길을 떠나는데、차를 타면서 가지고 있는 돈을 꺼내어 나의 손에 들려 주었다。『왜、약간의 돈을 가지는 것이 무슨 방해가 되는가。』『아닙니다。차비(車費) 내고도 오륙 원(元)은 남겠습니다。』그러는 즈음에 차는 움직였다。나는 목멘 소리로『뒷날 지하(地下)에서 만납시다』하였다。윤 군이 차창(車窓)으로 나를 향하여 머리를 숙이자、차는 소리를 높이 지르고 천하영웅(天下英雄) 윤봉길(尹奉吉)을 싣고 홍구공원(虹口公園)을 향하여 질주해 버렸다。

나는 그 길로 조상섭(趙尙燮)의 상점(商店)에 들어가서 한 통의 서신(書信)을 써서 점원(店員) 김영린(金永麟)에게 주어 급히 안창호(安昌浩) 형에게 보내었으니、그 편지 안의 뜻은『금일 오전 열 시경부터 댁에 계시지 마시오。무슨 대사건(大事件)이 발생될 듯합니다』였다。그 길로 또 석오(石吾) 선생 처소(處所)로 가서 진행되는 사정을 보고하고 점심밥을 먹고 무슨 소식이 있기를 기다리던 중、오후 한 시쯤 되어 곳곳에서 수많은 중국(中國) 사람들이 술렁거리는데 말들은 일치하지 않았다。『홍구공원(虹口公園)에서 중국인(中國人)이 폭탄을 던져서 다수의 일인(日人)이 즉사(卽死)하였다』는 둥、『고려인(高麗人)의 소행이다』라는 둥、우리 사람들도 엊그제까지 채소 바구니를 메고 날마다 홍구(虹口)로 다니면서 장사하던 윤봉길(尹奉吉)이 경천동지(驚天動地)의 대사건을 연출할 줄이야。김구(金九) 이외에는 이동녕(李東寧) 이시영(李始榮) 조완구(趙琬九) 몇 사람이 짐작하게 되었던 것이다。

그러나 그날 거사(擧事)하는 것은 나 한 사람만이 알고 있었으므로、석오(石吾) 선생께 가서 보고하고 실제 행적(行蹟)의 소식을 기다린다고 하자、오후 두세 시경에 신문(新聞) 호외(號外)로『홍구공원(虹口公園) 일인(日人)의 경축행사 무대 위에 다량(多量)의 폭탄이 폭발되어、민단장(民團長) 하단(河端)*은 즉사(卽死)하고、백천(白川) 대장(大將)*과 중광(重光) 대사(大使)*와 식전(植田) 중장(中將)*과 야촌(野村) 중장(中將)* 등 문무대관(文武大官)이 다 중상(重傷)』이라 하고、일인(日人) 신문(新聞)에서는『중국인(中國人)의 소행이다』라고 하다가、그 이튿날에는 각 신문에서 일치하게 윤봉길(尹奉吉)의 이름을 큰 활자로 싣고、불란서(佛蘭西) 조계지(租界地)에 대수색(大搜索)이 일어났다。

나는 안공근(安恭根) 엄항섭(嚴恒燮) 두 사람을 몰래 불러서『이제부터는 그대들의 집안 생활은 내가 책임질 터이니 우리 사업에 전적으로 힘써 달라』고 부탁하고、당분간 피신처(避身處)를 미국인(美國人) 피치 군(君)* 집에 교섭하니、피치 씨는 그 부친 피치 목사(牧師)가 살아 계실 때에 우리에게 크게 동정(同情)하였던 터라 그런지 극히 환영하므로、일강(一江) 김철(金澈)과、안(安) 엄(嚴) 두 사람과 나까지 네 사람이 피치 씨 집으로 이주(移住)하여 이층을 전부 사용하고、식사까지 피치 씨 부인이 극진 정성을 다하여、윤(尹) 의사(義士)의 희생의 공덕(功德)을 벌써 받기 시작하였다。

피치 씨 댁 전화를 사용하여 불란서(佛蘭西) 조계지(租界地) 내 우리 동포(同胞)의 집 전화번호를 조사하여 가지고 전화로 때때로 우리 동포가 체포된다는 보고를 듣고、경제적으로는 서양(西洋) 법률가(法律家)를 모셔 와서 법률(法律)로써 체포된 동포를 구제하려 하였으나 무슨 효과가 있겠냐마는、돈은 주어서 집일도 돕게 하고、피신하고자 하는 자는 여비(旅費)를 주는 등 사무를 집행하였다。체포된 사람으로는 안창호(安昌浩) 장헌근(張憲根) 김덕근(金德根) 외에 소년 학생들이었다。

날마다 왜놈들이 사람을 잡으려고 미친개와 같이 돌아다니는데、우리 임시정부(臨時政府)와 민단(民團)의 직원들、심지어 부녀(婦女) 단체인 애국부인회(愛國婦人會)*까지도 집회(集會) 여부를 말할 여지도 없게 됨에 따라 우리 사람 사이에는 이같은 비난이 생기기 시작하였다。『이번 홍구사변(虹口事變)을 주모(主謀) 획책(劃策)한 자는 따로 있으면서、자기는 사건을 숨겨서 관계없는 자들만 체포되게 하는 것은 옳지 않다』하는 이유필(李裕弼) 등 일부 인사(人士)의 말이니、나의 편지를 보고도 그날은 무방하리라 생각하고 이 씨 집에 찾아갔던 안창호(安昌浩) 선생의 체포는 자기의 불찰(不察)이지만, 주모자(主謀者)가 아무 발표가 없는 관계로 사람이 마구 체포된다는 원성(怨聲)이었다.

나는 진상(眞相)을 세상에 공개하자고 주장하였다. 자리에 있던 안공근(安恭根)은 극단으로 반대하였다. 『형님이 불란서(佛蘭西) 조계지(租界地)에 계시면서 이같이 널리 알리는 것은 아주 위험합니다』라는 말이었다. 나는 한결같이 반대하고, 엄항섭(嚴恒燮)으로 하여금 선언문(宣言文)을 초(草) 잡게 하고 피치 부인에게 영문(英文)으로 번역하게 하여 로이터 통신사(通信社)의 발신(發信)으로 세계 각국에 『동경(東京) 사건과 상해(上海) 홍구(虹口) 사건의 주모(主謀) 획책자(劃策者)는 김구(金九)요, 집행자(執行者)는 이봉창(李奉昌)과 윤봉길(尹奉吉)이다』라 하였다. 신천(信川) 사건과 대련(大連) 사건은 모두 실패이지만, 아직 널리 알릴 시기에 이르지 못하였으므로 이상 양대(兩大) 사건만을 우선 널리 알린 것이다.

상해(上海)에서 중대사건(重大事件)이 발생된 것을 알고 남경(南京)에 머물러 있던 남파(南坡) 박찬익(朴贊翊)* 형이 상해로 와서 중국(中國) 인사(人士) 방면의 활동 결과로 물질 면에서, 그리고 여러 가지 편의가 많았다. 낮에는 전화로 동포(同胞) 중 체포된 사람의 식구들을 위로하고 밤에는 안(安) 엄(嚴) 박(朴) 등의 동지(同志)가 출동하여 체포된 자의 가족들 구제와 제반 교섭을 하는 중에, 중국(中國) 인사(人士) 은주부(殷鑄夫) 주경란(朱慶瀾) 사량교(査良釗) 등의 면회 요구에 응하기 위하여 밤에 자동차를 타고 홍구(虹口) 쪽과 정안사로(靜安寺路) 쪽으로 돌아다니니, 평소에 한 걸음도 불란서(佛蘭西) 조계지(租界地) 밖에 발을 내놓지 않던 나의 행동거지는 큰 변동이었다.

다시 중국(中國) 인사(人士)들의 우리에 대한 태도를 말하고, 그다음으로 미국 하와이 멕시코 쿠바의 한인(韓人) 교포(僑胞)들의 나에 대한 태도와, 관내(關內) 우리 인사(人士)들의 나에 대한 태도를 말하겠다.

첫째로 중국인(中國人)의 만보산(萬寶山) 사건에 대한, 즉 왜놈 도적이 두 민족의 감정 악화 정책으로 조선(朝鮮) 곳곳에서 한인(韓人) 무뢰한(無賴漢)들을 총동원하여 중국인 상인(商人)과 노동자(勞動者)까지 만나는 대로 때려 죽이게 한 사건에 대한 감정으로 말하면, 중류(中流) 이상은 왜놈 도적의 독계(毒計)로 알지만 하류(下流) 계급에서는 전과 다름 없이 「고려인(高麗人)이 중국인(中國人)을 때려 죽인다」였다. 악감(惡感)이 동경(東京) 사건 후에도 다 풀어지지를 못하였던 터인데, 일이팔(一二八) 상해전쟁(上海戰爭) 때 왜병(倭兵)은 일부러 불을 지르는 한편으로, 최영택(崔英澤) 같은 악한 사람을 부추겨 중국인 집에 들어가서 만인(萬人)이 모두 지켜보는 앞에서 재물(財物)을 자기 물건같이 가져간 사실이 허다하였으므로, 주로 자동차나 전차의 한인(韓人) 검표원(檢票員)들이 중국인 노동자들에게 이유 없이 구타를 종종 당하던 터였으나、사이구(四二九) 사건으로 인하여 중국인(中國人)과 한인(韓人)의 감정은 극도로 호전(好轉)되었다。

둘째로 미국 하와이 멕시코 쿠바에 사는 한인(韓人) 교포(僑胞)들의 신념은 전무후무(前無後無)하였으리라고 자신하고 싶다。동경(東京) 사건이 완전한 성공은 되지 못하였으나 조금이라도 민족의 영광은 되었던 나머지에、홍구(虹口) 사건의 절대적인 성공으로 인함이었다。

과연 이때 이후로는 임시정부에 대한 납세(納稅)와 나에 대한 후원(後援)이 격증하여졌으므로 점차 사업이 확장되는 단계로 나아가게 되었다。

관내(關內) 우리 독립운동자 쪽의 나에 대한 태도는 낙관적(樂觀的)이라기보다도 비관적(悲觀的)이 더 많았다。사이구(四二九) 이후 자연 신변(身邊)이 위험하게 된 관계로、평소에 친지(親知)들의 면담 요구에 함부로 응할 수 없었던 것이 그들의 유일무이(唯一無二)의 감정이었다。지난달 전차(電車) 검표원(檢票員)인 별명(別名) 박대장(朴大將)(사리원(沙里院) 사람)의 혼인(婚姻) 청첩(請牒)을 받고 잠시 축하차 그 집에 들어가서、주방의 부인(婦人)들을 보고 『나는 속히 가야겠으니 빨리 국수 한 그릇만 달라』고 부탁하여 냉면 한 그릇을 속히 먹고、담배 한 개비를 피워 물고、그 집 문간(門間)을 나서면 곧 우리 사람의 가게라 왔던 길이니 방문하고자 가게로 들어가니、미처 앉기도 전에 주인이 내 옆구리를 쿡 찌르며 손으로 길거리(하비로(霞飛路))를 가리키기에 보니 왜경(倭警) 십여 명이 길에 죽 늘어서서 전차(電車)가 지나가기를 기다리고 있었다。나는 다시 피할 곳이 없으므로 서서 유리창으로 왜놈의 동향(動向)을 보니 쏜살같이 박대장(朴大將)의 집으로 들어가므로、이를 보고서 그 가게를 나와 전차(電車) 선로(線路)를 따라서 김의한(金毅漢) 군 집으로 들어가서 그의 부인(夫人)을 박대장의 집에 가서 보게 하니、바로 전에 왜놈이 들어와 『방금 들어온 김구(金九)가 어디 있는가』 물으며、심지어 아궁이 속까지 뒤지다가 갔다는 것은 모르는 사람이 없었고、이번 사이구(四二九) 사건 이후에는 제일차(第一次)로 이십만 원(元) 현상금(懸賞金)이 걸렸고、제이차(第二次)는 일본(日本) 외무성(外務省)과 조선총독부(朝鮮總督府)와 상해주둔군사령부(上海駐屯軍司令部) 세 곳의 합작으로 현상금이 육십만 원(元)이었다。

나를 만나고자 하는 주요 골자를 들으면、『남경(南京) 정부(政府)의 요인(要人)에게 그대의 신변 위험을 말하였더니、김구(金九)가 온다면 비행기라도 보내겠다』라는 등, 또는 『아무리 위험하여도 모험하여 일하지 않고, 편안하고 한가한 생활을 해서야 되겠느냐』 하는데, 그 이면(裏面)에는 자기들과도 행동을 좀 같이 지내며 일도 같이 하자는 것이니, 나로서 어찌 여러 사람들에게 만족을 줄 도리가 있겠는가. 누구에게는 후하게, 누구에게는 박하게 할 수 없으므로, 모든 것을 물리치고 피치 댁에서 이십여 일을 지내며 비밀 활동을 하였다.

하루는 피치 부인이 급히 이층에 와서 『정탐(偵探)에게 우리 집이 발각된 모양이니, 속히 이 집을 떠나도록 하자』 하고, 곧 아래층에 가서 전화로 자기 남편을 불러 자기네 자동차에 그 부인은 나와 내외(內外) 모양으로 나란히 앉고 피치 선생은 운전수가 되어 마당 안에서 차를 타고 급히 질주하였다. 문 밖을 나가며 보니, 불란서인 러시아인 중국인(일본인은 못 보았다) 각국 정탐(偵探)들이 문 앞과 주위에 늘어섰으나, 미국인(美國人) 가택이라 달리 어찌할 수 없어서 손을 쓰지 못한 것이다. 불란서(佛蘭西) 조계지(租界地)를 지나서 중국(中國) 지역에 자동차를 멈추어 세우고, 나와 공근(恭根)은 기차역으로 가서 그날로 가흥(嘉興)의 수륜사창(秀綸紗廠)*으로 피신하였으니, 이곳은 남파(南坡) 형이 은주부(殷鑄夫)와 저보성(褚補成) 등 여러 사람에게 주선하여, 며칠 전에 엄(嚴) 군(君)의 식구와 김의한(金毅漢) 일가(一家)와 석오(石吾) 선생은 벌써 이사하였던 것이다.

상해(上海)에서 피치 부인이 알려준 말은 다음과 같았다. 자기가 아래에서 유리창으로 문 밖을 살펴보니, 어떤 동저고리 바람의 중국인 노동자 같은 사람이 자기네 주방으로 들어가기에 따라가서 『누가 허락한 사람이냐』고 질문하니, 그 사람의 대답이 『나는 양복점(洋服店) 사람인데, 댁에 양복 지을 것이 있는가 물어보고자 왔습니다』 하여, 피치 부인이 말하기를 『당신이 내 주방 하인에게 양복 짓는 것을 묻는가. 수상하다』 하니, 품속에서 불란서(佛蘭西) 경찰서 정탐(偵探) 증명서를 내보이기에 『외국인 집에 함부로 침입하느냐』 하니, 『미안합니다』 하고 가더라는 것이니, 그 집을 정탐(偵探)들이 주의하게 된 원인을 연구하여 보면 피치 씨 집 전화를 너무 많이 썼던 때문인 듯하였다.

나는 이로부터 가흥(嘉興) 생활을 계속하게 되어, 아버지 외가(外家)의 성(姓)을 따서 장씨(張氏)로 행세하고 이름은 진구(震球)라 하였으며, 또는 장진이라고도 하였다. 가흥은 저보성(호 혜승) 씨의 고향인데, 저 씨는 절강성장도 지낸 지역 안의 덕망 높은 신사이고, 그의 장자 봉장(한추)은 미국 유학생으로, 그 현 동문 밖 민풍지창*의 고등기사였다.

그 집은 남문 밖에 있는데, 구식 집으로 그다지 크고 훌륭하지는 못하지만 사대부 살림집으로 보였다. 저 선생은 반서양식으로 호숫가에 정교하게 지은 자기 수양아들 진동손 군의 정자 한 곳을 나의 침실로 정하여 주었는데, 수륜사창과 서로 바라볼 정도로 가깝고 풍경도 매우 아름다웠다. 나의 실체를 아는 자는 저씨 댁 부자와 고부, 그리고 진동생 내외였는데, 가장 곤란한 것은 언어였다. 비록 광동인으로 행세를 하였지만, 중국 말을 너무도 모르는 중에도 상해 말도 또 다르니, 벙어리의 행동이었다.

가흥에 산은 없으나 호수는 낙지발같이 사통팔달하여, 칠팔 세 어린아이라도 모두 노를 저을 줄 아는 모양이었다. 토지는 극히 비옥하여 각종 물산이 풍부하고, 인심과 풍속이 상해와는 딴 세상이었다. 상점에 에누리가 없고, 점방에 고객이 무슨 물건을 잊어버리고 두고 갔다가 며칠 후에라도 찾으면 잘 보관하였다가 공손히 내주는 것은 상해에서는 보기 드문 미풍이었다.

진동생 내외는 나를 남호의 연우루와 서문 밖 삼탑으로 데려갔다. 그곳에, 명나라 임진년 난리 때 일병이 침입하여 인근 부녀자들을 잡아다가 사원에 가두고 한 승려에게 지키게 하였더니, 야간에 그 승려가 부녀자들을 거개 풀어 주었으므로 왜놈들이 그 중을 때려 죽여서, 혈흔이 아직 돌기둥에 희미하게 보인다고 하였다.

동문 밖 십 리쯤에는 한나라 주매신의 묘가 있고, 북문 밖에 낙범정이 있었다. 주매신은 서치였던 모양으로, 그의 아내 최 씨가 농사일을 가면서 보리나락을 보라고 부탁하였는데, 논밭에서 돌아와서 보니 소낙비에 보리가 떠내려가는 것도 모르고 독서만 하는 것을 보고 목수에게 개가하였다. 그 후에 주매신이 과거에 급제하여 회계태수가 되어 돌아오는 길에 길을 고치는 여자를 보니 자기의 아내였다. 뒤의 수레에 태우라고 명하여 관사에 들어가 그 여자를 불러서 보니, 최 씨는 주매신의 영귀(榮貴)함을 보고 다시 아내 되기를 원하기에, 『물 한 동이를 길어다가 땅에 엎지르고 다시 거두어서 한 동이가 되면 함께 살자』 한즉, 최 씨가 그대로 해 보다가 물이 동이에 차지 못함을 보고 낙범정(落凡亭) 앞 호수(湖水)에 빠져 죽었다는데, 이런 옛 자취를 다 찾아가 보았다.

상해(上海)의 밀보(密報)에 의하면 『왜놈 원수의 활동이 더욱 사나워져, 김구(金九)가 상해에 있는 흔적이 없으니 틀림없이 호항선(滬杭線)이나 경호선(京滬線)* 쪽으로 피하여 숨었을 것이니, 안선(眼線)*을 두 철로(鐵路)로 보내어 머물게 하여 밀탐(密探)하니 극히 주의하라』라는 일본(日本) 영사관(領事館) 일인(日人) 관리의 보고로, 『오늘 아침에 수색대(搜索隊)가 호항(滬杭) 철도로 출발하였으니 만일 김 선생이 그쪽에 숨어 있으면 길가의 정거장에 사람을 보내서 일경(日警)의 행동을 주목하라』라는 부탁을 받고 정거장 부근에 사람을 보내 몰래 살펴보니, 일경(日警)이 변장(變裝)하고 차에서 내려 눈에 불을 켜고 이곳저곳을 돌아다니며 찾다가 가는 것을 보았다고 한다.

세상에 기괴망측(奇怪罔測)한 일도 있다. 사이구(四二九) 이후에 상해(上海) 일인(日人)의 삐라*로 『김구(金九) 만세(萬歲)』라는 인쇄물이 배포되었다는데, 실물(實物)은 얻어 보지 못하였다. 일인(日人)으로서 우리의 돈을 먹고 밀탐(密探)한 자도 여러 명 있었다. 위혜림(韋惠林) 군의 알선으로도 몇 명이 있었으니 매우 신용(信用)이 섰다.

일이 이미 여기까지 이르렀으니 어쩔 수 없이 가흥(嘉興)에 오래 머물기 위험하다 하여, 또다시 나만은 가흥을 떠날 필요가 있으나, 떠난다고 앞으로 안전하겠는가. 저한추(褚漢雛)의 처가(妻家)는 해염현성(海鹽縣城) 내에 있고, 거기서 서남쪽으로 사십여 리를 가면 해염(海鹽) 주씨(朱氏)의 산당(山堂)이 있는데 피서(避暑) 별장(別莊)이었다. 한추(漢雛) 형은 재취(再娶) 후 첫아들을 낳은 자기 부인(夫人)과 상의하여, 그 미인(美人) 혼자서 나와 한 척의 배를 타고 하루 노정(路程)으로 해염성(海鹽城) 내 주씨(朱氏) 공관(公館)에 도착하였다.

주씨(朱氏) 사택(舍宅)은 해염현(海鹽縣) 내에서 가장 큰 집이라 한다. 규모가 어마어마하여, 나의 숙소는 뒤쪽의 양옥(洋屋) 한 곳인데, 대문 앞은 석마(石馬)가 있는 큰길이고, 그 바깥에는 호수(湖水)로 오가는 선박(船舶)이 다니고, 대문 안으로는 정원(庭園)이고, 협문(俠門)으로 들어가면 사무실 즉 가무(家務) 총경리(總經理)가 매일 주씨 댁의 생계를 맡아서 처리하는 곳이니, 종전에는 사백여 명의 식구가 공동식당(共同食堂)에 모여서 밥을 먹었는데, 근래에는 식구 대부분이 직업(벼슬살이나 농업(農業) 공업(工業) 상업(商業))을 따라 흩어졌고, 그 나머지는 각자 밥해 먹기를 원하므로 물품을 나누어 주어 스스로 밥해 먹는다고 하였다。

사택의 구조는 벌집과 같은데, 서너 채 살림집 중 한 집마다 전면에는 화려한 객청(客廳)이 한 칸씩 있고, 구식(舊式) 건축(建築) 뒤쪽에는 몇 개의 이층(二層) 양옥(洋屋)이 있고, 그 뒤쪽은 화원(花園)이고, 그 뒤쪽은 운동장이었다。 해염(海鹽)의 삼대(三大) 화원(花園) 가운데 주가화원(朱家花園)이 둘째요 전가화원(錢家花園)이 첫째라 하기에 전가화원도 구경하였는데, 화원 시설은 주씨네보다 낫고, 집의 시설은 전씨네가 주씨네만 못하였다。

주씨네 집에서 하룻밤을 지내고, 자동차로 노리언(盧里堰)에서 하차하여 서남쪽 산봉우리 근 오륙 리를 걸어갈 때, 저(褚) 부인(夫人)은 굽 높은 가죽신을 신고 칠팔월 무더위에 친정집 여자 종 한 명에게 나의 식료품(食料品)과 각종 육류(肉類)를 들려 가지고 손수건으로 땀을 씻으며 산 고개를 넘는 것을 보고, 나는 그곳에 활동사진(活動寫眞) 기구가 있었더라면 나의 일행의 이 걸음을 활동사진기(活動寫眞機)로 찍어서 영구적 기념품을 만들어서 만대(萬代) 자손(子孫)에게 물려줄 마음이 간절하였지만 어찌할 도리가 없었다。 우리나라가 독립이 된다면 저(褚) 부인(夫人)의 용감함과 친절함을 우리 자손(子孫)이나 동포(同胞)가 누가 우러러 보지 않으랴。 활동사진은 찍어 두지를 못하였으나 문자(文字)라도 기록하여 후세(後世)에 전하고자 이 글을 쓴다。

산꼭대기에 주(朱) 씨(氏)가 건축한 길가 정자(亭子)에서 쉬고, 다시 일어나 걸어서 몇백 걸음을 가니 산허리에 한 채의 서양식(西洋式) 집이 그윽하고 품위 있어 보이는데, 들어가니 집지기 일꾼의 가족들이 나와서 저(褚) 부인(夫人)을 공경하며 맞이한다。 저 부인은 일꾼에게 자기 친정집에서 가지고 온 육류(肉類)와 과일과 채소를 주고 『저 양반의 식성(食性)은 이러하니 주의하여 모시고, 산에 오르면 하루에 삼 각(角)을 받고, 어느 곳은 얼마, 응과정(鷹窠頂)을 가면 사 각(角)만 받아라』라고 명하고, 그날로 고별(告別)하고 본가(本家)로 돌아갔다。

그 산당(山堂)은 저(褚) 부인(夫人)의 친정 숙부(叔父)를 매장(埋葬)하기 전에는 피서지(避暑地)였는데, 지금은 그의 묘소(墓所) 제청(祭廳)이 되었다。 나는 날마다 묘지기를 데리고 산과 바다의 풍경을 즐기며 구경하는 데 무한한 취미(趣味)가 있었다。 본국(本國)을 떠나 상해(上海)에 도착한 후 십사 년 동안 다른 사람은 남경(南京) 소주(蘇州) 항주(杭州)의 산천(山川)을 즐기며 구경하고 이야기하는 말도 들었으나, 나는 상해에서 경계 밖으로는 한 걸음도 떠나지 못하여 산천(山川)이 극히 그립던 차에, 매일 산에 오르고 물가에 나가는 취미는 비할 데 없이 유쾌하였다. 산 위에서, 앞쪽으로 물 위에 범선(帆船)과 기선(汽船)이 왕래하고 좌우로 푸른 소나무와 단풍 등 여러 광경은 자연히 나그네에게 가을 바람의 쓸쓸함에 젖게 하는 감이 있었다. 나는 세월이 가는 줄도 모르고, 날마다 일과(日課)가 산수(山水)를 보고 즐기는 것이었다. 십사 년 동안 산수(山水)의 주림은 열 며칠 동안 포만(飽滿)되었다.

묘지기를 따라 응과정(鷹窠頂)을 가니 산 위에 한 채의 비구니 암자(庵子)가 있는데, 한 늙은 비구니가 나와서 맞이하였다. 묘지기는 서로 아는 인사를 하고 『이 귀한 손님은 해염(海鹽) 주씨(朱氏)네 집 큰아가씨가 모셔 온 광동(廣東) 사람으로, 복약차(服約次)* 산당(山堂)에 와서 머무르는데 구경하러 왔다』고 말하니, 늙은 비구니는 나를 향하여 머리를 끄덕이면서 『아미타불(阿彌陀佛), 먼 곳에 잘 와 계십니까. 아미타불(阿彌陀佛), 내당(內堂)으로 들어갑시다. 아미타불(阿彌陀佛)』 한다. 나는 입에서 소리가 끊이지 않고 염불(念佛)하는, 도(道)의 경지가 높은 비구니를 따라 암자(庵子) 안으로 들어섰다. 각 방에서 붉은 입술과 분 바른 얼굴에 승복(僧服)을 맵시있게 입고 목에는 긴 염주(念珠)를 걸고 손에는 짧은 염주(念珠)를 쥔 묘령(妙齡)의 비구니들이 나와서 머리를 숙이고 은근한 눈길을 보내는 식의 인사를 하는 모양이, 상해(上海) 팔선교(八仙橋) 매음굴(賣淫窟) 구경을 하던 광경이 회상되었다.

묘지기가 나의 시곗줄 끝에 작은 지남침(指南針)이 있는 것을 보고서 『뒤쪽 산기슭에 바위 하나가 있는데, 그 바위 위에 지남침을 놓으면 곧 변하여 지북침(指北針)이 된답니다』 한다. 식사 후에 따라가 보니, 바위 위에 동전 한 개를 놓을 만한 오목히 파인 자리에다 지남침을 들여놓으니, 지남침이 지북침이 되었다. 나는 광학(鑛學)을 모르나 필시 자석광(磁石鑛)이나 자철광(磁鐵鑛)인 듯하였다.

하루는 해변(海邊) 오 리쯤 되는 곳에 진(鎭)이 있는데 그날이 장날이니 구경을 않겠냐고 하기에 『좋다』 하고 따라갔다. 지명(地名)은 잊어버렸고, 보통 진(鎭)이 아니고 해변 요새(要塞)였다. 포대(砲臺)도 있는데, 옛날에 건축한 작은 성(城)으로 임진년(壬辰年) 난리 때 만들었다고 한다. 성(城) 뒤에는 인가(人家)도 즐비하고 약간의 관청(官廳)도 있는 모양이었다. 성(城) 뒤로 한 바퀴를 대강 구경하니, 외딴 진(鎭)이라 그런지 장꾼도 매우 드물었다。

한 국숫집에 들어가 점심을 먹는데, 노동자(勞動者)와 경찰(警察)과 서민(庶民) 등이 수군거리며 나를 주시(注視)하더니 산지기를 불러내고 나에게도 직접 캐묻는다。나는 광동(廣東) 상인(商人)이라고 서툰 중국말로 대답을 하면서 벽을 사이에 두고 있는 산지기의 답변하는 말을 들으니,『해염(海鹽) 주씨(朱氏)네 집 큰아가씨가 산당(山堂)에 모셔다 둔 귀한 손님이다』라고 대담하게 말하는 것을 보아도 주씨네 집의 세력을 알 수 있었다。무슨 까닭인지도 모르고 산으로 돌아왔다。산지기에게 물으니 답하여 말하기를,『그까짓 경찰들이 영문도 모르고 장(張) 선생(先生)이 광동인(廣東人)이 아니고 일본인(日本人)이 아니냐고 묻기에, 주씨네 집 큰아가씨가 일본인과 동행하겠는가 하였더니 아무 말도 못 하던데요』한다。

며칠 뒤에 안공근(安恭根) 엄항섭(嚴恒燮) 진동생(陳同生)이 산으로 와서 응과정(鷹窠頂)의 승경(勝景)을 즐기며 구경하고 다시 가흥(嘉興)으로 돌아왔다。다른 까닭이 아니라, 전날 어떤 진(鎭)에서 경찰이 캐물은 후에는 즉시로 산당(山堂)을 비밀히 감시하였으나 별다른 단서를 얻지 못하자 경찰국장(警察局長)이 해염(海鹽) 주씨(朱氏)네 집에 출장하여 산당(山堂)에 머무는 광동인(廣東人)의 정체를 조사하였는데, 저(褚) 부인(夫人)의 부친이 사실대로 말을 하니 경찰국장은 크게 놀라며『정말로 그러하다면 힘을 다하여 보호하겠다』고 하였다니, 지각(知覺) 없는 시골 경찰을 모두 믿기 어려우므로 가흥으로 돌아간 것이었다。

그 길에 해령현성(海寧縣城)에 들어가 청(清)나라 건륭(乾隆) 황제(皇帝)가 남쪽에 순행(巡幸)할 때 술을 마시던 누각(樓閣)도 구경하였다。가흥(嘉興)에 돌아와 작은 배를 타고 날마다 남호(南湖) 쪽으로 뱃놀이로 일을 삼고, 마을로 내려가서 닭을 사서 배 안에서 삶아 먹는 것이 흥미진진하였다。

가흥(嘉興) 남문(南門) 밖 운하(運河)로 십여 리 되는 곳의 엄가빈(嚴家浜)이라는 농촌에는 진동생(陳同生)의 논밭이 있으며, 그 마을의 손용보(孫用寶)라는 농민은 진동생과 극히 친한 터이므로, 나는 손용보의 집에 잠시 머물러 살게 되었다。시골 늙은이가 되어, 날마다 식구들이 모두 논밭으로 나가고 빈 집에서 어린애가 울면 나는 아이를 안고 논밭으로 유모(乳母)를 찾아갔는데, 아이 어머니는 황공하여 몸 둘 데를 몰라 하였다。

오뉴월 누에 치는 때였다。 집집마다 양잠(養蠶)하는 것을 돌아다니면서 유심히 살피며 부녀자들이 실을 뽑는 것을 보았다。 육십여 세의 노파(老婆)가 일을 하는데、 물레(文勞) 한 개 곁에 솥(鼎)을 걸고 물레 밑에 발판을 달아 오른발로 누르면 바퀴가 구르며 움직이고、 왼손으로 장작불에 누에고치를 삶고 오른손으로 두 가닥 고치실을 물레에 감는 것을 보니、 내가 어릴 적부터 본국(本國)에서 부인(婦人)들이 실 뽑는 것을 본 데 비하면 천양지차(天壤之差)였다。 나는 물었다。 『당신、 금년 춘추(春秋)가 어떻게 되시오。』 노파가 말하기를 『육십 몇 세요』 한다。 『당신、 몇 살부터 이 기계를 사용하였습니까。』 『일곱 살 때부터요。』 『그러면 근 육십 년 이전에도 실 뽑는 기계가 이것이었소。』 『네、 바꾸지 않았소。』 나는 실제로 칠팔 세 어린아이가 실 뽑는 것을 목도(目睹)하고 의심하지 않았다。

농가(農家)에 얹혀사느니만큼 농기구(農器具)를 자세히 조사하고 그 사용하는 것을 보니、 우리 본국(本國)의 농기구에 비하면 비록 구식(舊式)일지라도 우리 농기구보다 퍽 진보되었다고 본다。 전답(田畓)에 물을 대는 일 하나만 보아도、 나무 톱니바퀴를 한 마리의 소나 말로 남녀 여러 사람이 밟아서 굴려、 한 길 이상으로 호수의 물을 끌어 올려 물을 대니 그 얼마나 편리한가。 모내기 한 가지 일로 논하여도、 모내는 날에 미리 벼 베는 날짜를 계산하니、 올벼(早稻)는 팔십 일、 중간 벼(中稻)는 백 일、 늦벼(晩稻)는 백이십 일이라 한다。 우리나라에서 줄모*는 일인(日人)의 발명(發明)으로 알았으나、 중국(中國)에서는 고대(古代)부터 줄모를 심었던 것은 김매는 기계를 보아도 알 수 있었다。

농촌(農村)을 시찰(視察)한 나는 한마디 안 할 수 없다。 우리나라에서 한당송원명청(漢唐宋元明清) 각 시대에 높은 벼슬아치들이 사절(使節)로 왕래하였다。 북방(北方)보다도 남방(南方)의 명(明)나라* 시대에 우리의 선인(先人)들이 사절(使節)로 다닐 때에 거개 눈먼 사람이었던가。 필시 헛된 생각으로 국계민생(國計民生)이 무엇인지를 생각도 못 하였던 것이니、 어찌 분하고 한스럽지 않겠는가。

문영(文永)*이라는 선인(先人)은 목화(木花)씨를、 문로(文勞)*라는 선인(先人)은 물레를 중국에서 들여왔다 하나、 그 밖에는 말할 때마다 오랑캐라고 지칭하면서、 명(明)나라 때 의관(衣冠)과 문물(文物)을 모두 중화(中華)의 제도라 하여 따르고、 실제로는 아무 이익도 없고 불편하고 고통스러운、 예를 들면 망건과 갓 등 아주 몹쓸 도구야말로 생각만 해도 이가 시리다。

우리 민족의 비운(悲運)은 사대사상(事大思想)이 만들어낸 것이라고 아니할 수 없다。 국리민복(國利民福)의 실제는 도외시하고、 주희(朱熹)* 학설(學說) 같은 것은 그대로보다 주희 이상으로 강고(强固)한 이론을 주창(主唱)함으로써 사색(四色) 당파(黨派)*가 생겨서、 몇백 년을 다투며 충돌하는 데 민족적(民族的) 원기(元氣)가 쭉 빠지고 남은 것이 없고、 발달된 것은 오직 의존성(依存性)뿐이니 망하지 않고 어찌하겠는가。

한탄스럽게도 오늘날을 두고 보아도 청년들이 노인들을 지칭하기를 노후(老朽)니 봉건(封建) 잔재(殘滓)니 하니、 긍정할 점이 없지는 않다。 그러나、 사회주의자(社會主義者)들이 강경하게 주장하기를 『혁명(革命)은 피를 흘리는 사업이니 한 번은 되지만、 민족운동(民族運動)이 성공한 뒤에 또다시 사회운동(社會運動)을 하는 것은 절대 반대이다』라고 하더니、 러시아의 국부(國父) 레닌이 『식민지 민족은、 민족운동을 먼저 하고 사회운동은 뒤에 하는 것이 옳다』라고 한 말에는 조금도 주저 없이 민족운동을 한다고 떠들지 않는가。 『정주(程朱)*가 방귀를 뀌어도 그대로 향기로운 냄새라고 주장한다』고 비웃던 그 입과 혀로 『레닌이 소리쳐 외치는 말은 맛이 달다』라고 할 듯하니、 청년들이여 좀 정신 차릴지어다。 나는 결코 정주학설(程朱學說)의 신봉자(信奉者)가 아니고、 마르크스(馬克思)*와 레닌주의의 배척자(排斥者)가 아니다。 우리나라의 성격과 인민(人民)의 수준에 맞는 주의(主義)와 제도(制度)를 연구 실시하려고 머리를 쓰는 자 있는지…。 만일 없다면 이보다 더 슬픈 일은 없을 것이라 하겠다。

엄가빈(嚴家浜)에서 다시 사회교(砂灰橋) 엄항섭(嚴恒燮) 군의 집에 와서 오룡교(五龍橋) 진동생(陳同生)의 생가(生家)에서 숙식(宿食)하며、 낮에는 주애보(朱愛寶)의 작은 배를 타고 인근 운하(運河)로 각 농촌 구경하는 것이 유일한 임무인 듯하다。 가흥성(嘉興城) 안에 몇 개 고적(古蹟)이 있는데、 고대(古代)에 치부(致富)로 유명한 도주공(陶朱公)*의 가대(家垈)(진명사(鎭明寺))가 있고、 오자(五牸)*를 기르는 외에 못을 파서 만든 양어장(養魚場)이 있는데、 문 앞에 「陶朱公遺址(도주공유지)」라는 비석(碑石)이 있었다。

하루는 무료하여、 동문(東門)으로 가는 대로변 광장(廣場)에 군경(軍警)의 훈련장(訓鍊場)이 있어 군대(軍隊)가 훈련을 하는데、 오가는 사람이 구름같이 모여들어 훈련하는 것을 구경하므로 나도 걸음을 멈추고 구경하였더니, 훈련장에서 한 군관(軍官)이 나를 유심히 보더니 돌연 달려와서 나에게 묻기를 『어느 지방 사람인가』 한다。 내가 답하여 말하기를 『광동(廣東) 사람이다』 하였다。 그 군관이 광동 사람일 줄이야 어찌 알았겠는가。 당장 보안대(保安隊) 본부(本部)로 가서 취조(取調)를 받게 되었다。 『나는 중국인(中國人)이 아닌데, 그대네 단장(團長)을 대면케 하여 주면 본래 실체를 직접 필담(筆談)으로 설명하겠다』고 하였다。 단장(團長)은 안 나오고 부단장(副團長)이 얼굴을 내밀기에, 『나는 한인(韓人)인데, 상해(上海) 홍구(虹口) 폭탄 사건 이후에 상해 거주가 곤란하여 이곳 저한추(褚漢雛)의 소개로 잠시 오룡교(五龍橋) 진동생(陳同生)의 집에 머물러 살고 있고, 성명은 장진구(張振球)*이다』라고 하였다。 경찰은 그 길로 남문(南門)의 저 씨(褚氏) 댁과 진 씨(陳氏) 댁에 가서 엄밀하게 조사를 한 모양이었다。 네 시간쯤 뒤에 진 형(陳兄)이 와서 맡아서 보증하고 풀려났다。

저한추(褚漢雛) 군은 나에게 이런 권고를 하였다。 『김 선생의 피신 방법은, 김 선생은 홀아비로 지내시니, 나의 친우(親友) 가운데 과부(寡婦)로 나이 근 삼십인 중학교(中學校) 교원(教員)이 있으니 보시고 마음에 맞으시면 아내로 맞이함이 어떠시오。』 하나 나는 『중학교 교원이면 즉각으로 나의 비밀이 탄로될 것이니 옳지 않소』라 하고, 『차라리 뱃사공 여인을 가까이하여 의탁하면, 그 주(朱) 씨(氏)*가 목불식정(目不識丁)이니 나의 비밀을 지킬 수 있을 것이오』라고 하고, 이로부터는 아주 배 안에서의 생활을 계속하였다。 오늘은 남문(南門) 호수 뒤에서 자고, 내일은 북문(北門) 강가에서 자고, 낮에는 육지에서 걷기나 할 뿐이었다。

나는 잠복(潛伏)한 반면에 박남파(朴南坡) 엄일파(嚴一坡) 안신암(安信庵)* 세 사람은 끊임없이 외교(外交)와 정보(情報) 쪽에 치중 활동하여, 물질적으로 중국인(中國人) 친우(親友)의 동정(同情)과, 미주(美洲) 동포(同胞)들도 내가 상해(上海)를 탈출한 소식을 알고 점차 원조(援助)가 증가되어 활동하는 비용은 그다지 어렵지 않았다。 박남파 형은 종래 남경(南京)에서 중국국민당(中國國民黨) 당원(黨員)으로 중앙당부(中央黨部)에 취직하였던 관계로 중앙(中央) 요인(要人) 중에도 숙친(熟親)한 사람이 많으므로, 중앙 쪽으로 교섭한 결과 중앙당부 조직부장(組織部長)이자 강소성(江蘇省) 주석(主席)인 진과부(陳果夫)의 소개로 장개석(蔣介石)* 장군(將軍) 면담의 통지를 접하고, 안공근(安恭根) 엄항섭(嚴恒燮)을 대동하고 남경(南京)에 도착하였다。 공패성(貢沛誠) 소쟁(蕭錚) 등의 요인(要人)이 진과부를 대신하여 나와서 맞이하여 중앙반점(中央飯店)에 숙소를 정하였다。

이튿날 야간에 중앙군관학교(中央軍官學校) 내 장(蔣) 장군(將軍)의 자택으로, 진과부(陳果夫)의 자동차에 남파(南坡)를 통역(通譯)으로 대동하고 장 씨 집에 도착하였다。 장 씨는 온화한 안색에 중국 옷을 입고 맞이하여 주었다。 피차 인사를 마친 후에 장 씨는 간단한 말투로 『동방(東方)의 각 민족은 손중산(孫中山)* 선생의 삼민주의(三民主義)*에 부합되는 민주적(民主的) 정치(政治)를 하는 것이 마땅할 듯합니다』라고 하기에, 나는 『그렇다』고 대답한 후에 『일본(日本)의 대륙 침략의 마수(魔手)가 시간이 지남에 따라 중국(中國)에 침입하니, 곁에 있는 사람들을 물리쳐 주면 필담(筆談)으로 몇 마디를 진술하여 올리겠습니다』 하니, 장 씨가 『좋다』고 하므로, 진과부(陳果夫) 박남파(朴南坡)는 문밖으로 물러간 뒤에, 붓과 벼루를 친히 갖다 주기에 『선생이 백만 원(元)의 금전을 허락하여 지급해 주면, 이 년 이내에 일본(日本) 조선(朝鮮) 만주(滿洲) 세 방면에 큰 폭동을 일어나게 하여 일본의 대륙 침략의 교량(橋梁)을 파괴할 터이니, 선생의 뜻은 어떻습니까』 하였다。 장 씨는 붓을 들어 써서 말하기를 『청컨대 계획서를 상세히 보여 주십시오』라고 하기에 물러 나왔다。

이튿날 간략한 계획서를 보내었더니, 진과부(陳果夫) 씨가 자기 별장(別莊)에서 연회(宴會)를 베풀고 장 씨의 의사(意思)를 대신 진술하여 말하기를, 『특무공작(特務工作)으로는, 천황(天皇)을 죽이면 천황이 또 있고, 대장(大將)을 죽이면 대장이 또 있지 않은가。 장래에 독립하려면 군인(軍人)을 양성해야 하지 않는가』 하기에, 그에 대한 나의 답은 『고소원불감청(固所願不敢請)이다。 문제는 지대(地帶)와 물력(物力)이다』라고 하였다。 지대는 낙양분교(洛陽分校)로, 물력은 발전하는 데 따라 공급한다는 약속 아래, 한 기(期)에 군관(軍官) 백 명씩을 양성(養成)하기로 결의하였다。 동삼성(東三省)에 사람을 보내 예전에 독립운동하던 군인들을 소집하니 이청천(李靑天) 이범석(李範奭)* 오광선(吳光善) 김창환(金昌煥) 등의 장교(將校)와, 그 부하 수십 명의 청년들과, 관내(關內)의 북평(北平) 천진(天津) 상해(上海) 남경(南京) 등지에 있던 청년을 모두 모아 백 명을 제일차(第一次)로 학교에 진학하게 하고, 이청천과 이범석은 교관(敎官)과 영관(領官)*으로 입교(入校)하여 일을 보도록 하였다。

이때 우리 사회에서는 또다시 통일 바람이 일어나서 대일전선통일동맹(對日戰線統一同盟)의 발동(發動)으로 의논이 분분하더니, 하루는 의열단장(義烈團長) 김원봉(金元鳳)* 군이 특별 면회를 청하기에 남경(南京)의 진회(秦淮) 강가에서 비밀히 만났다。 김 군이 『현재 발동되는 통일운동(統一運動)에 어쩔 수 없이 참가하겠으니, 선생도 동참하는 것이 어떻습니까』 하므로, 나는 김 군에게 묻기를 『내 소견(所見)으로는 통일의 큰 줄기는 동일하나 동상이몽(同床異夢)으로 간파(看破)되니, 당신의 생각은 어떠하시오』 하였다。 김 군이 답하여 말하기를 『제가 통일운동에 참가하는 주요 목적은 중국인(中國人)들에게서 공산당(共産黨)이라는 혐의를 면하고자 함입니다』 한다。 『나는 그렇게 목적이 각각 다른 통일운동에는 참가하기를 원치 않는다』고 하였다。

그로부터 이른바 오당통일회의(五黨統一會議)가 개최되니, 의열단(義烈團) 신한독당(新韓獨黨) 조선혁명당(朝鮮革命黨) 한국독립당(韓國獨立黨) 미주대한인독립단(美洲大韓人獨立團)이 통합하여 조선민족혁명당(朝鮮民族革命黨)으로 세상에 나오게 되었다。 오당통일(五黨統一) 이면에는, 임시정부를 눈엣가시로 인식하는 의열단원(義烈團員) 중 김두봉(金枓奉)* 김약산(金若山)* 등의 임시정부를 없애자는 운동이 극렬하였다。 당시 국무위원(國務委員) 김규식(金奎植) 조소앙(趙素昻) 최동오(崔東旿) 송병조(宋秉祚) 차이석(車利錫) 양기탁(梁起鐸) 유동열(柳東說) 일곱 사람 중 김규식 조소앙 최동오 양기탁 유동열 다섯 사람이 통일에 심취하여 임시정부를 무너뜨리는 데 무관심한 것을 본 김두봉은 임시 소재지인 항주(杭州)에 혼자 와서 송병조 차이석 두 사람을 보고 『오당통일(五黨統一)이 되는 이때에 명패(名牌)만 남은 임시정부를 존재케 할 필요가 없으니 없애 버리자』고 강경한 주장을 하나, 송(宋) 차(車) 두 사람은 강경하게 반대를 하고 있었다。 그러나 『국무위원 일곱 사람 중 다섯 사람이 직책을 버리고 보니 국무회의를 진행하지 못하므로 무정부(無政府) 상태이다』라는 조완구(趙琬九) 형의 친서(親書)를 받고 심히 분개하여 급히 항주에 가니, 그곳에 머물러 있던 김철(金澈)은 이미 병사(病死)하였고, 오당통일(五黨統一)에 참가하였던 조소앙은 벌써 민족혁명당(民族革命黨)에서 탈퇴하였다。

그때 항주(杭州)에 거주하는 이시영(李始榮) 조완구(趙琬九) 김붕준(金朋濬) 양소벽(楊少碧) 송병조(宋秉祚) 차이석(車利錫) 등 의원들과 임시정부 유지 문제를 협의한 결과 의견이 일치되므로, 일동(一同)이 가흥(嘉興)에 도착하여 이동녕(李東寧) 안공근(安恭根) 안경근(安敬根) 엄항섭(嚴恒燮) 김구(金九) 등이 남호(南湖)에 놀잇배 한 척을 띄우고, 의회(議會)를 배 안에서 열고 국무위원(國務委員)으로 이동녕 조완구 김구 세 사람을 보충하여 뽑으니, 송병조 차이석과 합하여 다섯 사람이 되어 이로써 국무회의를 진행하게 되었다。

오당통일(五黨統一)이 형성될 당시부터 우리 동지(同志)들은 단체 조직을 주장하였으나, 나는 절대로 못 하게 만류하였다。 이유는 『다른 사람들은 통일을 하는데, 그 통일 내용의 복잡함으로 인하여 아직 참가는 아니하였으나, 내가 어찌 차마 딴 단체를 조직하겠느냐』 하였으나, 지금은 조소앙의 한독당(韓獨黨) 재건설(再建設)이 이루어졌다。 이제는 내가 단체를 조직하여도 통일을 파괴하는 사람은 아니었다。 임시정부가 종종의 위험을 겪는 것은 튼튼한 배경이 없기 때문이었으니, 『이제 임시정부의 형태를 이루어 놓았으니 정부 옹호를 목적으로 하는 한 개 단체가 필요하다』 하고 한국국민당(韓國國民黨)을 조직하였다。

낙양군관학교(洛陽軍官學校) 한인(韓人) 학생 문제로 남경(南京)의 일본(日本) 영사(領事) 수마(須磨)가 중국(中國)에 엄중하게 교섭하였으며, 더욱이 경비사령관(警備司令官) 곡정륜(谷正倫)에게 교섭하기를 『대역죄인(大逆罪人) 김구(金九)를 우리가 체포하겠는데, 마침내 체포할 때에 국적(國籍)이니 무엇이니 딴말을 하면 안 된다』 하기에, 곡(谷) 씨(氏)가 『일본에서 후한 상금을 내걸었으니 김구를 내가 체포하면 상금을 달라고 하였으니, 남경에서 근신(謹愼)하시오』라고 부탁하는 것을 내가 직접 들었다。 낙양군관학교 한인(韓人) 학생은, 겨우 한 기(期)의 학업(學業)을 마친 뒤에는 다시는 수용하지 말라는 상부(上部) 명령에 따르게 되었으니, 중국에서 한인(韓人) 군관(軍官) 양성은 종막(終幕)을 고하였다。

나의 남경(南京) 생활도 점점 위험기(危險期)에 들어갔다。 왜놈이 나의 발자취가 남경에 있는 냄새를 맡고 상해(上海)에서 암살대(暗殺隊)를 남경으로 보낸다는 보도(報道)를 접하고, 공자(孔子) 사당(祠堂) 근처에 사람을 보내 시찰하니, 사복(私服) 입은 일경(日警) 일곱 명이 무리를 지어 돌며 찾아다닌다고 하였다。 나는 하는 수 없이 가흥(嘉興)의 여(女)뱃사공 주애보(朱愛寶)를 매월 십오 원(元)씩 그의 본가(本家)에 주고 데려다가 회청교(淮清橋)에 방을 세로 얻어 동거하면서, 직업은 고물상(古物商)이라 하고, 전과 같이 광동(廣東) 해남도(海南島) 사람이라고 사칭(詐稱)하였다。 경찰이 호구조사(戶口調査)를 와도 애보(愛寶)가 먼저 나가서 설명하고 나와는 말 붙이는 것을 피하게 하였다。

그러자 노구교(蘆溝橋) 사건*으로 중국(中國)은 항전(抗戰)을 개시하였다。 한인(韓人)의 인심도 불안하게 되었는데, 오당(五黨)이 통일된 민족혁명당(民族革命黨)은 쪽쪽이 분열되어 조선혁명당(朝鮮革命黨)이 또 한 개 생기고 미주대한인독립단(美洲大韓人獨立團)은 탈퇴하고 본래 의열단(義烈團) 구성원만이 민족혁명당을 지지하게 되었는데, 그같이 분열된 내용은, 겉으로는 민족운동(民族運動)을 표방하고 이면으로는 공산주의(共産主義)를 실행한다는 것이었다。

시국(時局)은 점점 급박해지므로 우리 한국국민당(韓國國民黨)과 조선혁명당(朝鮮革命黨)과 한국독립당(韓國獨立黨), 그리고 미국과 하와이의 각 단체를 연결하여 민족진선(民族陣線)을 결성하고 임시정부를 옹호 지지하게 되니, 정부는 점점 건전한 길로 진보하게 되었다。

상해전쟁(上海戰爭)*은 점점 중국(中國) 측이 불리하게 되어 남경(南京)의 일본(日本) 비행기의 폭격은 날마다 더욱 심해졌다。 내가 거주하는 회청교(淮清橋) 집에서 초저녁에 적기(敵機) 때문에 곤란을 받다가 경보(警報) 해제(解除) 후에 취침하여 잠이 깊이 들었는데, 갑자기 잠결에 공중(空中)에서 기관총(機關銃) 소리가 들렸다。 놀라서 침상(寢牀)에서 일어나 방문 밖을 나서자 벼락 같은 소리가 진동하면서 내가 누웠던 천창(天窓)이 무너져 내리는지、 뒷방에서 자는 애보(愛寶)를 불러내니 죽지는 않았다。 뒤쪽 각 방의 함께 사는 사람들은 흙먼지 속에서 다들 나오는데、 뒷벽이 쓰러져 무너지고 그 밖에는 시체(屍體)가 무수(無數)하였다。 각처에 불빛이 하늘로 솟구쳐 찌를 듯하니、 하늘빛은 붉은 융단과 같았다。

그러자 날이 밝아서 마로가(馬路街)의 모친(母親) 댁을 찾아갔는데、 여기저기 죽은 자、 부상당한 자가 길거리에 널려 있는 것을 보면서 모친 댁 문을 두드리니、 모친께서 친히 나오셔서 문을 열어 주셨다。『놀라셨지요。』 모친은 웃으시면서 『놀라기는 무엇을 놀라。 침상(寢牀)이 들썩들썩하더군그래。 사람이 많이 죽었나。』『네、 오면서 보니 이 근처에서도 사람이 다쳤던데요。』『우리 사람은 다치지 않았나。』『글쎄요、 지금 나가서 보겠습니다。』 곧 나와서 백산(白山)*의 집을 방문하니 집이 흔들려 놀라서 허둥지둥하였으나 별고(別故)는 없었고、 남기가(藍旗街)의 대다수 학생과 식구들이 무고(無故)하니 만행(萬幸)이었다。 성암(腥菴) 이광(李光) 댁 자녀는 일곱인데、 깊은 밤중에 경보(警報)가 내려 피난을 가다가 중도에서 천영(天英) 한 명이 자고 있는 것을 잊어버린 것을 깨닫고 담을 넘어 들어가 자는 아이를 안고 나온 우스운 일도 있었다。

남경(南京)이 시간이 지남에 따라 위험해져 가므로、 중국(中國) 정부(政府)는 중경(重慶)을 전시(戰時) 수도(首都)로 정하고、 각 기관(機關)이 어수선하게 옮겨 갔다。 우리 광복진선(光復陣線) 삼당(三黨)의 인원 및 식구들 백여 명이 물가(物價)가 싼 호남(湖南)의 장사(長沙)로 우선 이주하기로 결정하고、 상해(上海)와 항주(杭州)、 그리고 율양(溧陽) 고당암(古堂菴)에서 선도(仙道)를 닦는 우강(雩岡) 양기탁(梁起鐸) 형에게까지、 각지의 식구가 남경에 올 여비를 보내어 소집령(召集令)을 내렸다。

안공근(安恭根)을 상해(上海)로 파견하여 자기 식구와 큰형수(중근(重根) 의사(義士)의 부인)는 반드시 모시고 오라고 거듭 부탁하였는데、마침내 가족을 데리고 오는 데는 자기 가족들뿐이고 큰형수가 없었다。나는 크게 꾸짖었다。『양반의 집에 불이 나면 사당(祠堂)의 신주(神主)부터 안고 나오는데、혁명가(革命歌)가 피난을 하면서 나라를 위하여 살신성인(殺身成仁)한 의사(義士)의 부인을 왜놈 원수의 점령 구역에 버려두는 것은、자네 집안의 도리(道理)는 말하지 않더라도 혁명가의 도덕성(道德性)으로도 참을 수 없는 일이다。그런데 자네의 가족도 단체 생활 범위 안에 편입(編入)하는 것이 금일 생사고락(生死苦樂)을 같이하는 본의(本意)가 아닌가。』공근(恭根)은 자기 식구만은 중경(重慶)으로 옮겨 살게 하고 단체 편입은 원하지 않으므로 자기 뜻에 맡기고、나는 안휘(安徽)의 둔계중학(屯溪中學)에 재학 중인 신(信)이 아이를 불러오고、모친을 모시고 안공근의 식구와 같이 영국(英國) 기선(汽船)으로 한구(漢口)로 향하여 가고、대가족 백여 식구는 중국(中國) 목선(木船) 한 척에 행장(行裝)까지 가득 싣고 남경(南京)을 떠났다。

나는 모친을 모시고 먼저 한구(漢口)에 도착하여 장사(長沙)에 이르니、선발대(先發隊)로 먼저 도착한 조성환(曺成煥) 조완구(趙琬九) 등은 진강(鎭江)에서 임시정부 문서(文書)와 장부(帳簿)를 가지고 남경(南京) 일행(一行)보다 며칠을 먼저 도착하였고、남경 일행도 풍랑(風浪) 중에도 무사하였으나、남기가(藍旗街) 사무소(事務所)에서 물 긷는 일을 하던 채 군(蔡君)은 『사람됨이 충실(忠實)하니 동행하라』는 모친의 명령을 받고 편입(編入)하여 오다가 무호(蕪湖) 부근에서 풍랑 중에 물을 긷다가 발을 헛디뎌 물에 빠져 죽은 일만은 불행이었다。

남경(南京)에서 출발할 때 주애보(朱愛寶)는 본향(本鄕)인 가흥(嘉興)으로 보냈다。그 후에 종종 후회되는 것은、송별(送別)할 때 여비로 백 원(元)밖에는 더 주지를 못하였음이다。근 오 년 동안 나를 위하여 한갓 광동(廣東) 사람으로만 알고、모르는 사이에 부부(夫婦) 비슷하게 되었다。나에게 대하여 공로(功勞)가 없지 않은데、뒷날을 기약(期約)할 수 있을 줄 알고 돈도 넉넉히 돕지 못한 것이 유감천만(遺憾千萬)이다。한구(漢口)까지 동행한 공근(恭根)의 식구는 중경(重慶)으로 이주하였고、백여 명의 동지(同志)와 동포(同胞) 들은 공동생활을 할 줄 모르므로 각자 셋방을 얻어 각자 밥해 먹었다。

모친(母親)의 생활 문제를 기록에서 빠뜨렸으므로 거슬러 올라가 곰곰이 생각하여 쓰겠다。내가 상해(上海)에서 민국(民國) 육년(六年) 일월 일

일 상처(喪妻)하였으니、 처(妻)는 신(信)이 아이를 낳은 후 몸이 채 튼튼해지지 못하였던 때에、 영경방(永慶坊) 십호(十號) 이층에서 세숫물을 모친더러 버리라고 하기가 황송하였던지 세숫대야를 들고 아래층으로 내려가다가 발을 헛디뎌서 층계에서 굴러서 늑막염(肋膜炎)으로 폐병(肺病)으로 되어 홍구(虹口)의 서양인(西洋人)이 경영하는 폐병원(肺病院)에서 사망하였는데、 내가 그곳에 못 가기 때문에 보륭의원(普隆醫院)에서 나는 최후의 작별을 하였고、 아내의 임종(臨終)은 김의한(金毅漢) 부부가 방문하여 보아 주었고、 도로 돌아와 보고함으로써 알았다。 미주(美洲)에서 상해(上海)로 온 유세관(柳世觀)이 입원(入院)해 있을 때와 장사(葬事) 지낼 때 많은 수고를 하였다。

모친(母親)은 세 살인 신(信)이 아이를 우유를 먹여 길렀는데、 밤에 잘 때는 모친의 빈 젖을 물려 재웠다。 상해(上海)에서 우리 생활은 극도로 곤란하였다。 그때 우리 독립운동을 하는 동지(同志) 중에 취직하거나 사업하는 사람들을 제하면 몇십 명에 불과하였다。 모친께서는 청년(青年) 노년(老年) 들의 굶주림을 애석하게 생각하셨지만、 구제(救濟) 방법은커녕 두 손자 아이도 상해 생활로는 보육(保育)할 수 없음을 보시고 본국(本國)으로 돌아가고자 하셨다。 그때에、 우리 집 뒤쪽 쓰레기통 안에 근처 채소 장수가 배추 겉대를 버린 것이 많으므로、 매일 밤이 깊은 뒤에 먹을 만한 것으로 골랐다가 소금물에 넣어 반찬을 하기 위하여 여러 항아리를 만드셨다。 아무리 생각하여도 상해 생활을 유지하기 어려움을 보신 모친께서는 네 살이 안 된 신(信)이 아이를 데리고 귀국(歸國)의 길을 떠나셨고、 나는 인(仁)이 아이를 데리고 여반로(呂班路)에 한 평의 방을 세로 얻어 석오(石吾) 선생과 윤기섭(尹琦燮) 조완구(趙琬九) 등 몇 분 동지(同志)들과 함께 살면서 모친께서 담가 주신 우거지 김치를 오래 두고 다 먹있다。

모친께서 입국(入國)할 때에 여비(旅費)를 넉넉히 드리지 못하여 겨우 인천(仁川)에 상륙하시자 여비가 떨어졌다。 떠나실 때는 그런 말씀을 드린 바도 없었건만、 인천 동아일보(東亞日報) 지국(支局)에 가셔서 말씀하시니、 그 지국에서는 『상해(上海) 소식으로 신문에 실린 것을 보고 벌써 알았다』고 하면서 경성(京城) 갈 여비(旅費)와 차표(車票)를 사서 드렸고、 경성 동아일보사를 찾아가시니 역시 사리원(沙里院)까지 보내 드렸다。

상해(上海)를 떠나실 적에 나는 부탁하기를 『사리원(沙里院)에 도착하신 후에 안악(安岳)의 김홍량(金鴻亮) 군에게 통지(通知)하여 보아서 영접(迎接)을 오거든 따라가시고, 소식이 없거든 송화(松禾) 득성리(得聖里)(수교(水橋) 동쪽 십여 리) 이모(姨母) 댁(이종제(姨從弟) 장운룡(張雲龍)의 집)으로 가십시오』라고 하였는데, 부탁대로 사리원에서 왔다는 통지를 안악으로 하였으나, 아무 회보(回報)가 없으므로 송화로 가셨던 것이다。

이삼 개월 후인 음력 정초(正初)에 안악(安岳)에서 김선량(金善亮)(용제(庸濟)의 장자(長子)) 군이 모친께 와서 뵙고 안악으로 모셔 갈 의사(意思)를 고하였는데, 이유는『할머님이 안악으로 오시지 않고 중도에 계시게 하여, 우리 집안에서 할머님에게 금전(金錢)을 보내어 상해(上海)에 계신 김 선생님에게 독립운동 자금을 대준다고 경찰서에서 일인(日人)이 여러 차례 우리 집에 와서 야단을 하므로, 집안 어른들이 가서 모셔 오라기에 왔습니다』하였다고 한다。 모친은 대로(大怒)하여 말씀하시기를『내가 사리원(沙里院)에서 왔다는 통지(通知)를 하였으나 아무 대답이 없다가, 지금 일본(日本) 순사(巡査)의 심부름으로 왔느냐』하였다。 선량(善亮)은 간곡하게『그리된 것도 정(情)이 부족해서가 아니옵고 환경 관계이오니, 용서하시고 같이 가십시다』하였다。 모친 말씀은『네 말 잘 알았다。 날씨가 따뜻해지거든 해주(海州) 고향에 다녀서 안악(安岳)으로 가마』하시고 선량은 돌려보내고, 봄철에 득성리(得聖里)에서 떠나서 도고로(陶古路) 임선재(林善在)(셋째 삼촌의 사위)의 집과 백석동(白石洞) 손진현(孫鎭鉉)(고모(姑母)의 아들) 집을 방문하시고, 해주(海州) 기동(基洞) 김태운(金泰運)(재종제(再從弟))과 몇몇 친척들과 부친(父親) 묘소(墓所)를 끝으로 다녀서 안악으로 가셨다。 먼저 선량의 집으로 들어가셨는데, 김씨(金氏) 집안에서 알고 정(情) 많은 용진(庸震) 홍량(鴻亮) 등이 와서 뵙고『어머님 오시기 전에 집과 일체의 세간이며 양식(糧食)과 옷을 다 준비하였으니 편안히 계십시오』하고 모셔 가더라고 말씀하셨다。

모친(母親)께서는 밤낮으로 상해(上海)의 아들과 손자를 잊지 못하시고 생활비를 아껴 써서 약간의 금전(金錢)도 부쳐 보내셨지만, 달아오른 화로(火爐)에 한 점의 눈(雪)이 될 것을 아시므로, 다시 인(仁)이 아이를 보내라는 명령을 하시어서 김철남(金鐵男)(영두(永斗)) 군의 삼촌 편에 인(仁)이 아이까지 귀국하게 되니, 혈혈단신(孑孑單身)으로 식구 한 사람도 없게 되었다。

세월이 흐르는 물과 같아서 나의 나이 오십여 세였다。 과거를 돌이켜 생각하고 장래를 미루어 생각하니 신세(身勢)가 스스로 가엾게 여겨졌다。 서대문감옥(西大門監獄)에서 소원을 빌기를「천우신조(天佑神助)로 우리도 어느 때 독립정부(獨立政府)가 성립되면, 정부의 문지기를 하다가 죽으면 여한(餘恨)이 없을 것이다」라고 한 것이 넘쳐서 최고직(最高職)을 지낸 나의 책임을 무엇으로 이행할까 하는 생각에서 모험사업(冒險事業)에 착수할 결심을 하고, 《백범일지(白凡逸志)》 상편(上篇)을 쓰기 시작하여 일 년 이 개월에 상편 기록을 마쳤는데, 지나간 사실의 모년(某年) 모월(某月) 모일(某日)을 기입한 것은 번번이 본국(本國)에 계신 모친에게 서신(書信)을 올려 답장을 받아 기입(記入)하였으나, 지금 하편(下篇)을 쓰는 때에도 모친만 생존하셨더라면 도움이 많으련만 슬프도다.

모친(母親)이 안악(安岳)에 계시면서 동경(東京) 사건이 발생한 후에는 순사대(巡査隊)가 집을 포위하고 며칠을 경계(警戒)하였고, 홍구(虹口) 사건 때는 더욱 심하였다 한다. 나는 비밀히 보고하였다. 『어머님께서 아이 놈들을 데리고 다시 중국(中國)에 오셔도 몇 해 전과 같이 굶주림은 겪지 않을 형편이오니, 나올 수만 있으시거든 오십시오』 하였더니, 모친께서는 본디 용감하기로는 다른 여자들이 미치지 못하는 바여서, 안악경찰서(安岳警察署)에 출국원(出國願)을 제출하였다. 이유는 『늙어서 죽을 날이 며칠 안 남았으니, 생전에 손자(孫子) 둘을 데려다 그 아비에게 맡기겠다』는 것이었다.

다행히 안악경찰서의 허가를 얻으시고 행장(行裝)을 꾸리던 즈음에, 경성경시청(京城警視廳)으로부터 전담 직원을 안악(安岳)으로 파견하여 모친을 위협하며 타일러 말하기를, 『상해(上海)에서 우리 일본(日本) 경관(警官)들이 당신 아들을 체포하려 하여도 찾지를 못하는 터이니, 노인(老人)이 말할 수 없는 고생을 겪을 것 없으므로, 상부(上部) 명령으로 당신 출국(出國)은 불허(不許)하니 그리 알고 집으로 돌아가서 마음을 편히 가지고 지내시오』 하였다. 이 말을 들은 모친은 대로(大怒)하여 말씀하시기를 『내 아들을 찾는 데는 내가 그대네 경관(警官)보다 나을 터이고, 언제는 출국을 허가한다고 하기에 가산(家産)과 집물(什物)을 다 처리하게 하고, 지금은 출국(出國) 불허(不許) 운운(云云)하니, 남의 나라를 빼앗아 정치(政治)를 이같이 하고 오래갈 줄 아느냐』 하며, 노인이 너무 흥분되어 쓰러지시므로, 경찰은 김씨 집안에 맡겨서 보호를 명하고 모친께 다시 묻기를 『내내 출국할 의사를 가지고 있는가』 하였다. 모친은 『그같이 말썽 많은 출국은 안 하기로 결심하였다』 하시고, 돌아오셔서 토목공(土木工)을 불러 집을 수리하며 가구(家具)와 집물(什物)을 준비하여 오래 살 계획을 보이시고, 몇 달 뒤에 『송화(松禾)의 동생 병문안(病問安) 간다』 하고 신(信)이 아이를 데리고 신천읍(信川邑)까지 자동차 표를 사 가지고, 신천에서 재령(載寧)으로、사리원(沙里院)으로、평양(平壤)에 도착하여서는 숭실중학(崇實中學)에 재학(在學) 중인 인(仁)이 아이를 불러내서 안동현(安東縣) 직행차(直行車)를 타셨다。대련(大連)에서 일경(日警)의 조사에 인(仁)이가 『어린 동생과 늙은 할머니와 동행하여 위해위(威海衛)의 친척 집에 의탁(依託)하고자 간다』고 하니까 『잘 가라』고 특별히 허가하므로、상해(上海)의 공근(恭根) 군의 집에 들어가 하룻밤을 지내고、가흥(嘉興)의 엄항섭(嚴恒燮) 군의 집으로 오신 소식을 남경(南京)에서 듣고 즉시 가흥으로 가서 이별 후 구 년 만에 모친을 뵙고、그즈음 본국(本國)에서 지낸 정황(情況)을 일일이 들었다。

구 년 만에 모자(母子) 상봉(相逢)하는 첫 말씀에 큰 은전(恩典)을 받았으니 곧 이것이었다。모친 말씀。『나는 지금부터 시작하여 「너」라는 말을 고쳐 「자네」라 하고、잘못하는 일이라도 말로 꾸짖고 회초리를 쓰지 않겠네。이유는、듣건대 자네가 군관학교(軍官學校)를 하면서 많은 청년들을 거느린다니、남의 사표(師表)가 된 모양이니 나도 체면을 보아 주자는 것일세。』나는 많은 나이인 육십에 모친께서 주시는 큰 은전(恩典)을 입었다。

그 후에 남경(南京)으로 모셔다가 일 년을 지낸 후에 남경 함락이 아주 가까워지므로 장사(長沙)로 모시고 간 것이었다。남경에서 모친 생신날에 청년단(靑年團)과 우리 나이 많은 동지(同志)들이 돈을 거두어 헌수(獻壽)*하려는 눈치를 챈 모친은 『그 돈을 그대로 주면 내 입맛대로 음식을 만들어 먹겠다』하시므로 그 돈을 드리니、권총(拳銃)을 사서 일본 놈 죽이라고 도리어 보태어 청년단에게 주셨다。

이제부터는 다시 장사(長沙) 생활의 대강을 기록하기로 하자。백여 명의 남녀노소(男女老少)와 청년(靑年)을 이끌고 사람도 땅도 낯선 호남성(湖南省)의 장사(長沙)로 간 것은、단지 다수의 식구로서 이곳이 쌀값이 아주 싼 곳이며、앞으로 홍콩(香港)을 통하여 해외통신(海外通信)을 계속할 계획으로 장사에 오게 되어、선발대(先發隊)를 보내고 안심을 못 하고 뒤미쳐 장사에 도착하자、천우신조(天佑神助)로 이왕에 숙친(熟親)한 장치중(張治中) 장군(將軍)이 호남성(湖南省) 주석(主席)으로 취임하게 되므로 만사(萬事)가 순조롭고 편하게 되어 보호가 적절하게 들어맞았으므로、우리의 선전(宣傳) 등의 공작(工作)도 힘 있게 진전되고、경제(經濟) 면으로는 이미 남경(南京)에서부터 중국(中國) 중앙(中央)으로부터 매월 다소의 보조(補助)도 있는 외에 미국(美國)의 한인(韓人) 교포(僑胞)의 원조(援助)를 받아、물가가 매우 싼 탓으로 다수 식구의 생활이 고등(高等) 난민(難民)의 자격을 갖게 되었다。내가 본국(本國)을 떠나 상해(上海)에 도착한 후 우리 사람을 초면(初面)에 인사할 때 외에는 본성명(本姓名)을 내놓고 인사를 못 하고 번번이 변성명(變姓名)의 생활을 계속하였으나、장사(長沙)에 도착한 이후는 거리낌 없이 김구(金九)로 행세하였다。

당시 상해(上海) 항주(杭州) 남경(南京)에서 장사(長沙)로 와서 모인 식구는 광복진선(光復陣線) 원동(遠東)* 삼당(三黨)의 당원(黨員) 및 가족과 임시정부 직원 들인데、종종 삼당통일(三黨統一) 문제가 동행(同行) 중에서 제기되곤 하였다。삼당(三黨)은、조선혁명당(朝鮮革命黨)은 중요 간부(幹部)로 이청천(李靑天) 유동열(柳東說) 최동오(崔東旿) 김학규(金學奎) 황학수(黃學秀) 이복원(李復源) 안일청(安一淸) 현익철(玄益哲) 등이요、한국독립당(韓國獨立黨)의 간부는 조소앙(趙素昂) 홍진(洪震) 조시원(趙時元) 등이며、내가 창립한 한국국민당(韓國國民黨)은 이동녕(李東寧) 이시영(李始榮) 조완구(趙琬九) 차이석(車利錫) 송병조(宋秉祚) 김붕준(金朋濬) 엄항섭(嚴恒燮) 안공근(安恭根) 양묵(楊墨) 민병길(閔丙吉) 손일민(孫逸民) 조성환(曺成煥) 등이 간부였으니、삼당통일 문제를 협의하기 위하여 오월 육일 조선혁명당 당부(黨部)인 남목청(南木廳)에 모여 식사하기로 하고 나도 출석하였다。

정신을 차려 보니、내가 사는 곳이 아니고 병원(病院)인 듯한데 몸이 극히 불편하였다。『내가 어디를 왔느냐』 물으니、『남목청(南木廳)에서 술을 마시다 졸도하여 입원(入院)하였습니다』 한다。『의사(醫師)가 자주 와서 내 가슴을 진찰(診察)하고、가슴에는 무슨 상흔(傷痕)이 있는 듯한데 어쩐 일이오。』『졸도할 때에 상(牀) 모서리에 엎어져서 가벼운 상처가…』라고 하니 나 또한 그 말을 믿고 다른 의심이 없었는데、일 개월이 거의 가까워 오니 입원한 진상(眞相)을 엄항섭(嚴恒燮) 군이 상세히 보고하여 들었다。그날 남목청에서 연음(宴飮)이 시작될 때에、조선혁명당(朝鮮革命黨) 당원(黨員)으로 남경(南京)에서부터 상해(上海)로 특무공작(特務工作)을 가고 싶다 하여 금전(金錢)도 보조해 주던 이운한(李雲漢)이 돌입(突入)하여 권총을 난사(亂射)하여 첫번째 발(發)에 내가 맞고、두번째 발에 현익철(玄益哲)이 중상(重傷)、세번째 발에 유동열(柳東說)이 중상、네번째 발에 이청천(李靑天)이 경상(輕傷)을 당하여、현익철은 병원에 당도하자 숨지고、나와 유동열은 입원 치료하여 결과가 좋아 동시에 퇴원(退院)하게 되리라 한다。범인(犯人)은 성(省) 정부(政府)의 긴급명령(緊急命令)으로 체포 투옥되고、혐의범(嫌疑犯)인 박창세(朴昌世) 강창제(姜昌濟) 송욱동(宋郁東) 한성도(韓成道) 등도 잡아 가두었다고 한다。큰 의문은 강창제(姜昌濟) 박창세(朴昌世) 두 사람에게 있었으니、강(姜) 박(朴) 두 사람은 종전에 상해에서 이유필(李裕弼)의 지휘로 병인의용대(丙寅義勇隊)라는 특무공작(特務工作) 기관을 설립하고、일종의 혁명난류(革命亂類)*로서 금전을 지닌 동포(同胞)는 강탈도 하고、일본(日本)의 정탐(偵探)을 총살(銃殺)도 하며、직접 따르기도 하였으니、우리 사회에서 신용(信用)은 없으나 반혁명자(反革命者)로 규정하기는 어려웠다。

수십 일 전에 강창제가 나에게 청하기를 『상해에서 박창세가 장사로 올 마음이 있으나 여비가 없어 오지를 못한다니 여비를 보조해 주십시오』라고 청구하기에, 『상해의 기관에 맡겨 처리하마』 하였다. 그 이유는 창세의 장자 박제도가 일본 영사관의 정탐이 된 것을 나는 자세히 알았고, 박창세가 자기 집에서 편안히 살고 있는 데 특별히 주의하고 있었기 때문이었다. 여비가 없어 오지를 못한다던 박창세는 장사에 와서 나도 한번 만나 보았다.

이운한은 필시 강 박 두 사람의 악선전에 이용되어, 정치적 감정으로 충동되어 남목청 사건의 주범이 된 것이다. 경비사령부의 조사로, 박창세가 장사에 온 이후 즉시 상해에서 박창세에게로 이백 원의 금전이 보내어졌으나 이운한이 수십 리 시골 기차역으로 걸어와 체포된 후 몸에는 단지 십팔 전만을 소지한 것으로나, 이운한이 범행 이후 유동열의 수양딸 남편인 최덕신(동오의 아들)에게 권총을 향하고 십 원을 강요하여 가지고 장사를 탈출한 실정으로 보아도 강 박의 마수에 이용된 것이 사실 같았다. 전쟁으로 장사도 위급해질 경우여서 중국 법정에서는 수범과 종범*의 죄를 법에 의해 다스리지 못하고 거개 풀어 주었으며, 이운한까지 탈옥하여 귀주 방면으로 거지 모양으로 오는 것을 구양군이 만나서 말까지 하였다는 보고를 내가 중경에서 들었다. 당시 장사에서는 큰 소동이 되어, 경비사령부에서는 그때 장사에서 출발하여 무창을 향해 간 기차를 다시 장사까지 후퇴하게 하여 범인 수색을 하였고, 우리 정부에서는 광동으로 사람을 보내 중한 합작으로 범인 체포에 노력하였고, 성 주석 장치중 장군은 상아의원에 친히 와서 어떠한 방법으로든지 나의 치료비용은 성 정부가 책임질 것이라고 하였다 한다.

남목청에서 자동차에 실려 간 나는 상아의원에 도착한 후 의사의 진단으로 가망이 없음을 선언하여 입원 수속을 할 필요도 없이 문방*에서 숨이 끊어지기를 기다릴 뿐이었는데, 한두 시간에서 세 시간으로 연장되는 것을 본 의사는 『네 시간 동안만 생명이 연장되면 방법이 있을 듯하다』고 하다가, 마침내 네 시간 뒤에 우등병실에 입원하고 치료에 착수하였던 것이다.

그때 안공근(安恭根)은 중경(重慶)에 머물러 살게 한 자기 가족과 광서(廣西)로 이주하던 중형(仲兄) 정근(定根) 가족까지 홍콩(香港)으로 이주시킬 일로, 인(仁)이 아이는 상해(上海)에 임무를 띠고 가는 길에 역시 홍콩에 있었으므로, 내가 자동차에 실려 가서 병원 문방(門房)에서 의사의 진단으로 가망이 없다는 선고(宣告)를 받은 즉시 홍콩으로 『사람이 총에 맞아 죽었다』고 여지없는 전보(電報)가 갔던 것이다. 그러므로 며칠 뒤에 인(仁)이 아이와 공근(恭根)이 장례(葬禮)에 참가하기 위하여 장사(長沙)로 돌아왔던 것이다.

당시 한구(漢口)에서 전쟁에 관한 일을 주관하여 처리하던 장개석(蔣介石) 장군(將軍)은 하루에도 몇 차례 전보(電報)로 물어 오다가, 한 달 후 퇴원한 다음에는 장 씨를 대신하여 나하천(羅霞天) 씨가 치료비 삼천 원(元)을 지니고 장사(長沙)에 와서 위로하여 주었다.

퇴원 후에는 즉시 걸어서 모친께 가서 뵈었다. 모친께는 사실을 바른대로 알리지 않고 지내 오다가 거의 퇴원할 때에 신(信)이 아이가 알려 드렸다는데, 마침내 가서 뵈옵는 때에 말씀은, 조금도 마음이 흔들리는 빛이 없이 『자네의 생명은 하느님께서 보호하시는 줄 아네. 바르지(邪不犯正) 않은 것이 바른 것을 범하지 못하지. 한갓 유감은 이운한(李雲漢)은 간사한 자요 한인(韓人)이니, 일인(日人)의 총을(약 여섯 자 불명)* 한인(韓人)의 총을 맞고 목숨을 구한 것이 일인(日人)의 총에 죽음만 못하지』 이 말씀뿐이었고, 당신께서 손수 지으신 음식을 먹으라 하시므로 먹고, 엄항섭(嚴恒燮) 군이 사는 곳에서 휴양(休養) 중이었다.

하루는 갑자기 정신과 기운이 불편하고 구역질이 나고 오른쪽 종아리가 마비되므로 다시 상아의원(湘雅醫院)에 가서 진단하였는데, 엑스광선으로 심장 옆에 머물러 있는 총알을 검사하니 위치가 바뀌어 오른쪽 갈비뼈 옆으로 옮겨 가 있다는 것이었다. 서양인(西洋人) 외과(外科) 주임(主任)의 의견은 『본래 심실(心室) 옆에 머물러 있던 총알이 대혈관(大血管)으로 통과하여 오른쪽 갈비뼈로 옮겨 가 있으니, 불편하면 수술(手術)도 쉽고 그대로 두어도 생명에 관계가 없으며, 오른쪽 다리의 마비는 총알이 대혈관(大血管)을 누르기 때문이니 점차 소혈관(小血管)들이 확대됨에 따라 감소될 것이다』라고 하였다.

이 무렵 장사(長沙)에 적기(敵機)의 공습(空襲)이 심하고, 중국(中國)의 기관(機關)들도 피난 중이었다. 삼당(三黨) 간부(幹部)들이 회의한 결과, 광동(廣東)으로 가서 남녕(南寧)이나 운남(雲南) 방면에서 해외 연락을 유지할 계획이었지만, 피난민이 산과 바다처럼 많으니 먼 곳은 고사하고 백여 명의 인구와 산적(山積)한 행장(行裝)을 지니고 가까운 시골로 옮겨 자리잡기도 극히 어려웠다。

절룩거리는 다리를 끌고 성(省) 정부(政府) 장(張) 주석(主席)을 방문하고 광동(廣東)으로 옮겨 자리잡는 일을 상의하니、우리 일행에게 무료로 철도 기차 한 량을 전용(專用)하도록 명령을 내리고 광동성(廣東省) 주석(主席) 오철성(吳鐵城) 씨에게 소개 서신(書信)을 친필(親筆)로 작성하여 주니、큰 문제는 해결되었다。* 대가족(大家族) 일행(一行)보다 하루를 먼저 떠나서 광주(廣州)에 도착하니、이전부터 중국(中國) 군대(軍隊) 방면에 복무(服務)하던 이준식(李俊植) 채원개(蔡元凱) 두 사람의 주선으로 동산백원(東山柏園)은 임시정부(臨時政府) 청사(廳舍)로 하고、아세아여관(亞細亞旅館)은 전부 대가족(大家族)을 수용하게 되었으므로、안심하고 홍콩(香港)으로 간 것은 특히 안정근(安定根) 안공근(安恭根) 두 사람에게 부탁할 큰일이니、그들 형수(兄嫂)인 의사(義士) 부인(夫人)을 상해(上海)에서 모셔 내어 왜놈의 점령구역(占領區域)을 빠져나오게 할 목적이었다。당초에 남경(南京)에서 대가족을 장사(長沙)로 옮겨 자리잡기로 정하고 공근(恭根)을 상해에 몰래 보낼 때(호령철도(滬寧鐵道)*가 전쟁으로 인하여 불통(不通)됨)、자동차를 사용하여 자기 가족을 남경으로 오게 할 때 형수(兄嫂) 댁 식구를 같이 데려오라 하였으나 성공하지 못한 것이 큰 유감(遺憾)이었던 까닭이다。

홍콩(香港)에서 마침 상해(上海)로 비밀공작(秘密工作)으로 보내려던 유서(柳絮)와 같이 안군(安君) 형제와 회의할 때에、나는 강경한 주장으로『형수(兄嫂)로 하여금 상해의 적(敵) 점령구역을 벗어나게 하자』고 하였으나 그들은 난색(難色)이 있으므로、나는 도리(道理)에 의거하여 꾸짖어 말하기를『양반의 집에 불이 나면 사당(祠堂)의 신주(神主)부터 옮겨 내오는데、우리 혁명가(革命家)로서 의사(義士)의 부인(夫人)을 적(敵) 점령구역에서 구출하는 것 이상으로 큰 급한 일이 없다』하였으나、사실상 그때는 불가능한 일이었다。

또 한 가지 유감스런 일이 있으니、남경(南京)에서 대가족(大家族)을 장사(長沙)로 옮겨 자리잡고자 할 때 이전부터 선도(仙道)를 연구하고자 율양(溧陽) 대부진(戴埠鎭) 고당암(古堂庵)의 중국(中國) 도사(道士) 임한정(任漢廷)에게 의탁하여 수도(修道)하는 양기탁(梁起鐸) 선생에게 여비(旅費)를 보내고 즉시 남경으로 와서 같이 장사로 출발하는 데 참가하라 하였으나、기약(期約)한 날에 이르러도 오지 않으므로 하는 수 없이 그저 떠나서 끝내 (약 넉 자 불명)를 알지 못하였다。(약 열 행 불명) 광주(廣州)에 적기(敵機)의 공습(空襲)이 심하여 대가족과 모친을 불산(佛山)에 잇닿은 길에 공무처(公務處)를 두고 사무원들만 지키게 하고、두 달을 광주에서 머물다가 중국(中國) 정부(政府)가 전시(戰時) 수도(首都)를 중경(重慶)으로 정하였으므로 장개석(蔣介石) 장군(將軍)에 전보(電報)로 청하였더니 중경으로 오라는* 회답 전보를 접하였다。 조성환(曺成煥) 나태섭(羅泰燮) 두 동지(同志)와 함께 월한철도(粵漢鐵道)*로 다시 장사(長沙)에 도착하여 장치중(張治中) 성(省) 주석(主席)을 면회하고 중경행(重慶行)의 편의(便宜)를 청하니 기꺼이 승낙하고, 국도(國道)로 가는 차표(車票) 석 장과 귀주성(貴州省) 주석(主席) 오정창(吳鼎昌) 씨에게 소개 서신(書信)을 작성하여 보내 주므로, 중경으로 출발하여 십여 일 만에 귀양(貴陽)에 도착하였다。

여러 해 남중국(南中國)에서 토지(土地)가 비옥하고 물산(物産)이 풍부한 곳만 보아서 그런지는 모르나, 귀양시(貴陽市)에 왕래하는 사람 중 극소수를 제한 외에는 절대 다수가 옷이 누덕누덕 기운 것이고 얼굴빛은 핏기 없이 누르스름하였다。 산천(山川)은 돌이 많고 흙이 적으니, 농가(農家)에서 흙을 져다가 돌 위에 깔고 씨를 뿌린 것을 보아도 흙이 극히 귀함을 알 수 있었다。

그 중에서도 한족(漢族)보다 이른바 묘족(苗族)들의 행색(行色)이 극히 가난하고 행동이 촌스럽고 어리석어 보였다。 중국말을 모르는 나로서는 언어(言語)로는 한족과 묘족을 구별하기 어려우나, 묘족 여자는 의복이 많이 달랐고, 묘족 남자는 눈빛이 문명한지 야만스러운지로 분별할 수 있었는데, 묘족화(苗族化)한 한인(漢人)도 많은 듯하였다。 묘족도 사천여 년 전 삼묘씨(三苗氏)*의 자손일 것이니, 삼묘씨는 전생(前生)에 무슨 업보(業報)로 자손들이 몇천 년 역사상(歷史上)에 특이한 인물이 있다는 역사 기록을 보지 못하였으므로 나는 삼묘씨라는 것은 고대(古代)의 명칭을 남겼을 뿐이고 근대(近代)에는 없어진 줄 알았는데, 이제 묘족도 몇십 몇백의 종류로 변화되어 호남(湖南) 광동(廣東) 광서(廣西) 운남(雲南) 귀주(貴州) 사천(四川) 서강(西康) 등지에 널리 퍼져 있는 형세였다。 근대에 한족화(漢族化)한 사람들 가운데 뛰어난 영웅호걸(英雄豪傑)이 있다고 하는데, 바람결에 들려오는 말에는 광서(廣西)의 백숭희(白崇禧) 장군(將軍)과 운남(雲南)의 주석(主席) 용운(龍雲) 등이 묘족이라 하나, 그의 선조(先祖)를 알지 못하는 나로서는 진위(眞僞)를 말할 수 없다。

귀양(貴陽)에서 팔 일을 지내고 중경(重慶)까지 무사히 도착하였으나, 그간에 광주(廣州)가 함락되니 대가족(大家族)의 소식이 극히 궁금하던 차에 일행(一行)이 고요(高要)로, 계평(桂平)으로, 유주(柳州)에 도착하였다는 전보(電報)를 받고 어지간히 안심은 되었지만, 중경 근처로 이사를 시켜 달라는 것은 큰 문제였다。 중국(中國) 중앙에서도 차량(車輛) 부족으로 군수물자(軍需物資)를 실어 나르는 데에 천 대로도 모자라는데 백 대밖에 없으니, 도와주고 싶어도 도와주지 못한다고 하였다。

교통부(交通部)와 중앙 당부(黨部)에 여러 차례 교섭하여 자동차 여섯 대로 식구와 행장(行裝)을 운반하도록 여비까지 마련하여 보냈고, 『식구들이 안전하게 살 곳을 어디로 하려느냐』 묻기에, 귀양(貴陽)에서 중경(重慶) 오면서 도로에서 본 중에는 기강(綦江)이 좋아 보이므로 기강으로 정하고, 청사(晴蓑)* 형을 파견하여 집과 약간의 가구 등의 물품을 준비하게 하고, 미국과 하와이로 중경으로 옮겼음을 통지하고 날마다 회답을 보기 위하여 우체국(郵遞局)에 직접 왕래하였다.

하루는 우체국을 갔더니 인(仁)이 아이가 와서 인사를 하는데 『유주(柳州)에서 조모(祖母)님이 병이 나셨는데, 급하게 중경(重慶)을 가시겠다고 말씀하시므로 신(信)이와 저희 형제가 모시고 왔습니다』 한다. 따라가 뵈오니 나의 여관(旅館)인 저기문(儲奇門) 홍빈여사(鴻賓餘舍) 맞은편이었다. 모시고 홍빈(鴻賓)으로 와서 하룻밤을 지내신 뒤에, 김홍서(金弘叙) 군이 자기 집으로 모시기로 하고 남안(南岸) 아궁보(鵝宮堡)의 손가화원(孫家花園)으로 가셨다. 모친의 병은 인후증(咽喉症)이니, 의사의 말을 듣건대 광서(廣西)의 풍토병(風土病)이라고 한다. 고령(高齡)만 아니면 수술을 할 수 있으며 발병(發病) 초이면 방법이 있으나, 시기가 역시 늦었다고 한다.

모친께서 중경(重慶)으로 오실 줄을 알고 노쇠하신 모친을 받들어 모실 성심(誠心)을 품고 중경으로 식구를 데리고 온 한 가족이 있었으니, 그는 다른 사람이 아니라 상해(上海)에서 동제대학(同濟大學) 의과(醫科)를 졸업하고 고령(牯嶺) 폐병요양원(肺病療養院) 원장(院長)으로 개업(開業)하다가 고령이 전쟁의 거점(據點)이 될 것을 알아차리고, 의창(宜昌)으로, 만현(萬縣)으로, 중경(重慶)으로 왔으니, 유진동(劉振東) 군과 그 부인(夫人) 강영파(姜映波)이다. 그들 부부는 상해에서 학생 때부터 나를 특별히 애호(愛護)하던 동지(同志)들이었다. 나를 사랑하고 소중히 여기는 그들 부부가 나의 형편상 모친을 잘 모시지 못하게 된 것을 알고, 그들 부부가 모친을 받들어 모실 터이니 나는 마음 놓고 독립운동 일에만 전념하여 힘쓰라는 것이었다. 그들이 그런 성심(誠心)을 품고 남안(南岸)에 당도한 때는 인제의원(仁濟醫院)에서도 속수무책(束手無策)이 되어 퇴원(退院)하고 시일(時日)을 기다리는 때였으니, 천고유한(千古遺恨)이었다.

다시 거슬러 올라가 중경(重慶)에 처음 도착하여 진행한 일을 말하여 보자. 사건은 세 가지가 있었으니, 첫째 중국(中國) 당국(當局)과 교섭하여 차량을 얻어 이사 비용을 마련하여 유주(柳州)로 보내는 일, 둘째 미국과 하와이 각 단체에 임시정부와 직원 식구들이 중경으로 이주하는 것을 통지하고 원조(援助)를 청하는 일, 셋째 각 단체의 통일 문제를 제기하는 일이었다。 남안(南岸) 아궁보(鵝宮堡)의 조선의용대(朝鮮義勇隊)와 민족혁명당(民族革命黨) 본부(本部)를 방문하였다。 김약산(金若山)(원봉(元鳳))은 계림(桂林)에 있었으나, 그 간부는 윤기섭(尹琦燮) 성준용(成俊用) 김홍서(金弘叙) 석정(石正)* 최석순(崔錫淳) 김상덕(金尚德) 등 여러 사람으로, 즉시 환영회를 개최하므로 그 자리에서 통일 문제를 제출하되 민족주의(民族主義)의 단일당(單一黨)을 주장하니 일치 찬성하므로, 한 걸음 나아가 유주(柳州)와 미국과 하와이에도 같이할 것을 요청하였다。 미국과 하와이에서는 회답이 오기를 『통일은 찬성하나 김약산은 공산주의자(共産主義者)이니, 선생이 공산당(共産黨)과 합작(合作)하여 통일하는 날에는 우리 미국(美國) 교포(僑胞)와는 입장상(立場上) 인연과 관계가 끊어지는 줄 알고 통일운동을 하시오』라는 것이었다。 나는 약산(若山)과 상의한 결과 연명(聯名) 선언(宣言)으로 『민족운동(民族運動)이라야 조국(祖國) 광복(光復)에 필요하다』라고 널리 알렸고, 유주(柳州)의 한국국민당(韓國國民黨) 간부들은 『좌우간 중경에 가서 토론하여 결정하자』라고 회답이 왔다。

기강(綦江) 선발대(先發隊)가 도착하고 이어서 백여 식구들도 다들 무사히 안착(安着)하였건만, 유독 모친만은 병이 점점 중태(重態)에 들어서 모친 자신도 회생(回生)하지 못할 것을 각오하시고 『어서 독립이 성공되도록 노력하여, 성공하여 귀국할 때는 나의 유골(遺骨)과 인(仁)이 에미의 유골(遺骨)까 (약 두 자 불명) 돌아가 고향에 매장해라』 하셨다。 오십여 년 고생하다가 자유독립(自由獨立)되는 것을 보지 못하고 돌아가신 것이 너무 원통하였다。 대한민국(大韓民國) 이십일년(二十一年) 사월 이십육일 손가화원(孫家花園) 안에서 돌아오지 못할 길을 가셨다。 오 리쯤 떨어진 화상산(和尚山) 공동묘지(共同墓地)에 석실(石室)을 만들어 모셨다。 모친은 생전에도 대가족 중 최고령(最高齡)이셨으므로 존장(尊丈) 대접을 받으시더니, 돌아가신 후 묻힌 곳 부근에서 현정경(玄正卿) 한일래(韓一來) 등 수십 명의 한인(韓人) 연소자(年少者)들의 지하회장(地下會長)인 듯싶었다。

종전에 종을 부리던 때는 물론 말할 것도 없고, 국가가 병합(倂合)된 뒤에는 도시와 시골을 막론하고 동포(同胞)들의 양심 발동으로 『내가 일인(日人)의 노예가 되고서 어찌 차마 내 동포를 종으로 부리겠는가』 하고 서로 의논하지 않았는데도 의견이 일치하여 노비제(奴婢制)를 없애고 고용제(雇傭制)를 사용하였으니, 모친의 일생(一生)의 생활은 종은 말할 것도 없고 팔십 평생에 「고용(雇傭)」 두 자와도 상관이 없었다。 돌아가실 때까지 손수 옷을 꿰매고, 손수 밥을 짓고, 일생 동안 다른 사람의 손으로 자기 일을 시켜 보지 못하신 것도 특이하다고 하겠다。

대가족이 기강(綦江)에 안착(安着)되자 조완구(趙琬九) 엄항섭(嚴恒燮) 등 한국국민당(韓國國民黨) 간부들을 불러서 오게 하여 통일 문제를 토론하여 보니 나의 의사(意思)와는 정반대였다。 간부는 물론이고 한국국민당 전체 당원(黨員)뿐 아니라 조선혁명당(朝鮮革命黨)과 한국독립당(韓國獨立黨) 두 당도 하나같이 연합통일(聯合統一)을 주장한다는 것이니、이유는 주의(主義)가 같지 않은 단체와는 단일조직(單一組織)이 불가능하다는 것이었다。 나의 이상(理想)으로는『각 당(黨)이 자기 자체를 그대로 두고 연합조직(聯合組織)을 한다면 통일기구(統一機構) 안에서 각기 자기 단체의 발전을 꾀할 터이니 도리어 마찰이 더욱 심할 터이고、또는 이왕에는 사회주의자(社會主義者)들이 민족운동(民族運動)을 반대하였으나 지금은 사회운동(社會運動)은 독립 완성 후에 본국(本國)에 가서 하고 해외에서의 운동은 순전히 민족적(民族的)으로 국권(國權)의 완전한 회복에만 전력하자는 것을 공산주의자(共産主義者)들도 극력 주장하니、깨뜨려 하나로 만들 수 있지 않은가』하니、『이사장(理事長) 의견이 그러시면、속히 기강(綦江)에 동행하여 우리 한국국민당 전체 당원들과 두 우당(友黨) 당원들의 의사가 일치되도록 노력하지 않으면 성공하기 어렵습니다。 유주(柳州)에서 한국국민당은 물론이고 조선혁명당과 한국독립당 등 우당(友黨) 당원들까지도 연합론(聯合論)이 강합니다』하는 것이었다。

나는 모친이 돌아가신 후에 몸이 건강하지 못하여 휴양 중이었으나、일이 이와 같이 되어 가므로 기강행(綦江行)을 강행하였다。 기강에 도착한 후 팔 일간은 한국국민당 간부와 당원회의(黨員會議)로 단일적(單一的) 통일의 의견이 되었고、두 우당(友黨) 동지(同志)들과는 근 한 달 만에 단일적(單一的) 의견의 일치를 얻게 되었다。

이리하여 기강(綦江)에서 칠당통일회의(七黨統一會議)를 개최하니、한국국민당(韓國國民黨) 한국독립당(韓國獨立黨) 조선혁명당(朝鮮革命黨) 이상 광복진선(光復陣線) 원동(遠東) 삼당(三黨)과、조선민족혁명당(朝鮮民族革命黨) 조선민족해방동맹(朝鮮民族解放同盟) 조선민족전위동맹(朝鮮民族前衛同盟) 조선혁명자연맹(朝鮮革命者聯盟) 이상 네 개 단체는 민족전선연맹(民族戰線聯盟)이었다。 개회(開會) 후에 대다수 논점(論點)이 단일화됨을 간파(看破)한「해방」과「전위」두 동맹은 자기 단체를 없애기를 원하지 않는 이유를 설명하고 자리에서 나갔다。 그들은 공산주의자(共産主義者)의 단체이므로 민족운동(民族運動)을 위하여 자기 단체를 희생하는 것은 안 된다고 이전부터 주장하던 터이니、크게 놀라거나 조금도 이상해할 것 없었다。 그대로 오당통일(五黨統一)의 단계로 들어가 순전한 민족주의적(民族主義的) 신당(新黨)을 조직하여 여덟 개의 조항을 세우고, 각 당(黨)의 수석대표(首席代表)들이 여덟 개 조항의 협정에 친필(親筆) 서명(署名)하고 며칠간 쉬고 있었더니, 민족혁명당(民族革命黨) 대표 김약산(金若山) 등이 갑자기 주장하기를 『통일 문제 제창(提唱) 이래로 순전히 민족운동을 역설(力說)은 하였으나, 민족혁명당 간부는 물론이고 의용대원(義勇隊員)들까지도 공산주의(共産主義)를 믿고 받드는 터에, 지금 여덟 개 조항을 고치지 않고 단일조직(單一組織)을 하면 청년들이 전부 달아나게 되었으니 탈퇴하겠다』고 선언하니, 통일회의(統一會議)는 깨어져 갈라졌다。

나는 삼당(三黨) 동지(同志)들과 미국과 하와이의 각 단체에게 사과하고, 원동(遠東) 삼당통일회의(三黨統一會議)를 계속 열어서 한국독립당(韓國獨立黨)이 새로 태어나게 되었다。 칠당(七黨) 오당(五黨)의 통일은 실패하였으나, 삼당통일(三黨統一)이 완성될 때 하와이애국단(愛國團)과 가와이단합회(團合會)가 자기 단체를 취소하고 한국독립당 하와이 지부(支部)가 성립되었으니, 실제로는 삼당(三黨)이 아니고 오당(五黨)이 통일된 것이었다。

한국독립당(韓國獨立黨) 집행위원장(執行委員長)은 김구(金九), 집행위원(執行委員)으로는 홍진(洪震) 조소앙(趙素昻) 조시원(趙時元) 이청천(李青天) 김학규(金學奎) 유동열(柳東說) 안훈(安勳) 송병조(宋秉祚) 조완구(趙琬九) 엄항섭(嚴恒燮) 김붕준(金朋濬) 양묵(楊墨) 조성환(曺成煥) 박찬익(朴贊翊) 차이석(車利錫) 이복원(李復源), 감찰위원장(監察委員長)으로 이동녕(李東寧) 이시영(李始榮) 공진원(公震遠) 김의한(金毅漢) 등 여러 사람이었다。

임시의정원(臨時議政院)에서는 임시정부(臨時政府) 국무위원(國務委員)을 새로 뽑고, 국무회의(國務會議)의 주석(主席)을 종래와 같이 돌아가며 하는 주석제(主席制)를 폐지하고 회의의 주석 외에 대내외(對內外)로 책임을 지는 권한을 부여하였다。 나는 국무회의의 주석으로 임명되었고, 미국(美國)의 수도 워싱턴(華盛頓)에 외교위원부(外交委員部)를 설치하여 이승만(李承晩) 박사(博士)를 위원장(委員長)으로 임명하여 취임케 하였다。

내가 중경(重慶)에 온 이후에 중국(中國) 당국(當局)과 교섭한 결과로는, 교통수단이 곤란한 때에 자동차 대여섯 대로 무료로 대가족과 많은 행장(行裝)을 수천 리 험한 길에 무사히 운반하였으며, 진제위원회(振濟委員會)*에 교섭하여 토교(土橋) 동감폭포(東坎瀑布) 위쪽의 땅 한 부분을 매입(買入)한 후에 기와집 세 채를 지었고, 길가의 이층 기와집 한 채를 사들여 백여 명의 식구를 머물러 살게 하였다。 그 외에, 우리 독립운동에 관한 원조(援助)를 청함에는 냉담한 태도가 보이므로, 중앙당부(中央黨部)에 교섭하기를 『중국(中國)의 대일항전(對日抗戰)이 이와 같이 곤란한 때에 도리어 원조를 구함이 극히 미안합니다。 미국(美國)에 만여 명의 한인(韓人) 교포(僑胞)들이 있어 나를 오라고 하는데, 미국은 부국(富國)이며 장차 미일전쟁(美日戰爭)을 준비 중이므로 대미외교(對美外交)도 개시하고 싶소。 여비(旅費)도 문제가 없으니 여권(旅券) 수속(手續)만을 청구하겠소』 하니, 당국자(當局者)의 말이 『선생이 중국에 있었던만큼 중국과 약간의 관계를 짓고 해외로 나가는 것이 좋지 않겠소』 한다. 나는 대답하기를 『나 역시 그런 생각으로 여러 해 중국(中國) 수도(首都)를 따라온 것이나, 중국이 대여섯 개의 대도시(大都市)를 잃은 나머지 자기네 항전(抗戰)만으로도 극도로 곤란한 것을 보고 한국(韓國)의 독립을 원조(援助)하라는 요구를 하기가 극히 미안한 까닭이오』라고 하였다. 당사자 서은증(徐恩曾)은 『책임 지고 선생의 계획서를 상부(上部)에 올려 보고할 터이니 한 부(部)를 작성하여 보내시오』라고 한다. 이에 대하여, 광복군(光復軍) 즉 한국(韓國) 국군(國軍)을 허락하여 실시하는 것이 삼천만 한민족(韓民族)을 총동원하는 요소임을 설명하여 장개석(蔣介石) 장군(將軍)에게 보내었더니, 즉시로 김구(金九)의 광복군(光復軍) 계획이 좋다 하며 돕겠다는 의견의 답신을 접수하였다. 임시정부에서는 이청천(李青天)을 광복군(光復軍) 총사령관(總司令官)으로 임명하고, 가지고 있는 역량을 다하여(삼사만 원(元)으로, 미국과 하와이 동포(同胞)들이 원조(援助)한 것) 중경(重慶) 가릉빈관(嘉陵賓館)에서 중국(中國)과 서양(西洋) 인사(人士)를 초청하고 우리 한인(韓人)을 총동원하여 광복군(光復軍) 성립(成立) 전례식(典禮式)을 거행하였다.

이어서 삼십여 명의 간부를 먼저 출발시켜 서안(西安)으로 보내, 몇 해 전에 서안에 먼저 보냈던 조성환(曺成煥) 일행을 합하여 한국광복군사령부(韓國光復軍司令部)를 둔 후에, 나월환(羅月煥)* 등의 한국청년전지공작대(韓國青年戰地工作隊)가 광복군(光復軍)으로 돌아와 편입되어 광복군 제오지대(第五支隊)가 되었고, 이전부터 있던 간부 가운데 이준식(李俊植)*을 제일지대장(第一支隊長)으로 임명하여 산서성(山西省) 방면으로, 고운기(高雲起)(공진원(公震遠))*를 제이지대장(第二支隊長)으로 임명하여 수원성(綏遠省)* 방면으로, 김학규(金學奎)*를 제삼지대장(第三支隊長)으로 임명하여 산동성(山東省) 방면으로 각각 배치하여, 징모(徵募) 선전(宣傳) 정보(情報) 등의 사업을 착수 진행케 하였다.

강남(江南) 강서성(江西省) 상요(上饒)에 중국(中國) 제삼전구사령부(第三戰區司令部) 정치부(政治部)에서 일을 보고 있는 황해도(黃海道) 해주(海州) 사람 김문호(金文鎬) 군은 일본(日本) 유학생(留學生)으로, 큰 뜻을 품고 중국에 건너와서 각지를 유람(遊覽)하다가 절강성(浙江省) 동남(東南) 금화(金華)* 방면에서 정탐(偵探) 혐의로 체포되어 꼬치꼬치 신문을 당할 때 마침 일본에서 같이 공부한 중국인을 만나서, 동학(同學)들과 같이 제삼전구사령부(第三戰區司令部)에서 복무(服務)하였다. 그러던 중에 김구(金九)라는 성명(姓名)이 신문(新聞)에 기재(記載)됨을 보고 먼저 서신(書信)으로 사정을 알리다가 후에는 중경(重慶)으로 와서 모든 것을 보고하므로, 상요(上饒)에 한국광복군(韓國光復軍) 징모처(徵募處)의 제삼분처(第三分處)를 두고, 김문호를 주임(主任)으로, 신정숙(申貞淑)(봉빈(鳳彬))*을 회계조장(會計組長)으로, 이지일(李志一)*을 정보조장(情報組長)으로,

한도명(韓道明)을 훈련조장(訓鍊組長)으로 하고, 선전조(宣傳組)는 주임 김문호 겸임(兼任)으로 각각 임명한 후에 상요로 파견하였다.

모든 당(黨) 정(政) 군(軍)의 비용은 미국 하와이 멕시코 쿠바의 한인(韓人) 교포(僑胞)들이 마음 가득한 열성(熱誠)으로 보내는 것을 가지고 대략 분배하여 삼부(三部) 사업(事業)을 진행 중에, 장개석(蔣介石)의 부인 송미령(宋美齡) 여사(女士)의 부녀위로총회(婦女慰勞總會)로부터 자동적으로 한국광복군(韓國光復軍)에 주는 중국 돈 십만 원(元)의 위로금(慰勞金)을 특별 원조(援助)로 받았다.

제삼징모처(第三徵募處) 신봉빈(申鳳彬) 여사(女士)의 내력(來歷)이 하도 이상하므로 기록하여 둔다. 내가 몇 해 전 가슴에 총을 맞고 장사(長沙) 상아의원(湘雅醫院)에서 치료하던 때였다. 하루는 병상(病牀)에 앉아서 방 밖을 멀리 바라보고 있는데, 방문이 반쯤 열리더니 어떤 여자가 한 통의 서신(書信)을 나의 방 안에 던져 넣은 뒤 자취가 사라졌다. 전담 간호사(看護師) 당화영(唐華英)이 마침 방 안에 있으므로 그 서신을 주워 달라 하여 열어 보니, 이것이 이른바 아닌 밤중에 홍두깨(莫明其妙)였다.

우편(郵便)으로 온 서신(書信)이 아니고 인편(人便)에 보내온 서신인데, 신봉빈(申鳳彬)이란 여자가 상덕포로수용소(尙德捕虜收容所)에 포로의 한 사람이 되어 있는데 풀려나게 하여 주기를 청원하는 진정서(陳情書)로, 『저는, 상해(上海)에 머물러 살다가(부인과 함께) 사이구(四二九) 홍구(虹口) 폭탄 사건 후 귀국한 이근영(李根永)의 처제(妻弟)요, 당시 민단(民團) 사무원으로 체포되어 귀국한 송진표(宋鎭杓)(본성명 장현근(張鉉根))의 처(妻)로, 언니와 남편에게서 선생님이 언니 집에 오시면 냉면을 만들어 대접하던 이야기를 잘 듣고 우러러 사모하였는데, 상업차(商業次) 산동(山東) 평원(平原)에 가서 중국(中國) 유격대(遊擊隊)에게 체포되어 이곳까지 오는 길에 장사(長沙)를 지났으나, 선생이 계신 곳을 알지 못하여 그대로 상덕(尙德)까지 끌려 왔으니, 사지(死地)에서 구출해 주십시오』라는 뜻의 글이었다.

나는 백번 생각하여도 이 서신(書信)이 어디서 왔는지 알 수 없었다. 이 여자가 이근영(李根永)의 처제(妻弟)인 것만은 의심할 바 없고, 이전에 본국(本國)에서부터 나를 들어서 알고 있는 것도 사실이겠지만 갇혀 있는 사람의 서신이 어디로부터 왔으며, 본국에서 내 이름을 들어서 알고 있었겠지만 지금 내가 장사(長沙) 상아의원(湘雅醫院)에서 입원 치료하는 것을 수백 리 상덕수용소(尙德收容所)에서 어떻게 알고 서신을 보냈으며, 우표도 없고 날짜 찍힌 도장도 없는 순전한 인편(人便) 서신이니 아까 방문 밖에서 그림자만 어른거리고 없어진 여자는 천사(天使)였던가。 하여튼 조사하여 볼 필요가 있다고 인정되어、 퇴원 후 한구(漢口)의 장개석(蔣介石) 위원장에게 부탁하여 포로 조사의 특권을 얻은 후 노태준(盧泰俊) 송면수(宋冕秀) 두 사람을 상덕(尙德)에 파견하여 조사한 결과는 다음과 같았다。

상덕포로수용소(尙德捕虜收容所)에는 한인(韓人) 포로가 삼십여 명이고 일인(日人)은 수백 명으로、 한인(韓人)과 일인(日人)을 한방에 섞어 지내게 하는 외에 포로로서도 한인은 일인의 지휘를 받게 되는데、 운동이나 체조에도 일인(日人)이 명령 지도하고 모든 일에서 일인(日人)의 권리가 많았다。 그 중 신봉빈(申鳳彬)이 극단(極端)으로 일인(日人)의 지휘와 간섭을 받지 않고 유창한 일어(日語)로 일인(日人)과 극렬하게 싸우는 것을 본 중국(中國) 관리원(管理員)들은 신봉빈이 인격자(人格者)임을 알게 되었다。 비밀(秘密) 신문(訊問)으로 봉빈(鳳彬)의 배일사상(排日思想)이 생겨난 사유를 조사한 뒤에 『중국에서 활동하는 한국(韓國) 독립운동자(獨立運動者) 가운데 친숙한 사람이 있는가』 물으니、 봉빈은 『김구(金九)를 잘 안다』 하였다。 관리원이 다시 묻기를 『그렇다면 김구가 지금 어디에 있는가』 하니、 대답하기를 『모른다』 하였다。 다시 묻기를 『김구에게 서신(書信)을 보내고 구원을 청하면 김구가 너를 구원하여 줄 것이라는 신념이 있는가』 하니、 신(申)이 말하기를 『김구 선생이 알기만 하면 반드시 나를 구원해 줄 것이다』 하였다。

그 조사를 하는 관리원은 곧 장사(長沙) 사람이었으며、 오월 육일 사변(事變)*으로 장사 일대에 큰 소동이 일어났으므로 김구(金九)가 저격을 당하여 상아의원(湘雅醫院)에서 치료 중이라는 소식은 모르는 사람이 없던 때에、 관리원이 장사의 자기 집에 오는 편(便)에 봉빈(鳳彬)의 서신(書信)을 지니고 와서 상아의원에 가서 김구가 어느 방에 있다는 것을 탐문(探問)한 후에、 나의 방문 밖은 헌병파출소(憲兵派出所)가 감시하므로 직접 서신을 전하지 못하고 친한 간호사(看護師)로 하여금 편지를 방 안으로 던져 넣게 하고、 던져 넣은 것을 본 관리원은 빠른 걸음으로 물러갔다고 한다。 이후로 수용소(收容所)에서는 봉빈을 특별 대접하였다 한다。

그리고 장사(長沙)가 위급하여 광주(廣州)로 물러간 뒤에、 나는 중경(重慶)으로 가면서 다시 장사까지 기차를 타고、 장사부터는 자동차를 타고 상덕(尙德)을 지났으나、 시간 관계로 포로수용소를 방문하여 찾아보지는 못하고 신봉빈(申鳳彬)에게 한 통의 서신(書信)을 보내고 중경에서 구원(救援)의 방법을 강구하였더니、 중경에 와서 알아보니 의용대(義勇隊)에서 포로 석방을 벌써 교섭하여 일부 신봉빈 등은 석방되었고、신봉빈이 여러 번 자꾸 나에게 오기를 요구하므로 김약산(金若山) 군에게 서신을 보내서 신봉빈을 계림(桂林)에서 중경으로 데려다가 직접 보고、기강(綦江)과 토교(土橋)의 대가족과 같이 살게 하다가 상요(上饒)로 보낸 것이다。봉빈(鳳彬)은 비록 여성이지만、총명 과감하여 전시(戰時) 공작(工作)의 효과와 능률이 중국(中國) 방면에서까지 찬사(讚辭)를 받는다고 하며、봉빈 자신도 항상 놀랄 만한 공헌(貢獻)을 스스로 기약(期約)하니、장래가 촉망되는 바였다。(약 서른두 행 불명)

슬픈 일이다。대가족(大家族) 중에 빠진 식구들이 있으니、상해(上海)의 오영선(吳永善) 이의순(李義橓)(이동휘(李東輝)의 딸) 내외와 그 자녀로、그들 중 오영선 군은 몸이 불편하여 움직이지 못하므로 대가족에 편입이 불가능하였는데、오영선 군은 몇 해 전에 작고(作故)하였다 하나 상해가 완전히 적에 함락되었으니 손쓸 여지가 없이 되었다。

다음은 이명옥(李溟玉)* 군의 가족이니、명옥(溟玉) 군은 본래 금천(金川) 사람으로、삼일운동(三一運動)에 참가하여 일본(日本)의 정탐(偵探)을 암살(暗殺)한 후 상해(上海)에 건너와서 민단(民團) 사무원(事務員)이 되었다가、그 처자(妻子)가 나온 뒤에는 생활을 위하여 영상전차(英商電車) 검표원(檢票員)으로 근무하면서 내가 남경(南京)으로 이주한 후에도 종종 비밀한 일로 왕래하다가 왜놈 도적에게 체포되어 본국(本國)에 가서 이십 년 징역을 받았다。명옥 군의 부인 이정숙(李貞淑) 여사(女士)는 그대로 자녀를 데리고 상해 생활을 계속하였으므로 내가 남경에 거주할 때 생활비를 보조하다가 대가족으로 편입하기를 통지(通知)하니、이 부인은 상해 생활을 하면서 본국(本國) 감옥에 있는 남편에게 두 달에 한 차례씩 왕복하는 서신(書信)을 할 성심(誠心)으로 차마 상해를 떠나지 못하고 지냈다。그런데 장자(長子) 호상(好相)이 조선의용대(朝鮮義勇隊)에 참가하여 절강성(浙江省) 동쪽 일대에서 공작(工作)을 하다가、모친과 동생들이 그리웠던 모양인지 두세 명의 동지(同志)를 데리고 상해에 잠입하여 활동하면서 간간이 자기 모친에게 비밀 왕래를 하다가 왜놈 원수에게 발각되어、이 부인은 체포되어 사랑하는 아들 호상이 사는 곳을 엄하게 신문(訊問)당하였으나 바른대로 말하지 않으므로 그 자리에서 타살(打殺)을 당하였다。호상은 동지(同志) 세 사람과 기차를 타고 도망하다가 차 안에서 네 사람이 체포되었는데、호상이 체포되어 본국(本國)으로 호송(護送)되던 중에 배 안에서 작은 누이동생을 보았는데、누이동생에게 모친과 어린 동생이 왜놈에게 살해당하고 자기는 본국(本國)으로 압송(押送)당한다는 말을 듣고 호상은 기절하여 죽었다고 하니, 비통하도다, 애통하도다, 하늘도 무심(無心)하도다. 어린 아들과 어린 딸도 악독한 손아귀에 죽을 지경에 이르렀는가. 이러고도 인간이란 말인가.

나라가 망한 이래로 왜놈 도적에게 온 가족이 참혹하게 죽임을 당한 것이 무릇 몇백 몇천 집이라마는, 기미년(己未年) 이래 상해에서 운동하던 장면(場面)에는 이명옥 군이 당한 참혹하고 지독한 일이 첫번째를 차지한다 하겠다. 모든 우리 동포(同胞) 자손에게 한마디를 남기나니, 광복(光復) 완성 후에 이명옥 일가(一家)를 위하여 충렬문(忠烈門)을 수안(遂安) 본향(本鄕)에 세워 영구히 기념케 하기를 부탁하여 둔다.

처음부터 대가족들과 같이 행동하던 중에 장사사변(長沙事變)으로 인하여 왜놈 원수의 앞잡이 이운한(李雲漢)에게 총을 맞고 순국(殉國)한 묵관(默觀) 현익철(玄益哲) 군은, 나이 오십이 안 되었고, 사람됨이 불의(不義)를 참지 못하고 지식(知識)이 많았다. 과거 만주(滿洲)에서 정의부(正義部)의 주뇌(主腦)로서, 왜놈 원수에게, 공산당(共産黨)에게, 장작림(張作霖)의 부하 중 친일자(親日者)들에게 삼면(三面) 포위된 가운데에서 독립운동을 위하여 격렬히 투쟁하다가 마침내는 왜놈 도적에게 체포되어 신의주감옥(新義州監獄)에서 중징역(重懲役)을 겪은 후에, 만주는 완전히 왜놈 도적의 천지(天地)가 되었으므로 관내(關內)로 들어와 이청천(李靑天) 김학규(金學奎) 등 옛 동지(同志)들과 조선혁명당(朝鮮革命黨)을 조직하여, 남경(南京)에서 의열단(義烈團)이 주최한 민족혁명당(民族革命黨)을 같이 조직하였다가(이른바 오당통일(五黨統一)) 탈퇴하였으며, 광복진선(光復陣線) 아홉 개 단체(원동(遠東)의 조선혁명당(朝鮮革命黨) 한국독립당(韓國獨立黨) 한국국민당(韓國國民黨) 미주국민회(美洲國民會) 하와이국민회(包哇國民會) 애국단(愛國團) 부인구제회(婦人救濟會) 단합회(團合會) 동지회(同志會)) 중에 참가하였다가 남경에서 장사로 오면서 대가족(大家族)에 편입하여, 부인(夫人) 방순희(方順熙)와 어린 아들 종화(鍾華)를 데리고 장사에 도착하였다. 이후 동고동행(同苦同行)하는 삼당(三黨)의 통일부터 실현하자는 묵관(默觀)의 제의에 응하여 회의(會議)를 약속하고 나 역시 연회(宴會) 자리에 참가하였다가 불행히 묵관 한 사람만 죽게 되었던 것이다.

그 후 광주(廣州)에서 조성환(曺成煥) 나태섭(羅泰燮) 두 동지(同志)와 같이 중경(重慶)으로 오던 길에, 장사(長沙)에서 귀양(貴陽) 가는 차를 기다리던 그때는 곧 음력 추석(秋夕) 명절(名節)을 맞았으므로 현묵관(玄默觀)의 묘소(墓所)를 찾아가 절을 하자고 주장하니, 두 동지는 나의 묘소(墓所) 참배(參拜)를 극력 만류하고 두 동지만 술과 안주를 가지고 갔다. 이는 나의 몸이 아직 완전히 예전 상태로 회복되지 못하고 먼 길을 가는 중인데 내가 묵관(默觀)의 묘(墓) 앞에 당도하면 뼈에 사무치게 슬퍼하여 정신상(精神上)으로나 신체상(身體上)으로 무슨 변화가 생길 우려에서이므로 동행을 못하였던 것이다。

마침내 장사(長沙)에서 귀양(貴陽) 가는 차를 타고 가는 도중에서 두 동지(同志)가 길가의 산 중턱에 서 있는 비석(碑石)을 손으로 가리키면서 저것이 현묵관(玄默觀)의 묘(墓)라고 하기에 목례(目禮)를 보냈다。「그대의 불행으로 인하여 우리 사업에 다대(多大)한 지장이 생기지만 어찌하리오。그대는 편히 쉬시라。그대의 부인과 아들들은 안전하게 보호할 것입니다。」무정(無情)한 자동차는 비석(碑石)조차 보여 주지를 않고 질주하여 버렸다。

모친께서는 중경(重慶)에서 돌아가시고、대가족이 기강(綦江)에 와서 일 년을 지낸 뒤에 석오(石吾) 이동녕(李東寧) 선생이 칠십일 세의 노령(老齡)으로 작고(作故)하여 그곳에 안장(安葬)하였다。삼십여 년 전 을사신조약(乙巳新條約)* 때、경성(京城) 상동(尙洞) 예수교 교회당(敎會堂)에서 진사(進士) 이석(李石)으로 행세(行世)할 때 내가 선생을 처음으로 상봉하여 같이 상소(上疏) 운동에 참가하였다가、합병(合倂) 후에 경성(京城) 양기탁(梁起鐸)의 사랑(舍廊)에서 몰래 모여 장래 독립전쟁(獨立戰爭)을 목적하고 서간도(西間島)에 무관학교(武官學校)를 설립하기로 하여 선생에게 그 사무를 위임하였으며、기미년(己未年)에 상해(上海)에서 또다시 상봉하여 이십여 년을 함께 고초(苦楚)도 겪고 함께 사업(事業)도 하며 한마음 한뜻으로 지냈다。

선생은 재덕(才德)이 출중(出衆)하였지만、일생을 자기만 못한 동지(同志)를 도와서 선두(先頭)에 내세우고 자기는 다른 사람의 부족한 점을 보충하고 부족한 점을 고쳐 이끄는 것이 선생의 일생의 미덕(美德)이었는데、선생의 마지막 순간까지 애호(愛護)를 받은 사람은 즉 나 한 사람이었다。석오(石吾) 선생이 돌아가신 뒤로는 일을 만나면 곧바로 생각하게 되었으니、자문을 구할 사람이 없기 때문이었다。어찌 특별히 나 한 사람뿐이랴。우리 운동계(運動系)의 큰 손실이었다。

그다음은 손일민(孫逸民) 동지의 사망으로、나이 육십에 항상 병을 안고 지내다가 마침내는 기강(綦江)에서 한 줌의 흙이 되었으니、그는 청년 때부터 나라를 되찾겠다는 큰 뜻을 품고 만주(滿洲) 방면에서 여러 해 활동하다가 북경(北京)으로、남경(南京)으로、장사(長沙)로、광주(廣州)로、유주(柳州)로、기강(綦江)까지 대가족에 편입되었던 것이니、그는 자녀가 없고 근 육십 된 미망인(未亡人)이 있다。

기강(綦江)에서 대가족이 이 년여를 지내는 사이에 괴이한 죽음으로는, 조소앙(趙素昂)의 부모(父母)가 모두 칠십여 세 고령(高齡)으로, 자당(慈堂)이 돌아가신 후에 부친(父親)이 물에 빠져 자살하였으니, 정(情)을 못 이긴 죽음인지 세상을 비관한 것인지, 일종의 희귀하고 괴상한 일이었다。

대가정(大家庭)이 토교(土橋)로 이사한 후로 근 이 년 되는 민국(民國) 이십사년(二十四年) 이월에 김광요(金光耀)의 자당(慈堂)이 폐병(肺病)으로 돌아가신 후, 신암(新岩) 송병조(宋秉祚) 동지(同志)가 나이 예순다섯에 병사(病死)하였다。 그는 임시의정원(臨時議政院) 의장(議長)으로, 한국독립당(韓國獨立黨) 중앙집행위원(中央執行委員)과 임시정부 고문(顧問)으로, 겸하여 회계검사원(會計檢査院) 원장(院長)으로, 일찍이 국무위원(國務委員)으로 같이 일한 사람 등 일곱 사람이 맡은 직을 버리고 남경(南京) 의열단(義烈團)이 주창(主唱)하는 오당통일(五黨統一)로 달아나고, 차이석(車利錫) 위원(委員)과 두 사람이 정부를 고수(固守)한 공로자(功勞者)인데, 임시정부의 국제적(國際的) 승인(承認) 문제가 떠오르는 이때 천추(千秋)의 원한(怨恨)을 품고 돌아오지 못할 먼 길을 떠나 토교(土橋)에 한 줌의 흙을 남긴 것은, 오래도록 후세 영웅들로 하여금 눈물로 옷깃을 가득 적시게 함(長使英雄淚滿襟)*이었다。

임시정부(臨時政府)와 독립당(獨立黨)*과 광복군(光復軍)은 삼위일체(三位一體)로, 중심 인물이 한독당원(韓獨黨員)이므로, 한국 혁명의 노선배(老先輩)들이 모인 곳이라 출생률(出生率)보다 사망률(死亡率)이 초과(超過)하는 것은 면할 수 없는 사실이었다。

이제 대가족(大家族) 명부(名簿)를 작성하여 후세(後世)에 전하고자 하니, 기미년(己未年) 운동으로 인하여 상해(上海)에 와서 살던 오백여 동포(同胞)가 거의 대가족이라고 말할 수 있으나, 이 일지(逸志)에 기재(記載)하는 대가족은 홍구(虹口) 폭탄 사건으로 인하여 상해를 벗어난 동지(同志)들과 그 가족들이 대부분이다。 손일민(孫逸民) 이광(李光) 등의 동지들은 북경(北京) 방면에서 여러 해 살다가 노구교(蘆溝橋) 전쟁이 터진 이후 남하(南下)하여 남경(南京)으로 집안 식구를 데리고 와서 만났다。 대부분이 상해를 벗어난 가족이지만, 남경을 벗어나기로는 두 갈래였으니, 김원봉(金元鳳)군의 조선민족혁명당(朝鮮民族革命黨)과 우리 쪽으로는 한국국민당(韓國國民黨) 조선혁명당(朝鮮革命黨) 한국독립당(韓國獨立黨) 삼당(三黨)으로, 동시에 남경을 떠나 김원봉은 동지들과 식구를 거느리고 한구(漢口)를 거쳐 중경(重慶)으로 이주하였고, 나는 동지들과 그 식구를 거느리고 한구(漢口)를 거쳐 장사(長沙), 장사에서 팔 개월, 장사를 떠나 광주(廣州)에서 삼 개월, 광주를 떠나 유주(柳州)에 도착, 유주에서 몇 달 후 떠나 도착한 기강(綦江)에서 근 일

년 후에 토교(土橋) 동감(東坎)으로 왔으니、이곳은 새로 지은 가옥(家屋) 네 동(棟)에 대부분의 가족이 거주하고、그 외는 중경에서 당(黨)과 정부(政府)와 군(軍)의 기관에서 복무하는 동지들과 가족이다。대가족(大家族) 명부(名簿)는 별지(別紙)로 작성한다。*

계속

환국(還國) 후의 기록(記錄)

임시정부(臨時政府)가 중경(重慶)에 머무른 이후 공작(工作) 진행의 성과는 아래와 같다.*

통일(統一) 문제

중경(重慶)에 도착한 이튿날, 우리 일행(一行)보다 먼저 중경에 도착한 단체인 조선민족혁명당(朝鮮民族革命黨)의 간부와 당원 들이 머물던 중경 남안(南岸) 아궁보(鵝宮堡) 손가화원(孫家花園)을 방문하니, 김두봉(金枓奉) 윤기섭(尹琦燮) 김홍서(金弘敍) 최우강(崔右崗) 성주식(成周寔) 등(김원봉(金元鳳)은 광서(廣西) 유주(柳州)에 출장 중이었다)과, 그 부근에 함께 머물던 민족해방동맹(民族解放同盟)의 현정경(玄正卿) 김성숙(金星淑) 박건웅(朴健雄) 등 공산당(共産黨)을 자처(自處)하는 간부들이 민족혁명당 본부의 긴급 소집으로 환영회(歡迎會)를 거행하므로,* 그 석상(席上)에서 『오늘은 우리의 주의(主義)를 논의할 때가 아니고, 민족적(民族的)으로 조국(祖國)을 광복(光復)한 연후에 각각의 주의(主義)로써 당적(黨的) 결합을 할 셈하고 금일은 단일적(單一的)으로 각 단체를 합하여 통일함이 좋겠다』는 제의(提議)를 하니, 거개 찬동(贊同)하여 통일(統一) 공작(工作)을 개시하였다. 그러나 우리 임시정부를 옹호하여 받들고 따르는 일행(一行) 중 한국국민당(韓國國民黨)에는 내가 이사장(理事長)이고, 한국독립당(韓國獨立黨)에는 조소앙(趙素昂) 홍진(洪震)이 간부요, 조선혁명당(朝鮮革命黨)엔 이청천(李青天) 김학규(金學奎) 현묵관(玄默觀) 등이 간부이니, 그들은 아직 광서(廣西) 유주(柳州)에서 도착하지 못한 때였다.

중국(中國) 중앙당부(中央黨部)를 교섭하여 화물차(貨物車) 일곱 량(輛)을 유주에 보내서 중경으로 짐을 날라 이사하고자 하였지만, 칠십여 명의 인원이 거주할 가옥(家屋)의 곤란과 적기(敵機) 폭격의 위험을 피하기 위하여 중경과의 거리가 사백 리 되는 기강현성(綦江縣城)에 임시로 거주하게 하였고, 나는 통일 공작을 실행하기 위하여 중경에 민혁(民革)과 해방(解放)* 두 단체 간부들과 동행하여 기강(綦江)에 가서 오당통일회의(五黨統一會議)를 개최하였다. 여러 날을 토의하다가, 해방(解放)과 민혁(民革) 두 단체는 민족주의(民族主義)를 믿고 받들 수 없다는 이유로 탈퇴하고, 마침내는 삼당통일(三黨統一)로 한국독립당(韓國獨立黨)이 성립되었다.* 한국독립당의 주요 강령(綱領)은 한국 임시정부를 옹호 지지하자는 것이었다。 그러므로 한국독립당 당원이 아니면 입각(入閣)할 자격이 없었다。

광복군(光復軍) 조직 공작(工作)의 성과

중국(中國)이 대일전쟁(對日戰爭)을 오 년간이나 계속하는 중에 우리는 군대(軍隊)를 조직하지 못한 것이 크게 사무친 일이었으므로、 한국광복군(韓國光復軍) 조직 계획안을 작성하여 중국의 장(蔣) 주석(主席)에게 제청(提請)하였던바、 장 주석은 좋다는 뜻을 나타냈으나、 당시 전쟁으로 정부(政府)의 사무가 매우 분주한 중에 우리 광복군 추진을 중국(中國) 정부(政府)만을 믿을 수 없으므로、 미주(美洲)의 한인(韓人) 교포(僑胞)들이 보내온 금액 가운데 비상시(非常時)의 준비 목적으로 저축한 사만 원(元) 전부를 가지고 중경(重慶)에 외교 사절을 초대하는 광복군(光復軍) 성립 전례식(典禮式)을 제일 화려한 가릉빈관(嘉陵賓館)에서 아주 크게 거행하였다。 중국 중앙정부(中央政府) 요인(要人)들과 각 사회단체(社會團體) 간부들이며 각국의 대사(大使)와 공사(公使)를 전부 초청하였더니、 당시 중경 경비총사령(警備總司令) 유치(劉峙) 상장(上將)을 비롯하여 중국의 친우(親友)도 다수 와서 참석하였고、 체코 터키(土耳其) 불란서(佛蘭西) 등의 대사(大使)들도 와서 참가하여、 중국에서의 외국인(外國人) 연회(宴會)로서는 손꼽히는 제일 대성황(大盛況)을 이루어 안팎의 인기가 떠들썩하게 일어났으며、 당시 연합국(聯合國)* 신문기자(新聞記者)들이 참석한 관계로 광복군(光復軍) 소식은 각국(各國)에 널리 선전되었던 것이다。

중국(中國) 중앙정부(中央政府)의 군사후원회(軍事後援會)*가 한국광복군(韓國光復軍)의 이른바 구개행동준승(九個行動準繩)*을 발포(發布)하였는데、 각 조항(條項) 중에는 우의적(友誼的) 조항도 있고 모욕적(侮辱的) 조항도 있었다。 그러므로 임시정부와 광복군 간부들 간에 준승(準繩) 접수 여부의 의논이 떠들썩하게 일어났다。 그러나 그것을 물리쳐 보내고 다시 바로잡으려면 시일(時日)만 지체될 것이니、 우선 접수하여 가지고 진행하면서 맞지 않는 조건을 시정(是正)하기로 하였다。

총사령부(總司令部)를 중경(重慶)에 두고, 총사령 이청천(李靑天), 참모장(參謀長) 중국인, 재무과장(財務課長) 중국인, 고급참모(高級參謀) 최용덕(崔用德), 한인참모장(韓人參謀長) 왕일서(王逸曙),* 제일지대장(第一支隊長) 김원봉(金元鳳), 제이지대장(第二支隊長) 이범석(李範奭), 제삼지대장(第三支隊長) 김학규(金學奎)였고, 제일지대(第一支隊)는 중경(重慶) 남안(南岸)에 설치하였는데 대원(隊員)이 오십 명 미만이요, 제이지대(第二支隊)는 섬서성(陝西省) 서안(西安) 남쪽 두곡(杜曲)에 두었으니 대원(隊員)이 이백여 명이요, 제삼지대(第三支隊)는 안휘성(安徽省) 부양(阜陽)에 두었으니 대원(隊員)이 삼백여 명이었다.

몇 개월 이전에는 광복군(光復軍)이 유명무실(有名無實)하여서 연합국(聯合國)의 인기(人氣)를 환기(喚起)할 아무것도 없었다. 갑자기 하루는 우리 임시정부(臨時政府) 청사(廳舍)로 가슴에 태극기(太極旗)를 붙이고 일제히 애국가(愛國歌)를 부르며 들어서는 이들이 있었으니, 이는 화북(華北) 각지의 왜군(倭軍) 중에 한인(韓人) 학병(學兵) 청년들이 위험을 무릅쓰고 탈주(脫走)하여 부양(阜陽)으로 오는 것을 제삼지대장(第三支隊長) 김학규(金學奎)의 지령(指令)으로 정부로 호송(護送)한 것이었다. 이것이 중경(重慶)에서는 하나의 큰 화제(話題)가 되었던 것이다. 중국 각계 인사(人士)들이 오십여 명의 청년 환영회를 중한문화협회(中韓文化協會) 식당 층에서 개최하니, 서양의 각 통신사(通信社) 기자들과 각국 대사관(大使館) 직원들도 호기심으로 와서 참석하여 청년들에게 마음 내키는 대로 문답(問答)하는 중에 중요한 사건으로는, 청년의 말 가운데 『우리는 어릴 적부터 일본의 교육을 받았기 때문에 우리의 역사(歷史)는 고사하고 우리 언어(言語)도 능숙하지 못한 터입니다. 일본 유학(留學) 중에 징병(徵兵)으로 전쟁에 나아가게 되어 가족과 작별하려고 집에 돌아갔더니, 부모(父母)와 조부모(祖父母) 들이 비밀히 가르쳐 주기를 「우리의 독립정부(獨立政府)가 중경에 있으니 왜군(倭軍) 앞잡이로 끌려다니다가 개죽음을 하지 말고, 우리 정부를 찾아가서 독립전쟁(獨立戰爭)을 하다가 영광스러운 죽음을 하라」는 하명(下命)을 받고 왜군(倭軍) 가운데에서 빠져나와 도주하다가, 더러는 죽고 더러는 살아서 우리 정부를 찾아온 것입니다』라는 말에, 한인(韓人) 동포(同胞)는 말할 나위도 없고 연합국(聯合國) 인사(人士)들의 감격이 넘쳐났던 것이다.

제일지대(第一支隊)는 오에스에스*의 주관자(主管者) 사전트* 박사(博士)와 이범석(李範奭) 지대장(支隊長)이 합작(合作)하여 서안(西安)에서 비밀훈련을 실시하고, 본래 개성(開城) 출신으로 우리말을 잘하는 윔스* 중위(中尉)는 부양(阜陽)에서 김학규(金學奎) 대장(隊長)과 합작하여 비밀훈련을 실시하였다. 삼 개월의 훈련을 마치고 조선(朝鮮)으로 밀파(密派)하여 파괴(破壞) 정탐(偵探) 등의 공작(工作)을 개시하기에 이르러, 미국의 작전부장(作戰部長) 도노번* 장군(將軍)과 항적(抗敵) 공작(工作)

을 협의하기 위하여 서안(西安)으로 미국 비행기를 타고 가서 정중한 회담을 한바, 그 대개(大概)는 이렇다。

제이지대(第二支隊) 본부 사무실 정면의 오른편 태극기(太極旗) 밑에는 내가 앉고, 왼편 별기(旗)* 밑에는 도노번이 앉고, 도노번 앞에는 미국 훈련 교관들이 열 지어 앉고, 내 앞에는 제이지대(第二支隊) 간부들이 열 지어 앉은 후에, 도노번 장군이 정중하게 서약(誓約)의 말을 발표하기를 『오늘 이 시간부터 아메리카합중국(亞米利加合衆國)과 대한민국임시정부(大韓民國臨時政府)가 적(敵) 일본(日本)에 항거(抗拒)하는 비밀공작(秘密工作)은 시작되었다…』 한다。 도노번과 내가 정문으로 나올 때 활동사진반(活動寫眞班)들이 촬영함으로써 의식(儀式)은 종료되었다。

이튿날은 미국 군관(軍官)들의 요청으로 비밀훈련을 받은 학생들의 현지실험(現地實驗)을 할 목적으로 두곡(杜曲)에서 다시 동남쪽 사십 리쯤에 있는 고대(古代) 한시(漢詩)로 유명한 종남산(終南山) 속의 한 고찰(古刹)(비밀훈련소)에 자동차로 산 어귀까지 가서 다시 걸어서 오 리쯤에 당도하니, 시간이 마침 정오(正午)이므로 미국 군대식(軍隊式)으로 오찬(午餐)을 시작하세 되었다。 첫째, 냉수를 여러 통 갖다 뜰에 놓고 군대용(軍隊用) 국과 물 그릇으로 병용(倂用)하는 쇠그릇을 한 사람당 각 한 개씩 분배한 후에 종이갑 한 개씩을 분배하였다。 그를 헤쳐 보니, 과자 비슷한 것이 다섯 개씩 들어 있고 여러 가지 간지메*가 들어 있으며, 연초(煙草) 네 개와 휴지까지 들어 있고, 또한 종이로 싼 가루 한 봉지를 냉수에 섞은즉 훌륭한 고깃국이 되니, 이로써 오찬은 만족을 느낄 것이었다。 미국 군대의 일상 전쟁 중의 식량이라 간단한 서양(西洋) 요리(料理)이지만, 누구든지 그것을 먹고 부족한 사람은 없을 것이었다。 군대 식사 한 가지로 왜병(倭兵)에 비교할지라도, 왜적(倭敵)이 실패할 것은 명확한 사실이라 하겠다。 만족한 오찬(午餐)을 마친 후, 때는 아직 팔월 상순(上旬)이라 참외와 수박 등을 먹었으며, 이어서 우리 청년학생들을 훈련시키는 미국 장교(將校)들이 각자 맡은 과목(科目)을 현지실험하는 광경을 관람하기에 이르렀다。

첫째로, 심리학(心理學) 박사(博士)가 각 학생들을 심리학적(心理學的)으로 시험하여 뽑고, 모험성(冒險性)이 풍부한 자는 파괴술(破壞術)을, 지력(智力)이 뛰어난 자는 적정(敵情) 정탐(偵探)을, 눈 밝고 손재주 있는 자는 무선(無線) 전자기기(電子機器) 사용술을 분과별(分科別)로 훈련하게 한 것이다。 심리학자(心理學者)가 시험 성적의 개요(概要)를 보고하되, 『특히 한국의 청년은 앞으로 희망이 풍부하다』고 말하는 것이었다。

청년 일곱 명을 인솔하고 종남산(終南山) 위 가장 높은 봉우리에 올라가서, 수백 길 절벽 아래로 내려가서 적정(敵情)을 탐지(探知)하고 올라오는 것이 목적인데, 소지품은 단지 수백 길의 숙마(熟麻) 밧줄*뿐이었다. 청년 일곱 명이 회의(會議)한 결과, 그 수백 길의 숙마 밧줄을 자주 매듭을 맺은 후에 줄의 한 끝은 가장 높은 봉우리 바위 위에 매고 한 끝은 절벽 아래로 떨어뜨린 후 그 줄을 타고 내려가서 나뭇가지를 하나씩 입에 물고 올라오니, 목적은 이로써 달성하였다. 『나는 앞서 중국 학생 사백 명을 모아 훈련 시험하고도 발견하지 못한 이 해답을, 귀국(貴國)의 청년은 일곱 명 중에 이 성과를 발견하였으니, 참으로 전도유망(前途有望)한 국민이다』라는 큰 칭찬을 한 후, *폭파술(爆破術) 사격술(射擊術) 비밀도강술(秘密渡江術) 등등의 기술을 차례로 실험하는 것의 시찰을 마쳤다.

이후 그날로 두곡(杜曲)에 돌아와 하룻밤 자고, 이튿날은 서안(西安)의 중국 친우(親友)들을 방문하였는데, 사십 리 떨어진 서안을 들어가서 호종남(胡宗南) 장군(將軍)을 방문하니 호 장군은 출장 중이므로 참모장(參謀長)을 대신 만나고, 성(省) 정부(政府)를 방문하였는데 성(省) 주석(主席) 축소주(祝紹周) 선생은 아주 가까운 친우(親友)였다. 『내일 저녁 식사를 자기 사저(私邸)에서 같이 하자』는 요구를 승낙하였는데, 성(省)의 당부(黨部)에서는 나를 위하여 연회(宴會)를 개최하겠다고 하며, 서안부인회(西安婦人會)에서도 특히 나를 환영하기 위하여 연극(演劇)을 준비한다 하고, 각 신문사(新聞社) 주최로 환영회를 개최하겠다는 요청을 받고, 그날은 우리 동포(同胞) 김종만(金鍾萬) 씨 댁에서 머물러 묵었다.

이튿날은 서안(西安)의 명소(名所)를 대개 관람하고, 축(祝) 주석(主席)의 사저(私邸)에서 저녁 식사를 끝낸 후에 날씨가 매우 더운 때이므로 응접실(應接室)에서 수박을 먹으며 담화(談話)하던 중에 갑자기 전화벨 소리가 울리자, 축 주석은 놀라는 듯 자리에서 일어나며 『중경(重慶)에서 무슨 소식이 있는 듯하오』 하며 전화실(電話室)에 들어갔다가 뛰어나오며 하는 말이 『왜적(倭敵)이 항복한답니다』 한다.

나는 이 소식을 들을 때에 희소식(喜消息)이라는 것보다도 하늘이 무너지고 땅이 갈라지는 느낌이 있었다. 여러 해를 애를 써서 참전(參戰)을 준비하였고, 산동반도(山東半島)에 미국의 잠수함을 배치하여 서안훈련소(西安訓鍊所)와 부양훈련소(阜陽訓鍊所)의 훈련받은 청년들을 조직적 계획적으로 각종 비밀무기(秘密武器)와 전자무기(電子武器)를 휴대시켜 본국(本國)으로 침입케 하여 국내 요소(要所)에서 각종 공작(工作)을 개시하여 인심(人心)을 선동하며, 전신(電信)으로 통지하여 무기를 비행기로 운반하여 사용할 것을 미국 육군성(陸軍省)과 긴밀하게 합작(合作)하였는데, 한 번도 실시하지 못하고 왜적(倭敵)이 항복하니, 이전의 세운 공(功)이 아깝고 장래의 일이 염려되었다.

즉시 축(祝) 씨(氏) 사저(私邸)를 떠나 차가 도로를 지날 때 벌써 군중(群衆)은 인산인해(人山人海)를 이루고, 만세(萬歲) 소리는 성(城)안에 진동하였다. 약속한 환영 준비는 전부 사양하여 물리치고 밤으로 두곡(杜曲)에 돌아왔다.

우리 광복군(光復軍)은 자기 임무를 달성치 못하고 전쟁이 종식(終熄)되니 실망 낙담하는 분위기에 잠겼고, 미국 교관(敎官)과 군인(軍人)들은 매우 기뻐하여 질서 문란을 깨닫지 못하는 상태에 이르렀다. 미국에서 두곡(杜曲)에 순전한 한국 병영(兵營)으로 수천 명을 수용할 곳을 짓기 위하여 종남산(終南山)에서 재목(材木)을 운반하고 벽돌 등 모든 것을 운반하여 거대한 공사를 진행하다가, 그날부터 일제히 중지되고 말았다. 나의 본래 목적은 서안(西安)에서 훈련을 마친 청년들은 본국(本國)으로 돌려보내고, 부양(阜陽)으로 가서 그곳에서 훈련받은 청년들을 아울러 본국으로 보낼 예정이었으나, 그 역시 수포로 돌아갔다.

중경(重慶)으로 돌아오는 것도, 갈 때 군용기(軍用機)를 타고 갔으니 올 때도 군용기로 올 것인데, 질서가 문란한 관계로 군용기를 타지 못하고 여객기(旅客機)를 타고 중경으로 귀환하였다. 내가 중경으로 오는 동시에, 미국 군인 몇 명과 이범석(李範奭) 지대장(支隊長)과 우리 청년 네다섯 명이 한성(漢城)으로 출발하였는데, 그 후 소식을 들으니 영등포(永登浦)에 도착하여 하룻밤 숙박하고 잔적(殘敵) 왜놈의 저항으로 다시 서안(西安)으로 왔다는 것이다.

중경(重慶)에 돌아와 보니, 중국사회(中國社會)도 물론 전쟁 중의 긴장하던 분위기가 돌변하여 각계각층이 혼란한 국면(局面)을 이루었고, 우리 한인사회(韓人社會)는 무심히 혼란한 국면에 처하였다. 임시정부(臨時政府)에서는 이즈음 의정원(議政院)을 개회하고 국무위원(國務委員)이 총사직(總辭職)을 하느니 임시정부를 해산하고 본국(本國)으로 돌아가자느니 의논이 백출(百出)하다가, 주석(主席)이 다시 중경으로 돌아온다는 소식이 있으니 책임자의 의견을 들어 본 뒤에 결정하기로 하고 삼 일간 정회(停會) 중이었다.

개회(開會) 벽두(劈頭)에 나는 출석하여 『임시정부(臨時政府) 해산(解散) 운운은 천만부당(千萬不當)하고, 총사직(總辭職)도 옳지 않다. 우리가 장래에 한성(漢城)에 들어가 온 국민에게 정부를 도로 바칠 때에 총사직함이 옳다』하였다. 그때 십사개조(十四個條)의 원칙을 결정하고 입국(入國)하려 할 때, 미국

측으로부터 『미국 군정부(軍政府)가 한성(漢城)에 있으니 개인 자격으로 들어와라』라는 기별이 있었다. 그리하여 의논(議論)이 분분하다가 마침내는 개인 자격으로 입국하기로 결정하였다.

칠 년간의 중경(重慶) 생활의 종막(終幕)을 고하게 되니, 백감(百感)이 뒤얽혀 말의 조리(條理)와 일의 두서(頭緖)를 잡기 어려웠다. 남안(南岸) 화상산(和尙山)의 모친(母親) 묘소와 죽은 아들 인(仁)의 묘지(묘지는 돌담을 둘러쌓고 조모(祖母)와 손자(孫子)의 분묘를 차례로 둠)에, 각기 축문(祝文)을 짓고, 생화(生花)를 가지고 가마를 타고 가서 생화를 드리고 축문을 낭독한 후에, 묘지기를 불러 돈을 넉넉히 주며 분묘를 잘 보살펴 줄 것을 부탁하고 돌아와 입국(入國)할 행장(行裝)을 준비하는데, 가죽상자 여덟 개를 사서 정부(政府) 문서(文書)를 수습하고, 중경의 오백여 명 교포(僑胞)의 앞뒤 문제와 임시정부가 중경을 출발한 이후 중국 정부와 연락 관계를 짓기 위하여 중화대표단(中華代表團)을 설치하고, 단장(團長)은 박찬익(朴贊翊)으로 임명하고, 이하 간부는 민필호(閔弼鎬) 이광(李光) 이상만(李象萬) 김은충(金恩忠) 등을 선임하였다.

중경(重慶)을 떠날 무렵에 중국공산당(中國共産黨) 본부에서 주은래(周恩來) 동필무(董必武) 등이 우리 임시정부(臨時政府) 국무위원(國務委員) 전체를 초청하여 송별연(送別宴)이 있었고, 중앙정부(中央政府) 장개석(蔣介石) 선생을 비롯하여 중앙정부 및 중앙당부(中央黨部), 각계 명망가(名望家) 수백 명이 모여, 우리 측 임시정부 국무위원과 한국독립당(韓國獨立黨) 간부 들을 초청하여 중국국민당(中國國民黨) 중앙당부 대례당(大禮堂)에서 중국과 한국 국기(國旗)를 엇갈리게 두고 융숭하고 정성스러운 연회를 진행할 때, 장개석(蔣介石) 주석(主席)과 송미령(宋美齡) 여사(女史)가 맨 앞에서 『장래 중국과 한국의 영구적인 행복을 도모하자』는 연설의 말과 우리 측의 답사로 끝마쳤다.

마침내 중경(重慶)을 떠나게 되었으니, 칠 년간의 허다한 사정을 모두 말할 수는 없고, 개요(槪要)를 들어 몇 가지 말하려 한다.

첫째, 동포(同胞)들에 대한 관계. 전쟁을 계속하는 중의 중경(重慶)은 과연 중국의 전시(戰時) 수도(首都)였다. 평소에는 몇만 명에 불과하던 것이, 전쟁으로 인하여 적(敵)에게 점령당한 구역 각지의 관리(官吏)와 인민(人民)이 중앙정부(中央政府)로 집중되기 때문에 인구가 격증(激增)하여 백만여 명에 달하였다. 가옥은 평소에 비하여 몇백 배 되지만, 가옥난(家屋難)이 극도에 달하여 여름철에는 노숙자(露宿者)가 태반이요, 식량 문제는 배급제(配給制)인데 배급소(配給所) 문 앞에는 사철을 물론하고 장사진(長蛇陣)을 벌이고, 구타 욕설 등 허다한 분규가 계속 일어났다.

그러나 우리 동포(同胞)들은, 특히 인구(人口) 상황을 책으로 만들고, 중국 상부(上部)와 교섭하여 양곡(糧穀)은 인구 비례로 연대(連帶)하여 많은 양을 한꺼번에 타서 화물차(貨物車)로 운반하였으며, 쌀은 다시 도정(搗精)하여 하인(下人)을 시켜서 집집마다 배달하여 주었고, 쌀 그릇은 쥐와 참새의 피해를 막기 위하여 집집마다 독그릇을 배치하였으며, 그 밖에 반찬 등은 돈으로 배급하고, 음료수까지 하인을 사용하였으니, 전시(戰時)임에도 불구하고 동포의 생활은 단체적(團體的) 규율적(規律的)으로 안전하게 지내었다. 비단 중경(重慶)뿐 아니라, 남안(南岸)과 토교(土橋)에 거주하는 동포들도 중경과 같은 모양으로 한인촌(韓人村)을 이루고 중국의 중산층(中産層) 정도의 생활은 유지하였다. 그러나 곳곳마다 생활이 부족하다는 원망의 말도 있었다. 나는 그 말을 들을 때마다 『우리 동포들의 이곳의 생활은 지옥 생활인 줄만 알고 살아가기를 바란다』고 말하였다.

다음으로 가족생활에 대한 관계를 말하자면, 내 일생을 통하여 가족을 한데 모이게 하고 가정생활을 한 적은 시간으로도 짧았다. 십팔 세에 투필(投筆)한 후에 늘 유랑생활(流浪生活)이었으니, 장련읍(長連邑) 사직동(社稷洞) 생활이 모친을 모시어 받들고 종형(從兄) 남매와 한집에 거주하며 이삼 년 지내었고, 그 후로는 문화(文化) 안악(安岳) 등지에서 몇 개월간, 몇 년간 거주하였으나 역시 유랑생활이었으며, 가장 시간이 장구(長久)하다 할 곳은 상해(上海) 불란서(佛蘭西) 조계(租界)에서의 사 년 생활이 가족생활이라고 볼 수 있었다. 그 후에는 상처(喪妻) 이후 십여 년을, 모친은 인(仁)이와 신(信)이 아이를 데리고 본국(本國)에서 지내시고, 나만은 혈혈단신(孑孑單身)으로 동포(同胞)들의 집에 의탁(依託)하고, 혹은 포퇴아(抱腿兒)* 집단생활을 계속하였다. 모친이 구 년 만에 다시 중국으로 오셨으나, 모친께서는 모친대로 인(仁)이와 신(信)이 아이를 거느리고 따로 생활을 하시고, 나는 나대로 동포(同胞)의 집에서, 혹은 중국 친우(親友)의 집에서 더부살이 생활을 계속하였다. 중경(重慶) 생활도 역시 마찬가지였다.

다음은 전쟁 중 왜적(倭敵) 비행기의 습격으로 곤란을 당하던 사실을 몇 가지 말하겠다. 남경(南京) 시기에 적기(敵機)의 폭격이 심하였는데, 남경서 나는 회청교(淮清橋)에 숨어 살고 모친께서는 마록가(馬鹿街)에 살고 계실 때였다. 적기(敵機)의 야간 습격이 있어서, 위험한 것도 불구하고 구경하기 위하여 침대를 떠나 문밖에 나서며 하늘을 바라보니 비행기가 비둘기떼같이 날아오는 중에 갑자기 벼락이 진동하여 내 침실의 천창(天窓)이 무너져 내려 내가 누웠던 침대를 덮었으니, 내가 만일 문밖을 나가지 않았던들 반드시 천창(天窓)에 압사(壓死)하였을 것이다。 가슴속이 놀랍고 서늘하였을 뿐이요, 그 후 문밖을 나가 보니 정거장에 시체가 형형색색(形形色色)으로, 앉아서 죽은 자, 엎드려서 죽은 자, 혹은 반동강 시체 등등의 참혹한 광경은 차마 눈 뜨고 볼 수 없었다。 나는 즉시 마록가(馬鹿街)로 모친 댁을 찾아가 보니, 천행(天幸)으로 안전하셨다。 과히 놀라시지나 않으셨나 여쭈니 『잠이 깊이 들었을 때에 침상이 움직였는데, 그것이 폭탄 때문이야?』 이같이 말씀을 하셨다。

남경(南京)을 떠난 후 장사(長沙)에서 또 여러 차례 폭격을 당하게 되었으나 별로 위험은 없었고, 광동(廣東) 역시 위험은 없었으며, 중경(重慶)에서는 사오 년 동안 내내 그 모양으로 지내는 터였는데, 자고 먹는 일은 짬에 하고, 오직 일은 피난(避難)뿐이었다。

중경(重慶)에서 폭격을 당할 때 중국(中國)의 국민성(國民性)이 위대한 것을 깨달았다。 높고 큰 누각(樓閣)이 삽시간에 재가 되었는데, 그 집 주인들은 한편으로 가족 중 사망자(死亡者)를 매장(埋葬)하고, 생존자(生存者)는 불 붙은 나머지 기둥과 서까래를 모아서 임시 집을 세우는데, 웃는 얼굴로 슬퍼하거나 낙담하는 빛을 띠지 아니하므로, 나는 그들을 볼 때 이러한 생각을 금치 못하였다。 「만일 우리 동포(同胞)들이 저 지경을 당하였다면, 화가 나느니 성이 나느니, 홧김에 술을 마신다, 성난 김에 싸움만 한다, 소란만 일으키고 태만하지나 않았을까」 생각되었던 것이다。

중경(重慶) 폭격이 더욱 심하던 그 하루는 아침부터 저녁까지 방공호(防空壕)에서 지내었다。 우리 임시정부가 출발할 때까지 네 번을 옮겼으니, 그 고통스러운 세상의 시련만은 영원히 잊을 수 없다。 첫번째는 양류가(楊柳街), 두번째는 석판가(石坂街), 세번째는 오사야항(吳師爺巷), 네번째는 연화지(蓮花池)에서 종막(終幕)을 고하였다。

양류가(楊柳街)에서부터 폭격 때문에 버틸 수 없어 석판가(石坂街)로 이전하였으나, 석판가에서 난 화재(火災)로 전소(全燒)되어 심지어 의복까지 소실되었고, 오사야항(吳師爺巷)에서는 화재는 간신히 면하였으나 폭격 때문에 가산(家産)이 모두 파괴된 것을 다시 손질하여 고쳤으나, 인원은 많고 집은 지저분하고 비좁은 관계로 이것은 정부 직원 주택으로 사용하고, 네번째 정부청사(政府廳舍)로 연화지(蓮花池)에 있는 칠십여 칸 건물을 세를 내고 빌려 사용하였으니、세가 일 년에 사십만이었다。* 이것은 특별히 장주석(蔣主席)이 보조하여、정부가 중경을 떠날 때까지 사용하였다。

오사야항(吳師爺巷)에 있을 때 폭격이 가장 심하던 날은 즉 사월 ○일이었는데、그날은 새벽부터 아홉 시간을 방공호(防空壕) 안에서 지내었다。그 방공호는 금탕가(金湯街)의 사설(私設) 방공호여서 집 마당 앞으로 입구가 나 있어서 들어갔던 것인데、나중에 나와서 보니 그 가옥은 전부 부서지고 말았다。급히 돌아와 보니、내 집도 대문 입구에 폭탄이 떨어져 폭발되어 둘러싼 담과 기와가 모두 무너져 내려 부서졌으므로 다시 손보아 세웠다。그날 남안(南岸)에서 동포(同胞) 서너 명이 죽었다는 급보(急報)를 듣고 즉시 가서 조사하여 보니、폭격으로 죽은 사람은 신익희(申翼熙) 씨 조카와 김영린(金永麟)의 처(妻)였다。다만 통탄(痛歎)할 뿐이었다。

그날 중경(重慶)에서 폭격으로 죽은 자는 엄청나게 많은 숫자를 냈다。십팔제(十八梯) 방공호(防空壕)에서 관청(官廳)의 보도(報道)는 사백여 명이라 하고、시민(市民)이 전하는 말은 팔백여 명이라 하여、실제로 시찰을 하였다。내가 고서(古書)를 읽으며 익힐 때 『산과 같이 시체가 쌓였다(積屍如山)』라는 문구(文句)는 문인(文人)의 무문(舞文)* 수단으로 상상하였더니、그날 교장동(較場洞) 입구에 나가 광경을 보니 들것으로 방공호에 흩어져 있는 시체를 거두어 모으는데、어린아이 시체는 들것 하나에 두셋씩、어른은 한 명씩 모아 쌓아 놓으니、과연 『산과 같이 시체가 쌓였다(積屍如山)』라는 문구를 예나 지금이나 똑같이 아니 쓸 수 없었다。

그와 같이 참혹하게 죽은 원인은 다만 폭탄에만 맞아 죽은 것뿐 아니라、방공호(防空壕)에서 질식(窒息)된 때문이었다。그 시체(屍體)의 상태를 보면 남자든 여자든 간에 모두 의복(衣服)이 성한 것이 없고 몸에도 상처가 많았는데、이것은 방공호 속에서 질식된 관계로 최후의 발악을 하며 저절로 몸부림이 세차게 일어난 사실 때문이었다。그러면 몸부림이 세차게 일어나도록 방공호 속에서 나오지 못한 원인은 어디 있는가。사실은 지휘하던 경관(警官)이 방공호 문을 밖에서 채운 채 급한 마음에 도망한 때문이었다。그 과실로 경비사령(警備司令) 유치(劉峙) 상장(上將)은 엄한 문책(問責)을 당하였던 것이다。

그 산같이 모아 놓은 시체를 운반하는 것을 보니、화물차(貨物車)의 물건같이 적재(積載)하였다。화물차가 흔들릴 때에는 시체가 땅으로 떨어지는 일도 있었다。 이 시체는 목을 매어 화물차 뒤에 달아 놓았으니、 시체는 땅에 끌려 가게 되었다。 참으로 차마 눈 뜨고 볼 수 없는 참상(慘狀)이었다。 그런데 그 많은 시체 중에 대다수는 허가 없이 몸을 팔던 여자의 시체였으니、 원인은 본래 교장동(較場洞) 부근이 불법 매음촌(賣淫村)이었던 관계였다。

대불행(大不幸)한 곳에서는 혹여 행복(幸福)한 일도 엿볼 수 있었다。 방공호(防空壕) 속에 피난(避難)한 그이들은 귀중품(貴重品)을 모두 지녔던 것이다。 경관(警官)들이 지휘하여 기왕에 시체가 지녔던 귀중품을 거두어 모으니、 금은보화(金銀寶貨) 역시 시체와 같은 모양으로 산처럼 쌓였다。 그 험한 시체를 운반하기 위하여 방공호에 출입하는 인부(人夫)들이 귀중품을 몸에 감춘 것도 매우 큰 액수여서 부자(富者)가 되었다는 말까지 있었던 것이다。

그 중에 또 한 가지 참혹한 것은、 친척들이 모두 살아 있는 사람들은 제가끔 가족의 시체를 찾아가는데、 어떠한 곳은 집조차 검은 벽돌과 재만 남은 빈터에 시체를 갖다 놓고 통곡하니、 귀가 있어도 차마 못 들을 일이요 눈이 있어도 차마 못 볼 일이었다。

중경(重慶)은 전쟁 이전에는 하나의 무역항(貿易港)이었다。 왼편의 가릉강(嘉陵江)과 오른편의 양자강(揚子江)이 합류하는 곳이니、 천여 톤의 기선(汽船)이 정박하는 물화집산(物貨集散)의 중요한 항구였다。 옛 이름은 파촉(巴蜀)이니、 그곳은 고대(古代)의 파(巴) 장군(將軍)이 개척한 곳으로、 연화지(蓮花池)에는 파 장군의 분묘(墳墓)가 온전히 존재하고 있다。

그곳의 기후로 말하자면、 구월 초순으로 시작하여 이듬해 사월까지 구름과 안개 때문에 하늘의 해를 보기가 드물고、 저기압의 분지(盆地)였다。 지면(地面)에는 악취가 흩어져 사라지지 못하므로、 공기의 불결(不潔)이 극도에 달할 때에는 인가(人家)와 그 공장(工場)에서 분출하는 석탄 연기 냄새에 눈을 뜨기 어려웠다。 우리 동포(同胞) 삼사백 명이 육칠 년 거주하는 기간에 순전히 폐병(肺病)으로 사망한 자가 칠팔십 명에 달하였으니、 총계(總計) 숫자가 일 할(割) 내지 이 할(割)이었다。 경탄(驚嘆)하지 않을 수 없었다。 듣건대 외국의 영사관(領事館)이나 상업자(商業者) 들이 중경(重慶) 거주 삼 년 이상을 꺼려한다 하는데、 그곳에 육칠 년간 거주하다가 장자(長子) 인(仁)이도 역시 폐병으로 사망하였으니, 알고도 피할 수 없었던 느낌은 지우기 어려울 것이다。

다음은 우리가 토교(土橋)에 거주하던 것을 대강 말하고자 한다。 대가속인 식구를 기강(綦江)으로 이주시킨 후 중경(重慶)과 거리가 너무 멀어서 내왕(來往)이 불편하였는데, 중경서 기강 가는 사십 리쯤에 토교라는 촌(村) 시장(市場)이 있었다。 그곳에 화탄계(花灘溪)와 폭포(瀑布)가 있고, 그 폭포 위에는 동감(東坎)이라는 소지명(小地名)이 있는데, 그곳의 토지를 이십 년 기한으로 세로 빌리고 반양옥(半洋屋) 세 동(棟)을 건축하였으며, 서양(西洋) 선교사(宣教師)들이 우리를 위하여 예배당(禮拜堂)과 청년회관(青年會館)으로 사용하도록 양옥(洋屋) 한 동(棟)을 증축하여 주고, 시가(市街)에는 이층 기와집 한 채를 사서 백여 명의 식구를 수용하였으니, 그곳은 중경에 비하면 주택난(住宅難)도 완화되었을 뿐 아니라 공기도 신선한 곳이었다。 나는 종종 토교에 가서 몸소 도로(道路)를 수리하고 수목(樹木)을 재배하며 돌을 쌓아 제방(堤防)을 만드는 일 등, 근로생활(勤勞生活) 계층을 동정(同情)하고 겸하여 실행도 하여 왔다。

왜적(倭敵)이 투항(投降)한 후에는 우리도 고국(故國)에 돌아갈 준비에 이르러, 임시정부(臨時政府)의 역사적 문서를 정리하고, 국무위원(國務委員)과 일반 직원이 비행기 두 대에 나누어 타게 되었다。 ○○일*에 나는 앞서 출발하여 십삼 년 전에 떠났던 상해(上海)의 공기를 다시 호흡하게 되었다。 중경(重慶)을 출발한 지 다섯 시간 뒤에 상해에 착륙하니 오후 여섯 시였다。 비행장(飛行場)에는 내외국(內外國) 친우(親友)들의 환영으로 남녀를 막론하고 인산인해(人山人海)를 이루었으니, 그 비행장은 곧 홍구(虹口) 신공원(新公園)이었다。 그동안은 왜(倭) 영사관(領事館)이 가까이 있었으므로 십사 년간 상해 생활을 하였음에도 신공원을 가까이한 것은 그때가 처음이었다。 신공원을 벗어나 시내로 들어설 때에, 상해에 거주하는 동포(同胞) 육천 명이 아침 여섯 시부터 저녁 여섯 시까지 죽 늘어서서 몹시 기다린다 하여 차를 세우고 나가니 한 길 넘는 축대(築臺)가 있어서 그 단(壇) 위에 올라서서 동포를 향하여 널리 인사의 말을 하고, 시내 양자반점(揚子飯店)에서 묵었다。

시내에 들어와서 알고 보니, 그 신공원(新公園)의 축대(築臺) 위에 올라 인사하던 곳이 곧 십삼 년 전에 윤봉길(尹奉吉) 의사(義士)가 왜적(倭敵) 백천(白川) 등을 폭탄을 터뜨려 죽인 곳이었다。 왜적들이 그곳을 기념하기 위하여 군사훈련 장교들의 지휘대(指揮臺)로 하였다 하니, 나는 이 말을 듣고 볼 때 십삼 년 전 그날의 기억도 새로울 뿐 아니라 강개(慷慨)도 무량(無量)하였다。 세상만사(世上萬事)가 모두 어찌 무심(無心)하고 우연(偶然)하다 하리오。

상해(上海)에 거주하는 동포 수가 십삼 년 전보다 몇십 배가 늘어났다。 왜적(倭敵)의 전쟁으로 인하여 생활난이 빚어 낳은 관계로 각종 공장과 사업 방면에 부정(不正)한 업자(業者)가 속출(續出)하여、 전날의 독립정신(獨立精神)을 굳게 지키며 왜놈의 앞잡이가 되지 않은 자는 불과 십여 명이었으니、 선우혁(鮮于爀) 장덕로(張德櫓) 서병호(徐炳浩) 한진교(韓鎭教) 조봉길(曺奉吉) 이용환(李龍煥) 하상린(河相麟) 한상원(韓相源) 원우관(元宇觀) 등이었다。 그들의 굳은 의지를 가상히 여겨 서병호의 자택에서 만찬회(晩餐會)를 개최하고 기념사진(記念寫眞)을 촬영하였다。

민족반역자(民族反逆者)로 첫번째로 꼽을 안준생(安俊生)*(안준생은 왜놈을 따라 본국(本國)에 돌아와 왜적(倭敵) 이등박방(伊藤博邦)에게 부친(父親) 의사(義士)의 죄를 빌고、 남(南) 총독(總督)*을 애비라 불렀다)을 중국 관원(官員)에게 체포해서 교수형(絞首刑)에 처하라 부탁하였으나、 관원들이 실행하지 않았다。

상해(上海)의 전체 한인(韓人) 교포(僑胞)들이 대성황리에 환영회를 개최하였으니、 십삼 년 전에 본 어린아이들은 장정(壯丁)이 되었고、 장정들은 노쇠하여 옛 얼굴을 찾아보기 어려웠다。 옛 불란서(佛蘭西) 조계(租界)의 공동묘지를 찾아가 죽은 아내의 분묘(墳墓)를 찾아보는데、 그전에 있던 곳에 가 보니 분묘가 흔적조차 없으므로 의아하고 이상해할 때、 따라오는 묘지기의 말이 십 년 전에 이장(移葬)한 사실을 고하며 그곳으로 인도하였다。 다시 찾아 여전히 있는 분묘를 살피고、 그럭저럭 십여 일을 지낸 후에 다시 미국 비행기로 본국(本國)을 향하여 떠나게 되었다。

고국(故國)을 떠난 지 이십칠 년 만에 희비(喜悲)가 교차하는 마음으로 상공에 높이 떠서 신선한 공기를 호흡하며 상해(上海) 출발 세 시간 만에 김포비행장(金浦飛行場)에 착륙하였다。 착륙 즉시로 눈앞에 보이는 두 가지 감격이 있으니、 기쁨도 하나요 슬픔도 하나였다。 책보를 메고 길에 이어 돌아가는 학생의 모습을 보니、 내가 해외에 있을 때 우리 동포(同胞)들의 후손은 왜적(倭敵)의 악정(惡政)에 주름살을 펴지 못하리라 우려하던 바를 뛰어넘어 활발하고 명랑한 기상(氣像)을 보여 주니 우리 민족의 장래가 유망해 보였다。 이것이 기쁨의 하나였다。 그 반면에 차창(車窓)으로 내다보이는 동포들이 사는 가옥은 빈틈없이 잇따라 겹쳐 있었으나 집이 땅 같게 붙어 있으니, 이것을 볼 때 동포의 생활수준이 저만치 저열(低劣)하다는 것을 짐작할 수 있었다. 이것이 유감(遺憾)의 하나였던 것이다.

어렴풋이 들으니, 수많은 동포(同胞)들은 환영하기 위하여 여러 날을 모여들어 몹시 기다렸다는데, 그날은 나와서 맞이하는 동포가 그리 많지 않은 것은, 미군(美軍)을 거치기 때문에 통신(通信)이 철저하지 못한 감이 있었다. 노구(老軀)를 자동차에 의지하고 차창(車窓)으로 좌우를 바라보며 한성(漢城)에 도착하니, 의구(依舊)한 산천(山川)도 나를 반겨 주는 듯하였다.

나는 숙소인 죽첨정(竹添町)* 최창학(崔昌學) 씨 사택(私宅)으로 인도되었고, 국무위원(國務委員)들과 그 밖의 일행(一行)은 한미(韓美)호텔에 숙소를 정하였다. 도착 직후로 『윤봉길(尹奉吉) 이봉창(李奉昌) 김경득(金卿得)의 유가족(遺家族)이 있거든 찾아와라』라고 신문(新聞)에 보도(報道)하였더니, 윤봉길 의사는 그 자제가 덕산(德山)으로부터 찾아왔고, 이봉창 의사는 그 조카딸이 경성(京城)에서 찾아왔고, 김경득 선생의 아들 윤태(潤泰)는 이북(以北)에서 오지 못하고 그 친딸과 친척 등이 강화(江華) 김포(金浦) 등지로부터 찾아왔다. 기쁜 마음과 슬픈 마음으로 서로 대하였다. 친척(親戚)과 헤어지고 묘소(墓所)를 버려두고 고향 떠난 지 이십칠 년 만에 고국(故國)에는 돌아왔으나, 그리운 출생지(出生地)인 고향은 이른바 삼팔선(三八線) 장벽(墻壁) 때문에 돌아가 보지 못하고, 재종형제(再從兄弟)들의 온 가족과 종매(從妹) 등의 가족 들이 상경(上京)하여 기쁘게 만났을 뿐이었다.

국내에서 환영 선풍(旋風)이 일어나자, 군정청(軍政廳)* 각 소속 기관과 각 정당(政黨)과 사회단체(社會團體)며, 교육(教育) 교회(教會) 공장(工場) 등 각종 부문이 빠짐없이 연합 환영회를 조직하고, 나 자신과 일행은 개인의 형식으로 입국(入國)하였으나 국내 동포(同胞)들은 정식으로 「임시정부(臨時政府) 환영회(歡迎會)」라고 큰 글씨로 두드러지게 쓴 글자를 태극기(太極旗)와 아울러 허공에 휘날리고, 수십만 겨레가 총출동하여 일대(一大) 성황리에 시위 행렬을 진행하니, 해외에서 겪은 고생과 온갖 어려움을 알고 동정하는 듯싶었다.

행렬을 마친 후에 연회석(宴會席)을 덕수궁(德壽宮)에 정하였으니, 동시에 위세(威勢)와 성황(盛況)은 참으로 찬란하였다. 서울에 살고 있는 기생(妓生)은 총출동하여 사백 명 이상이요, 식탁이 사백여 개이며, 이루 글로 기록하기 어려울 만한 성황리에 하지* 중장(中將)을 비롯하여 미군정(美軍政) 간부들과 참석한 동포(同胞)들은 수를 헤아리기 어려워 덕수궁 광장이 비좁았던 것이다. 비단 경성(京城)뿐이랴. 인천(仁川) 개성(開城)

등 지방 각지에서 임시정부 환영회를 일제히 거행하였다。 그러나 삼팔선(三八線) 이북(以北)에서만 이와 반대로 환영회 대신 비할 데 없는 심한 욕설을 거꾸로 퍼뜨린다 하니, 참으로 탄식하고 웃을 뿐이었다。

그럭저럭 민국(民國) 이십팔년(二十八年)*을 맞이하자, 삼팔선(三八線) 이남(以南)이나마 지방 순회(巡廻)를 시작하게 되었다。 첫번째로 인천(仁川)을 순시(巡視)하니, 인천은 의미심장한 역사 지대라, 앞서 말한 바를 대강 다시 음미하게 된다。 이십이 세 때 인천감옥(仁川監獄)에서 사형(死刑)을 받았다가 이십삼 세 때 탈옥 도주하였고, 사십일 세 때에는 십칠 년 징역을 받고 인천감옥으로 이감(移監)하게 되었다。 십칠 년 전에 감옥을 부수고 탈주(脫走)하였던 그 감옥을 다시 쇠사슬에 얽히어 들어가니, 말 없는 감옥도 나를 아는 듯 내가 있던 자리는 옛날과 변함없이 나를 맞아 주었지만, 십칠 년 전 김창수(金昌洙)를 김구(金九)로 이름을 바꾸었고, 또한 세월이 오래된 관계로 아는 사람은 별로 없었다。 그곳에 구속된 몸으로 징역 공사(工事)한 것은 축항(築港)이었다。 그 항구를 바라보니 나의 피와 땀이 젖어 있는 듯하고, 구속된 이 몸을 면회차 부모님이 내왕하시던 길에는 눈물 흔적이 남아 있는 듯, 사십구 년 전 옛날의 기억도 새로울 뿐 아니라 강개(慷慨)도 무량(無量)하였다。

감구지회(感舊之懷)를 금할 수 없이 인천(仁川) 순시(巡視)는 대환영리에 마치고, 두번째로는 공주(公州) 마곡사(麻谷寺)를 시찰하기로 하여 공주에 도착하니, 충청남북도(忠淸南北道) 십일 개 군(郡)의 십여만 동포(同胞)들이 구름같이 모여 환영회를 거행하였다。 감격하는 가운데 환영회를 마치고 공주를 떠나 고(故) 김복한(金福漢)* 선생의 영정(影幀)과 면암(勉菴) 최익현(崔益鉉)* 선생의 영정을 찾아가 절을 하고, 동네 사람의 환영을 받고 아울러 유가족(遺家族)을 위로하였다。 마곡사(麻谷寺)를 향하는 길에는 각 군(郡)의 정당(政黨)과 사회단체(社會團體)의 대표자만 따라온 것이 삼백오십 명 이상이고, 소식을 들은 마곡사에서는 승려(僧侶)들이 선발대로 공주까지 나와서 맞이하고, 마곡사 동네 어귀에는 남녀 승려들이 죽 늘어서서 정성을 다하여 환영하니, 그 이유는 옛날 일개 승려의 몸으로 일국(一國)의 주석(主席)이 되어 온다는 감격에서였다。

사십팔 년 전에 중이 되어 승립(僧笠)을 쓰고 목에 염주를 걸고 바랑을 지고 출입하던 길로 좌우를 살펴보며 천천히 들어가니, 의구(依舊)한 산천(山川)은 나를 반겨 주는 듯하였다。 법당(法堂) 문 앞에 당도하니 대웅전(大雄殿)에 걸려 있는 주련(柱聯)도 변치 않고 나를 맞아 주었다。그 글귀를 사십팔 년 전 그 옛날에는 무심히 보았으나、오늘 자세히 보니 『돌아와 세상 일을 보니(却來觀世間) 마치 꿈속의 일 같구나(猶如夢中事)』*라 하였다。이 글을 볼 때 지난 일을 생각하니、과연 나를 두고 이름이 아닌가 생각되었다。지나간 옛날 《보각서장(普覺書狀)》을 용담(龍潭) 스님에게 배우던 염화실(拈花室) 그 방에서 그 밤을 의미심장하게 묵게 되니、승려들은 나를 위하여 지극한 정성으로 그 밤에 불공(佛供)을 올렸다。사찰(寺刹)은 예나 지금이나 같은 기상(氣像)으로 나를 환영하여 주지만、사십팔 년 전에 보던 승려들은 한 명도 없었다。이튿날 아침은 영원히 잊지 않을 기념(記念)으로 무궁화(無窮花) 한 포기와 향나무 한 그루를 심고 마곡사를 떠났다。

세번째로 예산(禮山) 시량리(柿梁里) 윤봉길(尹奉吉) 의사(義士)의 본댁(本宅)을 방문하니、때는 사월 이십구일이었다。윤 의사의 기념제(記念祭)를 거행하고 다시 한성(漢城)으로 돌아왔다。

즉시로 일본(日本)에 머물러 있는 박렬(朴烈)* 동지(同志)에게 부탁하여 조국(祖國)의 광복(光復)에 몸을 바쳐서 무도(無道)한 왜적(倭敵)에게 각각 학살(虐殺)당한 윤봉길(尹奉吉) 이봉창(李奉昌) 백정기(白貞基)* 세 열사(烈士)의 유골(遺骨)을 환국(還國)시키게 하고、나는 국내에서 장의(葬儀) 준비를 진행 중에 유골이 부산(釜山)에 도착하였다는 기별을 듣고、영접(迎接)하려고 특별열차(特別列車)로 부산을 향하여 가서 무언(無言)으로 개선(凱旋)하는 「삼열사유골봉환식(三烈士遺骨奉還式)」을 거행하고、영구(靈柩)를 봉환(奉還)하기 위해 부산역(釜山驛)을 출발하니、부산역 앞을 비롯하여 서울까지 각 역(驛) 앞마다 사회단체와 교육기관은 물론 일반 인사(人士)들이 구름같이 모여 늘어서서 봉도식(奉悼式)*을 거행하니、산천초목(山川草木)도 슬퍼하는 듯 강개무량(慷慨無量)하였다。

서울에 도착하는 즉시로 영구(靈柩)는 태고사(太古寺)*에 봉안(奉安)하고、뜻있는 동포(同胞)들은 누구를 물론하고 경의(敬意)를 표할 수 있게 하였다。장의(葬儀)에 임하여 봉장위원회(奉葬委員會) 책임자들이 장지(葬地)를 널리 구하였으나 여의치 못하여、결국 내가 몸소 용산(龍山) 효창공원(孝昌公園)에 선택하여 두었던 곳에 받들어 장사(葬事) 지내게 하니、한성(漢城) 유사(有史) 이래에 처음 보는 장례식(葬禮式)이었다。미군정(美軍政) 간부들도 전부 참석하였으며、호위(護衛)를 위해 미국 군인(軍人)도 같이 출동하겠다는 것을 이것은 그민두게 하였으나、조선인(朝鮮人) 경관(警官)은 물론 지방 각지에 흩어져 있는 육해군(陸海軍) 경비대(警備隊)까지 집합하고、각 정당(政黨) 단체와 교육기관과 각 공장(工場) 부문、일반 인사(人士)들이 총출동하여 태고사로부터 효창공원까지 인산인해(人山人海)를 이루었다。 전차(電車)와 자동차 등 각종 차량(車輛)과 일반 보행(步行)까지 전부 일시 정지하고, 비곡(悲曲)의 음악대(音樂隊)를 선두로, 사진반(寫眞班) 기자(記者)는 사이사이에 서고, 다음은 제전(祭典)을 드리는 화봉대(花峰隊)와 허공에 휻날리는 만장대(輓章隊)며, 그 뒤에 세 의사(義士) 영구(靈柩) 차량은 여학생대(女學生隊)가 운행하니, 옛적 국왕(國王) 인산(因山)* 때 이상으로 전무후무(前無後無)한 대성황을 이루었다。 장지(葬地)에는 맨 앞에 안(安)의사(義士)의 천광(穿壙)*을 지어 놓고, 차례로 세 의사(義士)의 유골(遺骨)을 받들어 장사(葬事) 지내니, 그날 참석한 유가족(遺家族)의 애도(哀悼)의 눈물과, 각 사회단체의 추도문(追悼文) 낭독에 대낮인데도 빛이 없는 듯하였으며, 사진반(寫眞班) 촬영으로 장례식은 끝났다。

그 얼마 후에 삼남(三南) 순회(巡廻)를 또한 시작하게 되었다。 첫번째로 김포(金浦)에서 출발하는 비행기로 제주도(濟州島)에 착륙하니, 제주도에 주재(駐在)한 미군정청(美軍政廳)을 비롯하여 각 정당(政黨) 단체와 교육(教育), 교회(教會), 각 공장(工場) 부문에서 총출동하여 대성황리에 환영회를 받고, 고(高) 부(夫) 양(梁) 세 성씨(姓氏)의 시조(始祖)를 모신 삼성전(三聖殿)에 참배한 뒤에 그 아래 삼성혈(三姓穴)*을 시찰하고, 다음에 해안으로 나가 제주도의 특색인 해녀(海女)들이 잠수하여 해산물을 거두어들이는 광경을 구경하고, 때가 매우기(梅雨期)*라서 날씨 관계로 마음속으로 정하였던 한라산(漢拏山)은 구경하지 못하고 돌아왔다。

그 후 다시 삼남(三南) 시찰차(視察次) 철도열차로 부산역(釜山驛)에 도착하여, 그곳에서는 자동차로 진해(鎭海)에 가서 해군(海軍) 총사령관(總司令官) 손원일(孫元一)의 안내로 그이가 이끄는 해안경비대(海岸警備隊)의 관람식(觀覽式)을 마치고, 과거 임진왜란(壬辰倭亂) 때 충무공(忠武公) 이순신(李舜臣) 장군이 왜적(倭敵)을 함몰시킨 한산도(閑山島) 제승당(制勝堂)을 찾아가 방문하였으며, 아울러 충무공(忠武公) 영정(影幀)에 참배하고 좌우를 살펴보니 유적(遺跡)을 새긴 현판(懸板)이 땅에 있으므로 까닭을 물으니 왜정시대(倭政時代)에 떼고 달지 못한 것이라 한다。 이때껏 보관한 것이 다행이라 생각하여 즉시로 그 현판(懸板)을 걸게 하고 돌아 나왔다。 진해(鎭海)를 시찰하니, 원래 조선(朝鮮)의 요새지(要塞地)로 해군(海軍)이 근거(根據)할 뿐 아니라 각종 해산물이 풍부하게 생산되는 곳이었다。 그곳에서는 경비함(警備艦)을 타고 통영(統營)에 상륙하여 여수(麗水) 순천(順天) 등지를 시찰한바, 도처마다 환영회는 끊임없었다。

보성군(寶城郡) 득량면(得粮面) 득량리(得粮里)(옛 이름은 송곡(松谷)) 그 마을은 사십팔 년 전 몸을 숨겨 도망 다닐 때 두서너 달을 지낸 곳이었다。 일가(一家)들이 스스로 하나의 마을을 이룬 곳인데, 지금까지 거주하는 일가들은 물론 지방 동포(同胞)들의 환영 역시 성황을 이루었다。입구에 도로를 수리하고 솔문(松門)*을 세웠으며、나와서 맞이하는 남녀 동포들은 죽 늘어선 형세를 이루었다。차를 세우고 걸어서 마을에 들어가니、내가 사십팔 년 전에 묵으며 글을 보던 고(故) 김광언(金廣彥) 씨의 가옥은 전과 다름없이 존재하여 나를 환영하니、불귀(不歸)의 객(客)이 된 김광언 씨의 감구지회(感舊之懷)를 금할 수 없었다。그 옛날 내가 식사하던 그 자리에서 다시 한번 음식을 대접하고자 한다 하여 마루 위에 병풍(屛風)을 두르고 정결(精潔)한 자리에 편안히 앉으니、눈앞에 보이는 산천(山川)은 의구(依舊)하나 인물(人物)은 예전에 보던 사람은 별로 없었다。『모이신 동포(同胞) 중에 나를 알 사람이 있소』물으니、마을 안의 여자 노인 한 분이 대답하기를『내가 일곱 살 때 선생님 글공부하시는 좌석에서 놀던 기억이 새롭습니다』말하고、일가 가운데 한 사람 김판남(金判男) 씨가 또한 나와서 사십팔 년 전 나의 필적(筆跡)이 완연(完然)한 책(冊) 한 권을 가지고『옛일이 어제 같습니다』라고 말하는 두 사람뿐이었다。

그 중에 또 잊지 못할 한 가지 사실이 있으니、즉 사십팔 년 전 동갑(同甲) 되는 선(宣)씨 한 사람이 있어 뜻이 맞아 친하게 지내다가、내가 그 마을을 떠날 때 그 부인의 손으로 만든 필낭(筆囊) 한 개를 작별 기념으로 주어서 받은 일이 선하다。그 선 씨를 물어보니、『선 씨는 이미 세상을 떠나고 그 부인과 가족은 보성읍(寶城邑) 부근에 거주하는데、그 노부인(老夫人)도 역시 옛일을 잊지 않고 지금 가시는 보성읍으로 나와서 맞이한답니다』라는 소식을 전하였다。그날 그 마을을 떠나 보성읍에 다다르니、과연 그 부인이 온 가족을 데리고 나와서 맞이하는 광경은 참으로 감격에 넘쳤다。만나는 자리에서 나이를 물으니 나와 역시 동갑(同甲)이었다。

과거의 일을 잠깐 이야기하며 봉별(逢別)의 예(禮)를 마치고、그곳에서 환영을 받고 강연을 마친 뒤에 보성을 떠나 광주(光州)까지、그 사이는 기록하기도 어려웠다。역으로 가는 길마다 수많은 동포들이 대기하고 환영하니、어떤 날은 서너 차례나 경유(經由)한 날도 있었다。이로부터 며칠 뒤에 광주(光州)에 도착하여 보니、도처마다 동포(同胞)들의 각종 기념선물(記念膳物) 해산물(海產物) 육산물(陸產物) 금품(金品) 등 모두 모은 것이 차에 가득 찼다。광주에 전재민(戰災民)이 많다는 말을 듣고 부윤(府尹)*을 초청하여 다소간 전재민 동정(同情)에 보태어 쓰라 부탁하면서 주고, 광주 환영회를 마치고 나주(羅州)를 향하였다. 도중에 함평군(咸平郡)을 지날 때, 동포(同胞) 다수가 길을 막고 잠시라도 함평읍(咸平邑)을 보아 달라는 소원이 있으므로 부득이 함평읍에 당도하여 학교 광장에서 수많은 동포를 상대로 환영회의 강연을 마치고, 저물녘에 나주읍(羅州邑)에 도착하여 팔각정(八角町) 이(李) 진사(進士) 댁의 소식을 탐문(探問)하니, 이 진사 댁은 함평읍인데, 아까 만세를 선창(先唱)한 그이가 이 진사의 둘째 아들이라고 하니, 세월이 오래된 관계로 함평 이 진사 댁을 나주로 알게 된 것을 느꼈다. 함평군 함평읍 함평리의 이재혁(李在赫) 이재승(李在承) 등이 이 진사(지금은 이(李) 승지(承旨))의 손자였다. 얼마 후에 예물(禮物)을 지니고 서울로 찾아왔기에, 그때의 착오로 미안하였던 사실을 직접 말하였다.

그때 나주(羅州)를 떠나 김해(金海)에 도착하니, 때마침 수로왕릉(首露王陵) 가을 시제(時祭)였다. 김씨(金氏)와 허씨(許氏)가 많이 참석하여 모인 자리에, 나의 참배 준비로 사모각대(紗帽角帶)*를 미리 준비하고 기다리고 있었다. 출생 후 처음으로 사모각대를 차리고 참석하여 절하였다.

그길로 다시 창원(昌原) 진전(鎭田)을 향하여, 과거 상해(上海)에 있을 때 본국(本國)으로 파견하여 운동하다가 결국 옥중(獄中)에서 갖은 고생을 하고 그 여독(餘毒)으로 세상을 떠난 이교재(李敎載)* 지사(志士)의 유가족(遺家族)을 방문 위로하였다. 다음으로 진주(晋州)를 향하여 애국(愛國) 열녀(烈女) 기생(妓生) 논개(論介)의 옛 영혼을 위로하는 마음으로 촉석루(矗石樓)를 시찰하였고, 그길로 전주(全州)에 도착하니 무수한 남녀 동포(同胞)가 나와서 맞이하는 중에, 김맹문(金孟文) 씨와 그 종제(從弟) 김맹열(金孟悅), 그 내종형(內從兄) 최경렬(崔景烈) 세 사람은 역사(歷史) 관계가 두터운 사람이었다. 내가 이십일 세 때 신천(信川) 청계동(淸溪洞)의 진사(進士) 안태훈(安泰勳) 씨(안중근(安重根) 의사(義士)의 부친) 댁에서 상봉한 김형진(金亨鎭) 씨의 아들과 조카와 생질(甥姪)이었다. 전주 동포들의 성대한 환영을 마친 후에 김맹문 씨 외 두 사람의 온 가족을 상대로 특별한 환영 속에서 기념사진까지 촬영하니, 피차간(彼此間)에 고(故) 김형진 씨의 감구지회(感舊之懷)를 금할 수 없었다.

다음 목포(木浦) 군산(群山) 강경(江景) 등지를 일일이 시찰하니, 이곳은 모두 잊지 못할 역사가 맺혀 있는 곳이었다. 목포(木浦)에서는 양봉구(梁鳳九) 동지(同志)를 찾아가기 위하여 노동자(勞動者)로 가장(假裝)하고 지게를 지고 변장(變裝)하여 양봉구 동지를 상대하던 기억이 새로우므로, 그 자리에서 양봉구 씨의 유가족(遺家族), 그 밖에 내력(來歷)을 탐문(探問)하였으나 결국 단서를 얻지 못하였다. 군산(群山)을 거쳐 강경(江景)에 도착하여 공종렬(孔鍾烈) 씨의 소식을 탐문(探問)하니, 젊은 나이에 자살하고 마침내 자손도 없는 터이며, 당시에 공 씨 집안에 돌발하였던 괴변(怪變)은 그 친척 사이에서 일어난 사실이라고 말하였다. 그다음 춘천(春川) 가정리(柯亭里)의 의암(義菴) 유인석(柳麟錫) 선생 묘(墓) 앞에 참배하고 그 유족(遺族)을 위문(慰問)한 뒤에 한성(漢城)으로 돌아왔다.

얼마 후 강화(江華)를 순시(巡視)하려고 인천(仁川)에서 경비선(警備船)을 타고 무의도(舞衣島)에 도착하여 그곳 동포들의 환영을 받고 강연을 마치고 강화에 도착하여, 사십육 년 전 김경득(金卿得) 씨의 셋째 동생 진경(鎭卿)이가 집안일을 주재(主宰)할 때 내가 이름을 바꾸고 그 사랑(舍廊)에서 사숙(私塾)을 열고 교편(敎鞭)을 잡은 지 석 달 만에 본색(本色)이 탄로되어 물러나왔던 그 집의 존재를 탐문하였더니, 그 집이 예전과 같이 온전하다 하여 그 집을 찾아가서 그 환영하는 친척들과 기념사진을 촬영하고, 합일학교(合一學校) 운동장에서 환영을 받고 아울러 강연할 당시에 『과거에 내 앞에서 수학(修學)한 학생 삼십 명 중에 이 자리에 참석한 자 있거든 나서 보시오』라고 두세 번 불렀으나 결국 한 사람도 없었다. 그 저녁에야 경관(警官)과 함께 들어온 한 사람이 아뢰기를 『제가 과연 선생님의 제자이옵니다』라고 말하였다. 『그러면 내 앞에서 수학(修學)한 기억이 나느냐』 하니, 『선합니다』라고 대답한다. 『그러면 아까 운동장에 오고도 대답이 없었는가』 물으니, 『저는 운동장에 참석하였으나, 선생님의 강연을 듣고 너무도 울분(鬱憤) 감격(感激)하여 눈물을 참을 수 없어 대답을 못 하였습니다』라고 대답하였다.

삼남(三南) 일대를 이같이 대강 시찰(視察)하고 한성(漢城)으로 돌아와 얼마간 수양(修養)한 후, 다시 삼팔선(三八線) 이남 서부(西部) 조선(朝鮮) 일부를 시찰하기로 하였다. 첫번째로 개성(開城)에 도착하여 십팔구 세 때에 유람하던 명승고적(名勝古蹟) 만월대(滿月臺)와 선죽교(善竹橋)를 관람하고 개성의 특산(特産)인 고려인삼(高麗人蔘) 제조 공장(工場)을 시찰하였으며, 개성의 각 정당(政黨) 사회단체(社會團體)는 물론이고 일반 남녀노소(男女老少) 동포들이 총출동하여 환영식을 마친 후에, 이튿날은 배천온천(白川溫泉)을 경유하여 연안온천(延安溫泉)에 도착하니 역전(驛前)마다 나와서 맞이하는 동포들의 감격은 이루 헤아릴 수 없었다. 환영과 아울러 인사의 말을 대강 끝마치고 연안온천에서 하룻밤을 묵은 후 연안읍(延安邑)을 향하는 길에, 기억에 새로운 이(李) 효자(孝子) 묘(墓)를 찾아가 뵈려고 한 시골 노인에게 도로(道路) 변경 유무(有無)를 탐문하니 사십구 년 전과 바뀐 것이 없다고 말하였다。

이효자(李孝子) 묘(墓) 앞에 당도하여 차를 멈추어 세우고 걸어서 고(故) 효자(孝子) 이창매(李昌梅) 씨의 족적(足跡)을 답습(踏襲)하며 묘 앞에 참배하고、사십구 년 전 해주감옥(海州監獄)으로부터 쇠사슬에 구속되어 인천감옥(仁川監獄)으로 이감(移監) 중에 효자 이창매 씨의 사적(事跡)을 의미심장한 감격으로 그 묘 곁에 앉았던 그 자리를 눈으로 어림잡아 헤아려서 다시 앉고 보니、분묘(墳墓)와 산천(山川)도 옛날 그대로 변함이 없는 모습으로 나를 환영할 뿐 아니라、좌우에서 지키며 따라오는 경관(警官)들도 사십구 년 전 나를 구속하여 가던 경관(警官)들과 흡사하였다。

그러나 문득 뒤를 돌아보니、그 옛날 구속되어 가는 내 뒤를 따라오시던 어머님이 앉으셨던 그 자리도 옛날 그대로 변함이 없건만、어머님의 얼굴만은 뵈올 길이 없으니 앞이 캄캄해지면서 옛일을 떠올리며 느끼는 눈물을 금할 수 없었다。중경(重慶)에서 운명(殞命)하실 때 최후의 말씀으로『나의 원통한 생각을 어찌하면 좋으냐』하시던 말씀을 추억하니、이날 이 자리에 모자(母子)가 함께 앉아서 지나간 일을 이야기하지 못하실 줄 예측하시고 하신 말씀처럼 나의 가슴은 잠깐 울분(鬱憤)한 마음을 진정하기 어려웠다。지금 촉산(蜀山) 한 모퉁이에、사람도 땅도 생소한 서촉(西蜀) 화상산(和尙山) 남쪽 기슭에 할머니와 손자가 같이 누워 계실 생각을 하니 비회(悲懷)도 금할 수 없으며、「영혼(靈魂)이라도 고국(故國)에 돌아오셔서 이 몸과 같이 환영을 받으신다면 다소 위안이 되지 않을까」백감(百感)이 뒤얽혔다。

그러나 이것은 나 개인의 감상(感傷)이요、연안(延安)의 동포들이 남녀노소(男女老少)를 막론하고 총출동하여 연안에서 제일 광활한 학교 운동장이 비좁을 만큼 구름처럼 모여 죽 늘어서서 성대한 환영 속에서 아울러 강연을 마치고 그길로 청단(青丹)에 도착하니、역시 환영하는 동포들의 열정(熱情)은 도처에 마찬가지이지만、이른바 삼팔선(三八線) 관계로 출생지(出生地)를 멀리 바라볼 뿐이요 돌아서서 한성(漢城)을 향하게 되니、그때에 강개무량(慷慨無量)한 회포(懷抱)는 글이나 말로는 설명하기 어려웠다。

그길로 저물녘에 배천(白川)에 도착하여 종일 기다리고 서 있던 동포(同胞) 대중(大衆)을 향하여 간단한 인사 겸 강연을 마치고 그곳에서 머물러 묵었다。그곳은 사십 년 전 군수(郡守) 전봉훈(全鳳薰) 씨의 초청을 받아 배천에서 사범강습(師範講習)을 개최하고、양서(兩西)에 명성이 쟁쟁한 최광옥(崔光玉) 선생을 주임강사(主任講師)로 모시고 강습을 진행하던 중에 불행히 최 선생이 폐병(肺病)으로 객사(客死)하니, 읍내(邑內) 유지(有志)들과 전(全) 군수(郡守)와 협의하여 배천 남산(南山) 위 운동장 옆에 안장(安葬)한 후 떠난 지 사십 년 만에 비로소 이곳을 당도하니, 도처마다 옛 기억의 감상(感傷)은 이루 헤아리기 어려웠다.

이튿날 배천(白川)을 떠나 한성(漢城)으로 향하는 길에 장단(長湍) 고랑포(皐浪浦)를 경유하여 선조(先祖) 경순왕릉(敬順王陵)에 참배하는데, 능촌(陵村)에 사는 경주김씨(慶州金氏)들이 앞서서 행로(行路)를 예측하고 미리 제전(祭典)을 세밀히 준비하였었다. 예를 갖추어 절한 후 그곳을 떠나 문산(汶山)에 도착하여 역시 환영을 받고 강연을 마치고 한성(漢城)에 돌아오니, 서부(西部) 조선(朝鮮)의 순회(巡廻)는 이로써 끝났다.

편집자 주(編輯者 註)

위의 숫자는 본문의 쪽 번호이다.

상권

七 **너희는 열 살, 일곱 살의 어린아이이니** 당시 장남 김인(金仁)은 열한 살(一九一八년생), 차남 김신(金信)은 일곱 살(一九二二년생)이었다.

一二 **김자점(金自點)** 一五八八-一六五一. 一六二三년 인조반정(仁祖反正) 때 공을 세워 영의정에 올라 권세를 부리다가 효종이 즉위하자 파직당하였다. 이에 앙심을 품고 조선이 중국 청(淸)나라를 정벌할 계획을 세우고 있다고 청에 누설하였다가 대간들의 탄핵을 받아 전라도 광양에 유배되었고, 뒤에 아들의 역모사건이 발각되자 반역죄로 처형당하였다.

백운방(白雲坊)(지금은 운산면(雲山面)으로 바뀜) 황해도 벽성군(碧城郡) 지역으로, 본래 벽성군은 청산방(青山坊)과 백운방(白雲坊) 두 지역으로 나뉘어 있다가 一九一四년 행정구역 개편 때 두 지역을 합쳐서 운산면(雲山面)이 되면서 해주군(海州郡)에 편입되었고, 一九三八년 해주읍이 해주시로 승격됨에 따라 신설된 벽성군 관할이 되었다.

역둔토(驛屯土) 조선시대의 역토(驛土)와 둔토(屯土). 역토는 역의 운영에 필요한 경비를 마련하기 위한 토지이며, 둔토는 군대의 군량을 마련하기 위한 토지이다.

(약 석 자 불명) 관련 자료를 중심으로 추정하면 「原因(원인)이」 부분이 훼손된 듯하다.

一三 **병자년(丙子年) 칠월 십일일 자시(子時)** 병자년은 一八七六년(고종 十三)이고, 자시는 밤 열한 시부터 오전 한 시까지를 말한다.

(약 여덟 자 불명) 관련 자료를 중심으로 추정하면 「族(족) 중 어른들의 強勸(강권)」 부분이 훼손된 듯하다.

一六 **〈수호지(水滸誌)〉식으로** 〈수호지〉는 중국의 장편소설로, 송(宋)나라 때 수령(首領)인 송강(宋江)을 중심으로 백팔 명의 영웅호걸들이 양산박(梁山泊)을 중심 무대로 하여, 조정의 부패와 관료의 비행을 응징하여 민중의 갈채를 받는다는 내용이다. 여기서 말하는 『〈수호지〉식』이란, 양산박의 두령이 되는 등장 인물 노지심(魯智深)이 이유 없이 사람을 때려 죽이거나, 승려가 되어서도 승려들과 싸우거나 불상을 파손하는 등 난폭한 성격의 소유자로 묘사되는데, 이를 비유하여 이르는 말이다.

해주 먹(墨) 해주에서 나는 송연(松煙)(소나무 그을음)으로 만든 먹. 조선 말기에 황해도 내에서는 물론 전국적으로 유명한 특산품이었다.

감사(監司) 조선시대 각 도의 으뜸 벼슬. 관찰사(觀察使)라고도 한다.

판관(判官) 조선시대에 지방관을 도와서 행정 업무에 참여하였던 관리.

영리청(營吏廳) 조선시대에 감사(監司)가 일을 보던 감영(監營)에 속하여 있던 영리들의 사무처.

사령청(使令廳) 조선시대에 각 관아에서 심부름하던 사람들이 모여 있던 청사.

계방(稧房) 계방(契房). 조선시대에 불법행위를 눈감아 주는 대신 하급 관리들에게 뇌물을 주던 일. 또는 뇌물을 받던 그 하급 관리.

영문(營門) 감영(監營) 즉 조선시대에 관찰사가 직무를 보던 도(道) 단위의 관아로, 여기서는 황해도 감영을 말한다.

본아(本衙) 감영보다 작은 단위 행정구역의 관아(官衙)를 가리키는 말로, 여기서는 해주읍(海州邑)의 관아를 말한다.

一七 **도존위**(都尊位) 「존위」는 한 면 또는 한 마을의 어른이 되는 사람을 가리키는 존칭으로, 도존위는 존위의 우두머리를 말한다.

一八 **오담**(鰲潭) 오담리(鰲潭里)라는, 황해도 벽성군(碧城郡) 운산면(雲山面)의 한 마을 이름.

一九 **훈료**(訓料) 가르침을 받은 값으로 치르는 비용으로, 오늘날의 수업료에 해당한다.

『마상봉한식』(馬上逢寒食) 『말 위에서 한식을 만나다』라는 뜻으로, 중국 당(唐)나라 시인 송지문(宋之問)의 시〈도중한식(道中寒食)〉의 첫 구절이다.

강안(講案) 고문서의 한 종류로, 고강(考講) 즉 시험의 결과를 적은 문서를 말한다. 요즈음의 성적표에 해당한다.

二○ **대상제**(大祥祭) 사람이 죽은 후 이 년 만에 지내는 제사.

二一 **『우명문사단…』**(右明文事段) 『이 명문을 작성하는 것은…』이라는 뜻으로, 각종 토지 관련 문서의 첫머리에 전형적으로 쓰이는 말.

『우근진소지단…』(右謹陳訴旨段) 『삼가 송사의 요지를 진술하는 것은…』이라는 뜻으로, 관청에 소송을 제기하는 소장(訴狀)에 전형적으로 쓰이는 말.

『유세차… 감소고…』(維歲次 敢昭告) 『세월은 흘러 어언… 감히 고하여 아뢰옵니다…』라는 뜻으로, 제축문에 전형적으로 쓰이는 말.

『복지제기자… 미유항려…』(僕之第幾子 未有伉儷) 『저의 몇째 아들이… 아직 배필이 없었더니…』라는 뜻으로, 혼서문에 전형적으로 쓰이는 말.

『복미심…』(伏未審) 『삼가 안부 듣지 못하온바…』라는 뜻으로, 서간문에 전형적으로 쓰이는 말.

《통감》(通鑑) 중국 송(宋)나라 때 강지(江贄)가 《자치통감(自治通鑑)》을 요약한 책으로, 《통감절요(通鑑節要)》라고도 한다. 조선 초기부터 어린 학동들의 교재로 널리 쓰였다. 《자치통감》은 송나라 때 사마광(司馬光)이 펴낸 중국 역사서이다.

《사략》(史略) 중국 원(元)나라 때 증선지(曾先之)가 편찬한 《십팔사략(十八史略)》을 가리킨다. 《십팔사략》은 중국 고대부터 송(宋)나라 말까지의 역사를 압축하여 기록한 역사서이다.

『제왕 제후 장수 재상의 씨가 어찌 따로 있으리오』(王侯將相寧有種乎)**라던 진승**(陳勝)**의 말** 중국 진(秦)나라 말기에 빈민들의 집단 이주 통솔을 맡은 진승(?-서기전 二○八)과 오광(吳廣)이 대택향(大澤鄕)이란 곳에서 큰비로 움직일 수 없게 되어 장차 참수형을 당할 지경에 이르자, 진승이 일행들에게 『기왕 죽을 목숨이라면 한번 큰일을 도모해 보는 것이 어떻겠냐』면서 『제왕 제후 장수 재상의 씨가 어찌 따로 있으리오. 누구든지 세상을 얻으면 다 될 수 있소』라고 했던 고사(古事)를 말한다.

칼을 뽑아 뱀을 베었다는 유방(劉邦)**의 행동** 중국 한(漢)나라 고조 유방(재위 서기전 二○六-서기전 一九五)이 술에 취해 밤길을 걷다가 늪지에서 큰 뱀을 맞닥뜨리고 칼을 뽑아 뱀을 베었는데, 나중에 알고 보니 그 뱀은 백제(白帝)(적국인 진나라를 뜻함)의 아들로서 뱀으로 변하여 길에 있었던 것이다. 이 말을 듣고 유방은 오히려 기뻐했고, 그 모습을 본 사람들은 더욱 그를 두려워하게 되었다는 고사(古事)를 말한다.

빨래하는 아낙네에게서 밥을 얻어먹었다는 한신(韓信)**의 사적**(事跡) 중국의 한(漢)나라 고조 유방(劉邦)을 도와 항우(項羽)를 공격해 큰 공을 세우고 중국 통일에 기여한 장군 한신(?-서기전 一九六)이 젊었을 때 형편이 매우 어려워 밥을 빌어먹거나 굶기가 일쑤였는데, 하루는 냇가에서 끼니를 위해 낚시질하던 그를 본 빨래하던 아낙네가 한신에게 싸 온 밥을 나누어 주고, 이후에도 계속 밥을 넉넉히 싸 와 며칠을 굶주림에서 벗어날 수 있었다는 고사(古事)를 말한다.

二二 **대고풍십팔구**(大古風十八句) 운을 달지 않은 칠언 십팔구의 한시체(漢詩體).

임진년(壬辰年) **경과**(慶科)**(마지막 과거)** 「임진년」은 一八九二년(고종 二十九)으로, 김구 나이 십칠 세 때이다. 「경과」란 나라에 경사가 있을 때 이를 기념하고자 보게 하던 과거이다. 한편 조선시대 마지막 과거는 一八九四년(고종 三十一) 창경궁(昌慶宮) 춘당대(春塘臺)에서 열린 식년문무과(式年文武科)로 알려져 있으며, 과거제도는 一八九四년 갑오개혁을 계기로 폐지되었다.

명지(名紙) 과거 시험 때 쓰던 답안지를 말한다. 이를 시지(試紙) 또는 시권(試券)이라고도 하는데, 과거 시험 응시자는 시험 답안지의 오른쪽에 신분 성명 본관 나이 거주지 등을 적고, 또 사조(四祖)의 신분 성명 본관 등을 기록한 뒤에 서너 번 접어 봉하여 제출토록 하였다. 응시자와 그 선조의 인적 사항을 기록한 종이라 하여 명지라 한다.

서후지(書厚紙) 두껍고 질기며 질이 좋은 장지(壯紙)의 한 종류.

선화당(宣化堂) 조선시대에 각 도(道)의 관찰사가 집무를 보던 주건물.

접(接) 서당 학생이나 과거에 응시하던 선비들의 동아리. 보부상의 동아리를 가리키기도 하며, 동학(東學)에서는 포(包)와 같은 뜻으로 교구 또는 집회소 단위로도 쓰인다.

二三 **접장**(接長) 과거에 응시하던 선비들의 동아리를 이끄는 우두머리. 동학에서는 접(接)의 우두머리를 가리킨다.

통인(通引) 예전에 지방 수령(守令)의 잔심부름을 하던 구실아치.

二四 **과문육체**(科文六體) 과거 시험에서 보던 여섯 가지 문체(文體). 즉 시(詩) 부(賦) 표(表) 책(策) 의(疑) 의(義)를 가리킨다.

공방(孔方) 고려시대 문인(文人) 임춘(林椿)이 일상생활에서 돈의 존재를 다룬 가전체 소설 〈공방전(孔方傳)〉에서 돈(엽전)을 의인화하여 이른 말로, 엽전의 가운데에 네모난 구멍이 있으므로 이렇게 이른다.

《마의상서(麻衣相書)》 중국 송(宋)나라 때 마의선사(麻衣禪師)가 지은 관상에 관한 책.

二五 **지가서**(地家書) 풍수지리에 근거를 두고 묏자리나 집터 따위의 좋고 나쁨을 알아보는 내용의 책.

《손무자(孫武子)》 중국 춘추시대(春秋時代)의 병법가 손무(孫武)(서기전 육세기경)가 지은 병법서 《손자(孫子)》를 가리킨다. 일명 《손자병법(孫子兵法)》이라 불린다.

《오기자(吳起子)》 중국 전국시대(戰國時代)의 병법가 오기(吳起)(서기전 四四○?~서기전 三八一)가 지은 병법서 《오자(吳子)》를 가리킨다.

《삼략(三略)》 중국 주(周)나라의 정치가 태공망(太公望)(강태공(姜太公))이 지었다는 병법서. 상략(上略) 중략(中略) 하략(下略)의 세 개 편목으로 되어 있어 「삼략」이라 한다. 「략(略)」은 「기략(機略)」의 뜻으로, 일을 잘 처리할 수 있는 지혜를 의미한다.

《육도(六韜)》 중국 주(周)나라의 정치가 태공망(太公望)(강태공(姜太公))이 지었다는 병법서. 문도(文韜) 무도(武韜) 용도(龍韜) 호도(虎韜) 표도(豹韜) 견도(犬韜)의 여섯 개 장으로 되어 있어 「육도」라 한다. 「도(韜)」는 「화살을 넣는 주머니」라는 뜻으로, 깊이 감추어진 병법의 비결을 의미한다.

정도령(鄭道令) 《정감록(鄭鑑錄)》에 나오는 가상 인물로, 이 책에서는 정도령이 조선왕조의 뒤를 이어 계룡산에 도읍을 정하고 팔백 년 왕국을 건설한다고 하였다.

받은목 물이 흘러 들어오거나 나가는 어귀 중에서 가장 좋은 곳.

동학(東學) 조선 말 십구세기 중엽에 탐관오리의 착취와 외세의 침입에 대항하여 최제우(崔濟愚)가 세상과 백성을 구제하려는 뜻으로 창시한 민족종교. 「사람이 하늘」이라는 인내천(人乃天) 사상을 기본교리로 삼아 백성들로부터 크게 환영받아 세력이 커졌으나, 一八九四년(고종 三十一)의 동학농민운동 이후 정부의 탄압을 받아 세력이 쇠퇴하였고, 제삼대 교주 손병희(孫秉熙)가 천도교(天道敎)라고 명칭을 바꾸었다.

二六 **통천관**(通天冠) 임금이 정무를 보거나 조칙을 내릴 때 쓰던 관으로, 조선 말에는 양반들도 썼다.

용담(龍潭) **최수운**(崔水雲) 수운(水雲)은 동학의 창시자 최제우(崔濟愚)(一八二四~一八六四)의 호이다. 용담(龍潭)은 최제우의 탄생지이자 동학의 발상지로 용담성지(龍潭聖地)라 불리며, 행정구역상 경상북도 경주시 현곡면 가정리이다. 이 마을 앞산이 구미산(龜尾山)이고, 이 산 계곡에 용담정(龍潭亭)이 있다.

최해월(崔海月) 해월(海月)은 동학의 제이대 교주 최시형(崔時亨)(一八二七~一八九八)의 호이다.

대도주(大道主) 동학, 즉 천도교(天道敎)를 통할하던 우두머리. 지금은 교령(敎領)으로 명칭이 바뀌었다. 한편, 동학의 하부 교구 단위는 「접(接)」 또는 「포(包)」로,

그 우두머리는「접주(接主)」라 하였다。

진주(眞主) 진명지주(眞命之主)。하늘의 뜻을 받아 어지러운 세상을 평정하고 통일을 이루는 임금。

체천행도(體天行道) 하늘의 운행을 본받아 도를 행한다는 동학 원리 중 하나。

二七

《성경대전(聖經大全)》 동학의 창시자 최제우(崔濟愚)가 一八六〇년(철종 十一)에서 一八六三년(철종 十四) 사이에 지은《동경대전(東經大全)》을 가리킨다。한문체로 되어 있으며 동학에서는 최고의 중요한 경전이므로「성경(聖經)」을 붙여 부른다。

《팔편가사(八編歌辭)》 동학의 창시자 최제우가 一八六〇년(철종 十一)에서 一八六三년(철종 十四) 사이에 지은《용담유사(龍潭遺詞)》를 가리킨다。동학 포교용 가사집으로 한글체로 되어 있으며, 여덟 편으로 구성되어 있어「팔편(八編)」을 붙여 부른다。

〈궁을가(弓乙歌)〉 《용담유사(龍潭遺詞)》에 실려 있는 장편 동학 가사。한 행이 끝날 때마다「궁궁을을(弓弓乙乙) 성도(成道)로다」를 후렴구로 반복하고 있다。

『모든 악함을 짓지 말고 여러 선함을 받들어 행하라(諸惡莫作 衆善奉行)』 붓다의 가르침 가운데 하나로, 사언(四言) 사구(四句)로 되어 있으며 보통「칠불통계(七佛通戒)」라 이른다。중국 당(唐)나라 때의 승려 조과선사(鳥窠禪師)가 불법(佛法)을 묻는 백거이(白居易)에게 답한 말로 유명하며, 평범함 속에 진리가 있음을 뜻한다。

二八

양서(兩西) 황해도와 평안도를 아울러 이르는 말。

계사년(癸巳年) 一八九三년(고종 三十)으로, 이해 가을 김구(金九) 등 황해도 동학 접주들이 보은(報恩)에 있는 해월(海月) 최시형(崔時亨) 대도주에게 연비들의 명단을 보고하기 위하여 출발하였다。

경통(敬通) 동학에서 사용하던 통문(通文)을 일컫는 말。

도유(道儒) 동학 교도(敎徒)를 일컫는 말。

『시천주조화정 영세불망만사지(侍天主造化定 永世不忘萬事知)』 동학에서 외우는 주문 중 본주(本呪)로,『천주를 모시면 신통한 일이 이루어지고, 이를 영원히 잊지 않으면 만물의 이치를 알게 된다』라는 뜻。아침 저녁으로 하는 개별 수련 때 이 주문을 외웠다。

『지기금지 원위대강(至氣今至 願爲大降)』 동학에서 외우는 주문 중 강령주(降靈呪)로,『지극한 기운이 이제 나에게 이르러, 큰 내림을 청하여 비옵니다』라는 뜻。아침 저녁으로 하는 개별 수련 때 이 주문을 외웠다。

독삼탕(獨蔘湯) 맹물에 인삼 한 가지만을 넣어 한 번에 많은 양을 달여 복용하는 탕약。

손응구(孫應九) 병희(秉熙) 응구(應九)는 손병희(一八六一—一九二二)의 자(字)이다。一八六二년(철종 十三) 동학에 입도하여 제삼대 교주가 되었고, 삼일운동 때 민족대표 삼십삼 인의 한 사람으로 활약했다。

김연국(金演局) 一八五七—一九四四。동학 제이대 교주 최시형(崔時亨)의 수제자이다。호는 구암(龜菴)으로, 손병희(孫秉熙) 손천민(孫天民)과 더불어「삼암(三菴)」의 한 사람이다。一八九二년부터 전개된 동학의 교조신원운동에 적극 가담했고, 一八九四년(고종 三十一) 제이차 동학농민봉기 때 동학의 대도소장(大都所長)으로 보은에서 기병(起兵)하여 북접(北接)에 가담했으나, 공주에서 패퇴한 뒤 체포되어 종신징역에 처해졌다。一九〇五년 석방된 뒤 손병희와 함께 천도교를 창건하고 一九〇七년 대도주(大道主)가 되었으나, 손병희와의 불화로 이듬해 탈퇴한 뒤 이용구(李容九)가 조직한 시천교(侍天敎)의 대례사(大禮師)가 되었고, 一九二五년에는 계룡산에 들어가 새로운 종파를 세워 상제교(上帝敎)라 칭하고 그 교주가 되었다。

二九

박인호(朴寅浩) 一八五五—一九四〇。一八八三년(고종 二十) 동학에 입도하여 최시형(崔時亨)의 지도를 받고 예산에서 포교 활동을 전개했다。一八九二년부터 전개된 동학의 교조신원운동에 적극 가담했고, 보은 장내리 민중시위 때 많은 교도를 동원해 참가하여 덕의포(德義包)라는 포명(包名)과 대접주의 임첩(任帖)을 받았으며, 一九〇〇년 동학의 경도주(敬道主)가 되어 손병희를 도와 동학을 재건하는 데 힘썼다。一九〇七년 천도교 차도주(次道主)를 거쳐 이듬해에 천도교

제사대 대도주(大道主)가 되었고、천도교 중흥에 힘써 교세를 크게 일으켰다。

광혜원장(廣惠院場) 충청북도 진천군 광혜원면 광혜원리에서 열리는 오일장(五日場)。조선시대 과객(過客)들에게 편의를 제공하던 광혜원이 있었던 곳이어서 광혜원리라 불렸으며、일찍부터 시장이 발달하였다。

삼남(三南) 충청도 경상도 전라도 세 지방을 통틀어 일컫는 말。

三〇 **척왜척양**(斥倭斥洋) 『왜적과 서양 오랑캐를 배척한다』는 의미로、당시 동학이 대외에 내건 기치 중 하나였다。

산포수(山砲手) 산속에서 사냥하는 일을 직업으로 하는 사람。포수는 포군(砲軍)과 같은 뜻으로 쓰여、총포를 가진 군사를 가리키기도 한다。

사령기(司令旗) 지휘자를 나타내는 기。

三一 **감역**(監役) 감역관(監役官)。조선시대에 토목이나 건축 공사를 맡아 보던 벼슬。

문화(文化) 황해도 문화군(文化郡)을 가리킨다。문화군은 이후 一九一四년에 신천군(信川郡)에 합속되어 문화면(文化面)이 되었다。

三二 **패엽사**(貝葉寺) 황해도 신천군 용진면 패엽리 구월산에 있는 절。인근 일곱 개 군(郡) 서른네 개의 사찰을 관장하던 대본산(大本山)이었다。

모주(謀主) 어떤 일을 기획하는 사람으로、참모 격이다。

종사(從事) 본래 조선시대 종팔품의 무관 벼슬로、여기서 따서 쓴 명칭으로 보인다。

의려소(義旅所) 「려(旅)」는 옛 중국에서 병사(兵士) 오백 명을 단위로 하는 군대(軍隊)를 뜻하는 말로、여기에서 의려(義旅)는 의병을 말하며、의려소는 의병 본부를 가리킨다。

三三 **지감**(知鑑) 지인지감(知人之鑑)。사람을 잘 알아보는 능력。

풍천군(豊川郡) 황해도 중서부에 있던 군(郡)으로、조선 예종 一년(一四六九년) 도호부로 되었다가 一八九五년(고종 三十二) 풍천군과 송화군으로 개편된 뒤、一九一四년 풍천군이 송화군에 편입되었다。해안에 위치하므로 예로부터 군사적으로 매우 중요시되었다。

三四 **황주 병사**(黃州 兵使) 황주는 황해도 중앙 북단에 있는 군(郡) 이름이고、병사는 조선시대 각 도(道)의 육군을 지휘하는 책임을 맡은 종이품 무관직 「병마절도사(兵馬節度使)」를 말한다。

갑오년(甲午年) **음력 선달경** 一八九四년(고종 三十一) 음력 십이월로、동학농민운동이 거의 끝나 갈 무렵이다。

조실방(操室房) 한자 뜻 그대로 『몸을 조리하고 훈련하는 방』으로 해석할 수도 있겠으나、하은당(荷隱堂)이 전용으로 사용하는 조실방(祖室房)으로 해석함이 자연스럽다。국사원(國士院) 판 《백범일지》에도 『하은당 대사는 나를 그의 사처인 조실에 혼자 있게 하고 몸소 병구완을 하였다』로 되어 있다。

영장(領將) 본래의 뜻은 「지방 관아에 속한 하급 장교」이나、여기서는 최일선에서 동학군을 이끄는 지휘자의 직책을 말한다。

三六 **명자**(名刺) 이름 주소 신분 따위를 적은 종이쪽으로、오늘날의 명함에 해당한다。

석사(碩士) 예전에 벼슬이 없는 선비를 높여 부르던 말。

을미년(乙未年) 一八九五년(고종 三十二)으로、이해 八월 명성황후(明成皇后)가 일본 부랑배에게 경복궁(景福宮)에서 시해되는 을미사변(乙未事變)이 일어났다。

三七 **장자**(長子)**는 중근**(重根)**이니 당년 십육 세에 상투를 틀었고** 안중근(安重根)은 一八七九년생으로、김구가 처음 그를 본 때(一八九五년)는 열일곱 살이었다。안중근은 열여섯 살 되던 一八九四년에 김아려(金亞麗)와 혼인하였다。

주부(主簿) 한약방을 차린 사람을 말한다。한편 종육품(從六品) 문관(文官)의 벼슬 이름이기도 하다。

산림(山林) 학식과 덕이 높으나 벼슬하지 않고 숨어 지내는 선비。

선달(先達) 무과에 급제하고 벼슬하지 못한 사람。

三八 **황석공**(黃石公)**의 《소서》**(素書) 황석공은 중국 진(秦)나라 말기의 은사(隱士)이자 병법가(兵法家)이다。장량(張良)이 진시황(秦始皇)을 암살하려다 실패한 뒤 하비(下邳)를 떠돌아다니다가

이교(圯橋)에서 만난 황석공에게서 이 책《소서》를 전해 받았고, 장량이 이 책을 읽고 유방(劉邦)이 천하를 차지하도록 도왔다고 한다。 나라를 다스리고 천하를 얻기 위한 지혜, 역사적 경험 등이 총 천삼백삼십육 자로 기록되어 있다。

안 진사의 조부(祖父) 인수(仁壽) 「조부」는 「부친」의 착오이다。 안인수(安仁壽)는 안태훈의 부친이자 안중근의 조부로, 일찍이 진해현감(鎭海縣監)을 지낸 바 있다。

김종한(金宗漢) 一八四四-一九三二。 조선 말의 문신(文臣)으로, 한때 독립협회(獨立協會) 위원으로 활동하고 국채보상운동에도 참여하였으나, 국권 피탈 후에는 일본으로부터 남작(男爵)의 작위를 받고 친일 행위를 하였다。

三九 **중암(重庵) 유중교(柳重敎)** 「중암(重庵)」은 「성재(省齋)」로 고쳐야 한다。 중암(重庵)은 조선 말의 학자 김평묵(金平默)의 호이고, 조선 말의 유학자 유중교(柳重敎)(一八三二-一八九三)의 호는 성재(省齋)이다。

의암(毅菴) 유인석(柳麟錫) 一八四二-一九一五。 조선 말의 의병장(義兵將)으로, 의암은 유인석의 호이다。

모사(謀師) 지혜나 지략으로 남을 도와 일이 이루어지도록 하는 참모。

四一 **《화서아언(華西雅言)》** 조선 고종 때의 유학자 화서(華西) 이항로(李恒老)(一七九二-一八六八)가 일상생활에서 가장 긴요한 것을 뽑아 엮은 수양서。 원제목은 《화서선생아언(華西先生雅言)》으로, 김평묵(金平默) 유중교(柳重敎) 등이 편집을 완성하였다。

《주자백선(朱子百選)》 중국 송(宋)나라 학자 주자(朱子)의 편지 중에서 가장 요긴한 내용 백 편을 뽑아 모은 책。 조선 정조가 직접 편집하였으며, 원제목은 《주서백선(朱書百選)》이다。

四二 **『가지를 잡고 나무에 오르는 것은 놀라운 일이 아니다。 매달린 벼랑에서 손을 놓을 수 있어야 대장부이다』(得樹攀枝無足奇 懸崖撒手丈夫兒)** 중국 송(宋)나라 때의 승려 야보도천(冶父道川)의 시(詩)로, 시의 전문은 『가지를 잡고 나무에 오르는 것은 놀라운 일이 아니다。 매달린 벼랑에서 손을 놓을 수 있어야 대장부이다。 물은 차고 밤은 싸늘하여 고기를 찾기 어려우니, 빈 배에 달빛만 가득 싣고 돌아오네』(得樹攀枝未足奇 懸崖撒手丈夫兒 水寒夜冷魚難覓 留得空船載月歸)이다。 첫 구절의 「無」는 「未」의 오기(誤記)이다。

四三 **산증(疝症)** 고환이나 음낭이 부어 아랫배가 켕기며 아픈 병증。

사삼(沙蔘) 더덕。 한방에서 말린 더덕의 뿌리를 약재로 이르는 말。

약(藥)괭이 약초(藥草)를 캘 때 쓰는 괭이。

四四 **청일전쟁(淸日戰爭)** 一八九四년(고종 三十一) 조선의 동학농민운동 진압을 위해 군대를 파견하는 문제로 일어난 청과 일본 사이의 전쟁이다。 일본이 승리하여 시모노세키조약(下關條約)을 맺고 청나라가 조선의 독립국임을 인정하는 등 일본에 유리한 내용들이 체결되었다。

四五 **동삼성(東三省)** 중국 동부에 위치한 길림성(吉林省) 요령성(遼寧省) 흑룡강성(黑龍江省)을 말하며, 예전에는 만주(滿洲)로 불렸고, 지금은 동북삼성(東北三省)이라고 한다。

四六 **함흥(咸興) 감영(監營)** 함흥은 一八九六년(고종 三十三) 함경남도의 관찰사가 직무를 보는 감영으로 승격되었다。 「함흥 감영」을 「함영(咸營)」이라고도 한다。

한신(韓信)이 회음(淮陰)의 소년에게 당하던 일 중국 한(漢) 고조 유방(劉邦)을 도와 천하를 통일하는 데 공을 세운 한신이 어릴 때 고향 회음(지금의 강소성(江蘇省) 청강(淸江))의 부랑배가 시비를 걸며 자기 가랑이 밑으로 지나가라고 하자 시키는 대로 했다。 원대한 꿈을 품은 사람은 작은 일에 구애받지 않는다는 고사이다。

고원군(高原郡) 함관령(咸關嶺) 함관령은 함경남도 홍원군(洪原郡)에 있는 고개이다。 「고원군」은 「홍원군」의 착오로 보인다。

이태조(李太祖)의 승전비(勝戰碑) 고려 말에 이성계(李成桂)가 중국 원(元)나라 승상 나하추(納哈出)의 침략을 물리친 것을 기념하여 一八三〇년(순조 三十) 세운 비로, 정식 명칭은 달단동전승기적비(韃靼洞戰勝紀蹟碑)이다。

四七 **김병연(金炳淵)의 〈남대천(南大川)〉** 김병연(一八〇七-一八六三)은 조선시대의 방랑 시인으로, 김삿갓 또는 김립(金笠)으로 불렸다。 부끄러운 집안 내력을 안 후에 젊어서부터 전국을 떠돌아다니면서 세상을 풍자하는 즉흥 시를 많

이 지었다。여기 인용된 시의 원문에서 「窄超超」는 「狹遠遠」의 착오로、「恐」은 「畏」의 착오로 보인다。

경주(慶州)의 인경 성덕대왕신종(聖德大王神鍾)(봉덕사종(奉德寺鍾) 또는 에밀레종、국보 제二九호)을 가리킨다。조선시대 때 날마다 저녁 때 쇠북을 스물여덟 번 쳐서 성문 출입 통제 시간을 알렸는데、이 「인정」이 차차 「인경」으로 바뀌어 불렸고、쇠북은 즉 종(鍾)을 뜻하였다。

은진(恩津) 미륵(彌勒) 충청남도 논산시 관촉동(전에는 은진면) 관촉사(灌燭寺)에 있는 석조보살입상(石造菩薩立像)(보물 제二一八호)을 가리킨다。

연산(連山) 쇠 충청남도 논산시 은진면 천호리 개태사(開泰寺)에 있는、쇠로 만든 솥(개태사(開泰寺) 철확(鐵鑊)、충청남도 민속문화재 제一호)을 가리킨다。

四九 **호통사(胡通辭)** 만주어(滿洲語)를 통역하는 사람。

五〇 **파저강(婆猪江)** 중국 요령성(遼寧省)에서 발원하여 남쪽으로 흘러 압록강에 합류하는 강。길이는 약 팔십 킬로미터이며、동가강(佟佳江)이라고도 한다。조선 세종 十五년(一四三三년) 최윤덕(崔潤德)이 파저강 일대의 여진인(女眞人)을 정벌하고 압록강 유역에 사군을 설치한 바 있다。

설인귀(薛仁貴) 六一四~六八三。중국 당(唐)나라의 장군으로、고구려 정벌에 참전하여 공을 세우고 고구려가 멸망한 뒤 안동도호부(安東都護府)의 도호(都護)가 되었다。

천개소문(泉蓋蘇文) 고구려의 정치가이자 장군인 연개소문(淵蓋蘇文)(?~六六五)을 가리킨다。본래 성은 연(淵)인데、중국 당(唐)나라 고조 이연(李淵)의 이름과 같다 하여 중국에서는 천개소문(泉蓋蘇文)으로 기록되어 있다。六四二년 영류왕을 시해하고 보장왕을 세운 후 대막리지가 되어 정권을 장악하였으며、六四五년(보장왕 四)에는 당 태종의 침입을 안시성(安市城)에서 격파하였다。

관루(管壘) 군사를 통괄하던 군영의 보루。

『한 사람이 관문을 지키면 만 사람도 뚫지 못한다(一夫當關萬夫莫開)』 중국 당(唐)나라 때의 시인 이백(李白)이 지은 악부(樂府) 가사 〈촉도난(蜀道難)〉의 한 구절。촉(蜀)나라 땅의 내력과 산세의 험준함 등을 상세하게 표현하였다。

관전(寬甸) 만주 봉천성(奉天省)의 현(縣)。

강계군(江界郡) 서문(西門)(인풍루(仁風樓)) 「서문」은 강계읍성(江界邑城)의 서문을 말한다。강계읍성은 외적의 침입에 대비하여 一四七二년(성종 三)에 쌓았으며、一六八〇년(숙종 六) 불에 타 그해에 다시 세웠고、현재는 육이오 전쟁으로 크게 손상된 것을 다시 수리해 놓았다고 한다。인풍루(仁風樓)는 강계읍성의 부속 건물로서 서북쪽에 세워진 장대(將臺) 즉 군사 지휘소로、독로강(禿魯江)이 굽이쳐 흐르는 절벽 위에 있어 예로부터 관서팔경(關西八景)의 하나로 유명하다。

五一 **만청군(滿淸軍)** 「만청(滿淸)」은 「청(淸)」을 달리 이르는 말로、여진족이 만주에서 일으킨 나라라는 데에서 유래한다。따라서 만청군(滿淸軍)은 청군(淸軍)을 뜻한다。

국모(國母) 명성황후(明成皇后)(一八五一~一八九五)를 가리킨다。고종 三二년(一八九五년) 八월 二〇일 일본은 부랑배들을 경복궁(景福宮)에 난입시켜 우리 명성황후(明成皇后)를 시해하고 불태우는 만행을 저질렀다。

五四 **삼경(三更)** 하룻밤을 오경(五更)으로 나눈 셋째 부분으로、밤 열한 시에서 새벽 한 시 사이를 가리킨다。

五五 **굿배기 화로(火爐)** 「방 한쪽에 붙박이로 고정시켜 놓은 화로」라는 뜻으로 추측된다。

五七 **『자식을 아는 것은 아버지만 한 자가 없다(知子莫如父)』** 중국 제(齊)나라 환공(桓公)을 패자(覇者)의 자리에 오르게 한 관중(管仲)이 병이 들자、환공이 관중을 찾아가 관중이 만일 일어나지 못한다면 정치를 누구에게 맡겨야 하는지를 물으니、관중이 『제가 듣건대、신하를 아는 것은 임금만 한 자가 없고、자식을 아는 것은 아버지만 한 자가 없다 하였습니다』라고 하였다。여기에서 유래한 고사(古事)로、《한비자(韓非子)》 〈십과편(十過篇)〉에 나오는 이야기이다。

원명 부부의 장례(葬禮) 장례는 이미 치른 후이니、제사 등 뒷일을 돌보아 주었다는 뜻으로 보인다。

五八 **단발령(斷髮令)** 머리를 짧게 깎도록 내린 명령。一八九五년(고종 三十二) 十一월 十五일 일본이 강제로 시행하여、이를 계기로 전국적으로 의병이 봉기하였다。

『**머리는(頭可斷) 자를지언정 머리털은(髮不可斷) 자를 수 없다**』 一八九五년 을미사변(乙未事變) 이후 조직된 친일(親日) 내각에 의해 단발령이 내려지자 당시 유림(儒林)의 거두였던 면암(勉菴) 최익현(崔益鉉)(一八三三－一九〇六)이 이에 불복하는 상소문에 쓴 구절로、원문은『내 머리를(吾頭可斷) 잘라도 이 머리털은(此髮不可斷) 자를 수 없다』이다。

『**저승에서(寧爲地下無頭鬼) 머리 없는 귀신이 될지언정 머리 깎은 사람은(不作人間斷髮人) 되지 않겠다**』 단발령이 내려졌을 때 춘천(春川)의 어느 유생(儒生)이 올린 상소문의 한 구절이다。

六〇 **단발정지령(斷髮停止令)** 一八九六년(고종 三十三) 이월 십일일 친러 세력과 러시아 공사가 공모하여 비밀리에 고종을 러시아 공사관으로 옮긴 아관파천(俄館播遷)이 일어나、기존의 친일 내각이 붕괴되고 이범진(李範晉) 이완용(李完用) 윤치호(尹致昊) 등을 중심으로 한 친러 내각이 세워졌는데、새 내각은 그간의 민심을 수습하고자 단발령을 철회하고、이를 개인의 자유 의사에 맡김으로써 단발령 문제는 일단락되었다。

六一 **병신년(丙申年)** 一八九六년(고종 三十三)으로、명성황후(明成皇后)가 시해된 이듬해이다。

六二 **삼포오루(三浦梧樓)** 一八四六－一九二六。일본의 군인으로、청일전쟁(淸日戰爭) 후 조선에 공사로 부임하여 친일 정권을 수립하고자 명성황후(明成皇后)를 시해하는 을미사변(乙未事變)을 일으켰다。

六六 **토전양량(土田讓亮)** 현재까지 조사된 관련 자료에 의하면、토전양량은 나가사키현(長崎縣) 출신의 상인으로 알려져 있다。

비거리 해가 동녘에서 솟아 올라 햇빛을 비출 만큼 하늘에 떠 있는 모습。

六八 **등인(等因)** 공문서에 쓰던 말로、서면으로 알려 준 사실에「의거한다」는 뜻이다。

압상(押上) 압부상송(押付上送)。죄인을 체포하여 상급 관청으로 넘겨 보냄。

전목칼(全木) 두꺼운 널빤지로 만들어 죄인에게 씌우던 형틀로、이 형구를 쓰고 이동할 경우에는 앞에서 한 사람이 받쳐 들어야 할 정도였다고 한다。

민영철(閔泳喆) 一八六四－?。조선 말기의 문신으로、예조 병조 이조의 참의、한성부 좌윤(左尹)과 우윤(右尹)、예조 호조 형조의 참판 등 요직을 두루 거쳤고、이후 궁내부특진관(宮內府特進官) 원수부검사국총장(元帥府檢査局總長) 군부대신(軍部大臣) 등을 지내면서 군사 기밀을 관장하는 등 황실의 실세 역할을 했다。一八九六년(고종 三十三) 해주부 부사와 황해도 관찰사를 지낼 때 김구를 신문한 바 있다。

六九 「**나무는(樹欲靜而風不止) 고요하고 싶어 하나 바람은 그치지 않는다**」 이 뒤의 구절은「자식은(子欲孝而親不待) 효도하고자 하나 어버이는 기다려 주지 않는다」로、부모님이 살아 계실 때 효도하지 못함을 탄식하는 말이다。중국 한(漢)나라 때 한영(韓嬰)이 지은《한시외전(韓詩外傳)》에 나온다。

七〇 **인천옥(仁川獄)** 인천감리서(仁川監理署) 내에 있던 감옥을 말한다。

갑오경장(甲午更張) 一八九四년(고종 三十一) 종전의 구식 제도를 버리고 근대적인 서양식 제도를 본받아 새로운 국가 체제를 세우려고 시도한 개혁 운동。

위경범(違警犯) 위경죄(違警罪)를 범한 자。위경죄란 범죄를 죄의 경중(輕重)에 따라 분류할 때 죄질이 가장 가벼운 범죄를 말한다。유럽、특히 프랑스 형법이 재판의 관할、소송의 절차、형(刑)의 경중(輕重) 면에서 범죄를 중죄(重罪) 경죄(輕罪) 위경죄(違警罪)로 분류한 이래 이 범죄의 삼분법이 널리 사용되었다。

七一 **삼문(三門)** 관청 앞에 세운 세 개의 문、즉 정문 동협문 서협문을 이른다。

동자꾼 「동자아치」의 황해도 방언(方言)으로、밥 짓는 일을 하는 여자 하인을 말한다。

『**슬프고(哀哀父母) 슬프도다 어버이시여、나를 낳아(生我劬勞) 기르시느라 고생하셨다**』

《시경(詩經)》〈소아(小雅)〉편에 나오는 구절로, 《명심보감(明心寶鑑)》에도 인용되어 있다. 이 구절의 앞뒤 전문(全文)은 『아버지 날 낳으시고 어머니 날 기르시니, 슬프고 슬프도다 어버이시여, 나를 낳아 기르시느라 고생하셨다. 그 깊은 은혜를 갚고자 할진대, 넓은 하늘과 같이 끝이 없구나(父兮生我 母兮鞠我 哀哀父母 生我劬勞 欲報深恩 昊天罔極)』이다.

『부모와 자녀는 천 번을 태어나는 헤아릴 수 없이 오랜 세월에 은혜와 사랑을 끼치며 산다(父母與子女 千生百劫 恩愛所遺住)』 원문은 『아비와 자식의 정은 천 번을 태어나는 헤아릴 수 없는 긴 시간에 은혜와 사랑, 습기가 흘러 들어간 것이다(父子之情 千生百劫 恩愛習氣之所流注)』로, 불가(佛家)의 가르침이다.

『옛 고향 동산이 늘 눈앞에 있으니, 일부러 부르지 않아도 넋은 그곳에 가 있네(故園長在目 魂去不須招)』 중국 당(唐)나라 때 시인 송지문(宋之問)(六五六-七一二)의 시 〈소주를 일찍 떠나며(早發韶州)〉의 한 구절로, 전문(全文)은 『초록 나무 우거진 진경의 길, 푸른 구름 드리운 낙수(洛水)의 다리, 옛 고향 동산이 늘 눈앞에 있으니, 일부러 부르지 않아도 넋은 그곳에 가 있네(綠樹秦京道 青雲洛水橋 故園長在目 魂去不須招)』이다.

七二

취한(取汗) 발한(發汗). 한방(漢方)에서 병을 다스리기 위하여 땀을 내는 일.

김윤정(金潤晶) 一八六九-一九四九. 인천부 경무관(警務官)을 거쳐 학부 유학생으로 미국에서 유학하여 콜로우드대학을 졸업하고, 주미조선공사관의 삼등서기관과 일등 서기관, 주미공사 직무대리 등을 역임했다. 一九〇五년 을사늑약(乙巳勒約) 이후 귀국하여 태인군수(泰仁郡守), 인천부윤(仁川府尹) 겸 감리사(監理使)를 역임했으며, 一九一〇년 경술국치(庚戌國恥) 후 관직에서 물러났다가 그해 十一월 조선총독부의 특채로 등용되어 전라남도 참여관(參與官)과 경기도 참여관을 거쳐 충청북도지사로 승진하였다. 이후 一九二六년 중추원(中樞院) 참의(參議)가 되었다가 一九四五년 중추원 고문직에 올랐다.

윤치호(尹致昊) 윤치오(尹致旿)(一八六九-一九五〇)의 착오이다. 윤치오는 대한제국 말의 문신(文臣)이며, 그의 부인은 김윤정(金潤晶)의 딸로 한국 최초의 양장(洋裝) 여성으로 알려져 있다. 윤치호(尹致昊)(一八六五-一九四五)는 그의 사촌 형이다.

七三

열병(熱病) 장티푸스를 일상적으로 이르는 말.

통상통화조약(通商通和條約) 통상조약(通商條約)과 통화조약(通和條約). 통상조약은 두 나라 사이의 통상에 관련된 사항을 규정하는 조약이고, 통화조약은 강화조약(講和條約), 평화조약이라고도 하며, 전쟁의 종료와 평화의 회복을 선언하면서 그 조건을 규정하는 조약이다.

칙쇼(畜生) 남을 욕할 때 쓰는 「짐승」이라는 뜻의 일본 말로, 「빌어먹을」 「개새끼」라는 뜻으로도 사용된다.

이재정(李在正) 一八四六-一九一九. 고등재판소 판사, 탁지부 협판(協辦), 탁지부 대신서리(大臣署理) 등을 거쳐 인천감리 겸 부윤을 지냈다. 一八九七년 중추원(中樞院) 일등의관(一等議官)을 거쳐 충청남도 관찰부 주사(主事), 영암군수(靈巖郡守)를 지냈고, 一九一〇년 경술국치(庚戌國恥) 후에는 중추원 찬의(贊議)가 되었다.

청속(廳屬) 관청에 속해 있는 가장 말단의 벼슬아치들을 통칭하여 이르는 말.

몽백(蒙白) 국상(國喪)을 당하여 백립(白笠)을 쓰고 소복(素服)을 입음.

춘추대의(春秋大義) 중국 춘추시대(春秋時代)의 기록을 담은 공자(孔子)의 역사서 《춘추(春秋)》가 지향하는 대의명분(大義名分)을 가리키는 말. 이 책에서 공자는 직분(職分)을 바로잡는 정명(正名)과 엄격히 선악(善惡)을 판별하는 포폄(褒貶)의 원칙에 따라 용어를 철저히 구별하여 서술했다. 《춘추》는 단순한 역사서가 아니라, 대의명분을 밝혀 이로써 천하의 질서를 바로세우고자 한 기록이었다. 이렇듯 명분(名分)에 따라 엄격하게 기록하는 것을 「춘추필법(春秋筆法)」이라고 한다. 우리나라에서도 성리학(性理學)을 수용하여 따른 이래로 이 춘추대의가 정치적으로 중요한 사건에 중요한 잣대가 되어 왔다.

「군부(君父)의 원수를 갚지 못하면 몽백을 아니한다」 「임금이나 아버지의 원수를 갚지 못하면 상복도 입지 않는다」는 뜻이다

七四

차꼬 죄수를 가두어 둘 때 쓰던 형구(刑具)의 하나로, 두 개의 기다란 나무토막을 맞대어 그 사이에 구멍을 파서 죄인의 두 발목을 넣고 자

물쇠를 채우게 되어 있다.

「땅에 금을 그어 놓고 감옥이라고 해도 의리 때문에 나가지 않을 것이다」(劃地爲獄義不出) 「땅을 구획하여 옥이라고 해도 그 안에 들어가지 않을 것이다」(畫地爲獄議不入)라는 《한서》(漢書) 〈노온서전〉(路溫舒傳)의 구절을 글자를 바꾸어 달리 표현한 말.

七五 **지금의 삼 원**(园) 「원」(园)은 중국의 화폐 단위로, 이 글을 집필하던 一九二八년 무렵의 「중국 돈 삼 원」(园)이라는 뜻이다.

七六 **경성부**(京城府) **참여관**(參與官) 참여관은 一九一〇년 공포된 「조선총독부지방관관제」(朝鮮總督府地方官官制)에 따라, 각 도(道)의 우두머리인 장관(長官)의 자문에 응하거나 임시명을 받아 사무에 복무하는 직책이다. 그러나 김윤정은 경성부 참여관이 아닌 경기도 참여관을 지냈다.

「백」(白)자에 착함(着銜)하였다 「백」(白)은 「아뢰다」의 뜻으로, 공문서의 끝부분 「白」(백)자 아래 자필로 성명을 적는 일을 말한다.

七七 **계하죄인**(階下罪人) 폐하죄인(陛下罪人). 폐하 즉 왕의 결재를 받아서 처벌 내용을 정하는 중요한 죄인.

七八 **국계**(國計) 「나라의 살림살이」를 이르는 말.

『아침에 도를 들으면 저녁에 죽어도 좋다』(朝聞道夕死可矣) 공자(孔子)가 《논어》(論語) 〈이인편〉(里仁篇)에서 한 말.

『유세차(維歲次) 영력(永曆) 이백 몇 해…』 『세월은 흘러 어언 영력 이백 몇 해를 맞아…』라는 뜻으로, 제사 때 축문(祝文)의 첫머리에 관용적으로 쓰는 말이다. 영력(永曆)은 중국 명(明)나라의 연호(一六四七-一六六一년 사용)이다.

七九 **《태서신사》**(泰西新史) 一八九六년(고종 三十三)에 학부(學部) 편집국에서 간행한 서양사(西洋史) 교과서. 한자(漢字)로 된 원문을 그대로 펴내면서 동시에 그것을 한글로 번역하여 발행하기도 하였다.

아관박대(雅冠博帶) 「우아한 관과 넓은 띠」라는 뜻으로, 사대부(士大夫)의 의관이나 차림을 이르는 말이다. 보통은 「높은 관과 넓은 띠」라는 「아관박대」(峨冠博帶)로 사용된다.

약인(略人) 그럴듯한 말로 속여 금품을 빼앗는 죄.

『인생팔세개입소학』(人生八歲皆入小學) 『사람은 여덟 살이면 모두 소학에 들어간다』는 뜻이다.

건양(建陽) **이년** 건양은 一八九六년 조선 고종 때 사용하기 시작한 연호(年號)로, 건양 二년은 一八九七년이다.

《황성신문》(皇城新聞)이 창간된 때였다 《황성신문》은 一八九八년 九월 五일에 창간되었다. 따라서 건양 二년(一八九七년)쯤에 김구가 본 신문은 《황성신문》이 아니다. 김구는 《황성신문》이 창간되기 전인 一八九八년 三월 인천감옥을 탈옥한다.

인찰지(印札紙) 괘선이 그어져 있는 종이로, 흔히 공문서를 작성하는 데 사용되었다.

『갈까 보다…』 소리 판소리 〈춘향가〉(春香歌) 중 「갈까부다」 대목을 말하는 듯하다. 이 대목은 『갈까부다. 갈까부네. 님을 따라서 갈까부다. 천리라도 따라가고 만리라도 따라 나는 가지…』로 시작된다.

八〇 **여창지름**(女唱) 시조(時調) 창법의 하나로, 주로 여성에 의하여 불리는 시조창인 「여창지름시조」를 말한다. 초장의 둘째와 셋째 장단에서 청황종(淸黃鍾) 이상으로 올라가는 높은 음은 가성(假聲)을 사용하는 것이 특징이다.

남창지름(男唱) 시조(時調) 창법의 하나로, 주로 남성에 의하여 불리는 시조창인 「남창지름시조」를 말한다. 초장을 가곡(歌曲)의 두거(頭擧)나 삼수대엽(三數大葉)처럼 높은 소리로 질러서 내는 것이 특징이다.

〈적벽가〉(赤壁歌) 작품으로서의 〈적벽가〉는 조선 후기의 판소리 이론가 신재효(申在孝)(一八一二-一八八四)가, 〈삼국지연의〉(三國志演義)의 일부가 판소리화한 것을 개작(改作)하여 정착시킨 것인데, 여기서는 일반 백성들 사이에 구전되던 〈적벽가〉 판소리 가락으로 보인다.

〈가세타령〉 모두 열두 곡이 전승되고 있는 서울의 긴 잡가(雜歌) 중의 한

곡으로, 본래 제목은 〈선유가(船遊歌)〉이나 『가세 가세 가세 자네 가세, 가세 가 八一
세 놀러 가세, 배를 타고 놀러 가세, 지두덩 기어라 둥게둥덩 덩실
로 놀러 가세』라는 후렴구가 있어 〈가세타령〉이라고도 불린다. 八二

〈개고리타령〉 민요의 하나로, 크게 두 가지가 있다. 하나는 경기
선소리를 부를 때 〈자진산타령〉에 이어 부르던 경기 잡가(雜歌)로 〈청개
구리타령〉이라고도 하고, 다른 하나는 경기 선소리 〈개구리타령〉이 八三
남사당패에 의해 여러 지역으로 전파되면서 그 영향을 받아 파생된
민요로 〈개고리타령〉이라고도 한다. 내용은 판소리 〈춘향가〉 〈흥
부가〉 〈심청가〉 중 일부 사설을 가져다 엮은 것으로 일관성이 없으
며, 개구리와도 관계가 없다.

화창(和唱) 창화(唱和). 한 사람이 한 소절 노래를 부르면, 다른 사람이 다음 소
절을 불러 답하는 것. 八四

《황성신문(皇城新聞)》을 열람(閱覽)하니 이때는 《황성신문》이 창간되기 전이었다.

박태보(朴泰輔) 一六五四-一六八九. 조선 중기의 문신(文臣)으로, 숙종 十五년(一六八九년) 기사환국(己巳換局) 때 인현왕후(仁顯王后)의 폐위를 강력히 반대하다 심한 고문을 받고 유배를 가는 도중에 별세하였다.

보습 단근질에 『이 쇠가 오히려 차가우니 다시 달구어 와라(此鐵猶冷更煮來)』 했던 사적(事蹟) 기사환국(己巳換局) 때 숙종이 박태보(朴泰輔)를 직접 신문했는데, 당시 그에게는 정강이를 매질하는 형추(刑推), 불에 달군 인두로 발바닥을 지지는 낙형(烙刑), 사금파리를 깔아 놓은 곳 위에 무릎을 꿇게 하고 널판을 놓아 사람이 올라가 뛰거나 누르는 압슬(壓膝) 등 전례 없는 끔찍한 고문이 가해졌다. 이런 고문을 받으면서도 박태보는 의연한 태도로 일관했다고 전한다. 여기서는 낙형을 받을 때 박태보가 한 말이 인용되고 있다.

삼학사(三學士) 조선 인조 十四년(一六三六년)에 일어난 병자호란(丙子胡亂) 때 중국 청(淸)나라에 항복하는 것을 반대하다 청나라에 끌려가 죽임을 당한 홍익한(洪翼漢)·윤집(尹集)·오달제(吳達濟) 등 세 사람의 선비.

초경(初更) 하룻밤을 오경(五更)으로 나눈 첫째 부분, 즉 저녁 일곱 시에서 아홉 시 사이.

이태황(李太皇) 조선 고종을 가리킨다. 태황은 「자리를 물려주고 들어 앉은 황제인 상황(上皇)」을 높여 부르는 말로, 고종은 일본의 강요로 一九〇七년 순종에게 왕위를 물려주고 태황이 되었다.

각구지 목 현 강화도(江華島)와 김포시(金浦市) 사이의 좁은 바닷길을 말한다. 강화도라는 지명(地名)은 「갑비고차(甲比古次)」에서 유래하여 이후 「갑곶(甲串)」으로 바뀌고 여기서 다시 「강화(江華)」로 변천되었는데, 갑곶이었을 당시 갑곶이 갑고지 각구지 등으로 불려 왔다. 「목」은 중요한 좁은 통로라는 뜻이다.

우후(虞侯) 조선시대에 수군절도사(水軍節度使)를 보좌하는 일을 맡아보던 무관 벼슬.

병인양요(丙寅洋擾) 조선 고종 三년(一八六六년) 프랑스 함대가 조선의 가톨릭 탄압에 항의하여 강화도를 침범한 사건.

운현(雲峴) 서울특별시 종로구 운니동에 있는 운현궁(雲峴宮)으로, 조선 고종의 아버지 흥선대원군(興宣大院君)의 저택 이름이다. 여기서는 당시 정권을 장악했던 흥선대원군을 가리킨다.

별무사(別武士) 조선 말에 말단 병졸(兵卒) 가운데서 무예가 뛰어난 자를 선발하여 특별히 승급시킨 군사.

포량고(砲粮庫) 병인양요(丙寅洋擾) 이후 一八六六년(고종 三) 十월 흥선대원군(興宣大院君)이 수도 방어의 목적으로 강화도에 진무영(鎭撫營)을 설치하고 외적의 침입에 대비토록 하였는데, 이를 위한 군비(軍費)를 초기에는 왕실의 내탕금(內帑金) 등으로 충당하였으나, 이것으로 감당할 수 없게 되자 재정 확보의 일환으로 一八七一년 영의정 김병학(金炳學)의 건의로 심도포량미세(沁都砲糧米稅)를 제정하여 시행하였다. 이것이 바로 포량미로, 이렇게 해서 평안도와 함경도를 제외한 여섯 개 도에서 징수한 포량미를 보관하던 곳이 바로 포량고이다.

투전(套錢) 노름 도구의 하나。두꺼운 종이로 손가락 너비만 하고 十五센티미터 정도의 길이로 만들어、인물 새 짐승 어류 등을 그려 끗수를 나타내서 기름에 절여 만든다。

포교(捕校) 포도부장(捕盜部將)。조선시대에 포도청에 속하여 범죄자를 잡아들이거나 다스리는 일을 맡아 보던 벼슬아치。

이건창(李建昌) 一八五二—一八九八。조선 후기 강화(江華) 출신의 문신(文臣)으로、일찍이 중국 청(淸)나라에 가서 이름을 떨쳤으며、부모상을 당하여 강화에 머물 때 《당의통략(黨議通略)》을 저술하였다。강화에서 양명학(陽明學)을 연구하여 발전시킨 강화학파(江華學派)의 한 사람으로 추앙된다。

포량감(砲粮監) 포량 또는 포량고(砲粮庫)를 감독하는 역할의 직책으로 추정된다。

八五 **소지(訴紙)** 소송을 위해 올리는 서류。

제지(題旨) 관(官)에서 백성의 소장(訴狀)에 대하여 적절한 처리 내용을 담아 내리던 문서。

단율(單律) 네 구로 된 한시(漢詩)。

八七 **백동전(白銅錢)** 조선 말에 추진한 화폐개혁정책의 하나로 一八九一년(고종 二十八) 은본위화폐제도(銀本位貨幣制度)의 채용을 골자로 하는 〈신식화폐조례(新式貨幣條例)〉를 공포하면서 인천전환국(仁川典圜局)에서 주조한 동전이다。

八九 **무술년(戊戌年)** 一八九八년(고종 三十五)이다。

삼릉창(三稜槍) 끝이 세모 난 창。

모주 술을 거르고 남은 찌끼에 물을 타서 부옇게 걸러낸 막걸리。인목대비(仁穆大妃)의 어머니 노씨부인(盧氏夫人)이 광해군 때 제주도로 귀양 가서 술지게미를 재탕한 막걸리를 만들어 섬사람들에게 팔았는데、왕비의 어머니가 만든 술이어서 「대비모주(大妃母酒)」라 부르다가 나중에는 그냥 「모주(母酒)」라 불렀다고도 하며、새벽에 일꾼들이 해장과 아침을 겸하여 먹던 술이어서 묘시(卯時)(오전 다섯 시에서 일곱 시 사이)에 마시는 술이라고 「묘주(卯酒)」라 부르던 것이 「모주」로 바뀌었다고도 한다。

九〇 **대천입지(戴天立地)** 하늘을 머리에 이고 땅에 섬、즉 세상에 살아 있음을 비유적으로 이르는 말。

九一 **모군꾼(募軍)** 공사판 따위에서 삯을 받고 일하는 사람。

토상투 맨상투。아무것도 두르거나 쓰지 아니한 상투。

九二 **허즉실 실즉허(虛則實 實則虛)** 겉은 허술해도 속은 알차고、겉은 알차지만 속은 텅 비어 있다는 뜻。

방석솔포기 가지가 옆으로 넓게 퍼져 소복하고 탐스럽게 생긴 키 작은 소나무。

북성고지 개항(開港) 이전 인천부 부내면 만석동의 일부로、어선이 많이 드나드는 북성포(北城浦)가 있었다。一九一四년에 초대 일본 공사 하나부사 요시모토(花房義質)가 이곳에 처음 상륙하여 화방정(花房町)으로 개칭하였고、一九四六년에 북성동으로 바뀌었다。당시에 바다로 돌출한 지형이어서 북성곶(串) 또는 북성고지라고 불렀고、거기에 포대를 설치했었다。

九三 **죽 한 그릇을 스물닷 냥 주고 사서 먹은 것이다** 앞서 거울 한 개의 값이 엽전 한 냥이라고 하였으므로 내용에 모순이 있다。당시는 종전의 화폐와 신식 화폐가 함께 통용되던 시기여서 화폐 단위를 혼동한 것으로 보인다。

장량이 흙다리 위를 한가로이 걷던(從容步圯上) 장량(張良)(?—서기전 一六八)은 중국 한(漢)나라의 공신으로、유방(劉邦)을 도와 천하를 통일하는 데 공을 세운 인물이다。이 대목은 장량의 고사(故事)로、장량이 흙다리 위를 한가로이 걷고 있는데 한 노인이 다가와 일부러 신발을 다리 아래로 떨어뜨리고는 주워 와서 신겨 달라고 하자、장량은 참고 신을 주워 와서 꿇어앉아 신겨 주었다。그 노인이 병법서(兵法書)를 주면서 십 년 뒤에 제왕(帝王)의 스승이 될 것이라고 예언했는데 그대로 되었으며、그 노인이 바로 황석공(黃石公)이다。

벼리고개 현 인천광역시 남동구 만수동에서 부평구 일신동으로 넘어가는 지점에 위치한 고개。「비리고개」「비루고개」라고도 했는데、「작별하던 고개」라는 의미를 가진 별리고개(別離峴)를 잘못 발음한 것으로 전한다。

활인소(活人所) 조선시대 때 흉년이 들면 가난한 사람을 돌보아 주던 곳。

넌출지게는 「늘어지게는」이라는 뜻。원래 「넌출지다」는 「식물의 덩굴 따위가 길게 치렁치렁 늘어지다」의 뜻이다。

九四 **양화도**(楊花渡) **나루** 지금의 서울특별시 마포구 합정동 지역 한강 북안에 있던 나루터。

남영희궁(南永禧宮) 조선왕조의 태조 세조 원종(元宗)(선조의 아들) 숙종 영조 순조의 영정(影幀)을 모시고 제사 지내던 전각(殿閣)。서울의 남부、지금의 저동에 위치하여 「남별전(南別殿)」으로 불리다가 숙종 때 「영희전(永禧殿)」으로 고쳐 불렀다。「남영희궁」이라 한 것은 이 두 가지 명칭을 뒤섞어 부른 결과로 보인다。

배오개 서울특별시 종로 四가에서 퇴계로 쪽으로 있던 고개 이름으로、한자로는 이현(梨峴)이라고 한다。

오위장(五衛將) 조선시대에 오위(五衛)의 중앙 군대를 통솔하던 장수。초기에는 종이품(從二品)이었으나、정조 때 정삼품(正三品)으로 격하되었다。임진왜란 후에 실권을 훈련도감(訓鍊都監) 등에 빼앗기고 도성(都城)의 숙위(宿衛)만을 맡아보면서 명목만 남아 있다가、一八八二년(고종 十九)에 폐지되었다。

九五 **동적강**(銅赤江) 서울특별시 동작구 동작동(銅雀洞) 앞을 흐르는 한강(漢江)을 이르던 말。

중군(中軍) 조선시대에 각 군영(軍營)의 대장 밑에서 군대를 통솔하던 직책。

九六 **조병식**(趙秉式) 一八二三~一九〇七。조선 말기의 문신으로、一八八八년(고종 二十五) 조선 대표로 러시아 대표 베베르와 한러육로통상장정(韓露陸路通商章程)을 체결한 뒤 함경도 관찰사로 부임했고、흉년이 들자 방곡령(防穀令)을 선포하여 양곡의 대일(對日) 수출을 금지했다가 일본의 반발을 샀다。一八九一년 충청도 관찰사로 부임하여 동학 교도들을 탄압함으로써 동학농민운동이 일어나는 계기가 되기도 했다。

드레집 두레집。「두레」란 낮은 곳의 물을 높은 데로 퍼 올리는 데 쓰는 농사 연장이다。두레박을 단 긴 장대를 나무 작대기 세 개로 만든 삼각대 위에 걸쳐 사용하는데、이 삼각대 모양의 구조물을 두레집이라 한다。두레를 예전에는 「드레」라고도 했고、지방에 따라 「두리」「파리」「두레체」라고도 부른다。

九七 **방치** 「다듬잇방망이」의 평안도 방언。

임피(臨陂) 전라북도 군산시 임피면 지역을 가리킨다。

선전(宣傳) 선전관(宣傳官)의 준말로、조선시대에 병조(兵曹)의 선전관청에서 출납을 맡아 보던 무관(武官) 벼슬아치이다。정삼품(正三品)부터 종구품(從九品)까지 있었다。

웅성웅성한다 「웅성웅성한다」、즉 여러 사람이 모여 소란스럽게 수군거리며 자꾸 떠드는 소리가 난다는 뜻。

九八 **백목전**(白木廛) 백목(白木) 즉 무명을 늘어놓고 파는 가게로、면포전(綿布廛)이라고도 한다。

九九 **금구**(金溝) **원평**(院坪) 「금구」는 전라북도 김제시 동부의 한 면(面)이고、「원평」은 김제시 금산면의 한 리(里)로、원평장(院坪場)으로 유명하다。一八九四년(고종 三十一) 전봉준(全琫準)이 머물며 각지의 집강소(執綱所)를 지휘하던 동학농민운동의 거점으로、당시는 원평이 금구에 속해 있었다。

영연(靈筵) 상가(喪家)에서 신위(神位) 등 죽은 사람의 영혼을 모셔 놓은 자리。

목포에 도착하니 신개항(新開港)**으로** 목포는 一八九五년(고종 三十二) 관제 개혁으로 인해 무안군에서 분리되었다。목포 만호청(萬戶廳)을 설치하여 외국인의 거주와 무역을 허락했고、一八九七년 十월에 개항하면서 목포진(木浦津) 또는 목포항(木浦港)이라 부르게 되었다。이때 목포감리서(木浦監理署)가 설치되어 외국 영사관에 대해 우리나라의 지방 및 외교 사무를 맡도록 했다。

동복(同福) 전라남도 화순군의 동북부에 위치한 면(面)。

대명(大明) 국사원(國士院) 판《백범일지》에는 「담양(潭陽)」으로 되어 있어 전라남도 담양군 「대면(大面)」(지금의 대덕면(大德面))의 오기(誤記)를 바로잡은 것으로 보인다。 한편、 당시 김구의 행로로 보았을 때는 전라남도 곡성군(谷城郡) 겸면(兼面) 대명리(大明里)를 가리키는 것일 수도 있다。

칠불아자방(七佛亞字房) 경상남도 하동 쌍계사에서 십 킬로미터 떨어진 칠불사(七佛寺)에 있는 온돌방으로、 그 방 모양이 「亞」자와 같아 아자방이라 하였다。 一九五一년에 불탄 것을 초가로 복원하였다가 현재는 기와집으로 신축되어 있다。

一〇〇 **《동국명현록(東國明賢錄)》** 조선시대 문묘(文廟)에 배향(配享)된 인물과 우리나라 역대 명현(名賢)의 이름을 적은 책으로、 현재 남아 있는 것은 필사본으로 몇 가지 이본(異本)이 있다。

화담(花潭) 서경덕(徐敬德) 一四八九—一五四六。 조선 중기의 학자로、 화담(花潭)은 그의 호이다。 주기파(主氣派)의 거유(巨儒)로、 독학으로 사서육경(四書六經)을 익혔으며、 정치에 관심을 끊고 학문 연구와 후학 양성에 일생을 바쳤다。

아산(牙山) 배암밭 마을 현 충청남도 아산시 염치읍 백암리(白岩里)를 가리킨다。 뱀 모양의 산이 둘러싸고 있으므로 「배암밭」 또는 「뱀밭」이라 하던 것이 변하여 「백암」이 되었다고 한다。 백암리 안에는 같은 내용의 유래를 가진 「사전마을(蛇田)」이 있으며、 그 옆의 다래울마을에는 이순신 장군이 살았던 집터가 있다。

서북(西北) 황해도 평안도 함경도 세 지방을 통틀어 일컫는 말。

삼동(三冬) 겨울의 석 달、 곧 음력 十월 十一월 十二월을 일컫는 말。

一〇一 **여점(旅店)** 객점(客店)。 예전에、 오가는 길손이 음식을 사 먹거나 쉬던 집。

낙지(樂地) 낙토(樂土)。 늘 즐겁고 행복하게 살 수 있는 좋은 땅。

도우한(屠牛漢) 소를 잡아 죽이는 일을 하는 사람。

만경(萬頃) 전라북도 김제시 북부에 위치한 읍(邑)。 만경강 연안에 위치하여 호남평야의 중심지가 되며 벼농사가 활발하다。

一〇二 **사명기(司命旗)** 기폭에 글자를 써 넣고 행렬의 앞에 세우고 가는 기。

농주(農主) 농삿일을 하는 그곳 논이나 밭의 주인。

유사(有司) 한 단체의 사무를 맡아보는 사람。

청수(廳首) 향청(鄕廳) 즉 유향소(留鄕所)의 우두머리。 유향소는 수령(守令)을 보좌하던 자문기관이다。

조중봉(趙重峯) 중봉은 조선 선조 때의 학자이자 의병장인 조헌(趙憲)(一五四四—一五九二)의 호이다。 임진왜란(壬辰倭亂)이 일어나자 의병을 일으켜 옥천 홍성 등지에서 활약하였으나 금산전투에서 패하여 칠백 명의 의병과 함께 전사하였다。 당시의 유적지로 칠백의총(七百義塚)이 금산에 있다。

一〇三 **보부상(褓負商)** 보상(褓商)(봇짐장수)과 부상(負商)(등짐장수)을 통틀어 일컫는 말로、 전통사회에서 시장을 중심으로 봇짐이나 등짐을 지고 행상(行商)을 하면서 생산자와 소비자 사이의 중간자 역할을 했던 전문적인 상인이다。

발앙발앙하였다 해가 금방 넘어가려고 붉은빛을 내고 있는 모습을 나타낸 말。

상관(上關) 지금의 전라북도 완주군 상관면 지역을 가리킨다。

민영준(閔泳駿) 조선 말기의 관료 민영휘(閔泳徽)(一八五二—一九三五)로、 영준(泳駿)은 그의 초명이다。 민씨 척당(戚黨)의 중심 인물로、 一八八四년(고종 二十一) 갑신정변(甲申政變)을 진압하여 이듬해 이조참의에 임명된 이래 요직을 두루 지냈다。 민씨 세력의 수령(首領)으로 당대에 으뜸가는 탐관오리로 꼽혔으며、 一八九四년 동학농민운동이 일어나자 청(淸)에 지원을 요청하여 혁명군 토벌을 기도했다。 갑오개혁(甲午改革)으로 민씨 척족(戚族)과 함께 실각하면서 유배되었으나 탈출하여 평양을 거쳐 중국으로 도망했고、 이후 일본의 농간으로 흥선대원군(興宣大院君) 측의 이준용(李埈鎔)과 교환 조건 형식으로 귀국하여、 일제치하에서 권세를 유지해 나갔다。

一〇四 **치도(緇徒)** 검은색 장삼(長衫)을 입은 승려들을 일컫는 말로、 삼국시대 중엽에 검은색 장삼과 붉은색 가사가 전래되어 전통적인 바지 저고리 위에 착용해 왔다。

풍진(風塵) 속에서 두출두몰(頭出頭沒)하는 「티끌세상 속에서 솟았다 없어졌다 하는」이라는 뜻으로, 속세의 온갖 잡념과 욕망 속에 사로잡혀 있는 중생(衆生)의 상태를 표현하는 말이다.

오탁세계(汚濁世界)에서 청량계(淸涼界)로 「세속의 더러운 세계에서 깨끗한 세계로」라는 뜻으로, 불교에서는 다섯 가지 더러운 것, 즉 명탁(命濁) 중생탁(衆生濁) 번뇌탁(煩惱濁) 견탁(見濁) 겁탁(劫濁)으로 가득 찬 세상을 오탁악세(五濁惡世)라 이르고 있으며, 이에 비해 청량계는 이 모든 더러움과 번뇌가 없는 깨끗한 세상을 가리킨다.

세간(世間)에서 걸음을 옮겨 출세간(出世間)의 걸음을 걸어간다 「속세에서 불가(佛家)의 세계로 들어간다」는 말. 「세간」은 세속의 사람들이 살고 있는 현실 세계, 「출세간」은 불교도의 사회를 말한다.

상좌(上佐) 한 승려의 대를 이을 제자 승려를 말하며, 상자(上資) 또는 상족(上足)이라고도 한다.

하은당(荷隱堂) 앞서 구월산(九月山)의 패엽사(貝葉寺) 대목에서도 하은당이 나오는데, 이 하은당과 동명이인인지, 잘못 기록한 것인지 불명하다.

청정법계(淸淨法界) 깨달은 이만이 증득(證得)할 수 있는 진리의 세계. 「청정」이란 허물이나 번뇌의 더러움에서 벗어난 깨끗함을 뜻한다.

삭발진언(削髮眞言) 불교의 출가 수행자로서 머리를 깎을 때 외는 진언. 「진언」이란 「진실하여 거짓됨이 없는 불교의 비밀스러운 주문」의 뜻이다.

향적실(香積室) 공양간, 즉 절의 부엌. 「향적」은 중향(衆香)나라의 부처 이름으로, 절에서 식사를 맡은 중을 향적승(香積僧)이라 한다.

화상(和尙) 본래는 아사리(불교 교단의 스승에 대한 총칭)와 함께 수계사(授戒師) 스님을 가리키는 말이었으나, 현재는 수행을 많이 한 승려를 높여 이르는 말로 쓰인다.

一〇五 **오계(五戒)** 불교에 귀의하는 재가(在家) 남녀가 받아 지니는 다섯 가지 계율. 「생명을 죽이지 마라(不殺生)」「주지 않는 것을 가지지 마라(不偸盜)」「사음하지 마라(不邪淫)」「진실되지 않은 거짓말을 하지 마라(不妄語)」「술을 마시지 마라(不飮酒)」이다.

진언집(眞言集) 불경(佛經) 가운데 진언(眞言) 즉 진실하고 거짓 없는 비밀스러운 주문(呪文)을 뽑아 엮은 책.

《초발자경(初發自警)》 《초발심자경문(初發心自警文)》을 가리킨다. 처음 승려가 된 자가 배우는 불경(佛經)으로, 스스로 경계하고 조심해야 할 내용을 담고 있다.

하심(下心) 자신을 낮추는 일.

一〇六 **불씨(佛氏) 문중(門中)** 「불씨」는 석가모니를 이르는 말로, 「불씨 문중」이란 불가(佛家)를 뜻한다.

호법선신(護法善神) 범천(梵天) 제석천(帝釋天) 사천왕(四天王) 등 불법(佛法)을 수호하는 신.

《천수심경(千手心經)》 《천수경(千手經)》. 관세음보살(觀世音菩薩)의 대자대비(大慈大悲)를 찬양한 불경(佛經)으로, 우리나라에서 가장 많이 독송되는 경전이다.

《보각서장(普覺書狀)》 중국 송(宋)나라 때의 선승(禪僧)인 보각선사(普覺禪師)의 글을 모아서 제자들이 편찬한 책.

지대체(知大體) 세상의 이치를 두루 잘 아는 경지.

기해년(己亥年) 一八九九년(고종 三十六)이다.

一〇七 **새절** 서울특별시 서대문구 봉원동(奉元洞) 안산(鞍山)에 있는 봉원사(奉元寺)를 가리킨다. 신라 때 도선국사(道詵國師)에 의해 창건되었고, 一七四八년(영조 二十四)에 왕이 절을 지을 부지를 하사하여 찬즙(贊汁) 증암(增巖) 등이 현재의 자리로 이건(移建)하면서, 새로 옮겨 지은 절이라는 뜻으로 「새절」이라 불렀다 한다.

一〇八 **송도(松都)** 개성(開城)의 옛 이름으로, 고려의 수도였으며 개경(開京)으로도 불렸다.

수양산(首陽山) 황해도 해주 서북쪽에 위치한 산.

추천(秋千) 중국어로 「그네」라는 뜻이다. 우리나라에서 그네뛰기의 의미인 「추천(鞦韆)」과 같은 말이다.

지포(紙布) 치포(緇布)의 오기(誤記)로 보인다. 치포는 검은빛이 나는 베를 말하며, 주로 유건(儒巾)을 만들 때 사용되었다.

一〇九 **최재학**(崔在學) 생몰년 미상. 호는 극암(克菴)으로, 간재(艮齋) 전우(田愚)의 문인(門人)이다. 정통 주자학자(朱子學者)였으나 나라가 망하게 되자 현실에 적극 참여했다. 一九〇五년 十一월 일제가 강제로 을사늑약(乙巳勒約)을 체결하자 전덕기(全德基) 이준(李儁) 정순만(鄭淳萬) 이동녕(李東寧) 등 다수의 동지들과 상동교회(尙洞敎會)에 모여 을사늑약 폐기 상소운동을 하였으며, 덕수궁(德壽宮) 대한문(大漢門) 앞과 서울 시내에서 일본 경찰과 투석전을 벌이는 격렬한 시위운동을 주도하였다. 이후 서우학회(西友學會)를 비롯하여 여러 학회에 간여하며 계몽운동가 독립운동가로 활동했다.

간재(艮齋) 전우(田愚) 一八四一-一九二二. 조선 말의 학자로, 간재는 전우의 호이다. 일생 동안 학자로서 후진 양성에 힘써 많은 인재를 길러냈다. 여러 벼슬을 제수받았으나 나아가지 않았고, 그의 명성이 널리 알려지자 一八九五년(고종 三十二) 박영효(朴泳孝) 등이 수구(守舊) 학자의 우두머리로 지목하여 개화를 실현시키려면 그를 죽여야 한다고 여러 번 청했으나 고종의 승낙을 얻지 못하였다. 一九〇八년(순종 二) 나라가 어지러워지자 왕등도(旺嶝島) 군산도(群山島) 등으로 들어가 도학(道學)을 일으켜 국권을 회복하고자 했으며, 부안 군산 부근의 작은 섬을 옮겨 다니며 학문에 전념하면서 세상을 떠날 때까지 저술과 제자 양성에 힘썼다.

금곡(金谷) 충청남도 천안과 이웃한, 현 경기도 안성시 대덕면 지역에 있던 옛 지명.

「봉(鳳)」자를 면하지 못하였는데 「만나지 못하고 왔음」을 뜻하는 말이다. 중국 위(魏)의 여안(呂安)이 친구인 진(晉)의 혜강(嵇康)을 찾아갔더니, 그는 외출하여 없고 그의 형 희(喜)가 맞이하였는데, 집안에 들어가지 않고 문 위에 「鳳」자를 쓰고 갔다. 희는 깨닫지 못하고 기뻐했으나, 「鳳」자를 파자(破字)하면 「범조(凡鳥)」 즉 「보통의 새」「변변치 못한 사람」이라는 조롱(嘲弄)의 뜻이었다.

개천군수(价川郡守) 개천군은 평안남도 북단에 있는 군(郡)으로, 一八九五년(고종 三十二) 팔도제(八道制)가 폐지되면서 평양부 소속이 되었다.

영천사(靈泉寺) 평안남도 대동군에 있던 절로, 평양 금수산(錦繡山)에 있는 영명사(永明寺)의 말사(末寺)이다.

방주(房主) 방주감찰(房主監察)의 준말로, 조선시대에 사헌부의 우두머리 감찰을 가리킨다. 여기서는 문맥상 사찰의 우두머리인 주지승(住持僧)을 가리키는데, 주지승을 뜻하는 일본어 「방주(坊主)」의 오기(誤記)일 수도 있다.

서윤(庶尹) 조선시대에 한성부(漢城府)와 평양부(平壤府)의 우두머리 벼슬인 판윤(判尹)의 아래에서 보좌하던 벼슬.

차첩(差帖) 조선시대에 구실아치 따위를 임명하던 사령장(辭令狀).

행걸(行乞) 탁발(托鉢). 승려가 경문(經文)을 외면서 집집마다 다니며 동냥하는 일.

대보산(大寶山) 평양 서쪽에 위치한 산. 고구려 승려 보덕(普德)이 수행한 곳으로 유명하다.

一一〇 **사숭재**(四崇齋) 평양에 있던 정자(亭子) 명칭으로 보인다. 뒤에 황경환의 호는 왕파로 나오고, 국사원(國士院) 판 《백범일지》에도 「사숭재에서 시인 황경환 등과…」로 서술돼 있다.

걸시승(乞詩僧) 「시를 구걸하는 중」 또는 「시를 잘하는 탁발승」이라는 말.

풍축(風軸) 시(詩)를 지어 적는 두루마리.

一一一 **호정(湖亭) 노동항(盧東恒)** 한말(韓末) 평양의 서화가로 본명은 노원상(盧元相)(一八七一-一九二八)이다. 호정(湖亭)은 그의 호(號)이고, 동항(東恒)은 그의 자(字) 또는 이명(異名)으로 보인다. 평생 시(詩)와 서화(書畫)에 정진하였고, 평양의 을밀대(乙密臺) 부벽루(浮碧樓) 칠성문(七星門) 등의 편액(扁額)을 남겼다.

봉연승(奉硯僧) 먹과 벼루 심부름을 하는 중.

一一二 **군노**(軍奴) 군대(軍隊) 업무를 맡아 보는 관청의 사내종.

《관보(官報)》 일반적으로는 「정부 또는 관청에서 발행하는 신문」을 가리키는데, 당시에는 정부에서 법령(法令) 고시(告示) 서임(敍任) 사령(辭令) 등 일반에게 널리 알릴 사항을 발표하던 《관보(官報)》라는 기관지가 발행되었다. 《관보》는 一八九四년(고종 三十一) 八월 초순경에 창간되었다. 대한제국시대에는 부분적으로 신문의 기능을 수행하기도 했고, 민간 신문들은 《관보》의 기사를 전재(全載)하는 「관보란」을 두기도 했다. 대한제국의 《관보》는 호수가 표시되기 전의 것을 제외한다면 一九一〇년 八월 二十九일까지 모두 四七六八호가 발행되었다.

一一三 **서도**(西道) 황해도와 평안도 지방을 통틀어 일컫는 말. 양서(兩西)라고도 한다.

치마다래 「치마머리」 즉 머리털이 적은 남자가 상투를 짤 때에 본머리에 덧둘러서 감는 딴머리를 말한다.

경자년(庚子年) 一九〇〇년(고종 三十七)이다.

가형(家兄) 남에게 자기의 맏형을 겸손하게 이르는 말.

영백씨(令伯氏) 백씨(伯氏) 즉 상대방의 맏형을 높여 부르는 말.

사백(舍伯) 남에게 자기의 맏형을 겸손하게 이르는 말.

一一四 **존백씨**(尊伯氏) 백씨(伯氏) 즉 상대방의 맏형을 높여 부르는 말.

형장(兄丈) 나이가 엇비슷한 사이에서 상대편을 높여 이르는 호칭.

《동몽선습(童蒙先習)》 조선 중종 때의 유학자(儒學者) 박세무(朴世茂)가 쓴 어린이 학습서. 역사와 덕행을 가르치는 교과서로 널리 사용되었다.

一一五 **현제**(賢弟) 아우뻘 되는 사람 또는 남의 아우를 높여 부르는 말.

손티 약간 곱게 얽은 얼굴의 마맛자국.

一一七 **『군자도 그럴듯한 방법으로 속아 넘어갈 수 있다(君子可欺以方)』** 속이려고 들면 누구라도 속을 수밖에 없다는 뜻으로, 《맹자(孟子)》에 나오는 구절이다.

공덕리(孔德里) 지금의 서울특별시 마포구 공덕동을 가리킨다.

一一八 **괭이다리** 지금의 충청남도 논산시 연산면 고양리와 청동리를 잇는 다리.

삼포업(蔘圃業) 밭에서 인삼을 길러 파는 일을 전문적으로 하는 사업.

지례군(知禮郡) 현 경상북도 김천시 지역에 있던 옛 지명. 一八九五년(고종 三十二) 지례군이 되었다가, 一九一四년 행정구역 개편 때 김천군에 병합되면서 지례면이 되었고, 김천이 시로 승격하자 금릉군에 속하였다가, 一九九五년에는 금릉군과 김천시가 통합되자 김천시로 되었다.

一一九 **수청방**(守廳房)**과 상노방**(床奴房) 「수청방」은 청지기의 방을, 「상노방」은 밥상을 나르거나 잔심부름을 하는 아이의 방을 가리킨다.

별배(別陪) 벼슬아치의 집에서 사사로이 부리던 하인.

과갈(瓜葛) 덩굴이 뻗어 서로 얽힌 오이와 칡이라는 뜻으로, 서로 얽혀 있는 인척(姻戚) 관계를 비유적으로 이르는 말.

一二一 **유의암**(柳毅菴) 조선 말의 의병장(義兵將) 의암(毅菴) 유인석(柳麟錫)을 가리킨다.

《소의신편(昭義新編)》 一九〇二년(고종 三十九) 유인석(柳麟錫) 등이 항일(抗日)의 의의를 밝힌 책으로, 의병(義兵)들의 활동과 애국정신(愛國精神)을 자세히 기록하였다.

서간도(西間島) 간도(間島)는 중국 길림성(吉林省)의 동남부 지역으로, 이 중 압록강 유역을 서간도(西間島)라 부르고, 두만강 유역은 동간도(東間島)라 부른다.

一二二 **개화꾼**(開化軍) 개화기(開化期) 때에 개화한 사람을 낮잡아 이르던 말.

녹의(綠衣)**와 복건**(幅巾) 「녹의」는 조선시대에 칠품(七品) 팔품(八品) 구품(九品)의 벼슬아치나 향리(鄕吏)들이 공복(公服)으로 입던 녹색 도포(道袍)인 녹포(綠袍)를 가리키고, 「복건」은 조선시대에 주자학(朱子學)의 전래와 더불어 유학자(儒學者)들이 심의(深衣)와 함께 유가(儒家)의 법복(法服)으로 숭상하여 착용하던 건(巾)을 말한다.

도부수(刀斧手) 큰 칼과 큰 도끼로 무장한 군인을 뜻하는 말로, 여기서는 권력에 의지하여 그 힘을 함부로 휘두르는 앞잡이라는 뜻으로 쓰였다.

목불식정(目不識丁) 「정(丁)」자를 보고도 그것이 고무래인 줄도 모르는 까막눈을 가리키는 말.

一二三 **구망의 도**(救亡의 道) 망해 가는 나라를 구하는 길.

박영효(朴泳孝) 一八六一~一九三九. 정치적 혁신을 부르짖으며 개화당(開化黨)에 참여하여 一八八四년(고종 二十一) 갑신정변(甲申政變)을 일으켰으나 실패하고 일본에 망명하였다. 국권(國權)을 빼앗긴 후에는 일본으로부터 작위(爵位)를 받고 중추원(中樞院) 고문을 지내는 등 친일(親日) 행위를 하였다.

서광범(徐光範) 一八五九~一八九七. 정치적 혁신을 부르짖으며 개화당(開化黨)에 참여하여 一八八四년(고종 二十一) 갑신정변(甲申政變)을 일으켰으나 실패하고、갑오개혁(甲午改革) 후 법부대신(法部大臣)을 거쳐 주미공사(駐美公使)를 지냈다。

당성냥(唐) 「성냥」과 같은 말로、중국에서 온 성냥이란 뜻으로 이렇게 불렀다。

二二四 **초종**(初終) 본래 「숨을 거두기 직전부터 죽은 뒤 부고(訃告)를 내기까지의 절차」를 말하나、현재는 초종장례(初終葬禮)의 준말로 운명(殞命) 이후부터 졸곡(卒哭)까지의 상례(喪禮) 절차를 뜻한다。여기서는 본래의 의미대로 쓰이고 있다。이 절차는 임종(臨終)에 대한 준비、초혼(招魂)、시신(屍身) 거두기、상례(喪禮) 동안의 소임 분담、관(棺) 준비、부고(訃告) 등이다。

성복일(成服日) 초상이 나서 처음으로 상복(喪服)을 입는 날。「초종(初終)」「습(襲)」「소렴(小殮)」「대렴(大殮)」을 거쳐 성복(成服)하게 되며、보통 초상난 지 나흘째 되는 날이다。이후 조문(弔問)을 받을 수 있으며、성복 전에는 조객(弔客)이 와도 빈소 밖에서 입곡(立哭)해야 했다。

조위(弔慰) 망자(亡者)를 조문(弔問)하고 유족(遺族)을 위문(慰問)함。

백악(白嶽) 구월산(九月山)의 별칭。

二二五 **임인년**(壬寅年) 一九〇二년(고종 三十九)이다。

낭자(郎子) 남의 집 총각을 점잖게 이르던 말。

二二六 **해상**(解喪) 아버지나 어머니가 돌아가신 후 삼년상(三年喪)을 마침을 이르는 말。

二二七 **《여자독본》**(女子讀本) 一九〇八년(순종 二) 장지연(張志淵)이 편찬한 여성용 국어독본(國語讀本)。개화기(開化期)에 여성 교육의 중요성을 강조한 선구적인 교재로서 일반에게 널리 보급되었으나、一九一〇년 국권 피탈 후 일제에 의하여 발매가 금지되었다。

전 민족의 대다수 「애국사상을 가진 이들 대다수」라고 표현해야 할 것을 오기(誤記)한 듯하다。

전도(傳道) **조사**(助事) 목사를 도와 예수교를 널리 전하는 일을 하는 사람。

계묘년(癸卯年) 一九〇三년(고종 四十)이다。

담사(禫祀) 삼년상(三年喪)이 끝난 뒤 상주(喪主)가 일상으로 되돌아감을 고하는 제례의식으로、부모상(父母喪)일 경우 대상(大祥) 후 삼 개월째 되는 달의 정일(丁日) 또는 해일(亥日)에 지낸다。

二二八 **장감**(長感) 감기가 오래되어 생기는 증상으로、기침과 오한이 심하고 폐렴이 되기 쉽다。또는 유행성 감기로 인하여 열이 계속 나는 증상을 뜻하기도 한다。

가대(家垈) 집터와 그에 딸린 논밭、산림 따위를 통틀어 이르는 말。

주색장(酒色場) 술시중 드는 여자 또는 기생(妓生)이 있는 술집。

사서삼경(四書三經) 사서(四書) 즉 《논어(論語)》《맹자(孟子)》《중용(中庸)》《대학(大學)》과、삼경(三經) 즉 《시경(詩經)》《서경(書經)》《역경(易經)》을 아울러 이르는 말。

二二九 **산술**(算術) 셈법을 다루는 교과목으로 산수(算數)라고도 하였으며、지금의 수학(數學)에 해당한다。

지지(地誌) 특정 지역의 자연(自然)과 인문(人文) 현상을 다루는 교과목으로、지금의 지리(地理)에 해당한다。

방기창(邦基昌) 一八五一—一九一一。황해도 신천 출신으로、한국장로교회 최초 일곱 명의 목사 중 한 사람이다。황해도와 평안도 지역에서 전도하며 교회를 세우는 데 이바지하였다。

최광옥(崔光玉) 一八七九—一九一一。평안남도 중화(中和) 출신으로、평양 숭실중학(崇實中學)을 졸업하고 일본에 건너가 유학하였다。귀국 후 신민회(新民會)에서 안창호(安昌浩) 등과 함께 국권수호운동에 힘썼으며、一九〇九년에는 평양 대성학교(大成學校) 교장으로 부임하여 교육계에 헌신하였다。

안창호(安昌浩) 一八七八—一九三八。조선 말、일제강점기의 독립운동가이자 교육자로、호(號)는 도산(島山)이다。평안남도 강서(江西) 출신으로、신민회(新民會)와 흥사단(興士團) 등 애국단체를 조직하여 활동하고 평양에 대성학교(大成學校)를 세웠다。一九一九년 삼일운동(三一運動) 후 중국으로 건너가 상해임시정부 내무총장 등을 지내며 독립운동을 하였다。

양주삼(梁柱三) 一八七九-?. 평안남도 용강 출신으로, 일찍이 기독교에 입문하여 미국 선교사의 주선으로 중국과 영국을 거쳐 미국에 정착하여 한인 감리교회를 설립하고 전도사로 일하였다. 一九一○년 목사가 되어 이듬해 귀국 후 신사참배 찬성, 학도병 지원 독려 등 친일 행위를 하여 비난받았다. 육이오전쟁 때 납북되어 이후 행적은 알려져 있지 않다.

一三〇 **수리**(首吏) 지방 관아(官衙)의 「이방(吏房) 아전(衙前)」을 이르는 말로, 관아의 여섯 아전 중 이방 아전이 으뜸이라는 뜻으로 이렇게 불렀다.

관찰부(觀察府) 조선시대에 각 도(道)의 관찰사(觀察使)가 직무를 보던 관아.

농상공부(農商工部) 一八九五년(고종 三十二) 관제 개편에 의하여 설치된 중앙 부서로, 농업 상업 공업에 관한 업무를 관장하였으며, 一九一○년까지 존속하였다.

一三一 **고상**(庫相) 「창고 재상(宰相)」이라는 말로, 창고 관리를 하면서 재상과 같은 권세를 부린다는 뜻이다.

一三二 **북간도**(北間島) 간도(間島)는 중국 길림성(吉林省)의 동남부 지역으로, 이 중 두만강 유역을 북간도(北間島) 또는 동간도(東間島)라 부른다.

관리사(管理使) 조선시대에 개성(開城)의 군무(軍務)를 주관하던 관리영(管理營)의 으뜸벼슬로, 개성 유수(留守)가 겸임하였다.

영수(領袖) 조직이 아직 갖추어지지 않은 교회를 인도하는 임시 직분. 또는 그런 사람.

제중원(濟衆院) 一八八五년(고종 二十二) 미국인 알렌(H. N. Allen)에 의하여 설립된 우리나라 최초의 근대식 의료기관. 처음 명칭은 광혜원(廣惠院)이었으며, 一八九四년까지 존속하다가 후에 세브란스병원으로 개편되었다.

동현(銅峴) 서울특별시 중구 을지로 一가와 二가 사이의 고개로, 「구리개」라고도 하였다.

一三三 **한위렴**(韓衛廉) 선교사 윌리엄 헌트(William B. Hunt)의 한국 이름. 황해도 재령(載寧) 지역의 자립적 교회 형성에 기초를 놓은 인물로 알려져 있다. 그는 선교사로서 복음을 전파하는 한편, 재령에 명신학교(明信學校)를 설립하여 이 지역 교육의 구심적 역할을 주도했고, 재령 제중병원을 설립하여 의료 사업에도 공헌을 했다.

군예빈(君芮彬) 선교사 에드윈 웨이드 쿤스(Edwin Wade Koons)(一八八○-一九四七)의 한국 이름. 一九○三년 북장로교 선교사로 내한하여, 一九一三년 서울 경신학교(儆新學校) 교장을 지냈으며, 一九一六년 언더우드 목사 사후 새문안교회의 목사로 취임하여 「교회의 비정치화」를 강조하며 활동하였다. 一九四二년 미국 간첩 협의로 강제 추방되어 이후 샌프란시스코에 위치한 전시정보국 한국과 고문으로 활동했다.

경신학교(儆新學校) 국사원(國士院) 판 《백범일지》에는 정신여학교(貞信女學校)로 나온다.

을사년(乙巳年) 一九○五년(고종 四十二)이다.

신조약(新條約) 일본이 조선의 외교권(外交權)을 빼앗은 을사늑약(乙巳勒約)을 가리킨다. 을사조약(乙巳條約) 또는 제이차한일협약(第二次韓日協約)으로도 불린다.

의법청년회(懿法靑年會) 에버트청년회(Evert 靑年會)를 가리킨다. 一八八九년 미국에서 창설된 감리교의 청년 단체로, 우리나라에서는 一八九七년(고종 三十四) 서울 정동교회(貞洞敎會)에서 처음 창립되었다.

상동(尙洞) 서울특별시 중구 남대문로에 있는 상동교회(尙洞敎會)를 가리킨다.

一三四 **소수**(疏首) 연기명(連記名)으로 올리는 상소문(上疏文)에서 맨 먼저 이름을 적은 사람.

대한문(大漢門) 서울 덕수궁(德壽宮)의 정문. 덕수궁의 본래 명칭은 경운궁(慶雲宮)이며, 대한문은 대안문(大安門)으로 불렸다. 一九○四년 화재로 경운궁 건물 대부분이 불타자 一九○六년 중수하면서 대안문의 명칭을 대한문으로 바꾸었으며, 一九○七년 고종이 순종에게 왕위를 물려주고 경운궁에 머물게 되자 궁 이름도 덕수궁으로 고쳤다. 따라서 一九○五년 을사늑약에 반대하여 항일운동을 벌일 당시에는 대한문이 아니고 대안문이었다.

별감(別監) 궁궐 안의 각종 행사를 맡아보며 임금과 세자의 행차 때 호위하던 사람。

민영환(閔泳煥) 一八六一－一九〇五。 一八七七년(고종 十四) 다섯 살의 어린 세자(순종純宗)를 가르치는 동몽교관(童蒙敎官)에 임명되고, 一八七八년 대과(大科)에서 민씨 척족(戚族)의 후광을 입고 장원급제한 후 고속 승진하여 동부승지、성균관 대사성、도승지、홍문관 부제학、이조참판、예조판서、병조판서、형조판서、한성부윤 등 요직을 두루 거쳤다。 一九〇五년 을사늑약(乙巳勒約)이 체결되자 이의 폐기를 상소(上疏)하였으나 받아들여지지 않자 국민과 각국 공사(公使)에게 고하는 유서를 남기고 자결하였다。

一三五 **이상설**(李相卨) 一八七〇－一九一七。 一八九四년(고종 三十一) 문과 급제 후 요직을 거쳐 一九〇五년 법부(法部) 협판(協辦)과 의정부(議政府) 참찬(參贊)을 지냈다。 그해 을사늑약(乙巳勒約)이 체결되자 조병세(趙秉世) 등과 협의하여、조약의 무효를 상소(上疏)하고 돌에 머리를 부딪쳐 자결(自決)을 기도하였으나 실패하였다。 一九〇七년 고종의 밀서(密書)를 가지고 네덜란드 헤이그에서 열리는 평화회의에 참석하여 을사늑약의 부당성을 호소하려 하였으나 참석 자격을 얻지 못하고 뜻을 이루지 못하였다。 이후 국내외에서 독립운동을 벌이다 병사(病死)하였다。

『칠 년 앓던 병에 삼 년 묵은 쑥』(七年病三年艾) 평소에 준비해 두지 않다가 일을 당해서 갑자기 구할 때는 이미 시기가 늦었음을 뜻한다。《맹자(孟子)》에 나오는 말로、원문은 『칠 년 앓던 병에 삼 년 묵은 쑥을 구한다』(七年之病 求三年之艾)이다。

우동선(禹東鮮) 一八七〇－一九〇八。 황해도 문화군(文化郡)(후에 신천군) 출신으로、一九〇五년 을사늑약(乙巳勒約)이 체결되자 황해도 구월산(九月山)에서 의병(義兵)을 일으켜 신천 재령 안악 은율 등에서 정동의려대장(正東義旅大將)으로 추대되어 일본군을 습격하여 다수의 일본군을 살상하였다。 이후 일본군과 교전(交戰) 중 다리에 적탄(敵彈)을 맞아 체포 감금되었는데、감옥에서 감시병의 총을 빼앗아 일본군 여덟 명을 사살하고 끝까지 교전하다 적의 총탄에 맞아 순국하였다。

一三六 **보통학교**(普通學校) 일제강점기 때 초등교육을 실시하던 학교로、지금의 초등학교에 해당한다。 처음엔 四년제였으나 후에 六년제로 바뀌었다。

一三七 **영도사**(永導寺) 현 서울특별시 성북구 안암동에 있는 개운사(開運寺)의 옛 이름이다。 앞에서는 서문 밖 새절 즉 현 서울특별시 서대문구 봉원동(奉元洞) 안산(鞍山)에 있는 봉원사(奉元寺)에서 혜명을 만났다가 헤어졌다고 기술되어 있다。

백납(百衲) 「여러 번 기운 옷」의 뜻으로、납의(衲衣)와 같은 말이다。 즉 「승려의 신분」임을 나타낸 말이다。

一三八 **『죽은 말의 뼈를 오백 금으로 산다』**(死馬骨五百金) 하루에 천 리를 달릴 수 있다는 천리마를 구한다는 뜻을 사람들에게 널리 알리기 위하여、죽은 천리마의 뼈를 오백 금이나 주고 샀다는 고사에서 나온 말이다。

一四一 **환등기구**(幻燈器具) 그림 사진 실물 따위에 강한 불빛을 비추어 그 반사광을 렌즈로 확대하여 보게 하는 환등기(幻燈機)를 말한다。 예전에는 학교 운동장 등에 사람들을 모아 놓고 환등기를 이용하여 실물이나 사진을 보여 주는 환등회(幻燈會)를 개최하였다。

김홍량(金鴻亮) 一八八五－一九五〇。 일제강점기의 교육자이자 독립운동가。 황해도 안악 출생으로、一九〇五년 을사늑약(乙巳勒約)으로 일본에 국권을 침탈당하자 애국계몽운동에 참가하여 안악에 양산학교(楊山學校)와 양산중학교(楊山中學校)를 설립하여 교장으로 있으면서 교육사업에 헌신하였다。 一九〇七년 신민회(新民會)가 조직되자 이에 참여하였고、一九一一년 안악(安岳) 사건에 연루되어 김구 등과 함께 복역하였다。

두민(頭民) 한 마을이나 지역에서 나이가 많고 식견이 높은 사람。

一四二 **이등박문**(伊藤博文) 一八四一－一九〇九。 일찍이 영국에 유학하여 신학문(新學問)을 배우고 귀국한 후 정계에 입문하여 총리대신(總理大臣)과 추밀원(樞密院) 의장을 지냈다。 一九〇五년 주한(駐韓) 특파대사로서 조선의 외교권을 빼앗는 을사늑약(乙巳勒約) 체결을 주도하였고、초대 조선 통감으로 우리나라 국권 강탈을 준비하던 중

중국 하얼빈에서 안중근(安重根) 의사에게 피살되었다.

안태국(安泰國) ?-一九二〇. 평안남도 평양 출생으로, 일찍이 항일(抗日) 비밀결사(秘密結社) 신민회(新民會) 조직에 참여하였다. 一九一一년 백오인(百五人) 사건에 주동자로 체포되어 복역한 후 중국 상하이에 망명하여 독립운동에 헌신하다 병사(病死)하였다.

합병조약(合倂條約) 一九一〇년의 경술국치(庚戌國恥)를 가리킨다. 그해 八월 二十二일 일본과 합병한다는 조약이 강제로 체결되고 八월 二十九일 공포됨으로써 국권(國權)이 상실되었다.

一四三 **송화**(松禾) **수교시**(水橋市) 황해도 송화군(松禾郡) 봉래면(蓬萊面) 수교리(水橋里)를 말하는 듯하다.

소학교(小學校) 현재의 초등학교.

송화군 읍내(邑內) 송화군 소재지가 있는 송화면(松禾面) 읍내리(邑內里)를 말한다.

송화읍(松禾邑) 현재 송화군 소재지가 있는 송화면(松禾面)을 당시에는 송화읍으로 부르는 듯하다.

태황제(太皇帝) 자리를 물려주고 들어 앉은 황제라는 말로, 여기서는 고종 황제를 가리킨다. 고종은 일본의 강요로 一九〇七년 七월 十九일 황태자(순종(純宗))에게 국사를 대리시킨다는 조칙을 발표하고 자리에서 물러나 태황제가 되었다.

러일전쟁(露日戰爭) 一九〇四년(고종 四十一) 한반도와 만주에 대한 지배권을 둘러싸고 러시아와 일본 사이에 일어난 전쟁. 일본이 승리하여 한국에 대한 지배권을 인정받는 결과를 가져왔다.

중일전쟁(中日戰爭) 一八九四년(고종 三十一)에 일어난 청(清)나라와 일본 사이의 전쟁을 가리킨다. 중국과 일본은 그 후 一九三七년에 역사적으로 「중일전쟁(中日戰爭)」이라 일컫는 전쟁을 또 벌인 바 있다.

一四五 **수연**(壽宴) 장수(長壽)를 축하하는 잔치로, 보통 환갑연(還甲宴)을 이른다.

향관(饗館) 연회(宴會)가 열리는 건물.

一四六 **부로**(父老) 한 마을의 나이 많은 남자 어른을 높여 이르는 말.

一四七 **부군당**(府君堂) 각 관아(官衙)에서 신령을 모셔 두고 제사를 지내던 집.

궁장(宮庄) 조선 후기에, 왕족들의 궁방(宮房)에 소요되는 경비와 죽은 뒤의 제사 비용을 위하여 지급하던 토지.

나석주(羅錫疇) 一八九二-一九二六. 황해도 재령 출생으로, 스물세 살 때 만주로 건너가 무관학교(武官學校)에 입학하여 군사훈련을 받았다. 一九一九년 국내에 들어와 삼일운동(三一運動)에 참여하였다가 일본 경찰에 붙잡혀 옥고를 치르고, 다시 중국으로 망명하여 의열단(義烈團)에 가입하였다. 一九二六년 우리나라 토지 수탈에 앞장섰던 동양척식주식회사(東洋拓殖株式會社) 폭파 임무를 띠고 중국인 노동자로 변장하고 국내에 잠입하여 그해 十二월 二十八일 동양척식주식회사와 조선식산은행(朝鮮殖産銀行)에 폭탄을 던지고 자결하였다.

一四八 **노백린**(盧伯麟) 一八七五-一九二六. 황해도 은율 출생으로, 일찍이 항일(抗日) 비밀결사(秘密結社) 신민회(新民會)에 참여하였다. 一九一九년 삼일운동(三一運動) 후 중국에 망명하여 상해 임시정부에 가담하여 군무총장(軍務總長)과 국무총리(國務總理)를 지냈다. 그 후 미국으로 건너가 워싱턴의 구미위원부에서 소련에 파견되어 외교 활동을 하였다.

이재명(李在明) 一八八七-一九一〇. 평안북도 선천 출생으로, 一九〇四년 미국으로 건너갔다가 일제의 한국 침략이 노골화하자 국권 회복을 목적으로 一九〇七년 귀국하여 침략 원흉 이토 히로부미(伊藤博文) 암살을 기도했다가 주위의 만류로 그만두었다. 그 후 러시아 연해주로 건너가 활동하다가 친일 매국노 처단을 계획하고 국내에 몰래 들어와 一九〇九년 十二월 二十二일 서울 명동성당(明洞聖堂) 앞에서 이완용(李完用)을 습격하여 중상을 입히고 일본 경찰에 체포되어 이듬해 十월 순국하였다.

이현(泥峴) 지금의 서울특별시 충무로 二가 지역. 「진고개」의 한자식(漢字式) 이름으로, 이 일대 땅이 너무 질어서 이렇게 불렸다.

이완용(李完用) 一八五八-一九二六. 경기도 광주 출생으로, 이십오 세 때 문과(文科)에 급제하였다. 一九〇五년 을사오적(乙巳五賊)의 한 사람으로 친일행위(親日行爲)에 앞장셨으며, 一九一○년 총리대신(總理大臣)으로 한일합병조약(韓日合併條約) 체결을 주도하였다. 이후 일본으로부터 백작(伯爵)의 작위를 받고 중추원(中樞院) 고문을 지냈다.

계원(桂園) 노백린(盧伯麟)의 호(號).

一四九 **김정익(金貞益) 김용문(金龍文) 전태선(全泰善) 오(吳) 등** 이재명은 이동수(李東秀) 김병록(金丙祿) 김정익 조창호(趙昌鎬) 전태선(全泰善) 오복원(吳復元) 이응삼(李應三) 김용문 등과 함께 평양 박태은(朴泰殷)의 집에서 비밀 회합을 갖고 매국노들을 처단하기로 결의하여, 이재명 이동수 김병록이 이완용(李完用)을, 김정익 조창호가 이용구(李容九)를 맡아 처단하기로 하고, 전태선은 조창호와 함께 거사에 필요한 무기를 구입 운반책을, 박태은 오복원 이응삼은 자금 조달책을, 김용문은 연락책을 각각 맡았다. 一九○九년 十二월 二十二일 서울 종현천주교회당(鍾峴天主敎會堂)에서 벨기에 황제 레오폴트(Leopold II) 이세 추도식을 마치고 나와 인력거를 타고 지나가는 이완용(李完用)을 이재명이 칼로 찔렀으나 죽이지는 못했고, 이후 이재명과 동지들은 체포되었다. 본문에서 「오(吳)」라고만 적은 것은 「오복원(吳復元)」을 가리키는 듯하다.

무기를 빼앗았기 때문에 충분한 성공을 못 한 것이었다 무기를 빼앗겼기 때문에 성공을 못 거둔 것은 아니었다. 거사(擧事) 당시 이재명은 몸에 탄알 여섯 발을 잴 수 있는 권총인 육혈포(六穴砲)와 단도(短刀)를 지니고 있었는데, 이 중 자신에게 익숙한 단도를 사용했던 것으로 알려져 있다.

一五○ **정수분자(精秀分子)** 정수분자(精粹分子). 한 사회나 단체에서 가장 우수하고 핵심이 되는 사람.

위해위(威海衛) 중국 산동성(山東省) 북동부의 항구도시로, 현재는 위해(威海)로 불린다. 청나라 말기 북양함대(北洋艦隊)의 근거지였으며, 청일전쟁(淸日戰爭) 때 일본군에게 점령되었다.

이갑(李甲) 一八七七-一九一七. 평안남도 평원 출신으로, 일찍이 일본 육군사관학교를 졸업하고 대한제국 군인이 되었다. 그러나 一九○五년 을사늑약(乙巳勒約)으로 일제의 침략이 노골화하자 사직하고 신민회(新民會)에 참여하여 국권회복운동에 힘썼다. 一九○七년에는 고종의 양위(讓位)를 반대하다가 투옥되었고, 뒤에 시베리아로 망명하여 독립운동에 헌신하였다.

유동열(柳東說) 一八七九-?. 평안북도 박천 출신으로, 일찍이 일본 육군사관학교를 졸업하고 대한제국 군인이 되었다. 그러나 一九○七년 군대가 해산되자 국권회복운동에 힘썼으며, 一九一一년 백오인(百五人) 사건에 연루되어 옥고를 치른 후 만주로 망명하여 상해 임시정부 참모총장(參謀總長)을 지냈다. 광복 후 귀국하여 통위부장(統衛部長)을 맡아 국군 창설에 힘썼으며, 육이오전쟁 때 납북되었다.

양기탁(梁起鐸) 一八七一-一九三八. 평안남도 평양 출신으로, 일찍이 독립협회(獨立協會)에 가입하여 만민공동회(萬民共同會) 간부로 활약했다. 一九○○년 캐나다 선교사 게일(J. S. Gale)의 주선으로 일본과 미국을 여행하며 견문을 넓혔다. 一九○五년 《대한매일신보(大韓每日申報)》를 창간하여 주필(主筆)로서 항일(抗日) 논조(論調)의 글을 실었으며, 신민회(新民會)에 참여하여 활동하다가 一九○九년 자신의 집에서 신민회 전국 간부회의를 열어 만주(滿洲)에 무관학교(武官學校) 설립을 주창하고 이를 추진하여 성사시켰다. 그러나 一九一一년 백오인(百五人) 사건에 연루되어 옥고를 치른 후 상해 임시정부에서 활동하였다.

총독부(總督府) 조선총독부(朝鮮總督府). 일제가 一九一○년부터 一九四五년까지 우리나라를 지배하기 위하여 설치하였던 최고 행정기관. 입법 사법 행정 및 군대 통수권에 관한 막강한 권한을 행사하였다.

이동녕(李東寧) 一八六九-一九四○. 충청남도 천안 출신으로, 일찍이 아버지를 따라 육영사업(育英事業)에 종사하였다. 一八九六년(고종 三十三) 독립협회(獨立協會)에 가입하여 만민공동회(萬民共同會)에서 적극적으로 활동하다 옥고를 치렀다. 출옥 후 《제국신문(帝國新聞)》 논문위원을 지냈으며, 국권 피탈 후에는 서간도(西間島)로 가서 독립군(獨立軍) 양성에 힘썼다. 一九一九년 상해 임시정부 수립에 참여하였고, 국무총리(國務總理)를 역임하였다. 一九三七년 중일전쟁(中日戰爭)이 일어나자 한국광복진선(韓國光復陣線) 결성에 참가하여 항일전(抗日戰)에 앞장섰다.

경술년(庚戌年) 一九一〇년이다. 이해 八월 二十二일 일본과 합병(合併)하는 조약을 강제로 체결하고, 八월 二十九일 일본에게 국권(國權)을 빼앗기는 경술국치(庚戌國恥)를 당하였다.

대부인(大夫人) 자당(慈堂). 남의 어머니를 높여 이르는 말.

一五一 **안명근**(安明根) 一八七九-一九二七. 황해도 신천 출생으로, 안중근(安重根) 의사(義士)의 사촌 동생이다. 一九一〇년 국권 피탈 후 독립운동 자금을 모으다가 十二월 체포되어 종신형을 선고받고 이후 감형받아 십 년을 복역하였다. 일제는 이 사건을 계기로 一九一一년 一월 안악(安岳) 양산학교(楊山學校)를 중심으로 교육에 종사하던 민족운동가들을 일제히 검거하여 이른바 안악(安岳) 사건을 일으켰고, 九월에는 일본 총독 암살 미수 사건을 조작하여 백오인(百五人) 사건을 일으켜 독립운동가들을 철저히 탄압하였다. 안명근은 출옥 후 만주(滿洲)로 망명하여 독립운동을 계속하다가 길림성(吉林省)에서 병사(病死)하였다.

여순(旅順) **사건** 안중근(安重根) 의사(義士)가 一九〇九년 十월 중국 하얼빈에서 침략 원흉 이토 히로부미(伊藤博文)를 사살(射殺)하고 一九一〇년 三월 중국 여순감옥에서 순국(殉國)한 역사적 사실을 가리킨다.

一五二 **신해년**(辛亥年) 一九一一년이다.

경시총감부(警視總監部) 일제강점기 때 경찰 업무를 총괄하며 각 경찰서를 통괄하던 경무총감부(警務總監部)를 말하는 듯하다.

송화(松禾) **반정**(泮亭) 황해도 신천군(信川郡) 용문면(龍門面) 반정리(泮亭里)로, 당시에 반정(泮亭)은 송화군(松禾郡)에 속해 있었다. 一八九五년(고종 三十二) 송화군이 송화군과 풍천군(豐川郡)으로 개편된 뒤, 一九一四년 행정구역 개편 때 풍천군이 송화군에 다시 편입되었고, 송화군의 동부 지역 일부가 장연군(長淵郡)과 신천군에 이속(移屬)되었다.

담(毯)병거지 짐승의 털을 다져서 평평하고 두툼하게 만든 조각인 「담(毯)」을 만들고, 그것을 골에 넣어 모자집은 높고 둥글게, 전은 넓고 평평하게 만든 모자. 전립(氈笠) 또는 모립(毛笠)이라고도 한다.

一五三 **이승훈**(李昇薰) 一八六四-一九三〇. 평안북도 정주 출신으로, 가정이 빈한해서 일찍이 상업에 종사하여 국내 굴지의 부호가 되었으나, 一九〇四년 러일전쟁(露日戰爭)으로 사업이 기울었다. 이 무렵 평양에서 안창호(安昌浩)의 강연을 듣고 감화를 받아 신민회(新民會)에 가입하여 구국운동(救國運動)에 힘썼으며, 一九〇七년 고향 정주에 오산학교(五山學校)를 설립하여 신학문과 애국사상을 고취하였다. 一九一一년 백오인(百五人) 사건에 연루되어 옥고를 치르고 一九一九년 삼일운동(三一運動) 때는 민족대표의 한 사람으로 참가하였다가 다시 투옥되었다. 뒤에 조선교육협회 간부와 동아일보사 사장을 지냈다.

一五四 **『질풍(疾風)에 경초(勁草)를 알고, 판탕(板蕩)에 성신(誠臣)을 안다』** 『거센 바람에 굳센 풀을 알아보고, 세상이 어지러워짐에 충성스러운 신하를 알아본다』는 말. 《구당서(舊唐書)》 〈열전(列傳) 소우전(蕭瑀傳)〉에 나오는, 태종(太宗)이 소우(蕭瑀)에게 지어 준 시(詩) 구절로, 원문은 『疾風知勁草 板蕩識誠臣』이다.

사육신(死六臣) 조선 세조 二년(一四五六년)에 단종의 복위를 꾀하다 죽임을 당한 박팽년(朴彭年) 성삼문(成三問) 이개(李塏) 하위지(河緯地) 유성원(柳誠源) 유응부(兪應孚) 등 여섯 충신(忠臣)을 이른다.

一五五 **긍허**(兢虛) 「헛됨을 삼가다」라는 뜻이다.

一五七 **안명근(安明根)과 공모(共謀)하여 총독(總督)을 살해하려던 음모** 당시 조선총독부(朝鮮總督府)의 총독은 데라우치 마사타케(寺內正毅)(一八五二-一九一九)였다. 안명근은 一九一〇년 十二월 二十七일 일제의 대륙 침략의 관문인 압록강(鴨綠江) 철교(鐵橋) 준공식에 데라우치 총독이 참석할 것이라는 소식을 듣고, 평양역 근처에 대기하면서 공작을 치밀하게 준비하던 중 일본 경찰에 체포되고 말았다.

경시(警視) 일제강점기 때 경찰관의 계급 중 하나로, 지금의 총경(總警)에 해당하는 간부급 경찰이다.

一五八 **『구(龜)는 진흙 속으로 잠기리니, 홍(鴻)은 바다 밖으로 날아가라』** 『거북이

는 진흙 속으로 잠길 것이니, 기러기는 해외로 날아가라』라는 뜻으로, 여기서 구(龜) 즉 거북이는 김구(金龜) 자신을 가리키고, 홍(鴻) 즉 기러기는 김홍량(金鴻亮)을 가리킨다。

『나쁜 말이 해서도 다다귀』 우리말과 일본말이 뒤섞인 말로, 『나쁜 말을 했으니 때려 준다』의 의미이다。「다다귀」는 「다다쿠」를 표현한 말로 「때리다」의 뜻이다。

뭉어리돌 「뭉어리」는 「덩어리」라는 뜻으로, 엉겨 굳어 덩어리가 된 돌을 말한다。

一六○

체형(體刑) 징역(懲役) 태형(笞刑) 사형(死刑) 따위와 같이 직접 사람의 몸에 가하는 형벌。

염근(鹽根) 정제되지 않은 소금 덩어리。

인(仁)의 에미 김인(金仁)의 어머니。이때는 김구(金九)가 경성의 경무총감부 유치장에서 고문을 당하던 一九一一년으로, 그의 큰아들 김인(金仁)(一九一八년생)은 태어나기 전이었다。

『김가메 나쁜 말이 했소데 사시이레 일이 없소다』 우리말과 일본말이 뒤섞인 말로, 『김구는 나쁜 말을 하여 사식이라는 것이 필요가 없소다』라는 뜻이다。「가메」는 「거북(龜)」의 일본식 발음이고, 「사식」이라는 발음을 잘 못 하여 「사시」라고 했음을 그대로 적은 것이다。

박영효(朴泳孝)의 부친 박원양(朴元陽)(一八○四-一八八四)을 가리킨다。조선 말의 문신(文臣)으로 아들 박영효가 철종의 사위가 되자 벼슬을 받기 시작하여 공조판서까지 지냈다。그러나 一八八四년(고종 二十一)에 일어난 갑신정변(甲申政變)에 박영효가 참여하였다가 실패하고 일본에 망명하자, 이에 연루되어 체포된 후 관직을 삭탈당하고 감옥에서 사망하였다。

섬거적 섬을 만들려고 엮은 거적。「섬」은 곡식 따위를 담기 위하여 짚으로 엮어 만든 그릇이고, 「거적」은 짚을 두툼하게 엮어 자리처럼 만든 것이다。

소무(蘇武) 중국 전한(前漢)의 명신(名臣)으로, 무제(武帝)(재위 기원전 一四一-기원전 八七) 때 화해 사절로 흉노에 갔다가 붙잡혀 부하 되기를 강요받았으나 이를 끝까지 거절하고 십구 년간 감옥 생활을 하였다。그동안 굶주림으로 인하여 옷의 솜털까지 뜯어 먹으면서 연명하여 끝내 살아 돌아왔다。

一六一

신부민(新附民)의 자격(資格)만 표시하면 「신부민」은 새로 합쳐진 백성 즉 식민(植民) 백성을 뜻하는 말로, 「식민지 백성의 자격만 인정하면」이라는 뜻이다。

김구(金龜)는 한문병자(漢文病者)이다 한자(漢字)로 필담(筆談)을 주고받는 상황에서 나온 말인 듯하다。

『君疑置毒否(군의치독부)』 「그대는 독을 넣었는지 여부를 의심하는가」라는 뜻이다。

一六二

감식(監食) 감옥에서 끼니로 주는 식사。

보안법(保安法) 위반이라 하여 최고형(最高刑)이 이 년밖에 지울 수 없었다 보안법은 一九○七년 七월 二十四일 집회 결사 언론의 자유를 탄압하기 위해 일제가 구한국(舊韓國) 정부에게 제정 반포하게 한 법률이다。이 법률에 따르면, 정치에 관하여 불온한 말이나 행동을 하거나, 타인을 선동 또는 교사하고 치안을 방해하는 자에 대해서는 태형(笞刑) 오십 대 이상, 또는 십개월 이하의 금옥(禁獄), 또는 이 년 이하의 징역(懲役)에 처할 수 있었다。

一六三

강기동(姜基東) 一八八四-一九一一。서울 출신으로, 조선 말 대한제국의 군인으로 있다가 一九○七년 군대가 해산되자 해산된 군인들을 규합하여 의병 활동을 하였다。그 뒤 일본 헌병대에 위장 귀순하여 경기도 연천 고랑포에서 헌병 보조원으로 있으면서 헌병대에 갇혀 있는 항일 투사들을 구출하였고, 의병 활동을 하다가 체포되어 사형당하였다。

김좌진(金佐鎭) 一八八九-一九三○。충청남도 홍성 출생으로, 一九一九년 서일(徐一)을 중심으로 만주에서 조직된 대한정의단(大韓正義團)에 가담하여 그 조직의 군사책임을 맡고, 정의단을 군정부(軍政府)로 개편한 후 사령관으로 추대되었으며, 대한민국임시정부의 권고를 받아들여 북로군정서(北路軍政署)로 개칭하고, 소속 무장독립군의 총사령관이 되어 독립군 편성에 주력하였다。 一九二〇년 만주 청산리에서 일본군을 크게 무찌르고 항일운동을 계속하다가 뒤에 공산당원에게 저격당하여 순국하였다。 이에 앞서 一九一一년에는 북간도(北間島)에 독립군사관학교를 설립하기 위해 자금 조달차 족질(族姪) 김종근(金鍾根)을 찾아간 것이 원인이 되어 이 년 육 개월간 서대문형무소에 투옥된 바 있다。

손두환(孫斗煥) 一八九五-?。 황해도 은율 출생으로, 一九一六년 일본에 유학하여 공부하다 중국 상해(上海)로 망명하였다。 一九一九년 대한민국임시정부가 수립된 후 임시의정원(臨時議政院) 의원 등을 지냈으나 사회주의 시각으로 임시정부를 비판하였다。 광복 후 귀국하여 一九四八년 남북연석회의와 남조선인민대표자회의에 참석하여 활동하였으나 그 후의 행적은 알려져 있지 않다。

一六四 **의관**(議官) 조선 말기 중추원(中樞院)에 소속되었던 관직으로, 一八九五년(고종 三十二) 중추원 관제에 의하여 의장과 부의장 밑에 설치하였다。 一九〇五년부터는 찬의(贊議)로 개칭되었다。

一六五 **화경**(化敬) 〈친필본〉에는 한자(漢字) 이름이 「化敬」과 「花慶」으로 섞여 나오나 「化敬」이 맞는 듯하다。

一六六 **세브란스의학교**(世富蘭醫學校) 一九〇四년 세브란스기념병원이 설립되면서 세브란스의학전문학교를 세웠고, 一九〇九년 세브란스의학교가 되었다。 一九四五년 세브란스 의과대학으로 발전하였으며, 一九五七년 연희대학교와 통합하여 연세대학교가 되었다。

一六七 **허지**(虛地) 주로 이북(以北) 지역에서, 힘은 들였으나 아무 성과도 거두지 못한 형편을 비유적으로 이르는 말。

一六八 **열네 명** 모두 열다섯 명이다。

판결도 그대로 언도(言渡)되었으니 국가기록원에서 제공하는 독립운동 관련 판결문 기록에 따르면, 김용제 최익형 고봉수 박형병 장윤근 한정교가 모두 칠 년이며, 이 대목에서 누락된 최명식도 칠 년이고, 언급되지 않은 김익연(金益淵)도 같은 사건으로 칠 년을 받은 것으로 되어 있다。

그 나머지는 일 년 또는 육 개월이었다 국가기록원에서 제공하는 독립운동 관련 판결문 기록에 따르면, 옥관빈은 일 년 육 개월, 김도희 고정화는 이 년, 김용규 감익룡은 일 년 육 개월, 정달하는 육 개월을 각각 받은 것으로 되어 있다。

서대문감옥(西大門監獄) 서울특별시 서대문구 현저동에 있었던 이 감옥의 당시 명칭은 경성감옥(京城監獄)이었다。 一八九四년 七월 十四일 서울 종로에 있던 전옥서(典獄署)가 감옥서(監獄署)로 개칭되고, 一九〇八년 四월 十一일에 경성감옥으로 명칭이 바뀌었는데, 이해 十월 二十一일 서대문으로 이전하였다。 이후 서대문감옥 서대문형무소 경성형무소 서울형무소 서울교도소 서울구치소로 이름이 바뀌어 왔고, 一九八七년 十一월 경기도 의왕시로 이전하면서 기존 감옥 건물은 사적(史蹟)으로 지정되어 서대문형무소역사관으로 사용되고 있다。

오월동주(吳越同舟) 《손자(孫子)》에 나오는 말로, 중국 춘추전국시대(春秋戰國時代)에 서로 적대시하는 오(吳)나라 사람과 월(越)나라 사람이 같은 배를 탔는데 풍랑을 만나서 서로 협력하게 되었다는 고사(故事)에서 유래한다。 서로 적대시하는 사람들이 같은 자리에 있게 된 경우, 또는 서로 협력해야 하는 상황을 빗대어 이르는 말로, 여기서는 후자의 의미로 쓰였다。

一六九 **추기급인**(推己及人) 자기 마음을 미루어 보아 남에게도 그렇게 대하거나 행동한다는 뜻。

일시동인(一視同仁) 중국 당(唐)나라 때 한유(韓愈)가 쓴 시(詩) 〈원인(原人)〉에 나오는 말로, 모든 사람을 똑같이 보고 똑같이 사랑한다는 뜻이다。

一七〇 **간수**(看守) 감옥의 업무를 보면서 수인(囚人)들을 감시하던 관리。 지금의 교도

관에 해당한다。

간수장(看守長) 감옥의 업무 및 간수(看守)를 관장하는 관리。

一七一 전옥(典獄) 감옥의 우두머리。지금의 교도소장에 해당한다。

一七三 《대한매일신보》(大韓每日申報) 一九〇四년 양기탁(梁起鐸)이 영국인 베델(E. T. Bethell)과 함께 한글과 영문으로 창간한 신문。일본에 항거하는 논조의 기사를 많이 게재하여 一九一〇년 국권 피탈 후 《매일신보》로 명칭이 바뀌고 조선총독부의 기관지가 되었다。

허왕산(許旺山) 왕산(旺山)은 조선 말의 의병장(義兵將) 허위(許蔿)(一八五五-一九〇八)의 호이다。경상북도 구미 출생으로、한학(漢學)을 공부하다가 一八九五년(고종 三二) 명성황후(明成皇后)가 일본 부랑배에게 시해되는 을미사변(乙未事變)이 일어나고 또 전국에 단발령(斷髮令)이 내려지자、의병을 모집하여 성주 등지에서 활약하다가 관군(官軍)에 패하고、이어 의병 해산령(解散令)이 내리자 一八九九년 고종의 부름을 받아 관직에 머물렀다。一九〇五년 을사조약(乙巳條約)이 체결되자 다시 의병을 일으켜 경성 진입을 시도하였으나 일본군에게 패하였다。이후 재기를 도모하던 중 一九〇八년 경기도 포천에서 일본 헌병대에게 체포되어 옥중에서 순국하였다。

이강년(李康秊) 一八五八-一九〇八。경상북도 문경 출생으로、고종 때 무과(武科)에 급제하여 선전관(宣傳官)이 되었으나 一八八四년(고종 二十一) 갑신정변(甲申政變)이 일어나자 사직하고、一八九四년 동학농민운동(東學農民運動) 때는 문경의 동학군을 지휘하여 왜군에 대항하였다。一八九五년 명성황후(明成皇后)가 일본 부랑배에게 시해되는 을미사변(乙未事變)이 일어나자 의병을 일으켜 활약하였으며、一九〇七년 다시 의병을 일으켜 충청북도 청풍 등지에서 활약하였으나 부상을 당하여 일본군에게 체포되어 교수형을 받고 순국하였다。

타매(唾罵) 「더러운 놈」이라며 침을 뱉으며 꾸짖는다는 뜻으로、몹시 더럽게 생각하거나 욕함을 이르는 말。

一七四 「임의 밥을 먹고 임의 옷을 입으며、일평생 품은 뜻이 변할 줄이 있으랴」(食人之食衣人衣 所志平生莫有違) 사육신(死六臣)의 한 사람인 성삼문(成三問)(一四一八-一四五六)이 죽음을 앞두고 지은 〈임사부(臨死賦)〉의 한 구절로、이 구절에 나오는 「임」은 단종(端宗)의 선왕(先王)인 문종(文宗)을 가리킨다。원문의 「所志」는 「素志」의 오기(誤記)이다。

장공속죄(將功贖罪) 죄지은 사람이 후에 공(功)을 세워 그 대가로 죄(罪)를 면함。

「이 문 안에 들어와서는 알음알이를 두지 말아야 할 것이니」(入此門內 莫存知解) 조선 중기의 승려 휴정(休靜)이 선종(禪宗)의 중요한 지침을 모아서 지은 《선가귀감》(禪家龜鑑)(一五六四년)에 나오는 구절이다。보통 사찰의 일주문(一柱門)에 이 글귀가 걸려 있는데、불가(佛家)의 세계에 들어오거든 알음알이、즉 갖가지 지식과 견해를 버려야 한다는 말이다。여기서는 이 구절을 차용하여 생사(生死)의 문제를 초월한 부처님이라도 감옥의 세계에 들어와서는 어쩔 도리가 없다는 뜻으로 사용하고 있다。「入此門內」는 「入此門來」의 오기(誤記)이다。

우덕순(禹德淳) 一八八〇-?。서울 출신으로、一九〇四년 블라디보스토크로 가서 안중근(安重根) 이범윤(李範允) 등을 만나 함께 독립운동을 하기로 하고、안중근 조도선(曺道先) 유동하(劉東夏)와 함께 이토 히로부미(伊藤博文)의 저격을 모의하였다。안중근이 거사에 성공하자 체포되어 옥고를 치렀다。이후 만주(滿洲) 지역에서 교육과 종교 사업에 종사하며 독립운동에 힘썼다。

一七五 평안도(平安道) 선천(宣川)을 중심 삼아 일망타진(一網打盡)으로 일백오 명을 검거(檢擧) 一九一一년 九월에 일어난 백오인(百五人) 사건을 가리킨다。이때 일제는 안명근(安明根)의 조선총독(朝鮮總督) 암살 미수 사건을 구실로 삼아 신민회(新民會) 회원 등 육백여 명을 체포하여 혹독한 고문을 가해 자백을 강요하였으며、그 중 백오인을 기소하였다。

一七六 문(匁) 일본의 무게 단위인 「몸메」로、약 三。七五그램에 해당한다。따라서 이백오십 문은 九三七。五그램이다。

一七七 고두례(叩頭禮) 머리를 조아려 절하는 예법。

『깃판!』(끽반(喫飯)) 「밥을 먹다」라는 뜻으로、여기서는 식사 시작을 알리는 구령이다.

명치(明治) 일본의 제一二二대 왕(재위 一八六七—一九一二). 열여섯 살 때 즉위하여 명치유신(明治維新)을 단행하여 왕정복고(王政復古)를 실현하고 여러 가지 개혁 정치로 일본 발전에 기여하였다. 사십오 년간 재위하면서 청일전쟁(清日戰爭)과 러일전쟁(露日戰爭)에서 승리하고 한국의 강제 병합을 감행하였다.

「**노는 입에 염불**(念佛)」 『아무 말 안 하고 있는 입으로 불경(佛經)을 외운다』는 의미로, 아무 하는 일 없이 노는 것보다 무엇이든지 하는 것이 좋다는 뜻이다.

一七八 **미고서는** 「업신여겨 따돌리고 멀리하고서는」이라는 뜻으로, 이 말의 기본형은 「미다」이다.

一七九 **야차**(夜叉) 사람을 괴롭히거나 해친다는 사나운 귀신.

장덕준(張德俊) 一八九一—一九二〇. 황해도 재령 출생으로, 一九一七년 일본에 건너가 청년운동과 사회운동에 참여하여 활동하다가 귀국한 후 一九二〇년 《동아일보(東亞日報)》 창간에 참여하여 논설위원을 지내다 그해 一〇월 일본군이 훈춘사건(琿春事件)을 일으켜 중국 길림성 훈춘의 우리나라 동포와 독립운동가를 대량 학살하자, 이를 대내외에 알리기 위하여 현지에 가서 취재하다 일본군에 의해 살해되었다.

옴(개창)(疥瘡) 옴진드기가 기생하여 일으키는 전염 피부병으로, 한방(韓方)에서는 개창이라 한다.

봉충이 「짝짝이」, 즉 짝귀를 가리키는 말이다.

一八〇 『**하나시(이야기) 햇소데 다다쿠도(때려 줄 테야)**』 우리말과 일본말이 뒤섞인 말로, 『이야기를 하면 때려 줄 것이다』라는 뜻.

모말과 같이 사개를 물려 짜서 지은 방 「모말」은 방두(方斗) 즉 네모 반듯한, 곡식의 분량을 되는 데 쓰이는 그릇을 말하고, 「사개」는 네 모퉁이를 요철(凹凸) 모양으로 만들어, 서로 어긋물려 꽉 끼워지게 된 짜임새를 말한다. 즉 이 말은 「네모 반듯하고 모퉁이가 단단하게 맞물리도록 만든 방」을 뜻한다.

얼굴을 남쪽으로 향한 사람 옆 사람은 얼굴을 북쪽으로 향하여 모로 눕고, 얼굴을 북쪽으로 향한 사람 옆 사람은 얼굴을 남쪽으로 향하고 원문은 『首南者(수남자) 側(측)은 面北(면북)하여 모로 눕고 首北者(수북자) 側(측)은 南面而臥(남면이와)하고』인데, 문맥상 여기서 「수남자(首南者)」(머리를 남쪽에 둔 사람)는 「면남자(面南者)」(얼굴을 남쪽으로 향한 사람)로, 「수북자(首北者)」(머리를 북쪽에 둔 사람)는 「면북자(面北者)」(얼굴을 북쪽으로 향한 사람)로, 그리고 「측(側)」은 「옆 사람」으로 풀이해야 자연스럽다.

무소대 「물을 뿜어내는 도구」를 말한다.

一八一 『**기오쓰케!**』**(우리말로 기착**(氣着)**)** 「차려!」라는 일본 말 구령(口令).

『**하이!**』 「예!」의 일본 말.

一八二 **소제부**(掃除夫) 청소부를 뜻한다.

이승만(李承晩) 一八七五—一九六五. 황해도 평산 출생으로, 서울 배재학당(培材學堂)에서 공부하였다. 일찍이 개화운동(開化運動)에 참여하여 독립협회(獨立協會) 간부로 활약하다가 투옥되었다. 이후 미국으로 가서 공부하면서 독립운동을 하였으며, 중국으로 와서 상해 임시정부 대통령을 지냈다. 광복 후 一九四八년에 대통령으로 당선되어 장기집권을 하다가 一九六〇년 부정선거로 또 대통령에 당선되었으나 사일구혁명(四一九革命)으로 실각하여 미국 하와이로 망명하였다가 그곳에서 병사하였다.

一八三 **감옥서**(監獄署) 조선시대에 형벌의 집행에 관한 일을 맡아보던 관청. 一八九四년(고종 三十一) 갑오개혁(甲午改革) 때 이전의 전옥서(典獄署)를 고친 것이다.

불한당(不汗黨) 「떼로 다니면서 남의 재물을 빼앗는 무리」라는 뜻.

一八五 **활빈당**(活貧黨) 「가난한 사람을 살리는 무리」라는 뜻으로, 一九〇〇년부터 一九〇四년까지 활동한 민중 봉기 집단이다. 봉건주의(封建主義)와 제국주의(帝國主義)의 타파를 목표로 삼남지방(三南地方)에서 활약하였다.

진(鎭) 군사적으로 중요한 지점에 둔 군영(軍營).

서절구투(鼠竊狗偸) 쥐나 개처럼 몰래 물건을 훔친다는 뜻으로、좀도둑을 이르는 말。

一八六 **이성계**(李成桂) 조선(朝鮮)의 제一대 왕(一三三五~一四〇八、재위 一三九二~一三九八)。고려 말의 무신(武臣)으로서 왜구(倭寇)를 물리쳐 공을 세웠고、一三八八년(우왕 十四) 위화도회군(威化島回軍)을 계기로 정권을 장악하여 조선왕조(朝鮮王朝)를 세웠다。

두문동(杜門洞) 이성계(李成桂)가 조선(朝鮮)을 건국한 것에 반대한 일흔두 명의 고려 옛 신하들이 외부와의 왕래를 끊고 모여 살던 곳으로、경기도 개풍군 광덕면 광덕산(廣德山) 서쪽 기슭에 있다。

왕조(王朝) 왕씨(王氏)가 세운 고려(高麗)를 일컫는다。

제약부경(濟弱扶傾) 《천자문(千字文)》 중의 한 구절로、「약자(弱者)를 구제하고 기울어 가는 세상을 바로잡는다」는 뜻이다。

一八七 **돌림장수** 도붓장수。이리저리 돌아다니며 물건을 파는 사람。

등짐장수 등짐을 지고 다니면서 물건을 파는 장수 즉 부상(負商)을 말하며、봇짐장수인 보상(褓商)과 더불어 보부상(褓負商)이라 불렸다。

화개장(花開場) 경상남도 하동군과 전라남도 구례군의 접경 지역에 서던 장(場)으로、행정구역상으로는 하동군 화개면 탑리에 속한다。조선시대에 오일장(五日場)이 섰다는 기록이 있으며、규모도 커서 한때 거래량이 전국에서 칠위에 오를 정도였다고 전한다。

차림차리 「차림새」의 이북 사투리。

갯국(狗湯) 개장국의 이북 사투리。

一八八 **청단장**(青丹場) 황해도 벽성군 추화면 약현리에 서던 장(場)。

어육(魚肉) 짓밟고 으깨어 아주 결딴낸 상태를 비유적으로 이르는 말。

一八九 **분장**(分臟) 장물(臟物) 즉 훔치거나 부당하게 얻은 물건을 나누는 일을 뜻한다。

一九一 **행장**(行狀) 본래의 뜻은 「죽은 사람이 평생 살아온 일을 적은 글」이나、여기서는 경력 또는 이력을 뜻한다。

정교(正校) 대한제국(大韓帝國) 때에 두었던 지금의 부사관(副士官) 계급。특무정교(特務正校)의 아래이며、부교(副校)의 위이다。

교회사(教誨師) 교회(教誨)란 「잘 가르치고 타일러서 지난날의 잘못을 깨우치게 함」을 이르는 말로、교회사(教誨師)는 감옥에서 수인(囚人)들을 상대로 종교를 통해 이러한 일을 수행하는 사람을 말한다。오늘날은 각 교도소에서 신앙생활을 통해 교회(教誨)가 이루어질 수 있도록 개신교(改新教) 불교(佛教) 천주교(天主教) 등 각 종교별로 성직자를 초빙하여 해당 종교의 집회를 가지는 게 보통인데、당시 서대문감옥에는 불교 교회사만을 두었던 듯하다。

一九二 『높고 높아 우뚝하고 말끔하게 드러났네。천하를 홀로 걸어가니 누가 나와 함께하랴(嵬嵬落落赤裸裸 獨步乾坤誰伴我)』 불교의 게송(偈頌) 중 〈출산게(出山偈)〉의 한 구절이다。

一九三 **공덕리(孔德里)에 경성감옥(京城監獄)을 준공(竣工)한 뒤이므로** 一九〇八년에 서대문형무소(西大門刑務所)의 전신(前身)인 경성감옥(京城監獄)이 서울특별시 서대문구 현저동에 지어져 운영되다가、경성감옥의 수용 공간이 부족해지자 一九一二년 서울특별시 마포구 공덕동에 새 감옥을 신설하여 이를 경성감옥으로 부르게 되고、서대문의 감옥은 서대문감옥(西大門監獄)으로 이름을 바꾸었다。마포의 경성감옥은 이후 마포형무소 마포교도소로 개칭되다가、一九六三년 경기도 안양시에 신설된 안양교도소로 이전하면서 폐지되었다。

화룡현(和龍縣) 중국 길림성 연길시의 남쪽에 위치하는 곳으로、함경북도 회령과 마주보고 있다。유명한 청산리대첩(青山里大捷)이 이 일대에서 전개되었다。

一九四 **민적**(民籍) 예전에 호적(戶籍)을 달리 이르던 말。

인천옥(仁川獄) 이 당시의 정식 명칭은 「경성감옥(京城監獄) 인천분감(仁川分監)」으로、일제의 통감부(統監府)에서 一九〇九년 인천부(仁川府)에 설치하여 一九二三년까지 운영하였다。《백범일지》의 기록으로 보아、김구가 치하포(?河浦) 사건으로 투옥되었던 인천감리서(仁川監理署)의 감옥 시설이 경성감옥 인천분감으로 이름을 바꾸어 사용되었던 듯하다。

一九五 **천정**(天頂) 관상(觀相)에서 두 눈썹의 사이 또는 이마의 복판을 가리키는 천정(天庭)

을 말하는 듯하다.

一九六 **타내기는** 「탓하기는」이라는 뜻. 「타내다」라는 말은 「남의 잘못이나 결함을 드러내어 탓하다」라는 뜻이다.

一九七 **덧들여 놓으면** 「건드려서 언짢게 해 놓으면」이라는 뜻. 「덧들이다」라는 말은 「남을 건드려서 언짢게 하다」라는 뜻이다.

부집존장(父執尊丈) 부집존장(父執尊長). 자기 아버지와 나이가 비슷한 어른을 높여 이르는 말.

一九八 **교회당**(敎誨堂) 주로 감옥이나 교도소에서 가르치고 타일러 지난날의 죄를 깨우치게 하는 「교회(敎誨)」를 행하는 곳.

분감장(分監長) 경성감옥(京城監獄) 인천분감(仁川分監)의 우두머리를 말한다.

신막(新幕) 황해도 중동부에 위치한 서흥군(瑞興郡) 신막읍(新幕邑)을 말한다. 경의선 철도가 서흥군의 중남부를 동서로 통과하는데, 신막역(新幕驛)은 검차(檢車) 급수(給水) 급탄(給炭)을 하던 곳이었다.

김용제(金庸濟) 一八七八-一九三一. 황해도 안악 출신으로, 一九〇七년 항일(抗日) 비밀결사(秘密結社)인 신민회(新民會)에 가입하여 활동하는 한편, 양산학교(楊山學校) 교사로서 애국청년 양성에 주력하였다. 一九〇八년에는 송종호(宋鍾昊) 김구(金九) 등과 함께 해서교육총회(海西敎育總會)를 결성하고 민족교육 진흥에 힘썼다. 一九一一년 일제가 조작한 일본 총독 암살미수사건에 연루되어 혹독한 고문을 당한 끝에 경성지방법원에서 징역 칠 년을 언도받았으나, 一九一三년 대구복심법원에서 무죄가 선고되어 석방되었다. 一九二一년에는 대한민국임시정부가 국내 조직을 목적으로 시행한 연통제(聯通制)에 가담하여 안악군참사(安岳郡參事)로 임명되어 활동하였다.

一九九 **연동**(蓮洞) 현 서울특별시 종로구의 연지동(蓮池洞)을 가리킨다.

二〇〇 **만장(萬丈)의 기염(氣焰)으로** 「대단한 기세로」라는 뜻이다. 「만장(萬丈)」은 높이가 만 길이나 됨, 즉 아주 높거나 대단함을 이르는 말이다.

소바리 원문은 「우태(牛駄)」로, 등에 짐을 실은 소를 가리킨다.

二〇二 **고소원불감청**(固所願不敢請) 「몹시 바라는 바였지만 감히 청하지는 못함」이라는 뜻.

二〇三 **감관**(監官) 조선 후기에 왕족들의 궁방(宮房)에서 금전이나 곡식의 출납을 맡아보거나 중앙 정부를 대신하여 특정 업무의 진행을 감독하고 관리하던 벼슬아치.

정사년(丁巳年) 一九一七년이다.

二〇四 **일등지**(一等地) 농사 짓기에 가장 좋은 땅.

二〇五 **근만부**(勤慢簿) 일을 근면(勤勉)하게 하는지 태만(怠慢)하게 하는지의 여부를 기록해 두는 장부(帳簿).

二〇六 **후행**(後行) 혼인(婚姻) 때 가족 중에서 신랑이나 신부를 데리고 가는 사람.

기미년(己未年) **이월** 一九一九년 음력 二월을 가리킨다. 서울에서 처음 삼일운동(三一運動)이 일어난 때는 음력으로 一九一九년 一월 二十九일이었다.

경성(京城) **탑동공원**(塔洞公園) 현 서울특별시 종로 二가의 탑골공원을 가리킨다.

二〇八 **이륭양행**(怡隆洋行) 아일랜드 출신의 영국인 조지 루이스 쇼(George Lewis Shaw)(一八八〇-一九四三)가 一九一九년 중국에 설립한 무역선박회사. 설립자 쇼는 아버지가 영국의 통치를 받고 있는 아일랜드계이므로 조선의 독립운동을 여러모로 도왔으며, 그 공로로 一九六三년 대한민국 정부로부터 건국훈장 독립장이 추서되었다.

포동(浦東) 중국 상해(上海)를 흐르는 황포강(黃浦江)의 동쪽 지역. 「황포강의 동쪽」이라는 뜻의 지명으로, 현재 중국 경제의 중심지이다.

황포(黃浦) 중국 황포강(黃浦江)과 바다가 만나는 상해(上海)의 연해(沿海) 지역으로, 일찍부터 항구가 발달된 곳이다.

임시정부(臨時政府) 정식 명칭은 대한민국임시정부(大韓民國臨時政府)로, 一九一九년 四월 十三일 중국 상해(上海)에서 조직되었다. 이후 一九四五년 광복(光復) 때까지 항일(抗日) 독립운동(獨立運動)의 중심 기관이 되었다.

상해(上海)**로 건너와** 원문은 「도호(渡滬)하여」로, 「호(滬)」는 상해(上海) 동북쪽을 흐르는 강 이름이자 상해를 의미하기도 한다.

二〇九 **백궁**(白宮) 미국 워싱턴에 있는 대통령의 관저 백악관(白堊館)을 말한다. 一八一五년 개장할 때 외벽을 희게 칠한 데서 유래한 이름이다.

사령장(辭令狀) 임명(任命)이나 해임(解任) 등 인사(人事)에 관한 명령을 적은 문서.

민국(民國) **이년**(二年) 대한민국임시정부를 세운 지 이 년째 되는 一九二〇년을 말한다. 여기서부터는 연도(年度) 기록을 간지(干支) 대신 이와 같은 형식으로 밝히고 있다.

二一〇 **민국**(民國) **오년**(五年) 대한민국임시정부를 세운 지 오 년째 되는 一九二三년을 말한다.

보륭의원(寶隆醫院) 「의원(醫院)」은 병원(病院)의 중국어(中國語)이다.

불란서(佛蘭西) **조계**(租界) 원문은 「법계(法界)」로, 「법국(法國) 조계(租界)」를 말한다. 법국(法國)이란 말은 중국이 프랑스를 「법란서(法蘭西)」라 부른 데 기인하여 법국이라 하였다 하며, 이 말은 프랑스의 음역어(音譯語)인 불란서(佛蘭西)와 함께 사용되었다. 조계(租界)란 제국주의의 침략이 시작되면서 불평등조약 체결의 결과로 인해 주로 개항장(開港場)에 외국인이 자유롭게 통상(通商) 거주(居住)하며 치외법권(治外法權)을 누릴 수 있도록 설정한 구역을 말한다. 중국의 경우 아편전쟁(阿片戰爭) 이후 一八四五년에 영국이 상해(上海)에 둔 것이 최초로, 이후 천진(天津) 한구(漢口) 광주(廣州) 하문(廈門) 등 각 개항장에 두었으며, 청일전쟁(淸日戰爭) 이후에는 영국 프랑스 독일 일본 등 팔 개국의 조계지(租界地)가 무려 스물여덟 곳이나 되었다.

포방(捕房) 경찰서(警察署)를 말한다.

二一一 **추형**(雛形) 새끼꼴, 즉 원형(原形)을 줄여 만든 모양이라는 뜻으로, 여기서는 대한민국임시정부의 당시의 모습을 이렇게 표현한 것이다.

二一二 **옹산**(甕算) 「독장수셈」이라는 뜻으로, 실현 가능성이 없는 계산을 하거나 헛수고로 애만 쓰는 것을 말한다. 옛날에 옹기장수가 길에서 독을 쓰고 자다가 꿈에 큰 부자가 되어 좋아서 날뛰다가 꿈을 깨고 보니 독이 깨졌더라는 이야기에서 유래하였다.

한유(韓愈) 七六八-八二四. 중국 당(唐)나라의 문인(文人)으로, 당송팔대가(唐宋八大家)의 한 사람이었다. 변려문(騈儷文)을 비판하고 고문(古文)을 주장하였다.

〈송궁문〉(送窮文) 「궁(窮)함을 보내는 글」이라는 뜻으로, 한유(韓愈)가 사십사 세 되는 八一一년 정초(正初)에 지었다고 한다.

〈우궁문〉(友窮文) 「궁(窮)함을 벗하는 글」이라는 뜻으로, 한유(韓愈)의 〈송궁문(送窮文)〉을 빗대어 지은 이름이다.

二一三 **날짜를 적지 않는다** 《백범일지》 맨 앞에는 『나는 병자년(丙子年) 칠월 십일일 자시(子時)(조모 제삿날)에 기동(基洞), 당시 「웅텅이 대택(大宅)」으로 불리던, 조부(祖父)와 백부(伯父)가 거주하는 집에서 분만되었다』라고 자신의 생일을 밝힌 바 있다.

학질(瘧疾) 말라리아. 앞에서는 인천감옥에서 장티푸스에 걸려 고통이 너무 심해 자살을 기도했다가 실패하였다고 기술하였다. 여기서는 두 번째 인천감옥에 이감되어 징역을 살 때의 일인 듯하다.

스페인 감기 스페인 독감으로, 一九一八년에 처음 발생하여 이 년 동안 전 세계에서 이천오백 내지 오천만 명의 목숨을 앗아 갔다.

민국(民國) **십일년**(十一年) 대한민국임시정부를 세운 지 십일 년째 되는 一九二九년을 말한다.

하권

二一七 **자인언**(自引言) 「스스로 지난 허물을 돌아보는 말」이라는 뜻. 이 부분은 하권(下卷) 맨 앞에 수록되어 있어서 일종의 서문(序文)처럼 보이지만, 一九四二년 二월 하권을 다 쓰고 나서 쓴 글이다. 내용 중에 이 글을 쓴 후의 역사적 사실, 이를테면 一九四三년 十一월 카이로회담에서 미국의 루스벨

트 대통령이 한국의 독립에 관해 언급한 내용이 있고, 一九四二년 四월 임시정부 수립 이십삼 주년 되는 때 공식석상에서 중국의 입법원장 손과(孫科)가 일본을 없애 버리는 좋은 방책은 임시정부를 승인하는 것이라고 주장하였다는 내용을 보아도 알 수 있다。

육십칠 세에 一九四二년이다。

약관(弱冠)에 투필(投筆)하고 「약관」은 스무 살의 나이를, 「투필」은 붓을 던짐 즉 문필(文筆) 생활을 그만둠을 말하는데, 여기서는 「젊은 나이에 공부를 그만두고」의 뜻으로 쓰였다。

고성낙일(孤城落日) 「외딴 성(城)과 지는 해」라는 뜻으로, 세력이 다하고 도움도 없는 매우 외로운 처지를 이르는 말。

죽을 날이 가까웠으니 원문은 『취(就)목이 근(近)하였으니』로, 「취목(就木)」은 「관 속으로 들어가다」 또는 「죽다」의 뜻을 가진 중국어이다。

동경(東京) 사건 이봉창(李奉昌)(一九〇〇~一九三二) 의사(義士)가 一九三二년 一월 八일 일본 동경(東京) 교외에 있는 대대목(代代木) 연병장에서 히로히토(裕仁) 왕이 관병식(觀兵式)을 마치고 돌아갈 때 앵전문(櫻田門)에서 수류탄을 던진 의거(義擧)。 이봉창 의사는 목적을 이루지 못하고 체포되어 그해 十월 十일 일본 형무소에서 순국하였다。

홍구(虹口) 폭탄(爆彈) 사건 윤봉길(尹奉吉)(一九〇八~一九三二) 의사(義士)가 一九三二년 四월 二十九일 중국 홍구공원(虹口公園)에서 열린 일본 왕의 생일을 기념하는 천장절(天長節) 축하식장에 폭탄을 던진 의거(義擧)를 말한다。 일본 시라카와 요시노리(白川義則) 대장이 즉사하고 기타 요인들에게 부상을 입혔으며, 윤봉길 의사는 일본 경찰에 체포되어 그해 十二월 十九일 일본 형무소에서 순국하였다。

이 한 몸 원문은 「취피낭(臭皮囊)」으로, 이는 「사람의 육체」를 뜻하는 중국어이다。

상권(上卷)을 기술(記述)하던 때 상권은 一九二九년에서 一九三〇년 사이에 씌어졌다。

三二八

관내(關內) 「관문(關門) 안」의 뜻으로, 영향력이 미치는 지역의 범위 내를 가리킨다。

민국(民國) 원년(元年) 대한민국임시정부를 세운 원년(元年) 즉 一九一九년을 가리킨다。

우리 이십삼 주년 대한민국임시정부를 세운 지 이십삼 주년 되는 一九四二년을 가리킨다。

한국광복군(韓國光復軍) 일제강점기에 중국에서 우리나라의 광복을 위하여 일본에 대항해 싸우던 군대。 一九四〇년 중경(重慶)에서 조직되었으며, 총사령관에 이청천(李青天), 참모장에 이범석(李範奭)이 취임하였다。

이청천(李青天) 一八八八~一九五七。 본명은 지청천(池青天)이다。 서울 출신으로, 일찍이 일본 육군사관학교를 졸업하고 중국으로 망명하여 한국광복군 총사령관을 지냈다。 광복 후에는 귀국하여 대동청년단(大同青年團)을 창단하여 청년운동에 힘쓰고 국회의원을 지냈다。

징모(徵募) 국가에서 특별한 일을 위하여 필요한 사람을 불러 모으는 일。

민국(民國) 이십삼년도(二十三年度) 대한민국임시정부를 세운 지 이십삼 년째 되는 一九四二년을 가리킨다。

오십삼만 화폐 단위는 당시 중국의 「원(元)」인 듯하다。

三三〇

영국(英國) 상인(商人) 쇼 앞서 언급된 선박회사(船舶會社) 이륭양행(怡隆洋行)의 설립자인 아일랜드 출신의 영국인 조지 루이스 쇼(George Lewis Shaw)(一八八〇~一九四三)를 말한다。

삼판선(三板船) 항구(港口) 안에서 사람이나 짐을 실어 나르는, 그다지 크지 않은 중국식(中國式) 거룻배。

三三一

안악(安岳) 사건 一九一一년 一월 안악(安岳) 양산학교(楊山學校)를 중심으로 교육에 종사하던 민족운동가들을 일제히 검거하여 탄압한 사건。 김구(金九)도 이에 연관되어 모진 고문을 받고 서대문감옥과 인천감옥에서 복역하고 출옥하였다。

백오인(百五人) 사건 一九一一년 九월 일제(日帝)가 안명근(安明根)의 조선총독(朝鮮總督) 암살 미수 사건을 구실로 삼아 신민회(新民會) 회원 등 육백여 명을 체포하여 혹독한 고

문을 가해 자백을 강요하였으며, 그 중 백오 인을 기소한 사건을 말한다.

저 해는 언제 죽어 없어지려나(是日曷喪) 《서경(書經)》에 나오는 말로, 포악한 임금을 만난 백성들이 태양이 없어져 세상이 망하기를 바라는 마음을 표현한 구절이다.

파리강화회의(巴里講和會議) 제일차세계대전(一九一四-一九一八)의 뒤처리를 위하여 一九一九년 프랑스 파리에서 승전국인 미국 영국 프랑스 세 나라가 주도하여 패전국인 독일 오스트리아 불가리아 헝가리 터키 등을 상대로 개최한 회의. 파리평화회의라고도 한다.

민족자결주의(民族自決主義) 자기 나라의 일은 그 민족 스스로 결정하여 처리해야 한다는 원칙을 실현하려는 사상으로, 미국 윌슨 대통령이 처음 제창하여 一九一九년에 열린 파리평화회의에서 채택됨으로써 식민지 국가의 독립운동에 많은 영향을 끼쳤다.

신한청년당(新韓青年黨) 一九一八년 중국 상해(上海)에서 조직된 독립운동 단체이다. 이사장으로 서병호(徐丙浩)를 추대하고, 이사로 여운형(呂運亨) 김구(金九) 이광수(李光洙) 안정근(安定根) 조동호(趙東祜) 한원창(韓元昌) 한진교(韓鎭教) 선우혁(鮮于爀) 김순애(金淳愛) 등을 선임하였으며, 산하 여섯 개 부서에 회원이 백오십여 명이었다. 김규식(金奎植)을 파리강화회의에 한국 대표로 파견하고, 여운형을 러시아령으로, 장덕수(張德秀)를 일본으로, 선우혁 서병호 김철(金澈) 등을 국내로 파견하여, 이들과 긴밀한 연락을 취하면서 정세 변화에 따른 대책을 협의하였다. 이후 김규식은 대한민국임시정부가 수립된 뒤 파리에 파리위원부를 설치하였고, 장덕수는 일본에서 이팔독립선언(二八獨立宣言)을 촉진시켰으며, 선우혁은 관서지방(關西地方)의 기독교인들과 함께 삼일운동(三一運動)을 일으킬 분위기를 조성하였다. 이처럼 상해는 독립운동의 본부가 되어 국내뿐 아니라 만주 일본 러시아 미국 등지에서 뜻을 함께하는 이들이 상해로 모여 독립운동을 본격적으로 논의하기 시작하였다. 신한청년단 핵심 단원 삼십여 명은 一九一九년 四월 초 상해의 프랑스 조계지(租界地) 보창로(寶昌路) 삼백이십구호에 임시사무소를 설치하였는데, 이것이 뒷날 대한민국임시정부의 모체가 되었다.

三三

김규식(金奎植) 一八八一-一九五〇. 부산 동래 출생으로, 가정이 불우하여 미국 선교사의 도움을 받아 성장하였다. 一九一九년 三월 파리평화회의에 대표로 참석하였고, 이어 대한민국임시정부 부주석(副主席)을 지냈다. 一九四五년 광복 후 귀국하여 신탁통치와 남한의 단독 총선거에 반대하고 김구(金九)와 함께 남북협상을 시도하다가 정치에서 은퇴하였다. 一九五〇년 육이오전쟁 때 납북되었다.

김철(金澈) 一八八六-一九三四. 전라남도 함평 출신으로, 一九一五년 일본 메이지 대학을 졸업하고 삼일운동 후 중국 상해(上海)로 망명하여 임시정부(臨時政府)에서 전라도의원으로서 본국에 관한 일을 맡아 하였다. 一九二〇년 김구(金九) 등과 함께 의용단(義勇團)을 조직하여 독립운동에 힘썼으며, 一九三二년 대한교민단(大韓僑民團)의 정치위원과 국무위원으로 활약하였다.

임시의정원(臨時議政院) 상해(上海) 임시정부(臨時政府) 내에 두었던 입법기관(立法機關).

한성(漢城)에서 비밀히 각 도(道) 대표가 모여 이승만(李承晩)을 집정관(執政官) 총재(總裁)에 맡긴 정부(政府) 一九一九년 四월 서울에서 수립된 한성정부(漢城政府)를 가리킨다. 이 정부의 출범은 외국 통신사(通信社)에 의해 보도되어 대외적으로 선전 효과가 컸다. 지금의 서울은 조선 초에 한양(漢陽)으로 불리다가 一三九五년(태조 五) 한성부(漢城府)가 되었으며, 일제강점기에 경성(京城)으로 개칭되었다가 광복 후 서울로 되었다.

전중의일(田中義一) 一八六四-一九二九. 일본 육군대학 졸업 후 청일전쟁(清日戰爭)에 종군하였고, 러일전쟁(露日戰爭) 때에는 만주군(滿洲軍) 참모로 참가하였다. 육군대신을 거쳐 총리에 올랐으며, 중국에 대하여 강경정책을 취했고 시베리아 출병을 추진했다.

오성륜(吳成倫) 함경북도 온성 출신으로, 삼일운동(三一運動) 후 군자금(軍資金) 모금에 힘썼고、중국 상해(上海)로 건너가 의열단(義烈團)에 가입하여 활약하였다。一九二三년 三월 상해에서 일본 육군대장 다나카 기이치(田中義一)를 저격하였으나 실패하고 체포되어 수감생활을 하였다。

공무국(工務局) 국가나 공공단체의 업무를 수행하는 부서 명칭。이 부분을 전후하여 경무국(警務局) 경찰국(警察局) 공무국(工務局) 등의 부서 명칭이 나오는데、모두 치안 등 공적인 업무를 담당하는 부서를 가리킨다。

二三四

선우갑(鮮于甲) 일제강점기의 악질 친일파로、일본 경시청(警視廳) 고등계(高等係) 형사(刑事)로 일본에 파견되어、一九一九년 이팔독립선언(二八獨立宣言) 당시 도쿄 조선기독교청년회관에서 독립선언이 진행될 때 들이닥친 일본 형사들에게 중심인물들을 하나하나 지적하여 체포하게 하였다。삼일운동(三一運動) 후에는 기자 직함을 가지고 미국에 파견되어 악화된 국제여론을 일본에 유리하도록 선전하는 일을 하였으며、재미 독립운동가들의 동태를 감시 보고하기도 했다。

강인우(姜麟佑)**는 왜의 경부**(警部)**로** 강인우는 일제강점기에 조선총독부(朝鮮總督府) 경무총감부의 창덕궁경찰서 소속으로 있었던 친일(親日) 경찰관이고、경부(警部)는 당시 경찰관 계급의 하나로、경시(警視) 아래、경부보(警部補) 위의 직급이다。

신세계채관(新世界菜館) 채관(菜館)은 중국 요리집을 말하는데、주로「○○채관」과 같이 옥호(屋號)로 쓰였다。

김가진(金嘉鎭) 一八四六~一九二二。一八七七년(고종 十四) 문과에 급제한 후 일본 동경(東京)에 파견되어 주일본판사대신(駐日本辦事大臣)으로 있다가 귀국하여 농상공부(農商工部) 대신을 지냈다。一九一〇년 일제의 강점(强占) 직후 받은 남작(男爵) 작위를 즉시 반납하고、비밀결사(秘密結社)인 대동단(大同團) 총재 및 고문으로 추대되었고、이후 상해(上海)로 건너가 임시정부 요인으로 활동하였다。

대동당(大同黨) 정식 명칭은 조선민족대동단(朝鮮民族大同團)으로、一九一九년 삼일운동(三一運動) 직후에 일진회(一進會) 회원이었던 전협(全協) 최익환(崔益煥) 등이 서울에서 조직한 독립운동 단체이다。대동단(大同團) 또는 독립대동단(獨立大同團)이라 불리기도 했다。《대동신문(大同新聞)》을 발간하기도 하였으며、의친왕(義親王) 이강(李堈)을 임시정부의 지도자로 추대하기 위하여 상해(上海)로 탈출시키려다 실패한 바 있다。

의한(毅漢) 김의한(金毅漢)(一九〇〇~一九五一)은 一九一九년 국내에서 대동단(大同團)에 가담하여 독립운동을 전개하다가 아버지 김가진(金嘉鎭)과 함께 중국 상해(上海)로 망명하였다。一九三二년 四월 윤봉길(尹奉吉) 의사(義士)의 홍구(虹口) 의거(義擧) 직후 임시정부가 상해에서 항주(杭州)로 이전할 때 이동녕(李東寧) 김구(金九) 등을 모시고 가흥(嘉興)으로 피신하

二三五

면서 임시정부 활동에 참가하였고、이후 애국단(愛國團) 활동、독립군 양성 등에 힘썼다。一九四〇년 한국독립당(韓國獨立黨) 감찰위원회 위원과 상무위원을 맡았고、임시정부 외교위원으로도 활약하였다。광복 후 一九四八년 四월 한국독립당 대표로 남북협상에 참가하였으며、한국전쟁 때 납북되었다。

의한 자부(毅漢 子婦) 김의한(金毅漢)의 자부(子婦)가 아니라、김가진(金嘉鎭)의 자부 즉 정정화(鄭靖和)(一九〇〇~一九九一)를 가리킨다。정정화는 삼일운동(三一運動) 후 시아버지 김가진과 남편 김의한을 따라 상해(上海)로 건너가 상해 임시정부의 안살림을 맡았으며、一九二〇년 비밀 연락망인 연통제(聯通制)를 통해 국내로 잠입하여 독립운동 자금을 조달했고、압록강을 건너가 밀사(密使) 역할을 수행하기도 했다。김구로부터「한국의 잔다르크」라는 칭송을 받았다。

나창헌(羅昌憲) 一八九六~一九三六。평안북도 희천 출신으로、서울 경성의학전문학교를 다녔다。대동단(大同團)의 비밀단원이 되어 의친왕(義親王) 이강(李堈)을 중국 상해(上海)의 임시정부로 탈출시키려다 발각되어 안재홍(安在鴻) 등과 함께 징역 삼 년을 선고받았다。一九二二년 상해로 망명、임시정부의 외곽 지원단체인 한국노병회(韓國勞兵會) 창립에 참여하고 이사로 활동하기 시작하여、상해(上海) 일대에 거주하는 우리 동포에게 민족의식과 임시정부의 지원을 호소하는 등 독립운동에 진력하였다。대한민국임시정부 임시의정원 의원、경무국장、내무부 차장 등과 병인의용대(丙寅義勇隊) 대장을 역임하였으며、상해 일본 영사관 폭파 계획을 세우고 두 동생과 함께 거사(擧事)하려

다가 탄로나 항주(杭州)로 피신하였다가 중경(重慶)에서 사망했다.

불령선인(不逞鮮人) 일본어 「후테이센진(ふていせんじん)」으로, 일제강점기 때 식민통치에 반대하는 조선인을 불온하고 불량한 인물로 지칭한 말이다. 「후테이(不逞)」는 멋대로 행동함 또는 도의(道義)에 따르지 않음 등의 뜻이고, 「센진(鮮人)」은 조선인을 의미하는 조센진의 약어로 경멸의 의미가 담겨 있다.

二三六 **『일을 맡김에 사람을 의심하지 아니하고, 사람이 의심되면 일을 맡기지 아니한다』** 《명심보감(明心寶鑑)》에 나오는 말로, 원문은 『의심스러운(任事不疑人 疑人不任事) 사람이면 쓰지 말고, 쓴 사람이면 의심하지 말라』이다.

정인과(鄭仁果) 一八八一-一九七二. 평안남도 순천(順川) 출생으로, 一九二二년 미국 샌프란시스코 신학교 졸업 후 상해(上海)에 임시정부가 수립되자 북미 지역에서 안창호(安昌浩)가 상해에 올 때 황진남(黃鎭南)과 함께 수행원으로 왔다. 이후 미국령 교민 대표로서 임시정부 의원으로 임명되었고, 임시의정원 부의장과 외무차장을 맡아 활동하다가 여러 계파 간 갈등이 생기고 독립운동이 침체기에 접어들자 一九二〇년 미국으로 돌아가 신학 문학 교육학 등을 공부하였다. 一九二四년 귀국 후 안창호가 조직한 수양동우회(修養同友會)에서 활동하다 구속되었는데, 전향(轉向)하여 풀려나면서 이때부터 본격적인 친일 활동을 하였다.

집주인 원문은 「방동(房東)」으로, 중국어로 집주인이라는 뜻이다. 중국에서는 예로부터 주인의 자리는 동쪽, 손님의 자리는 서쪽이었기에, 세를 주는 집에서도 동쪽을 주인이 사용하였다고 한다.

二三七 **총을 쏘아** 원문은 「방창(放槍)하여」로, 방창은 중국어로 「총을 쏘다」라는 뜻이다.

二三八 **이동휘**(李東輝) 一八七三-一九三五. 함경남도 단천 출신으로, 대한제국 때 육군 참령(參領)을 지내고 신민회(新民會) 조직에 참여하였다. 이후 상해(上海)로 건너가 임시정부 국무총리를 지냈으나, 이 무렵 공산주의(共產主義)로 전향하여 소련으로부터 받은 독립운동 자금을 유용(流用)하는 등 불화를 일으켜 사임하고 시베리아에서 사망하였다.

데모크라시 민주주의(民主主義)를 말한다.

적은이 「아우」의 이북 지방 사투리이다.

제삼국제당(第三國際黨) 「제삼인터내셔널」 즉 코민테른(Comintern)을 가리킨다. 공산당의 통일적인 국제 조직으로, 一九一九년에 레닌 주도하의 소련 공산당과 독일 사회민주당 좌파를 중심으로 창립되어 국제 공산주의운동을 지도하다가 一九四三년에 해산되었다. 일제강점기 때 우리나라 공산주의운동에 강한 영향을 끼쳤다.

二三九 **한형권**(韓亨權) 생몰년 미상. 함경북도 경흥 출신으로, 일찍이 러시아로 건너가 一九一一년 블라디보스토크에서 권업회(勸業會) 창설에 참여하여 부회장을 지냈고, 一九一八년 하바로프스크에서 조직된 이동휘(李東輝)의 한인사회당(韓人社會黨)에 들어가 이론가로 활동하였다. 一九二〇년 초에는 임시정부 국무총리로 있던 이동휘의 지시로 러시아에 가서 독립운동 자금을 받아 오는 등의 활동을 하였다.

레닌 레닌(Lenin)(一八七〇-一九二四)은 소련 공산당의 창시자로, 러시아 혁명을 지도하고 一九一七년 케렌스키(Kerensky) 정권을 타도하여 프롤레타리아 독재하의 소비에트사회주의공화국을 건설하였다. 그는 마르크스주의 이론의 혁명적 실천자로서 국제적 혁명운동에 큰 영향을 주었다.

김립(金立) ?-一九二二. 一九一八년 한인사회당(韓人社會黨) 창당에 참여하여 이동휘(李東輝) 위원장 아래서 활동하다가 이듬해 상해(上海) 임시정부로 가서 이동휘 총리의 비서장(秘書長)이 되었다. 一九二〇년 러시아에 파견되어 레닌 정부로부터 비자금을 받아 임시정부 몰래 고려공산당(高麗共產黨) 자금으로 이용하려다가 탄로되어 큰 파문을 일으켰으며, 결국 반대파에게 암살당하였다.

국민대표대회(國民代表大會) 一九二三년 一월 三일 중국 상해(上海)에서 열린 국민대표회의(國民代表會議)를 말한다. 국내와 상해 만주(滿洲) 북경(北京) 간도(間島) 러시아 미주(美洲) 등지에서 백이십여 개 단체의 대표 백이십여 명이 모여 육십삼 일에 걸쳐 진행되었다。

이르쿠츠크 러시아 동남쪽에 있는 상공업도시로, 제정러시아 때 시베리아 총독부가 있던 곳이다。 여기서는 이르쿠츠크파 고려공산당을 가리킨다。 一九一九년에 김철훈(金哲勳) 등이 중심이 되어 이르쿠츠크(Irkutsk)에서 조직한 전로한인공산당(全露韓人共産黨)이 전로고려공산당(全露高麗共産黨)으로 이름을 바꾸었는데、 이동휘(李東輝)가 상해(上海)에서 조직한 고려공산당을 「상해파」로、 김철훈의 고려공산당을 「이르쿠츠크파」로 불렀다。

안병찬(安秉瓚) 一八五四-一九二一。 평안북도 의주 출생으로、 一九〇九년 十월 안중근(安重根)의 변호를 위해 여순(旅順) 법정으로 갔으나 용납되지 않았고、 같은 해 十二월 이재명(李在明) 사건의 변호를 담당하였다。 一九一九년 삼일운동에 참여한 뒤 만주(滿洲)로 망명하여 안동현(安東縣)에서 대한독립청년단을 조직하고 총재에 추대되어 활동하였고、 一九二〇년에는 남만주 관전현(寬甸縣)에서 조직된 대한청년단연합회 총재로 추대되었다。 상해(上海) 임시정부의 평안북도 독판부(督辦府) 독판、 법무차장、 법률기초위원회 위원장으로 활동하였고、 一九二一년 공산주의로 전향하여 이르쿠츠크에서 개최된 공산당 대표회의에 상해 대표로 참석하였으며、 이후 고려공산당(高麗共産黨) 중앙위원으로 선출되었다。 이르쿠츠크파 고려공산당 상해 지부를 조직하여 활동하다가 모스크바에서 돌아오는 길에 암살되었다。

여운형(呂運亨) 一八八六-一九四七。 경기도 양평 출생으로、 一九一四년 중국 남경(南京)에서 활동하다가 一九一七년 상해(上海)로 옮겨 독립운동에 투신하였다。 一九一九년 상해 임시정부 수립에 힘썼으며、 임시의정원 의원과 외무부 차장으로 활동하였다。 一九二〇년 사회주의 계열의 상해파 고려공산당과 이르쿠츠크파 고려공산당에 가입하였고、 一九二三년 상해에서 열린 국민대표회의(國民代表會議)에 참석하여 임시정부의 개조를 주장하였다。 一九二九년 상해에서 일제 경찰에 체포되어 삼 년간 옥고를 치렀다。 一九四四년 일제의 패전을 예측하고 조선건국동맹(朝鮮建國同盟)을 조직하여 위원장으로 활동하였다。 광복 후 조선건국준비위원회(朝鮮建國準備委員會) 위원장、 조선인민공화국 부주석、 조선인민당(朝鮮人民黨) 당수、 민주주의민족전선(民主主義民族戰線) 공동의장、 근로인민당(勤勞人民黨) 위원장 등으로 활동하였다。 김규식(金奎植) 김창숙(金昌淑)과 함께 통일적 임시정부 수립의 필요성을 역설하며 통일정부 수립을 위해 노력하다가 서울에서 암살당했다。

엠엘파(ML派) 마르크스와 레닌의 앞 글자를 따서 이름붙인 엠엘당(ML黨)을 말한다。 一九二六년 十二월에 조직된 제삼차 조선공산당으로서、 경찰의 추적을 피하기 위하여 책임자를 수시로 바꾸며 활동하였으나、 一九二八년 二월 모두 검거되었다。

복본화부(福本和夫) 일본의 사회주의 사상가로、 일본 최초의 공산주의 정당이 一九二二년에 결성되었으나 이듬해 제일차 공산당 검거로 해산되자 一九二六년부터 공산당 재건의 이론적 근거를 설파하여、 이후 일본 공산당이 합법적인 정당으로 되는 데 밑받침이 되었다。

김준연(金俊淵) 一八九五-一九七一。 전라남도 영암 출생으로、 엠엘당(ML黨) 사건에 연루되어 옥고를 치르고、 一九三七년 《동아일보》 주필로 있다가 일장기 말소사건으로 사임하였다。 광복 후 법무부장관과 국회의원 등을 역임하였다。

이을규(李乙奎) 생몰년 미상。 충청남도 논산 출신으로、 삼일운동(三一運動) 직후 독립대동단(獨立大同團)에 가입하여 활동하다가、 본부를 상해(上海)로 이전할 계획에 따라 의친왕(義親王) 이강(李堈)을 상해로 탈출시키려다 체포되어 이 년간 옥고를 치렀다。 이후 상해로 건너가 김원봉(金元鳳)의 의열단(義烈團)에 가담하여 무장(武裝) 훈련에 전념하였다。 一九二四년 이회영(李會榮) 이정규(李丁奎) 유자명(柳子明) 등과 함께 재중국조선무정부주의자연맹(在中國朝鮮無政府主義者聯盟)을 결성하였고、 一九二九년에는 김좌진(金佐鎭) 등이 주도한 한족총연합회(韓族總聯合會)에 참여하여 무정부주의운동을 전개하였다。

유자명(柳子明) 一八九四-一九八五。 본명은 유흥식(柳興湜)이다。 一九一九년 삼일운동 당

二三一

시 중국으로 망명하여, 상해(上海) 임시정부 임시의정원 충청도 대표의원으로 선출되었고, 의열단(義烈團)에 가입하여 의열단장 김원봉(金元鳳)의 비밀참모로 국내외 일본인과 친일파 처단 활동에 많은 성과를 올렸다. 一九二七년 중국 남경에서 김규식(金奎植), 중국인 목광록(睦光錄), 인도인 간다싱 등과 함께 일본에 대한 아시아 피압박민족의 공동투쟁을 강화할 목적으로 동방피압박민족연합회를 조직하였다. 이념적으로 무정부주의를 견지하여 조선혁명자연맹(朝鮮革命者聯盟) 간부로 활동하였고, 유기석(柳基石) 등과 불멸구락부(不滅俱樂部)를, 이우관(李又觀) 등과 무정부주의자연맹(無政府主義者聯盟) 상해부(上海部)를 조직하여 활동하였다. 광복 전까지 임시정부 임시의정원 의원으로 활동했다.

무정부주의(無政府主義) 모든 정치 권력이나 공공적 강제의 필요성을 부정하고 개인의 자유를 최상의 가치로 내세우려는 사상. 아나키즘(anachism)이라고도 한다.

안공근(安恭根) 一八七九-一九四〇. 황해도 신천 출신으로, 안중근(安重根) 의사(義士)의 친동생이다. 一九〇九년 안중근 의거 후 중국으로 건너가 一九一九년 상해(上海) 임시정부에 참여하였으며, 一九二三년에는 소련 모스크바에 머물면서 레닌 정부로부터 독립운동 자금을 지원받는 데 힘썼다. 一九二六년 상해한인교민단(上海韓人僑民團) 단장을 지냈고, 한국국민당(韓國國民黨)을 조직하여 독립군 양성에 힘썼다.

재중국청년동맹(在中國青年同盟)**과 주중국청년동맹**(住中國青年同盟) 정식 명칭은 재중국한인청년동맹(在中國韓人青年同盟)과 주중국한인청년동맹(住中國韓人青年同盟)으로, 모두 상해에 지부를 둔 독립운동 단체이다. 재중국한인청년동맹은, 一九二八년 五월 전민족유일당조직촉성회(全民族唯一黨組織促成會)가 개최되었으나 이론상의 차이로 촉진회파(促進會派)와 협의회파(協議會派)로 분열될 때, 촉진회파가 중심이 되어 만들어진 단체이다.

당시(黨是) 한 정당이 옳다고 여겨 정한 기본 방침.

유일독립당촉성회(唯一獨立黨促成會) 정식 명칭은 한국유일독립당상해촉성회(韓國唯一獨立黨上海促成會)이다. 一九二〇년 청산리대첩(青山里大捷) 이후 일제의 탄압으로 독립운동이 분열 약화되

二三二

자, 임시정부의 존립과 각 단체의 통일을 목적으로 一九二六년 七월 상해(上海)에서 개최되었다.

살부회(殺父會) 「아버지를 살해하는 회」라는 뜻으로, 공산주의자들이 이념이 다르면 친족이라도 처단한다는 의지로 만든 단체라고 하나, 실제 존재 여부는 확인되지 않고 있다.

정의부(正義部) **신민부**(新民部) **참의부**(參議部) 一九二〇년대 중국에서 조직된 항일 독립운동 단체들로, 정의부는 一九二四년 만주에서, 신민부는 一九二五년 만주에서, 참의부는 一九二四년 대한민국임시정부 직할 군단으로 조직되어 각기 항일 투쟁에 공적을 남겼다.

남군정서(南軍政署) **북군정서**(北軍政署) 정식 명칭은 남로군정서(南路軍政署) 북로군정서(北路軍政署)로, 이 외에 서로군정서(西路軍政署)가 있었다. 이 중 북로군정서는 一九一九년 만주 길림성(吉林省)에서 김좌진(金佐鎭) 서일(徐一) 등을 중심으로 조직되어 一九二〇년 청산리전투(青山里戰鬪)에서 일본군을 크게 무찌른 바 있다. 「군정서」는 항일 독립운동과 관련된 군정(軍政) 업무를 담당하는 부서를 말한다.

김규식(金奎植) 一八八〇-一九三一. 상해(上海) 임시정부의 외무총장을 지낸 김규식과 동명이인이다. 경기도 양주 출생으로, 대한제국 시절 장교로 근무하다가 一九〇七년 군대가 해산되자 의병활동을 하다 일본 경찰에 체포되어 옥고를 치렀다. 이후 만주(滿洲)로 망명하여 一九二〇년 청산리대첩(青山里大捷)에 참가하여 공을 세운 후 교육운동에 힘쓰다가 공산주의자에게 암살당하였다.

장작림(張作霖) 一八七三-一九二八. 중국 요령성(遼寧省) 출신으로, 일찍이 동삼성(東三省) 총독 아래 들어가 활약하다가 一九一九년부터 실권을 장악하고 그 일대를 지배하였다. 一九二六년에는 일본의 지원을 받으며 북경(北京)까지 진출하여 북벌군(北伐軍)에 대항하였으나 패배하고, 열차로 후퇴하던 중 열차가 폭발되어 사망하였다.

만주제국(滿洲帝國) 一九三二년 일본이 중국 동북부 및 내몽고 지방에 세웠던

괴뢰국가 만주국(滿洲國)을 말한다。청(淸)나라 마지막 황제 부의(溥儀)를 맞아들이고 장춘(長春)을 수도로 하여 세워졌다。일본의 군사기지로서 관동군(關東軍)이 통치하였으나 一九四五년 제이차세계대전에서 패배하자 소멸되었다。

『스스로 업신여긴 뒤에야 남에게서 업신여김을 당한다』 맹자(孟子)의 말로、원문의 온전한 구절은 『무릇 사람은 스스로 업신여긴 뒤에야 남에게서 업신여김을 당하고、나라도 스스로 해친 뒤에야 남의 손에 망하게 된다』(夫人必自侮然後人侮之 國必自伐而後人伐之)이다。

통의(統義) 一九二三년에 만주에서 조직된 독립운동 단체인 통의부로、一九二四년 정의부(正義部)로 통합되었다。

박은식(朴殷植) 一八五九—一九二五。황해도 황주 출생으로、一九一〇년 일제의 강압으로 국권을 빼앗기자 이듬해에 만주(滿洲)로 망명하여 우리나라 역사를 집필하는 데 힘썼으며、一九一九년 상해(上海)로 가서 임시정부의 기관지 《독립신문(獨立新聞)》의 주필과 사장으로 있으면서 독립사상을 고취하였다。一九二五년 임시정부 대통령에 선임되어 국무령을 중심으로 한 내각책임제 헌법을 채택하고 스스로 자리에서 물러났다。

이상룡(李相龍) 一八五八—一九三二。경상북도 안동 출신으로、一九一〇년 일제의 강압으로 국권을 빼앗기자 이듬해에 만주(滿洲)로 망명하여 집필에 힘썼다。一九一九년 삼일운동 후 신흥무관학교(新興武官學校)에서 독립운동 간부를 양성하였고、一九二五년 상해(上海) 임시정부 국무령이 되었으나 여의치 않자 곧 사임하고 서간도(西間島)로 돌아가 활동하다가 길림성(吉林省)에서 병사하였다。

홍면희(洪冕熹) 一八七七—一九四六。뒤에 홍진(洪震)으로 이름을 바꾸었다。충청북도 영동 출생으로、一九一九년 삼일운동 후 상해(上海)로 망명하여 임시정부 의정원 의장과 국무령을 지냈다。一九三〇년 한국독립당(韓國獨立黨) 결성에 참여하였으며、一九四〇년에는 한국광복군(韓國光復軍) 창설에 공헌하였다。

二三三 **공공기차공사**(公共汽車公司) 공공기차(公共汽車)는 중국어로 대중교통 수단으로서의 버스를 말한다。《백범일지》에 언급되는 중국에서의 기차(汽車)는 자동차를、화차(火車)는 기차를 뜻한다。

차래식(嗟來食) 「차래지식(嗟來之食)」의 준말로、『자、와서 먹어라』 하고 주는、즉 상대방을 업신여겨 무례한 태도로 주는 음식을 뜻한다。

엄항섭(嚴恒燮) 一八九八—?。서울 출생으로、一九一九년 삼일운동에 참여한 후 중국으로 건너가 대학을 졸업하고 一九三二년 상해(上海) 임시정부 의정원 의원으로 있으면서 김구(金九)를 보좌하며 한국독립당(韓國獨立黨) 선전부장을 지냈다。이후 一九四九년 김구가 피살될 때까지 측근으로 있다가 육이오전쟁 때 납북되었다。

二三四 **연통제**(聯通制) 一九一九년 七월에 대한민국임시정부에서 실시한 연락 방법。국내의 각 도(道)와 군(郡)과 면(面)에 책임자를 두고、국외에서는 민간 단체를 통하여 정부의 명령을 전달하고 연락 사무를 처리하게 하였다。

二三五 **서재필**(徐載弼) 一八六四—一九五一。전라남도 보성 출신으로、一八八四년(고종 二十一) 갑신정변(甲申政變)에 참여하였다가 실패로 돌아가자 일본과 미국에서 망명생활을 하다가 귀국하여 一八九六년 독립협회(獨立協會)를 조직하고 우리나라 최초의 한글 신문인 《독립신문(獨立新聞)》을 창간하였다。상해(上海) 임시정부가 수립되자 구미위원회(歐美委員會) 위원장 자격으로 미국에서 언론을 통해 독립운동에 힘썼다。광복 후 미군정(美軍政)의 초청으로 귀국하여 정부 수립에 참여하고、미군정이 끝나자 다시 미국으로 건너가 일생을 마쳤다。

박용만(朴容萬) 一八八一—一九二八。강원도 철원 출신으로、一九〇四년 미국으로 건너가 고등학교와 대학을 졸업하고 一九〇九년 한인소년병학교(韓人少年兵學校)를 설립하여 독립운동과 인재 양성에 힘썼다。一九一九년 상해(上海) 임시정부의 외무총장으로 선임되었으나 대통령 이승만(李承晩)과 독립운동에 관한 견해 차이로 부임하지 않고、북경(北京)으로 가서 신채호(申采浩) 신숙(申肅) 등과 함께 군사통일촉성회(軍事統一促成會)를 결성하였다。一九二六년 독립운동기지 건설을 목적으로 북경에 대본공사(大本公社)를 설립하였고、一九二七년 하와이 호놀룰루 팔라마 지방에 국어학교인 우성학교(宇醒學校)를 설립하여 운영하였다。북경에서 대본공사 사업을 추진하던 중 암살당하였다。

二三六 **안창호**(安昌鎬) 도산(島山) 안창호(安昌浩)와 동명이인(同名異人)이다。

가와이(加哇伊) 하와이 열도(列島)의 서북쪽에 위치한 섬으로、호놀룰루에서 비행기로 약 삼십 분 소요되는 거리에 있다。

《신한민보》(新韓民報) 一九〇九년 미국 샌프란시스코 교민 단체인 국민회(國民會)의 기관지로 창간된 신문。국권회복운동과 관련된 기사와 논설을 중심으로 본국의 소식과 재외 동포의 동정을 전하고 일본의 침략정책을 비판하는 기사를 많이 실었다。

二三七 **민단장**(民團長) 민단(民團) 곧 거류민단(居留民團)의 대표자。거류민단은 남의 나라 영토에 머물러 사는 동포끼리 조직한 자치단체를 가리킨다。

능행(陵行) 왕이 능(陵)에 친히 가는 일。한자는 보통 陵幸(능행)으로 쓴다。

제 나이가 삼십일 세입니다 이봉창(一九〇〇~一九三二)이 상해의 김구를 찾아간 것은 一九三一년 一월로、그때는 삼십이 세였다。

二三八 **하오리**(羽織) 일본 옷의 하나로、위에 입는 짧은 겉옷。

게다(下駄) 일본 사람들이 신는 나막신。

二三九 **이해** 一九三二년이다。

중흥여사(中興旅舍) 여사(旅舍)란 지금의 여관(旅館)을 뜻하므로、중흥(中興)이라는 이름을 가진 여관을 말한다。

왕웅(王雄) 본명은 김홍일(金弘壹)(一八九八~一九八〇)로、왕웅은 그의 중국식 가명이다。평안북도 용천 출신으로、중국 육군강무학교(陸軍講武學校)를 나와 항일투쟁을 하였고、광복군(光復軍)의 참모장(參謀長)을 지냈다。광복 후에는 중국 대사와 외무부장관、그리고 신민당 당수를 지냈다。

병공창(兵工廠) 육해공군(陸海空軍)의 병기(兵器)나 함선(艦船) 따위를 만들거나 수리하는 공장。

二四〇 **만보산**(萬寶山) **사건** 一九三一년 七월 二일 중국 길림성(吉林省) 장춘현(長春縣) 만보산(萬寶山) 부근의 관개(灌漑) 수로(水路) 문제로 한국과 중국 농민 사이에 일어난 분쟁。일본의 책동으로 일어난 것으로、국내에서 중국인에 대한 박해 사건으로 비화되었다。

구일팔전쟁(九一八戰爭) 一九三一년 九월 一八일 일본 관동군(關東軍)이 유조호(柳條湖)의 만철(滿鐵) 선로(線路)를 폭파하여 중국과 충돌한 사건。보통 구일팔사변(九一八事變)이라 한다。일본군은 이를 계기로 중국 동북지방에 대한 침략을 벌여 동북삼성(東北三省)을 점령하고 이듬해 三월 一일 만주국(滿洲國)을 세웠다。

二四一 **일이팔전쟁**(一二八戰爭) 一九三二년 一월 二八일 일본군이 상해(上海)에 진격하여 도시 전체를 점령한 사건。보통 상해사변(上海事變)이라고 한다。

단사호장(簞食壺漿) 「대나무로 만든 그릇에 담은 밥과 병에 넣은 마실 것」이라는 뜻으로、「변변치 못한 음식」 또는 「백성들이 군대를 환영하기 위해 마련한 조촐하지만 정성이 담긴 음식」이라는 의미를 지니고 있다。

십구로군(十九路軍) 一九三二년 제일차 상해사변(上海事變) 때 광동(廣東) 출신 장교들에 의해 편성된 중국의 육군부대。후에 장개석(蔣介石) 군대에게 궤멸되어 一九三四년 칠로군(七路軍)으로 개편되었다가 하남성(河南省)으로 옮긴 후 명칭마저 사라졌다。

가차(卡車) 「트럭」이라는 뜻의 중국어이다。

二四二 **이승춘**(李承春) 一九〇〇~一九七八。본명은 이화익(李化翼)이다。황해도 장연 출신으로、一九二一년 만주(滿洲)로 망명한 후 의열단(義烈團)에 가입하여 독립투쟁에 힘썼다。一九二六년 나석주(羅錫疇)와 함께 동양척식주식회사(東洋拓殖株式會社)와 조선식산은행(朝鮮殖産銀行) 폭파 계획에 참여하였다가 중국으로 건너갔으나 북경(北京)에서 일본 경찰에 체포되어 본국으로 송환되어 옥고를 치렀다。본문에서는 이승춘이 천진(天津)에서 납치되어 사형(死刑)당했다고 했으나 이는 착오인 듯하다。

동양척식회사(東洋拓殖會社) 정식 명칭은 동양척식주식회사(東洋拓殖株式會社)이다。一九〇八년 일본이 한국 경제를 착취하기 위하여 설립한 국책회사로、주로 토지를 강점하여 높은 비율의 소작료를 징수하고 많은 곡식을 일본으로 반출하는 착취 행위를 하였다。一九一七년에 본사를 일본 도쿄로 옮기고 동양(東洋) 각지로 사업을 확대하다가、제이차세계대전에서 일본이 패망하면서 문을 닫았다。

송호전쟁(淞滬戰爭) 一九三二년 一월 二十八일에 일어난 일이팔전쟁(一二八戰爭)、즉 상해사변(上海事變)을 가리킨다。「송(淞)」과 「호(滬)」는 모두 상해를 흐르는 강(江) 이름이다。

곽태기(郭泰祺) 상해정전협정(上海停戰協定)의 중국 측 대표였다。

이덕주(李德柱) 一九〇八-一九三五。황해도 신천 출신으로、一九二六년 중국으로 망명하여 一九三二년 유진만(兪鎭萬) 김철(金哲) 유상근(柳相根) 등과 함께 한인청년당(韓人青年黨)을 조직하였고、김구(金九)가 주도하던 한인애국단(韓人愛國團)에 가입하여 항일 독립운동에 투신하였다。그해 三월 김구의 지시로 유진만 등과 함께 조선총독 및 일본 요인 암살을 목적으로 국내로 파견되어 활동하다가、四월에 일본 경찰에 체포되어 칠 년 징역형을 선고받고 해주형무소에서 복역 중 옥사(獄死)하였다。

유진식(兪鎭軾) 본명은 유진만(兪鎭萬)(一九一二-一九六六)이다。충청남도 연기(燕岐) 출생으로、일찍이 중국으로 건너가 一九三二년 상해(上海)에서 김철(金哲) 이덕주(李德柱) 유상근(柳相根) 등과 함께 한인청년당(韓人青年黨)을 조직하였고、김구(金九)가 주도하던 한인애국단(韓人愛國團)에 가입하여 항일 독립운동에 투신하였다。그해 三월 김구의 지시로 이덕주 등과 함께 조선총독 및 일본 요인 암살을 목적으로 국내로 파견되어 활동하다가、四월에 일본 경찰에 체포되어 육 년 징역형을 선고받고 옥고를 치렀다。

유상근(柳相根) 一九一〇-一九四五。강원도 통천 출신으로、一九二七년 중국 상해(上海)로 망명하여、一九三二년 김철(金哲) 이덕주(李德柱) 유진만(兪鎭萬) 등과 함께 한인청년당(韓人青年黨)을 조직하였고、김구(金九)가 주도하던 한인애국단(韓人愛國團)에 가입하여 항일 독립운동에 투신하였으며、한국교민단 의경대원(義警隊員)으로도 활약하였다。그해 五월 김구의 지령으로 최흥식(崔興植) 이성원(李盛元) 등과 함께 대련(大連)에서 일본의 관동군(關東軍) 사령관 및 남만철도(南滿鐵道) 총재 등을 암살하고자 활약하다가 일본 경찰에 잡혀 무기징역형을 받고 복역 중 여순(旅順) 감옥에서 광복을 하루 앞두고 순국(殉國)하였다。

최흥식(崔興植) 一九〇九-一九三二。서울 출생으로、一九三二년 중국 상해(上海)로 건너가 김구(金九)가 조직한 한인애국단(韓人愛國團)에 가입하였다。一九三二년 김구의 지시를 받고 유상근(柳相根) 등과 함께 대련(大連)에서 일본의 관동군(關東軍) 사령관 및 남만철도(南滿鐵道) 총재 등을 암살하고자 잠복하던 중 체포되어 사형당하였다。

본장번(本庄繁) 당시 일본의 관동군(關東軍) 사령관(司令官)이다。

二四三

천황(天皇)의 천장절(天長節) 경축(慶祝) 전례식(典禮式) 「일본 천황의 생일을 기념하여 열리는 축하 행사」를 말한다。「천장절」은 천황의 생일을 기념하는 날로、일본에서는 대대로 이날을 휴일로 정하여 기려 왔다。「전례식」은 나라에서 경사가 있을 때 행하는 의식을 말한다。

『운수가 물러가니 천복비에 벼락이 떨어진다(運退雷轟薦福碑)』 《명심보감(明心寶鑑)》에 나오는 말로、당(唐)의 이북해(李北海)가 짓고 구양순(歐陽詢)이 쓴 유명한 천복사(薦福寺) 비문을 탁본해 오면 많은 돈을 주겠다는 말을 듣고 가난한 서생이 천신만고(千辛萬苦) 끝에 겨우 천복사에 도착했더니、그날 밤 벼락이 떨어져 비석이 산산조각 났다는 고사에서 유래하였다。

二四四

넝마전(廛) 헌 옷을 파는 가게。

까마귀 떡 감추듯 하였다 까마귀가 알을 물어다가 감추듯 하였다는 뜻이다。

二四五

태양기(太陽旗) 태양이 그려진 기(旗)、즉 일본의 일장기(日章旗)를 가리킨다。

二四七

민단장(民團長) 하단(河端) 당시 상해(上海)의 일본인거류민단(日本人居留民團) 단장(團長)이었던 가와바다(河端貞次)를 말한다。

백천(白川) 대장(大將) 일본의 군인으로、상해(上海) 파견군 사령관、관동군(關東軍) 사령관 등을 역임한 시라카와 요시노리(白川義則)(一八六九-一九三二)를 가리킨다。一九三二년 四월 홍구공원(虹口公園)에서 열린 천장절(天長節) 축하 행사에서 윤봉길(尹奉吉)이 던진 폭탄에 맞아 중상을 입고 그해 五월 사망하였다。

중광(重光) 대사(大使) 당시 일본의 주중국공사(駐中國公使)였던 시게미쓰(重光葵)(一八八七-一九五七)를 가리킨다。一九三二년 四월 홍구공원(虹口公園)에서 열린 천장절(天長節) 축하 행사에서 윤봉길(尹奉吉)의 의거로 한쪽 다리를 잃었다。

식전(植田) 중장(中將) 당시 일본군(日本軍) 제구사단장(第九師團長)이었던 우에다(植田謙吉)를 가리킨다。一九三二년 四월 홍구공원(虹口公園)에서 열린 천장절(天長節) 축하 행사에서 윤봉길(尹奉吉)의 의거로 중상을 입었다。

야촌(野村) 중장(中將) 당시 일본군 제삼함대(第三艦隊) 사령관이었던 노무라(野村吉三郎)를 가리킨다。一九三二년 四월 홍구공원(虹口公園)에서 열린 천장절(天長節) 축하 행사에서 윤봉길(尹奉吉)의 의거로 중상을 입었다。

피치 군(君) 원문은 「비오생(費吾生)」으로、비오(費吾)는 당시 상해(上海) 와이엠시에이(YMCA) 외국인 간사로 있었던 피치를 가리킨다。그는 한국 독립운동가들에게 호의적이었던 부친의 영향을 받아 반일사상(反日思想)이 강했다고 한다。「생(生)」은 학생 또는 젊은 사람의 뜻을 가진 접미사이다。

애국부인회(愛國婦人會) 대한민국임시정부 수립 후 이를 지원하면서 그 산하에서 독립운동을 추진하기 위해 조직된 항일여성단체로、정식 명칭은 대한민국애국부인회(大韓民國愛國婦人會)이다。

二四八 **박찬익(朴贊翊)** 一八八四-一九四九。경기도 파주 출신으로、一九一〇년 일본에 주권을 빼앗기자 만주(滿洲)로 건너가 한인학교(韓人學校)를 세우고 교육사업에 헌신하였다。이후 상해(上海)로 가서 동제사(同濟社)를 조직하여 독립운동에 힘쓰고 一九二〇년부터 임시정부에서 의정원 의원과 법무부장으로 일하였다。

二五〇 **수륜사창(秀綸紗廠)** 「수륜(秀綸)」이라는 이름의 면사(綿絲) 공장을 말한다。

二五一 **민풍지창(民豊紙廠)** 「민풍(民豊)」이라는 이름의 종이 공장을 말한다。

二五二 **호항선(滬杭線)이나 경호선(京滬線)** 호항선은 상해(上海)와 항주(杭州) 간의 철도를、경호선은 북경(北京)과 상해(上海) 간의 철도를 말한다。

안선(眼線) 정탐(偵探) 또는 첩자(諜者)를 가리키는 은어(隱語)로、수객(水客)이라고도 한다。

二五四 **복약차(服葯次)** 「약(葯)」은 구릿대 잎이라는 뜻인데、중국어로 「복약차(服葯次)」는 「약(藥)을 복용하기 위해」라는 의미이다。

二五六 **줄모** 못줄을 대어 가로와 세로로 반듯하게 심는 모。

남방(南方)의 명(明)나라 명(明)나라가 一三六八년 중국 남쪽에서 일어나 남경(南京)에 도읍을 두었기에 이렇게 표현한 것이다。하지만 명나라도 一四二一년 북쪽의 북경(北京)으로 수도를 옮겼다。

문영(文永) 고려 말에 중국 원(元)나라에서 목화씨를 들여온 문익점(文益漸)의 손자로、경상도 선산부사(善山府使)를 지냈다。문영은 베 짜는 기계인 베틀을、그의 형 문래(文來)는 목화에서 실 뽑는 기계인 물레를 만들었다고 한다。여기에서 김구는 「문익점」을 「문영」으로 혼동하여 잘못 쓴 것으로 보인다。

문로(文勞) 문래(文來)의 오기(誤記)인 듯하다。「물레」라는 명칭도 이 기계를 만든 「문래」에서 따온 것이라 한다。

二五七 **주희(朱熹)** 一一三〇-一二〇〇。중국 송(宋)나라 때의 유학자(儒學者)로、연구가 깊어 주자(朱子)로 칭송되었으며、그의 학문을 주자학(朱子學)이라고 하여 우리나라에도 많은 영향을 끼쳤다。

사색(四色) 당파(黨派) 동인(東人) 서인(西人) 남인(南人) 북인(北人)을 가리킨다。

정주(程朱) 정자(程子)와 주자(朱子)를 아울러 이르는 말로、정자는 중국 송(宋)나라 때의 유학자 정호(程顥)(一〇三二-一〇八五)와 정이(程頤)(一〇三三-一一〇七) 형제를 높여 이르는 말이다。

마르크스(馬克思) 一八一六-一八八三。일찍이 헤겔의 영향을 받아 무신론적(無神論的) 급진 자유주의자가 되었다。엥겔스와 함께 경제학 연구에 힘써 유물사관(唯物史觀)을 정립하였으며、《자본론(資本論)》《공산당선언(共產黨宣言)》 등을 발표하여 러시아를 비롯한 각국의 혁명에 큰 영향을 끼쳤다。

도주공(陶朱公) 중국 춘추전국시대(春秋戰國時代) 월(越)나라의 공신인 범려(范蠡)를 가리킨다。범려는 월나라 왕 구천(句踐)을 도와 오(吳)나라를 멸망시키는 데 공을 세웠지만、자신의 공이 오래가지 못할 것을 알고 벼슬을 내놓은 뒤에 재물을 모으는 일에 힘써 가난한 백성들에게 나누어 준 다음、또 도(陶)지방에 가서 호를 도주공(陶朱公)이라 하고 다시 재물을 모아 큰 부자가 되었다고 한다.

二五八 **장진구**(張振球) 앞에서는 장진구(張震球) 또는 장진(張震)으로 행세하기로 하였다고 했는데, 여기서는 「震」이 아닌 「振」을 썼다.

주씨(朱氏) 앞서 언급되었던 주애보(朱愛寶)를 가리킨다.

박남파(朴南坡) **엄일파**(嚴一坡) **안신암**(安信菴) 박남파는 남파(南坡) 박찬익(朴贊翊)을, 엄일파는 일파(一波) 엄항섭(嚴恒燮)을, 안신암은 신암(信菴) 안공근(安恭根)을 가리킨다.

장개석(蔣介石) 一八八七-一九七五. 중국의 군인이자 정치가로, 一九一八년 손문(孫文) 휘하에 들어가 국민당(國民黨) 혁명군 총사령관이 되어 북벌(北伐)에 성공하고 남경(南京) 정부의 실권을 장악하였다. 일본의 대륙 침략에 맞서 항일전(抗日戰)에 힘썼으며, 새로운 헌법 제정 아래 초대 총통(總統)에 취임하였으나, 중국 공산군(共産軍)과의 전투에 패하여 정부를 대만으로 옮겼다.

二五九 **손중산**(孫中山) 중국의 정치가 손문(孫文)(一八六六-一九二五)을 가리킨다. 중산(中山)은 그의 호(號)이다. 一八九四년 청일전쟁(淸日戰爭)이 일어나자 흥중회(興中會)를 조직하여 반정부 기치로 거병(擧兵)하였다가 실패하고, 一九〇五년 러일전쟁(露日戰爭) 때는 국민혁명동지회를 결성하고 다시 반정부 무장봉기를 재개하였다. 삼민주의(三民主義)를 제창하고 一九一一년 신해혁명(辛亥革命)을 일으켜 임시 대총통(大總統)에 추대되었으나 곧 사임하고, 중국국민당(中國國民黨)을 조직하여 혁명을 추진하다가 북경(北京)에서 병사하였다.

삼민주의(三民主義) 一九〇五년 손문(孫文)이 제창한 중국 근대 혁명의 기본 이념으로, 민족주의(民族主義)의 민권주의(民權主義)의 민생주의(民生主義)의 세 원칙으로 이루어져 있다.

이범석(李範奭) 一九〇〇-一九七二. 서울 출신으로, 一九一五년 중국으로 망명하여 一九一九년 만주 청산리대첩(靑山里大捷)에서 김좌진(金佐鎭)을 도와 중대장(中隊長)으로 참가하여 일본군 격퇴에 큰 공을 세웠다. 광복 후 귀국하여 국무총리 겸 국방부장관 등을 지냈다.

교관(敎官)**과 영관**(領官) 교관은 군사 교육 및 훈련을 맡아보는 장교를, 영관은 학생들을 인솔하는 장교를 말한다.

김원봉(金元鳳) 一八九八-一九五八. 경상남도 밀양 출생으로, 一九一八년 중국으로 건너가 금릉대학(金陵大學)에서 공부하다가 삼일운동 후 의열단(義烈團)을 조직하여 일제의 수탈 기관 파괴와 요인 암살 등 무정부주의적(無政府主義的)인 투쟁을 전개하였다. 임시정부에서 국무위원을 지냈으며, 광복 후 귀국하여 활동하다가 一九四八년 남북협상 때 월북하였다.

二六〇 **김두봉**(金枓奉) 一八八九-一九六〇. 부산 출생으로, 일찍이 한글 연구에 힘써 조선어사전(朝鮮語辭典) 편찬에 참여하였다. 一九一九년 삼일운동에 참여한 후 중국 상해(上海)로 건너가 독립운동에 헌신하였다. 임시정부에서 의정원 의원이 되었고, 고려혁명당(高麗革命黨)과 민족혁명당(民族革命黨)에서도 활동하였다. 광복 후 평양으로 들어가 노동당(勞動黨) 등에서 일했으나 반대파에게 숙청당하여 노동자로 일하다가 사망하였다.

김약산(金若山) 약산은 김원봉(金元鳳)의 호(號)이다.

二六一 **노구교**(蘆溝橋) **사건** 一九三七년 七월 七일 중국 북경(北京) 교외의 영정하(永定河)에 놓여 있는 노구교 부근에서 훈련 중인 일본군과 중국군 사이에 일어난 충돌 사건으로, 중일전쟁(中日戰爭)의 발단이 되었다.

二六二 **상해전쟁**(上海戰爭) 一九三七년 七월 노구교(蘆溝橋) 사건으로 충돌한 일본군과 중국군이 상해에서 벌인 전쟁. 一九三二년 一월에 일어난 상해사변(上海事變)에 대하여 이를 제이차 상해사변이라고 한다. 이로써 중일전쟁(中日戰爭)이 본격적으로 벌어졌으며, 전투가 남경(南京) 무한(武漢) 등 중국 전역으로 확대되었다.

백산(白山) 한국광복군(韓國光復軍) 총사령관을 지낸 이청천(李靑天)의 호(號)이다.

二六七 **헌수**(獻壽) 환갑잔치 등에서 주인공에게 「장수를 비는 뜻의 술잔을 올린다」는 뜻으로, 여기에서는 「생신잔치」를 뜻한다.

원동(遠東) 아시아 또는 중국의 극동 지역을 가리킨다.

二六八 **혁명난류**(革命亂類) 혁명을 표방하면서 질서를 문란하게 하고 법도에 어긋나는 짓을 하는 무리.

二七一 **수범(首犯)과 종범(從犯)** 「수범」은 범죄의 주동자를, 「종범」은 수범의 범죄를 도운 사람을 말한다.

문방(門房) 중국 전통건축에서는 대문 좌우의 방 즉 「문간방(門間房)」을 가리키며, 현대 중국어로는 「수위실(守衛室)」이라는 뜻도 있다.

(약 여섯 자 불명) 『맞지 아니하고』가 훼손된 듯하다.

큰 문제는 해결되었다 원문은 『大問題는 解決되었다』인데, 「大問題는」과 「解決되었다」 사이에 별면(別面)으로 『言約(언약)하고 三日(삼일) 後(후)에 廣州(광주)에 回還(회환)한즉 大家族(대가족)과 母親(모친)께서 無事(무사)히 安着(안착)되었다. 亞細亞旅館(아세아여관) 全部(전부)를 家族住宅(가족주택)으로 柏園(백원)은』이라는 한 행이 들어 있다. 이 구절을 빼도 자연스럽게 연결되는 것으로 보아서, 이 부분을 교정하면서 삭제할 것을 잘못하여 남겨 둔 것으로 보인다.

호령철도(滬寧鐵道) 상해(上海) 남경(南京) 간 철도를 말한다. 남경은 청(淸)나라 때 강녕부(江寧府)에 속해 있다가, 중화민국(中華民國) 시절 남경부(南京府) 강녕현(江寧縣)이 되었고, 一九二七년에 남경시(南京市)로 승격되었다. 여기서 「寧」은 강녕 즉 남경을 의미한다.

二七二 **중경으로 오라는** 원문은 「내유(來渝)하라는」으로, 과거에 중경(重慶)이 유주(渝州)에 속해 있었기 때문에 중경을 약칭하여 「유(渝)」라고도 부른다.

월한철도(粤漢鐵道) 무창(武昌)(현 무한시(武漢市)의 일부 지역) 광주(廣州) 간 철도로, 一九〇五년에 착공하여 一九三六년에 완성되었다. 주로 영국이 화남지방(華南地方)에서 세력을 확장하기 위해 이용하였다.

삼묘씨(三苗氏) 중국 요순(堯舜) 시대에 강주(江州) 회주(淮州) 형주(荊州)에 살던 고대 소수민족의 이름.

二七三 **청사(晴蓑)** 조성환(曺成煥)(一八七五-一九四八)의 호(號)이다.

二七四 **석정(石正)** 석정은 독립운동가 윤세주(尹世胄)(一九〇〇-一九四二)를 가리킨다. 그는 일명 석정(石正) 소용(小用) 소룡(小龍) 등으로 활동하였다. 一九三七년 김원봉(金元鳳)과 조선민족혁명당을 조직하여 중앙위원 겸 선전부장으로 활동하였고, 그해 김원봉과 조선의용대를 편성하여 항일전투를 전개하였다.

二七六 **진제위원회(振濟委員會)** 당시 중국 정부가 설치한 전시(戰時) 구호기관(救護機關). 진제(振濟)는 「가난하고 어려운 사람을 구제하다」라는 뜻이다.

二七七 **나월환(羅月煥)** 一九一二-一九四二. 전라남도 나주 출신으로, 一九二四년 일본 청산학원(靑山學院)에서 유학 중에 무정부주의(無政府主義) 사상에 심취하였다. 一九三二년 중국 상해(上海)로 망명하여, 황포군관학교(黃埔軍官學校)를 졸업하고 남경(南京)의 중국헌병학교 및 군관학교에서 교수를 지냈다. 一九三九년 임시정부의 지령으로 한국청년전지공작대(韓國靑年戰地工作隊)를 결성하고 대장에 취임하였다. 임시정부의 광복군(光復軍) 총사령부가 설립되자, 一九四一년 청년전지공작대는 광복군 제오지대(第五支隊)로 편성되었고, 그는 제오지대장 겸 징모(徵募) 제오분처(第五分處) 주임위원으로 임명되어 활약하다가, 내부 변절자에 의해 피살되었다.

이준식(李俊植) 一九〇〇-一九六六. 평안남도 순천(順川) 출생으로, 一九一九년 삼일운동 후 상해(上海)로 건너가 임시정부에 가담하였고, 一九二一년 운남성(雲南省) 강무당군관학교(講武堂軍官學校)를 졸업하고 정의부(正義府) 군사위원장을 지냈다. 一九三〇년 상해로 가서 중국군(中國軍)에 입대하여 항일전(抗日戰)을 전개하였다. 一九四〇년 광복군(光復軍)이 창설되자 참모가 되었고, 이어서 광복군 제일지대장(第一支隊長)으로서 산서(山西) 대동(大同) 지역에서 일본군과 싸웠다.

고운기(高雲起)(공진원(公震遠)) 一九〇七-一九四三. 본명은 공진원(公震遠)으로, 고운기(高雲起)라는 이름으로도 행세하였다. 평안북도 벽동 출생으로, 만주사변(滿洲事變) 이후 한국독립군(韓國獨立軍) 대장이 되어 항일운동(抗日運動)에 투신하였다. 임시정부 군사학편찬위원(軍事學編纂委員)과 의정원(議政院) 의원 등을 역임한 후, 광복군(光復軍) 참모 및 제이지대장(第二支隊長)으로 수원(綏遠) 장가구(張家口) 등지의 전투에 참가하였다. 이후 중경(重慶) 임시정부에서 활약하다가 병사하였다.

수원성(綏遠省) 현 내몽고자치구(內蒙古自治區)로, 一九二八년 국민당(國民黨) 정부가 이 지방의 몽고족(蒙古族)을 통제하기 위하여 설치한 성(省)이었다. 이후 한족(漢族)과 몽고족 사이에 분쟁이 계속되다가 一九五四년에 내몽고자치구로 편입되었다.

김학규(金學奎) 一九〇〇-一九六七. 평안남도 평원 출생으로, 만주(滿洲)로 건너가 유하현의 신흥무관학교와 문회고급중학교를 졸업했다. 一九三一년 조선혁명당에 가입하여 당 군사령부 참모로 중국군과 연합하여 일본군과 싸웠으며, 유동열 최동오와 함께 조선혁명당 대표로서 남경에서 한국독립당 대표인 조소앙 김두봉 등과 함께 협의하여 항일전선통일동맹을 결성하였다. 一九四〇년 중경의 한국광복군 참모로 취임하였으며, 이듬해 광복군 제삼지대장이 되어 한인 학병과 지원병을 포섭 훈련시켜 광복군에 편입시키는 데 공을 세웠다.

절강성 동남 금화 금화는 절강성 중부의 금화강 연안에 위치한 도시로, 「동남」이라 한 것은 오기인 듯하다.

신정숙(봉빈) 一九一〇-一九九七. 봉빈은 독립운동을 하면서 사용한 가명이다. 평안북도 의주 출생으로, 중국으로 망명하여 임시정부 주석실에서 김구의 개인 비서로 있다가, 중국군 특별간부훈련단 제육분단 한국인반에 자원 입대하여 훈련받고, 一九四〇년 광복군에 입대하여 광복군 제삼분처 임무위원 겸 회계조장으로 활약하였다. 一九四二년 광복군 제이지대에 편성된 뒤 제삼분처 본부를 연산현 하구진으로 옮겨, 김문호와 함께 전방과 후방에서 중국 유격대와 합동으로 정보수집 및 선전공작을 전개하였으며, 포로 심문을 통해 일본군의 전방 및 후방에 관한 정보를 수집하여 공작에 활용하는 임무를 수행하였다. 전투 공작대원으로 용맹스럽게 투쟁하여 중국에서도 화제가 되었는데, 一九四二년 장개석은 『한 명의 한국 여인이 일천 명의 중국 장병보다 더 우수하다』고 극찬하기도 했다.

이지일 본명은 이규학(一九一四-一九六四)으로, 이지일 또는 이백건이라는 가명으로 활동하였다. 경기도 여주 출신으로, 황포군관학교를 졸업하고 一九三二년부터 一九三六년까지 항일학생의용군에 가담하여 항일전에 참전하였다. 중국기계화학교 중국중앙군관학교 중국군사위원회 등에서 각종 군사 교육을 받고 정보 업무에 종사하였다. 중경에서 광복군이 창설되기 일 년 전부터 한국청년전지공작대에서 청년들을 광복군으로 유도 입대시켰다. 창군 후 광복군 중령으로서 국내진입 작전과 미 공군의 지원하에 전략정보국 작전 등을 수행하였다.

二七九 **오월 육일 사변** 一九三八년 五월 六일 김구가 남목청에서 이운한에게 총을 맞아 부상당한 일을 말한다.

二八〇 **이명옥** 본명은 이광복(一八九一-?)이다. 황해도 금천 출신으로, 해주 도립 잠업전수학교를 졸업하고 금천군 잠업지도원으로 취업했다가, 수안군으로 전근하여 약 일 년간 근무한 뒤 퇴직했다. 본문에서 이명옥을 「금천」 사람이라고 했다가 뒤에 본향이 「수안」이라고 한 것은 이런 내용에 따른 착오인 듯하다. 一九二〇년 독립운동에 투신하여 임시정부 국내정보원으로 활동하다가 만주로 망명하였고, 一九二二년 다시 상해로 가서 이후 상해 흥사단 원동지부의 반장 및 반원으로, 그리고 인성학교 상임위원으로 활동했다. 一九三四년 한인애국단에 가담하였고, 낙양군관학교 한인반 모집원으로 활동하였다. 一九三五년 일본 밀정을 살해한 혐의로 일제 상해 총영사관 경찰에 붙잡혀 국내로 이송되어, 一九三六년 四월 신의주지방법원에서 징역 십삼 년을 언도받고 一九四四년 九월 가출옥되었다. 본문에서 징역 이십 년이라고 한 것은 오기인 것 같다.

二八二 **을사신조약** 一九〇五년(고종 四十二) 일본이 조선의 외교권을 빼앗은 을사늑약을 가리킨다. 을사조약 또는 제이차한일협약으로도 불린다.

二八三 **오래도록 후세 영웅들로 하여금 눈물로 옷깃을 가득 적시게 함** 중국 당나라 때 시성이라 불렸던 두보(七一二-七七〇)의 시 〈촉상〉의 맨 마지막 구절이다. 시 제목은 「촉나라 재상」의 뜻으로, 촉한의 제갈량(一八一-二三四)을 말한다. 유비의 삼고초려를 받아들여 기울어

가는 한(漢)나라를 다시 세우려 했지만, 뜻을 이루지 못하고 죽고 말았으니, 후세 영웅들의 통한(痛恨)을 금치 못하게 한다는 내용이다。

二八四 **독립당**(獨立黨) 한국독립당(韓國獨立黨)을 가리킨다。 약칭하여 한독당(韓獨黨)으로도 불렸다。

대가족(大家族) **명부**(名簿)**는 별지**(別紙)**로 작성한다** 이 장부는 현재 전해지지 않아 내용은 확인할 수 없다。 다만 광복 후 작성된 오백삼십오 명의 명단이 전해지고 있다。

계속

二八七 **임시정부**(臨時政府)**가 중경**(重慶)**에 머무른 이후 공작**(工作) **진행의 성과는 아래와 같다** 〈계속〉의 앞부분은 〈하권〉 중경(重慶) 시절의 내용과 상당 부분이 중복된다。

환영회(歡迎會)**를 거행하므로** 앞에서는 환영회를 열 때 김원봉(金元鳳)이 계림(桂林)에 있었다고 하였고, 민족해방동맹은 언급되지 않았었다。

민혁(民革)**과 해방**(解放) 각각 민족혁명당(民族革命黨)과 민족해방동맹(民族解放同盟)을 가리킨다。

마침내는 삼당(三黨) **통일로 한국독립당**(韓國獨立黨)**이 성립되었다** 앞에서 기술한, 삼당(三黨) 통일로 한국독립당(韓國獨立黨)이 성립되기까지의 과정과는 내용이 다소 다르다。 앞에서는, 오당(五黨) 통일이 아닌 칠당(七黨) 통일을 위하여 기강(綦江)에 일곱 개 당(黨)이 모였고, 먼저 조선민족해방동맹(朝鮮民族解放同盟)과 조선민족전위동맹(朝鮮民族前衛同盟)이 반대하고 자리를 나가면서 오당 통일로 나아갔으나, 며칠 후 조선민족혁명당(朝鮮民族革命黨)이 탈퇴함으로써 통일이 깨졌고, 이후 한국국민당(韓國國民黨) 한국독립당(韓國獨立黨) 조선혁명당(朝鮮革命黨)의 삼당을 통일시킴으로써 한국독립당(韓國獨立黨)이 태어나게 되었다고 기술되어 있다。

二八八 **연합국**(聯合國) 제이차세계대전을 일으킨 독일 이탈리아 일본에 대항하여 싸운 미국 영국 중국 프랑스 소련 등을 가리킨다。

군사후원회(軍事後援會) 군사위원회(軍事委員會)의 오기(誤記)인 듯하다。

구개행동준승(九個行動準繩) 준승(準繩)은 「평면의 기울기를 재기 위하여 치는 먹줄」이라는 말로, 「지켜야 할 법식 또는 조항」이라는 뜻이다。 중국 군사위원회에서는 一九四一년 十一월 한국광복군에 한국광복군행동구개준승(韓國光復軍行動九個準繩)을 요구하였는데, 이는 중국이 광복군 창설을 승인하는 조건으로 광복군의 활동을 규제하기 위한 조처였다。

二八九 **왕일서**(王逸曙) 왕일서는 김홍일(金弘日)의 중국식 이름이며, 일서(逸曙)는 김홍일(金弘日)의 호(號)로, 중국식 가명 왕웅(王雄)의 성(姓)과 호(號)를 더하여 이렇게 불렀다。

오에스에스 미국 전략사무국, Office of Strategic Service의 약자(略字)로, 제이차세계대전 때인 一九四二년에 미국의 정보기관으로 설립된 전략정보국을 가리킨다。 현 미국 중앙정보국(CIA)의 전신이다。

사전트 오에스에스(OSS) 중국 본부 비밀첩보과(SI)의 대위(大尉) 클라이드 사전트(Clyde B. Sargent)를 가리킨다。 그는 성도대학(成都大學) 교수로 근무했고, 컬럼비아 대학교에서 중국어학으로 박사학위를 받은 중국통이었다。 一九四三년 六월부터 오에스에스의 워싱턴 본부에서 근무하다가 一九四四년 四월 오에스에스 중국 본부로 배치되었다。

윔스 클라런스 윔스(Clarence N. Weems)로, 개성에서 활동하던 선교사의 아들로 태어나 한국말을 잘하고 한국 사정에 밝아, 오에스에스(OSS) 교관으로 있으면서 한국광복군(韓國光復軍) 훈련에 참여하였고, 광복 후에는 미군정(美軍政) 고문으로 활동하였다。

도노번 윌리엄 조제프 도노번(William Joseph Donovan)(一八八三-一九五九)으로, 一九四〇년부터 루스벨트 대통령의 요구로 중앙정보기관 창설 계획에 참여하여 一九四一년 정보책임자로 임명되었고, 一九四二년 六월 새로 창설된 오에스에스(OSS)의 국장이 되었다。 중국 전투지역에서 독수리작전 준비가 완료되자, 一九四五년 八월 七일 김구는 서안(西安)으로 가서 이청천(李青天) 이범석(李範奭)과 함께 도노번 소령과 국내진입 작전회의를 하였다。

二九〇 **별기**(旗) 별이 그려져 있는 기(旗), 즉 성조기(星條旗)를 말한다。

二九一 간지메 통조림이라는 뜻의 일본어이다.

숙마(熟麻) 밧줄 숙마는 잿물에 삶아 희고 부드럽게 만든 삼 껍질로, 이 삼 껍질로 굵게 꼰 줄을 말한다.

큰 칭찬을 한 후 문맥상 미국 군관(軍官)의 칭찬인 듯하다.

二九四 포퇴아(抱腿兒) 「자기 무릎을 안고 자는 사람」이라는 뜻의 만주어(滿洲語)로, 아내가 없는 남자들이 자는 새우잠을 일컫는다.

二九六 사십만이었다 금액의 단위는 판독이 불가능하나, 원(元)으로 추정된다.

무문(舞文) 붓을 함부로 놀려 글을 왜곡되게 씀.

二九八 ○○일 원문에는 「일」 앞에 날짜가 기입되어 있지 않다. 다른 기록에 의하면 「十一월 五일」이 누락된 것으로 보인다.

二九九 안준생(安俊生) 一九〇七–一九五一. 안중근(安重根) 의사(義士)의 차남으로, 중국 상해(上海)에서 사업을 하던 중 친일파(親日派)로 변절하였다. 一九三九년 十월 만선시찰단(滿鮮視察團)의 일원으로 한국을 방문하여 이토 히로부미(伊藤博文)의 위패를 봉안한 박문사(博文寺)에서 아버지의 저격 행위를 사죄하고, 또한 이토의 아들들에게도 사죄하였다.

남 총독(南 總督) 조선총독부(朝鮮總督府)의 제七대 총독 미나미 지로(南次郎)(一八七四–一九五五)를 가리킨다. 一九三六년 八월부터 一九四二년까지 총독을 지낸 그는 조선인에 대하여 창씨(創氏)를 강요하고, 내선일체(內鮮一體) 지원병(志願兵) 학병(學兵) 등 극도의 탄압을 자행하였다.

三〇〇 죽첨정(竹添町) 지금의 서울특별시 서대문구 충정로 일대를 가리킨다. 당시 김구가 묵었던 최창학 씨 개인 집은 새문 밖, 곧 지금의 새문안로에 있던 경교장(京橋莊)으로, 지금은 강북 삼성병원이 들어서 있다.

군정청(軍政廳) 점령지에서 점령군 사령관이 군사정치를 실시하는 것을 군정(軍政)이라 하고, 그 군정의 청사(廳舍)를 군정청(軍政廳)이라 한다. 한국에서는 미군정청(美軍政廳)이 一九四五년 九월 九일부터 一九四八년 八월 一五일 대한민국 정부 수립 때까지 존속하였다.

하지 존 리드 하지(John Reed Hodge)(一八九三–一九六三)로, 一九四五년 일본이 항복한 후 주한미군(駐韓美軍) 사령관 겸 미군정(美軍政) 사령관으로 있으면서 一九四八년 대한민국 정부 수립 때까지 활동하였다.

三〇一 민국(民國) 이십팔년(二十八年) 대한민국임시정부를 세운 지 이십팔 년째 되는 一九四六년을 말한다.

김복한(金福漢) 一八六〇–一九二四. 충청남도 홍성 출생으로, 一八九二년(고종 二十九) 과거에 급제하여 형조참의(刑曹參議)까지 지냈다. 一九〇五년 을사늑약(乙巳勒約)이 맺어지자 을사오적(乙巳五賊)의 처단을 상소하였으며, 이듬해 홍성에서 의병을 일으켰다. 一九一九년에는 유림(儒林) 대표로 파리강화회의에 독립청원서를 보내고 체포되어 복역하다 출옥하였으나 병사(病死)하였다.

면암(勉菴) 최익현(崔益鉉) 一八三三–一九〇六. 경기도 포천 출생으로, 일찍이 성리학을 공부하면서 우국정신(憂國情神)을 배웠다. 一八九四년(고종 三十一) 갑오개혁(甲午改革) 때 단발령(斷髮令)에 반대하였으며, 을사늑약(乙巳勒約)이 체결되자 의병을 일으켰으나 체포되어 쓰시마(對馬島)에 유배 중 단식으로 항거하다 순국하였다. 충청남도 청양에 그를 모신 사당 모덕사(慕德祠)가 있다. 면암은 최익현의 호이다.

三〇二 『돌아와 세상 일을 보니 마치 꿈속의 일 같구나(却來觀世間 猶如夢中事)』 《능엄경(楞嚴經)》 권제육(卷第六)의 문수사리보살(文殊師利菩薩)의 게송(偈頌)에 나오는 말이다.

박렬(朴烈) 一九〇二–一九七四. 경상북도 문경 출생으로, 一九一九년 학교 재학 중 삼일운동에 참여하였다가 퇴학당하자 일본으로 건너가 일본 천황(天皇) 암살을 계획하였다. 그러나 一九二三년 거사(擧事) 직전에 발각되어 사형을 선고받았으나 무기징역으로 감형되어 복역하다가 一九四五년 팔일오 광복으로 석방되었다. 一九四八년 귀국하였으나 육이오전쟁 때 납북되었다.

백정기(白貞基) 一八九六–一九三四. 전라북도 정읍 출생으로, 삼일운동 때 독립운동에 헌신하기로 마음먹고 일본에 건너가 파괴공작을 꾀하였으나 실패하였다. 중국으로 가서 一九三三년 재중(在中) 일본 대사(大使)를 암살하려다가 체포되어 무기형을 선고받고 복역하다가 일본 감옥에서 순국하였다.

봉도식(奉悼式) 위대한 인물이 죽었을 때, 죽음을 추모하고 그의 업적을 기리며, 그가 남긴 뜻이나 일을 계승 발전시킬 것을 다짐하며 거행하는 의식.

태고사(太古寺) 서울특별시 종로구 견지동에 있는 조계사(曹溪寺)의 옛 이름. 一九三八년 창건 후 태고사로 불리다가 一九五五년 조계사로 명칭을 바꾸고 대한불교조계종(大韓佛教曹溪宗)의 총본사(總本寺)가 되었다.

三〇三 **인산**(因山) 왕이나 왕비, 또는 그 직계 왕족의 장례(葬禮)를 이르는 말.

안(安) **의사**(義士)**의 천광**(穿壙) 「안중근(安重根) 의사의 시신(屍身)을 묻을 구덩이」라는 말로, 이후 시신을 수습하여 이곳에 묻어 장사 지낼 예정이었으나 지금까지 유골을 찾지 못했다.

삼성혈(三姓穴) 제주도 원주민의 발상지로 알려진 굴. 이곳에서 고(高)·부(夫)·양(梁) 세 성씨의 시조가 나왔다고 한다. 원문은 「三聖穴」로, 이는 「三姓穴」의 오기(誤記)이다.

매우기(梅雨期) 초여름인 유월 상순부터 칠월 상순에 걸쳐 계속되는 장마철. 「매우(梅雨)」는 매실이 익을 무렵에 내리는 비라는 뜻이다. 三五四

三〇四 **솔문**(松門) 경축하거나 환영하는 뜻으로 나무나 대로 기둥을 세우고 푸른 솔잎으로 싸서 만든 문.

부윤(府尹) 부(府)의 우두머리로, 지금의 시장에 해당한다.

三〇五 **사모각대**(紗帽角帶) 「사모」는 조선시대에 관복(官服)을 입을 때 쓰던 비단실로 짠 관모(官帽)를, 「각대」는 이러한 관복에 두르던 띠를 말한다.

이교재(李教載) 一八八七~一九三三. 경상남도 창원 출신으로, 삼일운동(三一運動) 때 경상도 일대에서 「독립선언서(獨立宣言書)」를 배포하다가 일본 경찰에 붙잡혀 삼 년간 복역하였다. 출옥 후 상해(上海)로 망명, 임시정부에서 경상남북도 상주(尙州) 대표로 임명되어 국내에 잠입하여 활동하다가 일본 경찰에 붙잡혀 오 년간 복역하였으며, 출옥 후 다시 상해로 망명하다가 신의주(新義州)에서 붙잡혀 서대문형무소에서 이 년간 복역하였다. 그 후 다시 상해로 망명하여 김구(金九)의 위임장을 가지고 국내로 은밀히 들어와 군자금을 모집하거나 정보의 수집 및 전달, 밀정(密偵)의 파악 등으로 활약하던 중에 일본 경찰에 다시 붙잡혀 육 년 징역형을 선고받고 복역 중에 옥사(獄死)하였다.

「정본(正本) 백범일지(白凡逸志)」를 펴내며

우리 기록문화유산(記錄文化遺産)의 올바른 보존(保存)과 정립(正立)을 위하여

이기웅(李起雄)
열화당 영혼도서관 발행인

《백범일지(白凡逸志)》는 일생을 민족의 자립(自立)과 흥복(興復)의 길에 바친 백범(白凡) 김구(金九)(一八七六-一九四九) 선생이 一九二八년부터 一九四六년까지 세 차례에 걸쳐 남긴 자전적(自傳的) 기록(記錄)으로, 서문에 해당하는 〈여인신양아서(與仁信兩兒書)〉와 본문에 해당하는 〈상권(上卷)〉〈하권(下卷)〉〈계속(繼續)〉으로 구성되어 있다。「백범(白凡)」이라는 호(號)는 「백정(白丁)과 범부(凡父)」라는 뜻으로, 一九一三년 서대문감옥(西大門監獄)에서 옥고(獄苦)를 치를 때 백정이나 범부라도 애국심(愛國心)이 지금의 김구(金九) 나만큼은 되어야 완전한 독립(獨立)을 할 수 있겠다는 바람에서 지은 것이고, 「일지(逸志)」는 「알려지지 않은 일화(逸話)의 기록(記錄)」이라는 의미이다。

친필(親筆)로 남아 있는 〈상권〉은 백범 선생이 오십삼 세 되던 一九二八년 三월경 상해(上海) 임시정부(臨時政府) 청사(廳舍)에서 집필하기 시작해 이듬해인 一九二九년 五월 三일에 탈고(脫稿)한 것으로, 태어날 때부터 상해(上海) 임시정부(臨時政府)의 국무위원(國務委員)이 되기까지의 파란(波瀾) 많았던 삶을 담고 있다。백범은 《백범일지》의 〈상권〉을 쓰고 난 후 자신이 「왜놈」의 손에 언제 죽을지 모르고, 또 그렇게 되기를 바라는 각오 아래, 인(仁)과 신(信) 두 아들이 성장하면 아비의 일생 경력이라도 알게 할 목적으로 이 원고를 미국과 하와이의 동지(同志)들에게 보내어 보관토록 간곡히 부탁하였다。미국 컬럼비아 대학교에 보관돼 오던 《백범일지》 필사본(筆寫本)에서 一九三〇년에 쓴 백범의 친필(親筆) 서한(書翰)이 반세기 만인 一九七九년에 발견되었는데, 이 간결한 서한에는 그러한 사정이 잘 드러나 있다。국한문(國漢文)

혼용(混用)의 원본 내용을 현대어로 쉽게 바꾸면 다음과 같다。

귀사(貴社)의 사원(社員) 전체 동지(同志)에게 간절히 부탁하나이다。

저 김구(金九)는 본래부터 글솜씨가 없는 사람으로、장편(長篇) 기록문(記錄文)이 처음이요 또한 마지막입니다。지나간 몇 해에 점점 풍전등화(風前燈火)의 생명을 근근히 보존하지만 왜놈의 극단적인 활동으로는 어느 날에 무슨 일을 당할지 알 수 없으며、저 김구 역시 원수의 손에 목숨을 끊어 없어지는 것이 지극한 소원인즉 시간 문제일 것이외다。그러므로 나이 어린 자식들에게 한 자(字)의 유서(遺書)도 없이 죽으면 너무도 무정(無情)할 듯하여 일생의 경력(經歷)을 대략 서술하여 이에 삼가 부탁하오니 이 한 몸이 무덤의 흙이 된 후、즉 자식들이 장성(長成)한 후에 찾아서 전하여 주시면 영원히 감사하겠나이다。그 이전에는 사고(社庫)에 봉하여 두시고 공포(公布)하지 말아 주옵소서。

대한민국 十一년 七월 七일 김구(金九) 정례(頂禮)

이렇듯《백범일지》〈상권〉은 일종의 유서(遺書)였던 셈이다。역시 친필로 남아 있는〈하권〉은 육십육 세 되던 一九四一년 중경(重慶) 임시정부 청사에서 집필하기 시작해 이듬해인 一九四二년 二월 탈고한 것으로、상해(上海) 망명(亡命) 이후 임시정부에서의 활동을 중심으로、이봉창(李奉昌) 윤봉길(尹奉吉) 두 의사(義士)의 의거(義擧)와、이후 가흥(嘉興) 남경(南京) 장사(長沙)를 거쳐 중경(重慶)으로 옮겨 가기까지의 과정、그리고 그곳에서의 생활과 일화 등이 기록되어 있다。

백범은 기미년(己未年) 삼일운동(三一運動) 이래 독립운동이 점점 퇴조기(退潮期)에 들면서 임시정부라는 명의(名義)를 유지하는 것만도 어려워 침체(沈滯)한 국면(局面)을 타개할 목적으로、한편으로는 미국 등 해외 동포들에게 금전적 후원을 부탁하고、또 한편으로는 철혈남아(鐵血男兒)들을 물색하여 의거(義擧) 운동을 계획하고 있었다。그러다가 곧이어 이봉창(李奉昌) 의사(義士)의 동경(東京) 의거(義擧)와 윤봉길(尹奉吉) 의사(義士)의 홍구(虹口) 의거(義擧)가 성공하면서、이때부터 백범은 일제(日帝)의 추적을 피해 그동안 머물던 상해(上海)를 떠나 중경(重慶)으로 임시정부 근거지를 옮기고、〈상권〉에 이어서 자신의 지난 활동 상황을 기술(記述)하여 후진(後進)들에게 자신의 잘못된 전철(前轍)을 밟지 말라는 교훈을 전하고자 했다。

이 《백범일지》의 〈상권〉은 임시정부의 사백오십 자(字) 「국무원(國務院) 원고용지(原稿用紙)」 백칠십삼 매에 걸쳐 붓 또는 만년필로 기록했고、〈하권〉은 이백사십 자(字) 원고지 사십일 매에 붓으로 썼는데、〈상권〉과 〈하권〉 모두 작은 글씨로 원고지 한 행(行)에 두 줄씩 빽빽하게 기록하거나 행 사이의 여백에까지 쓴 곳도 있으며、이를 손수 일일이 교정(校訂)하고 첨삭(添削)한 흔적이 도처에 남아 있다。

한편、〈계속〉은 광복(光復) 후 백범(白凡) 선생이 환국(還國)하여 칠십일 세 되던 一九四六년 서울에서 기록한 것으로 알려져 있으며、〈하권〉에 이어서 중경(重慶)에서의 활동과 일제(日帝)가 항복하면서 환국(還國)하게 된 과정、그리고 국내에서의 행보(行步) 및 지방순회(地方巡廻)의 내용을 담고 있다。이 〈계속〉은 현재 필사본(筆寫本)으로만 남아 있다

이 《백범일지》는 一九四七년 국민계몽용으로 처음 국내에서 출판되어 보급되기 시작했다。당시 국사원(國士院) 내에 둔 「김구 자서전 백범일지 출판사무소」에서 화보(畵報)와 백범 선생의 서문(序文)、《백범일지》의 〈상권〉〈하권〉〈계속〉을 싣고、부록 형식으로 〈나의 소원〉을 합하여 《김구 자서전 백범일지》라는 제목으로 출간된 것이다。규모는 사륙판 사백이십사 면으로、원문을 대폭 축소하여 간행했다。이후 백범(白凡) 선생의 차남 김신(金信) 님이 좋은 뜻으로 저작권(著作權)을 스스로 해제하였으나、결과적으로는 무분별한 출판으로 이어져 지금까지 팔십여 종의 《백범일지》가 국내에서 출간되는 우려스러운 상황에 이르렀다。

게다가 안타깝게도 《백범일지》의 출간은 처음부터 단추가 잘못 꿰어졌다。원본성(原本性)이 크게 훼손된 것이다。첫 출간 당시 원고의 윤문을 한 이는 춘원(春園) 이광수(李光洙) 선생으로 알려져 있는데、그로 인해 백범의 냄새가 거의 지워져 버렸다。중국 상해(上海)와 중경(重慶)의 긴박했던 독립운동 현장에서 기록한 원본의 생생함이 적잖이 희석되었고、백범 특유의 투박한 듯한 문체가 말끔하게 윤색되었을 뿐 아니라、인명과 지명의 착오、내용의 뒤바뀐 서술、심지어는 원문의 대폭 생략 등의 문제로 「원본

에서 가장 멀어진 판본」이라는 평가를 받고 있기도 하다。

그러나 이 국사원본이 당시로서는 백범 선생의 서문을 받아 수록했고、또 백범 선생의 발간 승인을 얻은 유일본이었기에 이를 저본(底本) 또는 대본(臺本)으로 하는《백범일지》가 이후 계속해서 출간되어 국민의 애독서、필독서가 되어 왔지만、초판에 내재되어 있는 문제의식을 근본적으로 바로잡은 책은 나오지 않았다。

一九七六년 八월、백범 선생 탄신 백 주년을 기념하는 행사의 일환으로 노산(鷺山) 이은상(李殷相) 선생이 주축이 되어 신세계백화점 화랑에서 백범의 유품(遺品)과 유묵(遺墨)을 전시한 적이 있었는데、이때《백범일지》의 친필(親筆) 원본(原本)도 함께 공개된 바 있다。이 자리에서 노산은 한 언론과의 인터뷰에서『一九四七년 혼란기에 춘원이 손을 대 내놓은《백범일지(白凡逸志)》는 백범의 뜻을 그대로 전달하지 못하고 있다。친필《백범일지》는 백범의 진면목을 알기 위해서도 원문(原文)대로 출판되어야 마땅하다』(《경향신문》一九七六년 八월 二十四일)라고 밝힌 바 있다。이후 一九九四년에 와서야 백범 선생의 차남 김신(金信) 님이《백범일지》친필 원본의 영인본(影印本)을 출간함으로써 비로소《백범일지》의 원본이 대중에게 공개되었다。그러나 이후에도 기존의《백범일지》가 안고 있는 심각한 태생적 문제를 해결한、원본에 준하는「정본 백범일지」는 출간되지 않았다。

열화당(悅話堂)은 오랫동안 이러한 문제의식에서「정본 백범일지」의 출간을 계획해 오다가 실제 편찬에 착수하여、二〇一二년부터 삼 년에 걸친 작업 끝에 二〇一五년 十二월 친필 원본을 그대로 활자화한 한문 정본(正本)《백범일지》、그리고 역시 친필 원본을 저본(底本)으로 삼아 오늘의 말로 풀어 쓴 한글 정본(正本)《백범일지》、이렇게 두 권의 책을 세상에 내놓았다。올바른 원본이 존재한 연후에 이를 토대로 한 주석본、번역본、축약본、교육용 도서、아동용 도서、다큐멘터리 영화、연극、오페라、뮤지컬 등이 나와야 함이 원칙이라 한다면、이러한 사실만으로도《백범일지》의 정본이 출간되어야 하는 당위는 충분할 것이다。

물론、「정본 백범일지」의 출간은 원본성(原本性) 문제에서 출발한 것만은 아니었다。이러한 결정을 하기까지에는 우리의 올바른「말뿌리」와「글뿌리」「책뿌리」「얼뿌리」를 찾고자 하는 열화당의 출판정신이 그 배경에 깊숙이 깔려 있다。一四四三년 세종(世宗) 임금께서 그 지혜로운 과학정신과 언어감각으로、천지인(天地人)의 이치에 따라 훈민정음(訓民正音)을 창제하셨으나、알다시피 십구세기까지 우리의「글쓰기」는 주로 한문(漢文)으로 이루어져 왔다。우리의 올바른 말뿌리와 글뿌리를 찾는 일은 이런 우리 언어의 태생적 역사적 운명을 소상히 이해하는 것에서 출발한다。

《백범일지》원본의 수많은 한자、그리고 한문투의 문장들은 한자와 한글이 함께해 온 우리말、우리 문자의 역사적 운명의 소산(所産)이다。한자(漢字)는「동아시아 문자(文字)」이지 중국만의 글자라고 단정해서는 안 된다。페니키아 문자、라틴 문자를 거쳐 오늘에 이르게 된 알파벳이「서양(西洋) 공용(共用)의 문자」이듯이、漢字(한자)는 그 이름이 중국 한(漢)나라에 연원을 두고 있을 뿐이지、엄연히「동아시아 공용(共用)의 문자」로 존재해 왔던 것이다。그러므로 우리의 한글과 한문은 떼려야 뗄 수 없는、떼어서는 아니되는 언어적 숙명 관계에 놓여 있으며、그러한 시대적 상황에서 우리 어문(語文)을 향한 백범의 글쓰기를 그대로 받아들이는 것이 중요하다。이런 언어 전통을 잘 알고、이를 기반으로 한글과 한문을 조화롭게 구사하는 글쓰기 작업에 매진했던 선구적인 문인(文人)과 학자(學者)、그리고 다양한 분야의 선각자(先覺者) 들에 의해 오늘의 글쓰기에 이르는 놀라운 글길 즉 문도(文道)가 이뤄져 왔기 때문이다。그 글길과 글뿌리를 파악해내어、선인(先人)들이 말과 글을 통해 어떻게 우리의 정신문화를 일구어 왔는지 되돌아보고、다음 세대에 그 뛰어난 정신과 더불어 올바른 우리글의 전범(典範)을 제시하기 위해、열화당에서는 그동안 우리 시대 의미있는 책의 복간작업에 매진해 왔다。

그렇다면、왜《백범일지》인가。《백범일지》는 다른 책들과는 달리、우리의 역사적 현실적 문제에 가장 가까이에서 아직도 큰 영향을 끼치고 있는 책이기 때문이다。게다가 처음부터 잘못 접근된 출판으로 인해 역사의 진실을、역사적 기록의 진실을 바로잡아야 한다는 문제가 걸려 있다。보물로 지정된 소중한 기록문화재인《백범일지》의 정본 편찬사업의 시급성이 여기에 있는 것이다.

출판에서 「책의 형식」 또한 우리 말뿌리, 글뿌리를 복원하기 위한 매우 중요한 요소이다. 동아시아에서 세로쓰기는 필사(筆寫)나 책자(冊子) 형식의 기본원리로, 오늘에 맞는 세로쓰기의 복원을 통해 우리는 《백범일지》 원본의 형식뿐 아니라 백범의 정신과 숨결을 가장 잘 살릴 수 있다고 믿으며, 그럼으로써 진정한 의미의 「정본」이 되리라고 자부한다. 우리가 오랜 세월 지켜 오던 세로쓰기를 이토록 철저하게 버린 것은, 컴퓨터가 보급되면서 알파벳 자판(字板)에 맹목으로 무릎을 꿇은 결과이다. 《훈민정음해례(訓民正音解例)》에서 보다시피, 한글 창제 당시부터 세로쓰기 원칙을 알 수 있으며, 一九八〇년대 중반까지 우리는 세로쓰기를 지켜 왔던 것을 기억해야 할 것이다.

우리는 「정본 백범일지」 편찬의 실무작업에 앞서, 우선 계획안 작성에 착수하여 《백범김구전집(白凡金九全集)》(一九九九)을 비롯한 기존 간행물에 대한 분석과 정리 작업을 했으며, 「정본 백범일지」의 출간은 원문에 최대한 충실하게 편찬한다는 큰 원칙 아래, 백범의 친필본을 원본 그대로 활자화한 「한문 정본」을 그 첫째 권으로, 그리고 이 정본에 근거하여 오늘의 말로 풀어 쓴 「한글 정본」을 둘째 권으로 간행하기로 하였다. 둘째 권에 해당하는 이 책 한글 정본 《백범일지》 편찬의 대원칙은 원문에 충실하게 오늘의 말로 풀어 쓰는 것으로, 지나친 의역(意譯)을 피하고 직역(直譯)으로 현대어화(現代語化)하는 것이다. 이러한 대원칙 아래에서 다음과 같은 세부 지침에 의해 편찬작업을 진행하였다.

첫째, 발간 취지에 따라, 한문 정본 《백범일지》와 마찬가지로 친필본 《백범일지》와 같은 크기의 판형(版型)에 같은 체제인 세로쓰기로 조판(組版)하였다.

둘째, 친필본 《백범일지》에는 띄어쓰기나 구두점, 문단(文段) 구분이 전혀 없으나, 현행 맞춤법에 따라 띄어쓰기를 하였으며, 문맥(文脈)을 고려하여 마침표를 찍고, 문단을 구분하였다.

셋째、소제목(小題目)은 원문에 있는 것만 반영하고 별도로 추가 설정하지 않았다。다만 책(冊)이라는 체재를 갖추기 위하여 원본에는 없는 목차(目次)를 설정하였다。

넷째、원본(原本)이 훼손되어 판독(判讀)이 안 되는 부분은、예컨대 「(약 넉 자 불명)」 또는 「(약 여섯 행 불명)」 등으로 표기하였다。다만、백범 선생이 나중에 확인하여 기입해 넣으려고 하였다가 기입하지 못한 빈 칸은 「○」 또는 「○○」 등으로 표기하였다。

다섯째、원본은 훼손되어 판독할 수 없으나 필사본(筆寫本)에서 확인이 가능한 부분、또는 자료(資料)에 의해 명확하다고 판단되는 내용은 이에 의거하여 반영하였다。

여섯째、인명(人名)의 한자(漢字) 표기가 상이한 것은 자료를 통해 확인하여 고쳐 표기하였다。예컨대 「楊成鎭」은 「楊星鎭」으로、「崔益亨」은 「崔益馨」으로 고쳤다。

일곱째、그 밖의 한자(漢字) 표기는 모두 현재 용례대로 고쳐 표기하였다。

여덟째、한글 표기는 현행 맞춤법에 맞게 표기하였다。

아홉째、중국(中國)과 일본(日本)의 인명(人名)과 지명(地名)은 한자음(漢字音) 그대로 표기하였다。예컨대 「장개석(蔣介石)」(장제스)、「이등박문(伊藤博文)」(이토 히로부미)、「상해(上海)」(상하이)、「동경(東京)」(도쿄) 등이다。

열째、단순 오자(誤字)가 아닌 내용상의 착오는、원문대로 처리한 후 권말(卷末)의 편집자주(編輯者註)에 설명을 달았다。그 밖에 역사적 사실이나 인명 지명 용어 등도 편집자주를 달았다。

열한째、문장부호는、문헌은 《 》、작품은 〈 〉、인용 및 대화는 『 』、강조나 특별 어구는 「 」으로 표기하였다。

이상의 세부 지침은 내부 편집회의에서 세밀히 검토한 후 二〇一四년 六월 十四일 강릉 선교장에서 개최한 「제삼회 선교장 포럼」에서 발표되어 참석자들의 공감을 받았으며、이에 따라 원문(原文)의 입력(入力)과 편집(編輯) 대교(對校) 제작(製作)의 업무가 차례로 진행되었다。

이 책의 첫 출간 직후인 二〇一五년 十二월 十九일, 우리는 「정본(正本) 백범일지(白凡逸志) 출판회(出版會)」를 열고 두 종의 책을 백범 선생 영전(靈前)에 헌정(獻呈)한 바 있다. 당시 고급 양장본으로 이백 질씩 제작한 두 종의 《백범일지》는, 시판하지 않고 국제문화도시교류협회(國際文化都市交流協會)에서 헤이리 예술마을에 추진 중인 「안중근기념(安重根紀念) 영혼도서관(靈魂圖書館)」의 건립기금 기부자들에게 우선 배포하였다. 이후 삼 년이 흘렀는데, 많은 분들이 「안중근기념 영혼도서관」 건립에 동참해 준 덕분에 《백범일지》도 어느 정도 소진되었고, 「안중근기념 영혼도서관」도 완공을 눈앞에 두고 있다. 영혼도서관이 완공되면 이 책 《백범일지》가 첫 책으로 꽂힐 예정이다. 한편 이 책을 구하고자 하는 분들이 늘어남에 따라 우리는 보급판 제작 계획에 착수하여, 정본 《백범일지》 두 종을 여러 차례 검토한 끝에 몇몇 오자 또는 오류를 정정하여 일반에 첫 선을 보이게 되었다.

이 책 발간을 위해 그동안 열화당 편집실 모든 직원들이 힘을 모아 주었다. 특히 편집을 맡아 애써 준 조윤형(趙尹衡) 실장과 백태남(白泰男) 선생, 그리고 이수정(李秀廷) 실장에게 감사의 마음을 전한다. 또한 디자인과 제작을 맡아 준 공미경(孔美璟), 최훈(崔勳) 씨, 교정을 봐 준 이기선(李基善) 선생에게도 고마움을 전한다. 이 책 표지의 한글 제자(題字)는 서예가(書藝家) 하석(何石) 박원규(朴元圭) 선생이 조선시대(朝鮮時代) 혼례(婚禮) 때 양가(兩家)가 예법(禮法)에 따라 주고받는 서간(書簡) 모범문(模範文)을 모아 놓은 《규합한훤(閨閤寒暄)》에서 집자(集字)해 주셨고, 한자(漢字) 제자(題字)는 추사(秋史) 연구자 임병목(林秉穆) 선생과 고문헌(古文獻) 연구가 박철상(朴徹庠) 선생의 자문(諮問) 아래 추사(秋史) 진적(眞跡)에서 집자(集字)하였다. 이 자리를 빌려 감사의 말씀을 드린다.

금년은 「삼일운동(三一運動)」 및 「대한민국(大韓民國) 임시정부(臨時政府) 수립」 백 주년이 되는 뜻깊은 해이다. 《백범일지》의 간행 역사를 보면, 어떠한 기록이라도 환경과 여건에 따라 그 본의(本意)가 잘못 전달될 수 있음을 알 수 있다. 다만 우리는 이것이 참기록인 듯 그대로 전해질까 두려워하면서, 백범의 체취가 살아 있는 육필(肉筆) 원고(原稿)를 정성껏 염(殮)하는 심정으로 이 책을 간행하였다. 《백범일지》의 출간에서 힘을 빌릴 최고의 솜씨는 오로지 백범뿐이다. 아무도 그를 대신할 수 없다. 이런 생각으로 우리는 철두철미 원본에 근거한 「정본 백범일지」를 지향해 왔으며, 이같은 작업이야말로 정녕 우리 민족의 자존(自尊)이 걸린 일일 것이다.

백범 선생의 애국정신과 독립투쟁 업적을 기리는 관련 기관과 전공 학자들、그리고 온 국민의 애정어린 격려와 질정을 바란다。

二〇一九년 三월 一일

색인(索引)

백범일지

金九

초판一쇄 발행일 二〇一九년 三월 一일
발행인 李起雄 **발행처** 悅話堂
경기도 파주시 광인사길 二五 파주출판도시
전화 〇三一-九五五-七〇〇〇 팩스 〇三一-九五五-七〇一〇
www.youlhwadang.co.kr yhdp@youlhwadang.co.kr
등록번호 제一〇-七四호 **등록일자** 一九七一년 七월 二일
편집 조윤형 백태남 **디자인** 최훈
인쇄 제책 (주)상지사피앤비

Published by Youlhwadang Publishers

Printed in Korea

ISBN 978-89-301-0633-7 03910

이 도서의 국립중앙도서관 출판시도서목록(CIP)은
e-CIP 홈페이지(www.nl.go.kr/ecip)와
국가자료공동목록시스템(http://www.nl.go.kr/kolisnet)에서
이용하실 수 있습니다。(CIP제어번호: CIP2018036650)